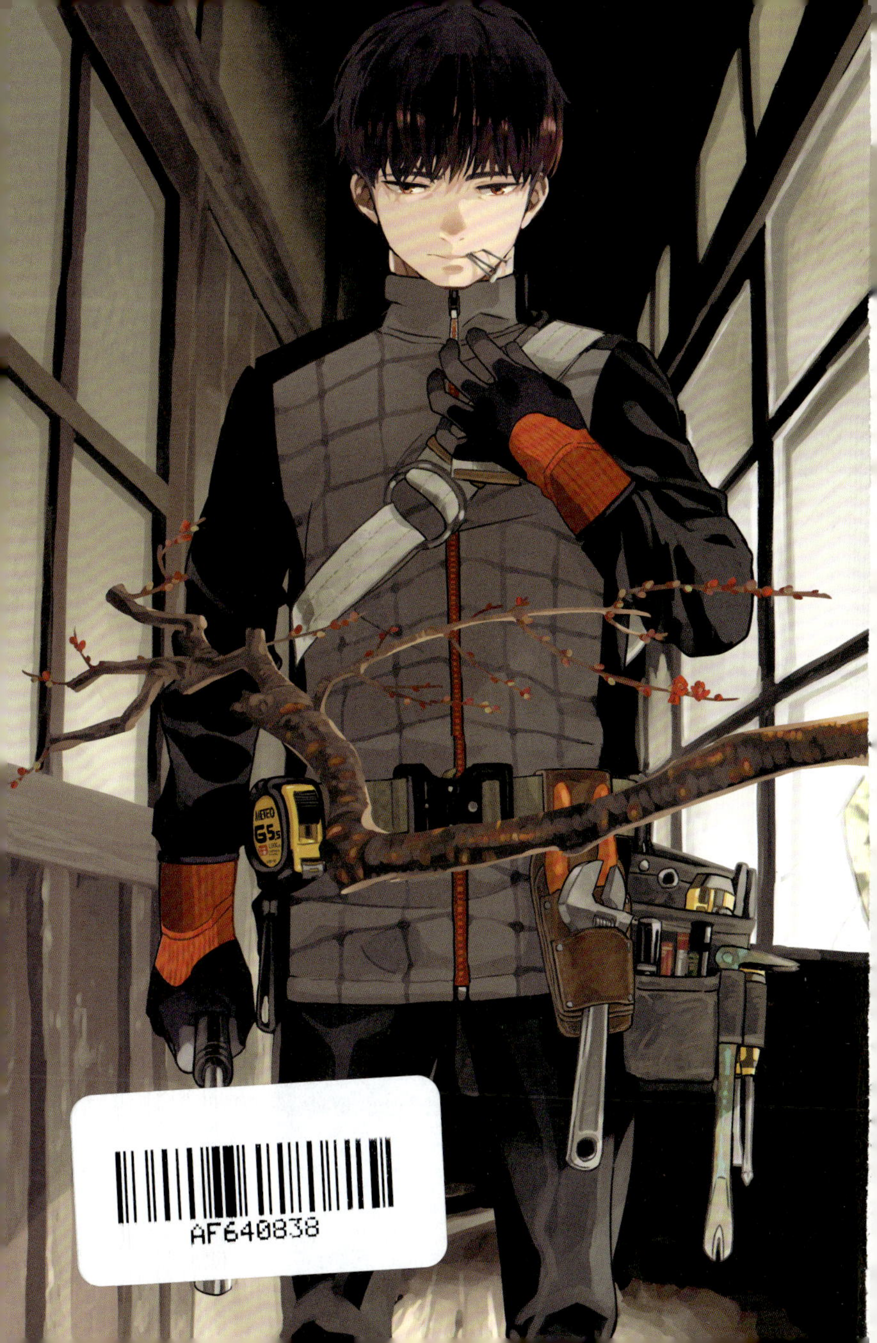
METEO

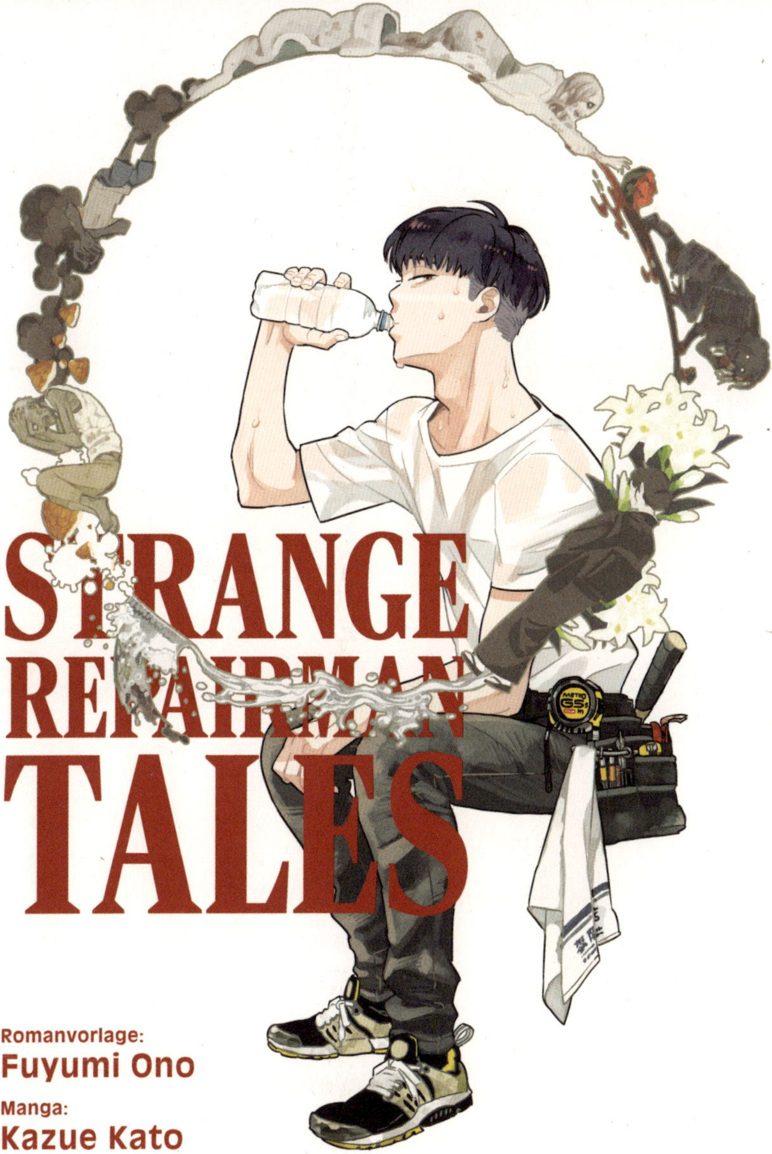

STRANGE REPAIRMAN TALES

Romanvorlage:
Fuyumi Ono

Manga:
Kazue Kato

INHALT:

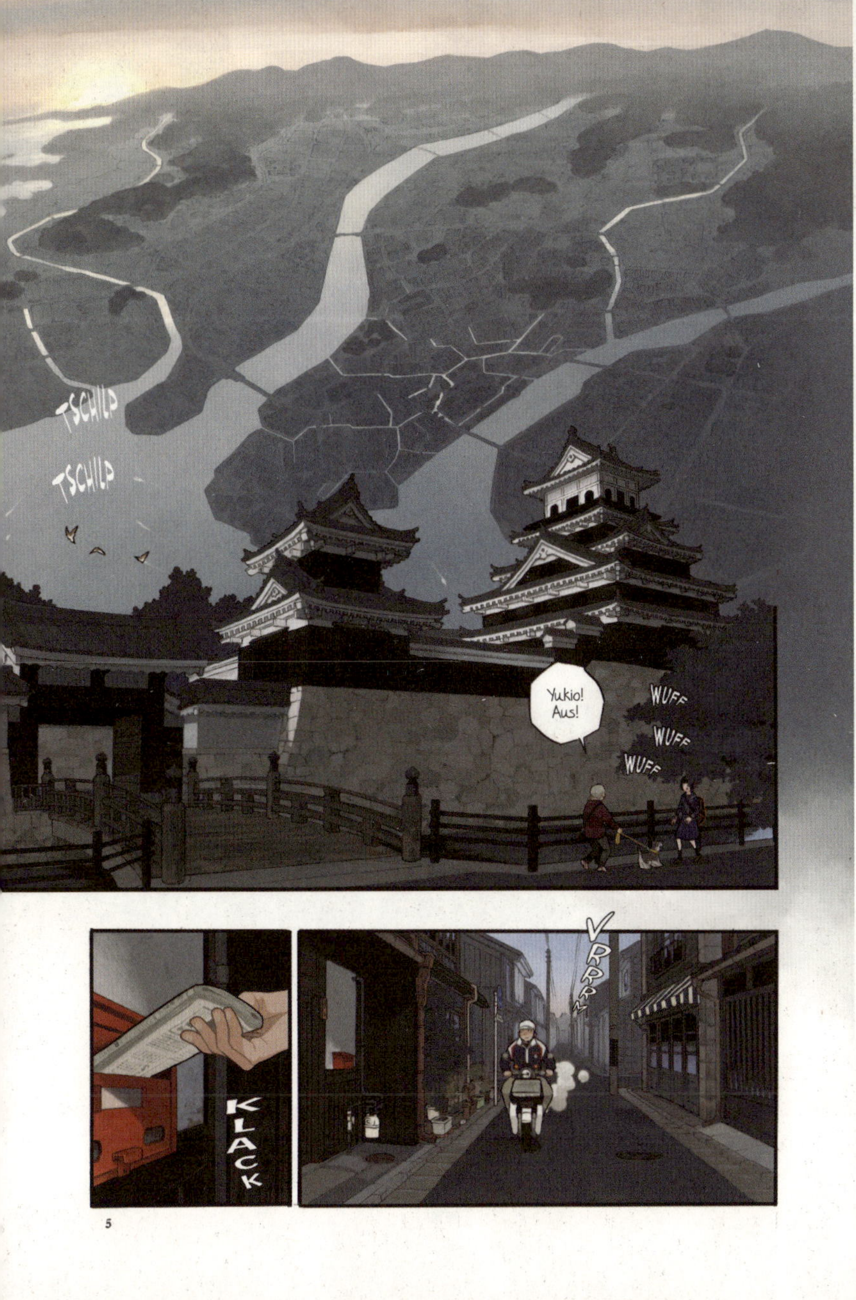
TSCHILP
TSCHILP
Yukio!
Aus!
WUFF
WUFF
WUFF
KLACK
VRRRM

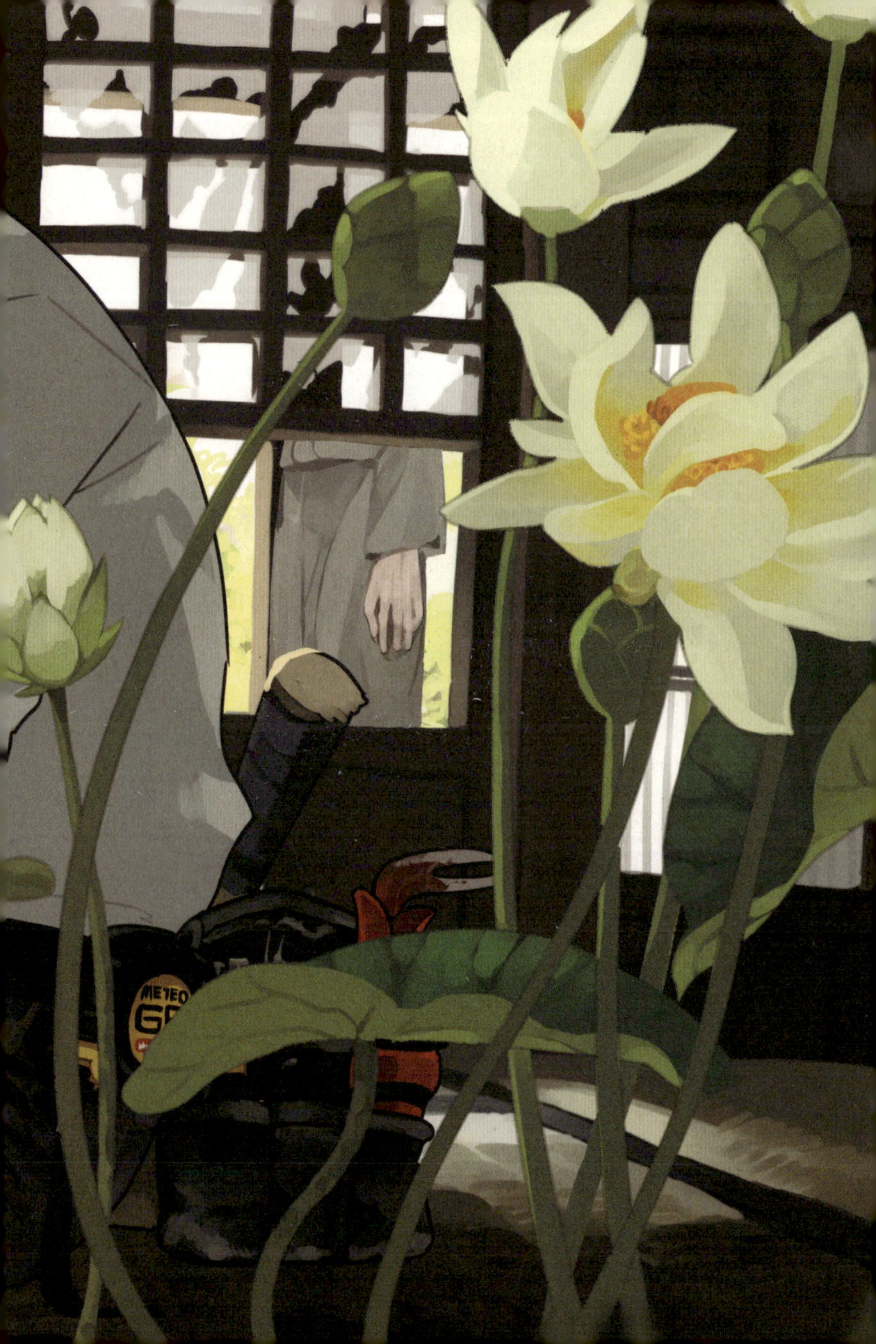

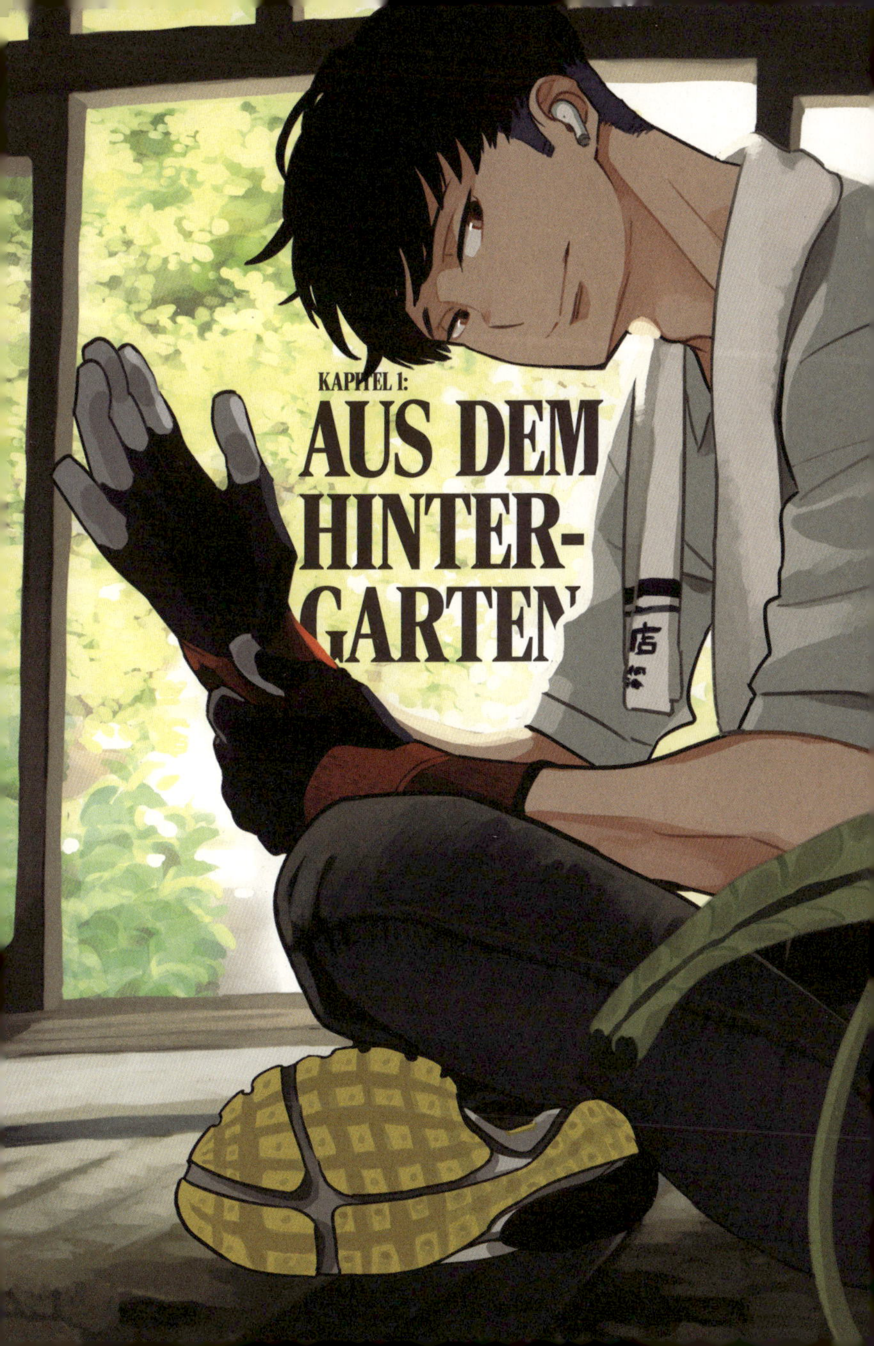
KAPITEL 1:
AUS DEM HINTER-GARTEN

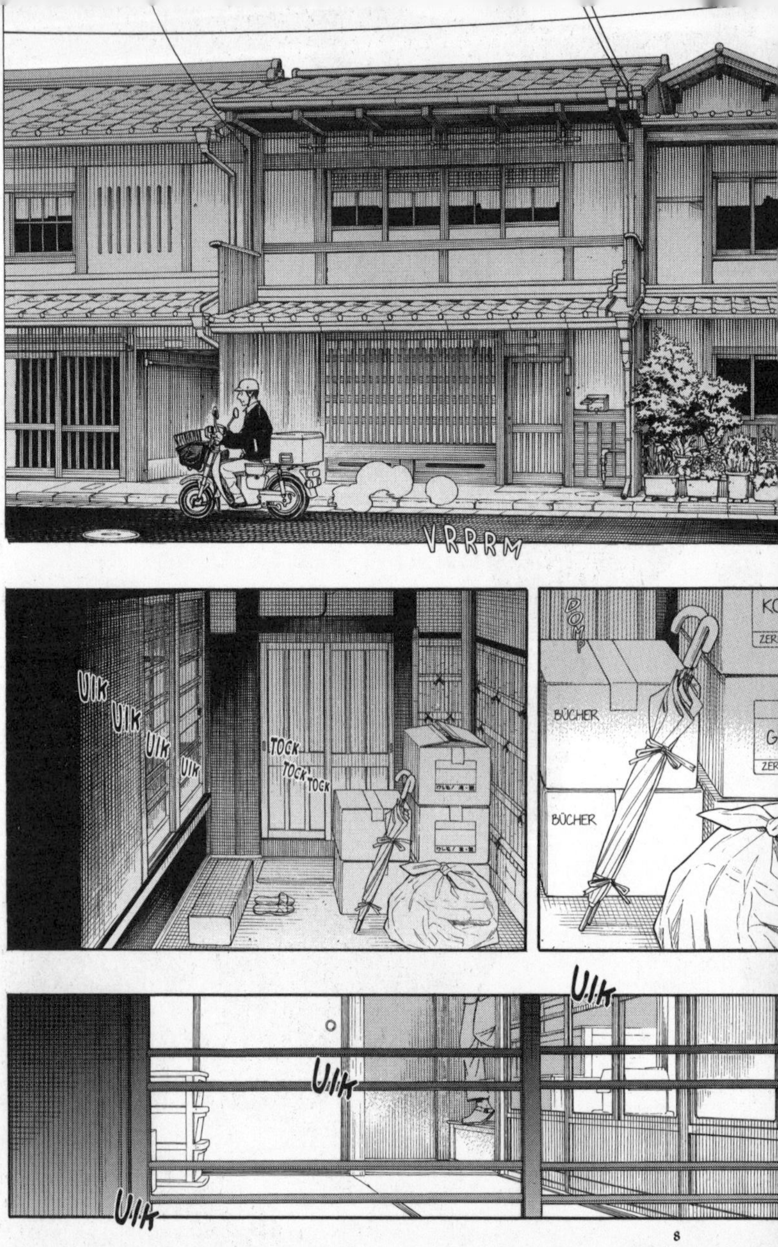
VRRRM
UIK
UIK
UIK
UIK
TOCK
TOCK
TOCK
DOMP
BÜCHER
BÜCHER
UIK
UIK
UIK

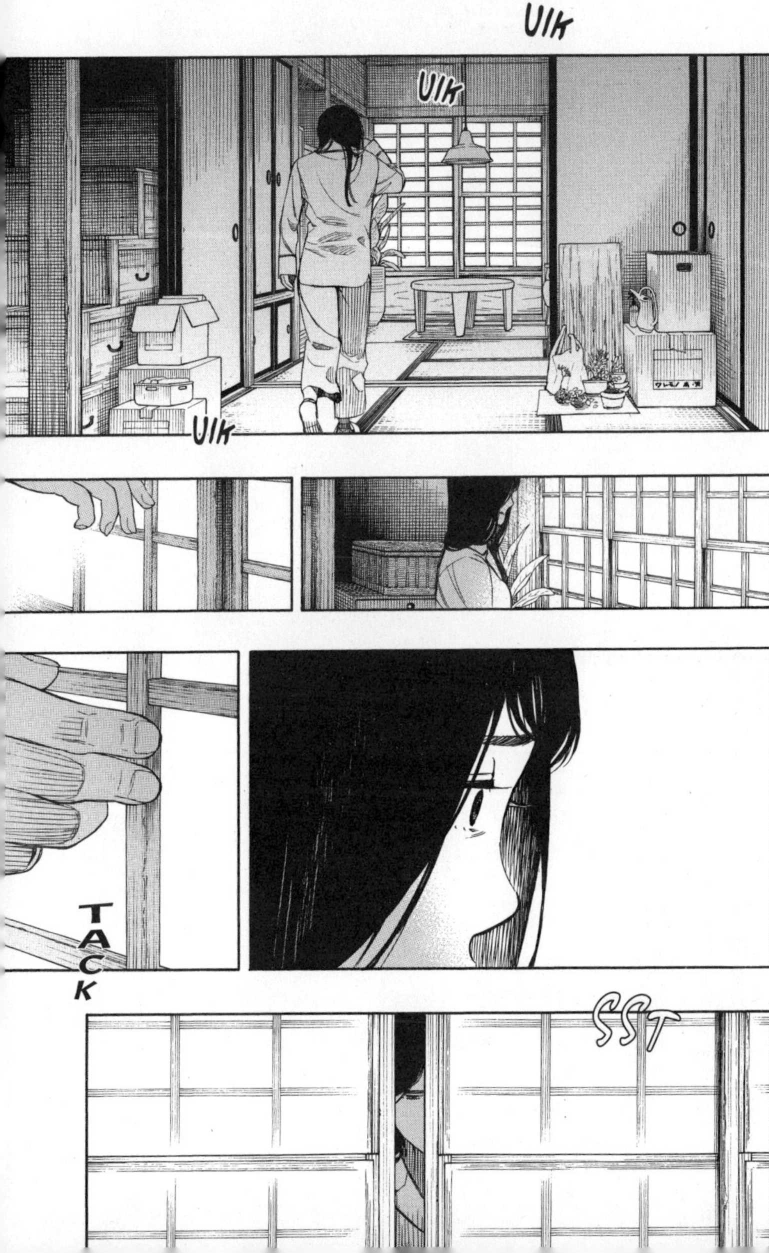
UIK
UIK
UIK
TACK
SST

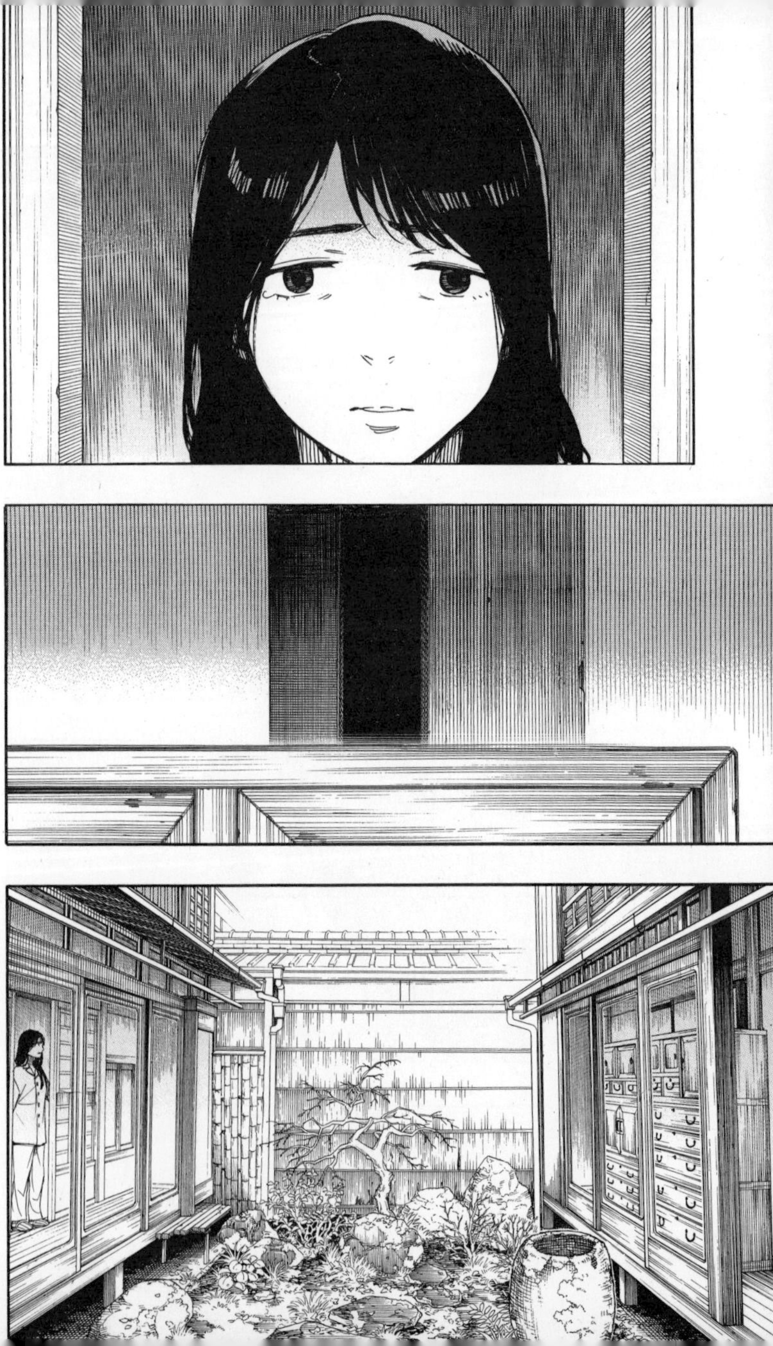

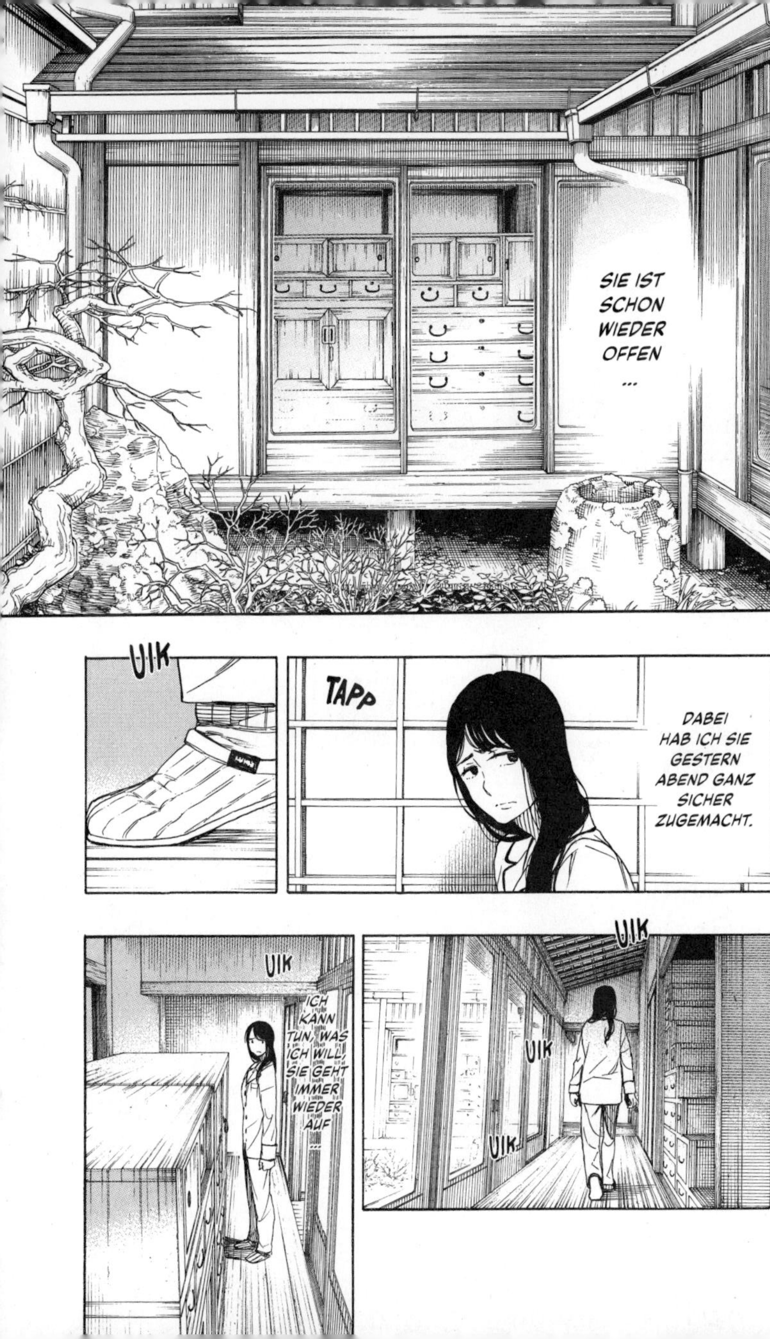
SIE IST SCHON WIEDER OFFEN ...
TAPP
DABEI HAB ICH SIE GESTERN ABEND GANZ SICHER ZUGEMACHT.
UIK
UIK
UIK
UIK
UIK
ICH KANN TUN, WAS ICH WILL, SIE GEHT IMMER WIEDER AUF ...

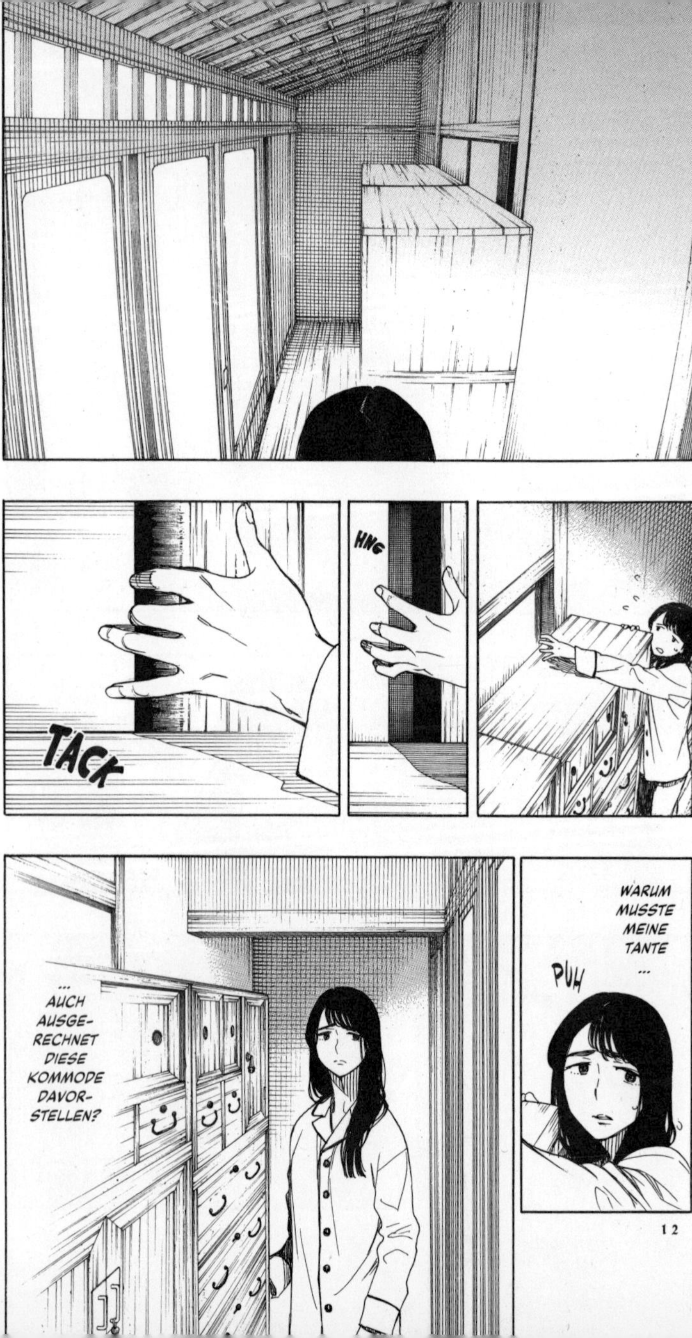
HNG
TACK
PUH
WARUM MUSSTE MEINE TANTE ...
... AUCH AUSGE-RECHNET DIESE KOMMODE DAVOR-STELLEN?

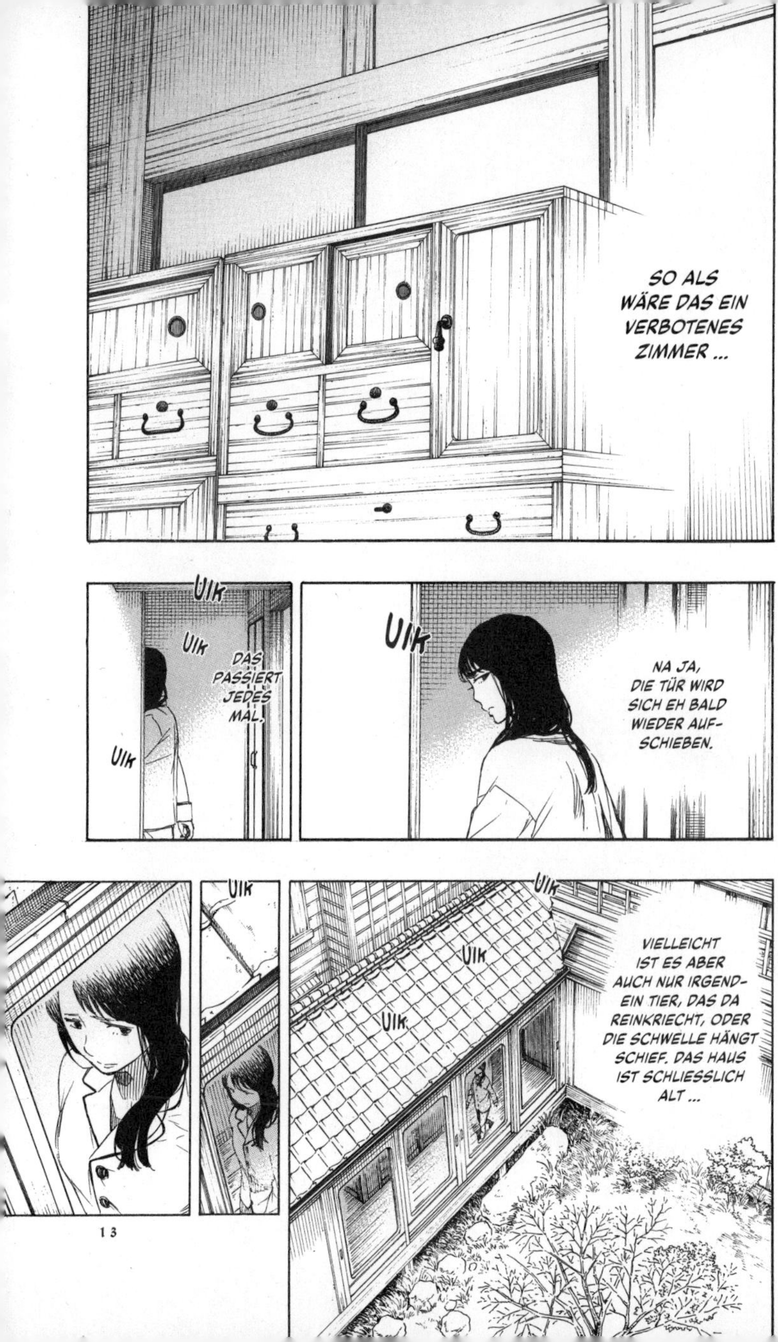
SO ALS WÄRE DAS EIN VERBOTENES ZIMMER ...
UIK
NA JA, DIE TÜR WIRD SICH EH BALD WIEDER AUF-SCHIEBEN.
UIK
UIK
DAS PASSIERT JEDES MAL.
UIK
UIK
UIK
UIK
VIELLEICHT IST ES ABER AUCH NUR IRGEND-EIN TIER, DAS DA REINKRIECHT, ODER DIE SCHWELLE HÄNGT SCHIEF. DAS HAUS IST SCHLIESSLICH ALT ...
UIK

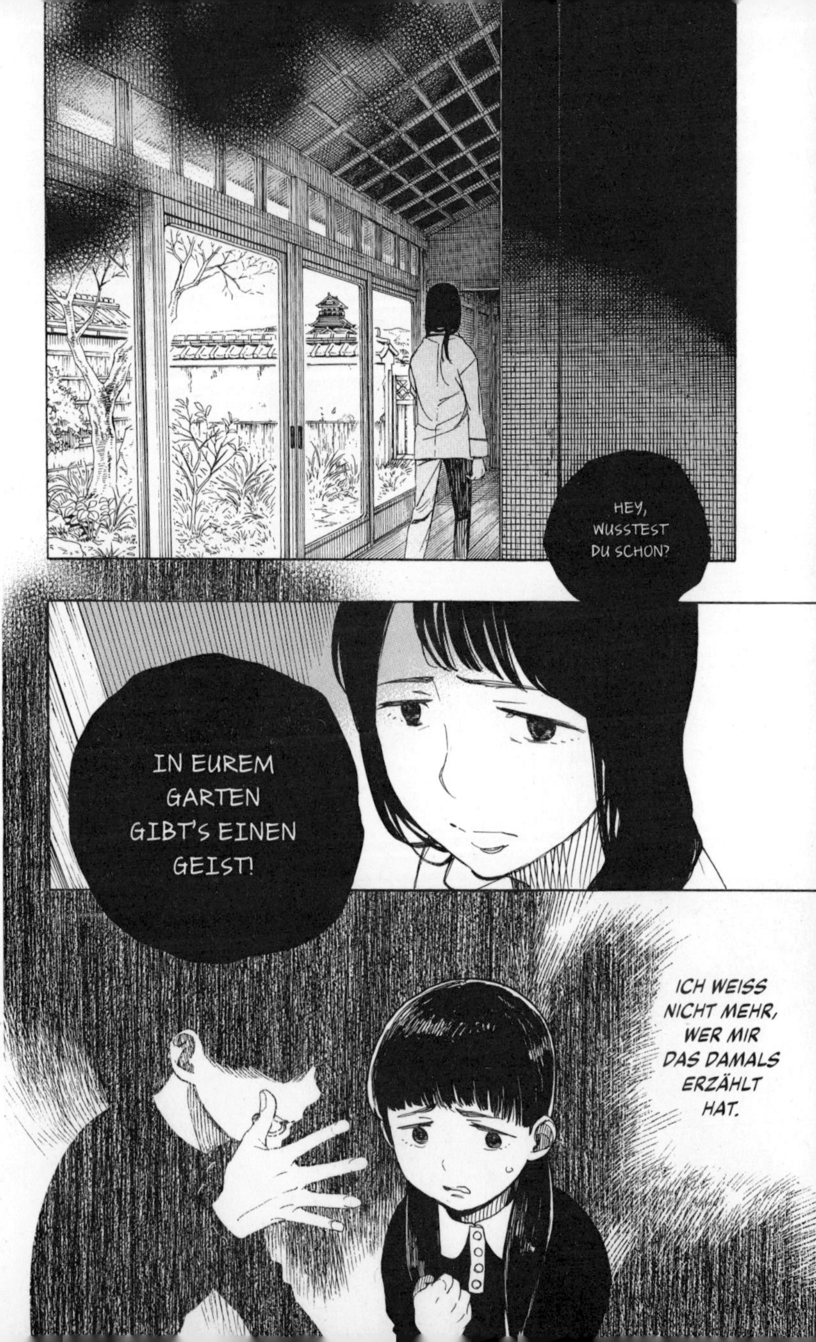
HEY, WUSSTEST DU SCHON?
IN EUREM GARTEN GIBT'S EINEN GEIST!
ICH WEISS NICHT MEHR, WER MIR DAS DAMALS ERZÄHLT HAT.

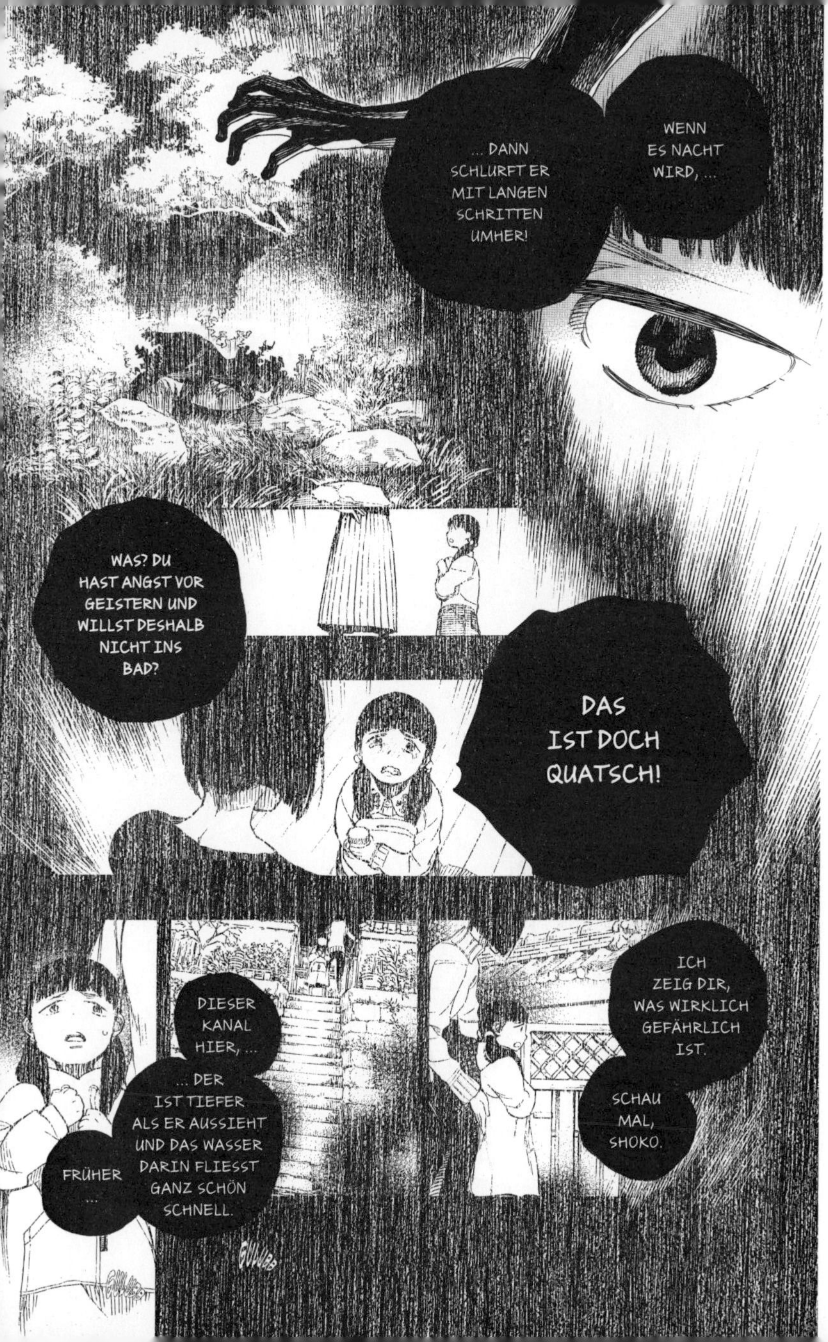
WENN ES NACHT WIRD, ...
... DANN SCHLURFT ER MIT LANGEN SCHRITTEN UMHER!
WAS? DU HAST ANGST VOR GEISTERN UND WILLST DESHALB NICHT INS BAD?
DAS IST DOCH QUATSCH!
ICH ZEIG DIR, WAS WIRKLICH GEFÄHRLICH IST.
SCHAU MAL, SHOKO.
DIESER KANAL HIER, ...
... DER IST TIEFER ALS ER AUSSIEHT UND DAS WASSER DARIN FLIESST GANZ SCHÖN SCHNELL.
FRÜHER ...

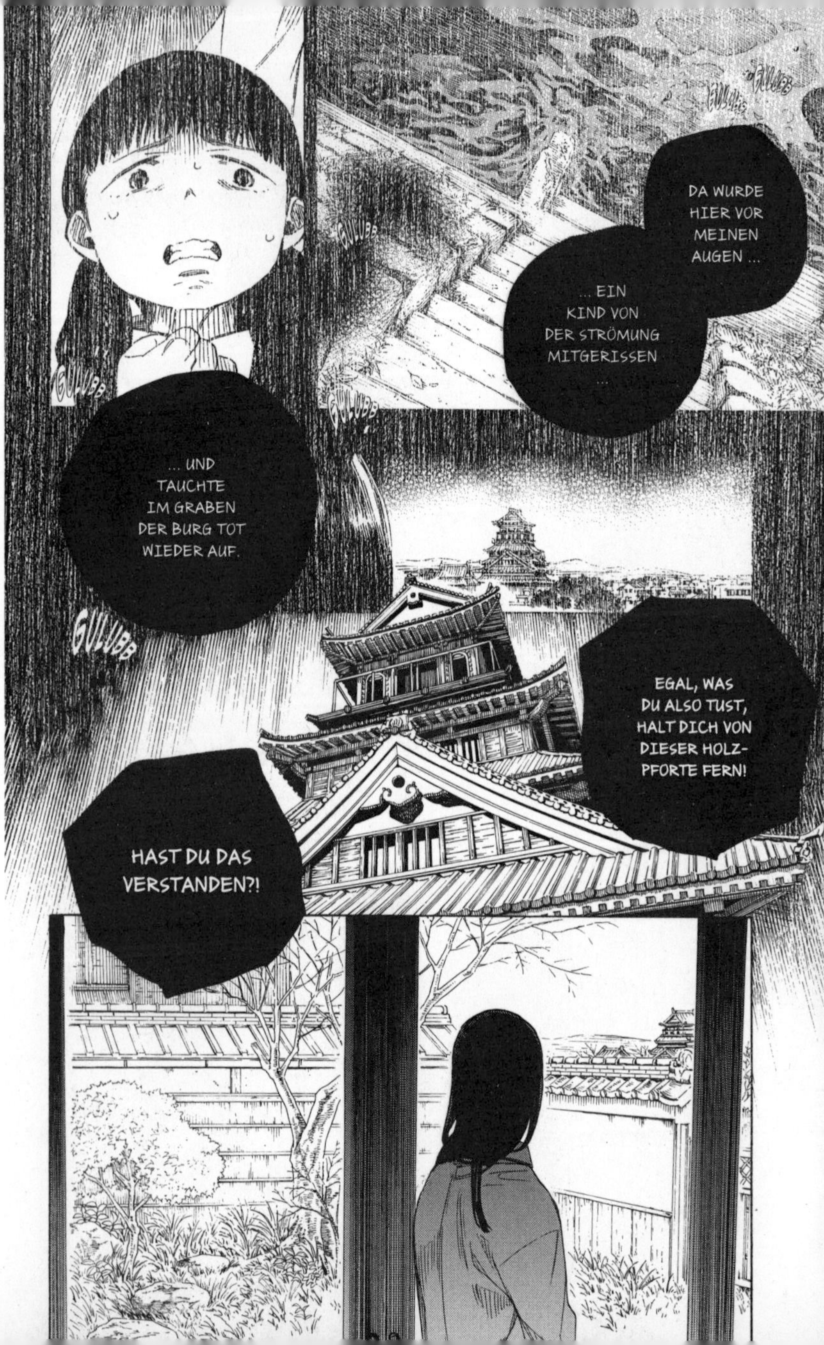

GULUBB
GULUBB
DA WURDE HIER VOR MEINEN AUGEN ...
... EIN KIND VON DER STRÖMUNG MITGERISSEN ...
GULUBB
GULUBB
GULUBB
... UND TAUCHTE IM GRABEN DER BURG TOT WIEDER AUF.
GULUBB
EGAL, WAS DU ALSO TUST, HALT DICH VON DIESER HOLZ-PFORTE FERN!
HAST DU DAS VERSTANDEN?!

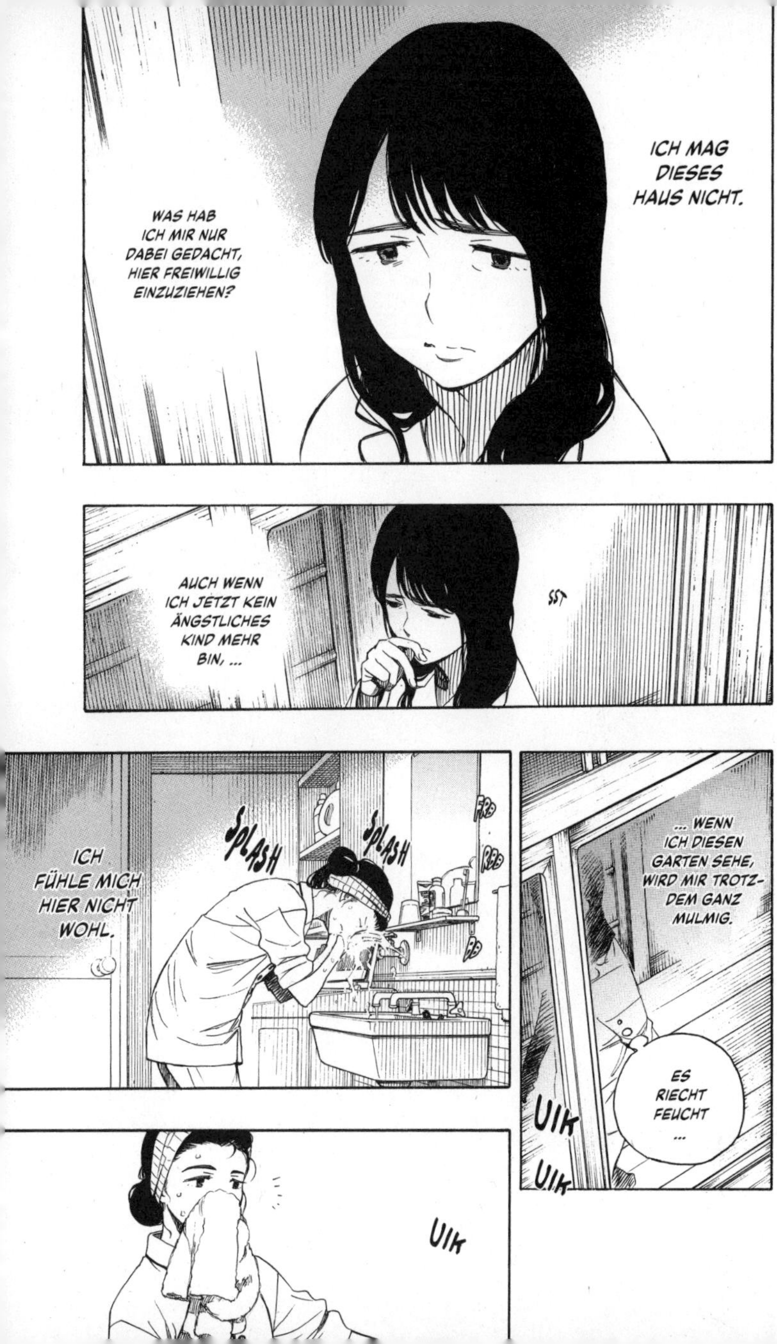
ICH MAG DIESES HAUS NICHT.
WAS HAB ICH MIR NUR DABEI GEDACHT, HIER FREIWILLIG EINZUZIEHEN?
SST
AUCH WENN ICH JETZT KEIN ÄNGSTLICHES KIND MEHR BIN, ...
... WENN ICH DIESEN GARTEN SEHE, WIRD MIR TROTZ-DEM GANZ MULMIG.
ES RIECHT FEUCHT ...
UIK
UIK
FRB
RBB
SPLASH
SPLASH
ICH FÜHLE MICH HIER NICHT WOHL.
UIK

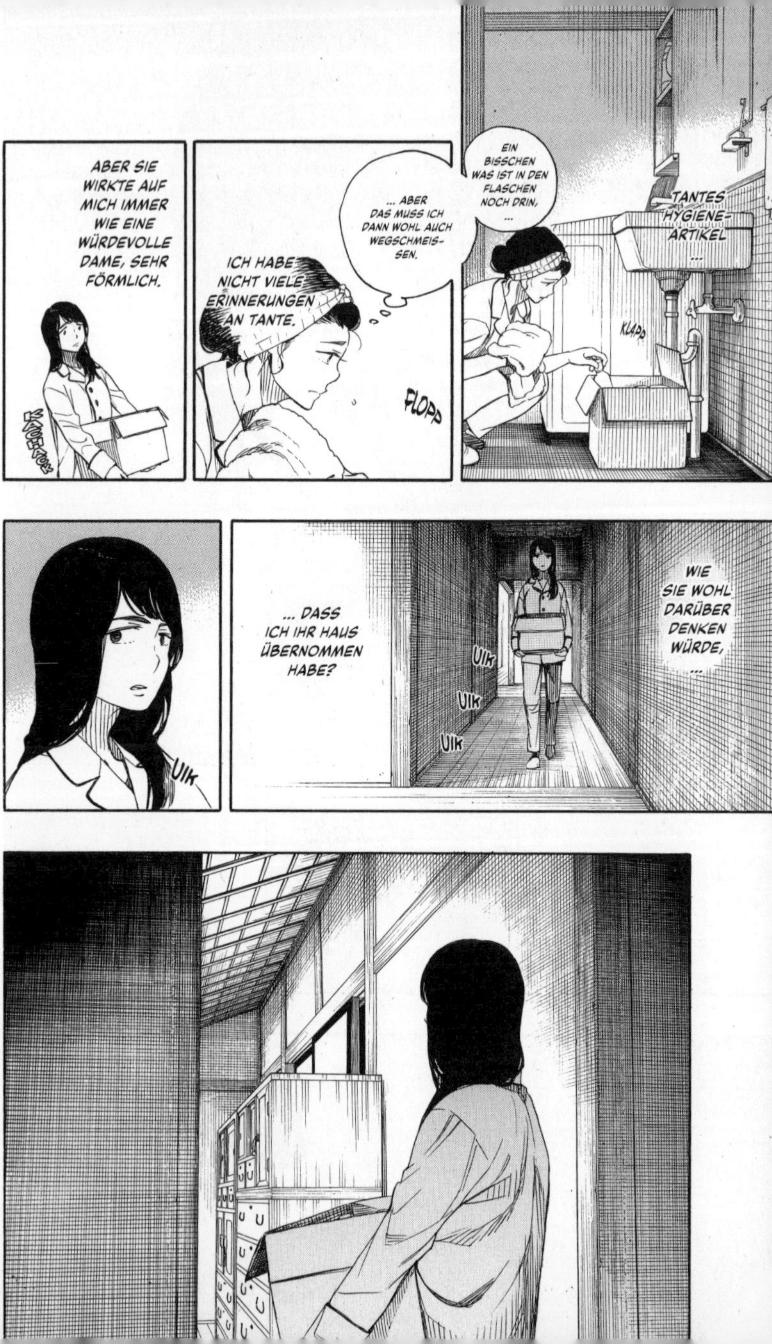
TANTES HYGIENE-ARTIKEL ...
EIN BISSCHEN WAS IST IN DEN FLASCHEN NOCH DRIN, ...
... ABER DAS MUSS ICH DANN WOHL AUCH WEGSCHMEIS-SEN.
KLAPP
FLOPP
ICH HABE NICHT VIELE ERINNERUNGEN AN TANTE.
ABER SIE WIRKTE AUF MICH IMMER WIE EINE WÜRDEVOLLE DAME, SEHR FÖRMLICH.
KACHACK
WIE SIE WOHL DARÜBER DENKEN WÜRDE, ...
UIK
UIK
UIK
... DASS ICH IHR HAUS ÜBERNOMMEN HABE?
UIK

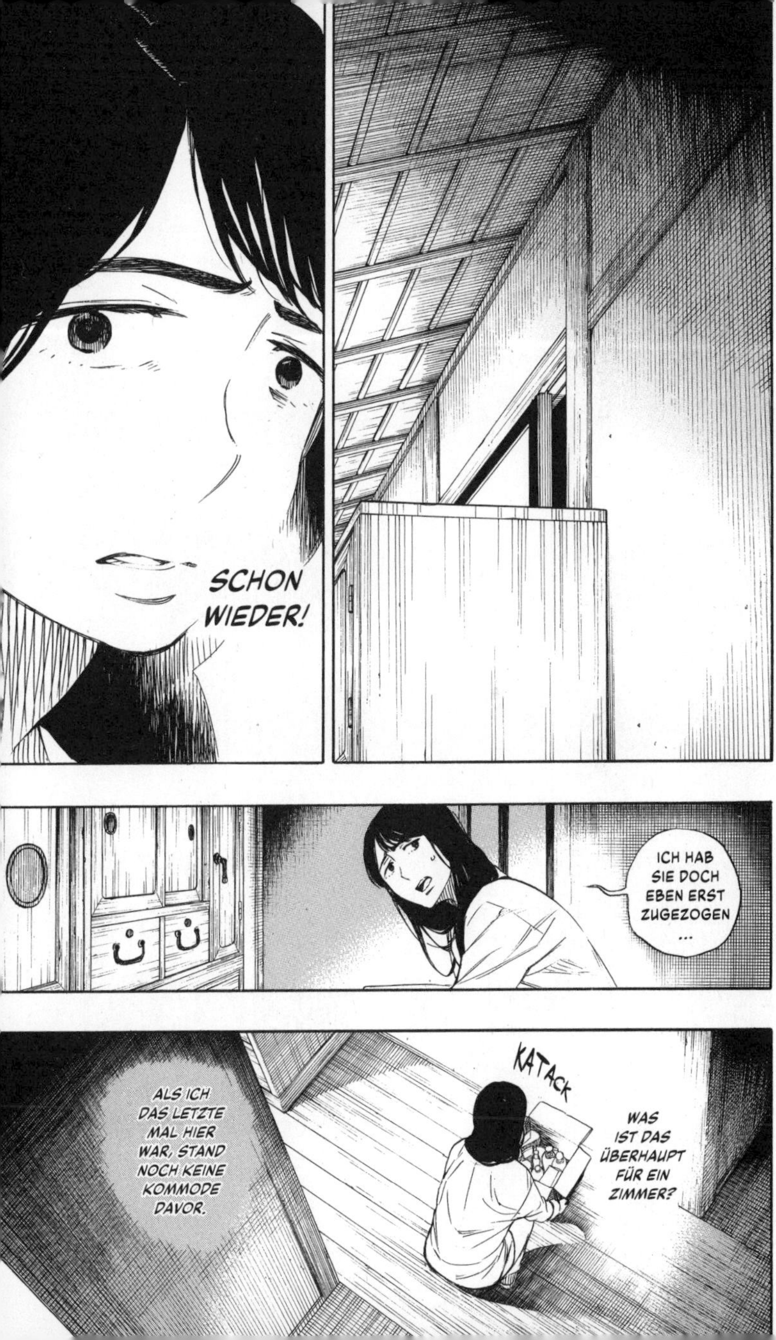

SCHON WIEDER!
ICH HAB SIE DOCH EBEN ERST ZUGEZOGEN ...
KATACK
WAS IST DAS ÜBERHAUPT FÜR EIN ZIMMER?
ALS ICH DAS LETZTE MAL HIER WAR, STAND NOCH KEINE KOMMODE DAVOR.

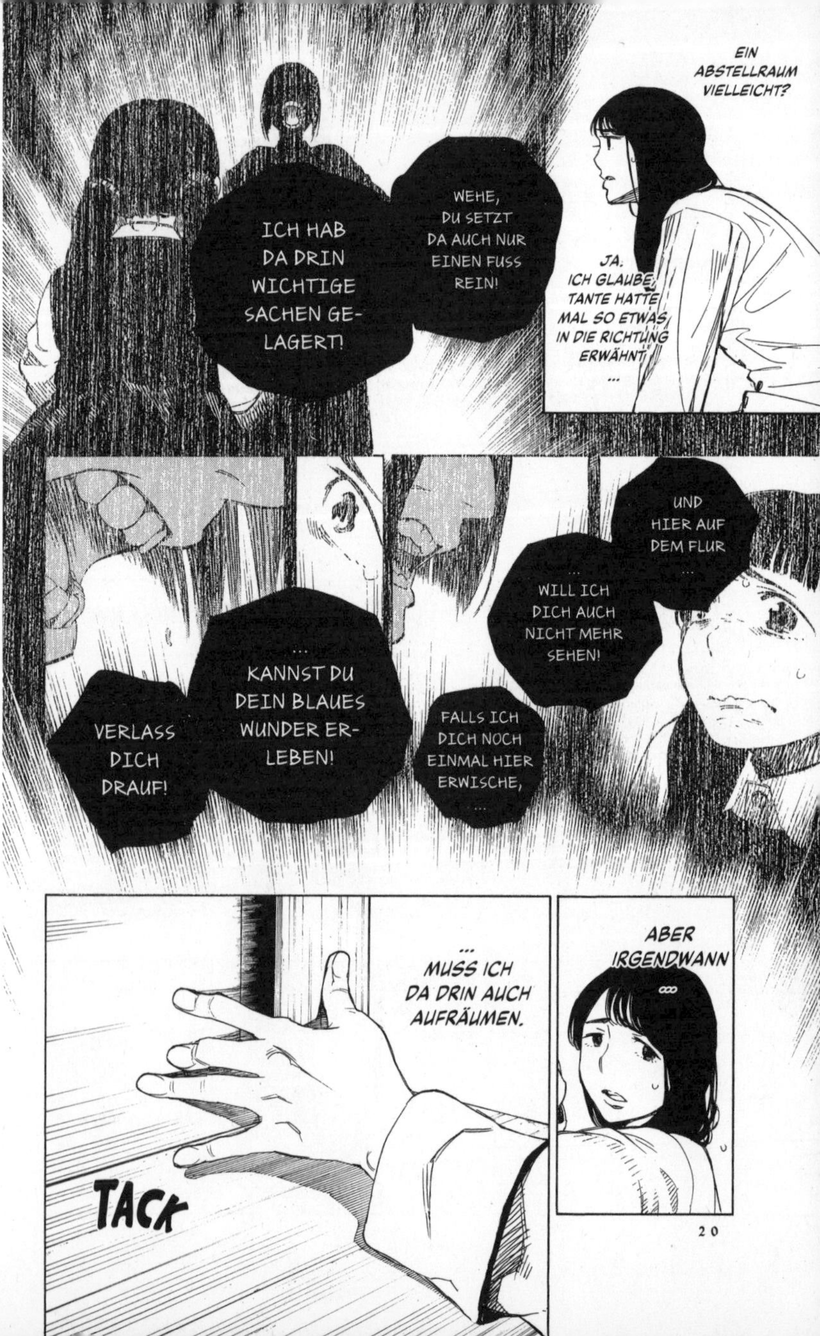
EIN ABSTELLRAUM VIELLEICHT?
JA. ICH GLAUBE, TANTE HATTE MAL SO ETWAS IN DIE RICHTUNG ERWÄHNT ...
WEHE, DU SETZT DA AUCH NUR EINEN FUSS REIN!
ICH HAB DA DRIN WICHTIGE SACHEN GE-LAGERT!
UND HIER AUF DEM FLUR ...
... WILL ICH DICH AUCH NICHT MEHR SEHEN!
FALLS ICH DICH NOCH EINMAL HIER ERWISCHE, ...
... KANNST DU DEIN BLAUES WUNDER ER-LEBEN!
VERLASS DICH DRAUF!
ABER IRGENDWANN ...
... MUSS ICH DA DRIN AUCH AUFRÄUMEN.
TACK

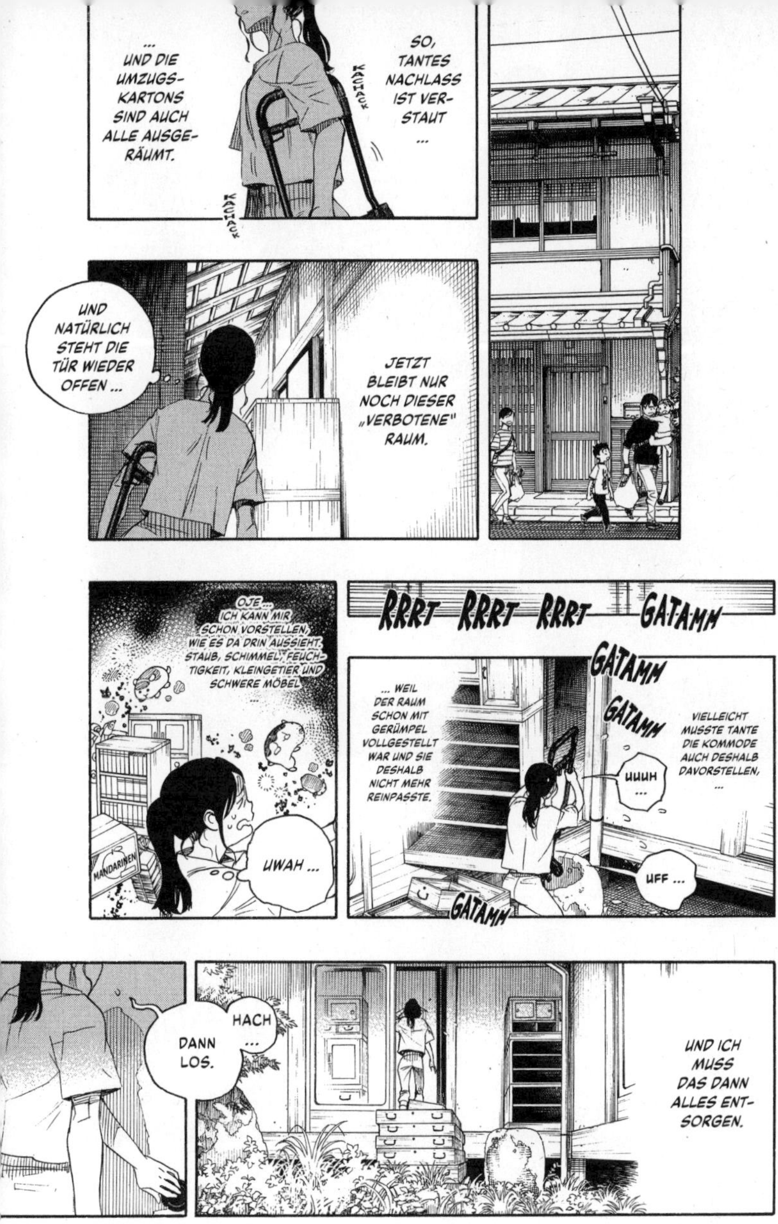

SO, TANTES NACHLASS IST VERSTAUT ...
KACHACK
KACHACK
... UND DIE UMZUGSKARTONS SIND AUCH ALLE AUSGERÄUMT.
JETZT BLEIBT NUR NOCH DIESER „VERBOTENE" RAUM.
UND NATÜRLICH STEHT DIE TÜR WIEDER OFFEN ...
RRRT RRRT RRRT GATAMM
GATAMM
GATAMM
VIELLEICHT MUSSTE TANTE DIE KOMMODE AUCH DESHALB DAVORSTELLEN, ...
UUUH ...
... WEIL DER RAUM SCHON MIT GERÜMPEL VOLLGESTELLT WAR UND SIE DESHALB NICHT MEHR REINPASSTE.
UFF ...
GATAMM
OJE ... ICH KANN MIR SCHON VORSTELLEN, WIE ES DA DRIN AUSSIEHT. STAUB, SCHIMMEL, FEUCHTIGKEIT, KLEINGETIER UND SCHWERE MÖBEL ...
UWAH ...
MANDARINEN
UND ICH MUSS DAS DANN ALLES ENTSORGEN.
HACH ...
DANN LOS.

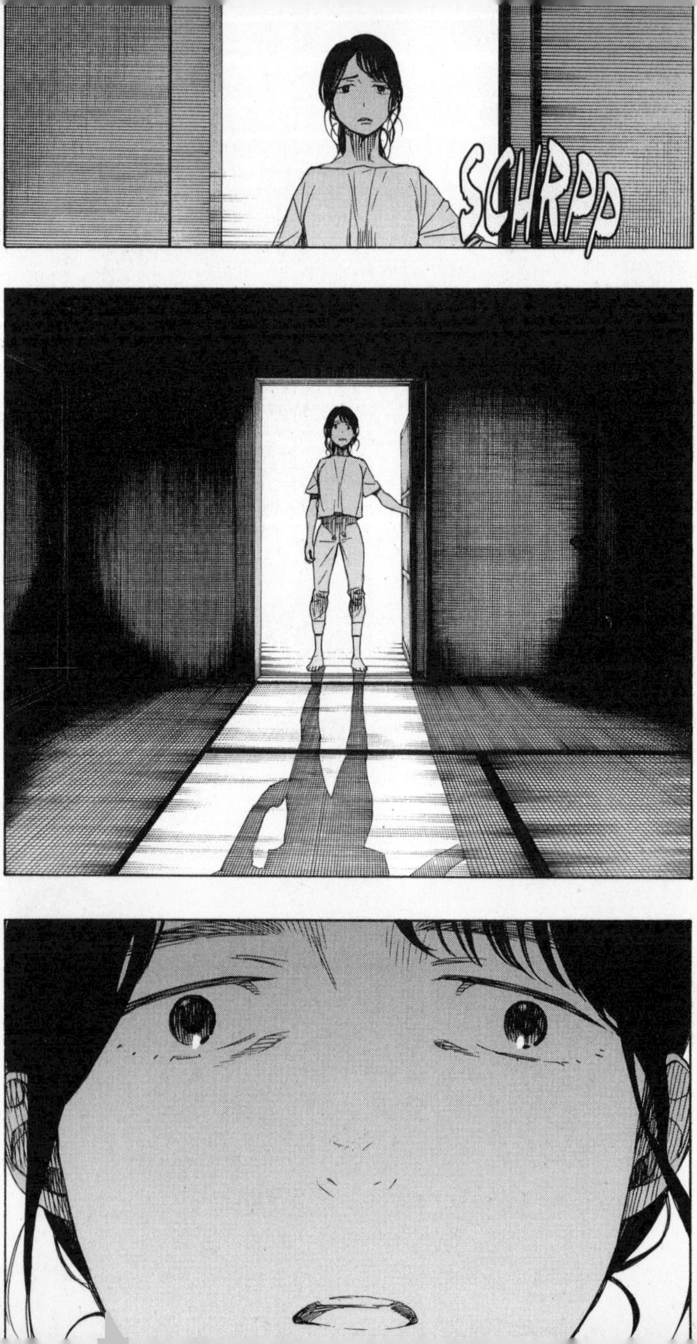
SCHRPP

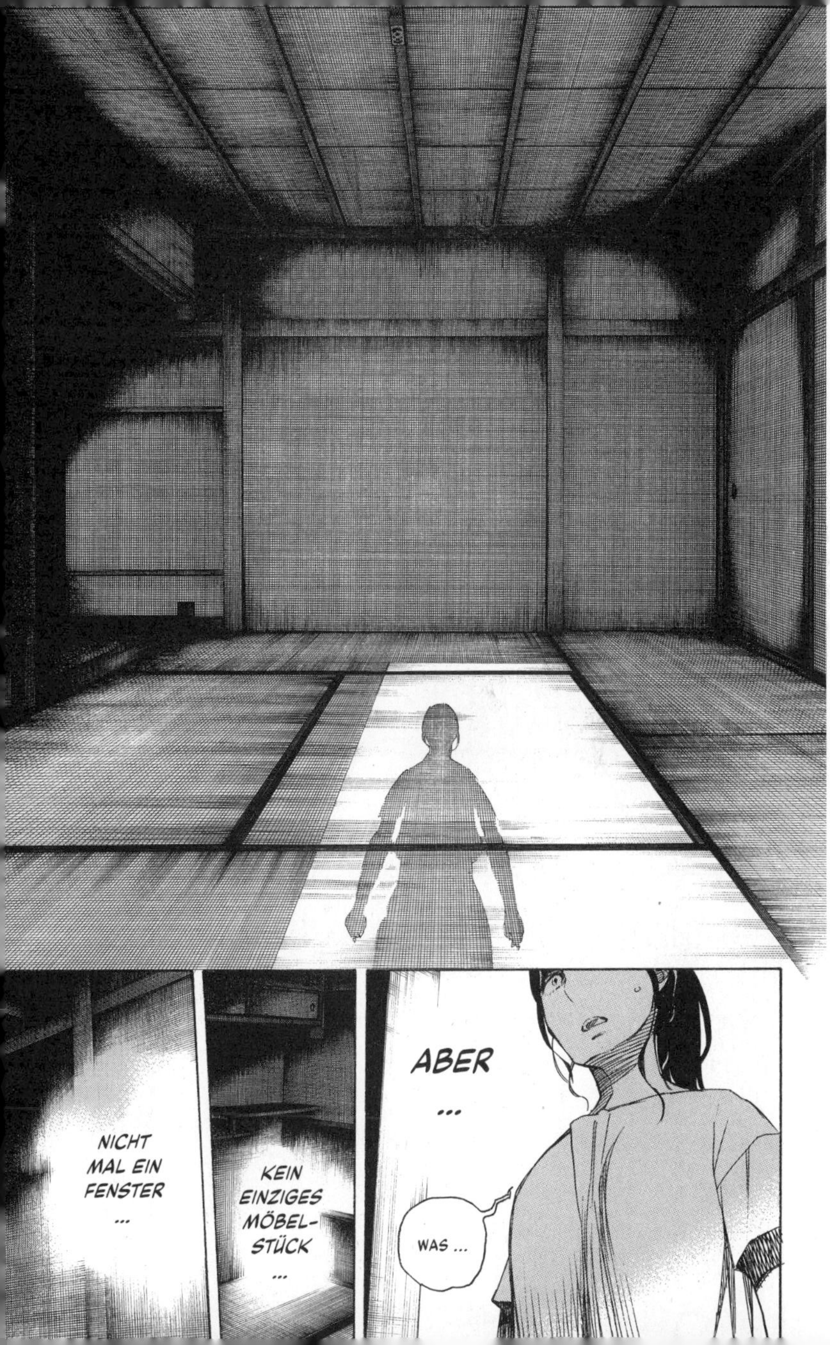
ABER ...
WAS ...
KEIN EINZIGES MÖBEL-STÜCK ...
NICHT MAL EIN FENSTER ...

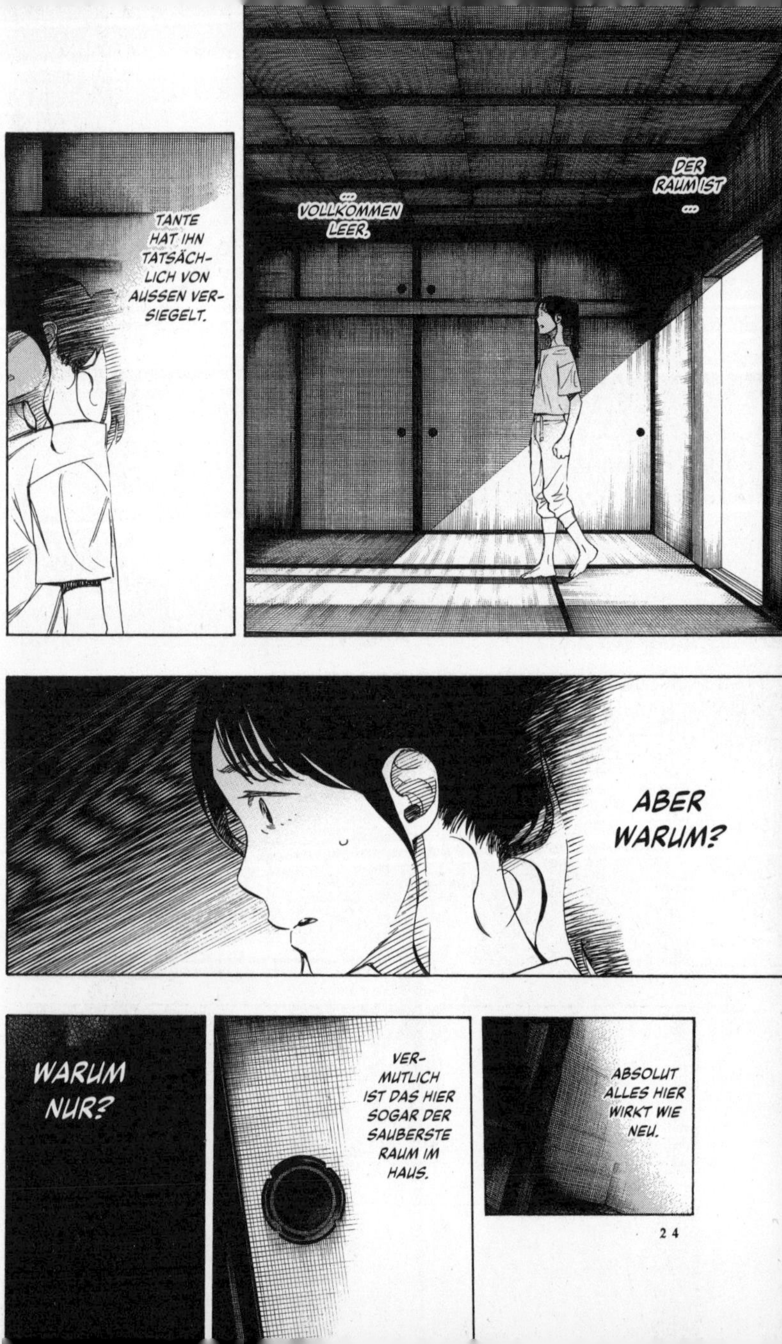
DER RAUM IST ...
... VOLLKOMMEN LEER.
TANTE HAT IHN TATSÄCH-LICH VON AUSSEN VER-SIEGELT.
ABER WARUM?
ABSOLUT ALLES HIER WIRKT WIE NEU.
VER-MUTLICH IST DAS HIER SOGAR DER SAUBERSTE RAUM IM HAUS.
WARUM NUR?

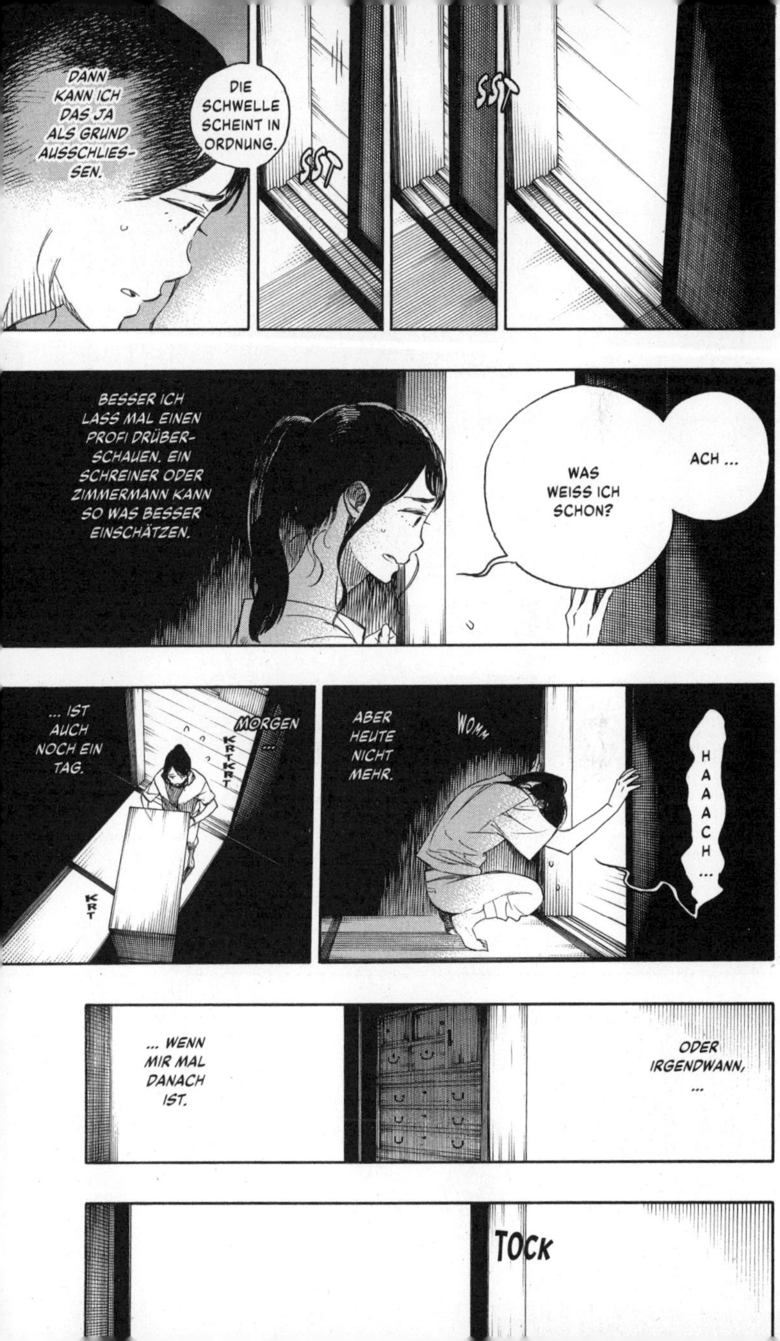
DANN KANN ICH DAS JA ALS GRUND AUSSCHLIES-SEN.
DIE SCHWELLE SCHEINT IN ORDNUNG.
SST
SST
BESSER ICH LASS MAL EINEN PROFI DRÜBER-SCHAUEN. EIN SCHREINER ODER ZIMMERMANN KANN SO WAS BESSER EINSCHÄTZEN.
WAS WEISS ICH SCHON?
ACH ...
... IST AUCH NOCH EIN TAG.
MORGEN ...
KRTKRT
KRT
ABER HEUTE NICHT MEHR.
WOMM
HAAACH ...
... WENN MIR MAL DANACH IST.
ODER IRGENDWANN, ...
TOCK

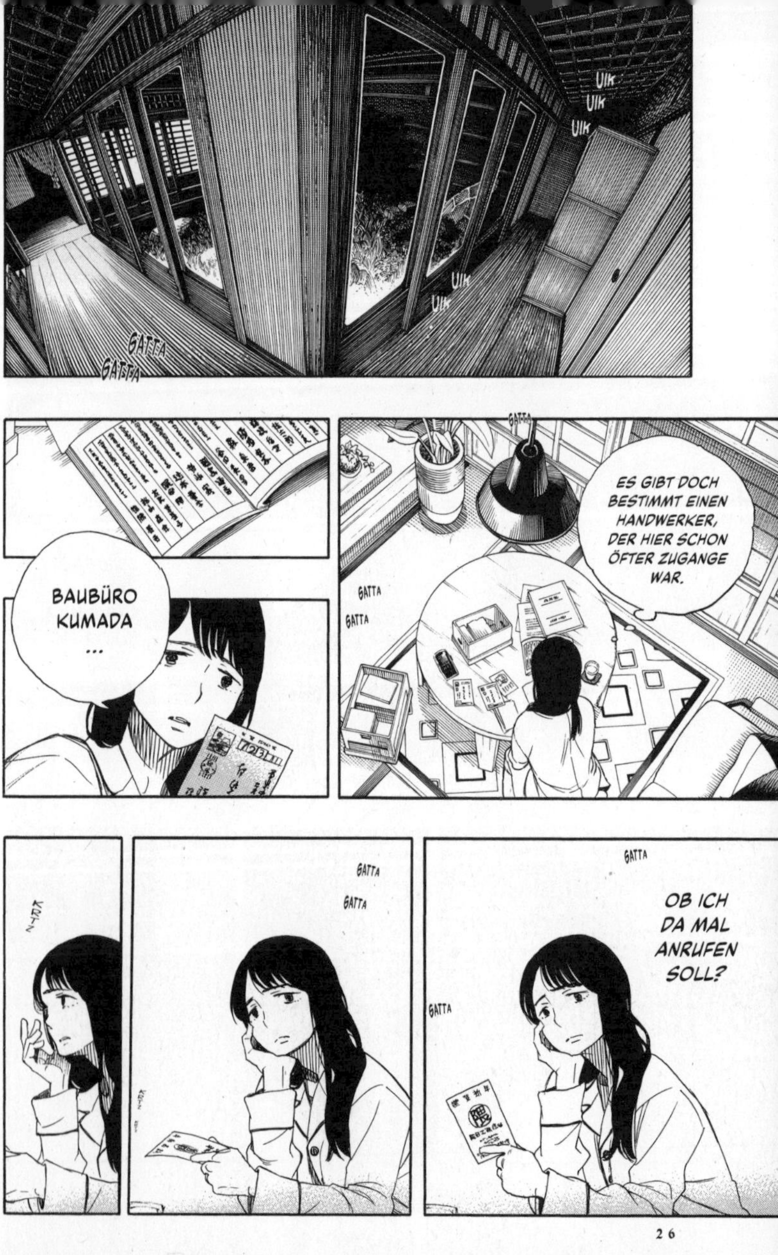
UIK
UIK
UIK
UIK
UIK
GATTA
GATTA
GATTA
ES GIBT DOCH BESTIMMT EINEN HANDWERKER, DER HIER SCHON ÖFTER ZUGANGE WAR.
GATTA
GATTA
BAUBÜRO KUMADA ...
GATTA
OB ICH DA MAL ANRUFEN SOLL?
GATTA
GATTA
GATTA
KRTZ

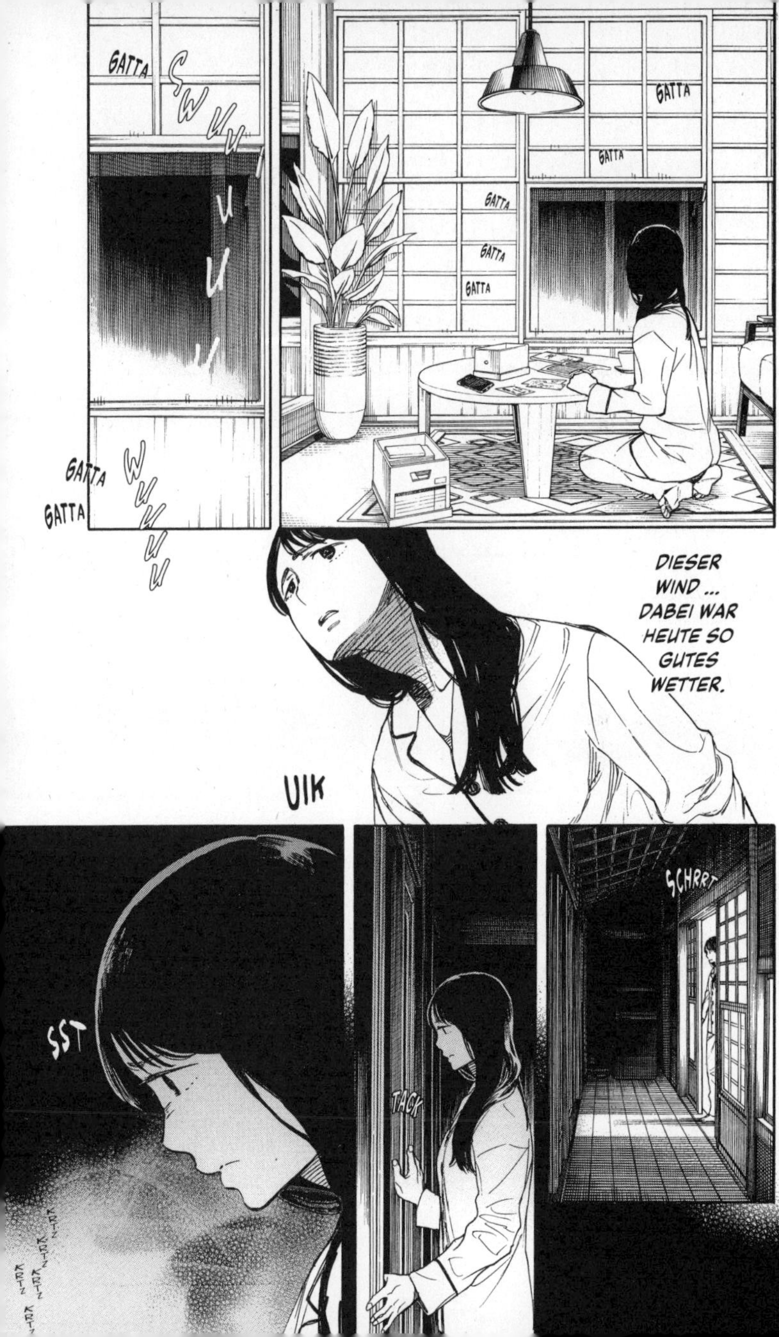
GATTA
GATTA
GATTA
GATTA
GATTA
GATTA
SWUUUUU
GATTA
GATTA
WUUUU
DIESER WIND ... DABEI WAR HEUTE SO GUTES WETTER.
UIK
SCHRRT
TACK
SST
KRTZ
KRTZ
KRTZ
KRTZ

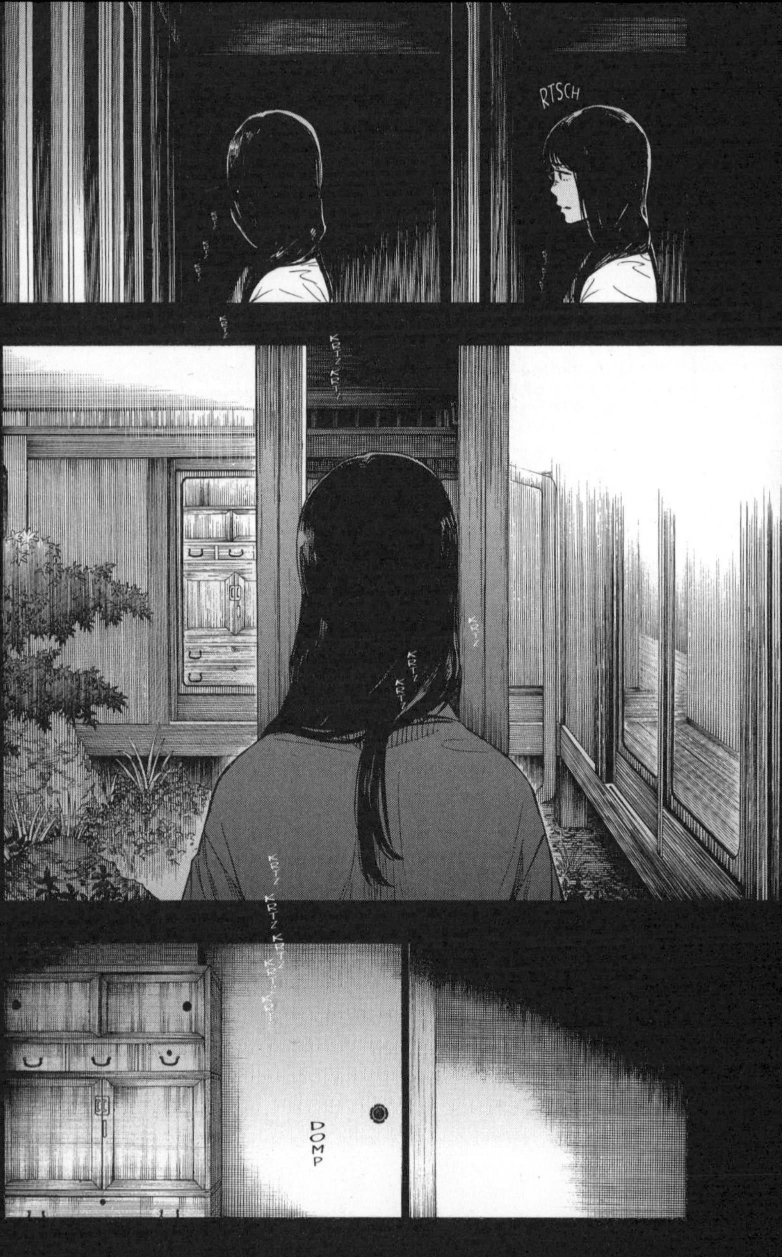
RTSCH
KRTZ KRTZ
KRTZ
KRTZ
KRTZ KRTZ
DOMP

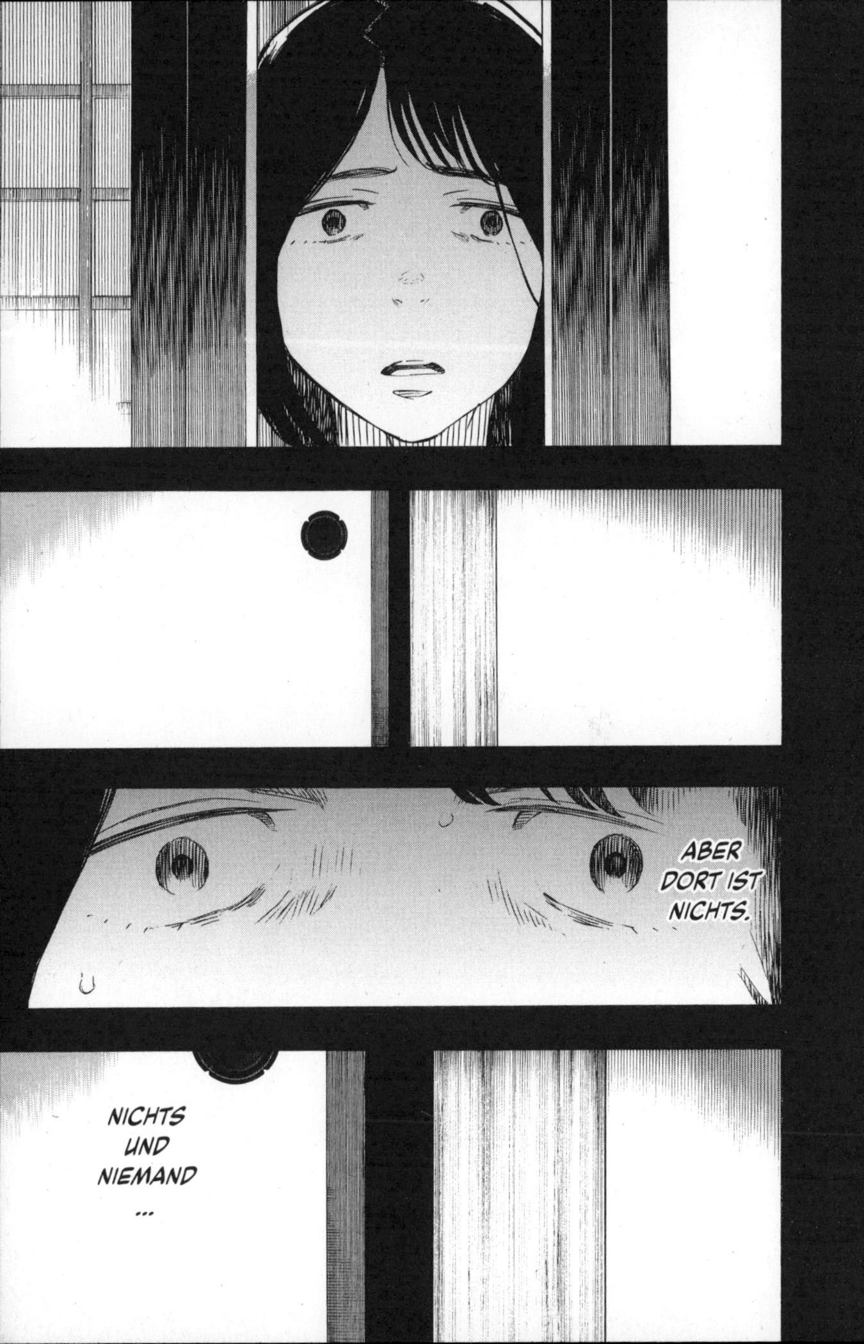
ABER DORT IST NICHTS.
NICHTS UND NIEMAND ...

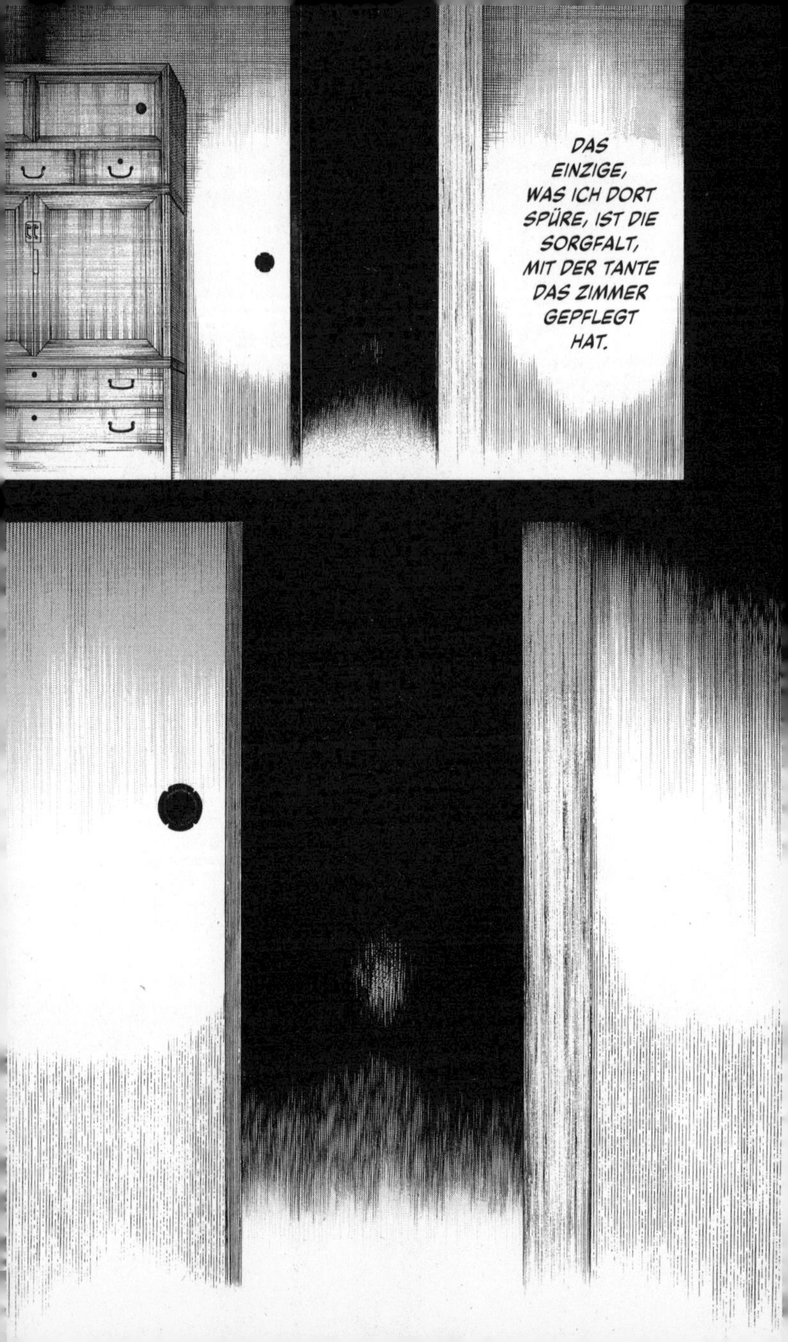
DAS EINZIGE, WAS ICH DORT SPÜRE, IST DIE SORGFALT, MIT DER TANTE DAS ZIMMER GEPFLEGT HAT.

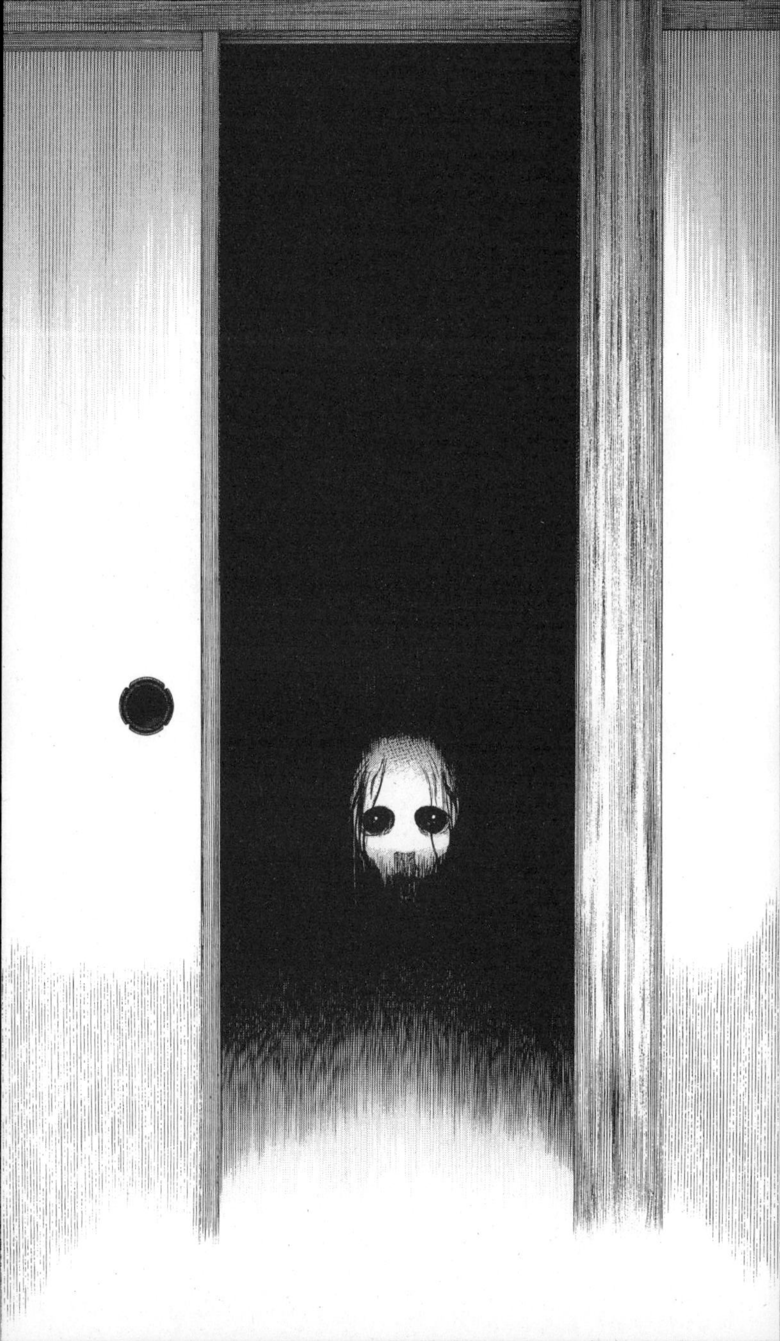

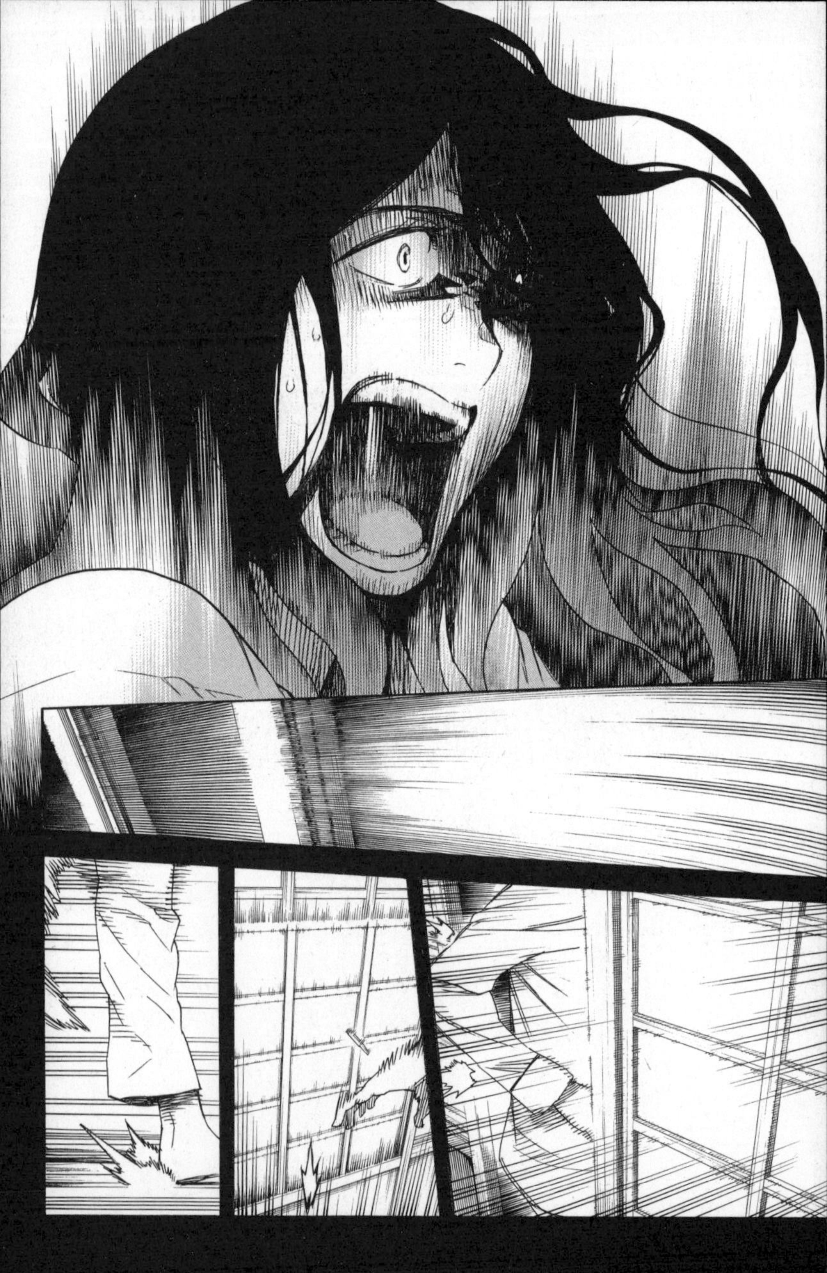

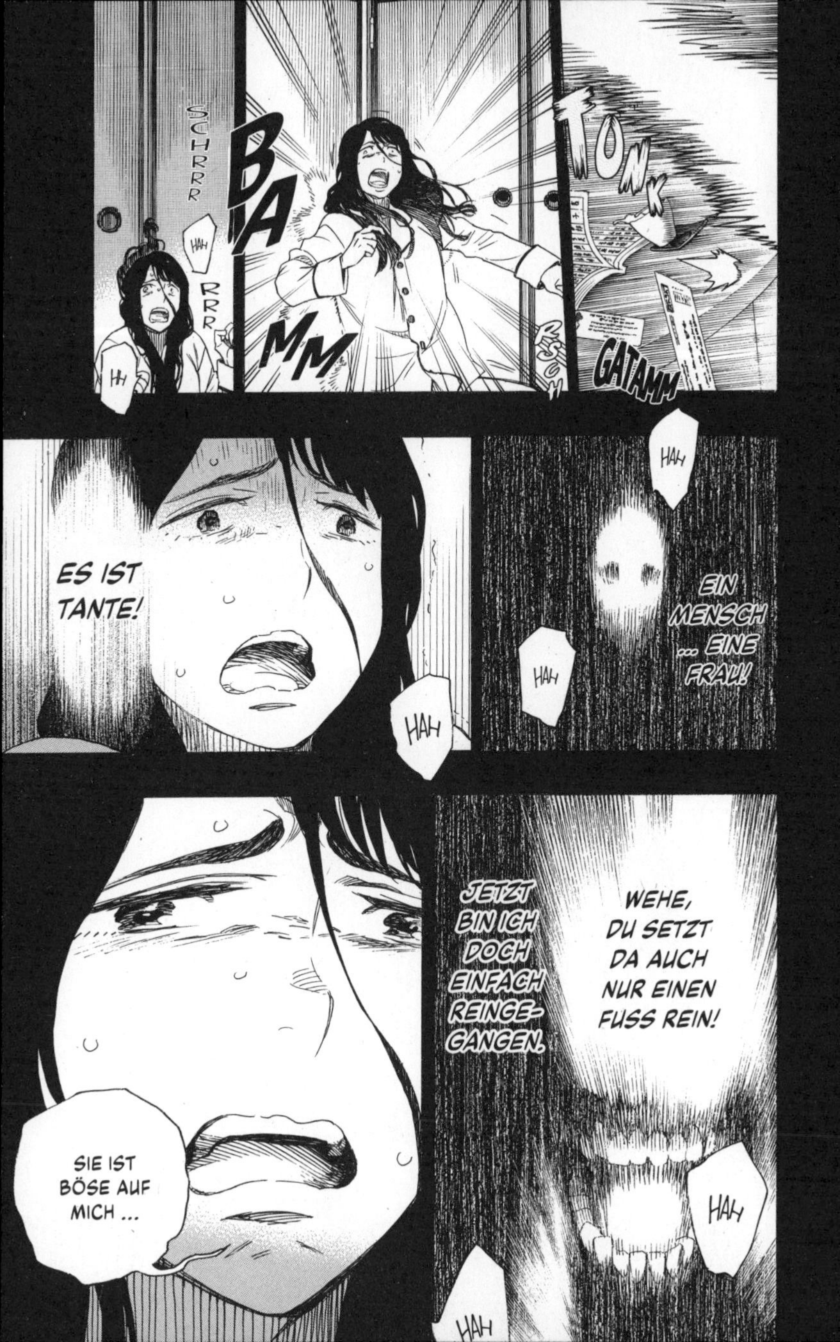
SCHRRR
RRR
HAH
HH
BAMM
TONK
RSCH
GATAMM
HAH
ES IST TANTE!
HAH
HAH
EIN MENSCH ... EINE FRAU!
WEHE, DU SETZT DA AUCH NUR EINEN FUSS REIN!
JETZT BIN ICH DOCH EINFACH REINGE-GANGEN.
SIE IST BÖSE AUF MICH ...
HAH
HAH

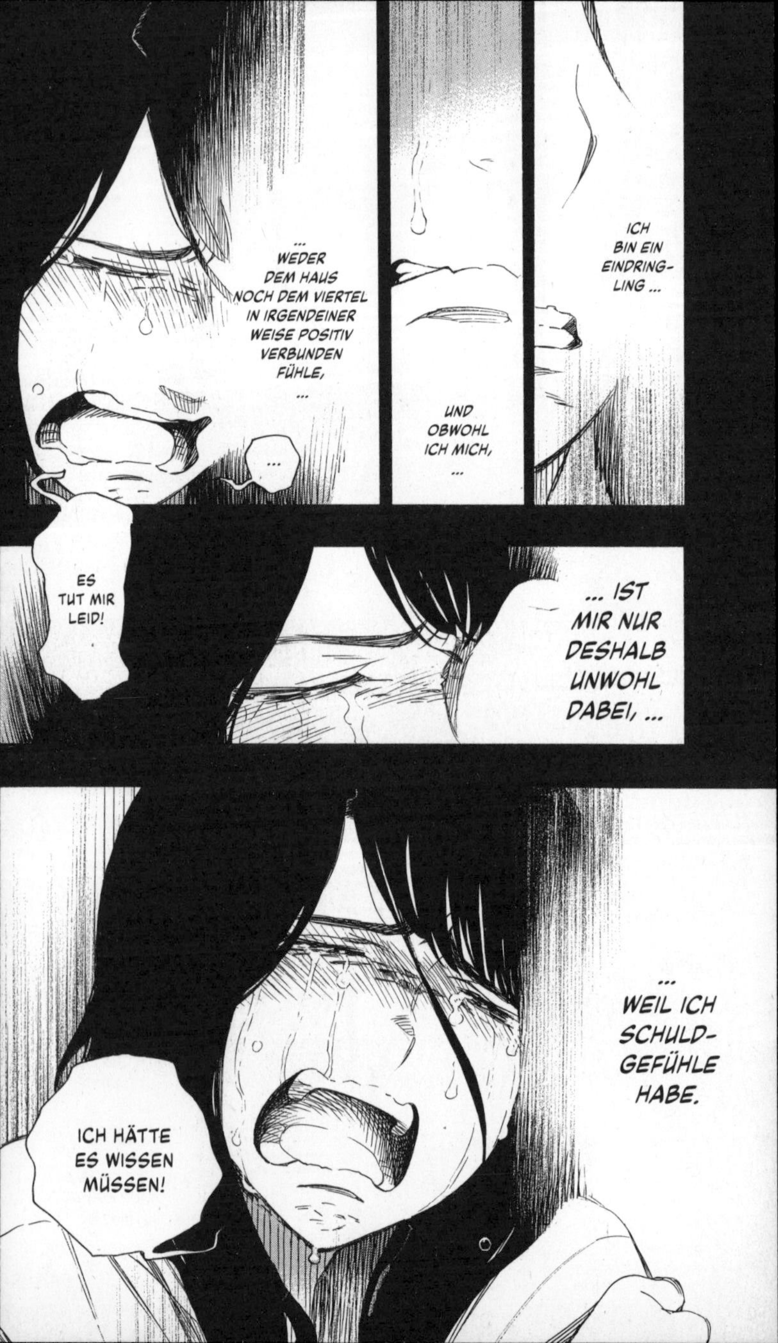
ICH BIN EIN EINDRING-LING ...
UND OBWOHL ICH MICH, ...
... WEDER DEM HAUS NOCH DEM VIERTEL IN IRGENDEINER WEISE POSITIV VERBUNDEN FÜHLE, ...
...
ES TUT MIR LEID!
... IST MIR NUR DESHALB UNWOHL DABEI, ...
... WEIL ICH SCHULD-GEFÜHLE HABE.
ICH HÄTTE ES WISSEN MÜSSEN!

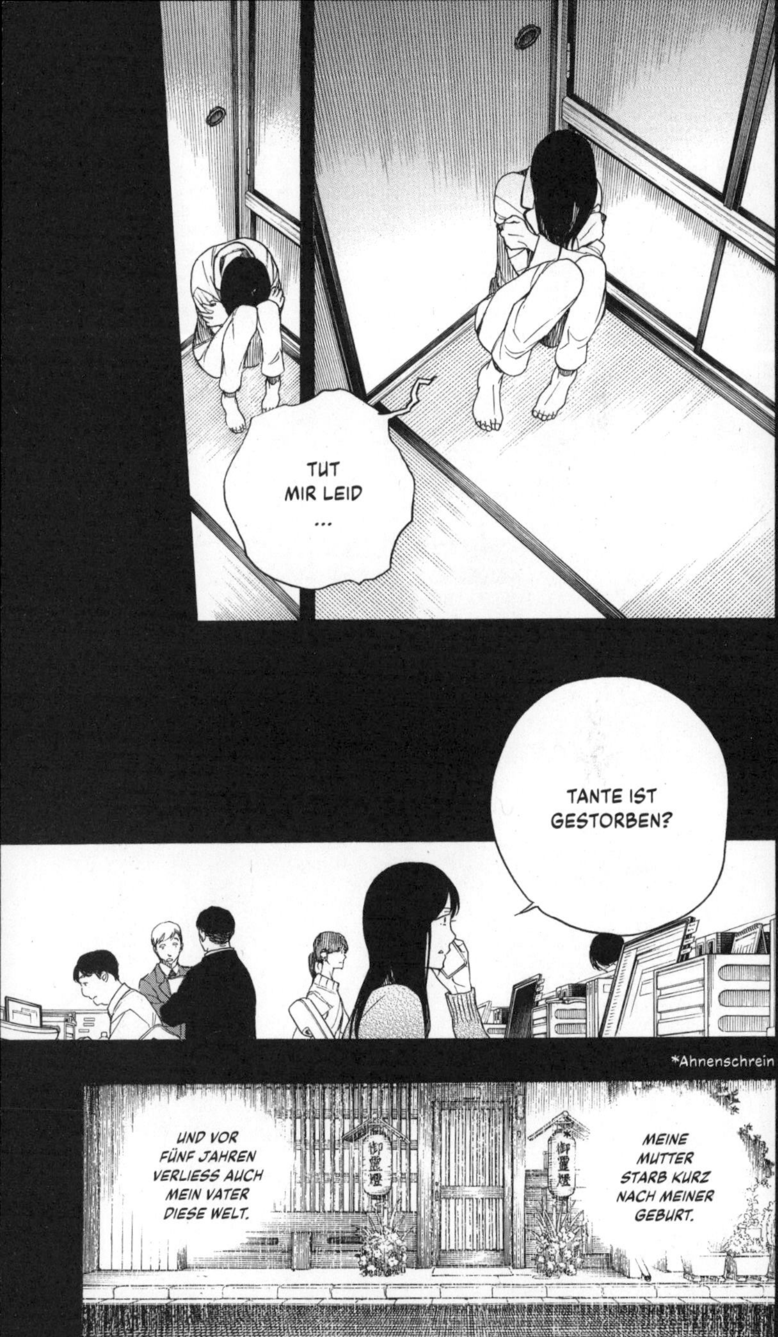
TUT MIR LEID ...
TANTE IST GESTORBEN?
*Ahnenschrein
MEINE MUTTER STARB KURZ NACH MEINER GEBURT.
UND VOR FÜNF JAHREN VERLIESS AUCH MEIN VATER DIESE WELT.

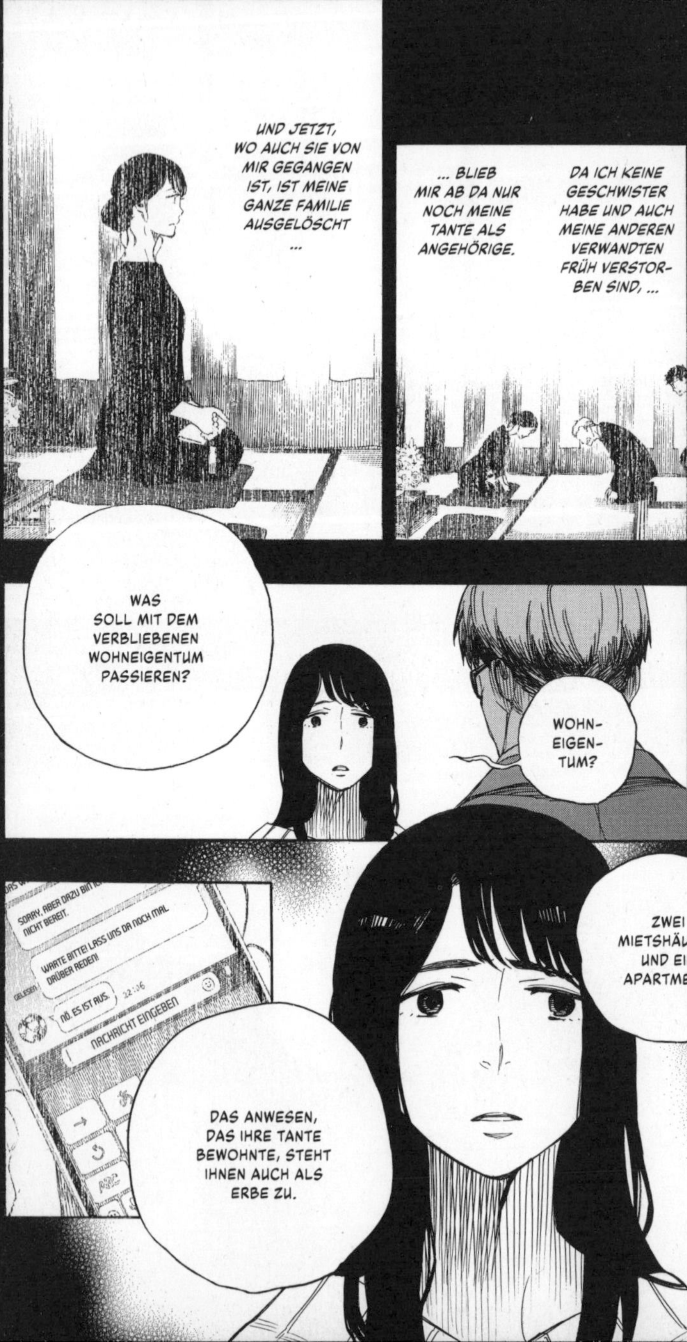
DA ICH KEINE GESCHWISTER HABE UND AUCH MEINE ANDEREN VERWANDTEN FRÜH VERSTOR-BEN SIND, ...
... BLIEB MIR AB DA NUR NOCH MEINE TANTE ALS ANGEHÖRIGE.
UND JETZT, WO AUCH SIE VON MIR GEGANGEN IST, IST MEINE GANZE FAMILIE AUSGELÖSCHT ...
WAS SOLL MIT DEM VERBLIEBENEN WOHNEIGENTUM PASSIEREN?
WOHN-EIGEN-TUM?
ZWEI MIETSHÄUSER UND EIN APARTMENT.
DAS ANWESEN, DAS IHRE TANTE BEWOHNTE, STEHT IHNEN AUCH ALS ERBE ZU.
WARTE BITTE! LASS UNS DA NOCH MAL DRÜBER REDEN!
GELESEN
NÖ. ES IST AUS.
22:36
NACHRICHT EINGEBEN

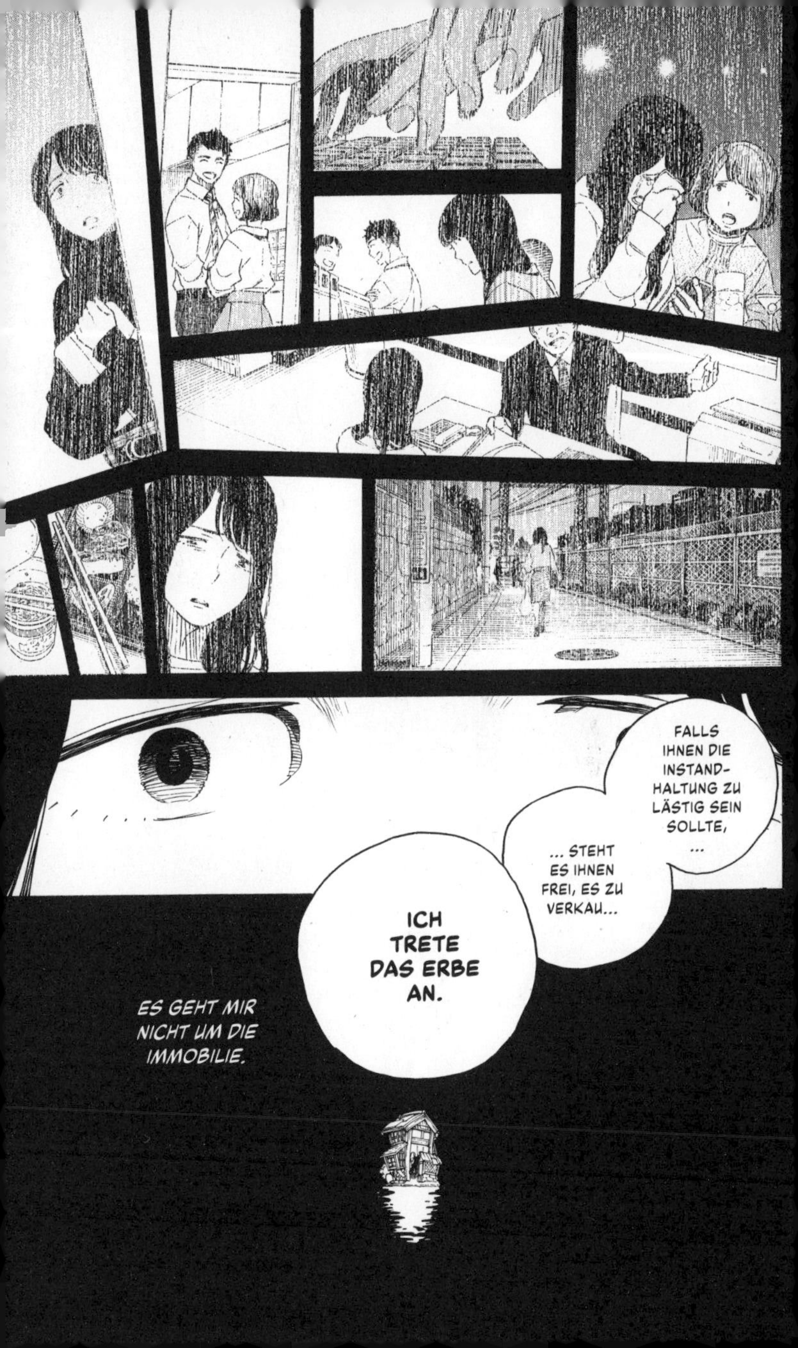
FALLS IHNEN DIE INSTAND-HALTUNG ZU LÄSTIG SEIN SOLLTE, ...
... STEHT ES IHNEN FREI, ES ZU VERKAU...
ICH TRETE DAS ERBE AN.
ES GEHT MIR NICHT UM DIE IMMOBILIE.

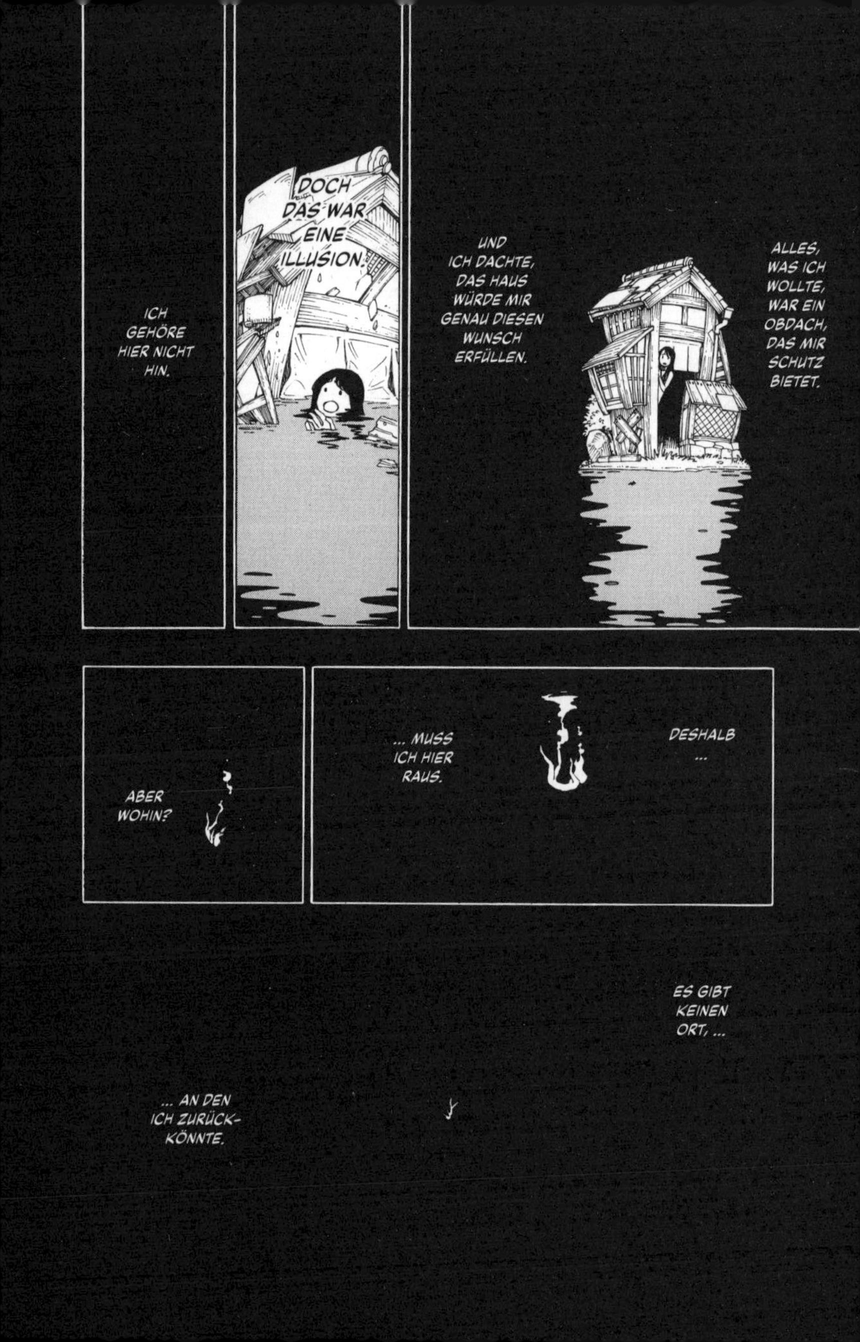
ALLES, WAS ICH WOLLTE, WAR EIN OBDACH, DAS MIR SCHUTZ BIETET.
UND ICH DACHTE, DAS HAUS WÜRDE MIR GENAU DIESEN WUNSCH ERFÜLLEN.
DOCH DAS WAR EINE ILLUSION.
ICH GEHÖRE HIER NICHT HIN.
DESHALB ...
... MUSS ICH HIER RAUS.
ABER WOHIN?
ES GIBT KEINEN ORT, ...
... AN DEN ICH ZURÜCK-KÖNNTE.

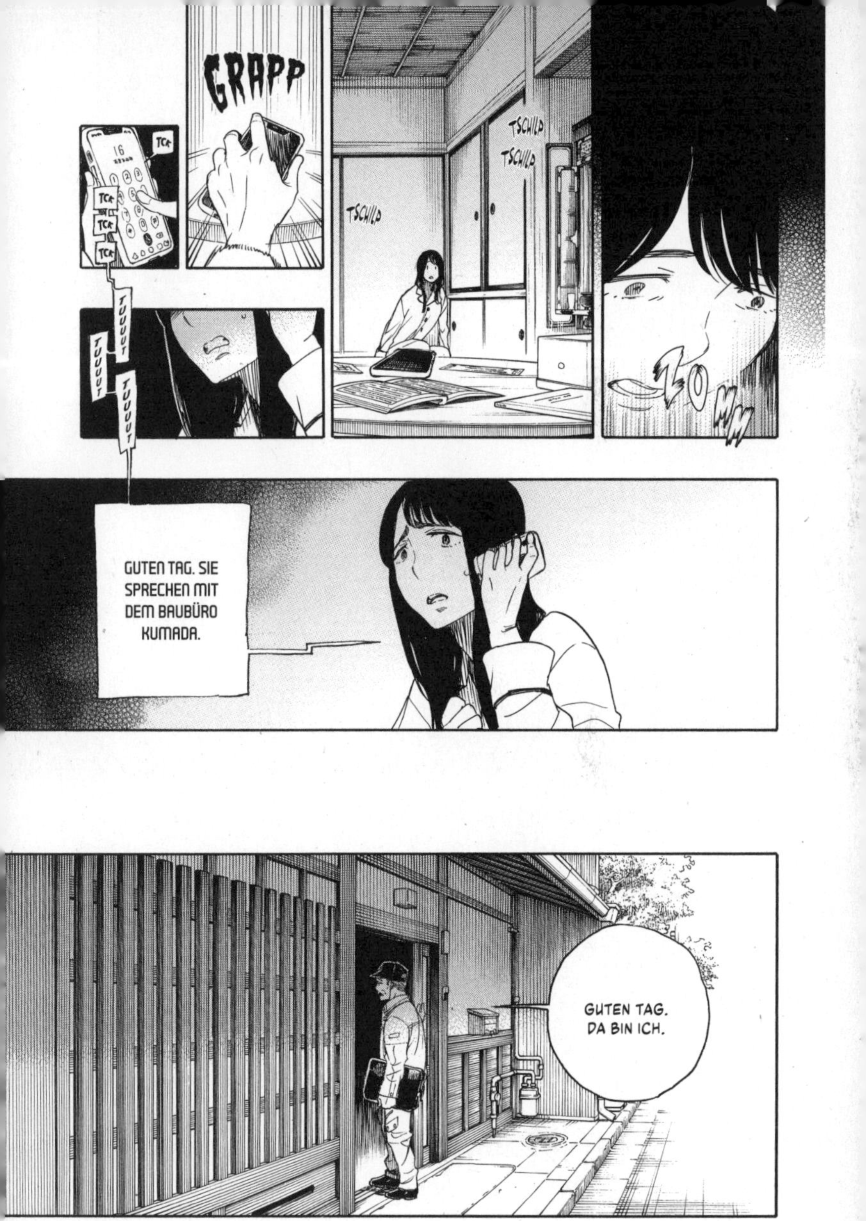
GRAPP
TSCHILP
TSCHILP
TSCHILP
ZOOMM
TCK
TCK
TCK
TCK
TUUUUT
TUUUUT
TUUUUT
GUTEN TAG. SIE SPRECHEN MIT DEM BAUBÜRO KUMADA.
GUTEN TAG. DA BIN ICH.

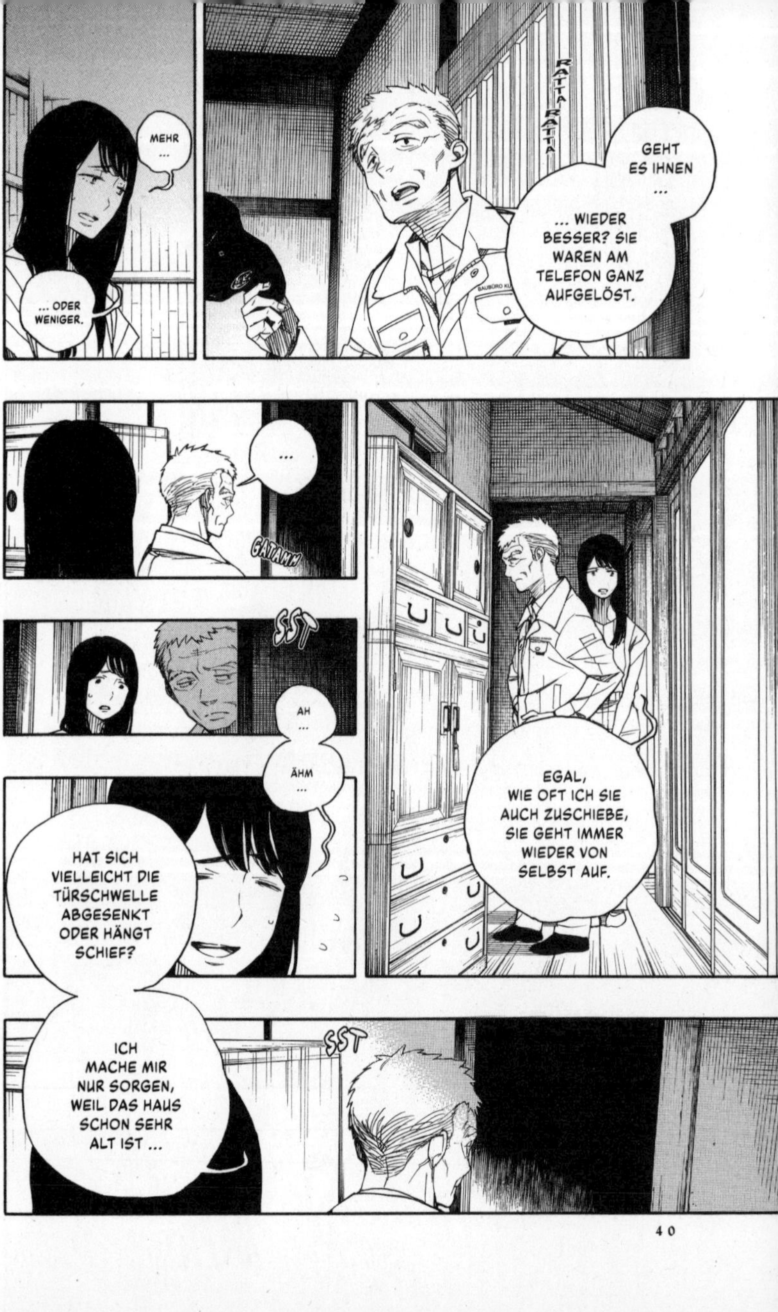
RATTA RATTA
GEHT ES IHNEN ...
... WIEDER BESSER? SIE WAREN AM TELEFON GANZ AUFGELÖST.
MEHR ...
... ODER WENIGER.
EGAL, WIE OFT ICH SIE AUCH ZUSCHIEBE, SIE GEHT IMMER WIEDER VON SELBST AUF.
...
GATAMM
SST
AH ...
ÄHM ...
HAT SICH VIELLEICHT DIE TÜRSCHWELLE ABGESENKT ODER HÄNGT SCHIEF?
ICH MACHE MIR NUR SORGEN, WEIL DAS HAUS SCHON SEHR ALT IST ...
SST

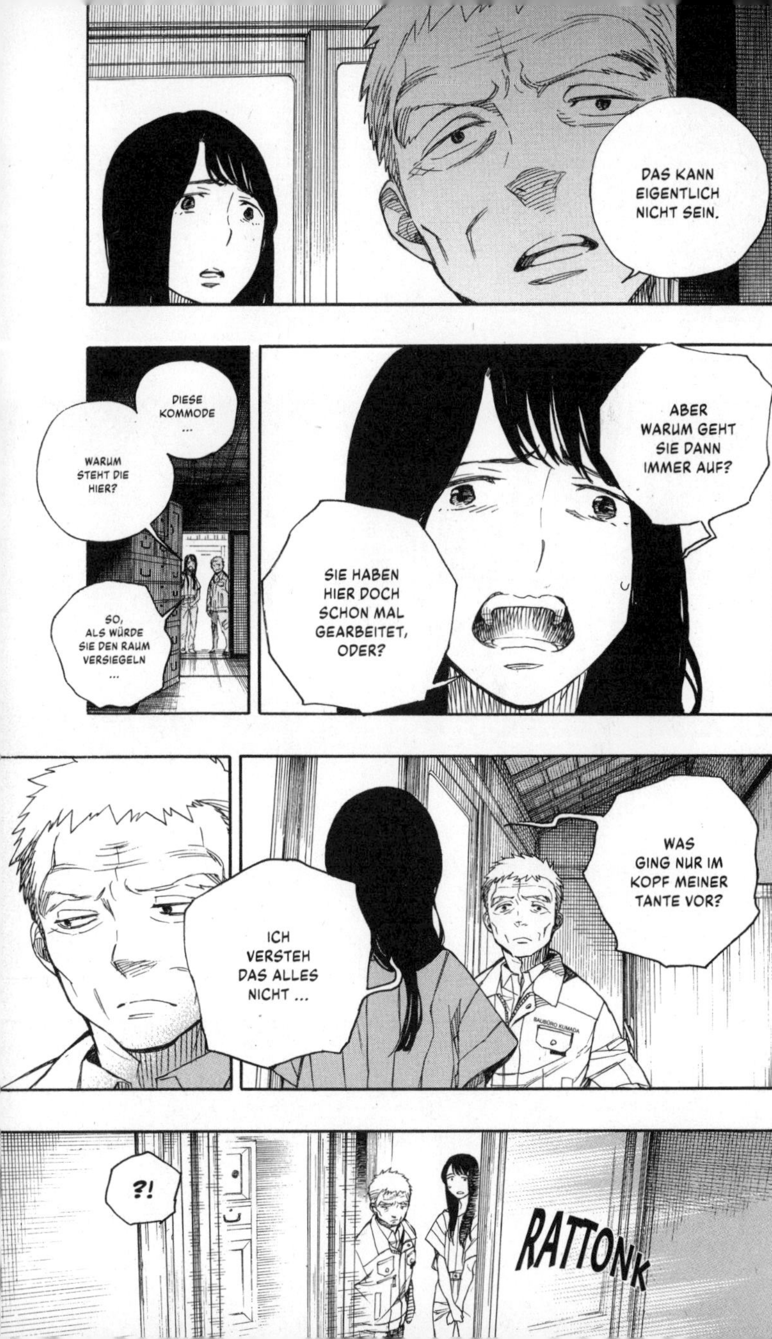
DAS KANN EIGENTLICH NICHT SEIN.
ABER WARUM GEHT SIE DANN IMMER AUF?
SIE HABEN HIER DOCH SCHON MAL GEARBEITET, ODER?
DIESE KOMMODE ...
WARUM STEHT DIE HIER?
SO, ALS WÜRDE SIE DEN RAUM VERSIEGELN ...
WAS GING NUR IM KOPF MEINER TANTE VOR?
ICH VERSTEH DAS ALLES NICHT ...
BAUBÜRO KUMADA
RATTONK
?!

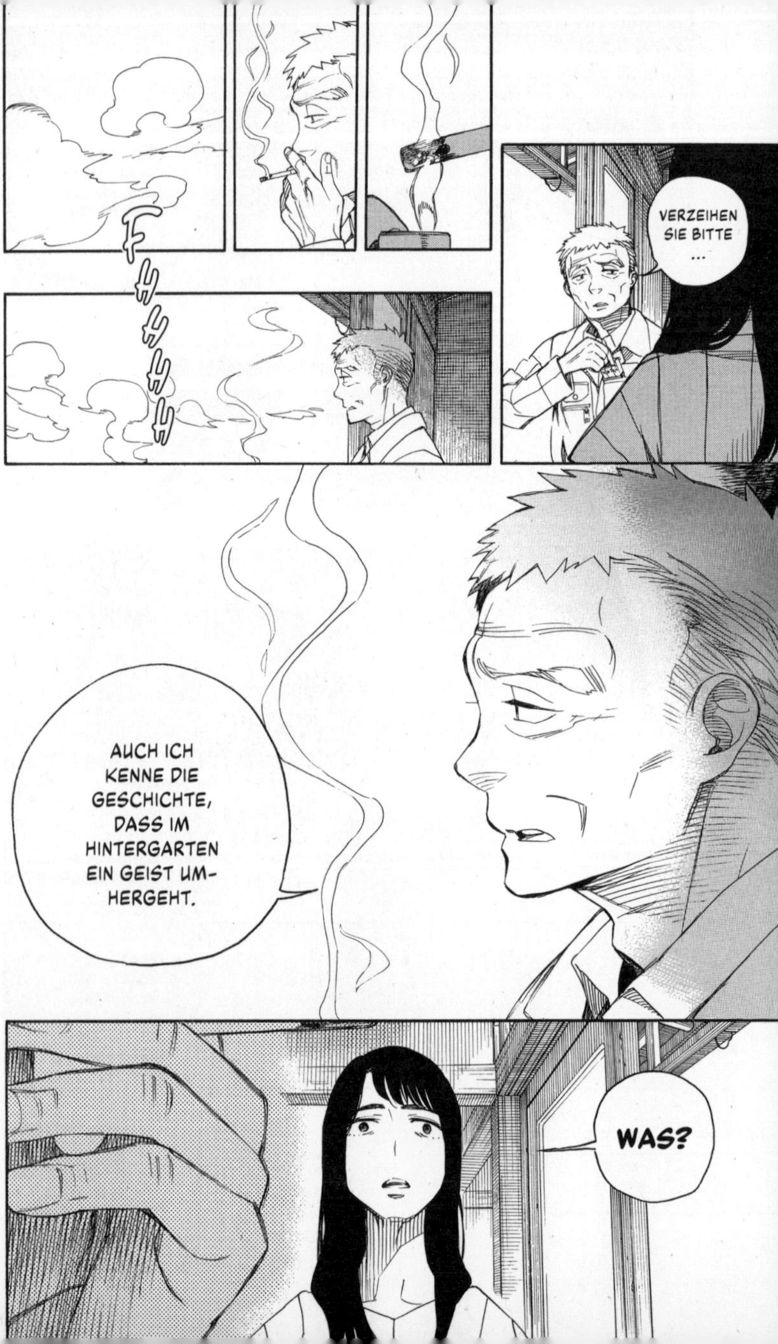
VERZEIHEN SIE BITTE ...
FHHHH
AUCH ICH KENNE DIE GESCHICHTE, DASS IM HINTERGARTEN EIN GEIST UM-HERGEHT.
WAS?

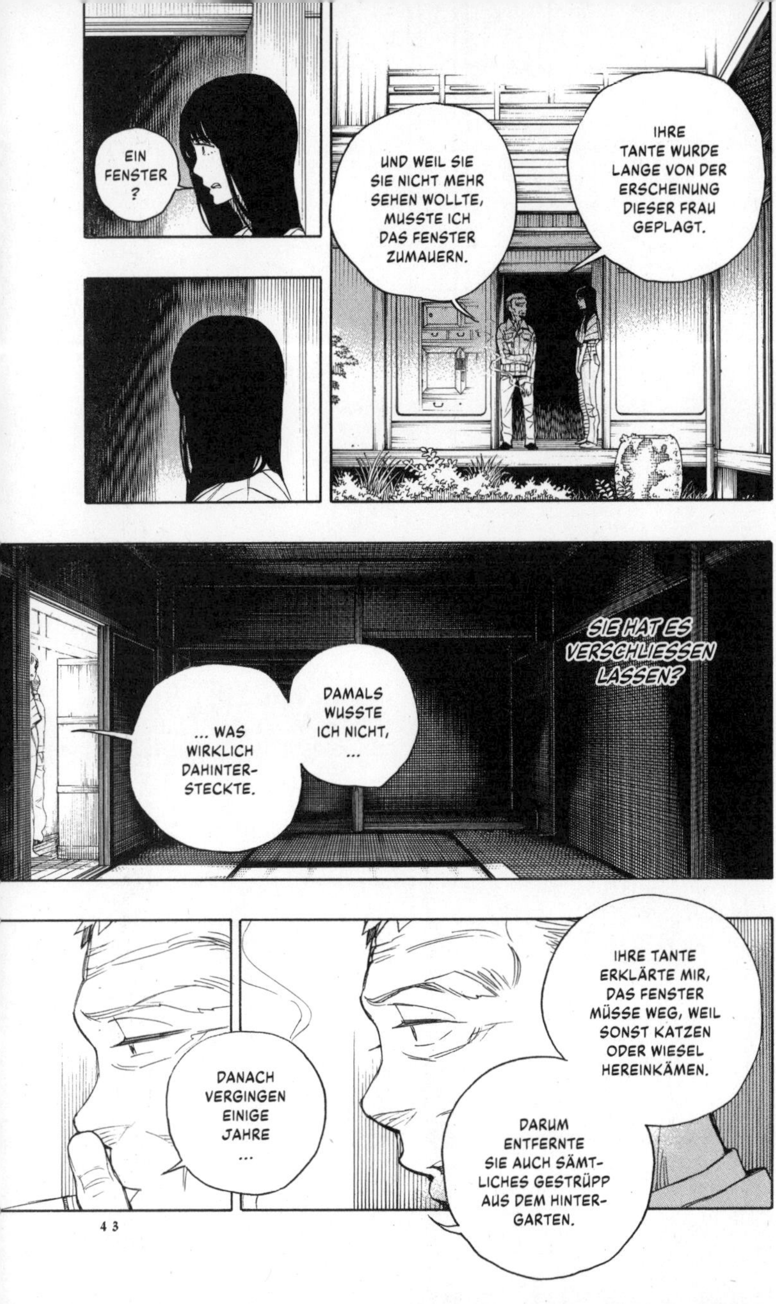
IHRE TANTE WURDE LANGE VON DER ERSCHEINUNG DIESER FRAU GEPLAGT.
UND WEIL SIE SIE NICHT MEHR SEHEN WOLLTE, MUSSTE ICH DAS FENSTER ZUMAUERN.
EIN FENSTER ?
SIE HAT ES VERSCHLIESSEN LASSEN?
DAMALS WUSSTE ICH NICHT, ...
... WAS WIRKLICH DAHINTER-STECKTE.
IHRE TANTE ERKLÄRTE MIR, DAS FENSTER MÜSSE WEG, WEIL SONST KATZEN ODER WIESEL HEREINKÄMEN.
DARUM ENTFERNTE SIE AUCH SÄMT-LICHES GESTRÜPP AUS DEM HINTER-GARTEN.
DANACH VERGINGEN EINIGE JAHRE ...

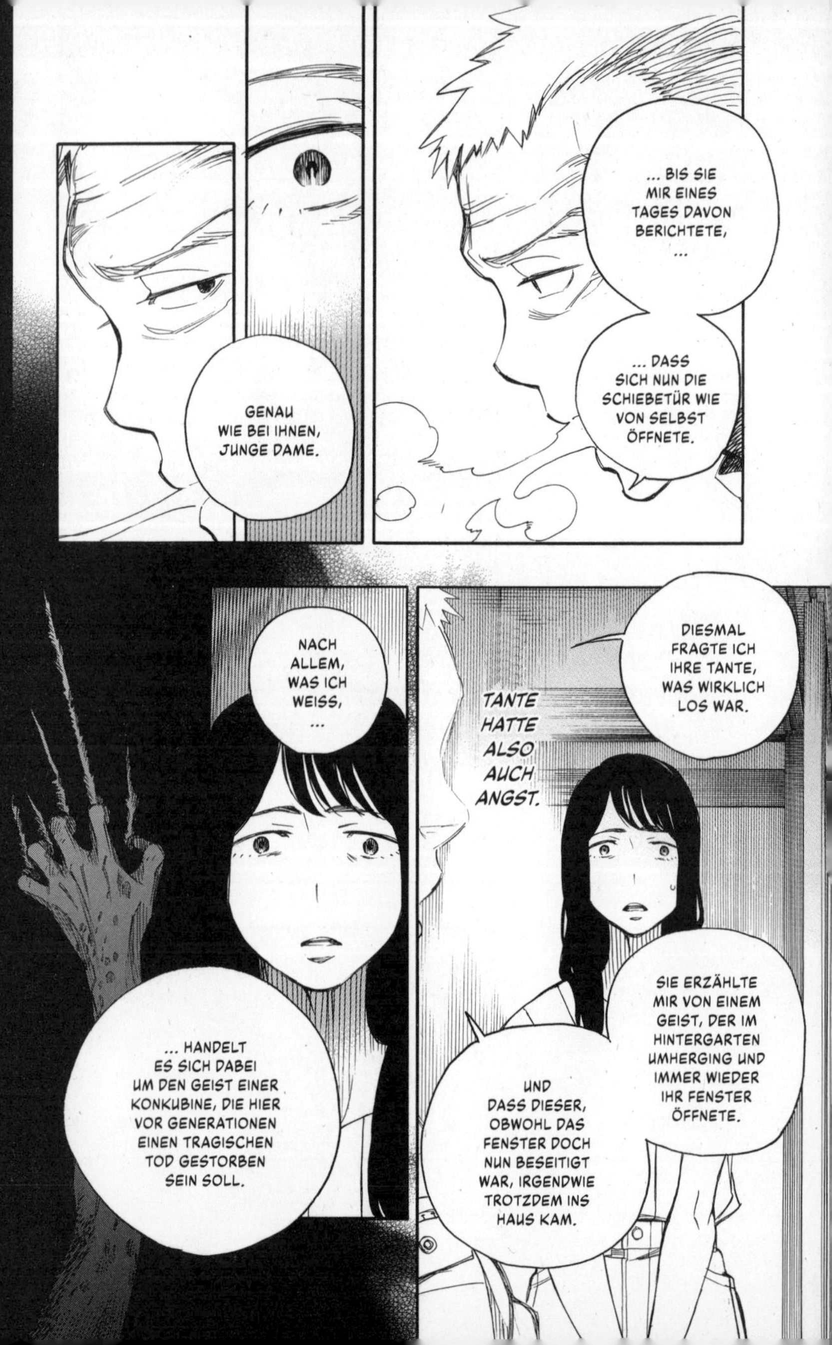
... BIS SIE MIR EINES TAGES DAVON BERICHTETE, ...
... DASS SICH NUN DIE SCHIEBETÜR WIE VON SELBST ÖFFNETE.
GENAU WIE BEI IHNEN, JUNGE DAME.
DIESMAL FRAGTE ICH IHRE TANTE, WAS WIRKLICH LOS WAR.
TANTE HATTE ALSO AUCH ANGST.
SIE ERZÄHLTE MIR VON EINEM GEIST, DER IM HINTERGARTEN UMHERGING UND IMMER WIEDER IHR FENSTER ÖFFNETE.
UND DASS DIESER, OBWOHL DAS FENSTER DOCH NUN BESEITIGT WAR, IRGENDWIE TROTZDEM INS HAUS KAM.
NACH ALLEM, WAS ICH WEISS, ...
... HANDELT ES SICH DABEI UM DEN GEIST EINER KONKUBINE, DIE HIER VOR GENERATIONEN EINEN TRAGISCHEN TOD GESTORBEN SEIN SOLL.

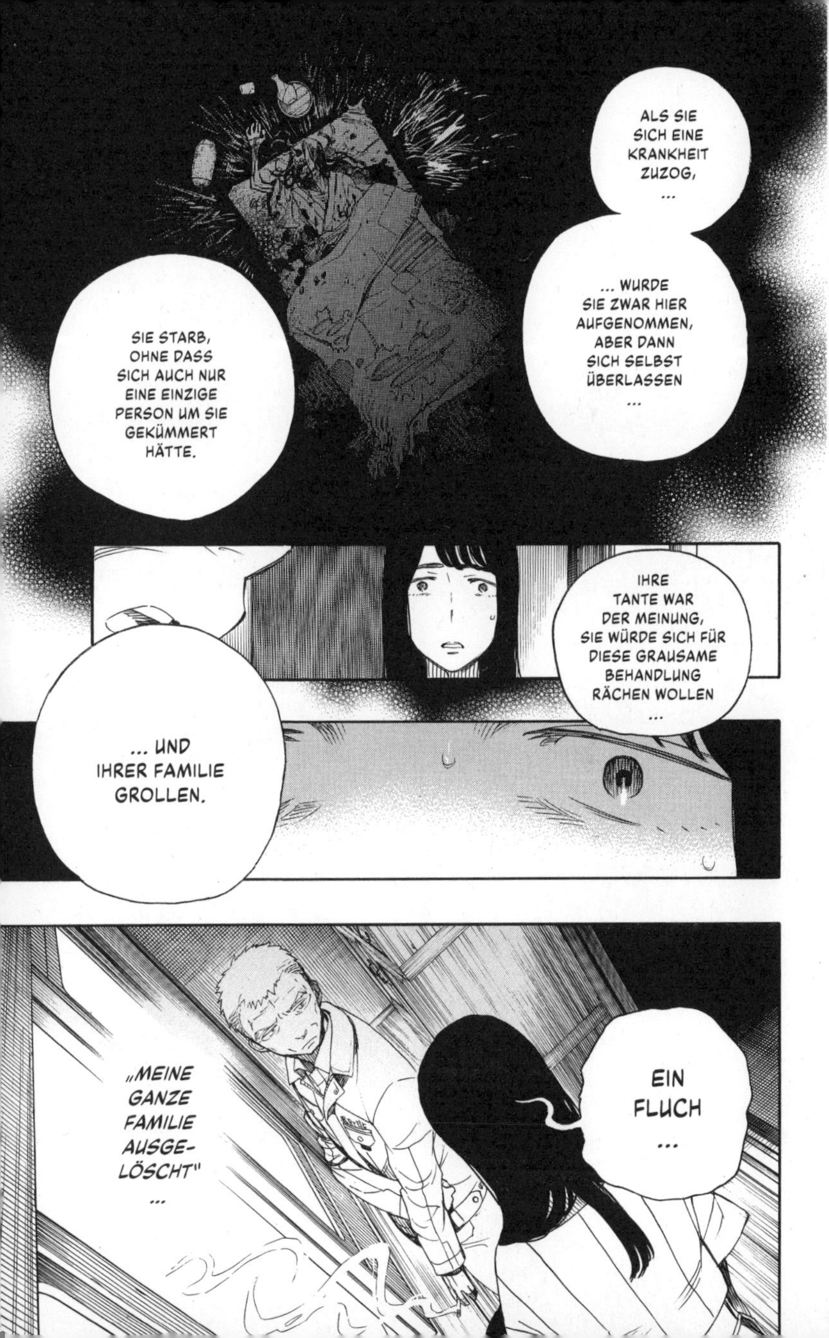
Als sie sich eine Krankheit zuzog, ...
... wurde sie zwar hier aufgenommen, aber dann sich selbst überlassen ...
Sie starb, ohne dass sich auch nur eine einzige Person um sie gekümmert hätte.
Ihre Tante war der Meinung, sie würde sich für diese grausame Behandlung rächen wollen ...
... und ihrer Familie grollen.
Ein Fluch ...
„Meine ganze Familie ausgelöscht" ...

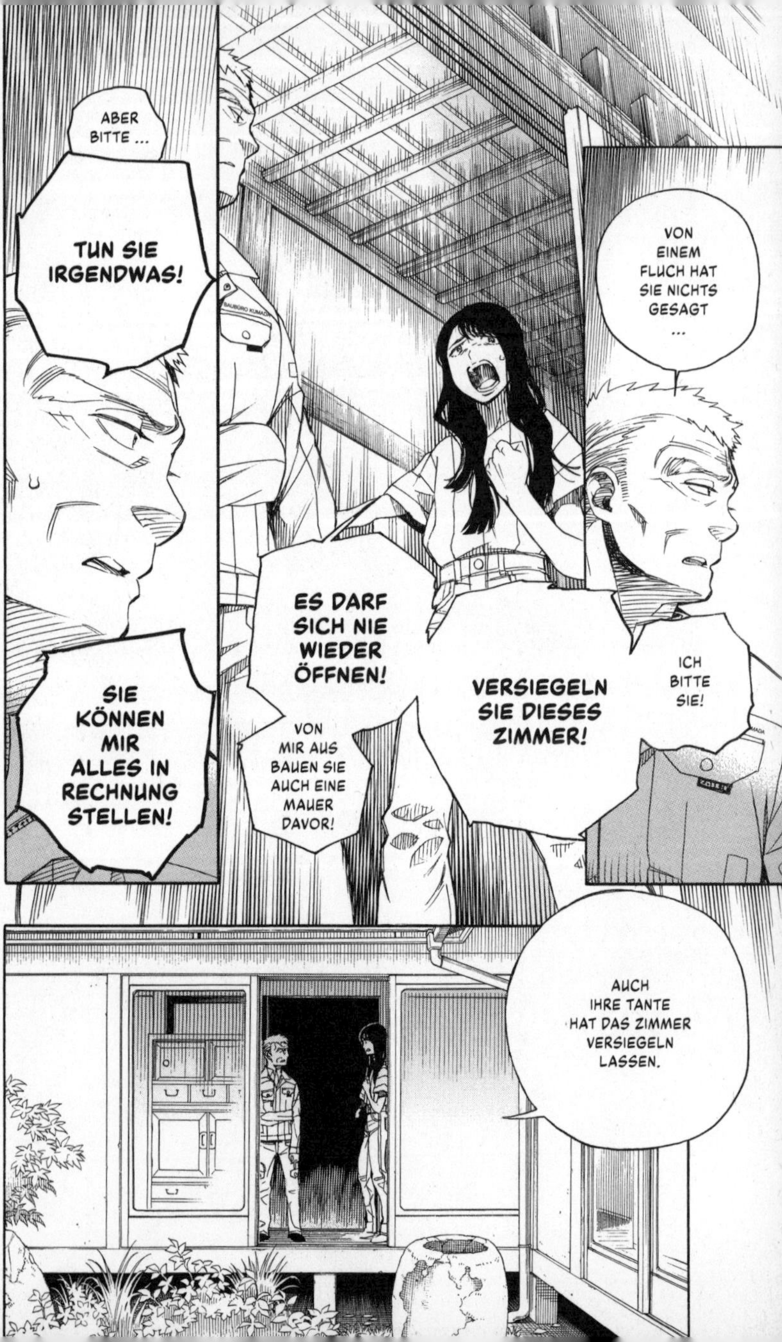
VON EINEM FLUCH HAT SIE NICHTS GESAGT ...
ES DARF SICH NIE WIEDER ÖFFNEN!
VERSIEGELN SIE DIESES ZIMMER!
ICH BITTE SIE!
VON MIR AUS BAUEN SIE AUCH EINE MAUER DAVOR!
ABER BITTE ...
TUN SIE IRGENDWAS!
SIE KÖNNEN MIR ALLES IN RECHNUNG STELLEN!
AUCH IHRE TANTE HAT DAS ZIMMER VERSIEGELN LASSEN.

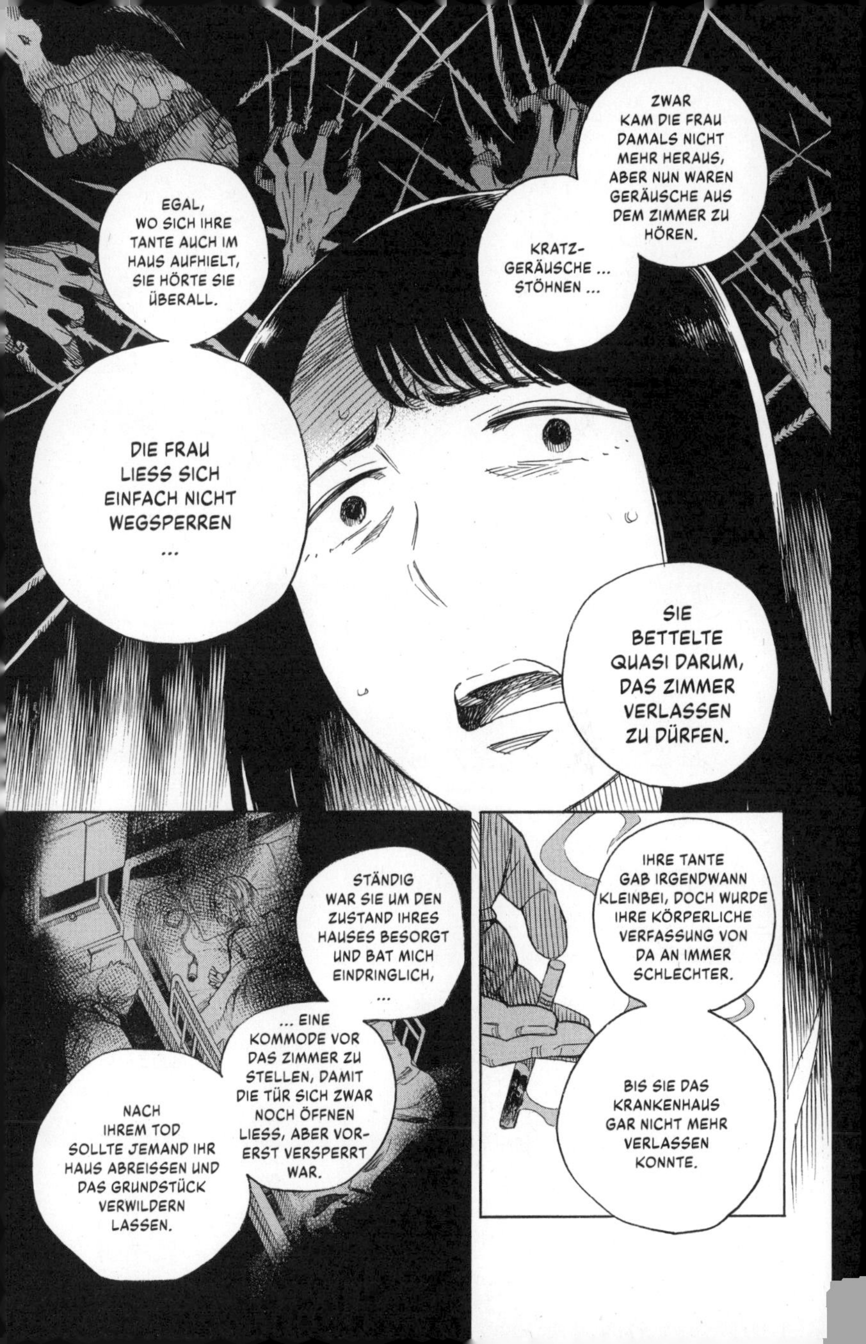
ZWAR KAM DIE FRAU DAMALS NICHT MEHR HERAUS, ABER NUN WAREN GERÄUSCHE AUS DEM ZIMMER ZU HÖREN.
KRATZGERÄUSCHE ... STÖHNEN ...
EGAL, WO SICH IHRE TANTE AUCH IM HAUS AUFHIELT, SIE HÖRTE SIE ÜBERALL.
DIE FRAU LIESS SICH EINFACH NICHT WEGSPERREN ...
SIE BETTELTE QUASI DARUM, DAS ZIMMER VERLASSEN ZU DÜRFEN.
IHRE TANTE GAB IRGENDWANN KLEINBEI, DOCH WURDE IHRE KÖRPERLICHE VERFASSUNG VON DA AN IMMER SCHLECHTER.
BIS SIE DAS KRANKENHAUS GAR NICHT MEHR VERLASSEN KONNTE.
STÄNDIG WAR SIE UM DEN ZUSTAND IHRES HAUSES BESORGT UND BAT MICH EINDRINGLICH, ...
... EINE KOMMODE VOR DAS ZIMMER ZU STELLEN, DAMIT DIE TÜR SICH ZWAR NOCH ÖFFNEN LIESS, ABER VORERST VERSPERRT WAR.
NACH IHREM TOD SOLLTE JEMAND IHR HAUS ABREISSEN UND DAS GRUNDSTÜCK VERWILDERN LASSEN.

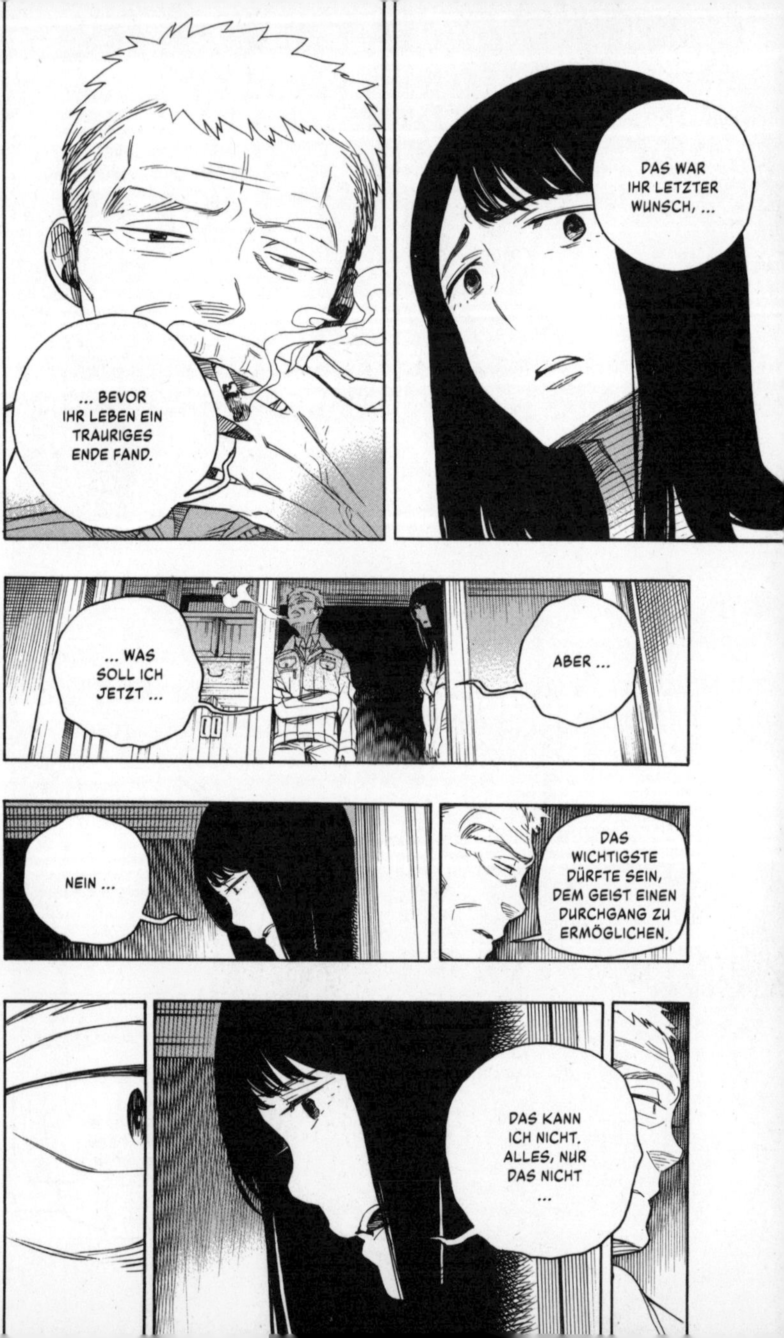
DAS WAR IHR LETZTER WUNSCH, ...
... BEVOR IHR LEBEN EIN TRAURIGES ENDE FAND.
ABER ...
... WAS SOLL ICH JETZT ...
DAS WICHTIGSTE DÜRFTE SEIN, DEM GEIST EINEN DURCHGANG ZU ERMÖGLICHEN.
NEIN ...
DAS KANN ICH NICHT. ALLES, NUR DAS NICHT ...

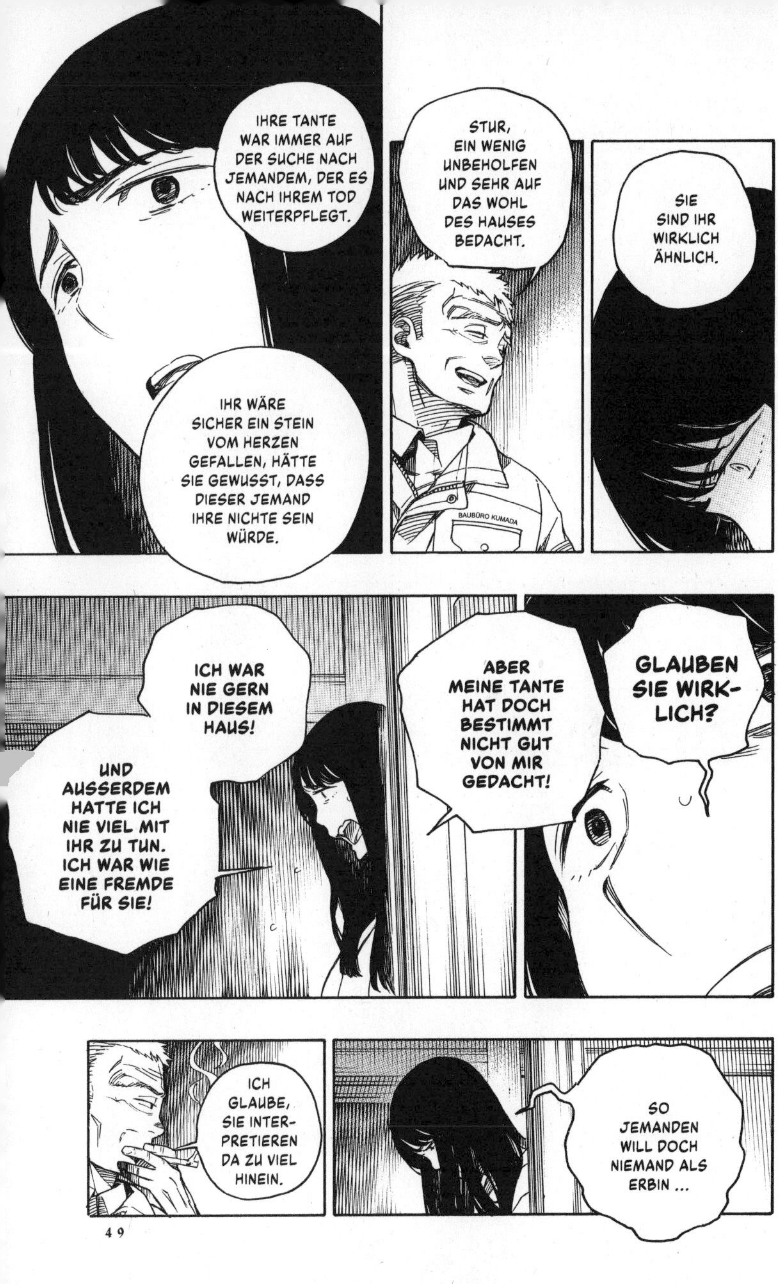
SIE SIND IHR WIRKLICH ÄHNLICH.
STUR, EIN WENIG UNBEHOLFEN UND SEHR AUF DAS WOHL DES HAUSES BEDACHT.
BAUBÜRO KUMADA
IHRE TANTE WAR IMMER AUF DER SUCHE NACH JEMANDEM, DER ES NACH IHREM TOD WEITERPFLEGT.
IHR WÄRE SICHER EIN STEIN VOM HERZEN GEFALLEN, HÄTTE SIE GEWUSST, DASS DIESER JEMAND IHRE NICHTE SEIN WÜRDE.
GLAUBEN SIE WIRKLICH?
ABER MEINE TANTE HAT DOCH BESTIMMT NICHT GUT VON MIR GEDACHT!
ICH WAR NIE GERN IN DIESEM HAUS!
UND AUSSERDEM HATTE ICH NIE VIEL MIT IHR ZU TUN. ICH WAR WIE EINE FREMDE FÜR SIE!
SO JEMANDEN WILL DOCH NIEMAND ALS ERBIN ...
ICH GLAUBE, SIE INTERPRETIEREN DA ZU VIEL HINEIN.

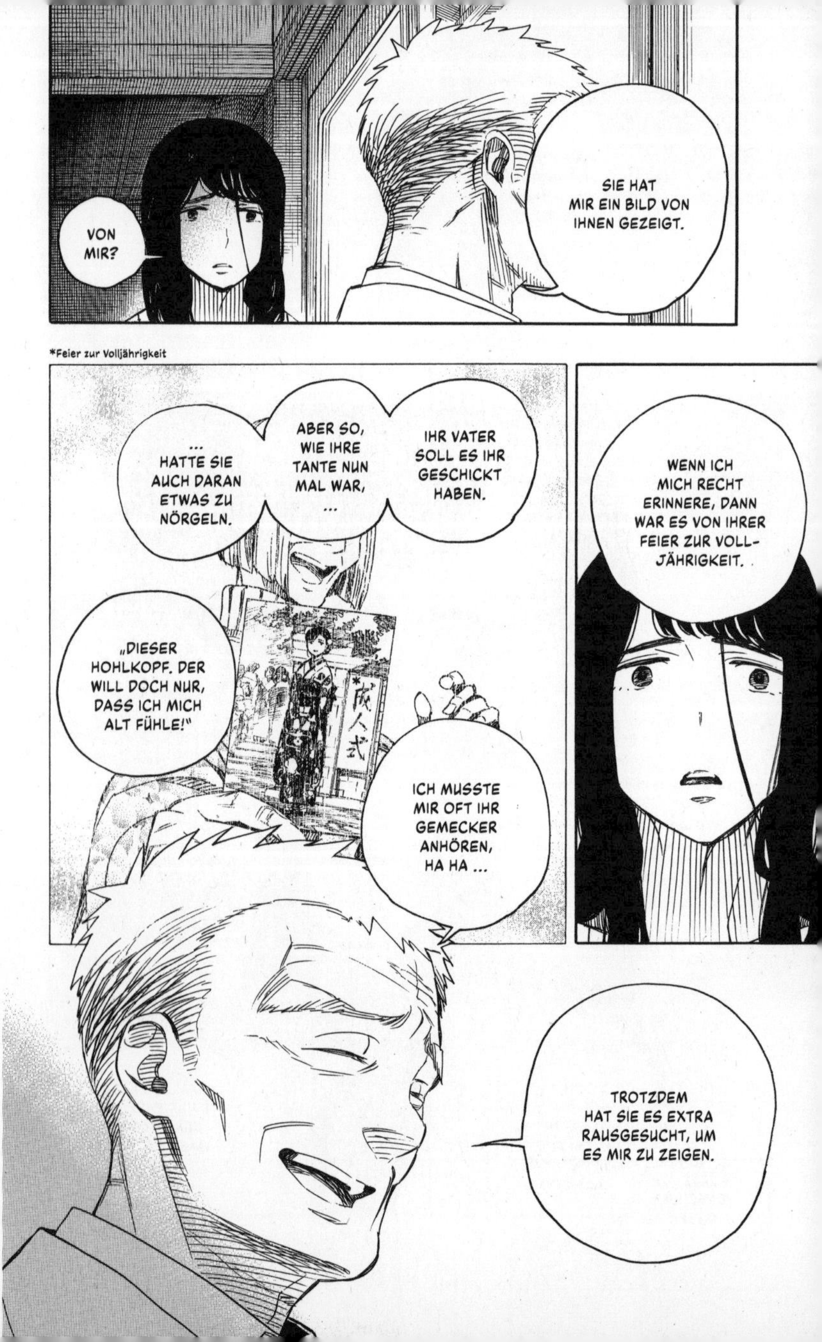

*Feier zur Volljährigkeit

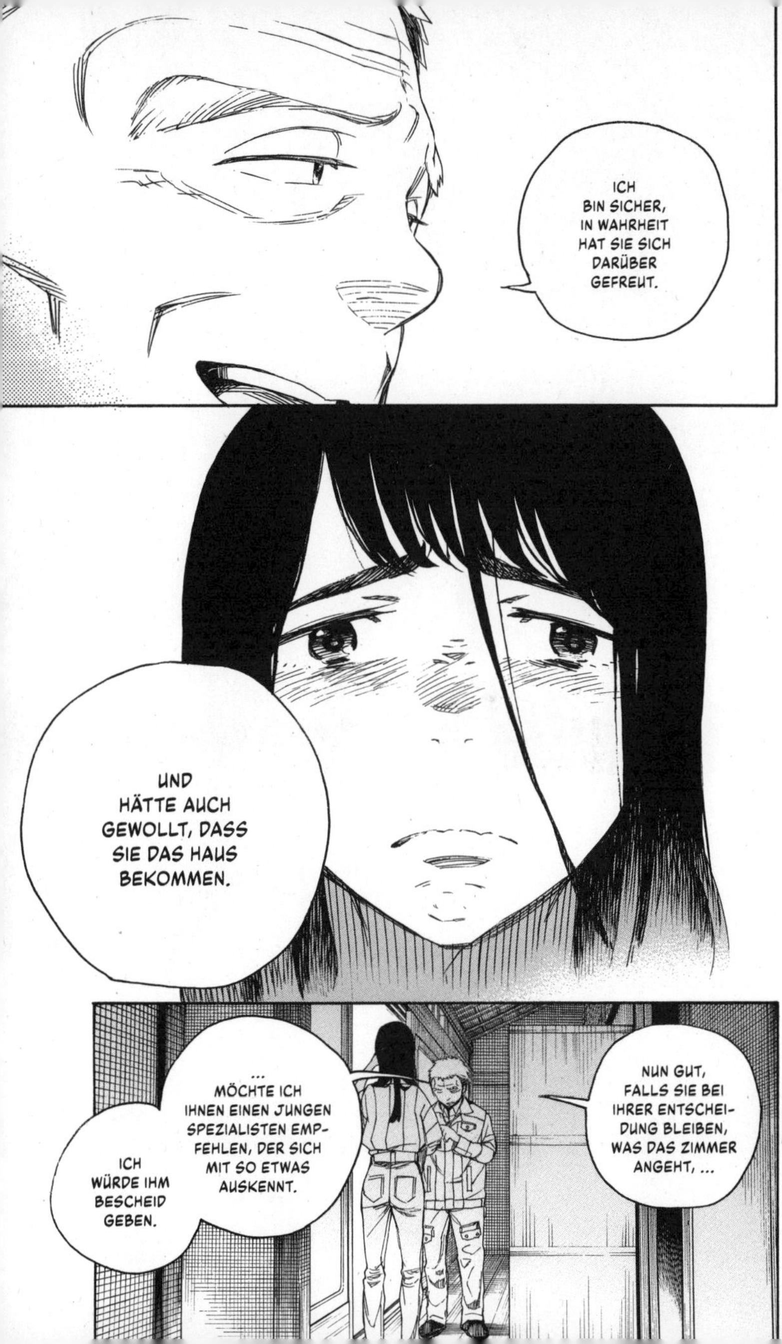
ICH BIN SICHER, IN WAHRHEIT HAT SIE SICH DARÜBER GEFREUT.
UND HÄTTE AUCH GEWOLLT, DASS SIE DAS HAUS BEKOMMEN.
NUN GUT, FALLS SIE BEI IHRER ENTSCHEI-DUNG BLEIBEN, WAS DAS ZIMMER ANGEHT, ...
... MÖCHTE ICH IHNEN EINEN JUNGEN SPEZIALISTEN EMP-FEHLEN, DER SICH MIT SO ETWAS AUSKENNT.
ICH WÜRDE IHM BESCHEID GEBEN.

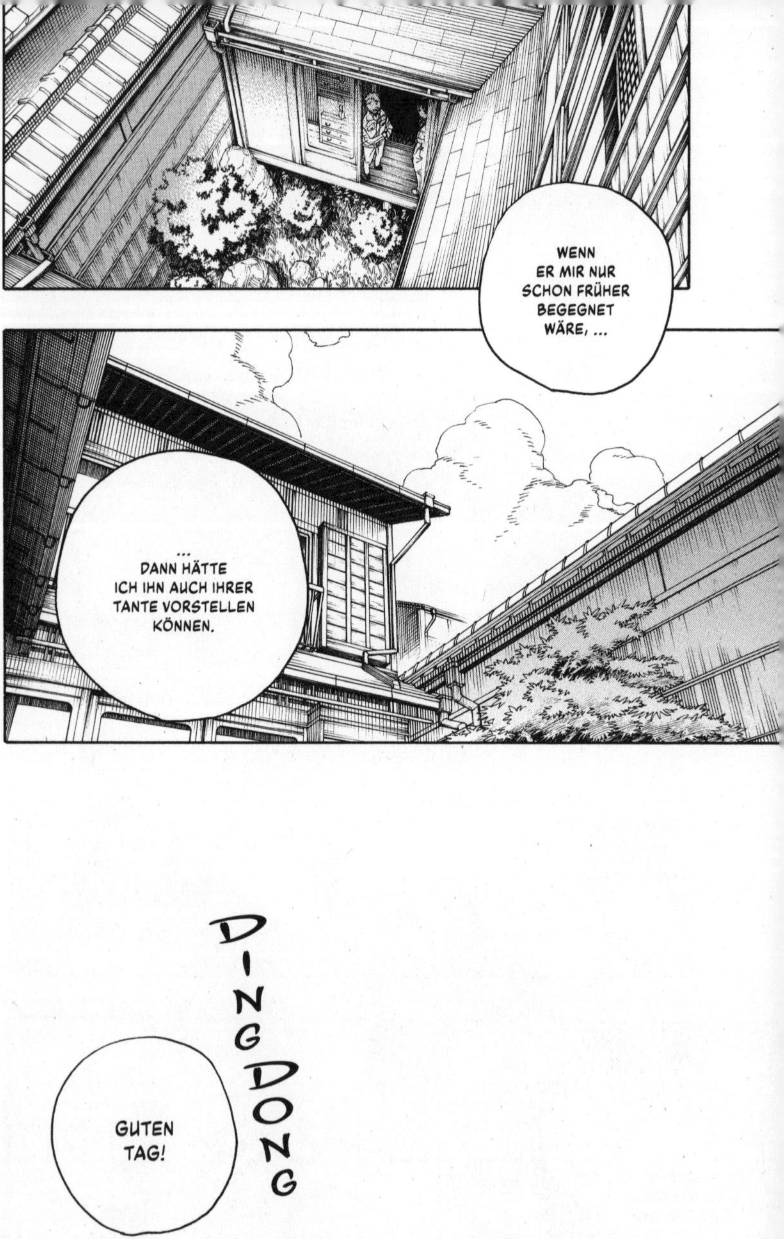
WENN ER MIR NUR SCHON FRÜHER BEGEGNET WÄRE, ...
... DANN HÄTTE ICH IHN AUCH IHRER TANTE VORSTELLEN KÖNNEN.
DING DONG
GUTEN TAG!

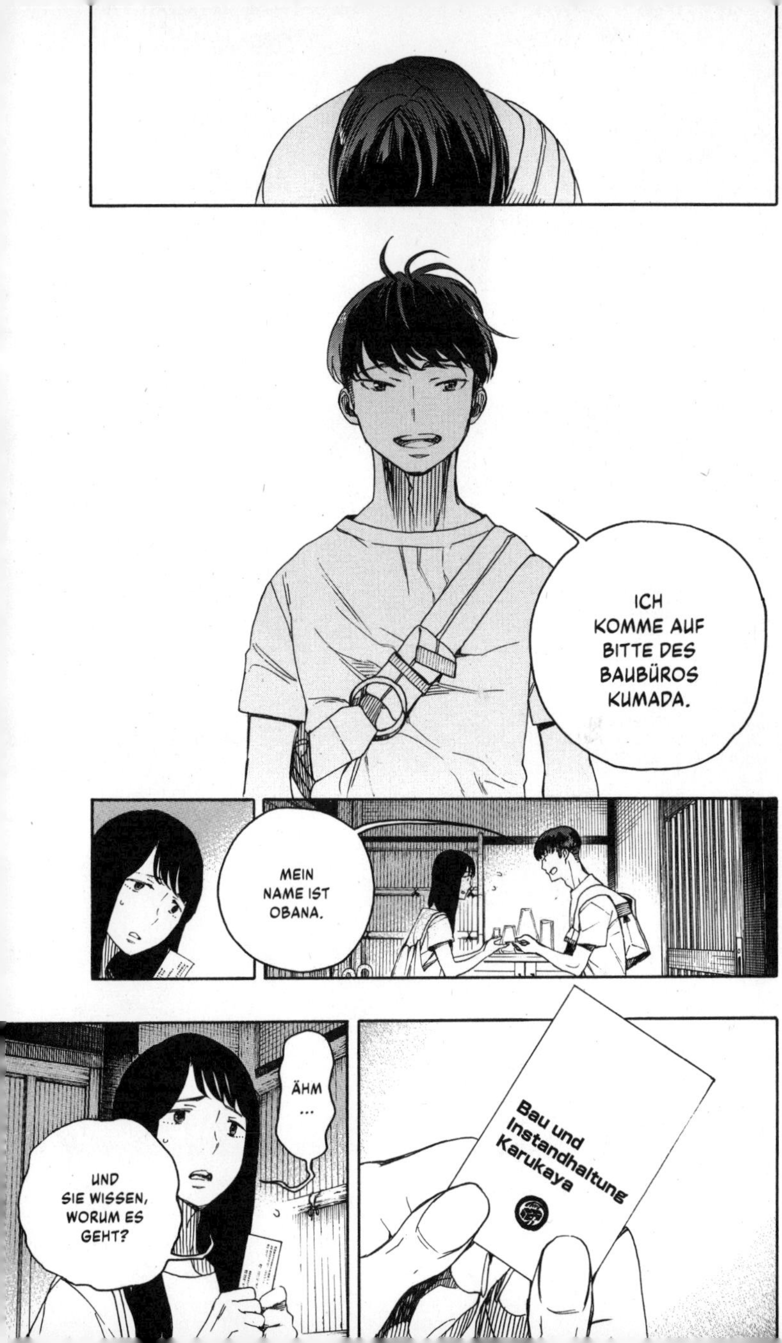
ICH KOMME AUF BITTE DES BAUBÜROS KUMADA.
MEIN NAME IST OBANA.
ÄHM ...
UND SIE WISSEN, WORUM ES GEHT?
Bau und Instandhaltung Karukaya

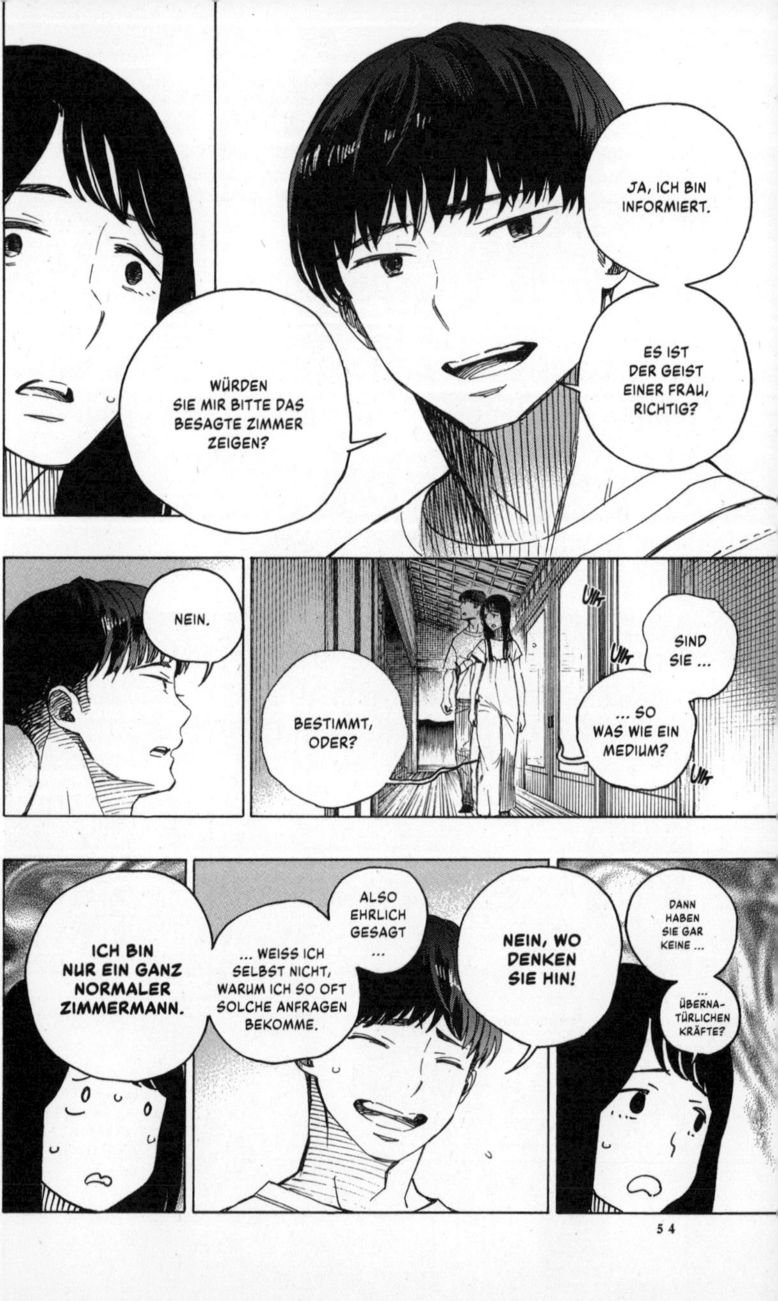

JA, ICH BIN INFORMIERT.
ES IST DER GEIST EINER FRAU, RICHTIG?
WÜRDEN SIE MIR BITTE DAS BESAGTE ZIMMER ZEIGEN?
UIK
UIK
SIND SIE ...
... SO WAS WIE EIN MEDIUM?
UIK
BESTIMMT, ODER?
NEIN.
DANN HABEN SIE GAR KEINE ...
... ÜBERNA-TÜRLICHEN KRÄFTE?
NEIN, WO DENKEN SIE HIN!
ALSO EHRLICH GESAGT ...
... WEISS ICH SELBST NICHT, WARUM ICH SO OFT SOLCHE ANFRAGEN BEKOMME.
ICH BIN NUR EIN GANZ NORMALER ZIMMERMANN.

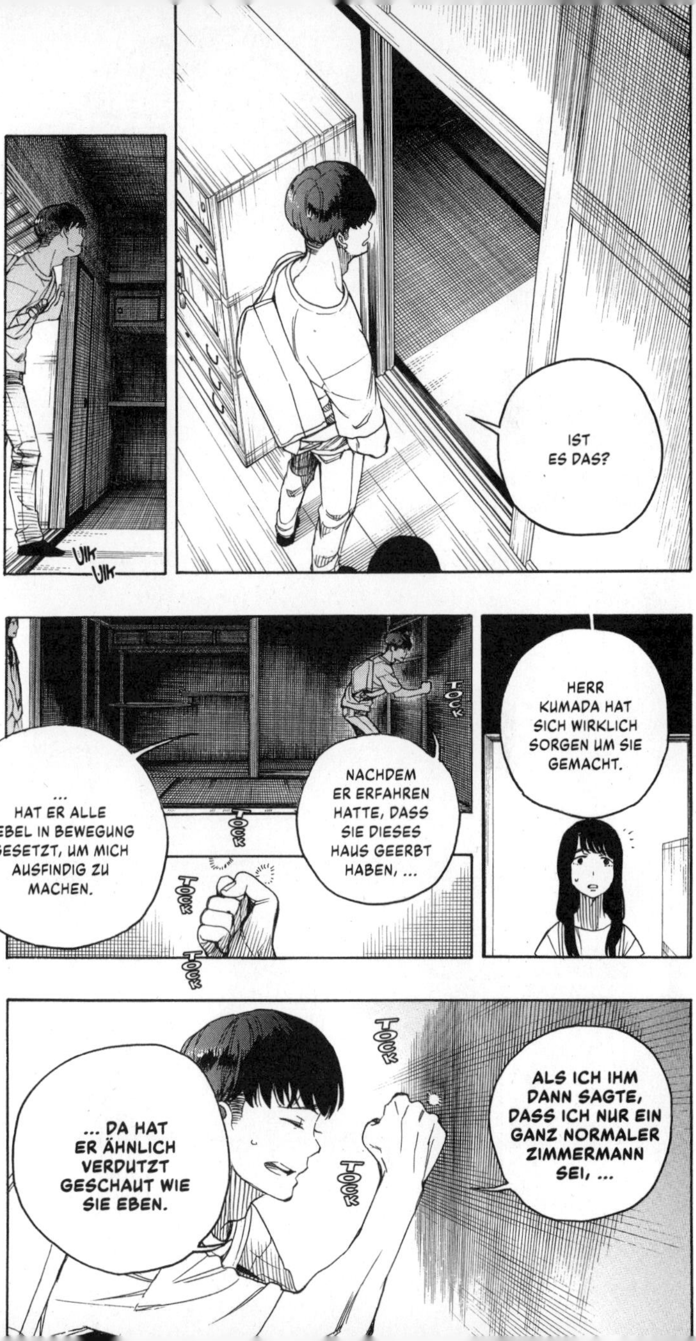
IST ES DAS?
ÜIK
ÜIK
HERR KUMADA HAT SICH WIRKLICH SORGEN UM SIE GEMACHT.
TOCK
NACHDEM ER ERFAHREN HATTE, DASS SIE DIESES HAUS GEERBT HABEN, ...
TOCK
... HAT ER ALLE HEBEL IN BEWEGUNG GESETZT, UM MICH AUSFINDIG ZU MACHEN.
TOCK
TOCK
TOCK
ALS ICH IHM DANN SAGTE, DASS ICH NUR EIN GANZ NORMALER ZIMMERMANN SEI, ...
TOCK
... DA HAT ER ÄHNLICH VERDUTZT GESCHAUT WIE SIE EBEN.

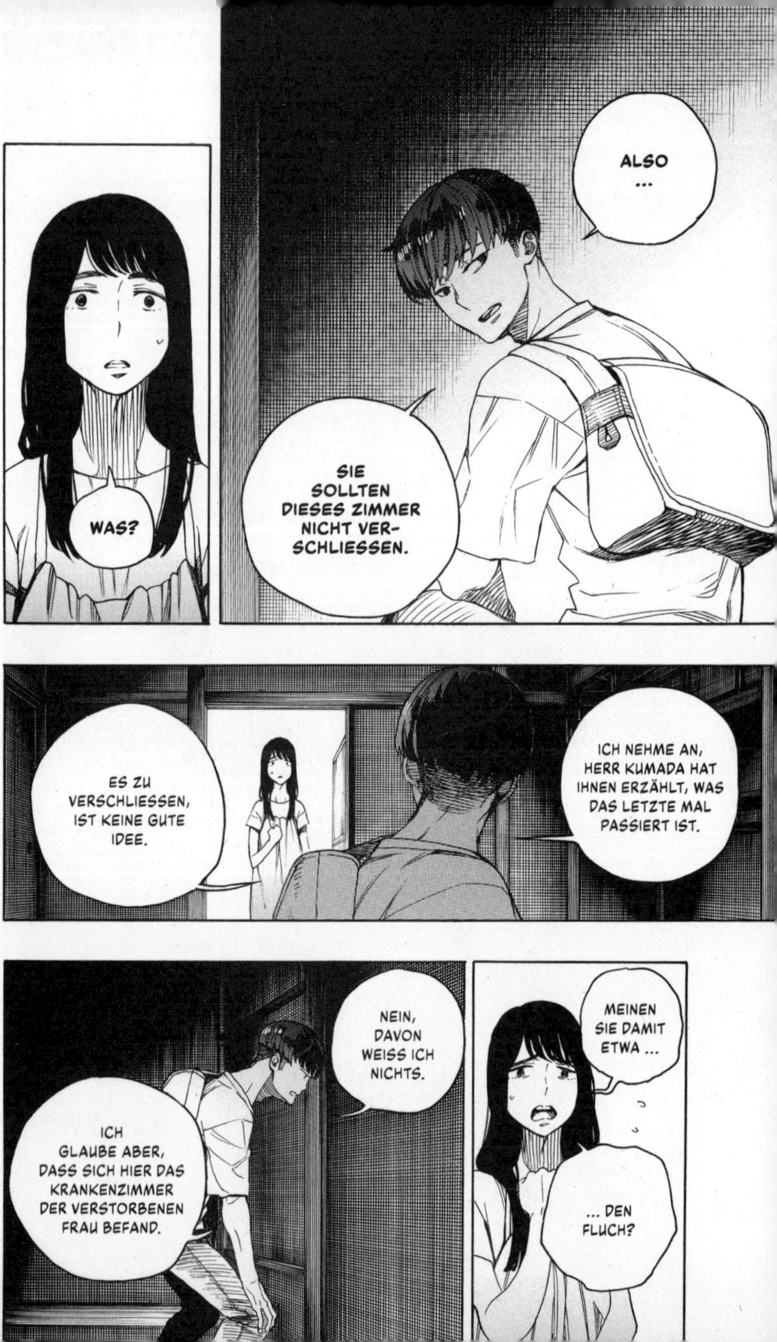
ALSO ...
SIE SOLLTEN DIESES ZIMMER NICHT VER-SCHLIESSEN.
WAS?
ICH NEHME AN, HERR KUMADA HAT IHNEN ERZÄHLT, WAS DAS LETZTE MAL PASSIERT IST.
ES ZU VERSCHLIESSEN, IST KEINE GUTE IDEE.
MEINEN SIE DAMIT ETWA ...
... DEN FLUCH?
NEIN, DAVON WEISS ICH NICHTS.
ICH GLAUBE ABER, DASS SICH HIER DAS KRANKENZIMMER DER VERSTORBENEN FRAU BEFAND.

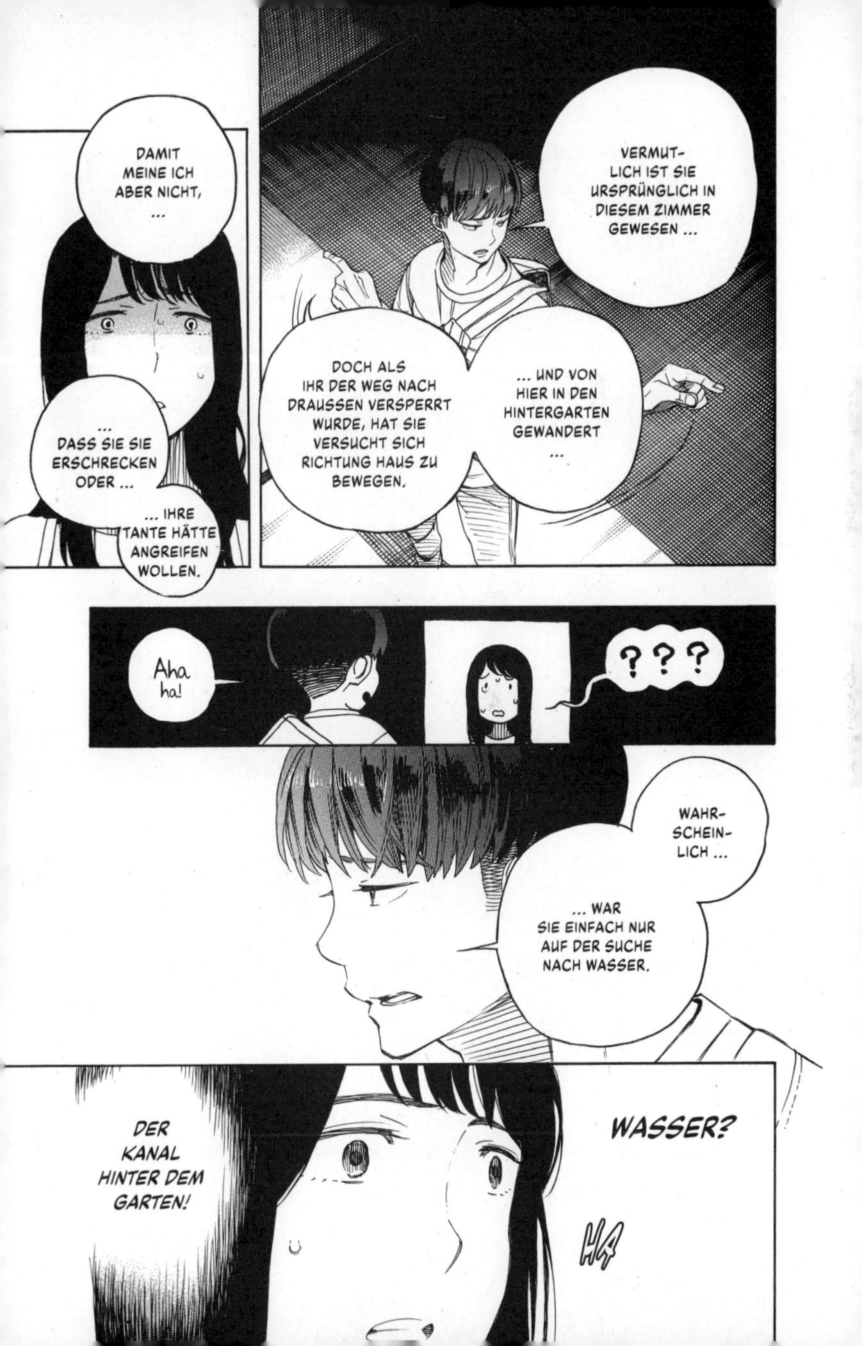
VERMUT-LICH IST SIE URSPRÜNGLICH IN DIESEM ZIMMER GEWESEN ...
... UND VON HIER IN DEN HINTERGARTEN GEWANDERT ...
DOCH ALS IHR DER WEG NACH DRAUSSEN VERSPERRT WURDE, HAT SIE VERSUCHT SICH RICHTUNG HAUS ZU BEWEGEN.
DAMIT MEINE ICH ABER NICHT, ...
... DASS SIE SIE ERSCHRECKEN ODER ...
... IHRE TANTE HÄTTE ANGREIFEN WOLLEN.
???
Aha ha!
WAHR-SCHEIN-LICH ...
... WAR SIE EINFACH NUR AUF DER SUCHE NACH WASSER.
WASSER?
HA
DER KANAL HINTER DEM GARTEN!

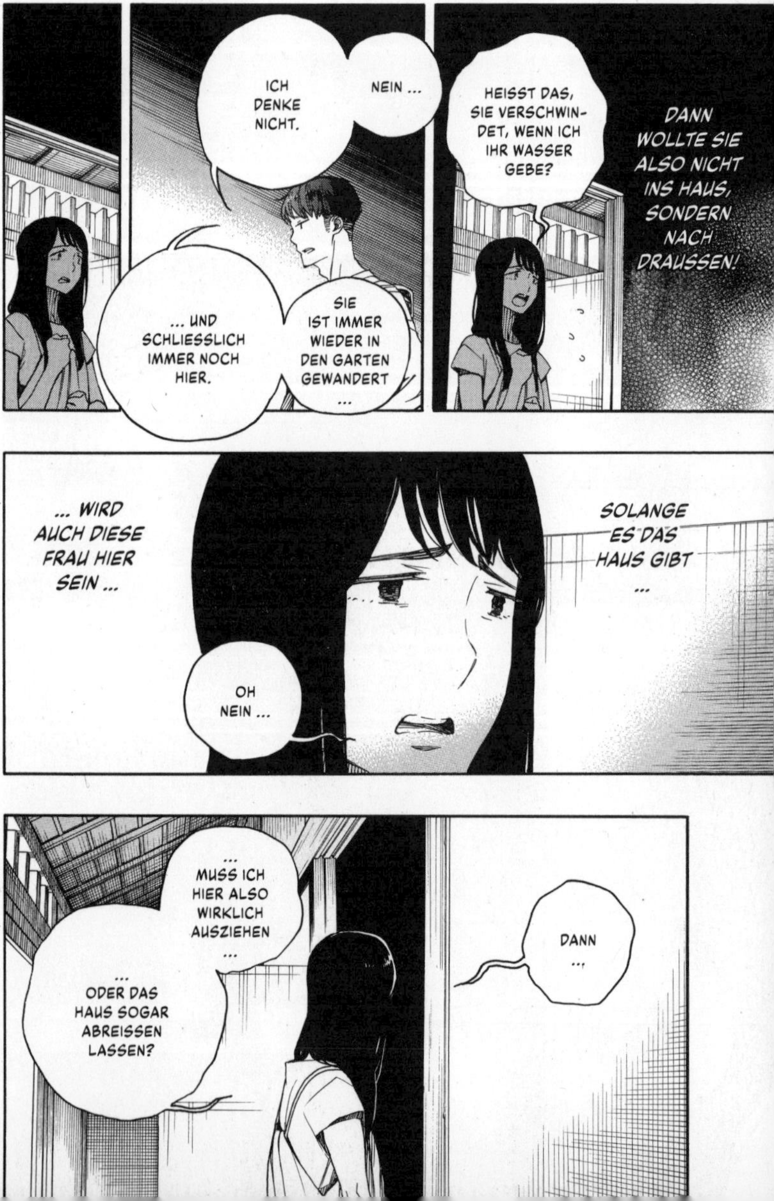
DANN WOLLTE SIE ALSO NICHT INS HAUS, SONDERN NACH DRAUSSEN!
HEISST DAS, SIE VERSCHWIN-DET, WENN ICH IHR WASSER GEBE?
NEIN ...
ICH DENKE NICHT.
SIE IST IMMER WIEDER IN DEN GARTEN GEWANDERT ...
... UND SCHLIESSLICH IMMER NOCH HIER.
SOLANGE ES DAS HAUS GIBT ...
... WIRD AUCH DIESE FRAU HIER SEIN ...
OH NEIN ...
DANN ...
... MUSS ICH HIER ALSO WIRKLICH AUSZIEHEN ...
... ODER DAS HAUS SOGAR ABREISSEN LASSEN?

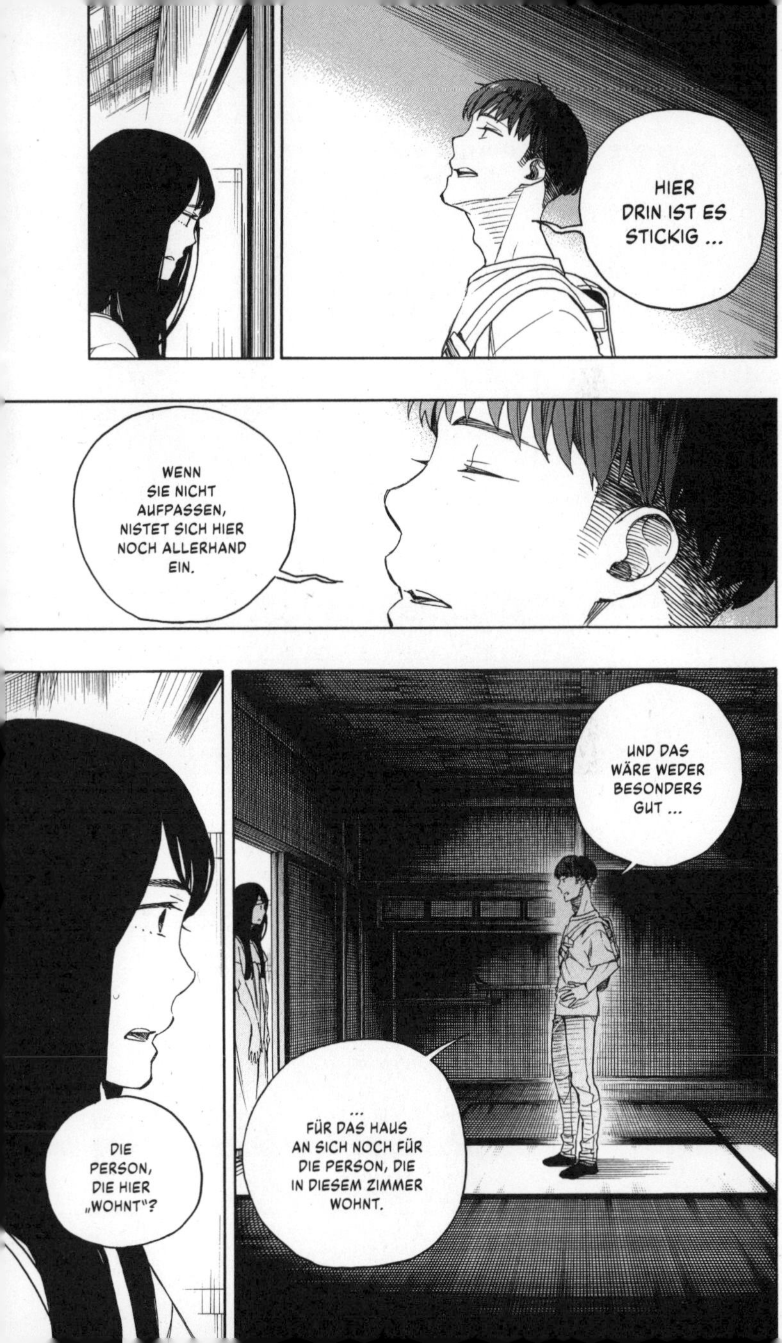
HIER DRIN IST ES STICKIG ...
WENN SIE NICHT AUFPASSEN, NISTET SICH HIER NOCH ALLERHAND EIN.
UND DAS WÄRE WEDER BESONDERS GUT ...
... FÜR DAS HAUS AN SICH NOCH FÜR DIE PERSON, DIE IN DIESEM ZIMMER WOHNT.
DIE PERSON, DIE HIER „WOHNT"?

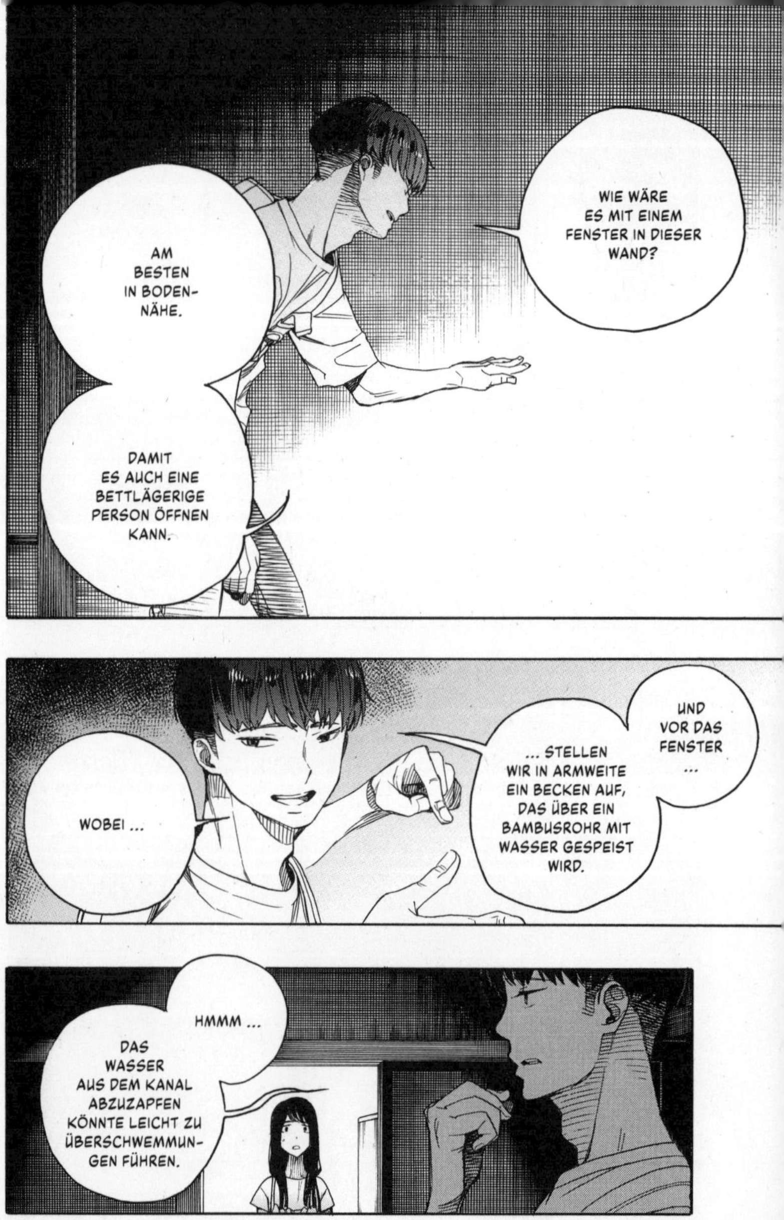
WIE WÄRE ES MIT EINEM FENSTER IN DIESER WAND?
AM BESTEN IN BODEN-NÄHE.
DAMIT ES AUCH EINE BETTLÄGERIGE PERSON ÖFFNEN KANN.
UND VOR DAS FENSTER ...
... STELLEN WIR IN ARMWEITE EIN BECKEN AUF, DAS ÜBER EIN BAMBUSROHR MIT WASSER GESPEIST WIRD.
WOBEI ...
HMMM ...
DAS WASSER AUS DEM KANAL ABZUZAPFEN KÖNNTE LEICHT ZU ÜBERSCHWEMMUN-GEN FÜHREN.

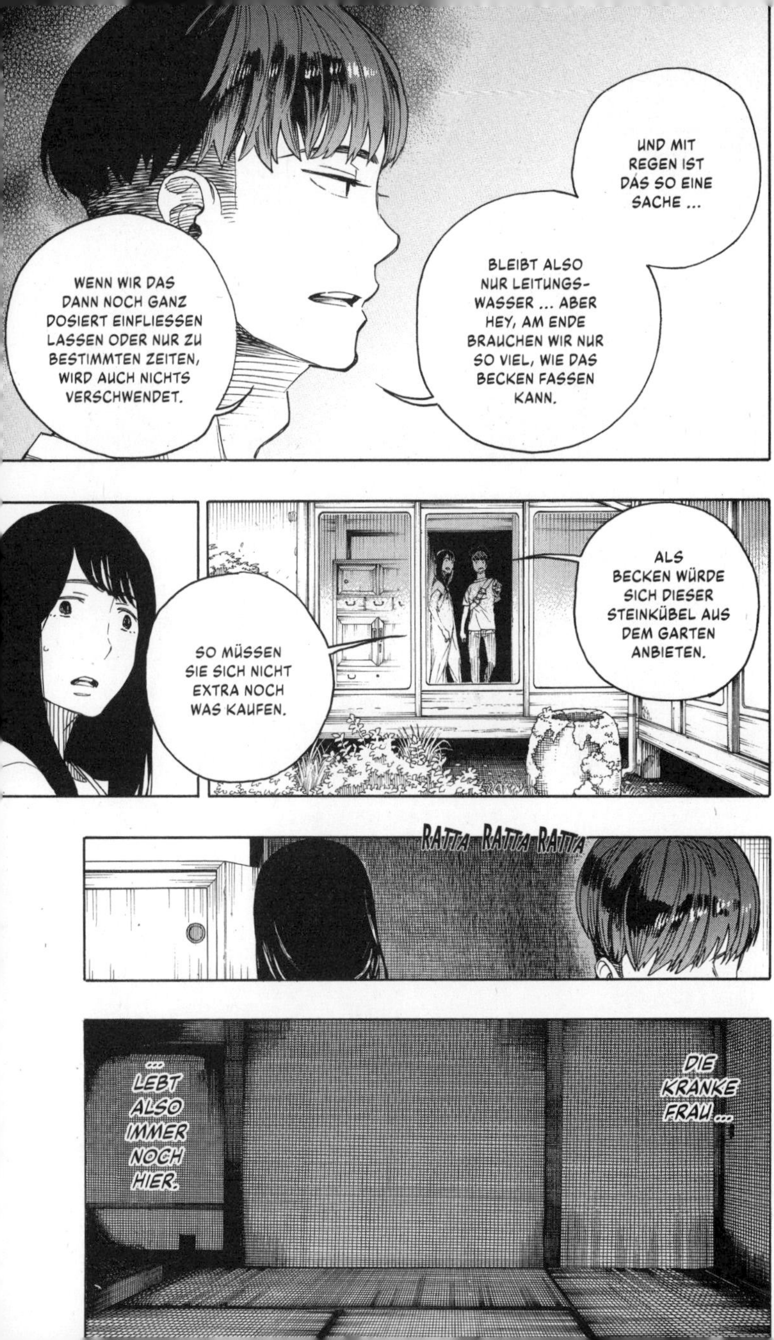
UND MIT REGEN IST DAS SO EINE SACHE …
BLEIBT ALSO NUR LEITUNGS-WASSER … ABER HEY, AM ENDE BRAUCHEN WIR NUR SO VIEL, WIE DAS BECKEN FASSEN KANN.
WENN WIR DAS DANN NOCH GANZ DOSIERT EINFLIESSEN LASSEN ODER NUR ZU BESTIMMTEN ZEITEN, WIRD AUCH NICHTS VERSCHWENDET.
ALS BECKEN WÜRDE SICH DIESER STEINKÜBEL AUS DEM GARTEN ANBIETEN.
SO MÜSSEN SIE SICH NICHT EXTRA NOCH WAS KAUFEN.
RATTA RATTA RATTA
DIE KRANKE FRAU …
… LEBT ALSO IMMER NOCH HIER.

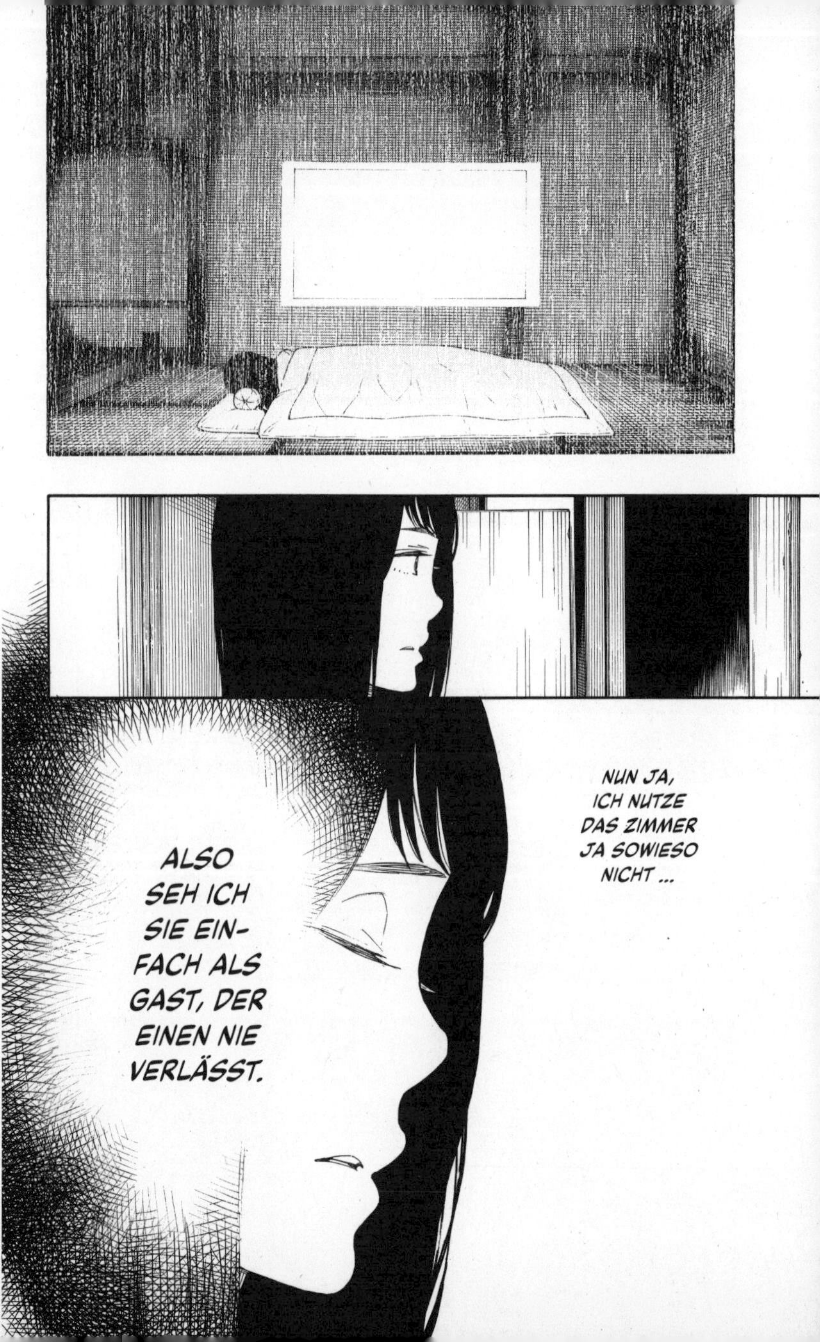
NUN JA, ICH NUTZE DAS ZIMMER JA SOWIESO NICHT ...
ALSO SEH ICH SIE EINFACH ALS GAST, DER EINEN NIE VERLÄSST.

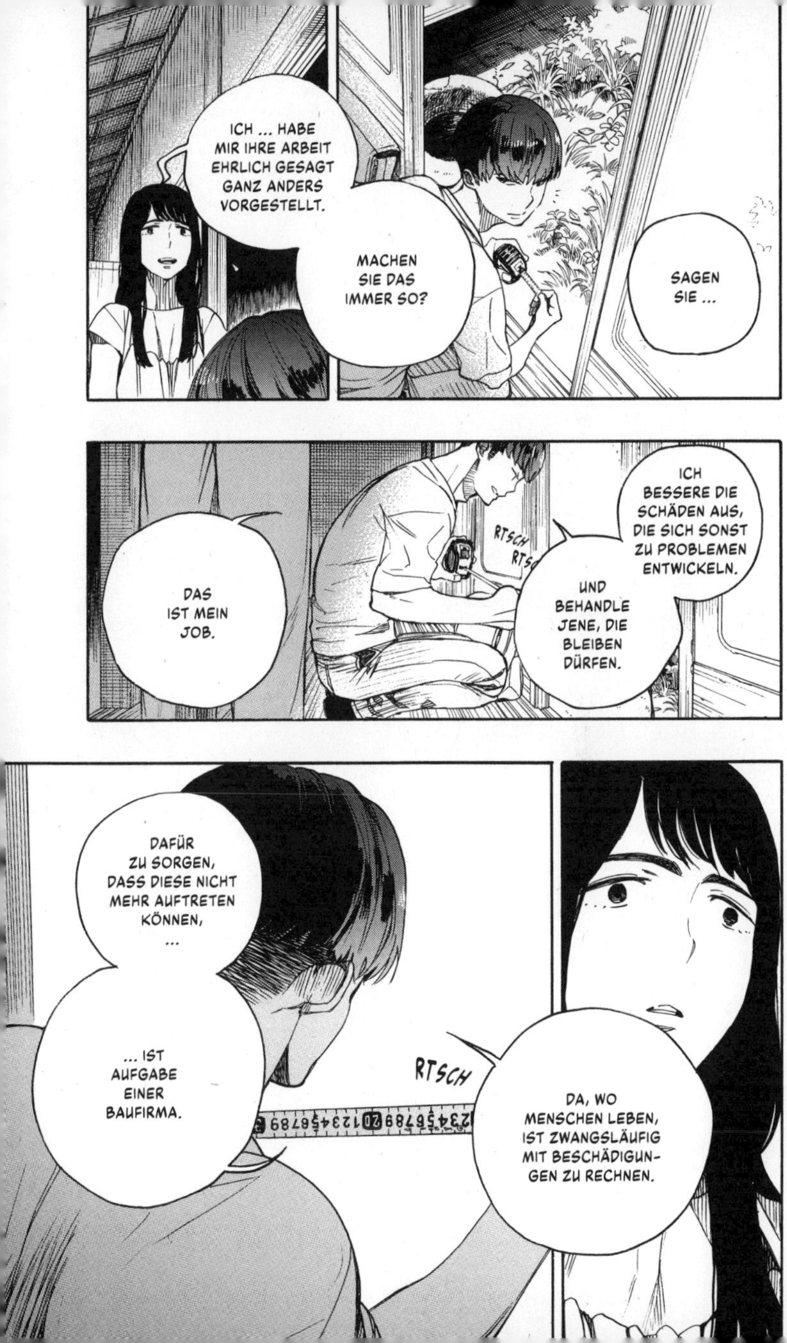
SAGEN SIE ...
ICH ... HABE MIR IHRE ARBEIT EHRLICH GESAGT GANZ ANDERS VORGESTELLT.
MACHEN SIE DAS IMMER SO?
ICH BESSERE DIE SCHÄDEN AUS, DIE SICH SONST ZU PROBLEMEN ENTWICKELN.
RTSCH RTSCH
UND BEHANDLE JENE, DIE BLEIBEN DÜRFEN.
DAS IST MEIN JOB.
DA, WO MENSCHEN LEBEN, IST ZWANGSLÄUFIG MIT BESCHÄDIGUNGEN ZU RECHNEN.
RTSCH
DAFÜR ZU SORGEN, DASS DIESE NICHT MEHR AUFTRETEN KÖNNEN, ...
... IST AUFGABE EINER BAUFIRMA.

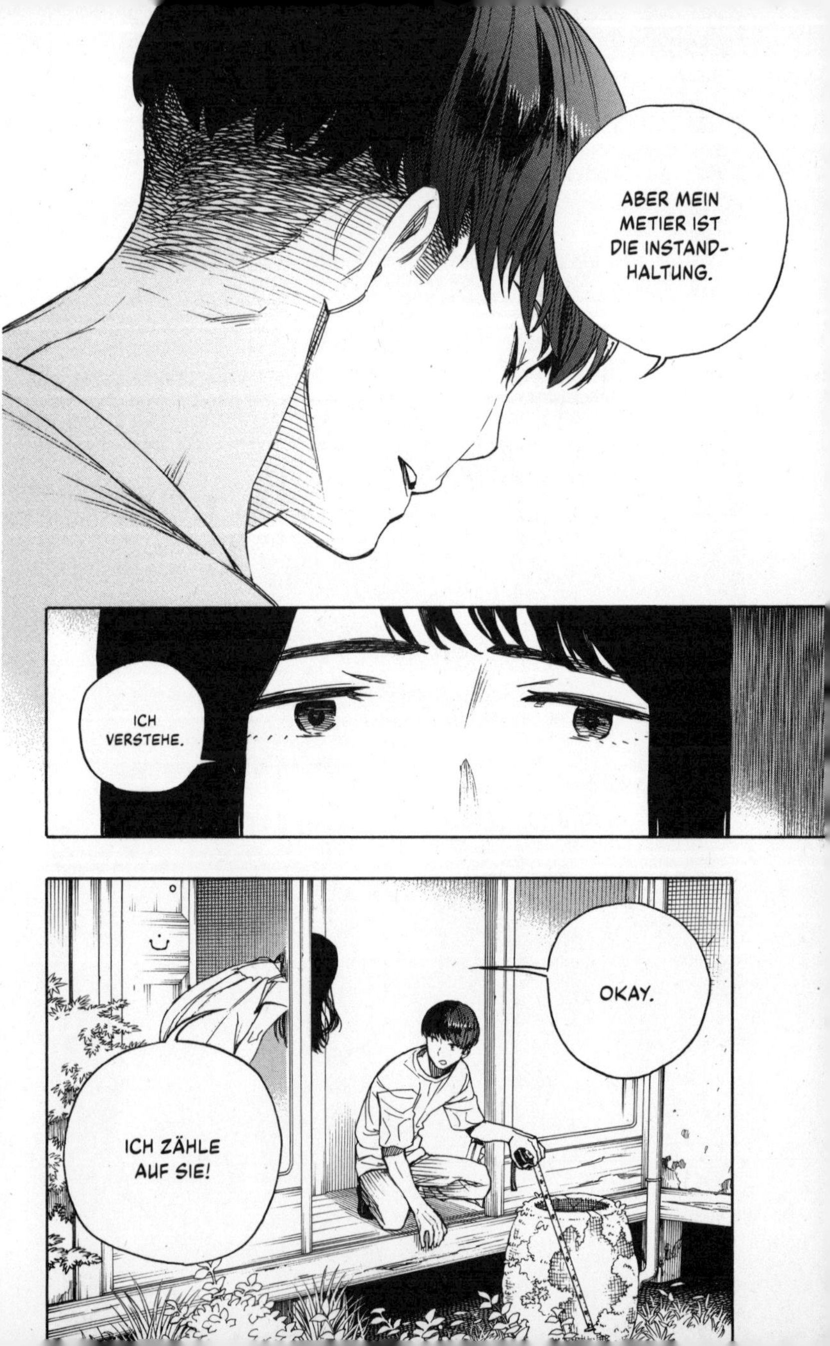
ABER MEIN METIER IST DIE INSTAND-HALTUNG.
ICH VERSTEHE.
OKAY.
ICH ZÄHLE AUF SIE!

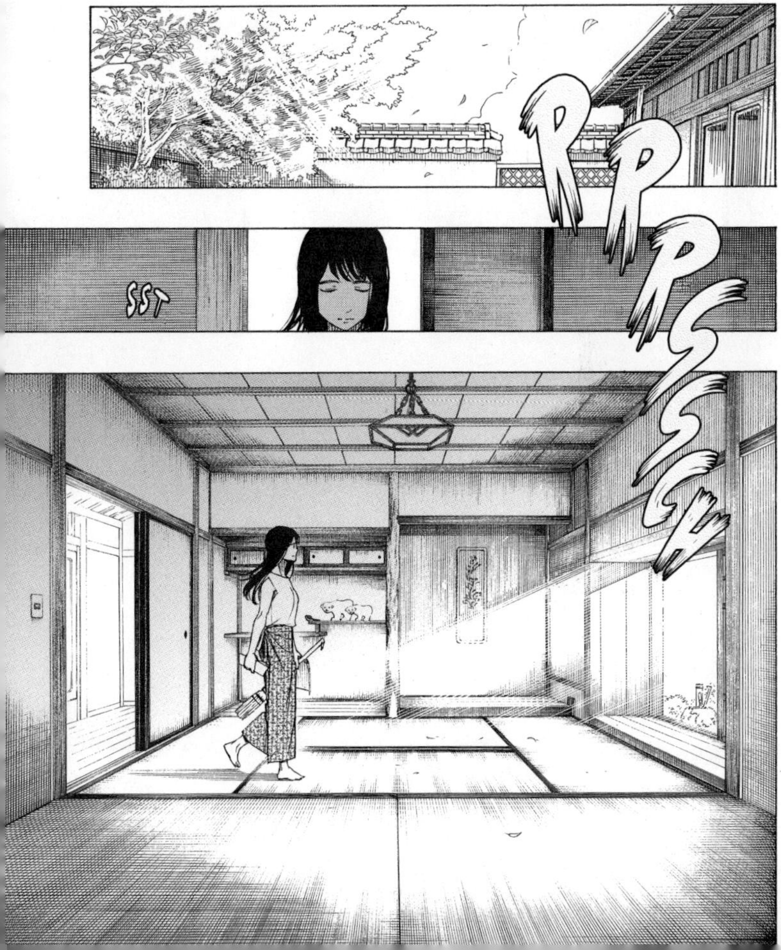
SST
RRRRSSSCH

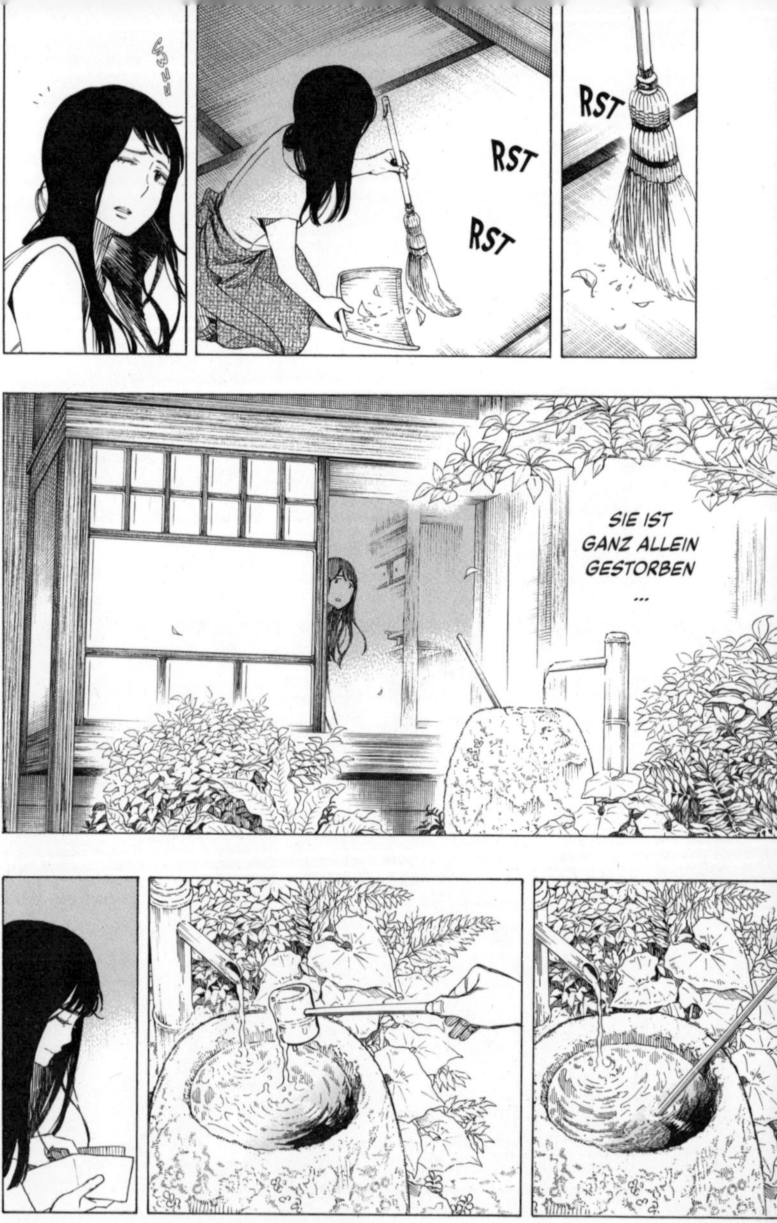
RST
RST
RST
SIE IST GANZ ALLEIN GESTORBEN ...

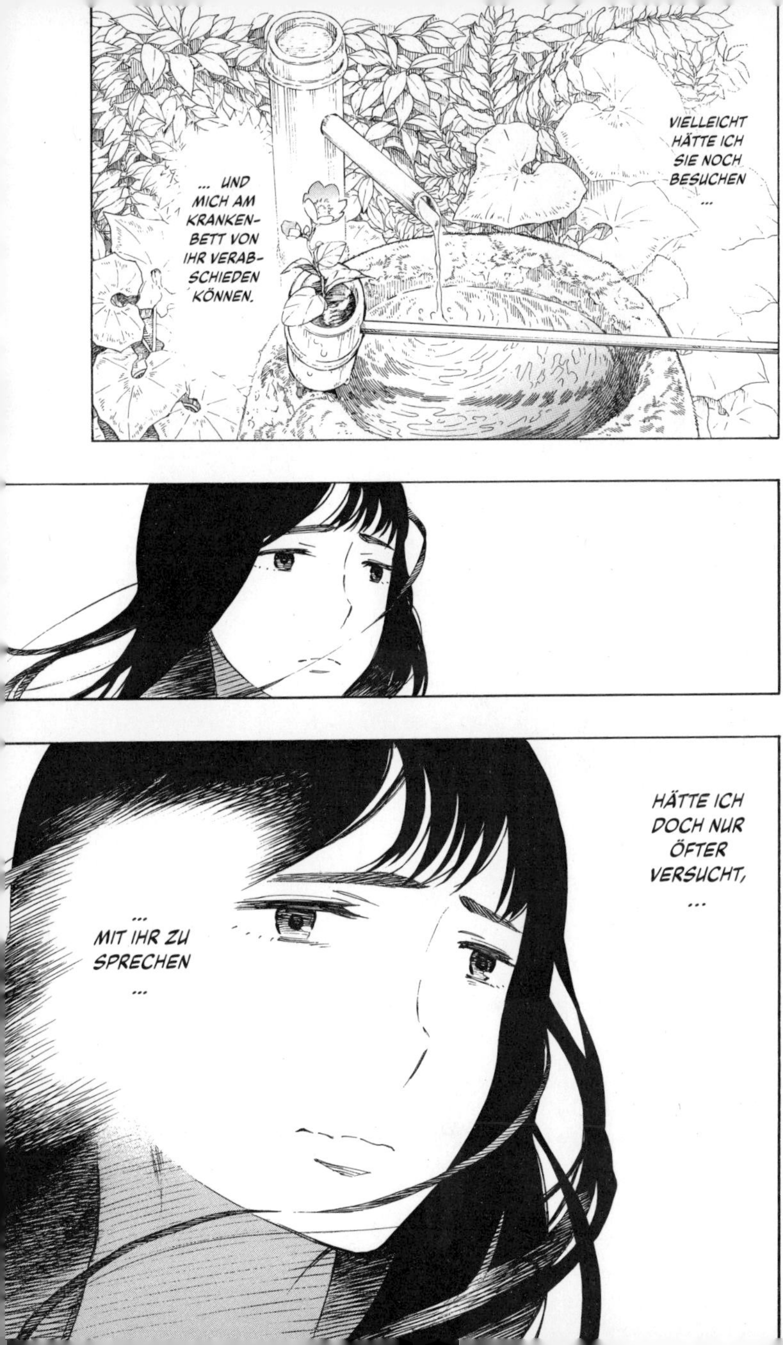
VIELLEICHT HÄTTE ICH SIE NOCH BESUCHEN ...
... UND MICH AM KRANKEN-BETT VON IHR VERAB-SCHIEDEN KÖNNEN.
HÄTTE ICH DOCH NUR ÖFTER VERSUCHT, ...
... MIT IHR ZU SPRECHEN ...

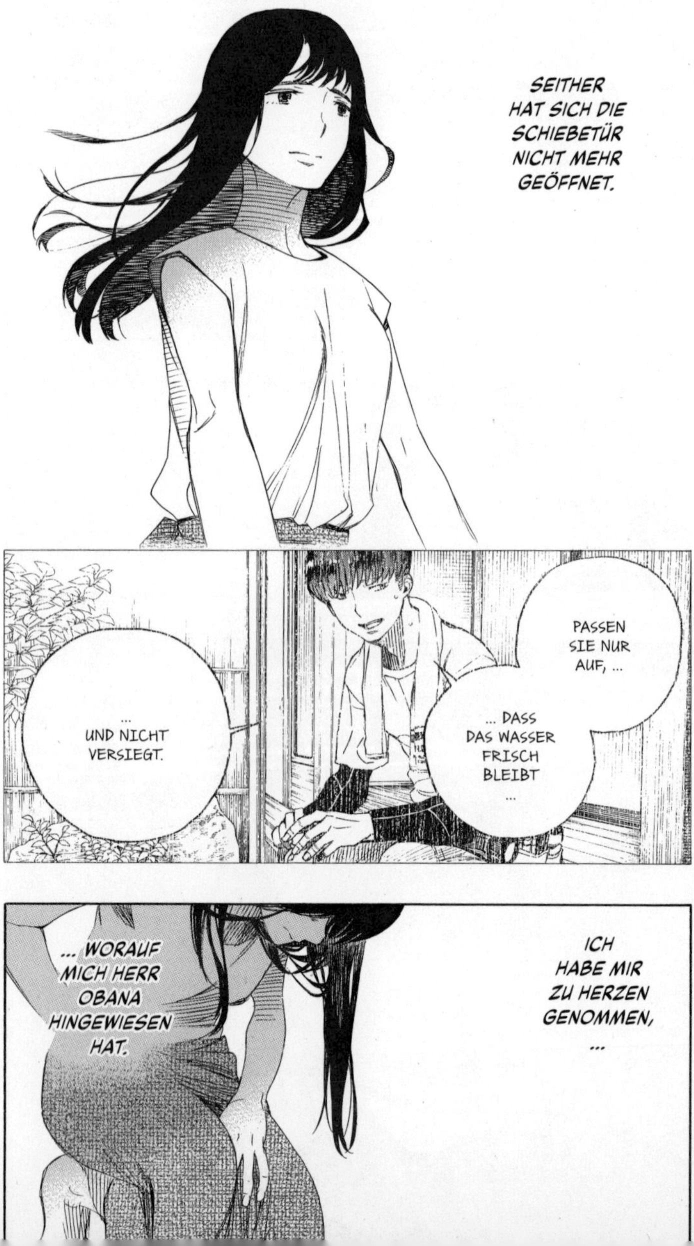
SEITHER HAT SICH DIE SCHIEBETÜR NICHT MEHR GEÖFFNET.
PASSEN SIE NUR AUF, ...
... DASS DAS WASSER FRISCH BLEIBT ...
... UND NICHT VERSIEGT.
ICH HABE MIR ZU HERZEN GENOMMEN, ...
... WORAUF MICH HERR OBANA HINGEWIESEN HAT.

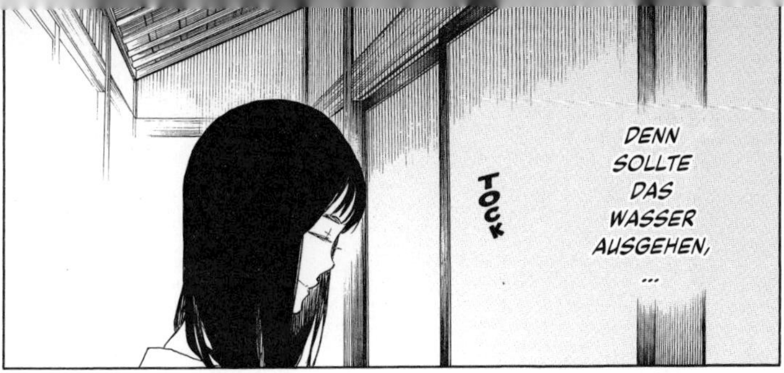
TOCK
DENN SOLLTE DAS WASSER AUSGEHEN, ...

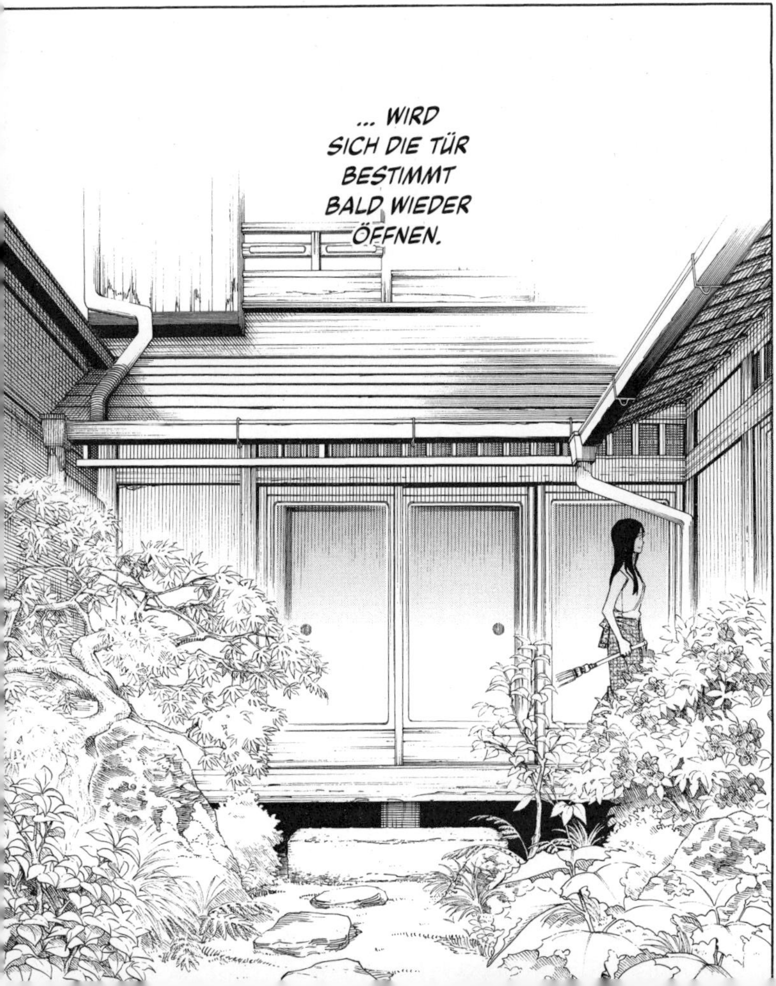
... WIRD SICH DIE TÜR BESTIMMT BALD WIEDER ÖFFNEN.

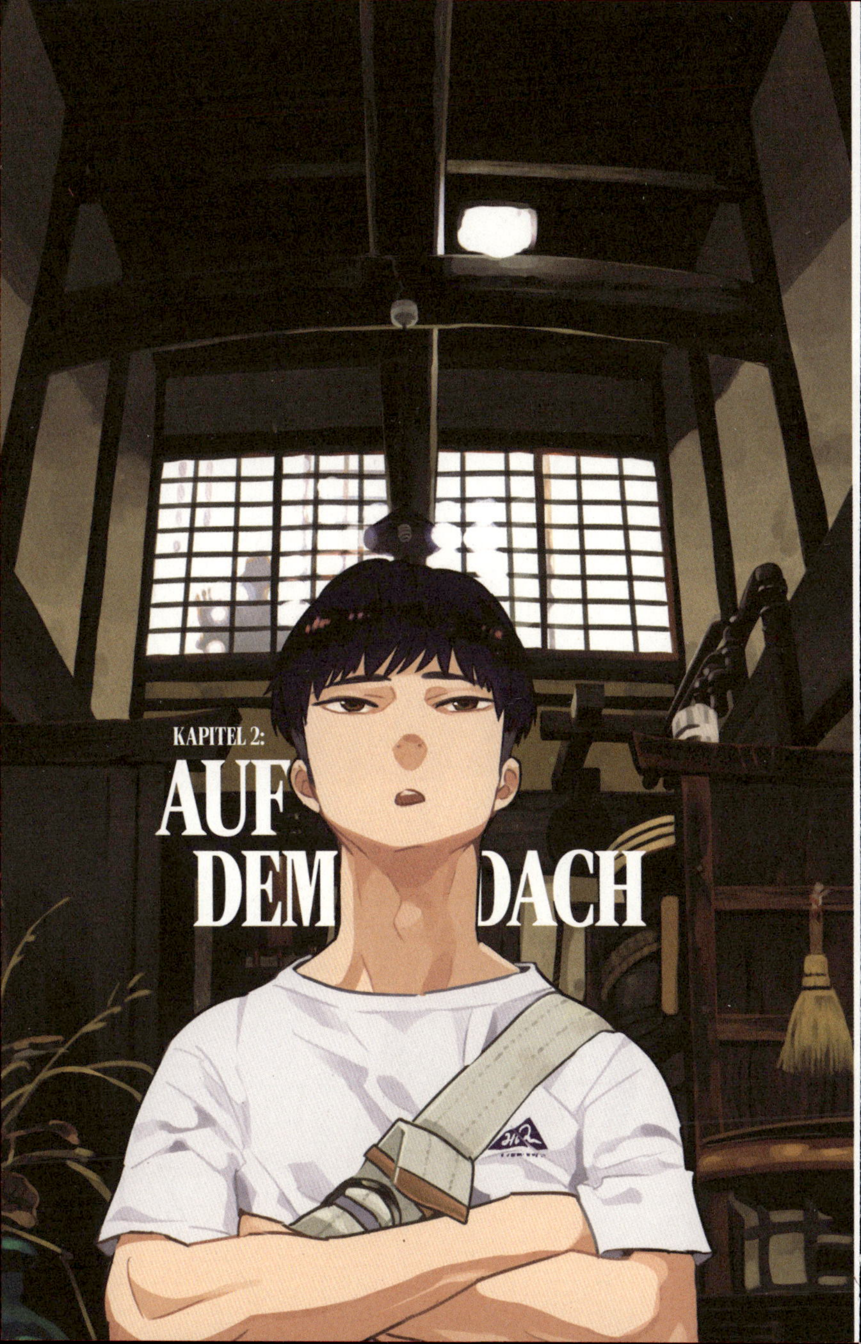
KAPITEL 2:
AUF
DEM
DACH

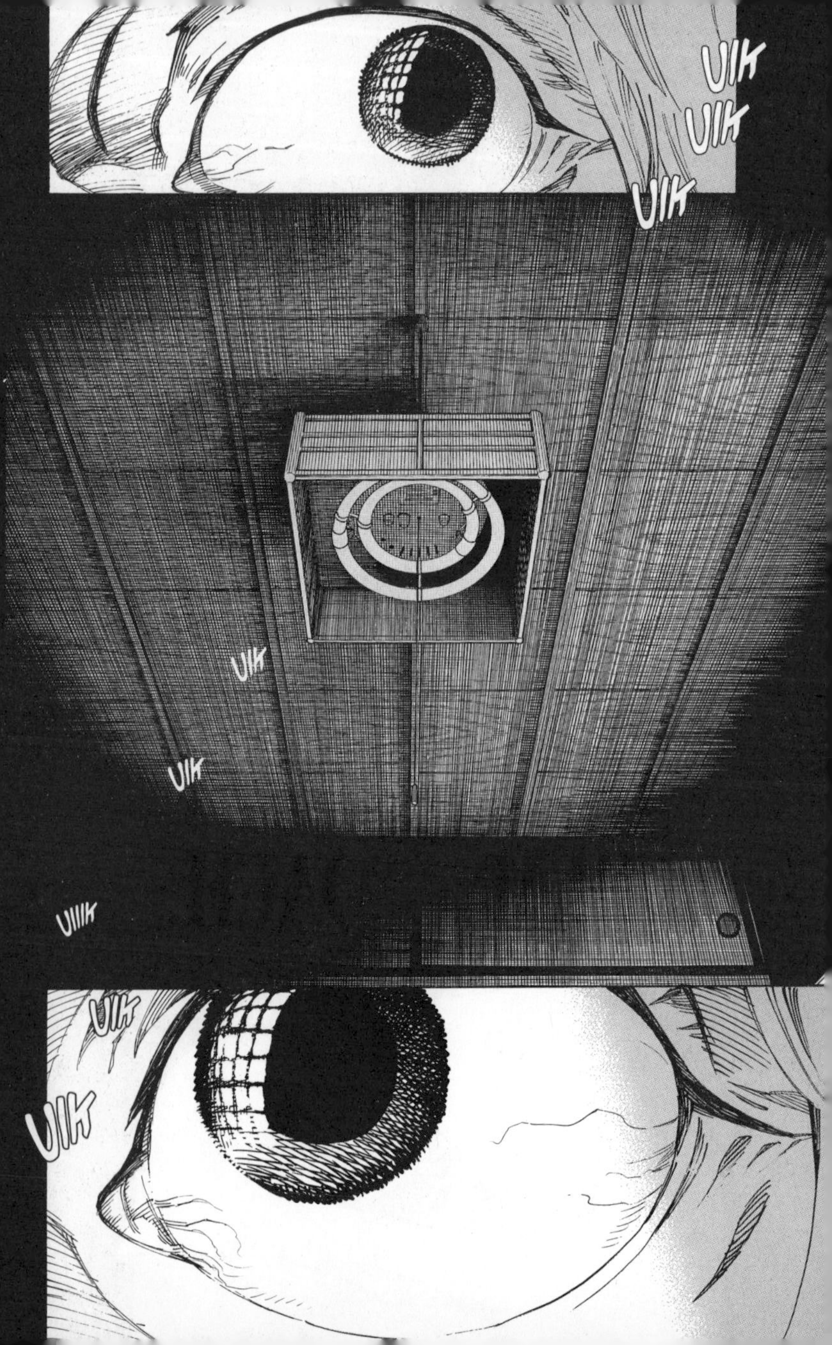
UIK
UIK
UIK
UIK
UIK
UIIIK
UIK
UIK

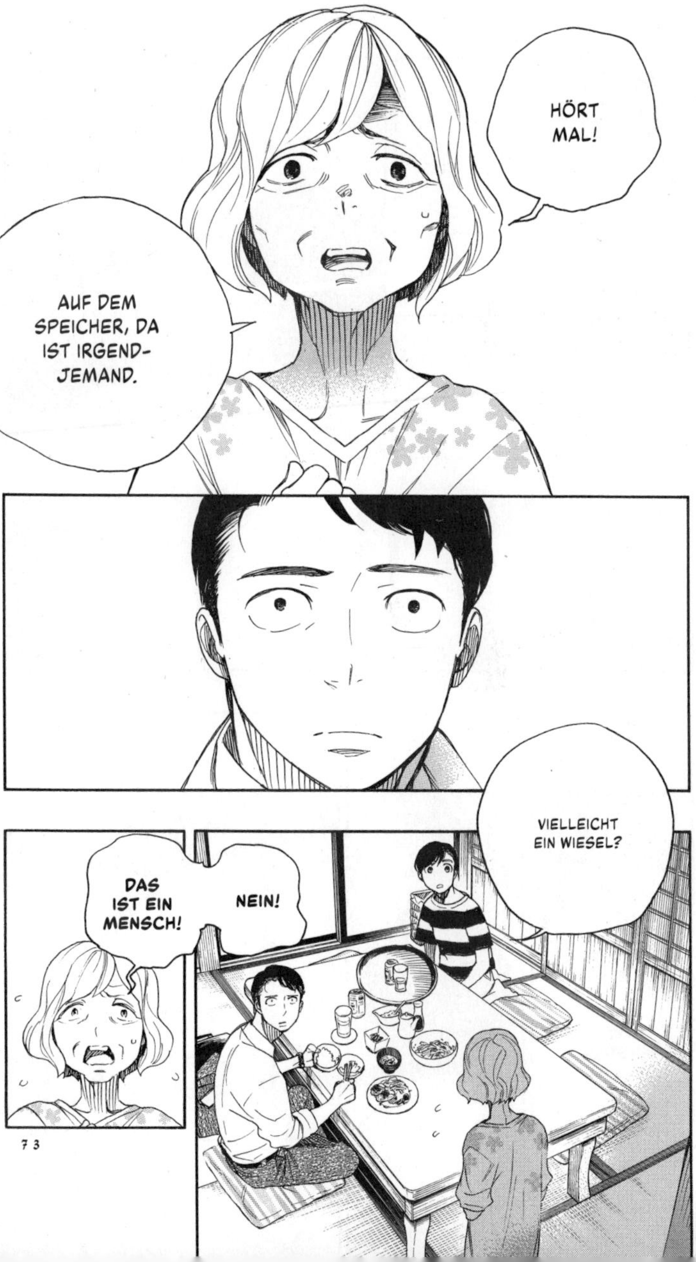
HÖRT MAL!
AUF DEM SPEICHER, DA IST IRGEND-JEMAND.
VIELLEICHT EIN WIESEL?
NEIN!
DAS IST EIN MENSCH!

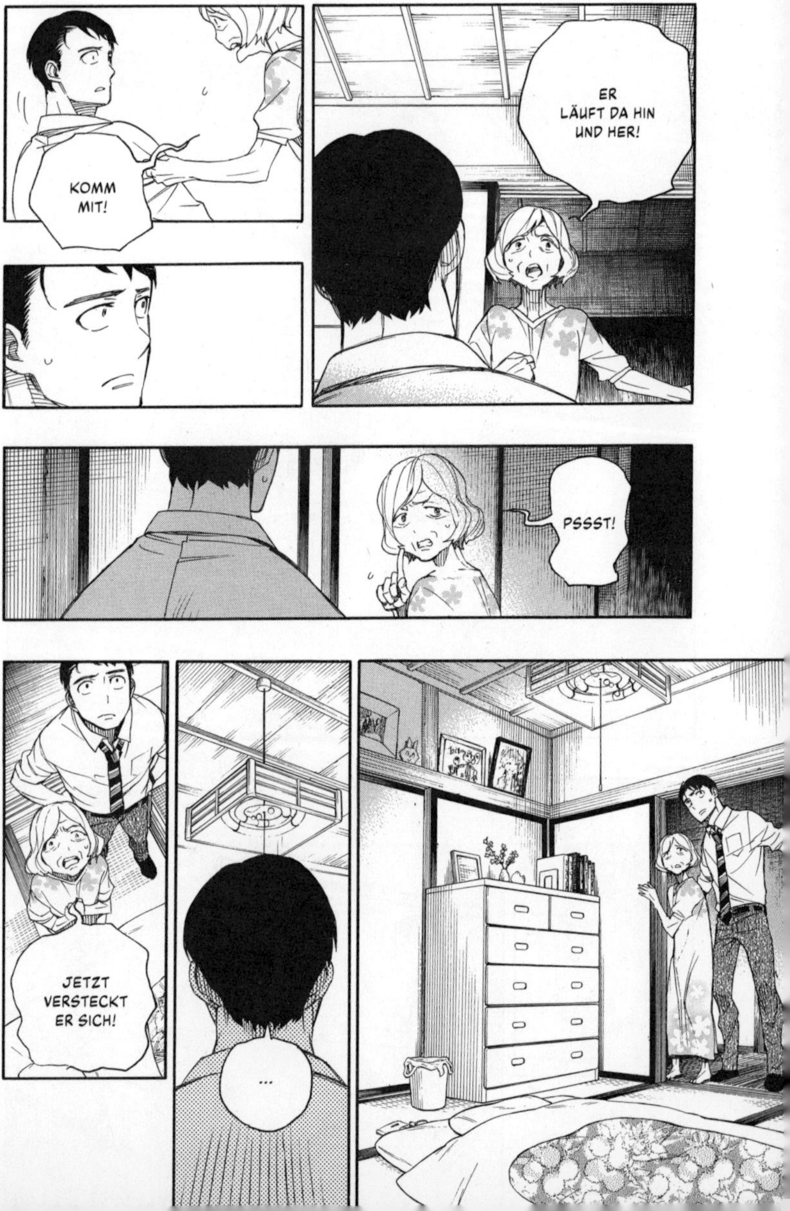

KOMM MIT!
ER LÄUFT DA HIN UND HER!
PSSST!
JETZT VERSTECKT ER SICH!
...

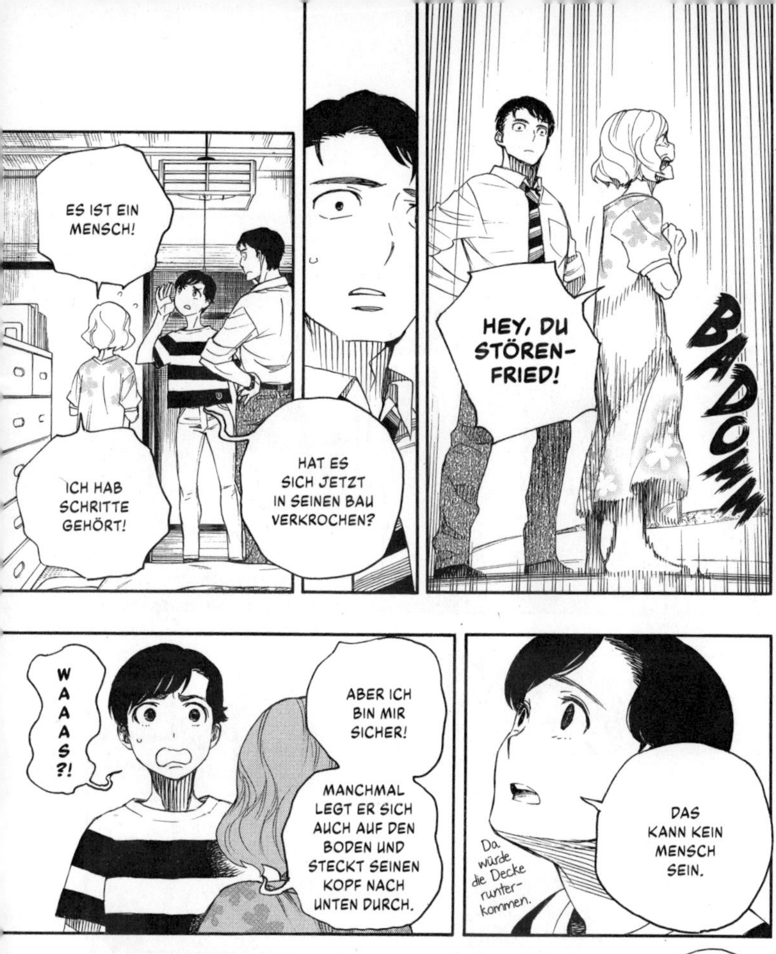
BADOMM
HEY, DU STÖREN-FRIED!
HAT ES SICH JETZT IN SEINEN BAU VERKROCHEN?
ES IST EIN MENSCH!
ICH HAB SCHRITTE GEHÖRT!
DAS KANN KEIN MENSCH SEIN.
Da würde die Decke runter-kommen.
ABER ICH BIN MIR SICHER!
MANCHMAL LEGT ER SICH AUCH AUF DEN BODEN UND STECKT SEINEN KOPF NACH UNTEN DURCH.
WAAAAS?!
OKAY!
NA, DANN LOS!
ICH SCHAU MICH JETZT MAL DA OBEN UM!

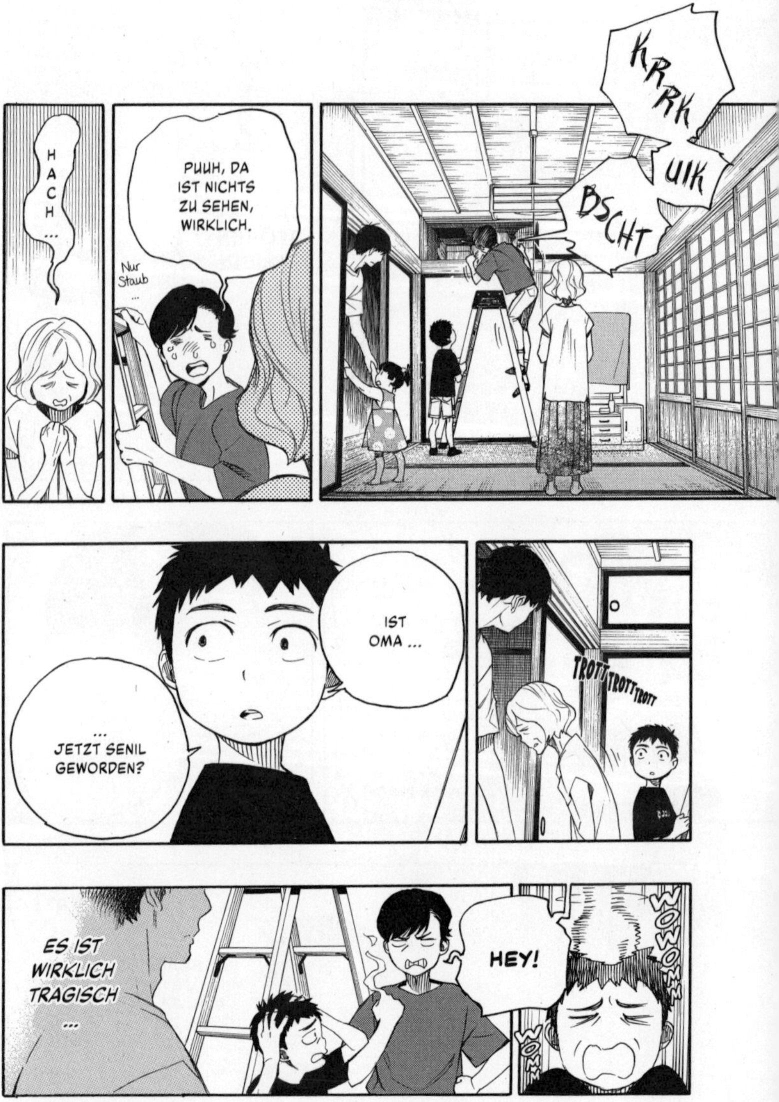
KRRK
UIK
BSCHT
PUUH, DA IST NICHTS ZU SEHEN, WIRKLICH.
Nur Staub ...
HACH ...
IST OMA ...
... JETZT SENIL GEWORDEN?
TROTT TROTT TROTT
HEY!
WOWOMM
WOMM
ES IST WIRKLICH TRAGISCH ...

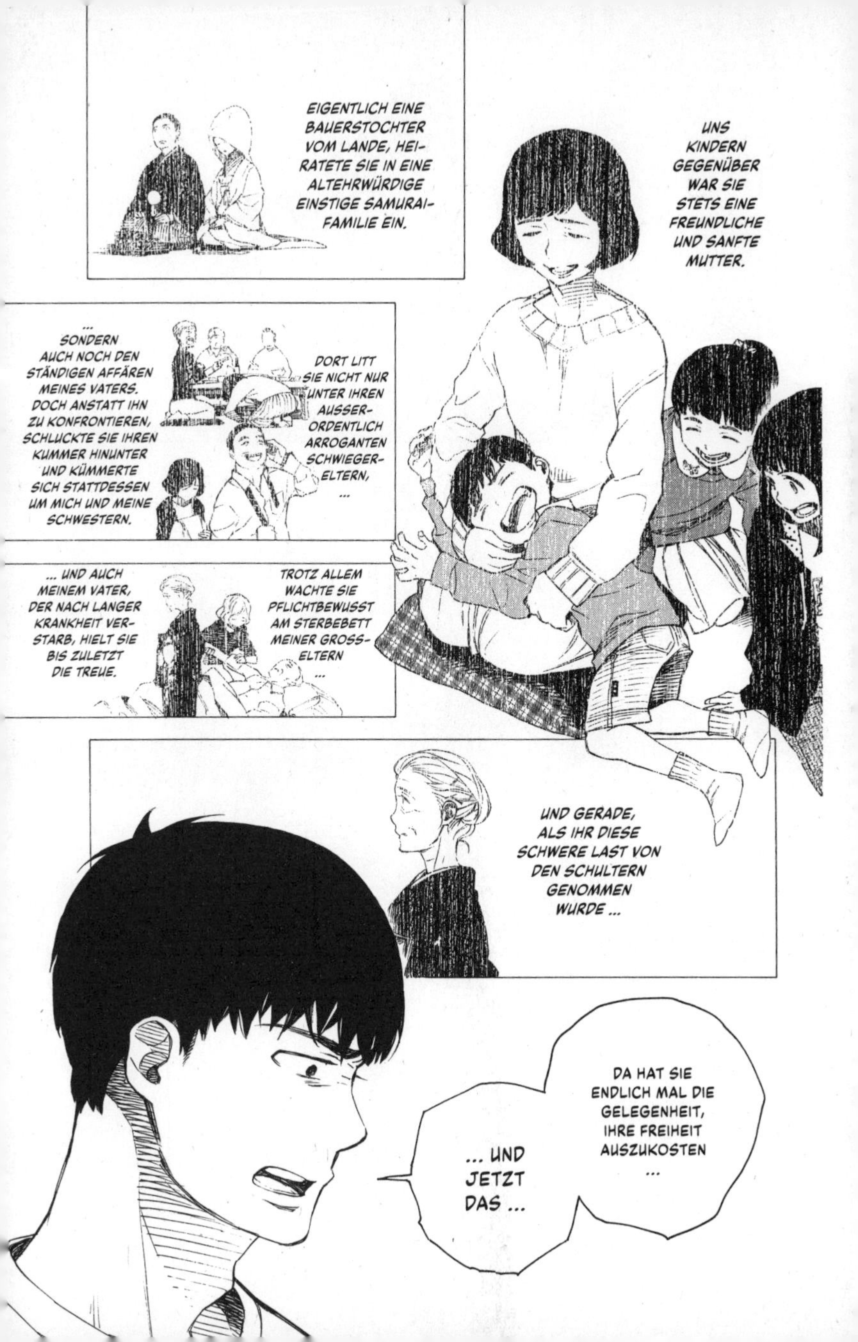
EIGENTLICH EINE BAUERSTOCHTER VOM LANDE, HEIRATETE SIE IN EINE ALTEHRWÜRDIGE EINSTIGE SAMURAI-FAMILIE EIN.
UNS KINDERN GEGENÜBER WAR SIE STETS EINE FREUNDLICHE UND SANFTE MUTTER.
DORT LITT SIE NICHT NUR UNTER IHREN AUSSERORDENTLICH ARROGANTEN SCHWIEGERELTERN, ...
... SONDERN AUCH NOCH DEN STÄNDIGEN AFFÄREN MEINES VATERS. DOCH ANSTATT IHN ZU KONFRONTIEREN, SCHLUCKTE SIE IHREN KUMMER HINUNTER UND KÜMMERTE SICH STATTDESSEN UM MICH UND MEINE SCHWESTERN.
TROTZ ALLEM WACHTE SIE PFLICHTBEWUSST AM STERBEBETT MEINER GROSSELTERN ...
... UND AUCH MEINEM VATER, DER NACH LANGER KRANKHEIT VERSTARB, HIELT SIE BIS ZULETZT DIE TREUE.
UND GERADE, ALS IHR DIESE SCHWERE LAST VON DEN SCHULTERN GENOMMEN WURDE ...
DA HAT SIE ENDLICH MAL DIE GELEGENHEIT, IHRE FREIHEIT AUSZUKOSTEN ...
... UND JETZT DAS ...

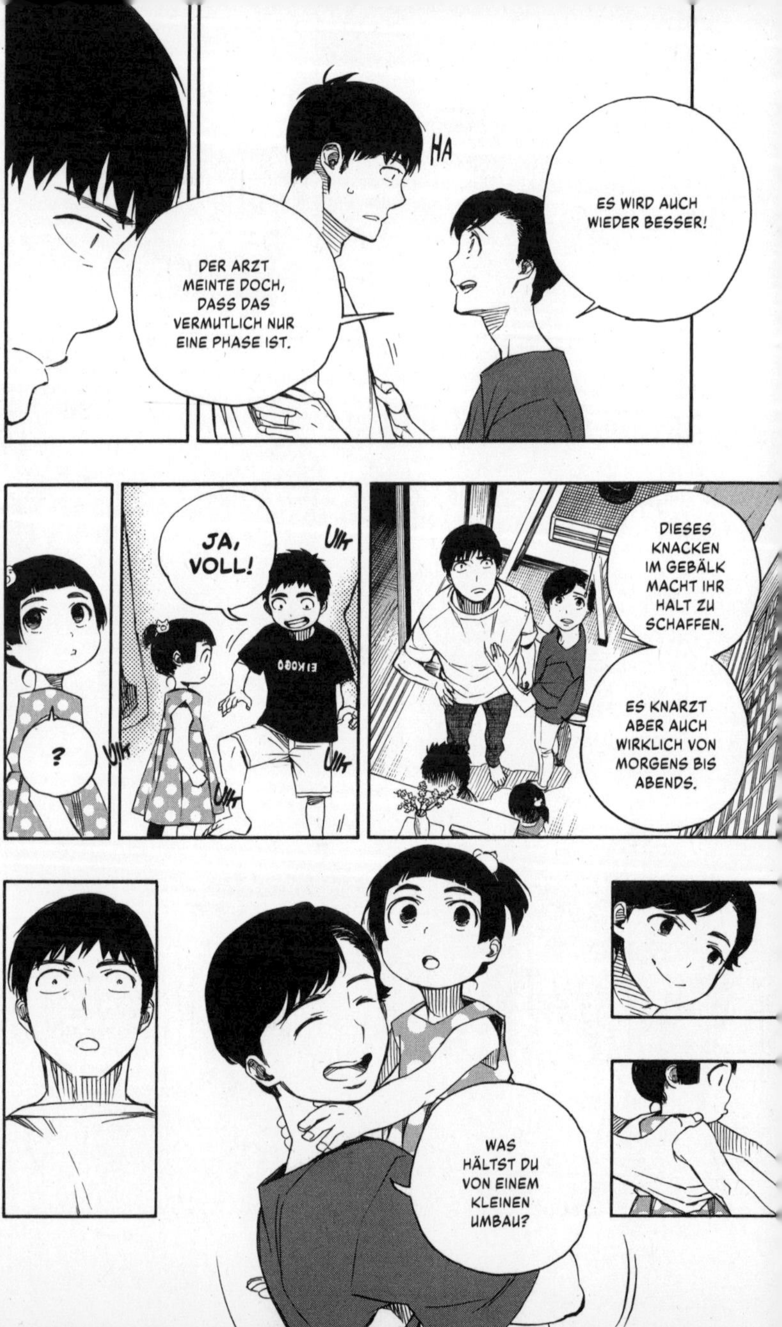
ES WIRD AUCH WIEDER BESSER!
HA
DER ARZT MEINTE DOCH, DASS DAS VERMUTLICH NUR EINE PHASE IST.
DIESES KNACKEN IM GEBÄLK MACHT IHR HALT ZU SCHAFFEN.
ES KNARZT ABER AUCH WIRKLICH VON MORGENS BIS ABENDS.
UIK
JA, VOLL!
UIK
UIK
UIK
?
WAS HÄLTST DU VON EINEM KLEINEN UMBAU?

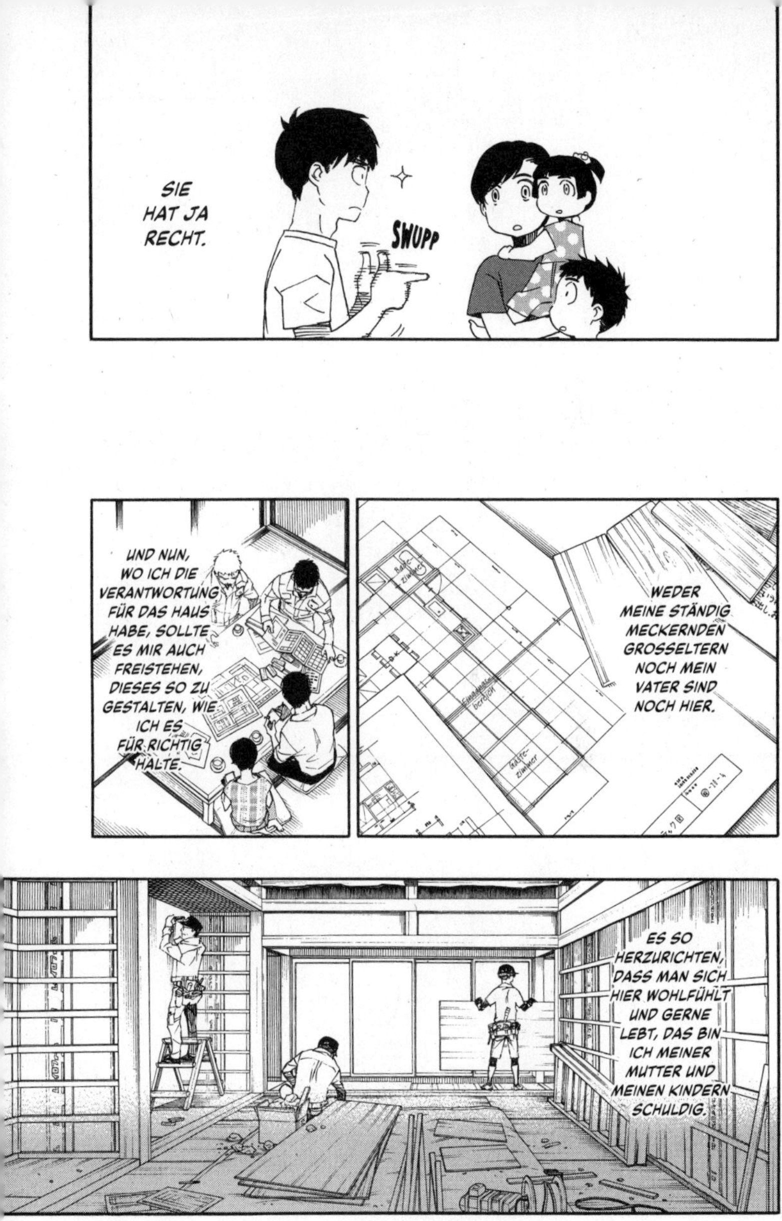
SIE HAT JA RECHT.
SWUPP
WEDER MEINE STÄNDIG MECKERNDEN GROSSELTERN NOCH MEIN VATER SIND NOCH HIER.
UND NUN, WO ICH DIE VERANTWORTUNG FÜR DAS HAUS HABE, SOLLTE ES MIR AUCH FREISTEHEN, DIESES SO ZU GESTALTEN, WIE ICH ES FÜR RICHTIG HALTE.
ES SO HERZURICHTEN, DASS MAN SICH HIER WOHLFÜHLT UND GERNE LEBT, DAS BIN ICH MEINER MUTTER UND MEINEN KINDERN SCHULDIG.

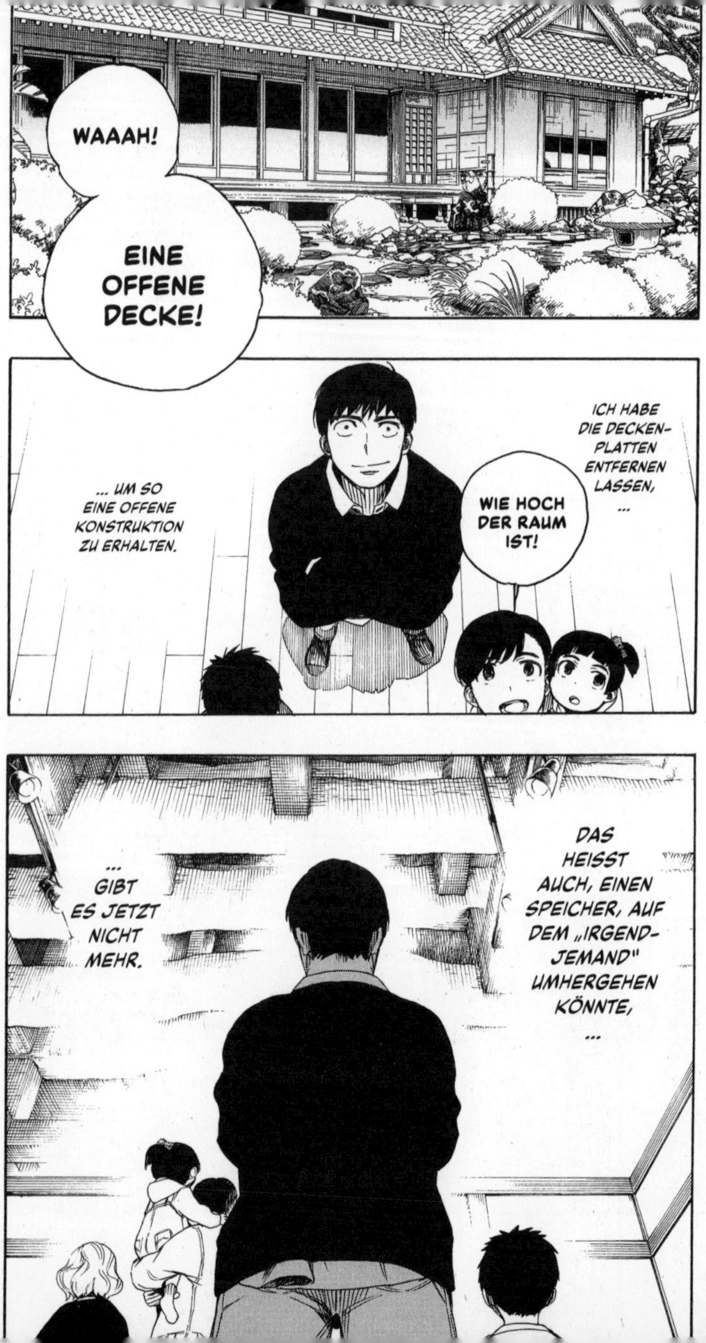
WAAAH!
EINE OFFENE DECKE!
ICH HABE DIE DECKEN-PLATTEN ENTFERNEN LASSEN, ...
WIE HOCH DER RAUM IST!
... UM SO EINE OFFENE KONSTRUKTION ZU ERHALTEN.
DAS HEISST AUCH, EINEN SPEICHER, AUF DEM „IRGEND-JEMAND" UMHERGEHEN KÖNNTE, ...
... GIBT ES JETZT NICHT MEHR.

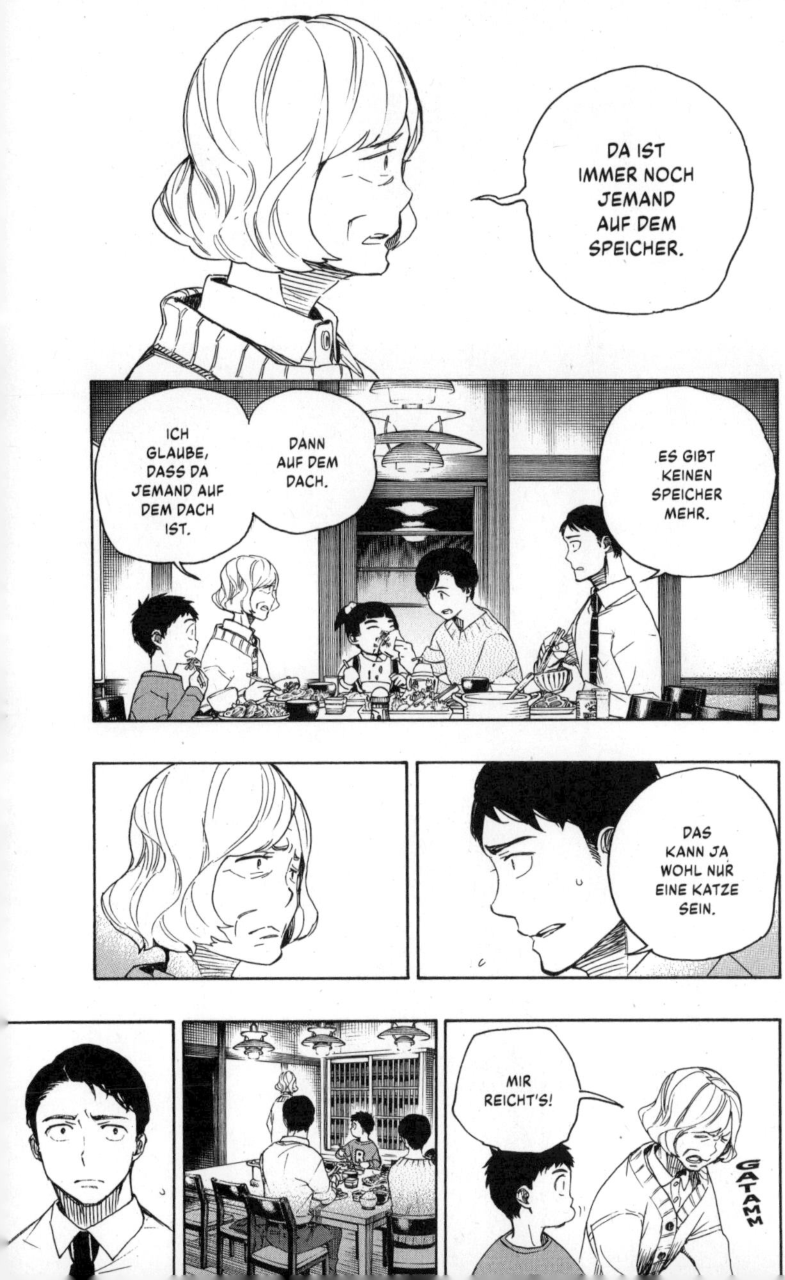
DA IST IMMER NOCH JEMAND AUF DEM SPEICHER.
ES GIBT KEINEN SPEICHER MEHR.
DANN AUF DEM DACH.
ICH GLAUBE, DASS DA JEMAND AUF DEM DACH IST.
DAS KANN JA WOHL NUR EINE KATZE SEIN.
GATAMM
MIR REICHT'S!

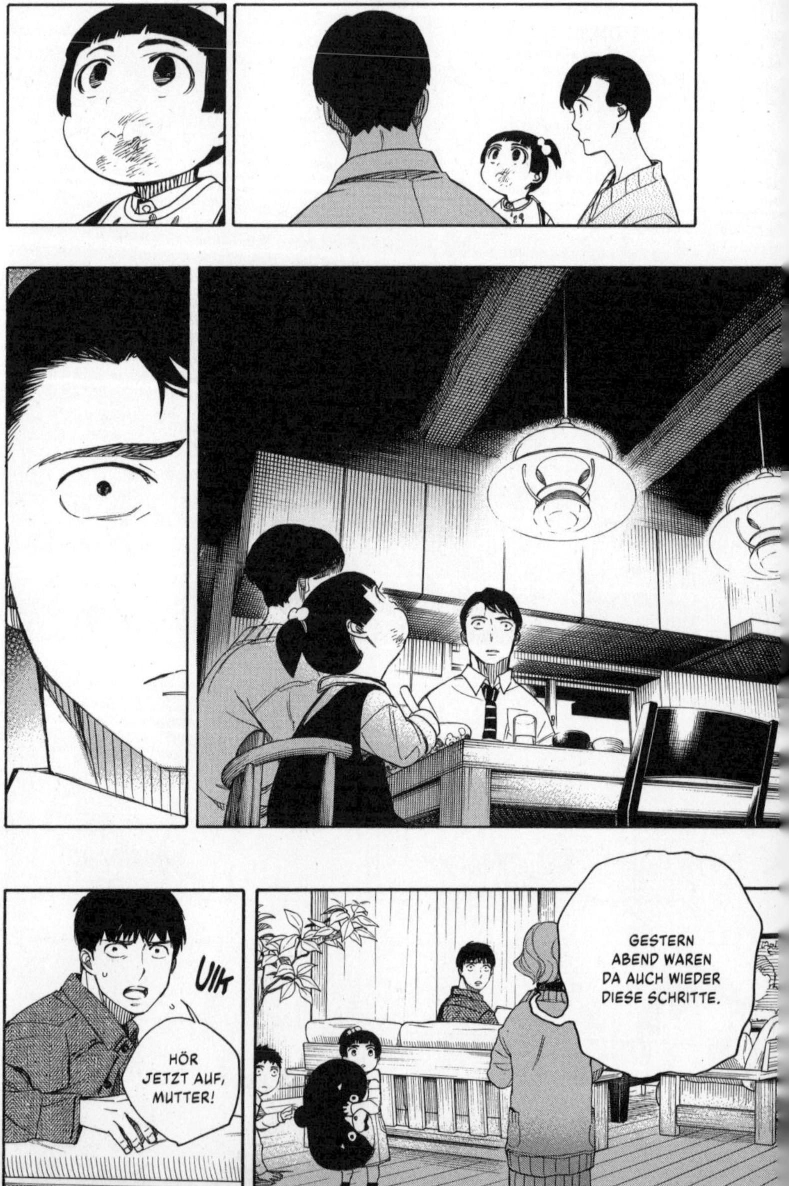
GESTERN ABEND WAREN DA AUCH WIEDER DIESE SCHRITTE.
UIK
HÖR JETZT AUF, MUTTER!

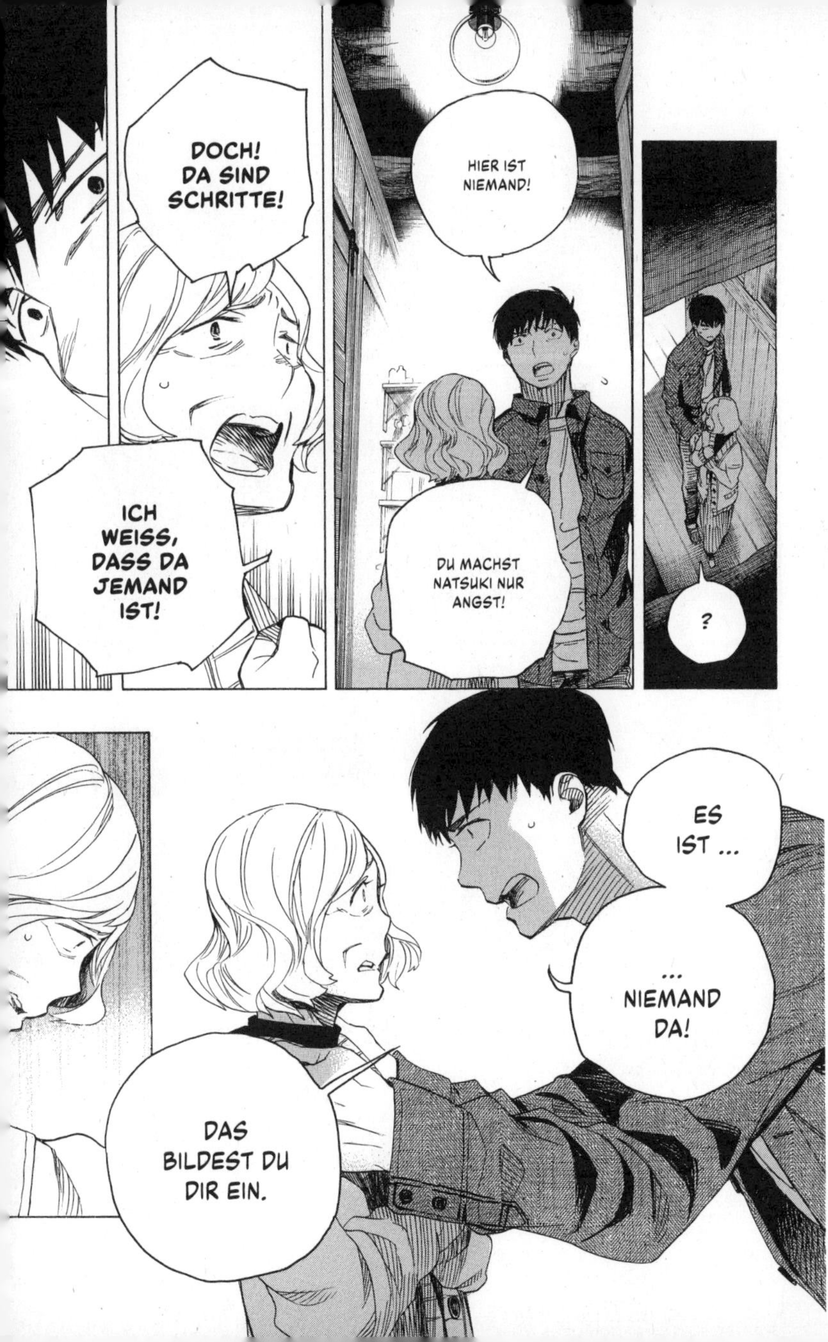
?
HIER IST NIEMAND!
DU MACHST NATSUKI NUR ANGST!
DOCH! DA SIND SCHRITTE!
ICH WEISS, DASS DA JEMAND IST!
ES IST ...
... NIEMAND DA!
DAS BILDEST DU DIR EIN.

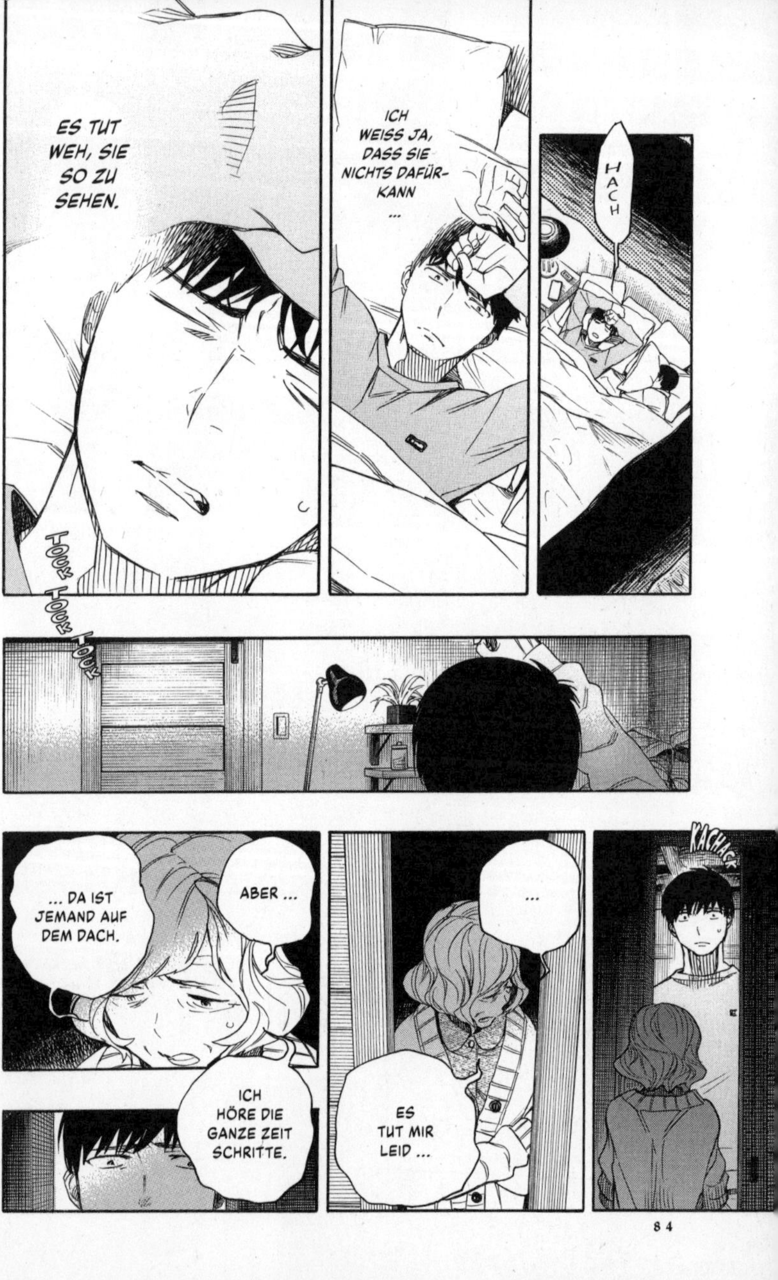
HACH
ICH WEISS JA, DASS SIE NICHTS DAFÜRKANN ...
ES TUT WEH, SIE SO ZU SEHEN.
TOCK TOCK TOCK
KACHACK
...
ES TUT MIR LEID ...
ABER ...
... DA IST JEMAND AUF DEM DACH.
ICH HÖRE DIE GANZE ZEIT SCHRITTE.

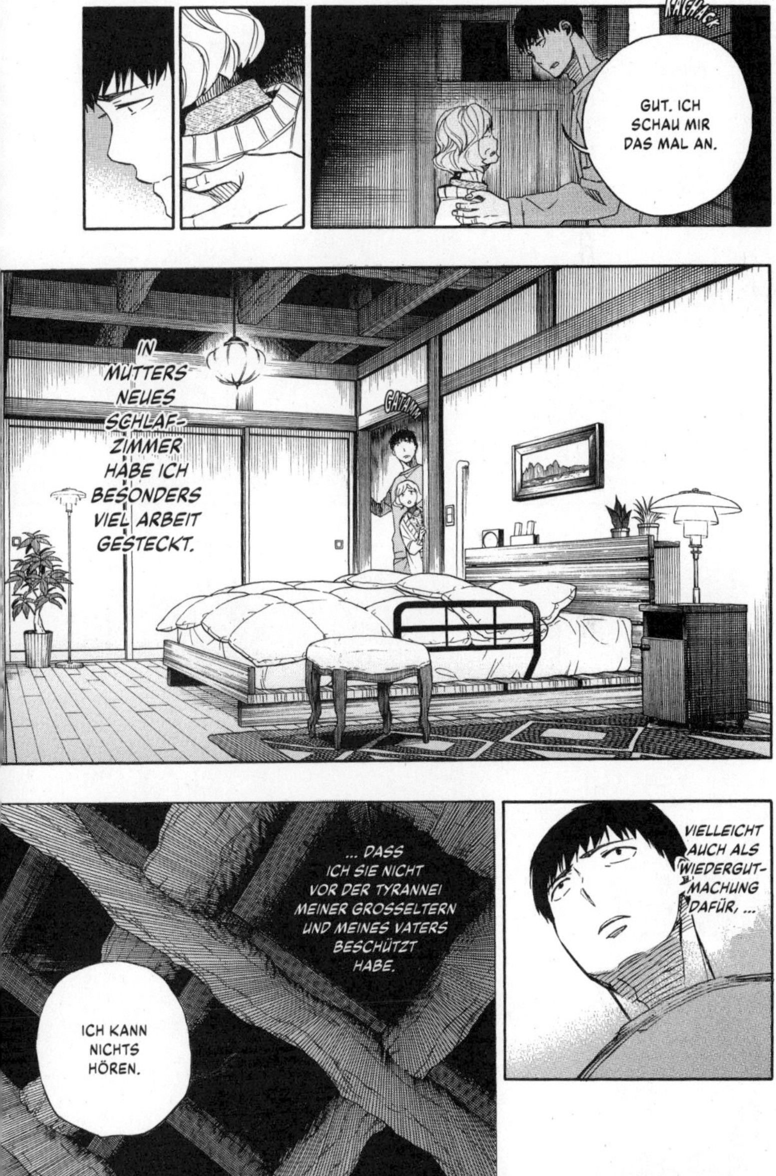
KACHACK
GUT. ICH SCHAU MIR DAS MAL AN.
GATAMM
IN MUTTERS NEUES SCHLAF-ZIMMER HABE ICH BESONDERS VIEL ARBEIT GESTECKT.
VIELLEICHT AUCH ALS WIEDERGUT-MACHUNG DAFÜR, ...
... DASS ICH SIE NICHT VOR DER TYRANNEI MEINER GROSSELTERN UND MEINES VATERS BESCHÜTZT HABE.
ICH KANN NICHTS HÖREN.

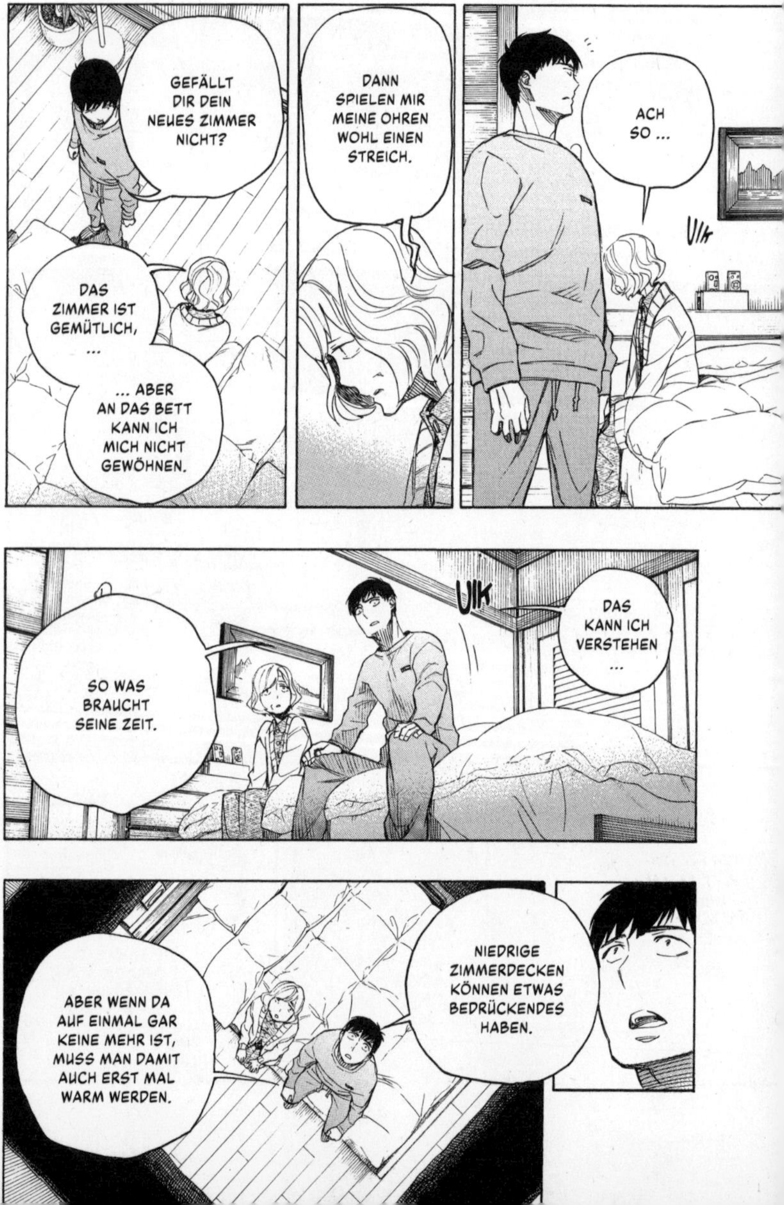
ACH SO ...
UIK
DANN SPIELEN MIR MEINE OHREN WOHL EINEN STREICH.
GEFÄLLT DIR DEIN NEUES ZIMMER NICHT?
DAS ZIMMER IST GEMÜTLICH, ...
... ABER AN DAS BETT KANN ICH MICH NICHT GEWÖHNEN.
UIK
DAS KANN ICH VERSTEHEN ...
SO WAS BRAUCHT SEINE ZEIT.
NIEDRIGE ZIMMERDECKEN KÖNNEN ETWAS BEDRÜCKENDES HABEN.
ABER WENN DA AUF EINMAL GAR KEINE MEHR IST, MUSS MAN DAMIT AUCH ERST MAL WARM WERDEN.

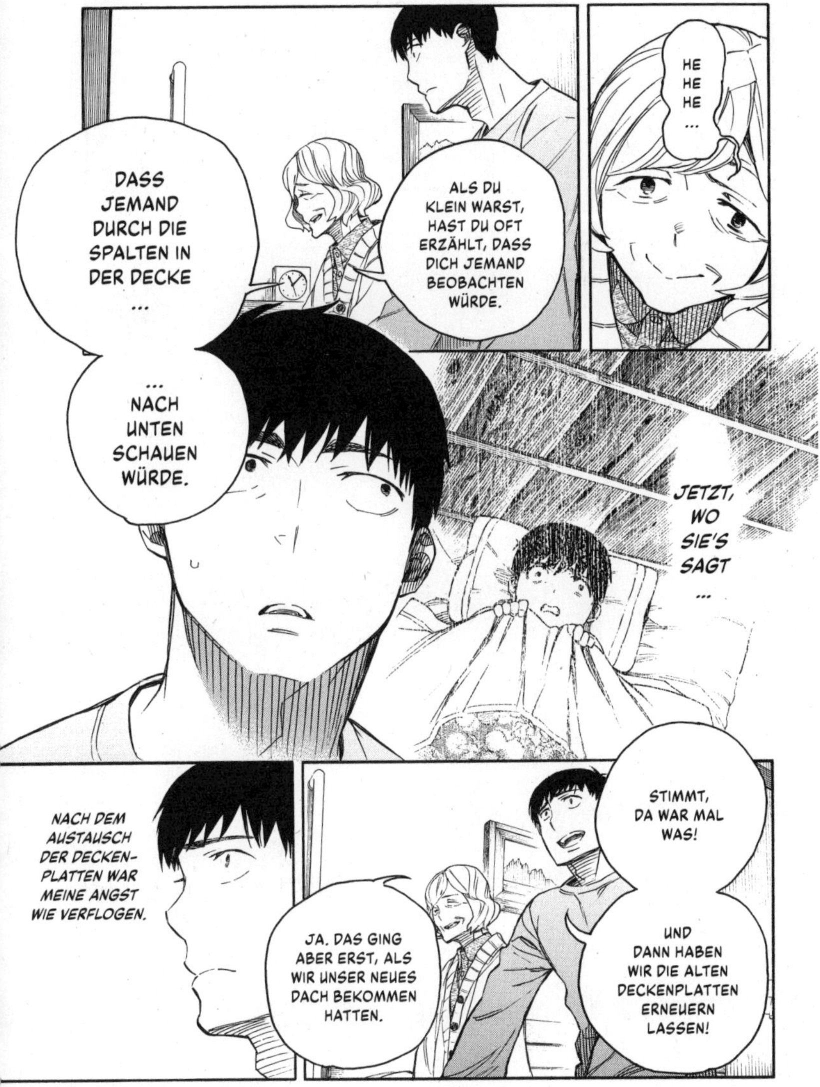
HE HE HE ...
ALS DU KLEIN WARST, HAST DU OFT ERZÄHLT, DASS DICH JEMAND BEOBACHTEN WÜRDE.
DASS JEMAND DURCH DIE SPALTEN IN DER DECKE ...
... NACH UNTEN SCHAUEN WÜRDE.
JETZT, WO SIE'S SAGT ...
STIMMT, DA WAR MAL WAS!
UND DANN HABEN WIR DIE ALTEN DECKENPLATTEN ERNEUERN LASSEN!
JA. DAS GING ABER ERST, ALS WIR UNSER NEUES DACH BEKOMMEN HATTEN.
NACH DEM AUSTAUSCH DER DECKEN-PLATTEN WAR MEINE ANGST WIE VERFLOGEN.

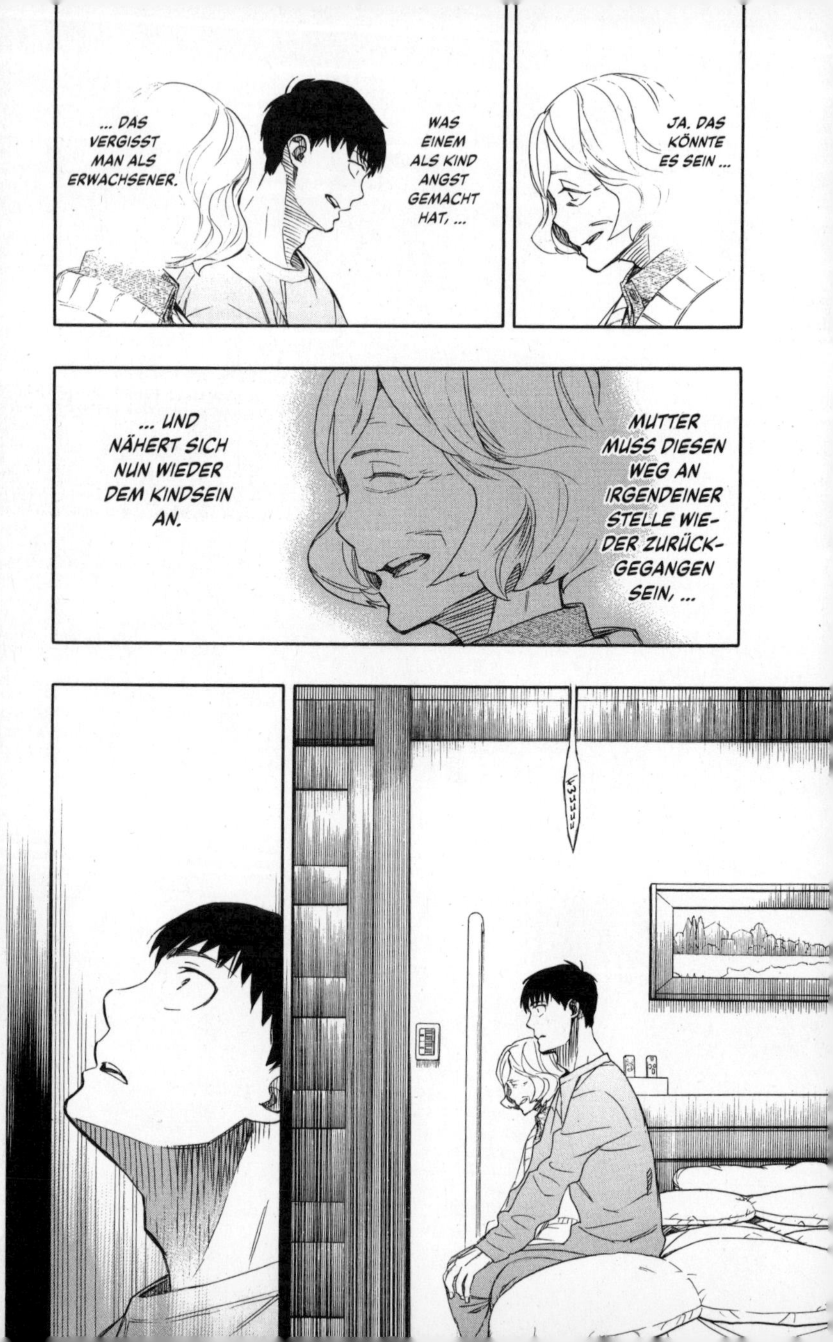
JA. DAS KÖNNTE ES SEIN ...
WAS EINEM ALS KIND ANGST GEMACHT HAT, ...
... DAS VERGISST MAN ALS ERWACHSENER.
MUTTER MUSS DIESEN WEG AN IRGENDEINER STELLE WIE-DER ZURÜCK-GEGANGEN SEIN, ...
... UND NÄHERT SICH NUN WIEDER DEM KINDSEIN AN.

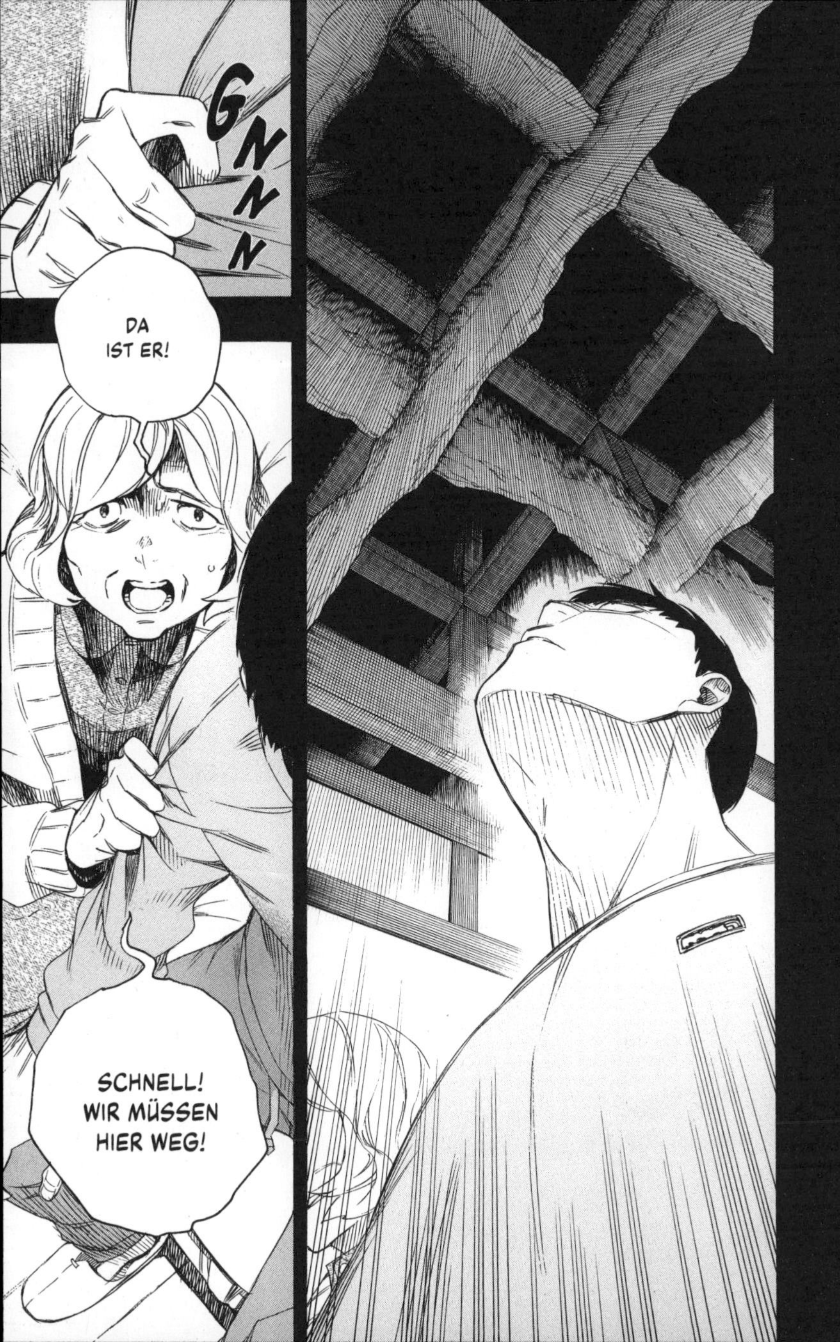
GNNN
DA IST ER!
SCHNELL! WIR MÜSSEN HIER WEG!

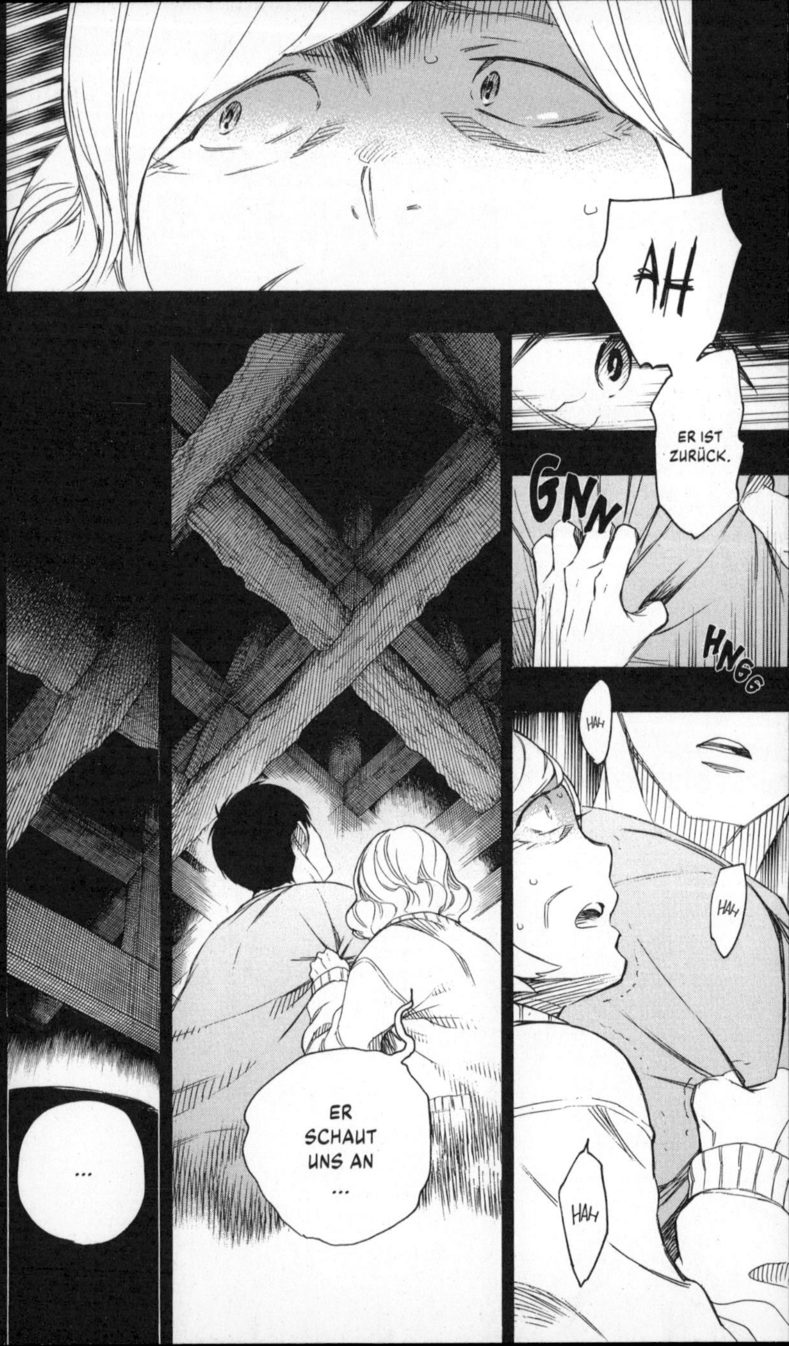

AH
ER IST ZURÜCK.
GNN
HNGG
HAH
HAH
HAH
ER SCHAUT UNS AN ...
...

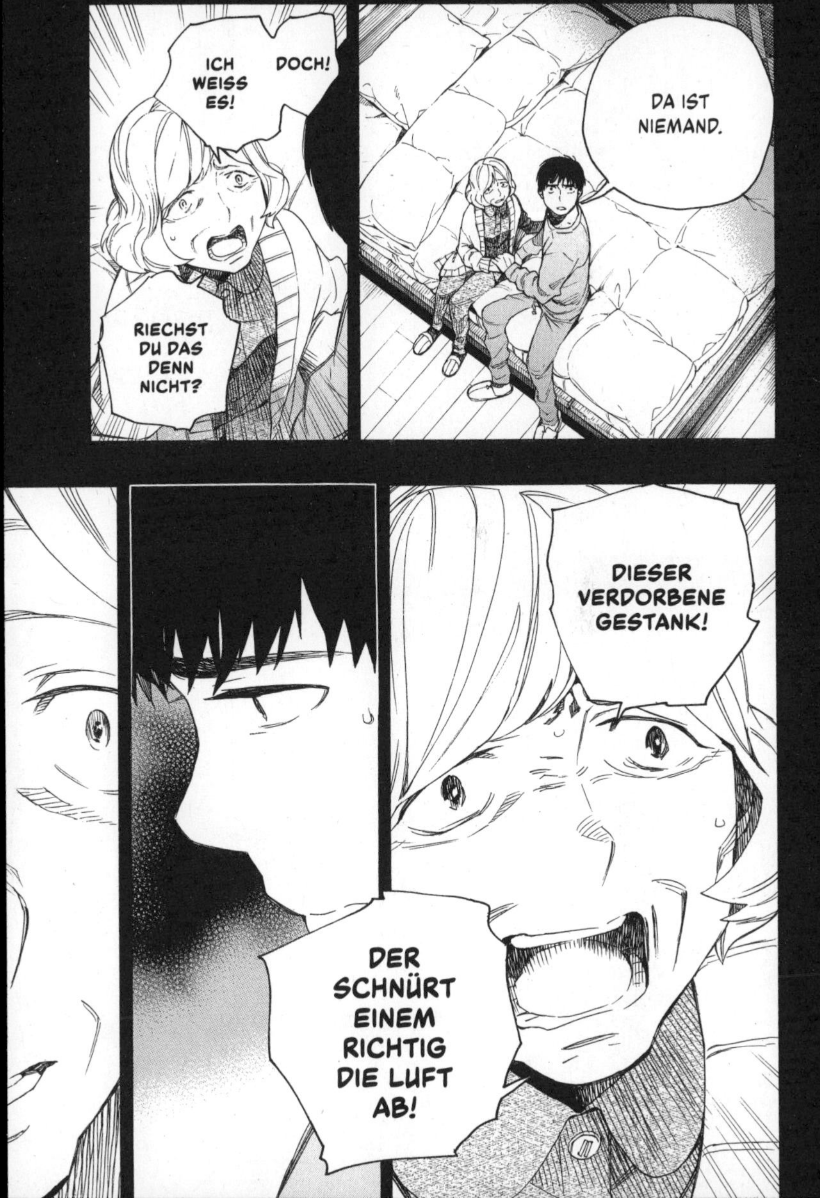
DA IST NIEMAND.
DOCH! ICH WEISS ES!
RIECHST DU DAS DENN NICHT?
DIESER VERDORBENE GESTANK!
DER SCHNÜRT EINEM RICHTIG DIE LUFT AB!

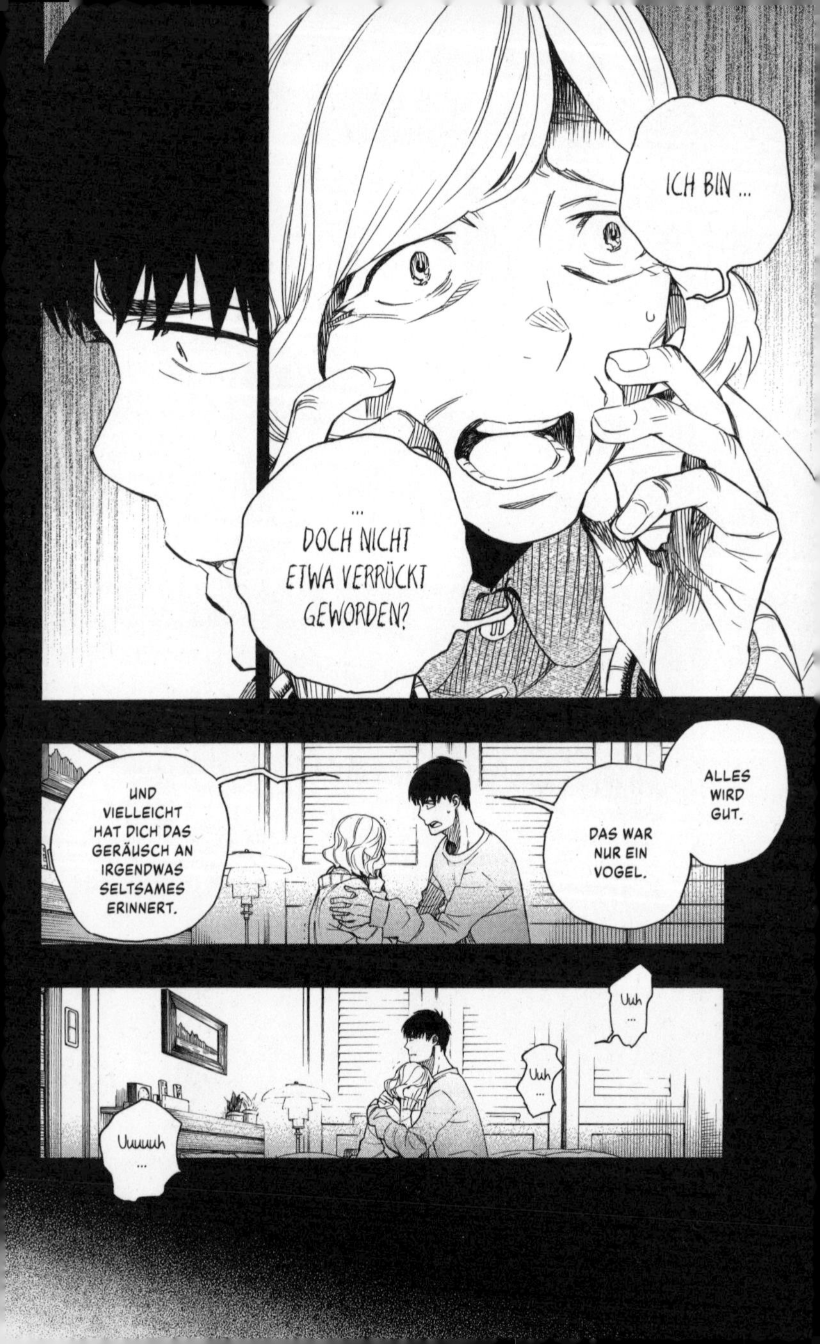
ICH BIN ...
... DOCH NICHT ETWA VERRÜCKT GEWORDEN?
ALLES WIRD GUT.
DAS WAR NUR EIN VOGEL.
UND VIELLEICHT HAT DICH DAS GERÄUSCH AN IRGENDWAS SELTSAMES ERINNERT.
Uuh ...
Uuh ...
Uuuuh ...

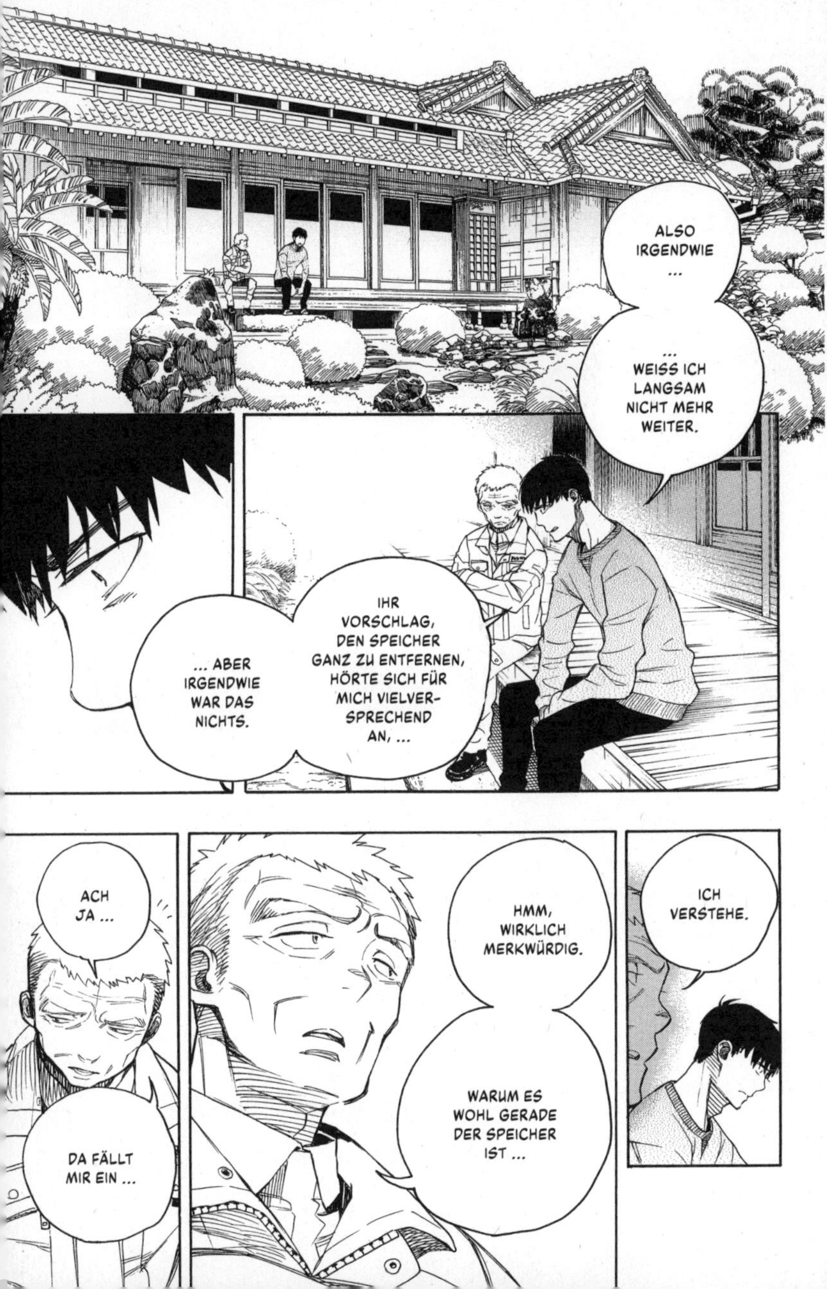

ALSO IRGENDWIE ...
... WEISS ICH LANGSAM NICHT MEHR WEITER.
IHR VORSCHLAG, DEN SPEICHER GANZ ZU ENTFERNEN, HÖRTE SICH FÜR MICH VIELVER-SPRECHEND AN, ...
... ABER IRGENDWIE WAR DAS NICHTS.
ICH VERSTEHE.
HMM, WIRKLICH MERKWÜRDIG.
WARUM ES WOHL GERADE DER SPEICHER IST ...
ACH JA ...
DA FÄLLT MIR EIN ...

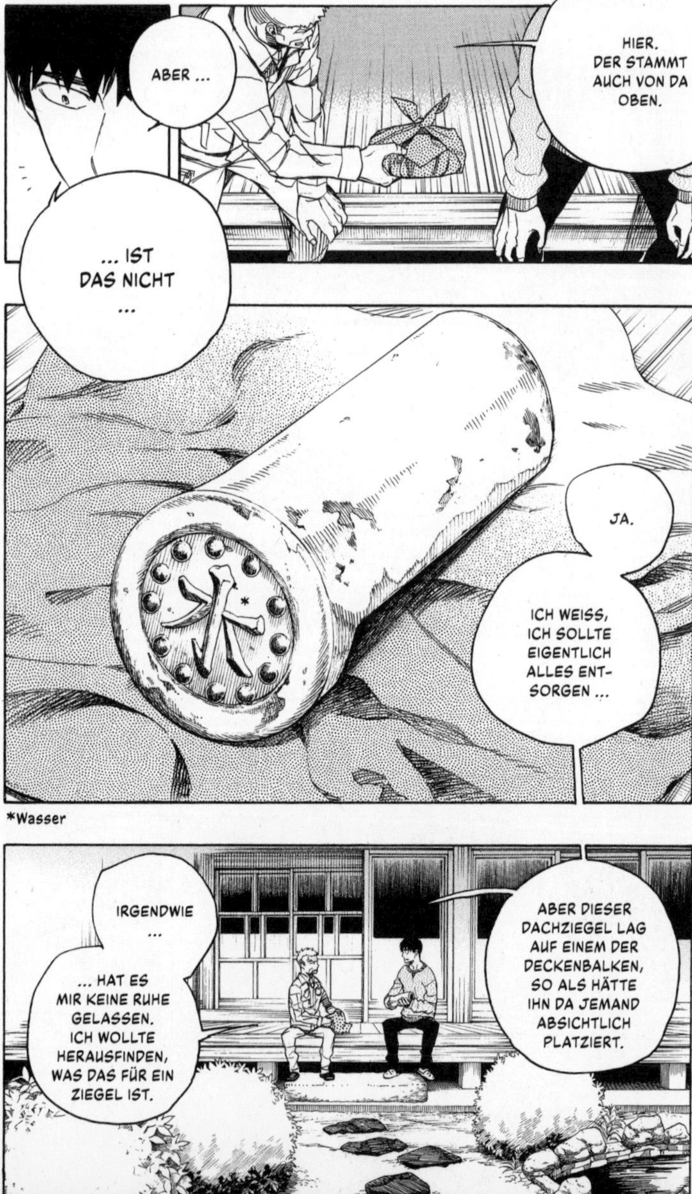
HIER. DER STAMMT AUCH VON DA OBEN.
ABER ...
... IST DAS NICHT ...
JA.
ICH WEISS, ICH SOLLTE EIGENTLICH ALLES ENT-SORGEN ...
ABER DIESER DACHZIEGEL LAG AUF EINEM DER DECKENBALKEN, SO ALS HÄTTE IHN DA JEMAND ABSICHTLICH PLATZIERT.
IRGENDWIE ...
... HAT ES MIR KEINE RUHE GELASSEN. ICH WOLLTE HERAUSFINDEN, WAS DAS FÜR EIN ZIEGEL IST.

*Wasser

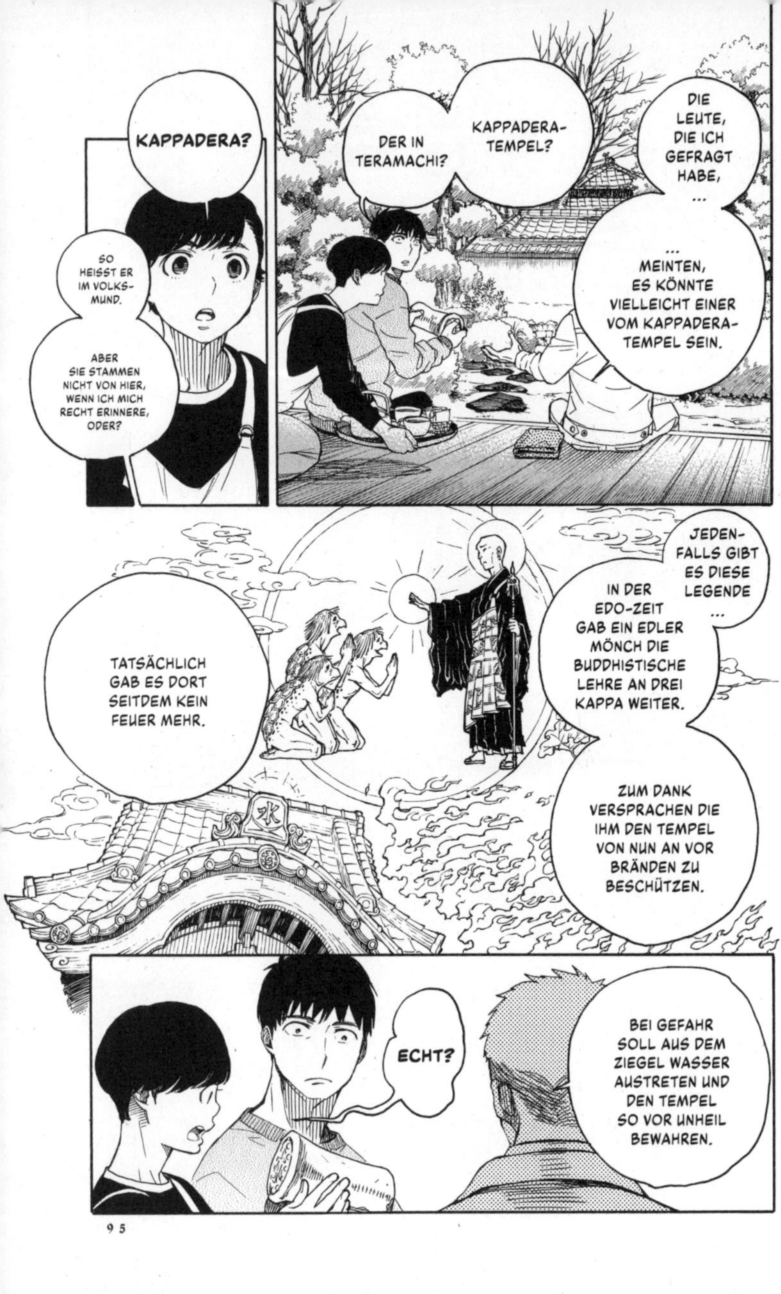
DIE LEUTE, DIE ICH GEFRAGT HABE, ...
... MEINTEN, ES KÖNNTE VIELLEICHT EINER VOM KAPPADERA-TEMPEL SEIN.
KAPPADERA-TEMPEL?
DER IN TERAMACHI?
KAPPADERA?
SO HEISST ER IM VOLKSMUND.
ABER SIE STAMMEN NICHT VON HIER, WENN ICH MICH RECHT ERINNERE, ODER?
JEDENFALLS GIBT ES DIESE LEGENDE ...
IN DER EDO-ZEIT GAB EIN EDLER MÖNCH DIE BUDDHISTISCHE LEHRE AN DREI KAPPA WEITER.
ZUM DANK VERSPRACHEN DIE IHM DEN TEMPEL VON NUN AN VOR BRÄNDEN ZU BESCHÜTZEN.
TATSÄCHLICH GAB ES DORT SEITDEM KEIN FEUER MEHR.
BEI GEFAHR SOLL AUS DEM ZIEGEL WASSER AUSTRETEN UND DEN TEMPEL SO VOR UNHEIL BEWAHREN.
ECHT?

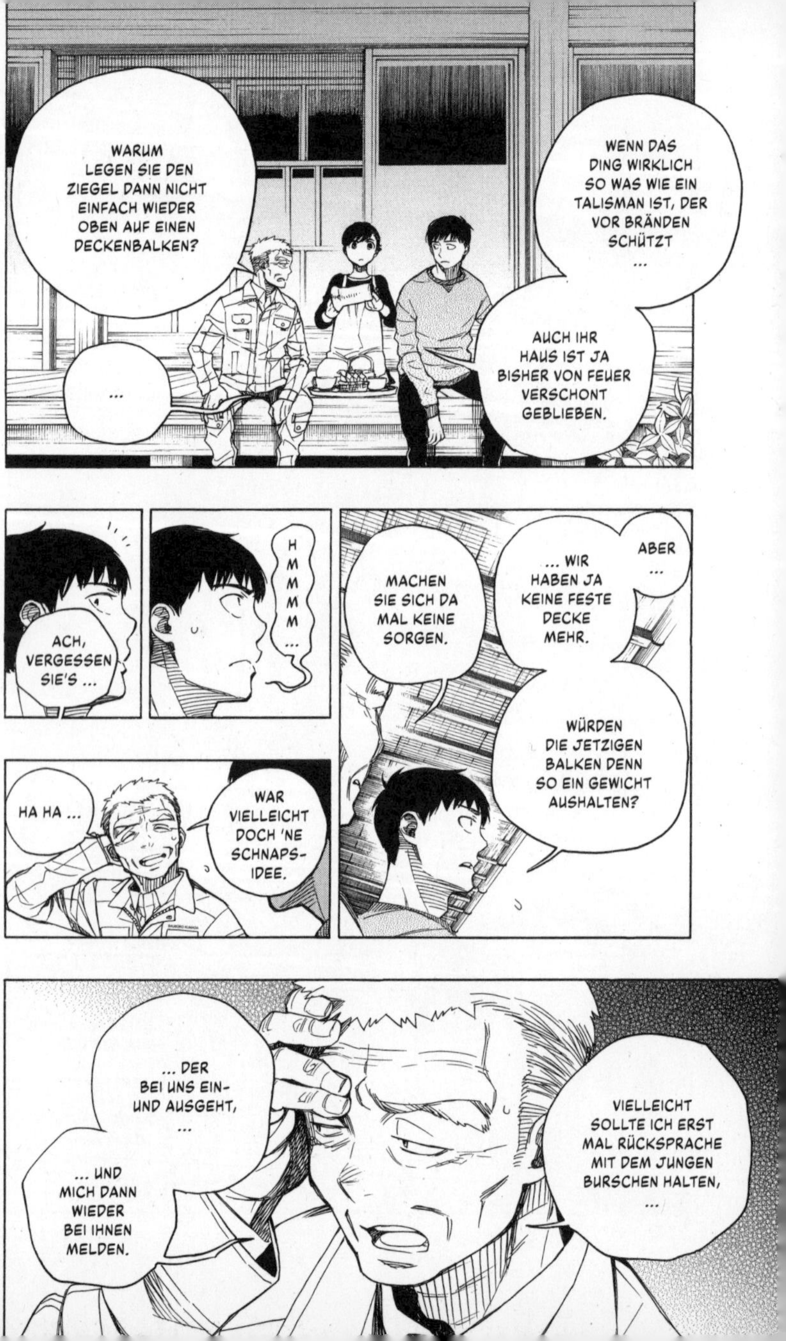
WENN DAS DING WIRKLICH SO WAS WIE EIN TALISMAN IST, DER VOR BRÄNDEN SCHÜTZT ...
AUCH IHR HAUS IST JA BISHER VON FEUER VERSCHONT GEBLIEBEN.
WARUM LEGEN SIE DEN ZIEGEL DANN NICHT EINFACH WIEDER OBEN AUF EINEN DECKENBALKEN?
...
ABER ...
... WIR HABEN JA KEINE FESTE DECKE MEHR.
MACHEN SIE SICH DA MAL KEINE SORGEN.
WÜRDEN DIE JETZIGEN BALKEN DENN SO EIN GEWICHT AUSHALTEN?
HMMMM ...
ACH, VERGESSEN SIE'S ...
WAR VIELLEICHT DOCH 'NE SCHNAPS-IDEE.
HA HA ...
VIELLEICHT SOLLTE ICH ERST MAL RÜCKSPRACHE MIT DEM JUNGEN BURSCHEN HALTEN, ...
... DER BEI UNS EIN- UND AUSGEHT, ...
... UND MICH DANN WIEDER BEI IHNEN MELDEN.

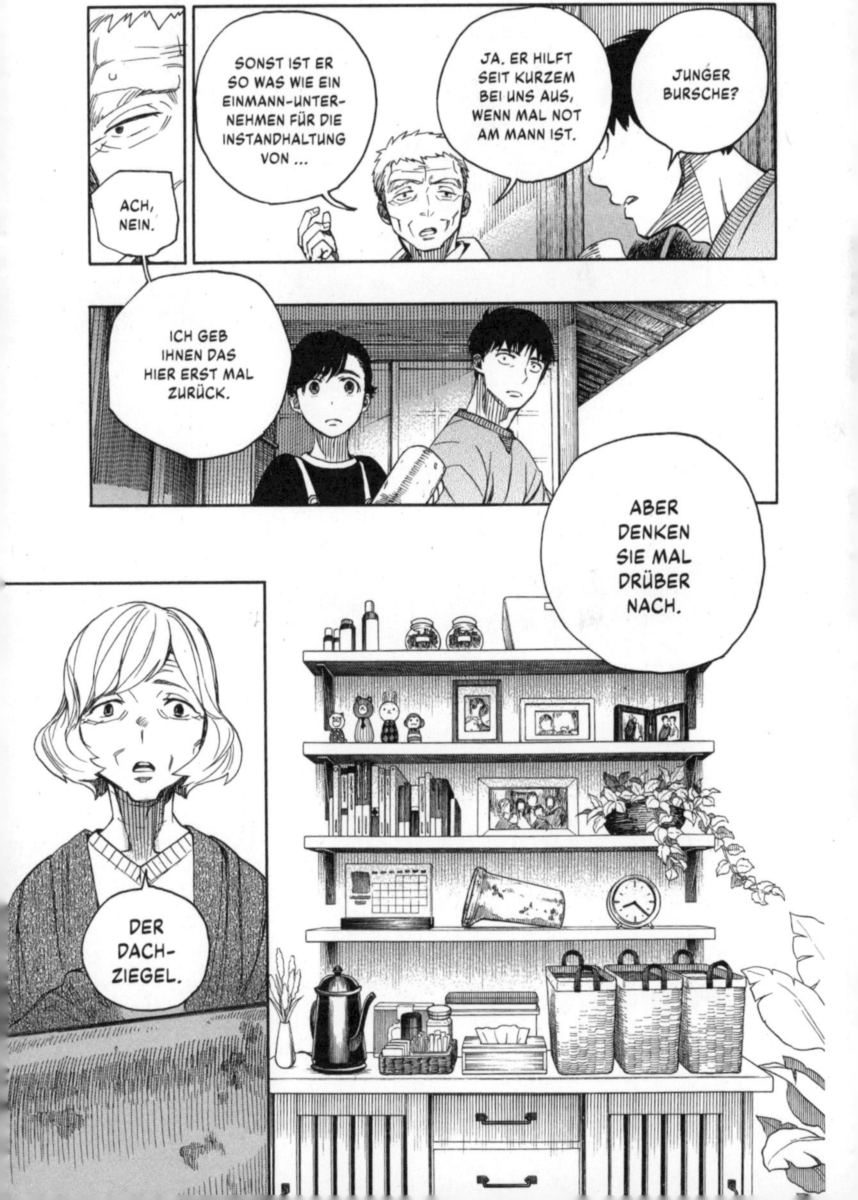
JUNGER BURSCHE?
JA. ER HILFT SEIT KURZEM BEI UNS AUS, WENN MAL NOT AM MANN IST.
SONST IST ER SO WAS WIE EIN EINMANN-UNTER-NEHMEN FÜR DIE INSTANDHALTUNG VON ...
ACH, NEIN.
ICH GEB IHNEN DAS HIER ERST MAL ZURÜCK.
ABER DENKEN SIE MAL DRÜBER NACH.
DER DACH-ZIEGEL.

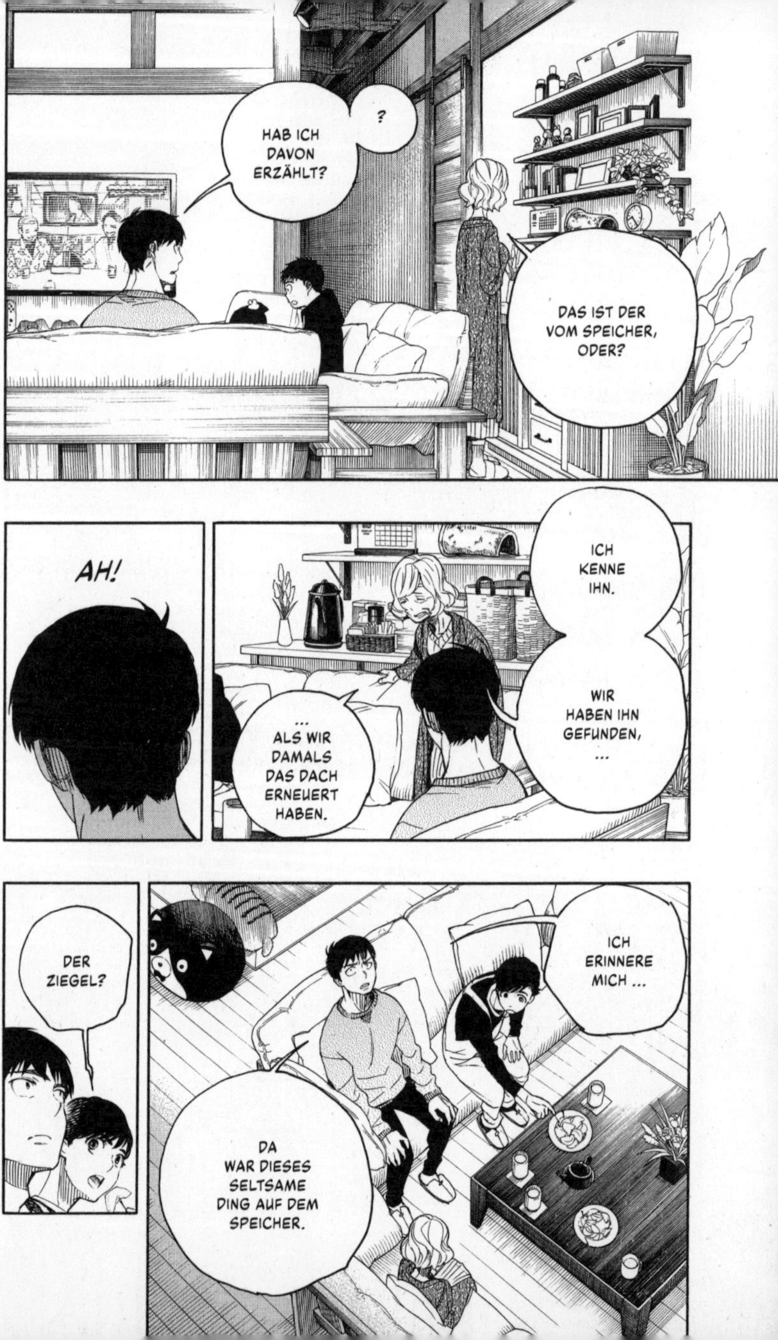
DAS IST DER VOM SPEICHER, ODER?
?
HAB ICH DAVON ERZÄHLT?
ICH KENNE IHN.
WIR HABEN IHN GEFUNDEN, ...
... ALS WIR DAMALS DAS DACH ERNEUERT HABEN.
AH!
ICH ERINNERE MICH ...
DA WAR DIESES SELTSAME DING AUF DEM SPEICHER.
DER ZIEGEL?

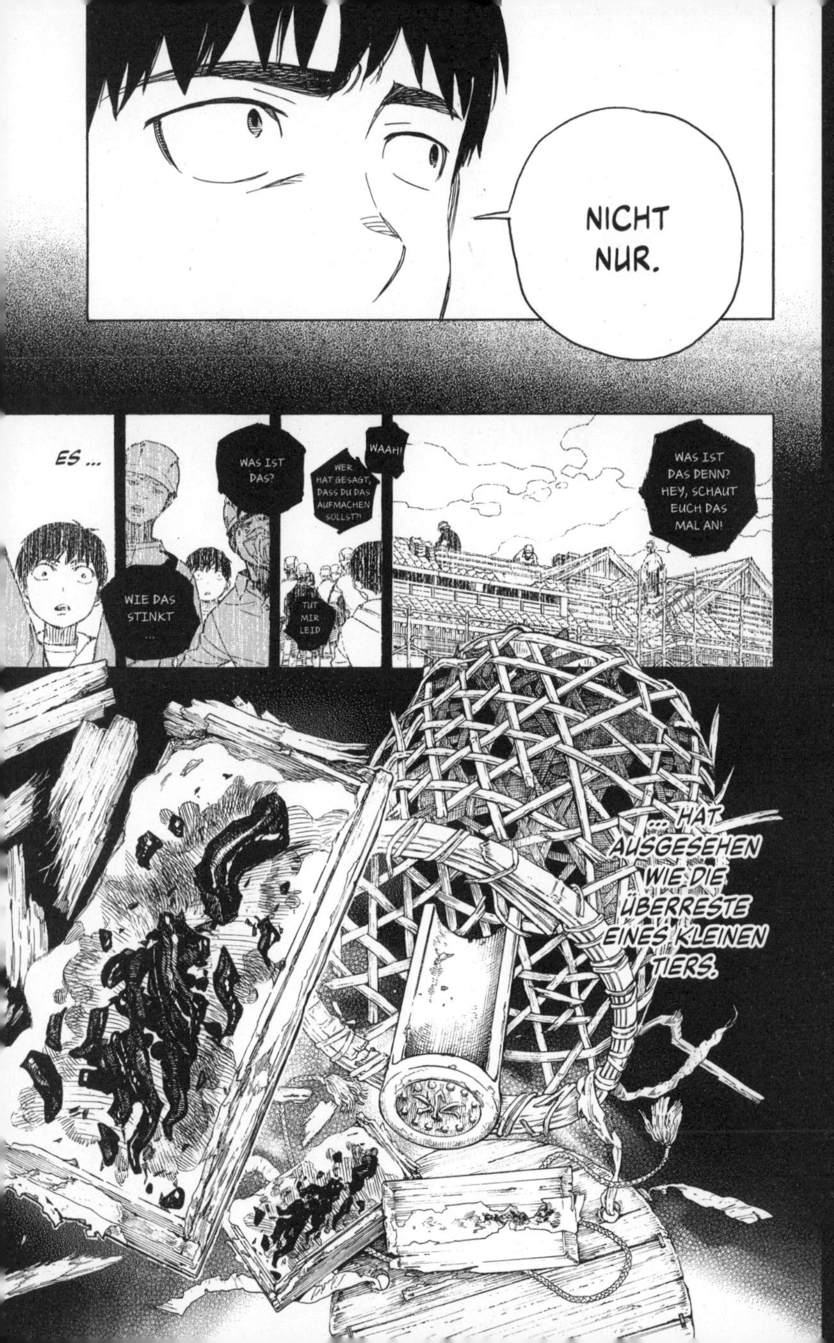
NICHT NUR.
WAS IST DAS DENN? HEY, SCHAUT EUCH DAS MAL AN!
WAAH!
WER HAT GESAGT, DASS DU DAS AUFMACHEN SOLLST?!
TUT MIR LEID
WAS IST DAS?
WIE DAS STINKT ...
ES ...
... HAT AUSGESEHEN WIE DIE ÜBERRESTE EINES KLEINEN TIERS.

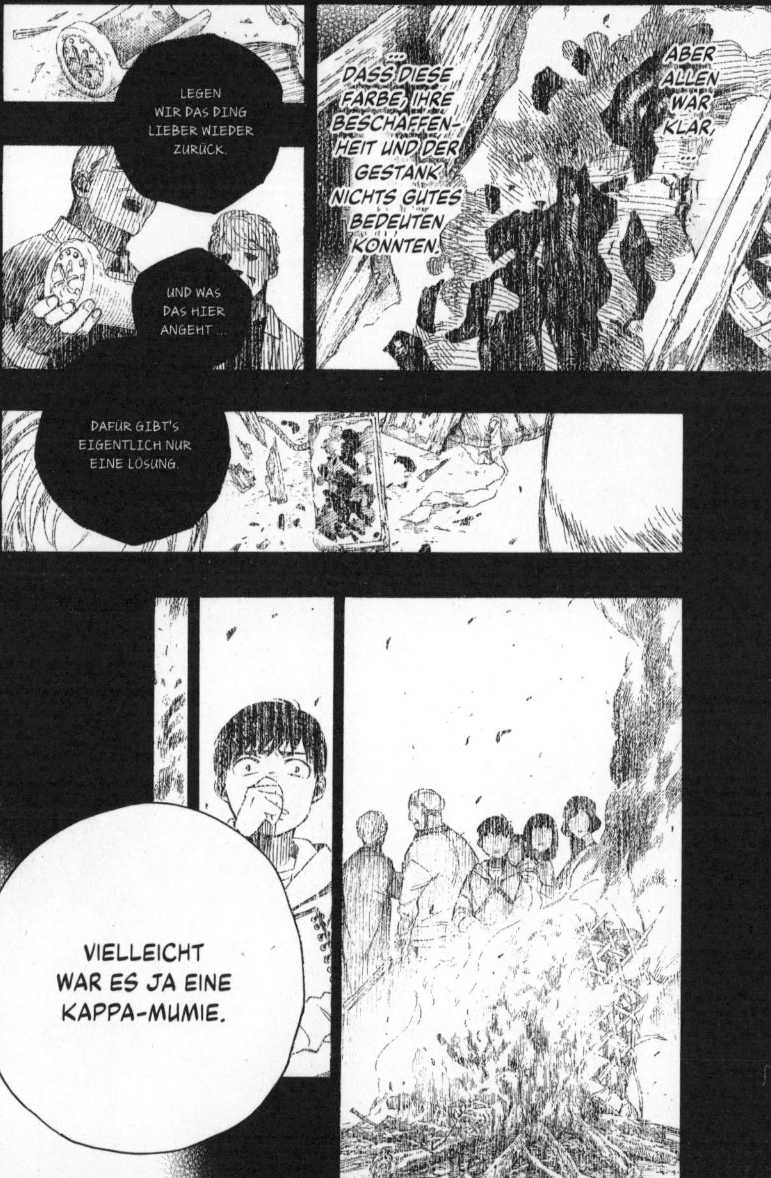
ABER ALLEN WAR KLAR, ...
... DASS DIESE FARBE, IHRE BESCHAFFENHEIT UND DER GESTANK NICHTS GUTES BEDEUTEN KONNTEN.
LEGEN WIR DAS DING LIEBER WIEDER ZURÜCK.
UND WAS DAS HIER ANGEHT ...
DAFÜR GIBT'S EIGENTLICH NUR EINE LÖSUNG.
VIELLEICHT WAR ES JA EINE KAPPA-MUMIE.

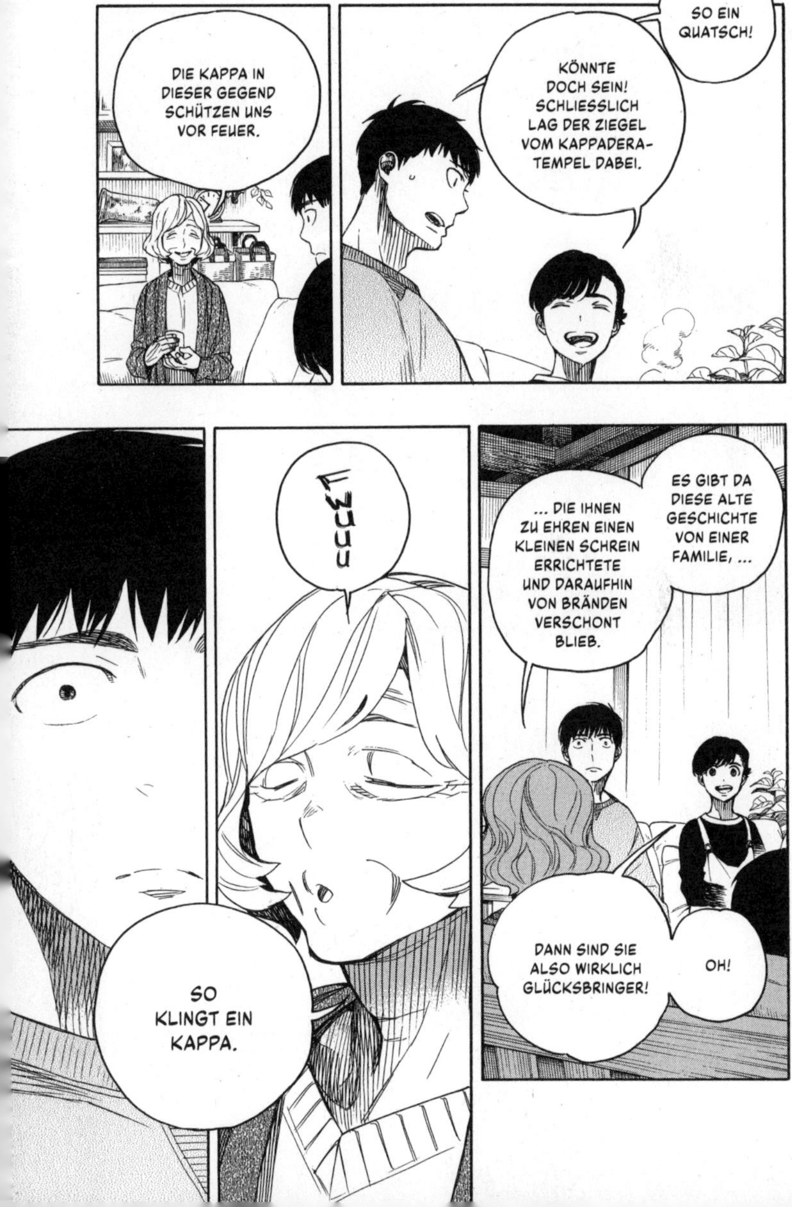
SO EIN QUATSCH!
KÖNNTE DOCH SEIN! SCHLIESSLICH LAG DER ZIEGEL VOM KAPPADERA-TEMPEL DABEI.
DIE KAPPA IN DIESER GEGEND SCHÜTZEN UNS VOR FEUER.
ES GIBT DA DIESE ALTE GESCHICHTE VON EINER FAMILIE, ...
... DIE IHNEN ZU EHREN EINEN KLEINEN SCHREIN ERRICHTETE UND DARAUFHIN VON BRÄNDEN VERSCHONT BLIEB.
OH!
DANN SIND SIE ALSO WIRKLICH GLÜCKSBRINGER!
FWUUU
SO KLINGT EIN KAPPA.

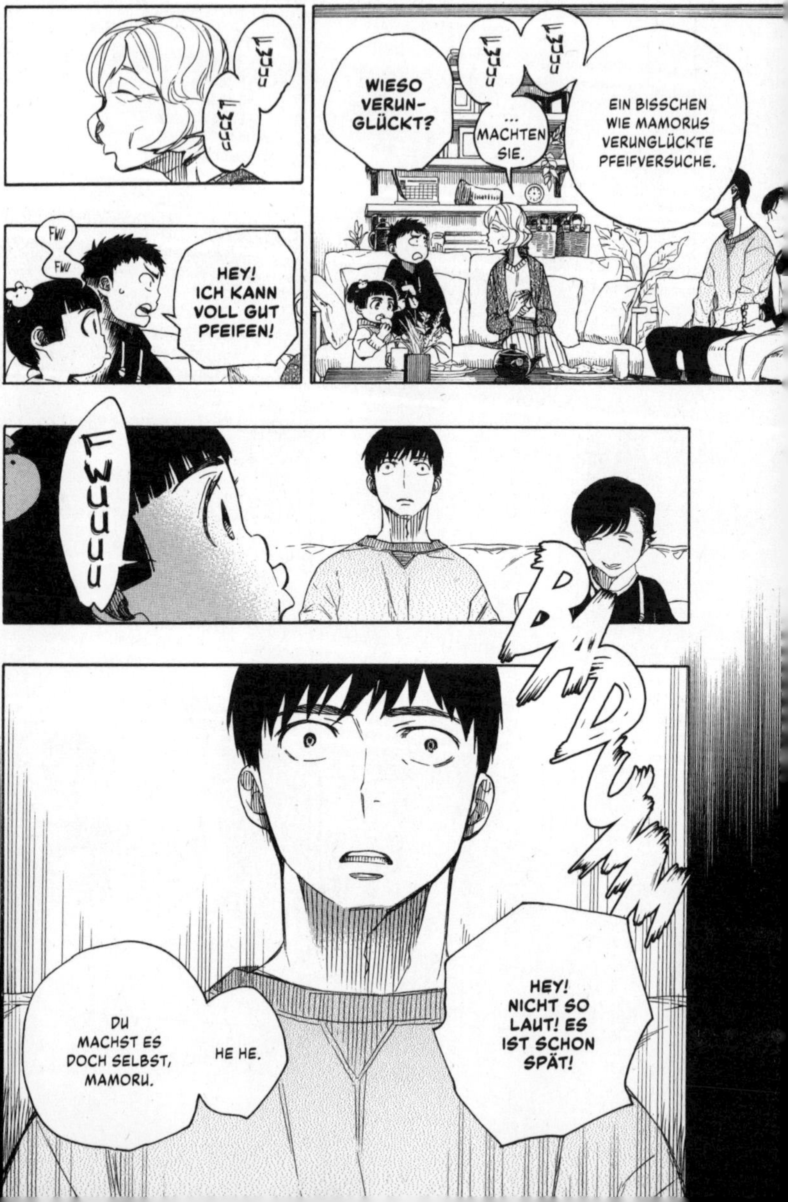
FWUUU
FWUUU
EIN BISSCHEN WIE MAMORUS VERUNGLÜCKTE PFEIFVERSUCHE.
... MACHTEN SIE.
WIESO VERUN-GLÜCKT?
FWUUU
FWUUU
HEY! ICH KANN VOLL GUT PFEIFEN!
FWU
FWU
FWUUUU
BADUM
HEY! NICHT SO LAUT! ES IST SCHON SPÄT!
HE HE.
DU MACHST ES DOCH SELBST, MAMORU.

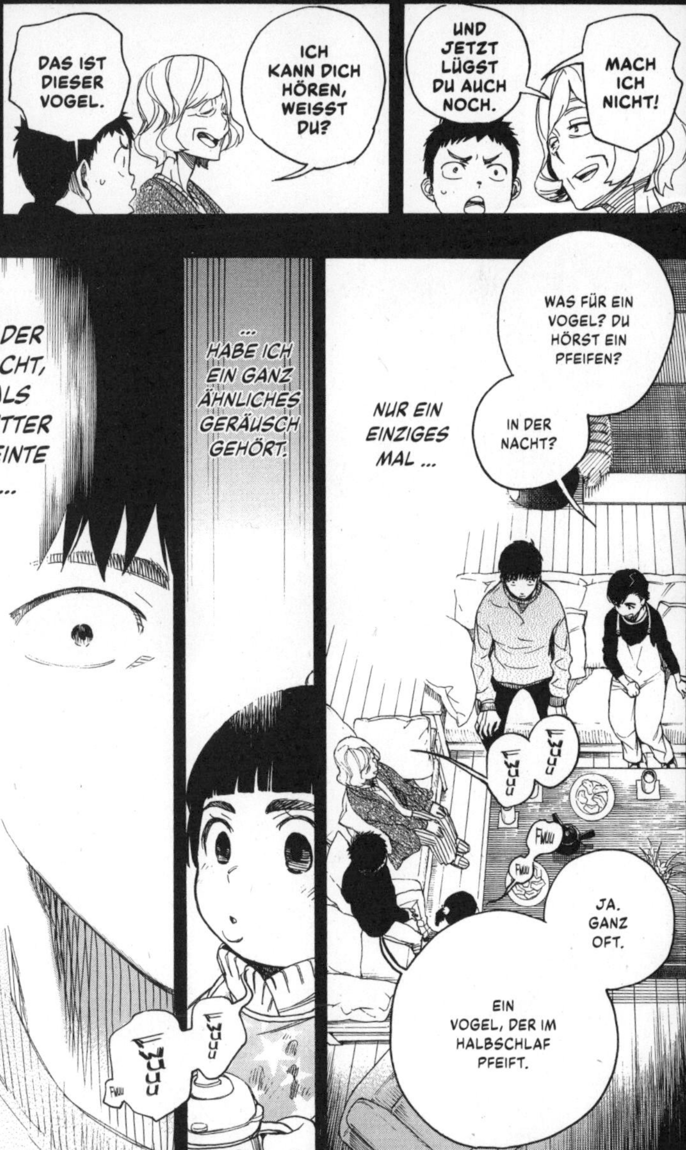
MACH ICH NICHT!
UND JETZT LÜGST DU AUCH NOCH.
ICH KANN DICH HÖREN, WEISST DU?
DAS IST DIESER VOGEL.
WAS FÜR EIN VOGEL? DU HÖRST EIN PFEIFEN?
IN DER NACHT?
FWUUU
FWUUU
FWUUU
FWUUU
JA. GANZ OFT.
EIN VOGEL, DER IM HALBSCHLAF PFEIFT.
NUR EIN EINZIGES MAL ...
... HABE ICH EIN GANZ ÄHNLICHES GERÄUSCH GEHÖRT.
IN DER NACHT, ALS MUTTER WEINTE ...
FWUUU
FWUUU
FWUUU

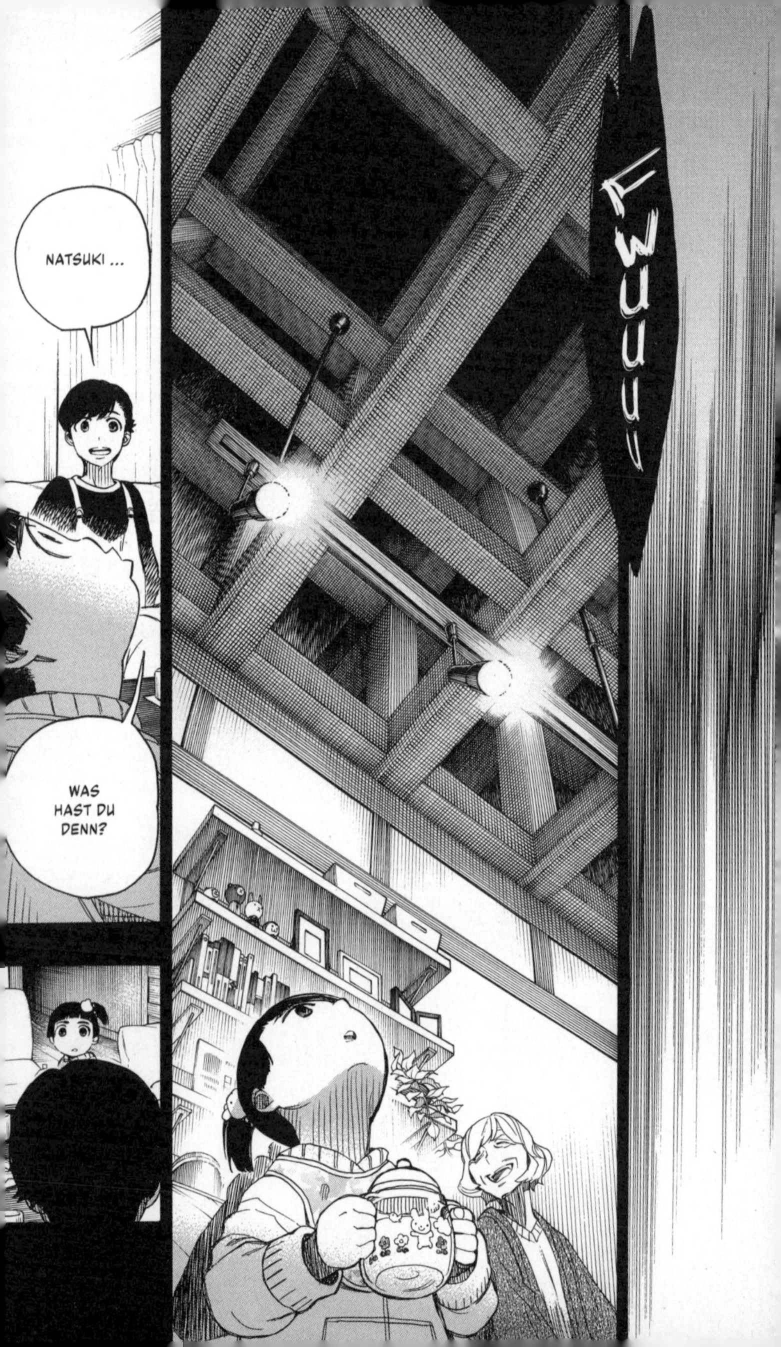
NATSUKI ...
WAS HAST DU DENN?

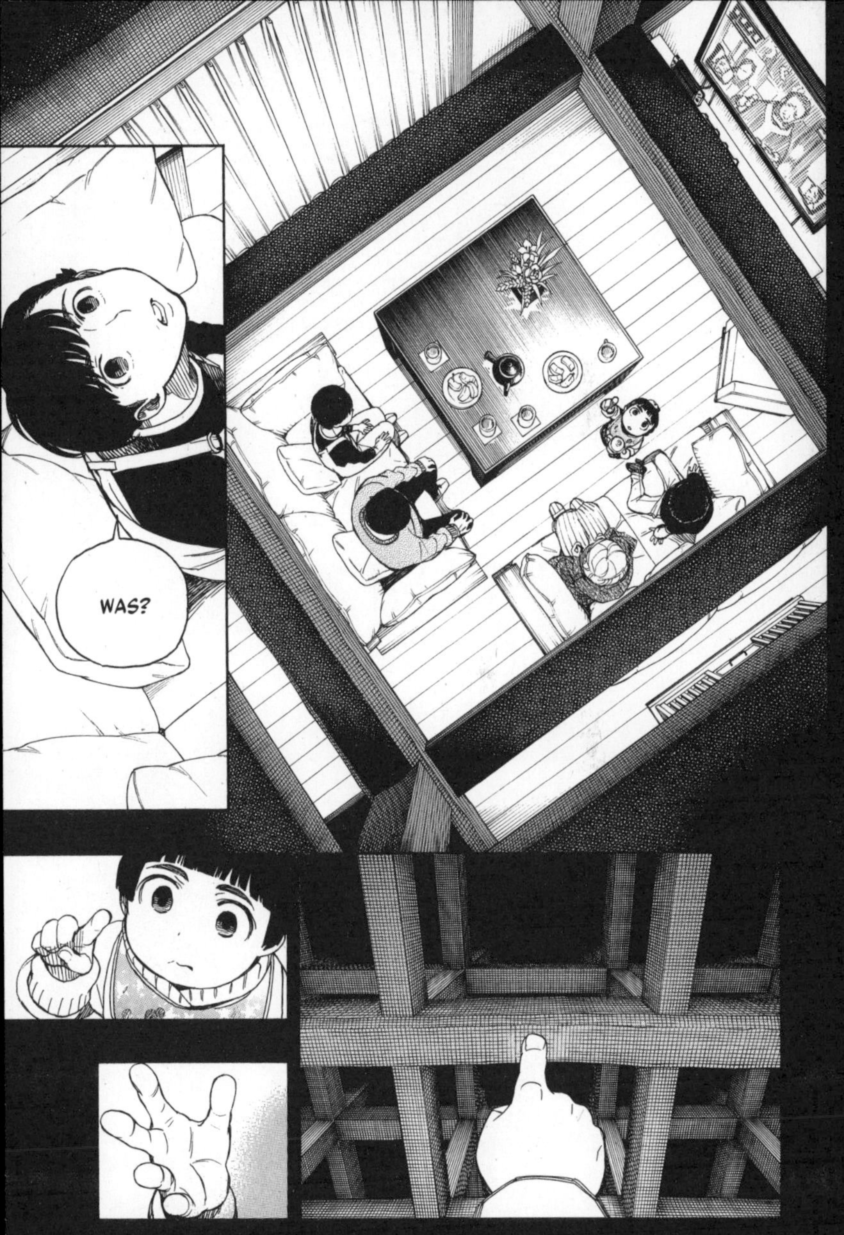
WAS?

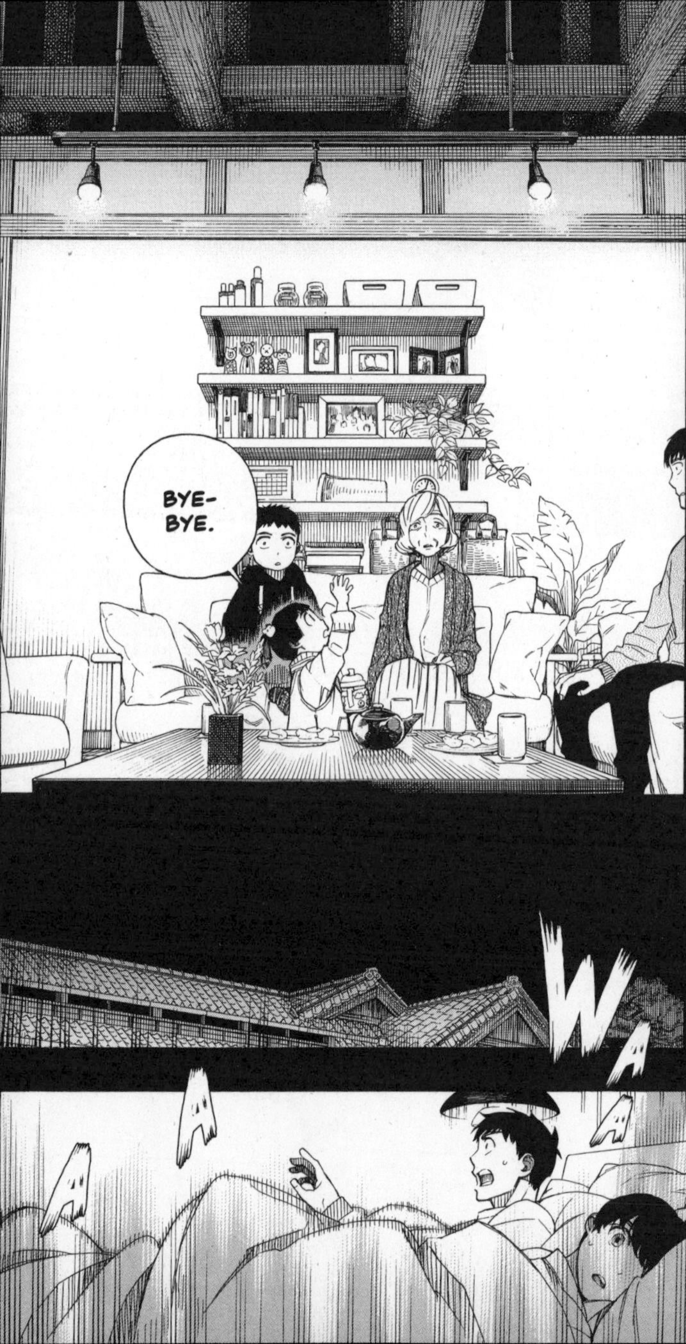
BYE-BYE.
WA
AAA

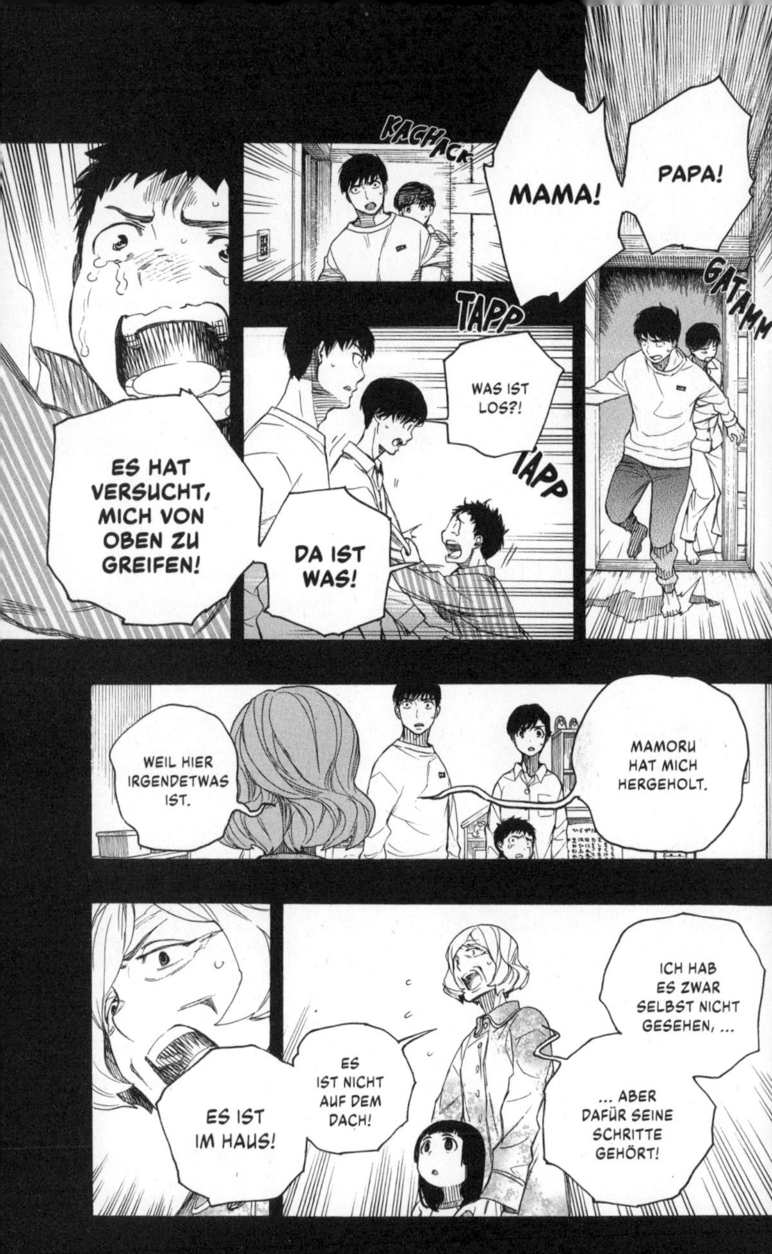
PAPA!
MAMA!
KACHACK
GATAMM
TAPP
WAS IST LOS?!
TAPP
DA IST WAS!
ES HAT VERSUCHT, MICH VON OBEN ZU GREIFEN!
MAMORU HAT MICH HERGEHOLT.
WEIL HIER IRGENDETWAS IST.
ICH HAB ES ZWAR SELBST NICHT GESEHEN, ...
... ABER DAFÜR SEINE SCHRITTE GEHÖRT!
ES IST NICHT AUF DEM DACH!
ES IST IM HAUS!

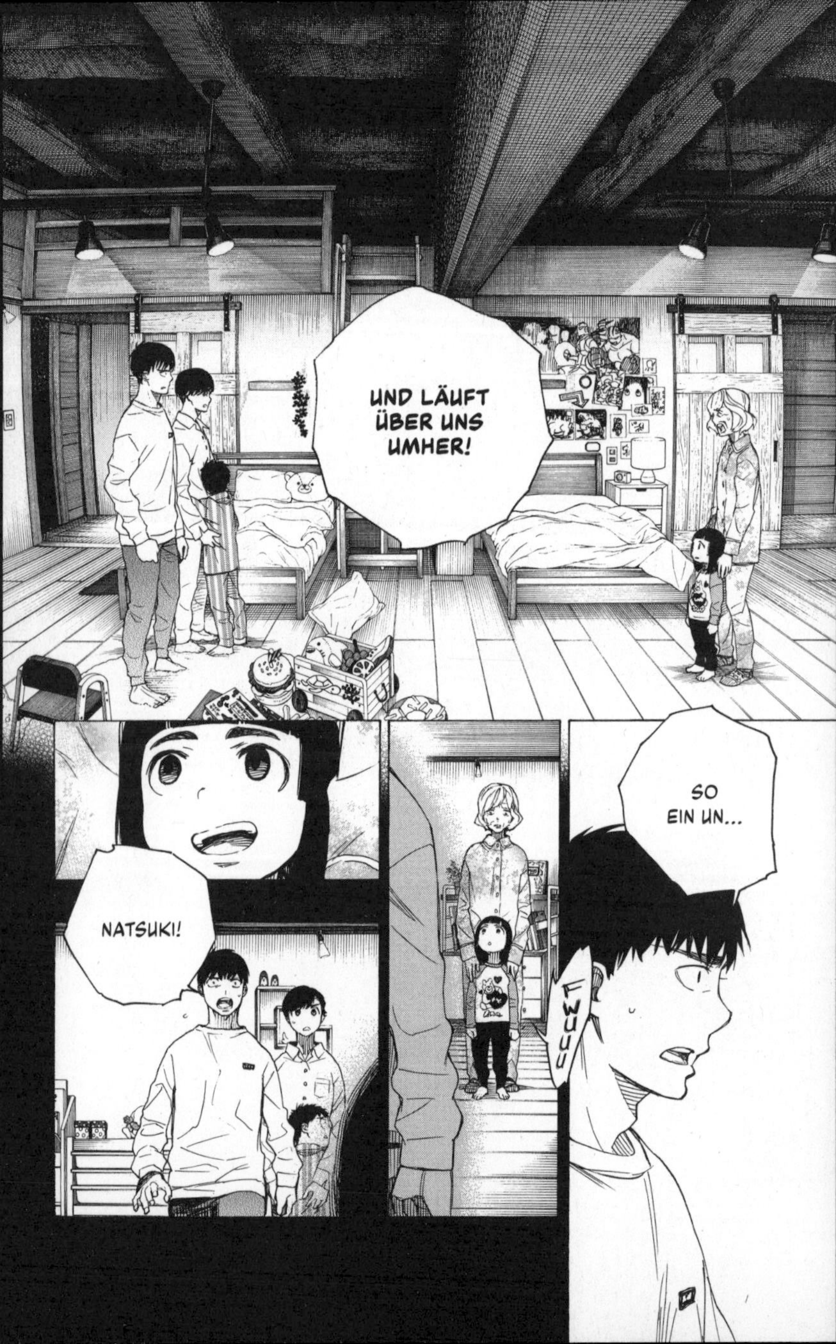
UND LÄUFT ÜBER UNS UMHER!
SO EIN UN...
FWUUU
NATSUKI!

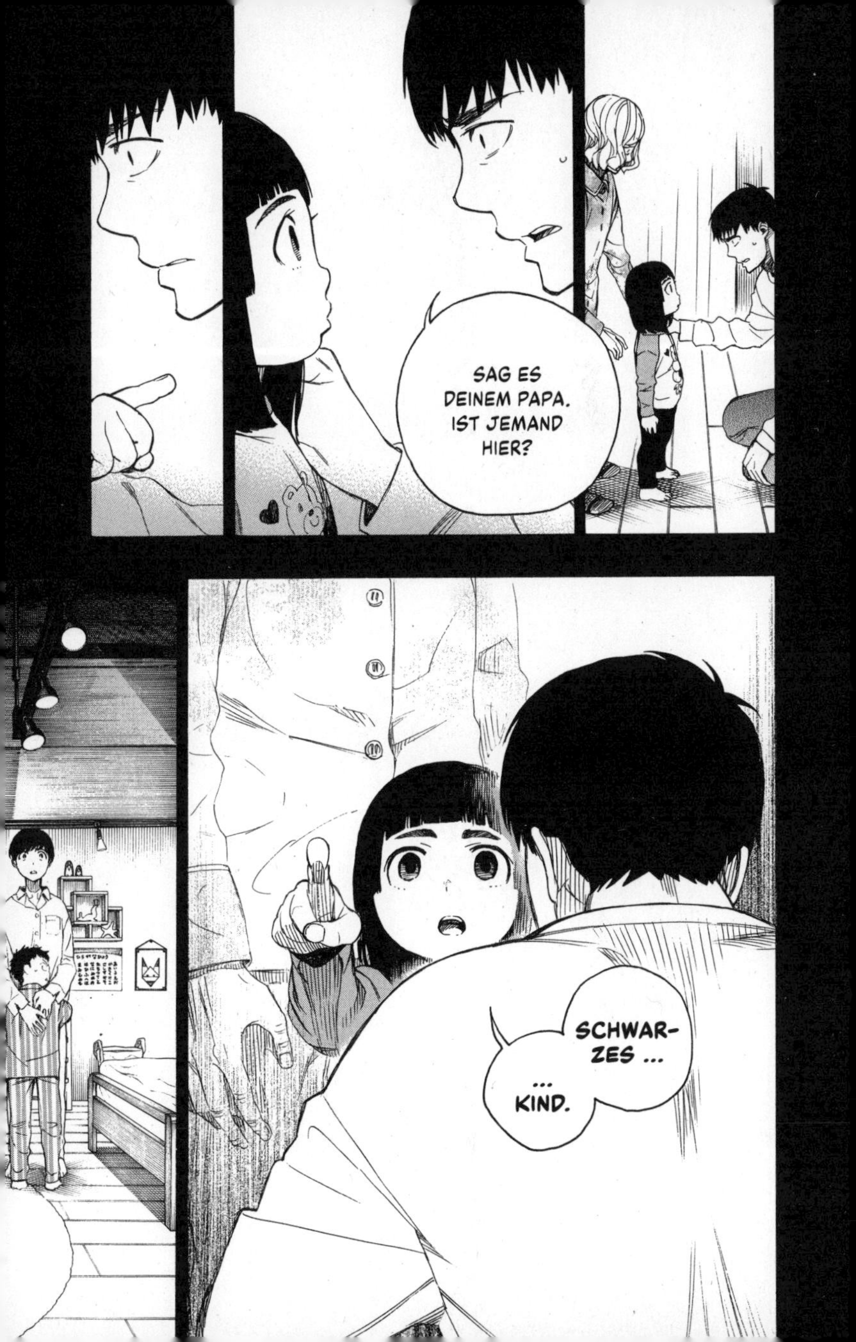
SAG ES DEINEM PAPA. IST JEMAND HIER?
SCHWAR-ZES ...
... KIND.

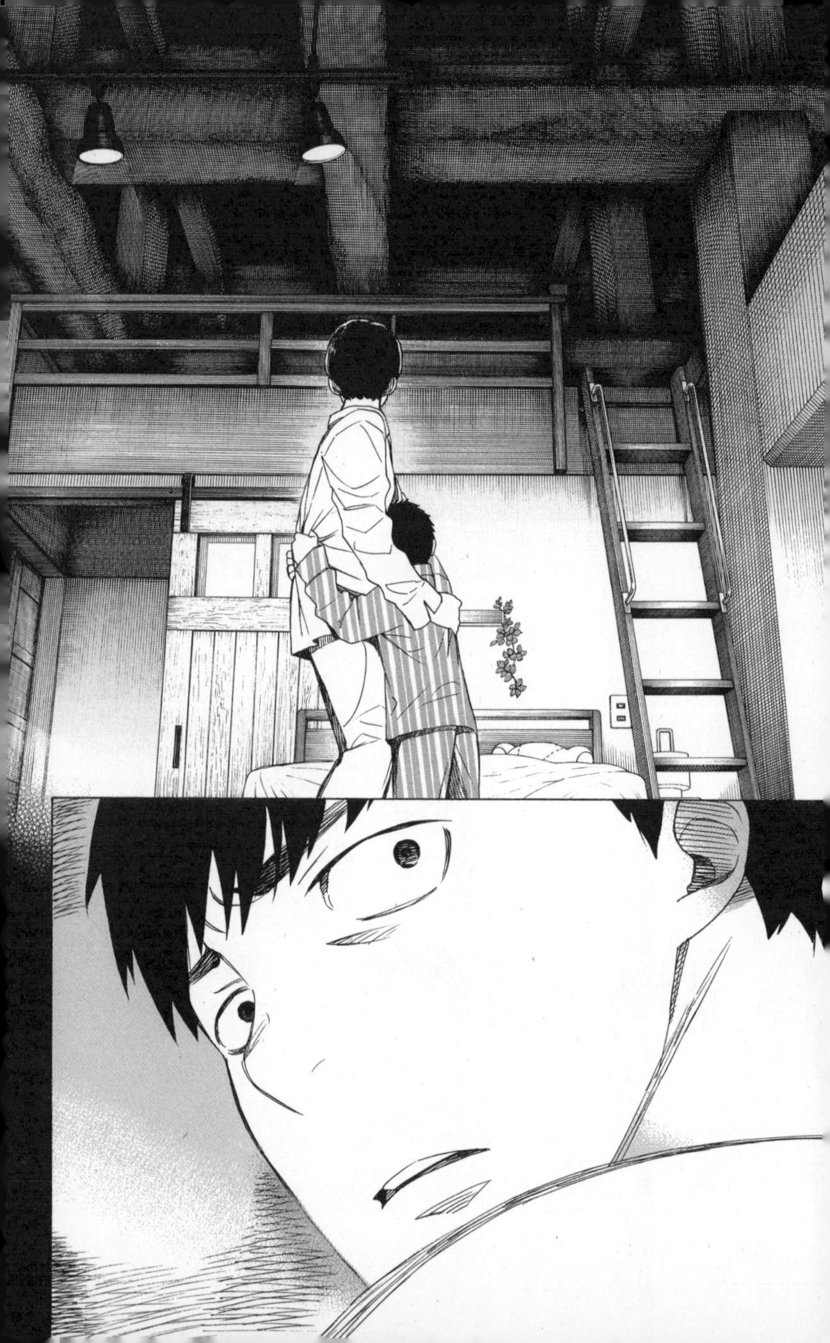

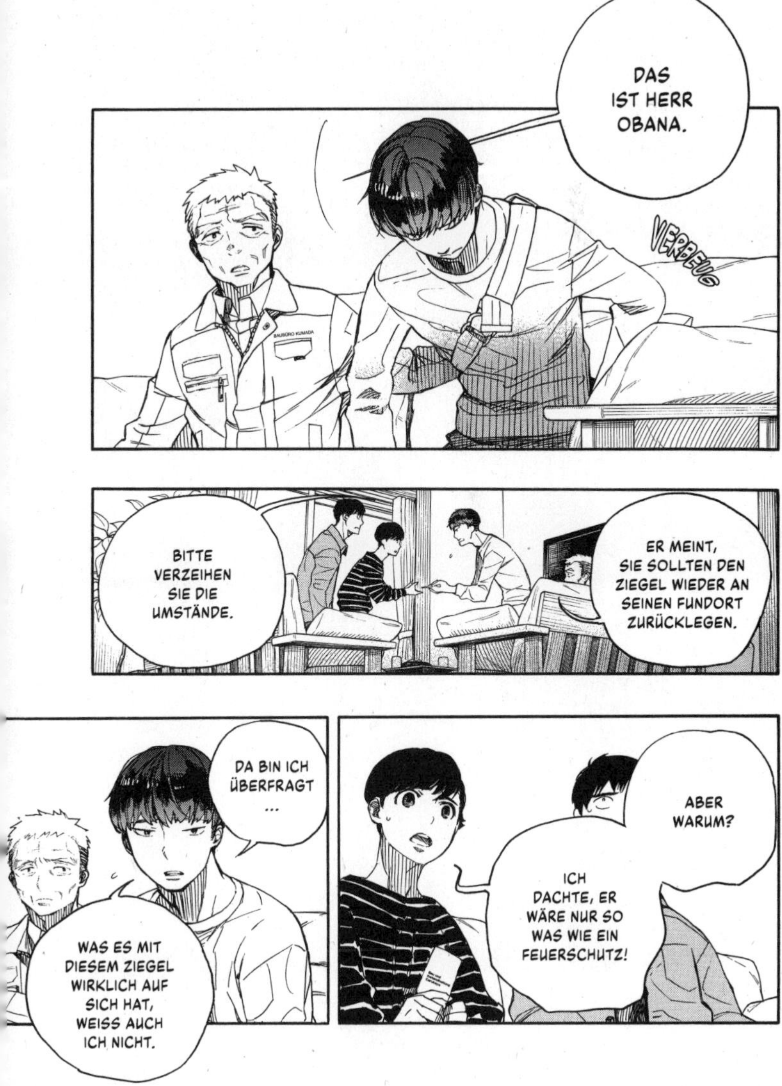
DAS IST HERR OBANA.
VERBEUG
ER MEINT, SIE SOLLTEN DEN ZIEGEL WIEDER AN SEINEN FUNDORT ZURÜCKLEGEN.
BITTE VERZEIHEN SIE DIE UMSTÄNDE.
ABER WARUM?
ICH DACHTE, ER WÄRE NUR SO WAS WIE EIN FEUERSCHUTZ!
DA BIN ICH ÜBERFRAGT …
WAS ES MIT DIESEM ZIEGEL WIRKLICH AUF SICH HAT, WEISS AUCH ICH NICHT.

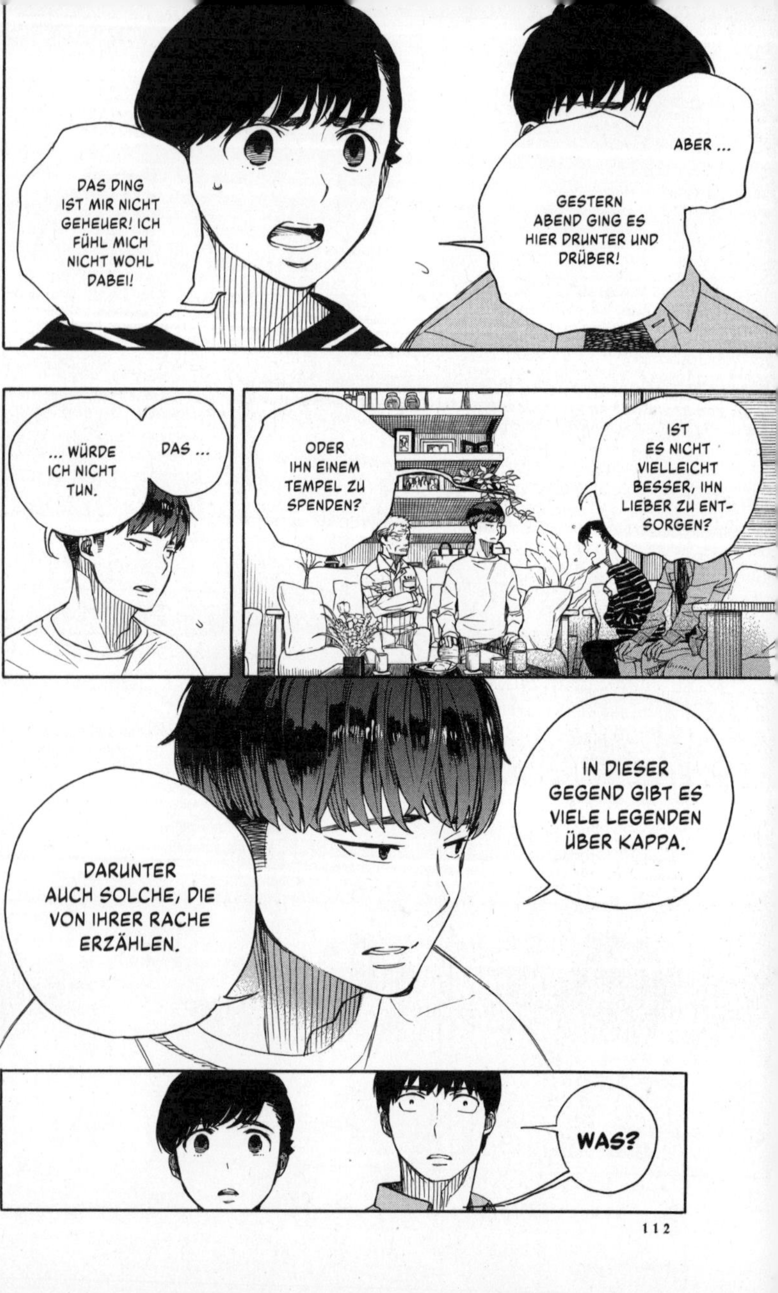
ABER ...
GESTERN ABEND GING ES HIER DRUNTER UND DRÜBER!
DAS DING IST MIR NICHT GEHEUER! ICH FÜHL MICH NICHT WOHL DABEI!
IST ES NICHT VIELLEICHT BESSER, IHN LIEBER ZU ENTSORGEN?
ODER IHN EINEM TEMPEL ZU SPENDEN?
DAS ...
... WÜRDE ICH NICHT TUN.
IN DIESER GEGEND GIBT ES VIELE LEGENDEN ÜBER KAPPA.
DARUNTER AUCH SOLCHE, DIE VON IHRER RACHE ERZÄHLEN.
WAS?

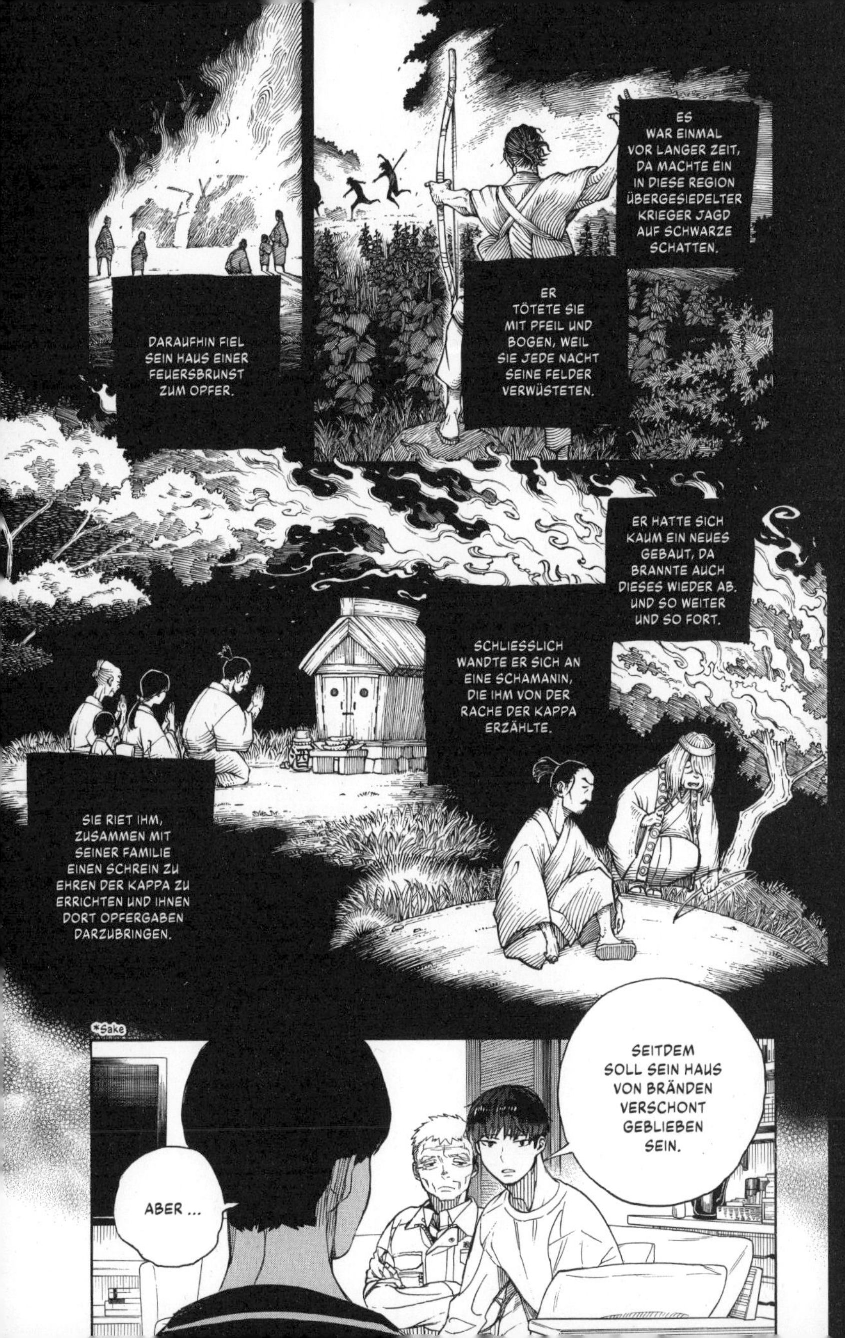
ES WAR EINMAL VOR LANGER ZEIT, DA MACHTE EIN IN DIESE REGION ÜBERGESIEDELTER KRIEGER JAGD AUF SCHWARZE SCHATTEN.
ER TÖTETE SIE MIT PFEIL UND BOGEN, WEIL SIE JEDE NACHT SEINE FELDER VERWÜSTETEN.
DARAUFHIN FIEL SEIN HAUS EINER FEUERSBRUNST ZUM OPFER.
ER HATTE SICH KAUM EIN NEUES GEBAUT, DA BRANNTE AUCH DIESES WIEDER AB. UND SO WEITER UND SO FORT.
SCHLIESSLICH WANDTE ER SICH AN EINE SCHAMANIN, DIE IHM VON DER RACHE DER KAPPA ERZÄHLTE.
SIE RIET IHM, ZUSAMMEN MIT SEINER FAMILIE EINEN SCHREIN ZU EHREN DER KAPPA ZU ERRICHTEN UND IHNEN DORT OPFERGABEN DARZUBRINGEN.
*Sake
SEITDEM SOLL SEIN HAUS VON BRÄNDEN VERSCHONT GEBLIEBEN SEIN.
ABER ...

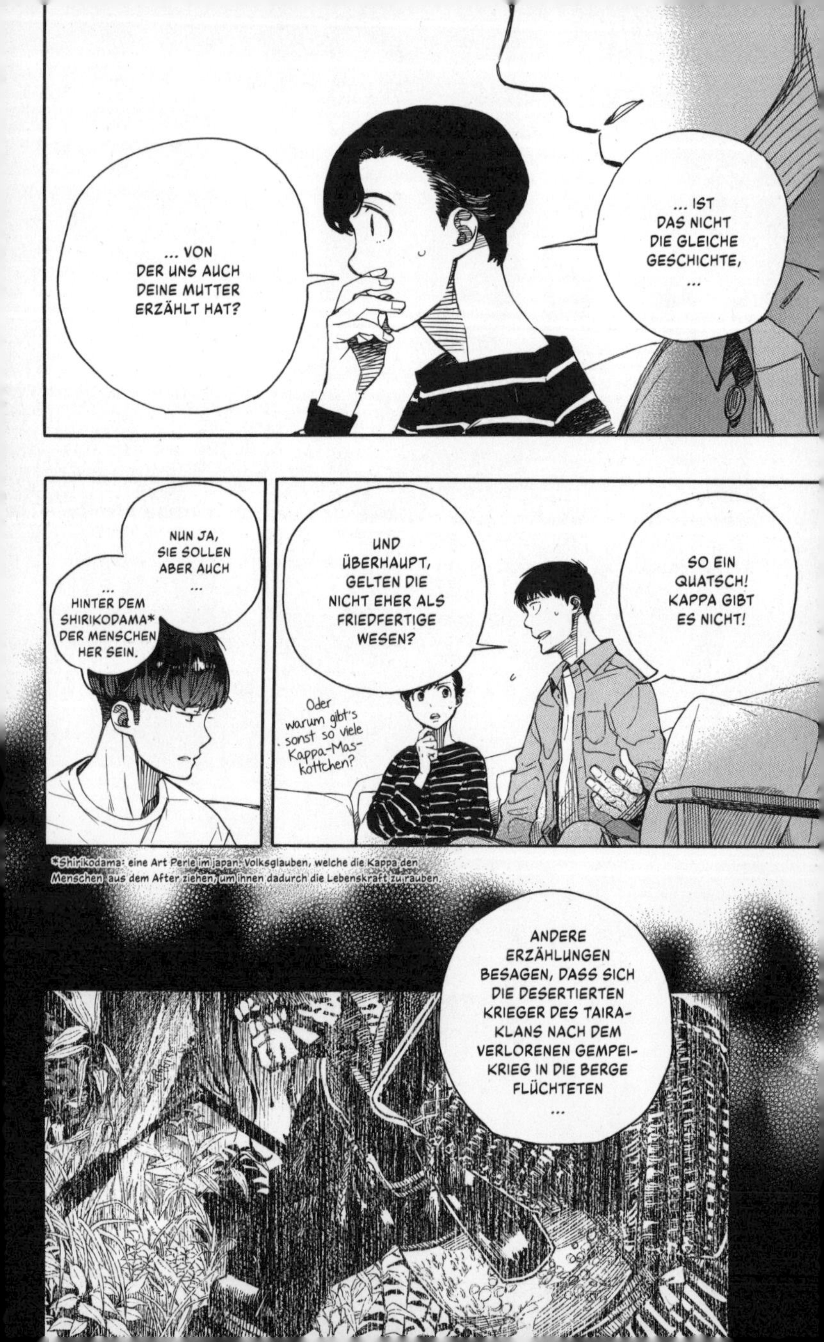

*Shirikodama: eine Art Perle im japan. Volksglauben, welche die Kappa den Menschen aus dem After ziehen, um ihnen dadurch die Lebenskraft zu rauben.

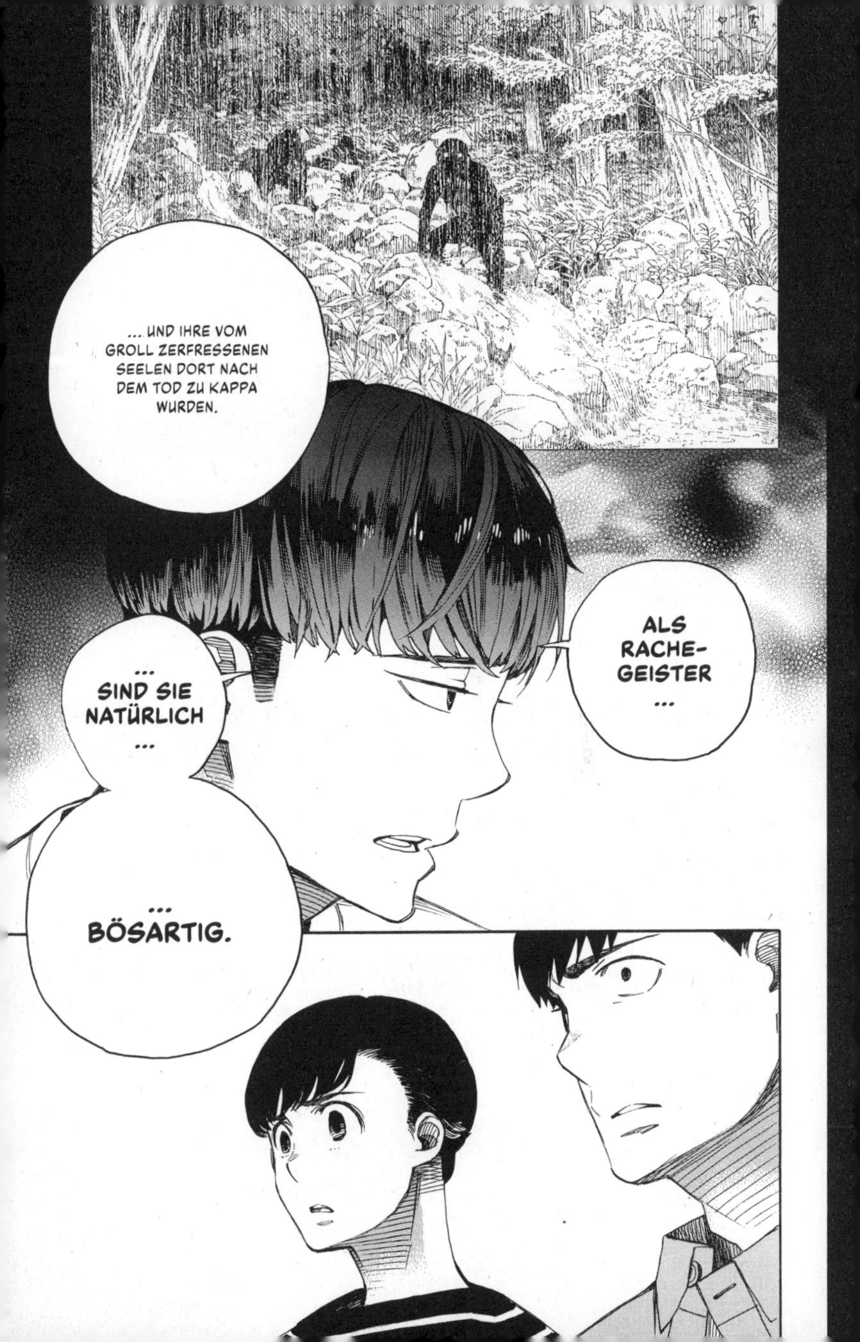
... UND IHRE VOM GROLL ZERFRESSENEN SEELEN DORT NACH DEM TOD ZU KAPPA WURDEN.
ALS RACHE-GEISTER ...
... SIND SIE NATÜRLICH ...
... BÖSARTIG.

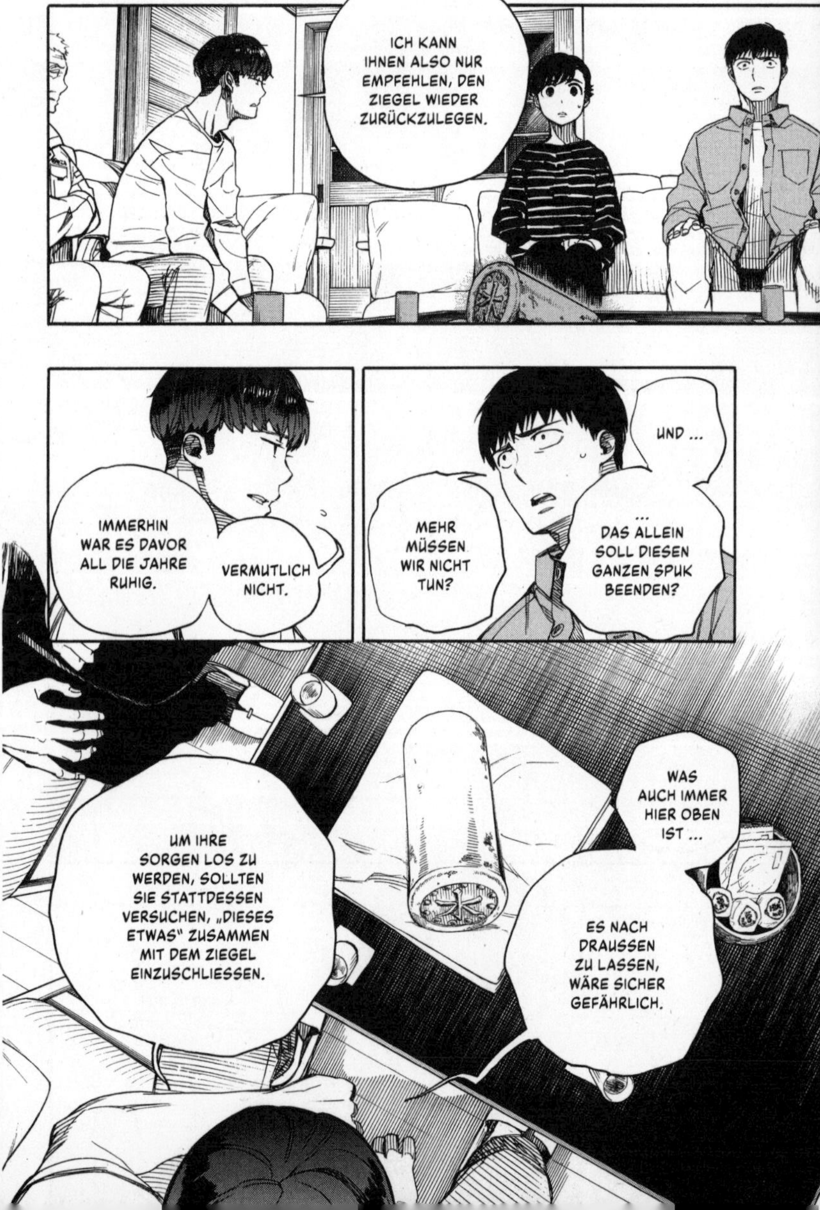
ICH KANN IHNEN ALSO NUR EMPFEHLEN, DEN ZIEGEL WIEDER ZURÜCKZULEGEN.
UND ...
... DAS ALLEIN SOLL DIESEN GANZEN SPUK BEENDEN?
MEHR MÜSSEN WIR NICHT TUN?
VERMUTLICH NICHT.
IMMERHIN WAR ES DAVOR ALL DIE JAHRE RUHIG.
WAS AUCH IMMER HIER OBEN IST ...
ES NACH DRAUSSEN ZU LASSEN, WÄRE SICHER GEFÄHRLICH.
UM IHRE SORGEN LOS ZU WERDEN, SOLLTEN SIE STATTDESSEN VERSUCHEN, „DIESES ETWAS" ZUSAMMEN MIT DEM ZIEGEL EINZUSCHLIESSEN.

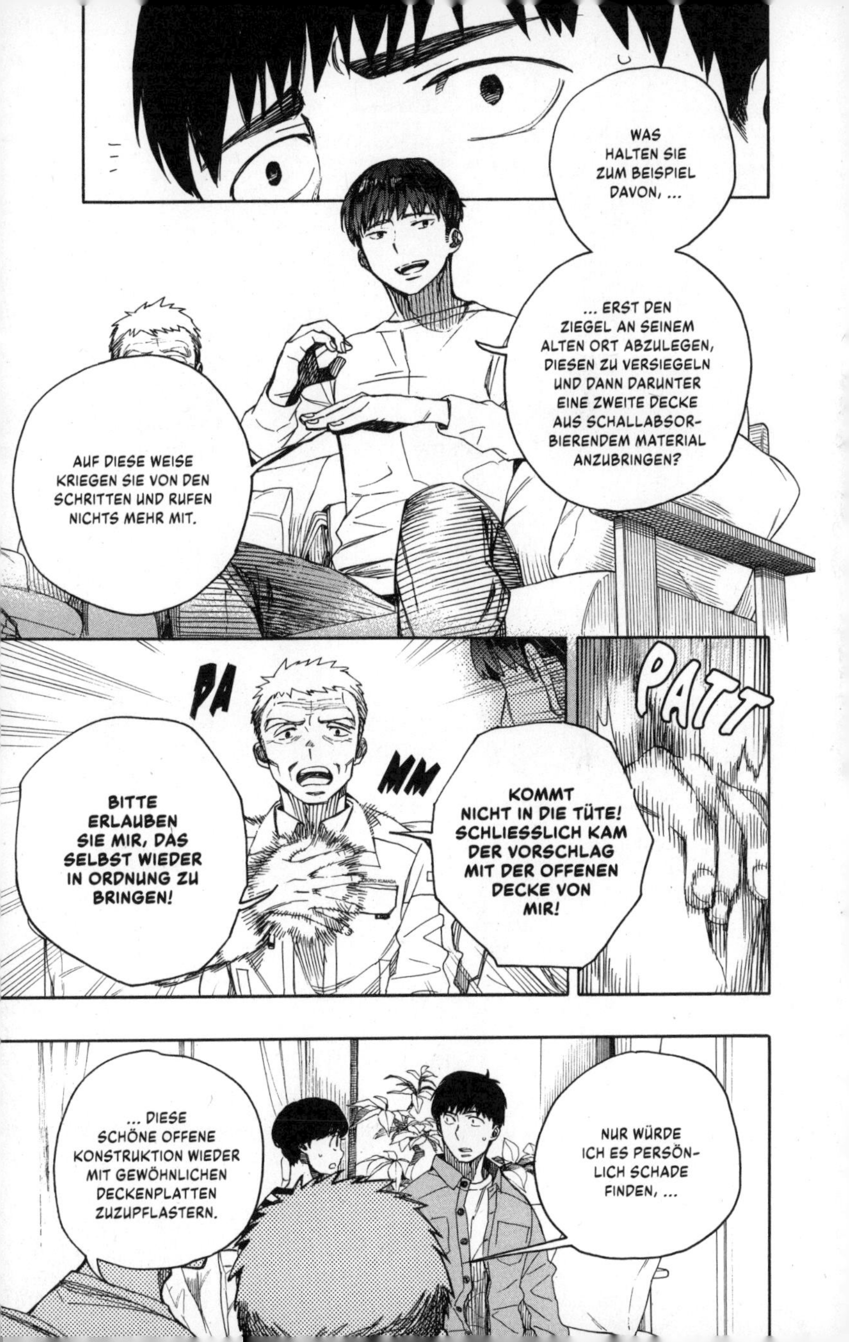
WAS HALTEN SIE ZUM BEISPIEL DAVON, ...
... ERST DEN ZIEGEL AN SEINEM ALTEN ORT ABZULEGEN, DIESEN ZU VERSIEGELN UND DANN DARUNTER EINE ZWEITE DECKE AUS SCHALLABSOR-BIERENDEM MATERIAL ANZUBRINGEN?
AUF DIESE WEISE KRIEGEN SIE VON DEN SCHRITTEN UND RUFEN NICHTS MEHR MIT.
PATT
PA
MM
KOMMT NICHT IN DIE TÜTE! SCHLIESSLICH KAM DER VORSCHLAG MIT DER OFFENEN DECKE VON MIR!
BITTE ERLAUBEN SIE MIR, DAS SELBST WIEDER IN ORDNUNG ZU BRINGEN!
NUR WÜRDE ICH ES PERSÖN-LICH SCHADE FINDEN, ...
... DIESE SCHÖNE OFFENE KONSTRUKTION WIEDER MIT GEWÖHNLICHEN DECKENPLATTEN ZUZUPFLASTERN.

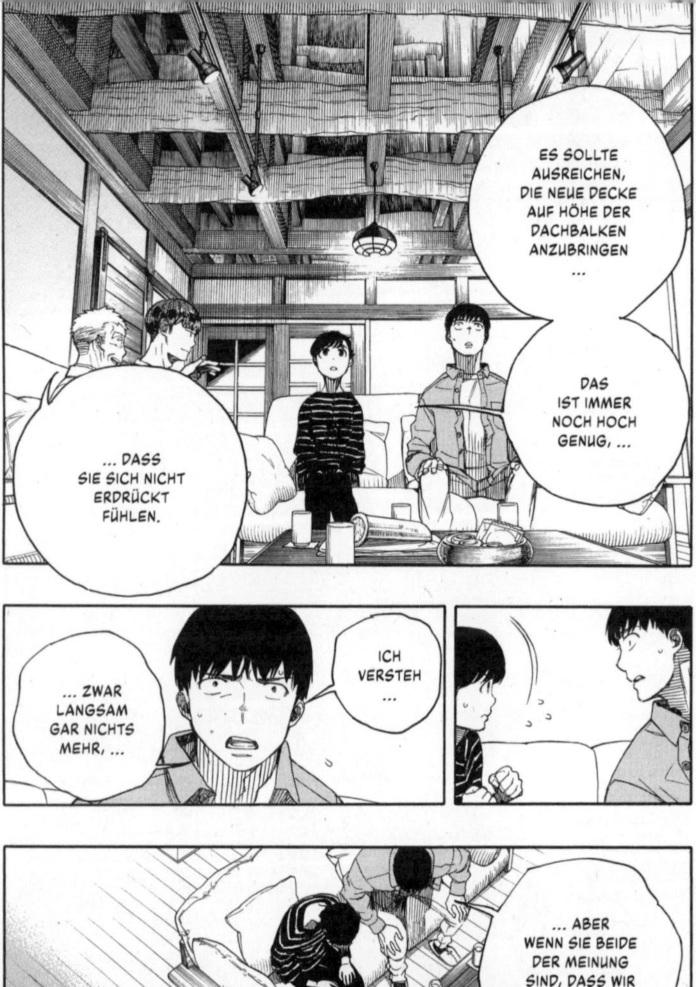
ES SOLLTE AUSREICHEN, DIE NEUE DECKE AUF HÖHE DER DACHBALKEN ANZUBRINGEN ...
DAS IST IMMER NOCH HOCH GENUG, ...
... DASS SIE SICH NICHT ERDRÜCKT FÜHLEN.
ICH VERSTEH ...
... ZWAR LANGSAM GAR NICHTS MEHR, ...
... ABER WENN SIE BEIDE DER MEINUNG SIND, DASS WIR DAS MACHEN SOLLTEN, ...
... DANN WERDEN WIR DEM NICHT IM WEGE STEHEN.

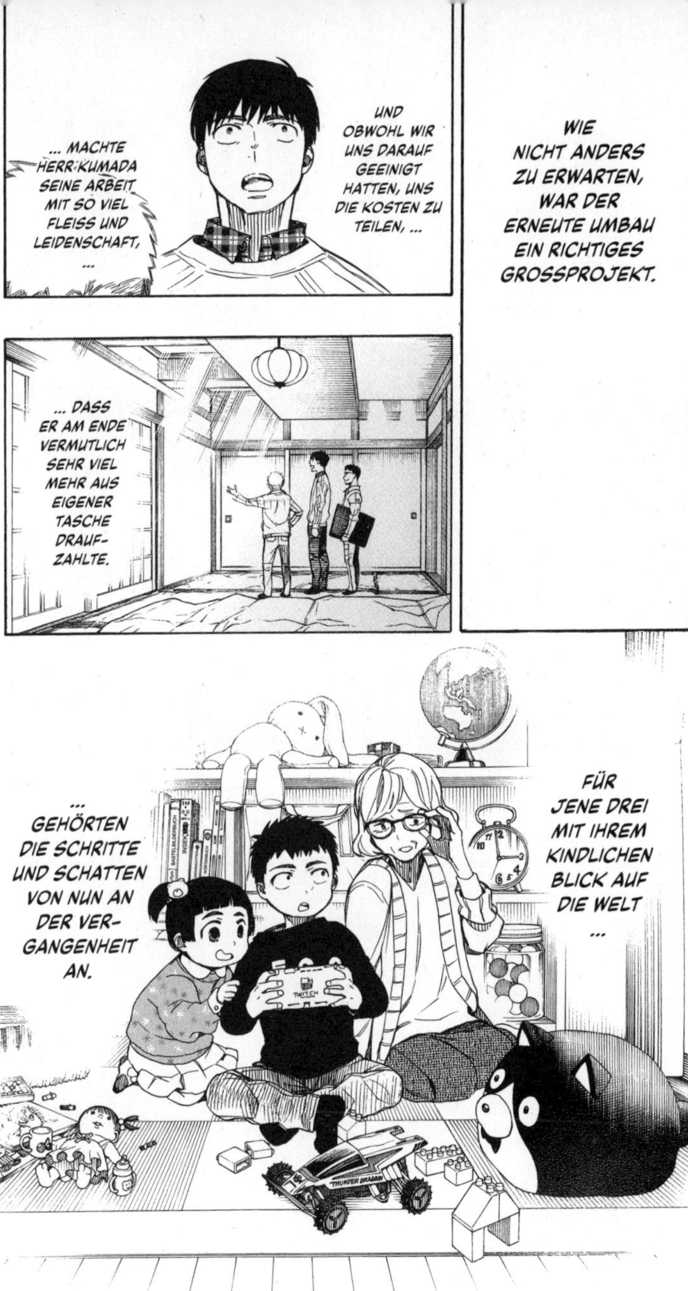
WIE NICHT ANDERS ZU ERWARTEN, WAR DER ERNEUTE UMBAU EIN RICHTIGES GROSSPROJEKT.
UND OBWOHL WIR UNS DARAUF GEEINIGT HATTEN, UNS DIE KOSTEN ZU TEILEN, ...
... MACHTE HERR KUMADA SEINE ARBEIT MIT SO VIEL FLEISS UND LEIDENSCHAFT, ...
... DASS ER AM ENDE VERMUTLICH SEHR VIEL MEHR AUS EIGENER TASCHE DRAUF-ZAHLTE.
FÜR JENE DREI MIT IHREM KINDLICHEN BLICK AUF DIE WELT ...
... GEHÖRTEN DIE SCHRITTE UND SCHATTEN VON NUN AN DER VER-GANGENHEIT AN.

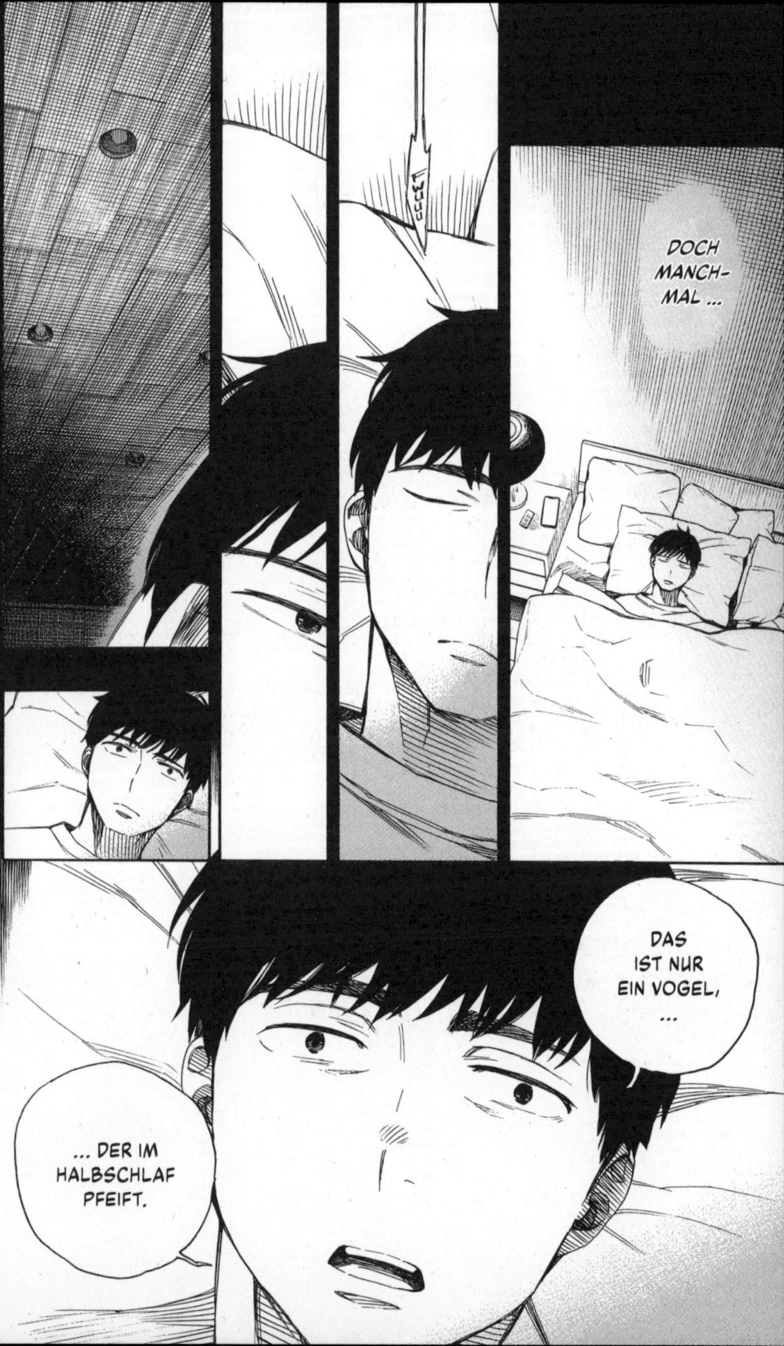
DOCH MANCH-MAL ...
DAS IST NUR EIN VOGEL, ...
... DER IM HALBSCHLAF PFEIFT.

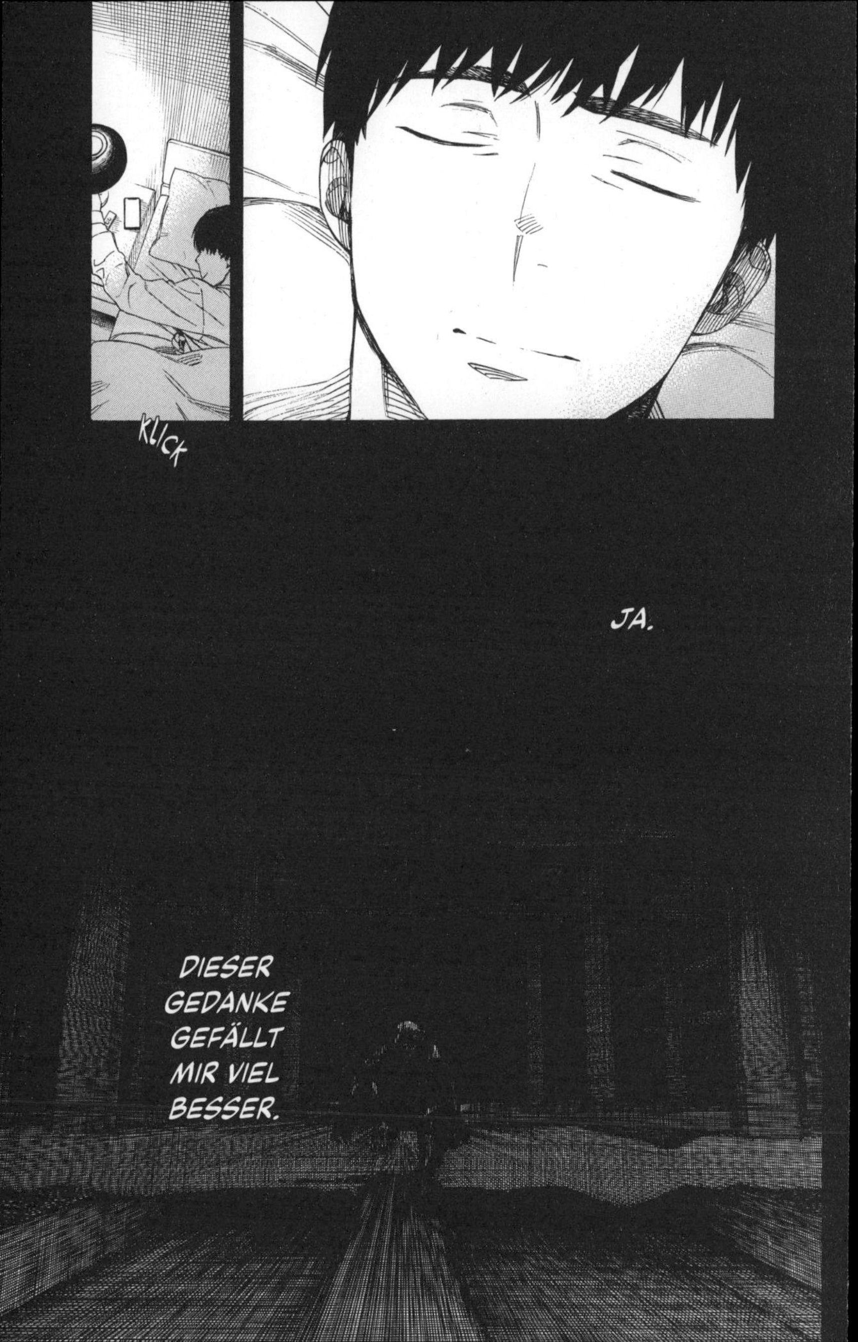
KLICK
JA.
DIESER GEDANKE GEFÄLLT MIR VIEL BESSER.

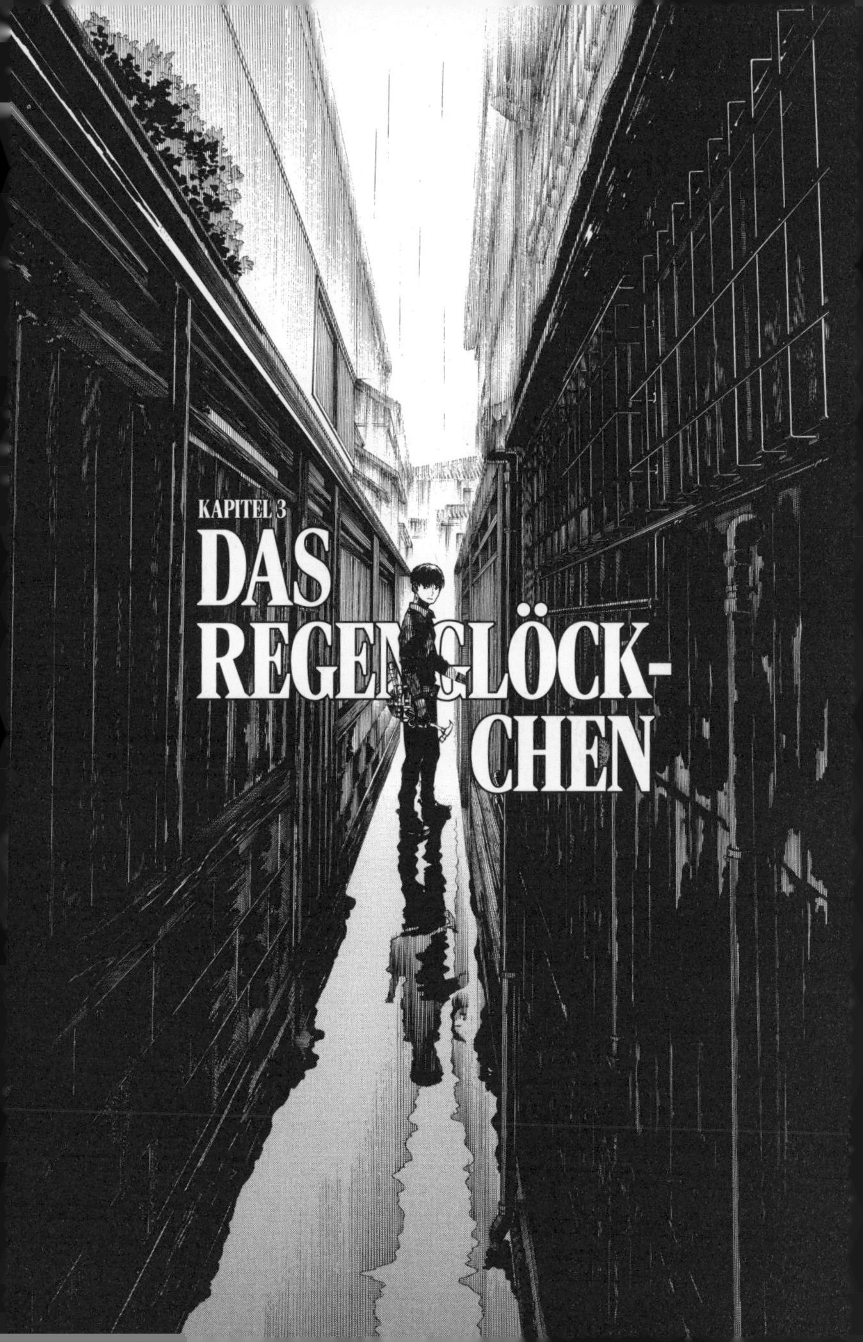
KAPITEL 3
DAS
REGENGLÖCK-
CHEN

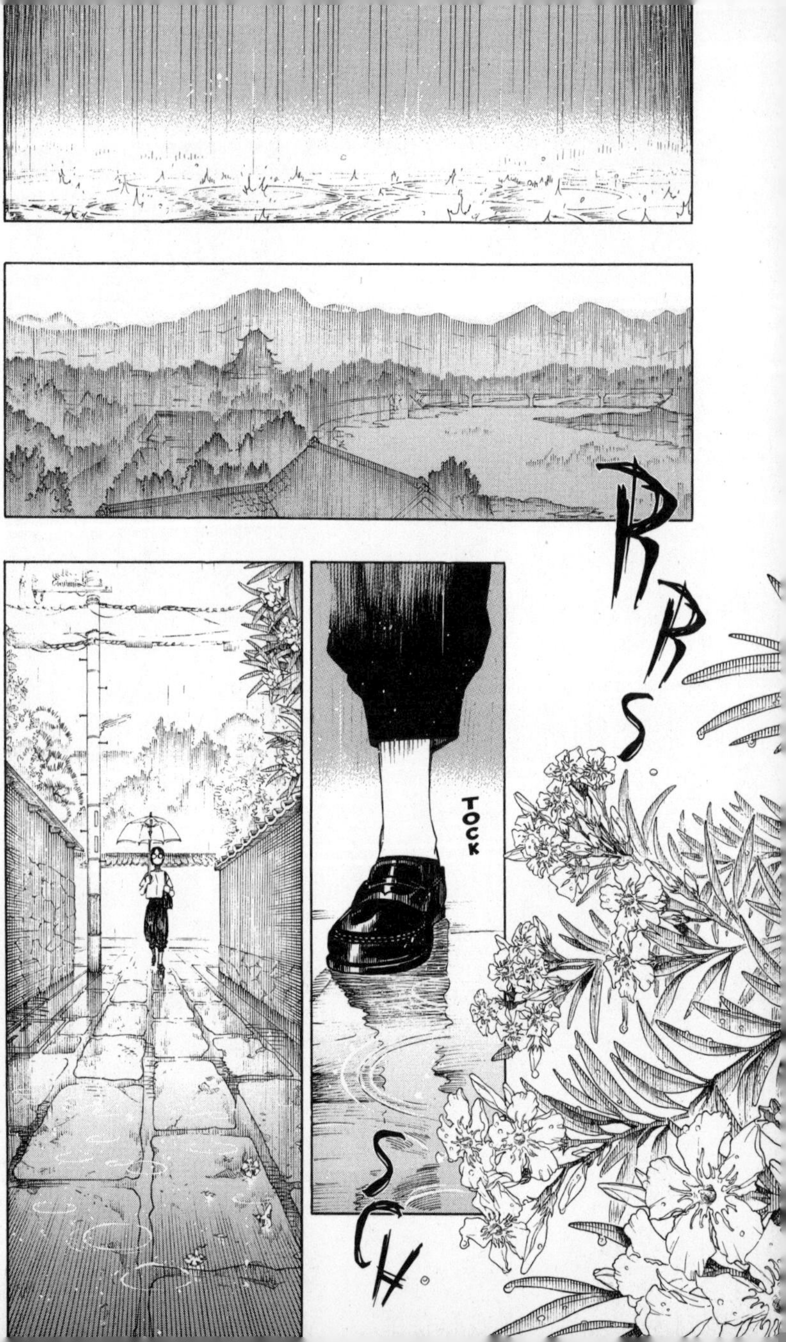

TOCK
RRRSSCH

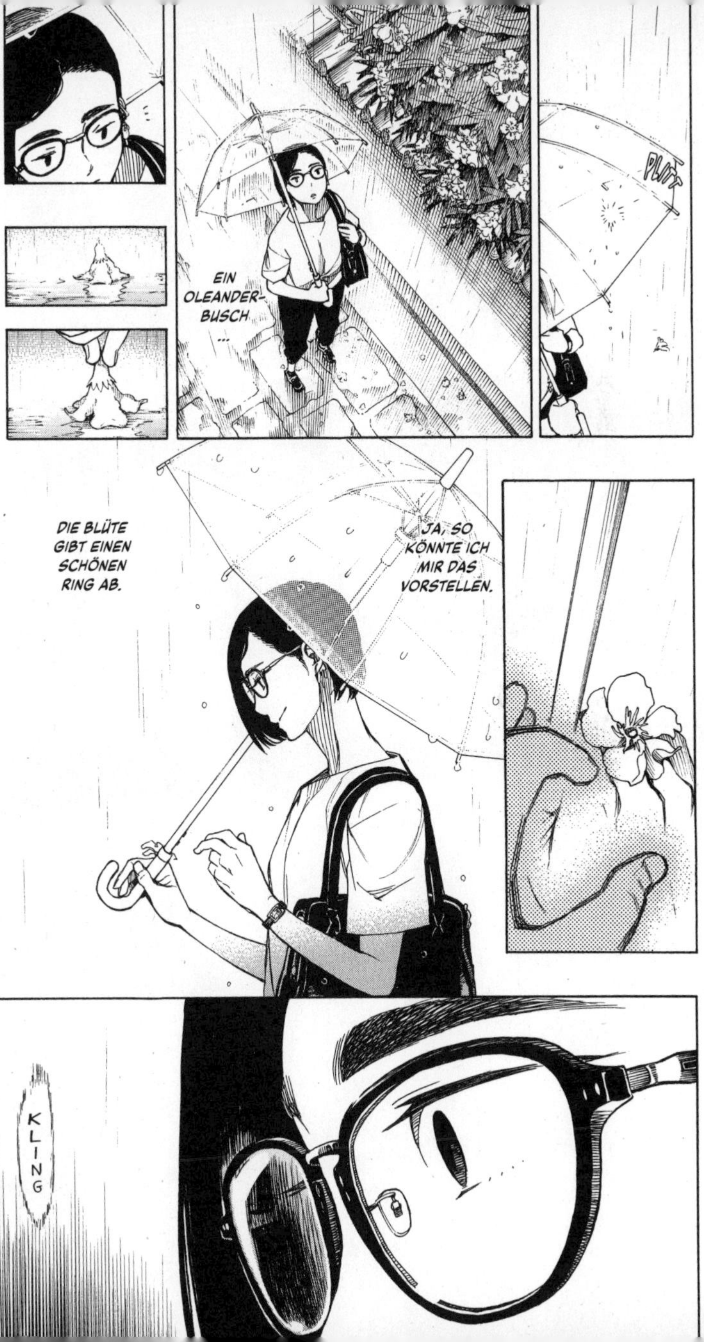
PLITT
EIN OLEANDER-BUSCH ...
JA, SO KÖNNTE ICH MIR DAS VORSTELLEN.
DIE BLÜTE GIBT EINEN SCHÖNEN RING AB.
KLING
...

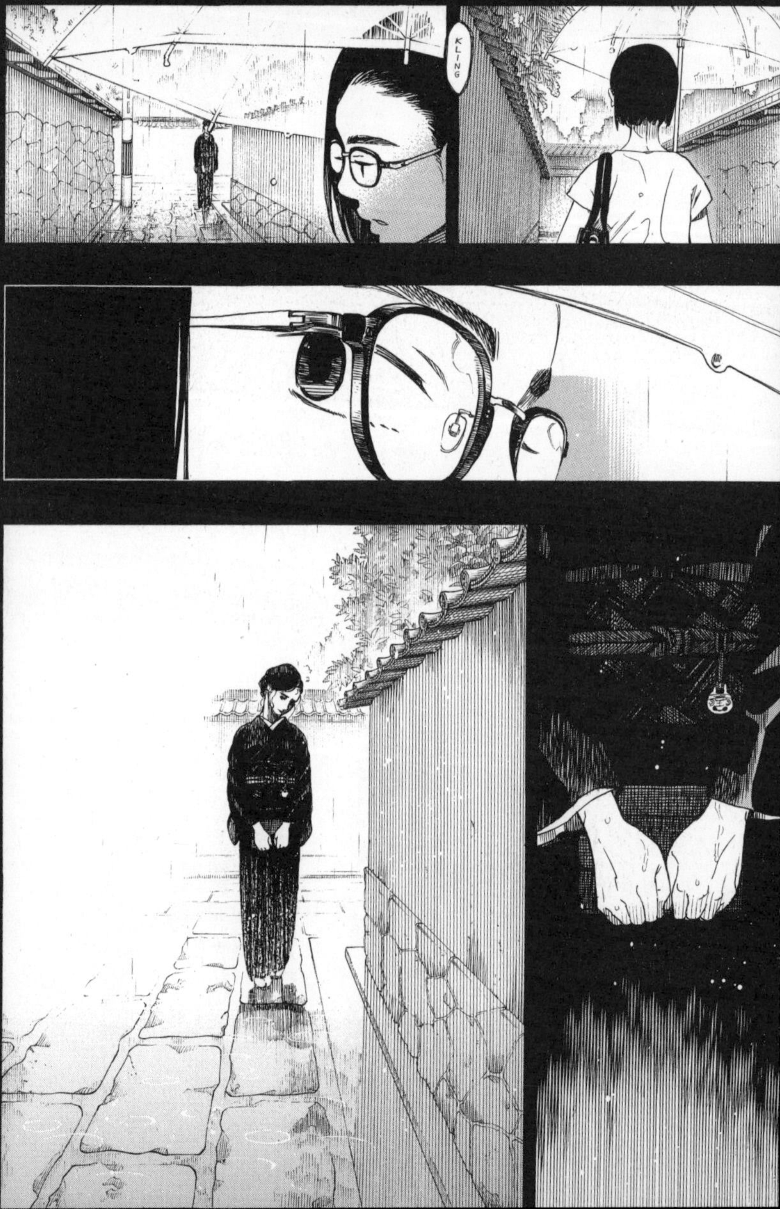
KLING

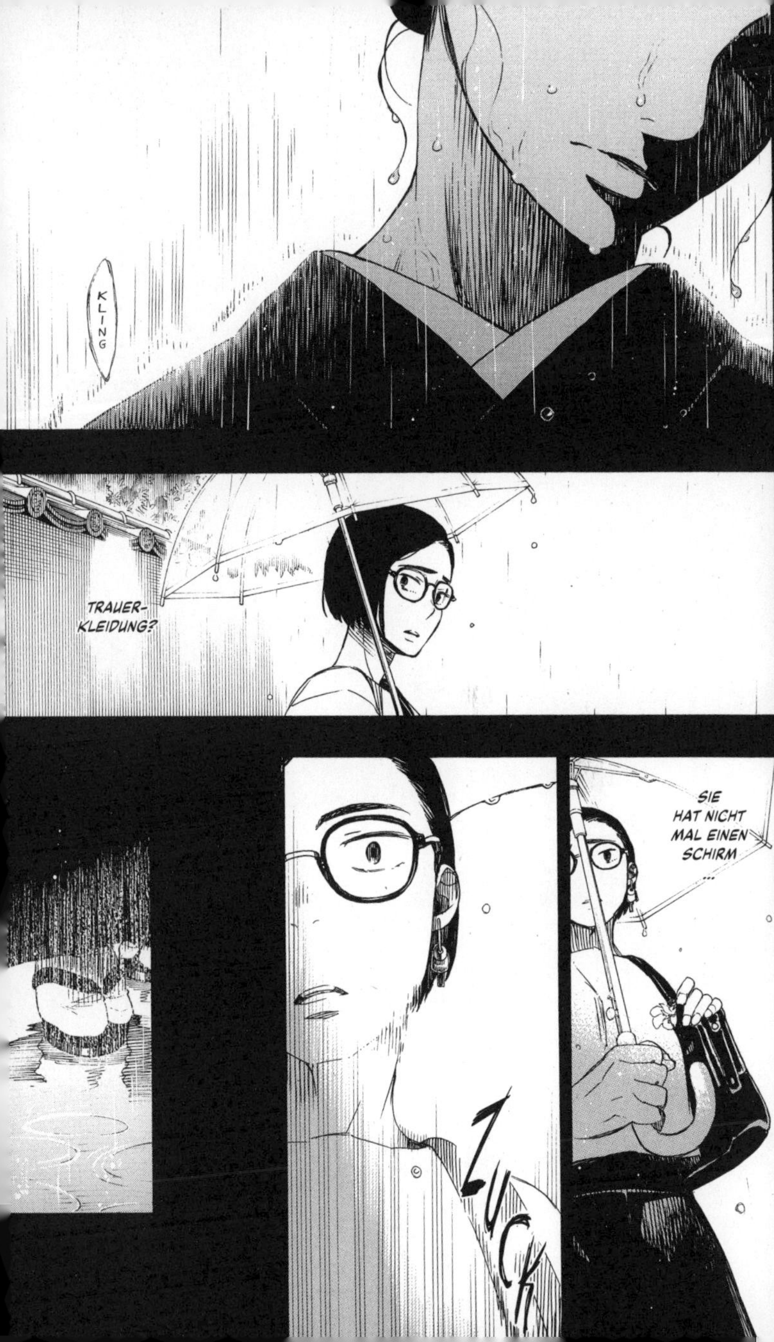
KLING
TRAUER-
KLEIDUNG?
SIE
HAT NICHT
MAL EINEN
SCHIRM
...
ZUCK

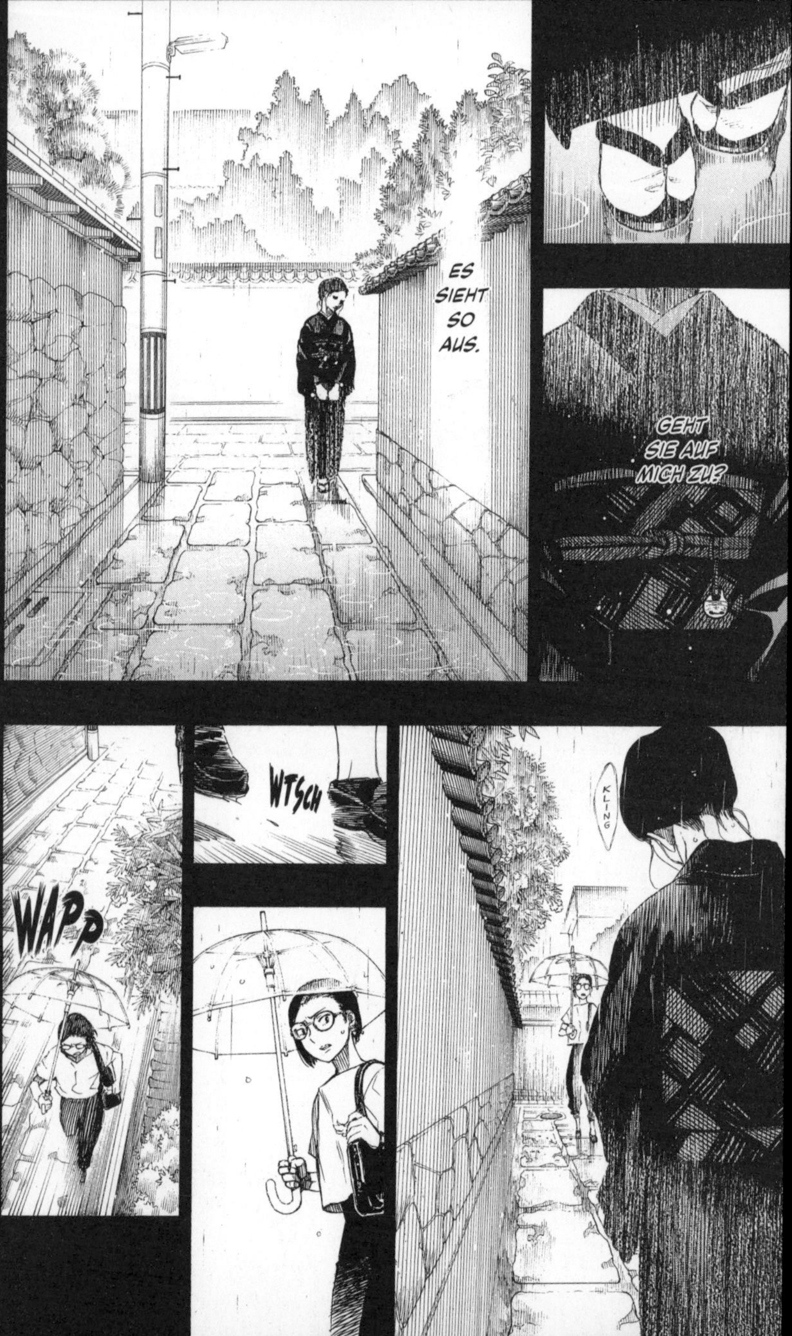
ES SIEHT SO AUS.
GEHT SIE AUF MICH ZU?
WTSCH
WAPP
KLING

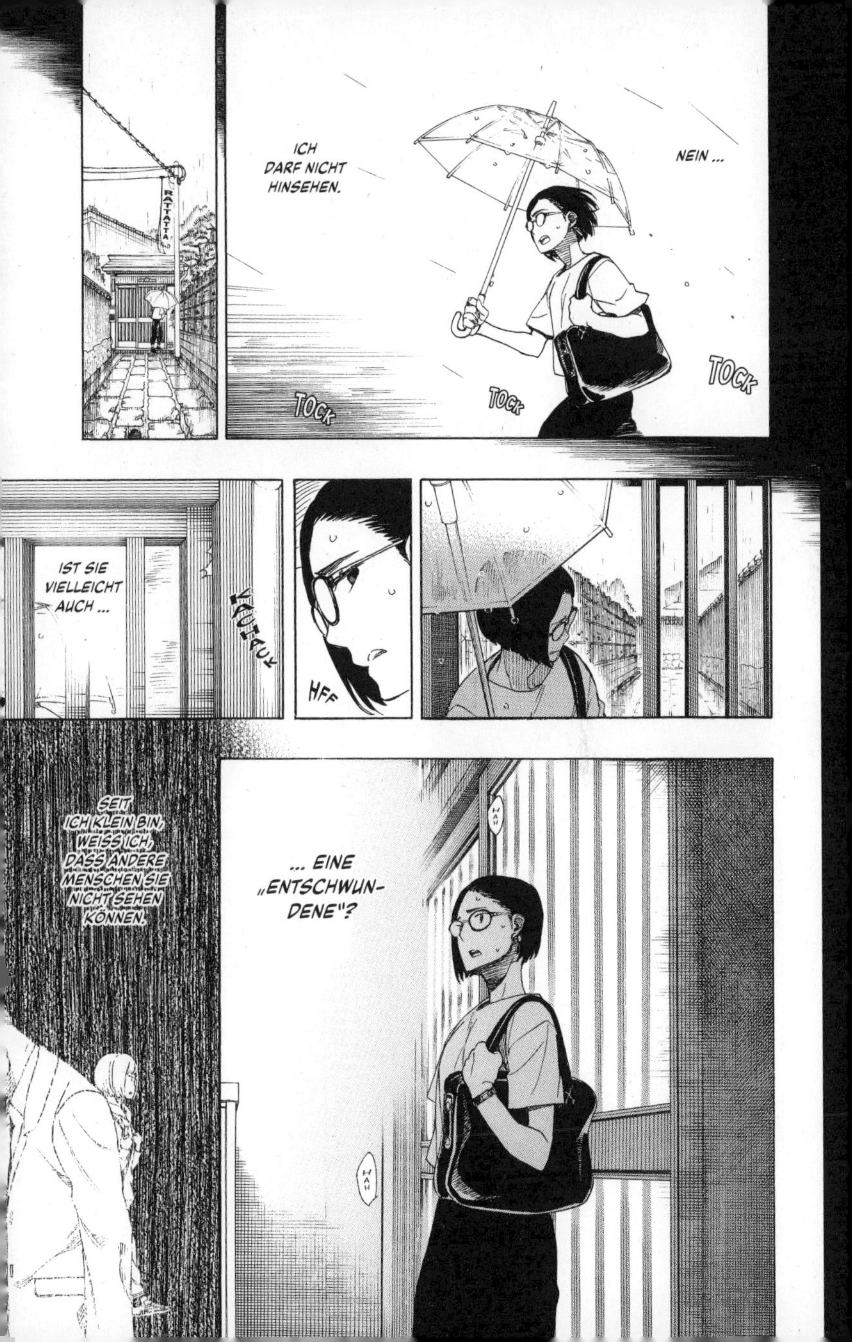
NEIN ...
ICH DARF NICHT HINSEHEN.
TOCK
TOCK
TOCK
RATTATTA
HFF
KACHUNK
IST SIE VIELLEICHT AUCH ...
HAH
... EINE „ENTSCHWUNDENE"?
HAH
SEIT ICH KLEIN BIN, WEISS ICH, DASS ANDERE MENSCHEN SIE NICHT SEHEN KÖNNEN.

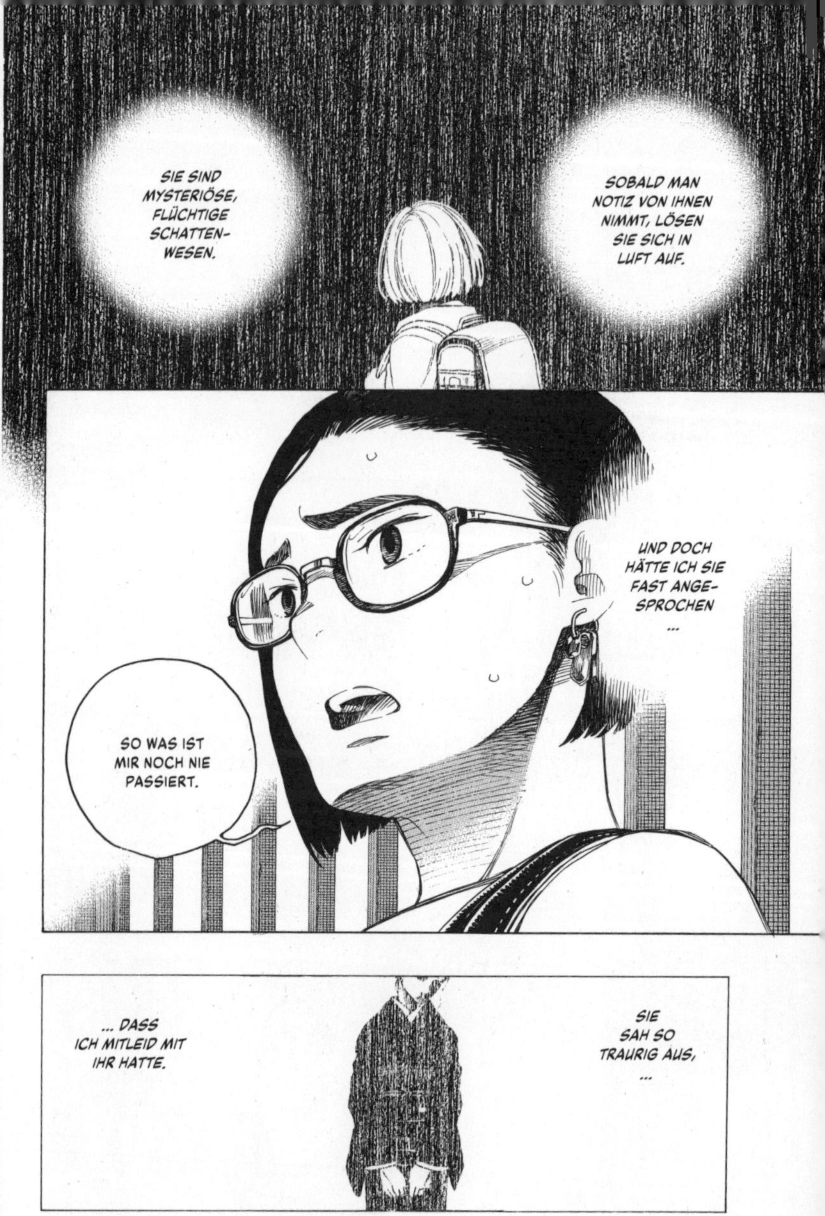
SOBALD MAN NOTIZ VON IHNEN NIMMT, LÖSEN SIE SICH IN LUFT AUF.
SIE SIND MYSTERIÖSE, FLÜCHTIGE SCHATTEN-WESEN.
UND DOCH HÄTTE ICH SIE FAST ANGE-SPROCHEN ...
SO WAS IST MIR NOCH NIE PASSIERT.
SIE SAH SO TRAURIG AUS, ...
... DASS ICH MITLEID MIT IHR HATTE.

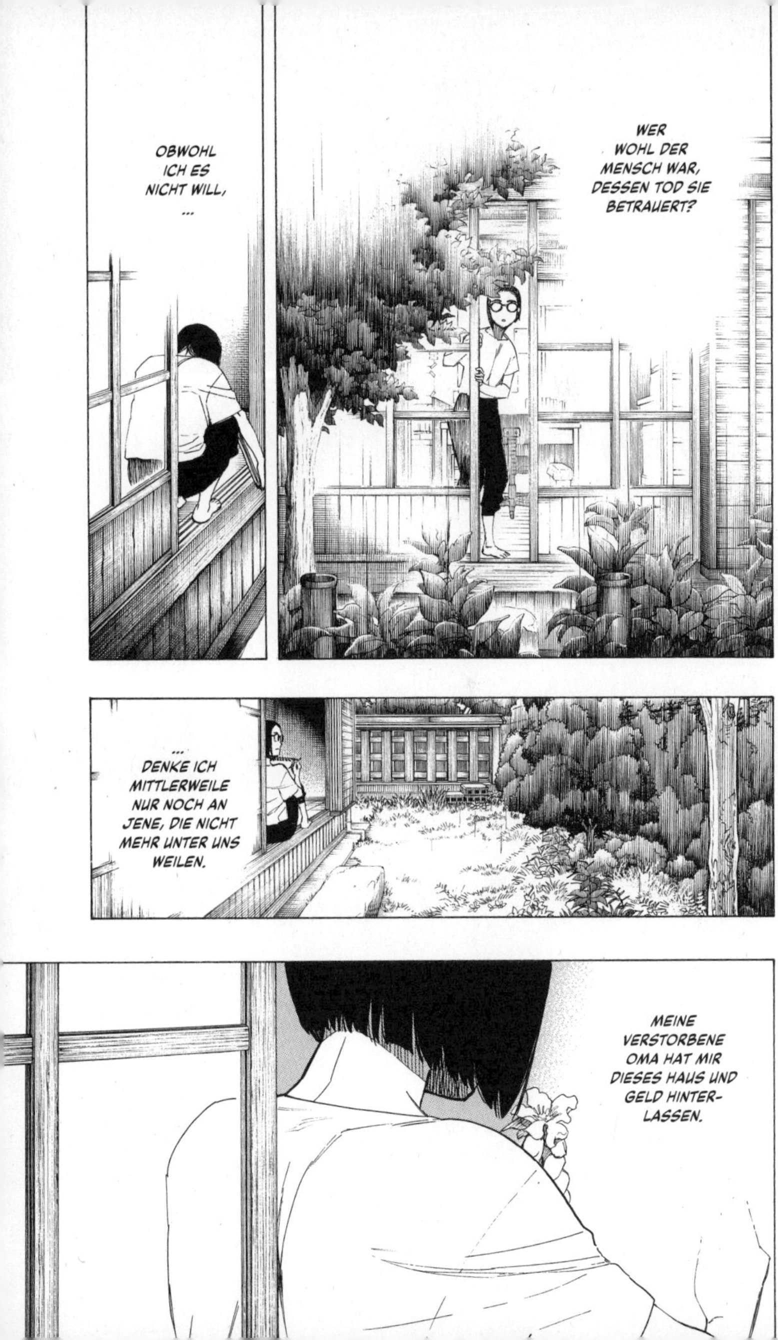
WER WOHL DER MENSCH WAR, DESSEN TOD SIE BETRAUERT?
OBWOHL ICH ES NICHT WILL, ...
... DENKE ICH MITTLERWEILE NUR NOCH AN JENE, DIE NICHT MEHR UNTER UNS WEILEN.
MEINE VERSTORBENE OMA HAT MIR DIESES HAUS UND GELD HINTER-LASSEN.

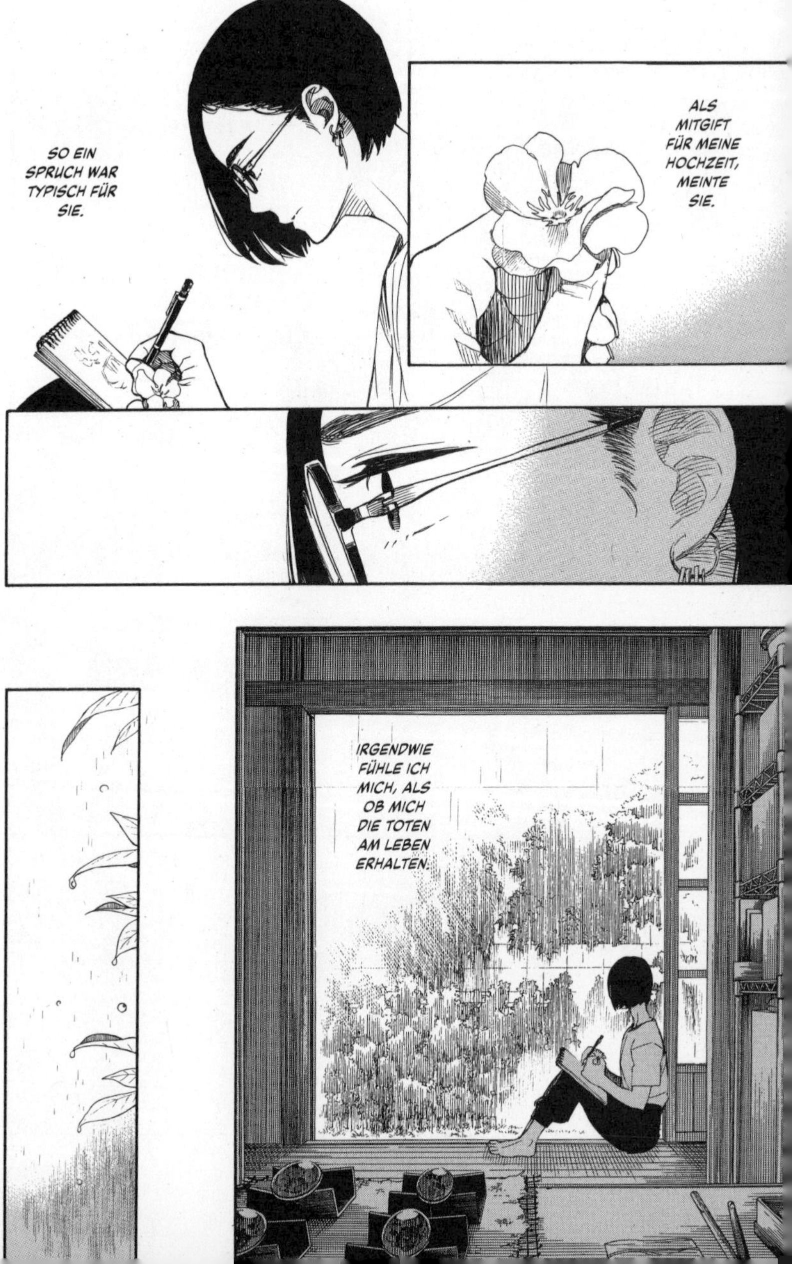
ALS MITGIFT FÜR MEINE HOCHZEIT, MEINTE SIE.
SO EIN SPRUCH WAR TYPISCH FÜR SIE.
IRGENDWIE FÜHLE ICH MICH, ALS OB MICH DIE TOTEN AM LEBEN ERHALTEN.

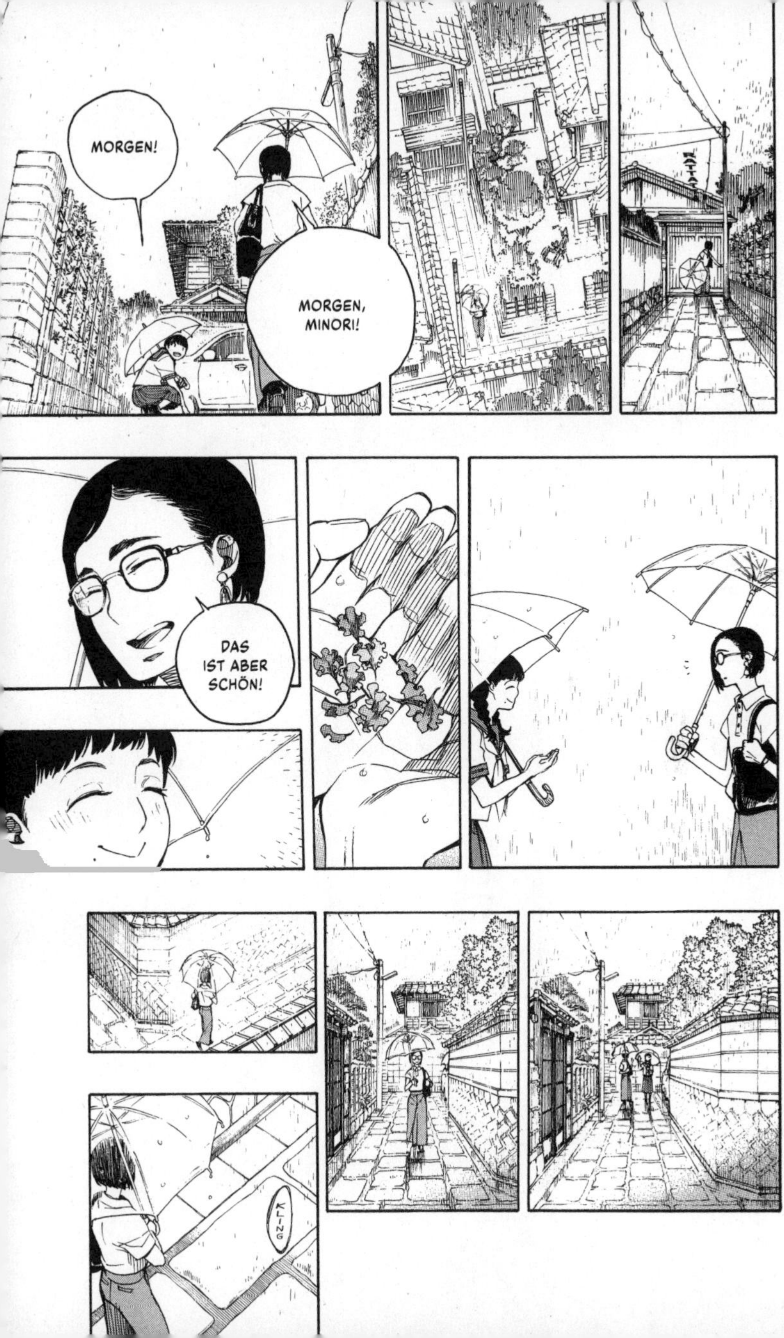
MORGEN!
MORGEN, MINORI!
DAS IST ABER SCHÖN!
KLING

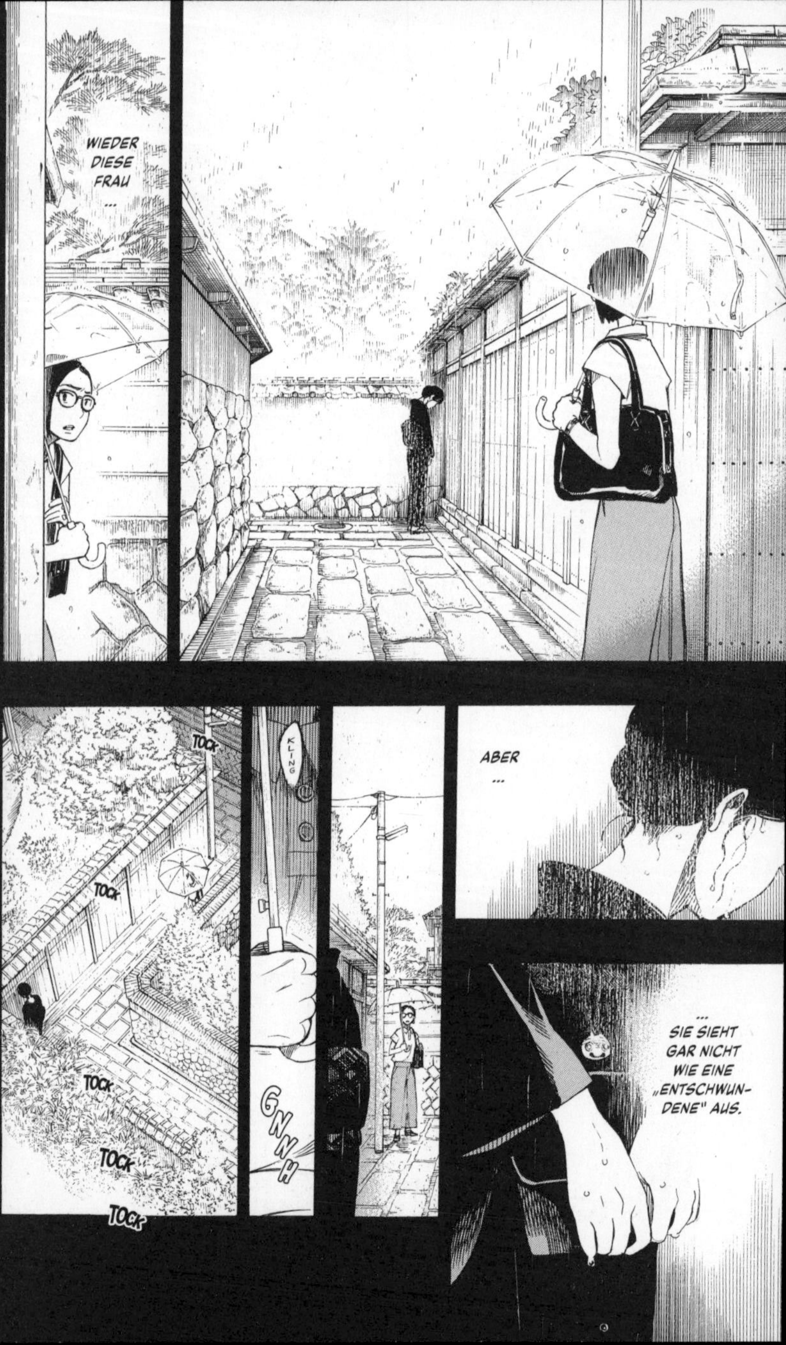
WIEDER DIESE FRAU ...
ABER ...
... SIE SIEHT GAR NICHT WIE EINE „ENTSCHWUNDENE“ AUS.
KLING
GNNH
TOCK
TOCK
TOCK
TOCK
TOCK

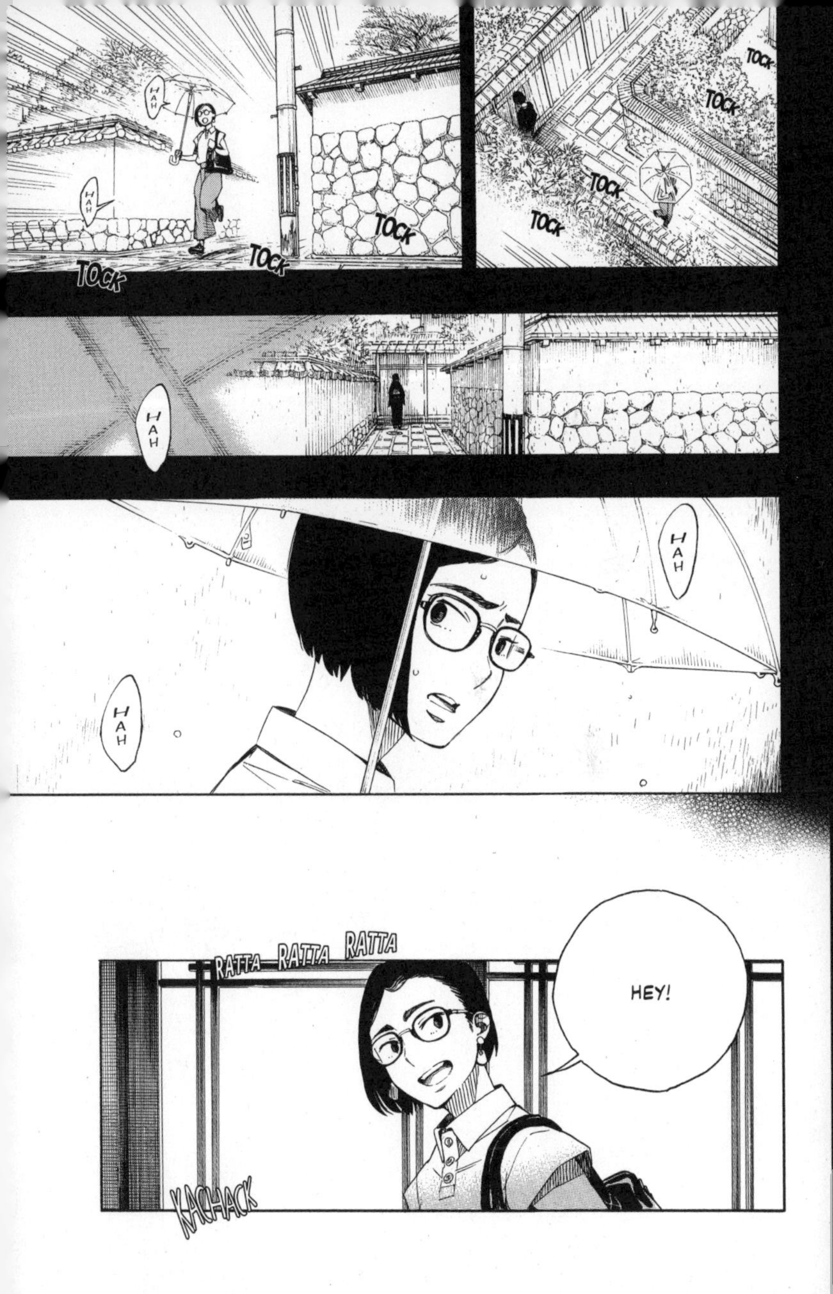

HAH
HAH
TOCK
TOCK
TOCK
TOCK
TOCK
TOCK
TOCK
HAH
HAH
HAH
HAH
HAH
HAH
HAH
HAH
RATTA RATTA RATTA
KACHACK
HEY!

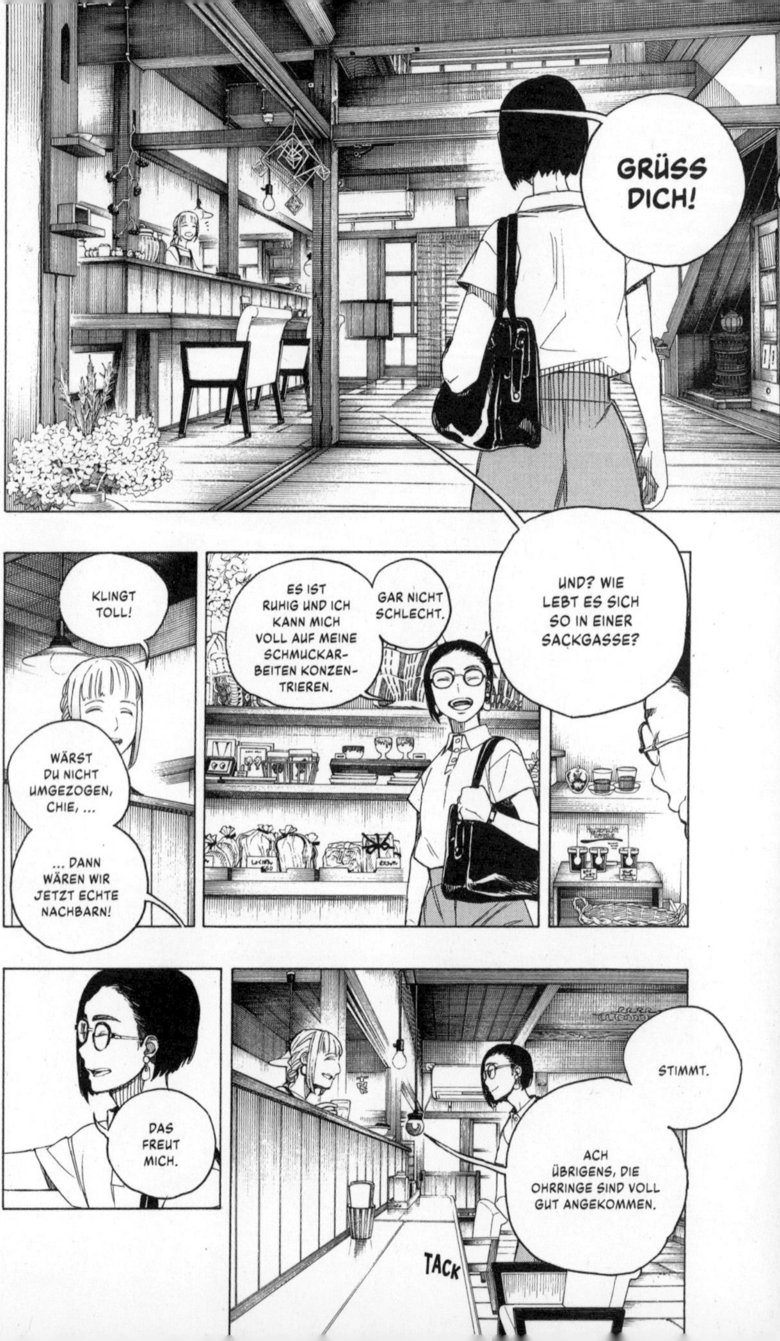
GRÜSS DICH!
UND? WIE LEBT ES SICH SO IN EINER SACKGASSE?
GAR NICHT SCHLECHT.
ES IST RUHIG UND ICH KANN MICH VOLL AUF MEINE SCHMUCKAR-BEITEN KONZEN-TRIEREN.
KLINGT TOLL!
WÄRST DU NICHT UMGEZOGEN, CHIE, ...
... DANN WÄREN WIR JETZT ECHTE NACHBARN!
STIMMT.
ACH ÜBRIGENS, DIE OHRRINGE SIND VOLL GUT ANGEKOMMEN.
TACK
DAS FREUT MICH.

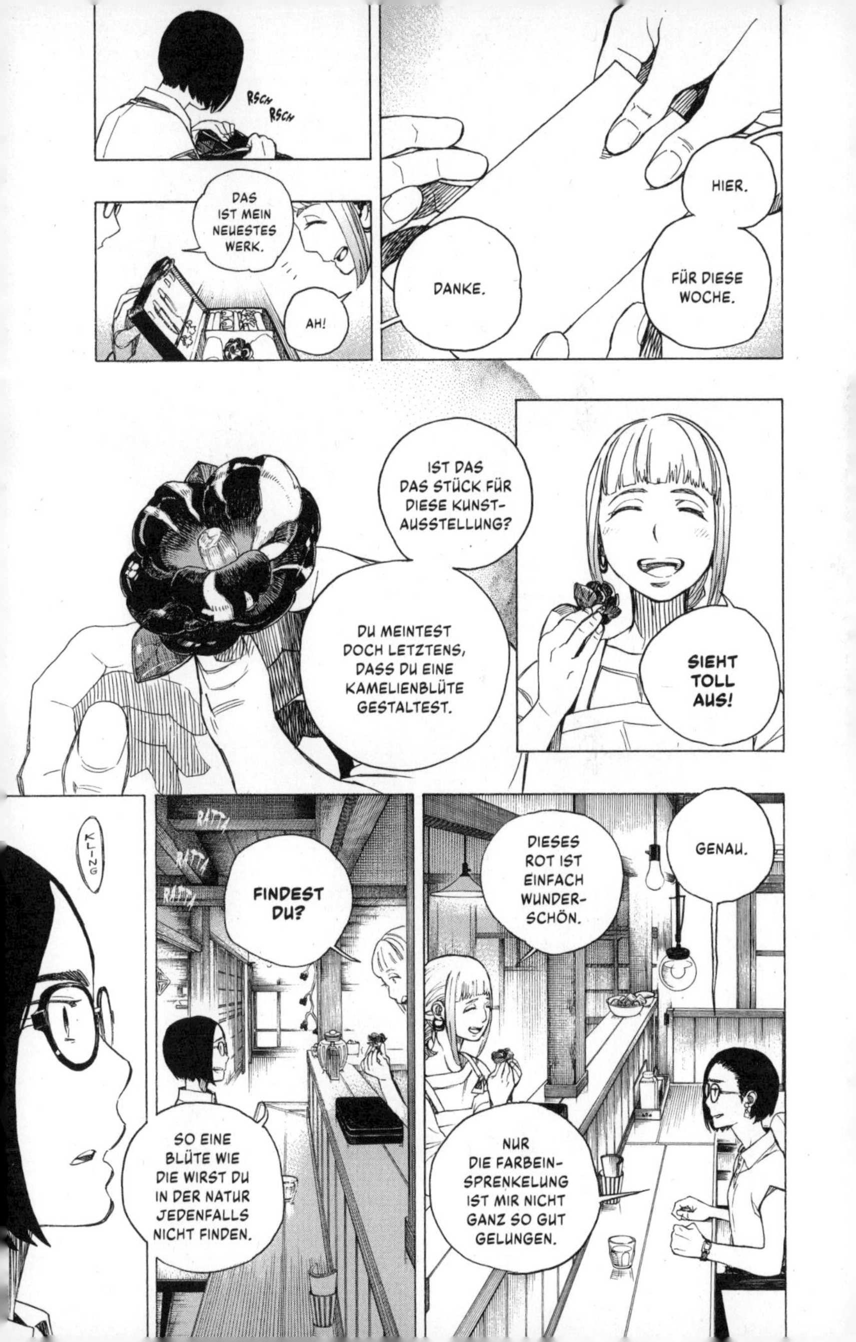
HIER.
FÜR DIESE WOCHE.
DANKE.
RSCH RSCH
DAS IST MEIN NEUESTES WERK.
AH!
SIEHT TOLL AUS!
IST DAS DAS STÜCK FÜR DIESE KUNST-AUSSTELLUNG?
DU MEINTEST DOCH LETZTENS, DASS DU EINE KAMELIENBLÜTE GESTALTEST.
GENAU.
DIESES ROT IST EINFACH WUNDER-SCHÖN.
NUR DIE FARBEIN-SPRENKELUNG IST MIR NICHT GANZ SO GUT GELUNGEN.
RATTA RATTA RATTA
FINDEST DU?
KLING
SO EINE BLÜTE WIE DIE WIRST DU IN DER NATUR JEDENFALLS NICHT FINDEN.

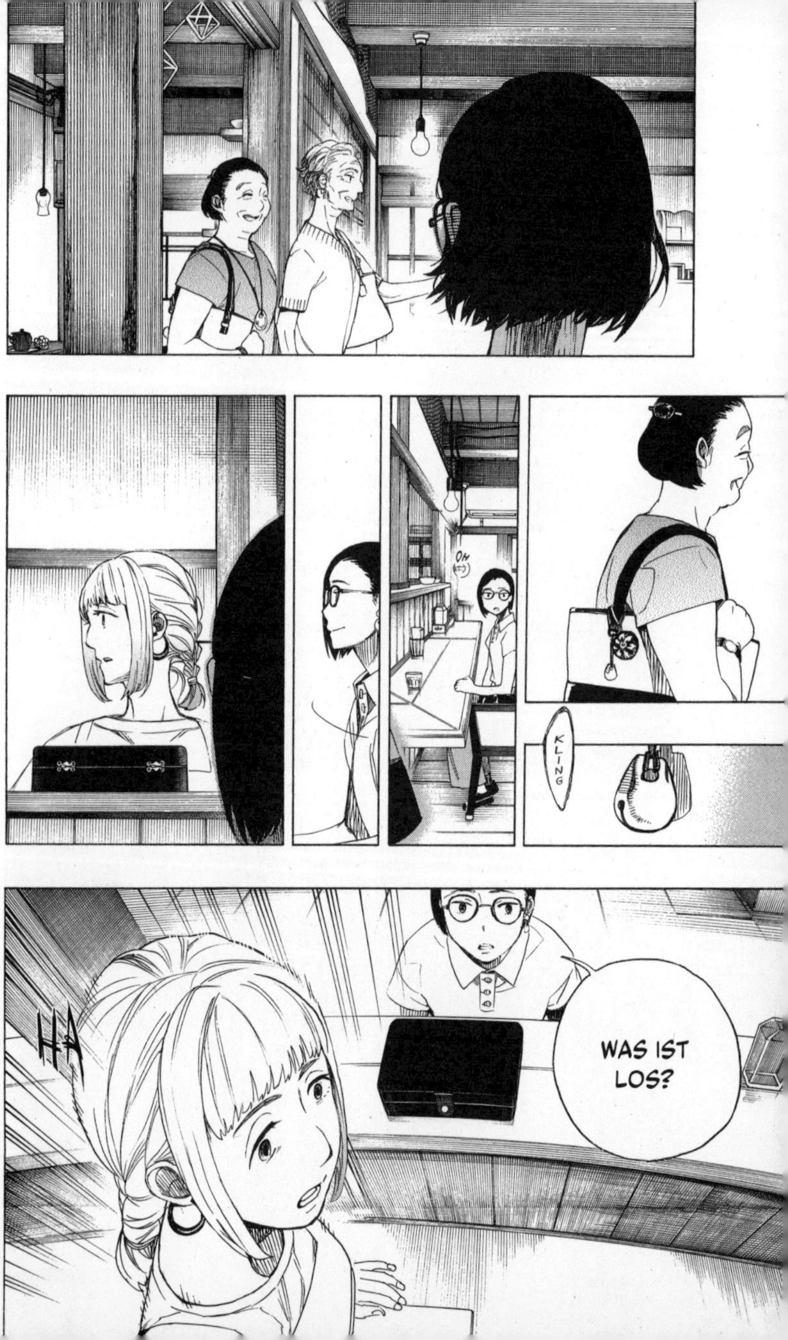
KLING
OH
HA
WAS IST LOS?

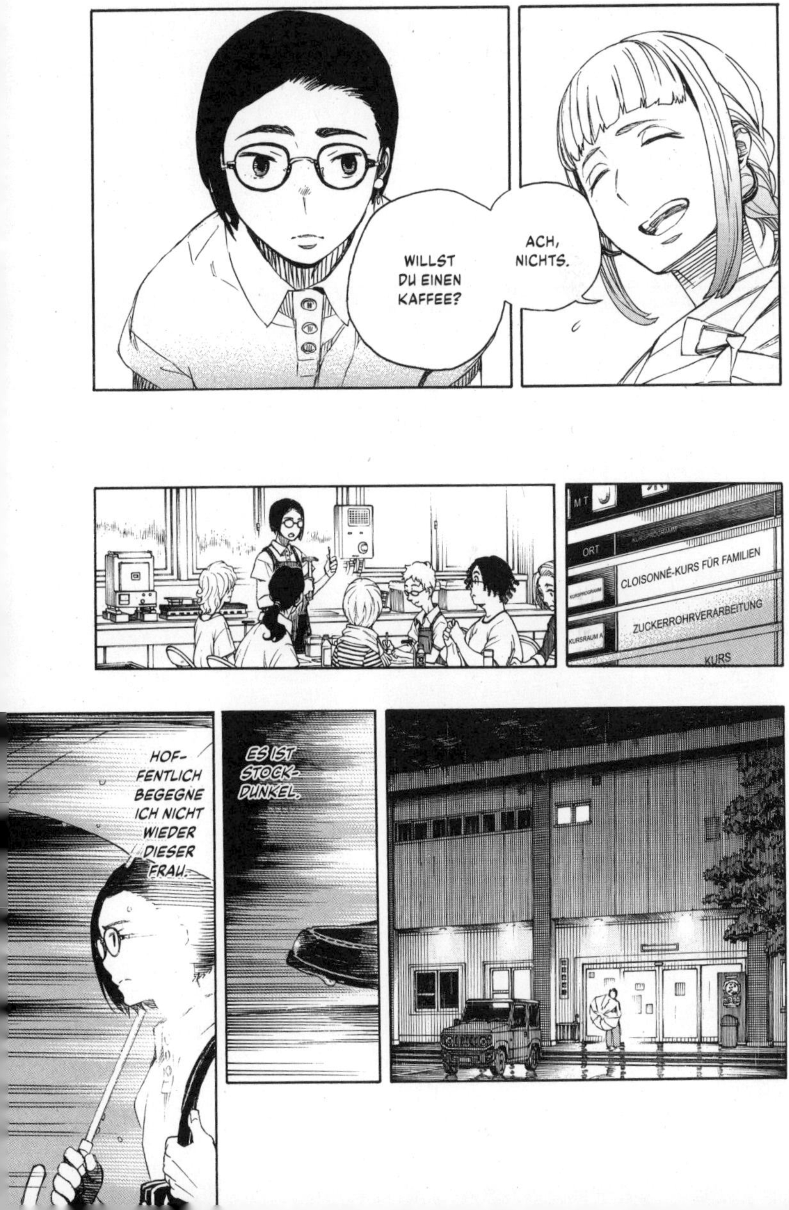

ACH, NICHTS.
WILLST DU EINEN KAFFEE?
ORT
CLOISONNÉ-KURS FÜR FAMILIEN
ZUCKERROHRVERARBEITUNG
KURS
ES IST STOCK-DUNKEL.
HOF-FENTLICH BEGEGNE ICH NICHT WIEDER DIESER FRAU.

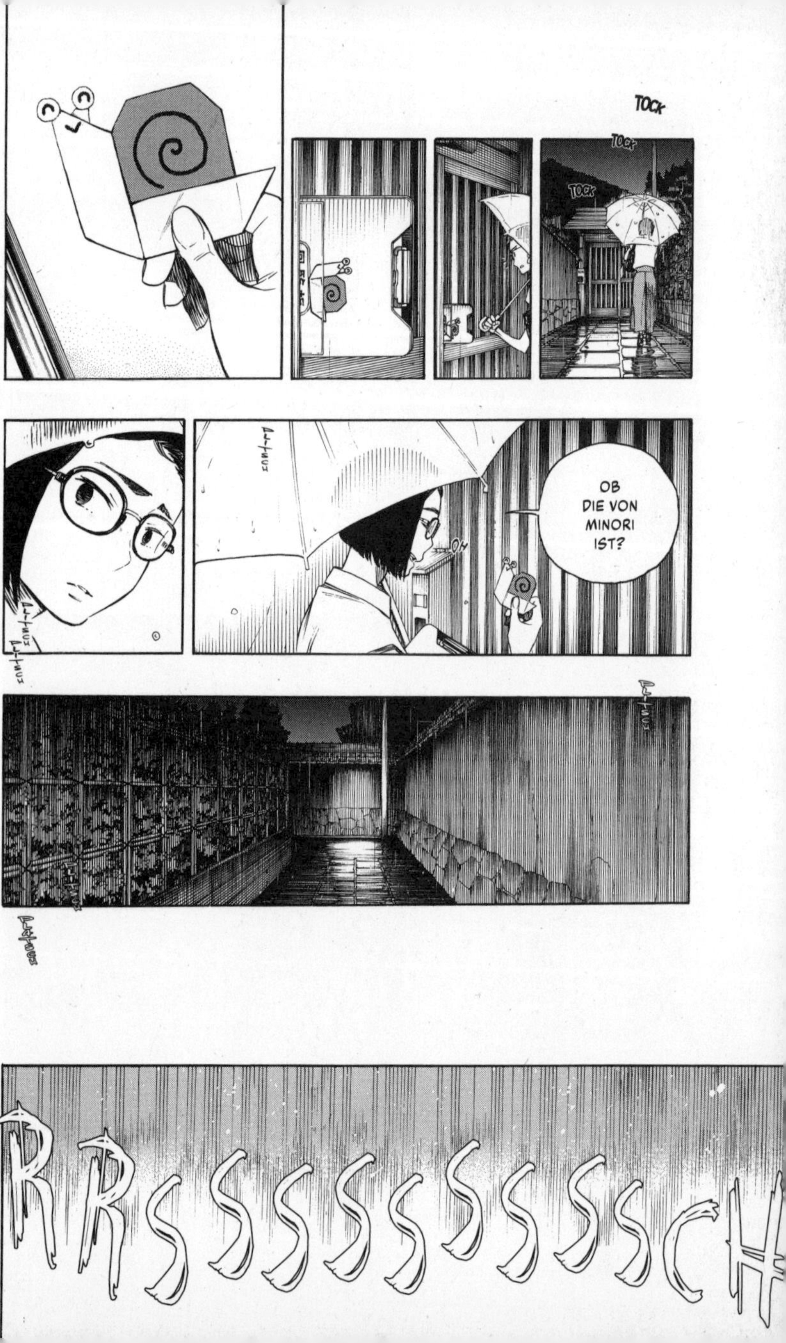
TOCK
TOCK
TOCK
OH
OB DIE VON MINORI IST?
RRSSSSSSSSSCH

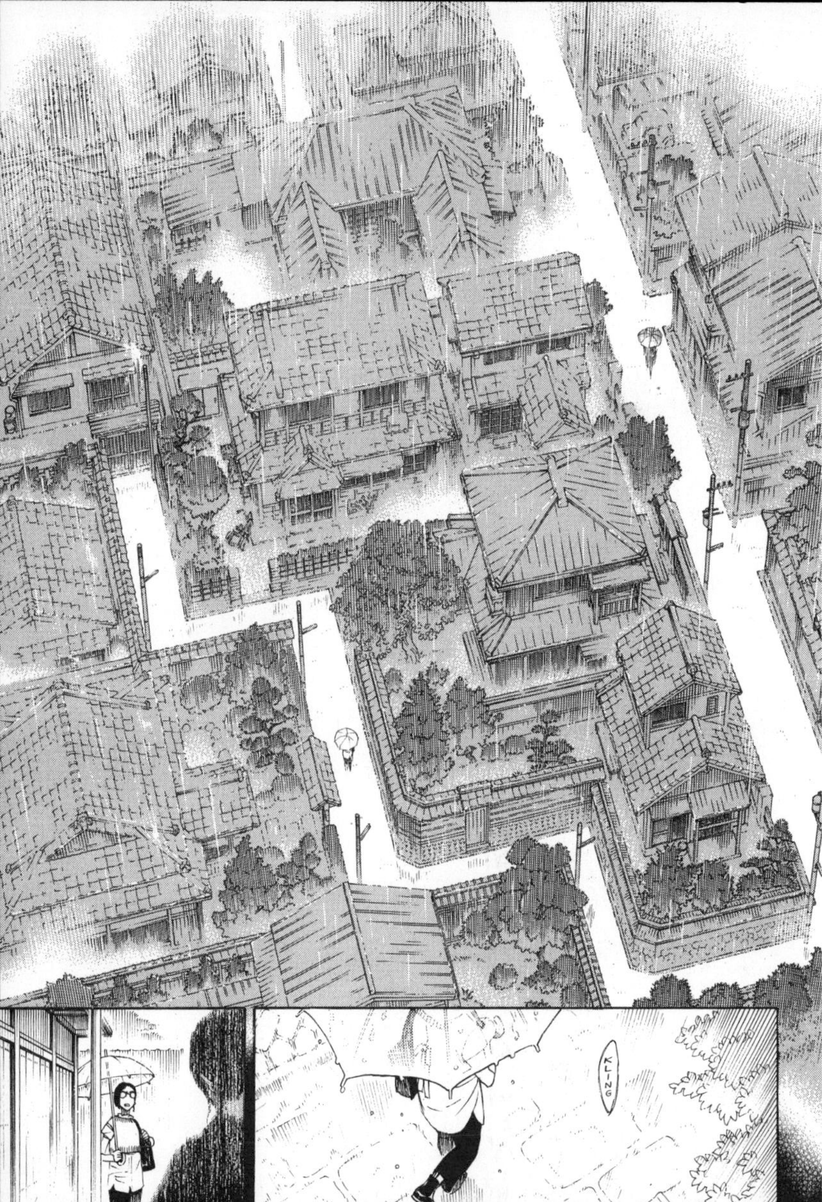
KLING

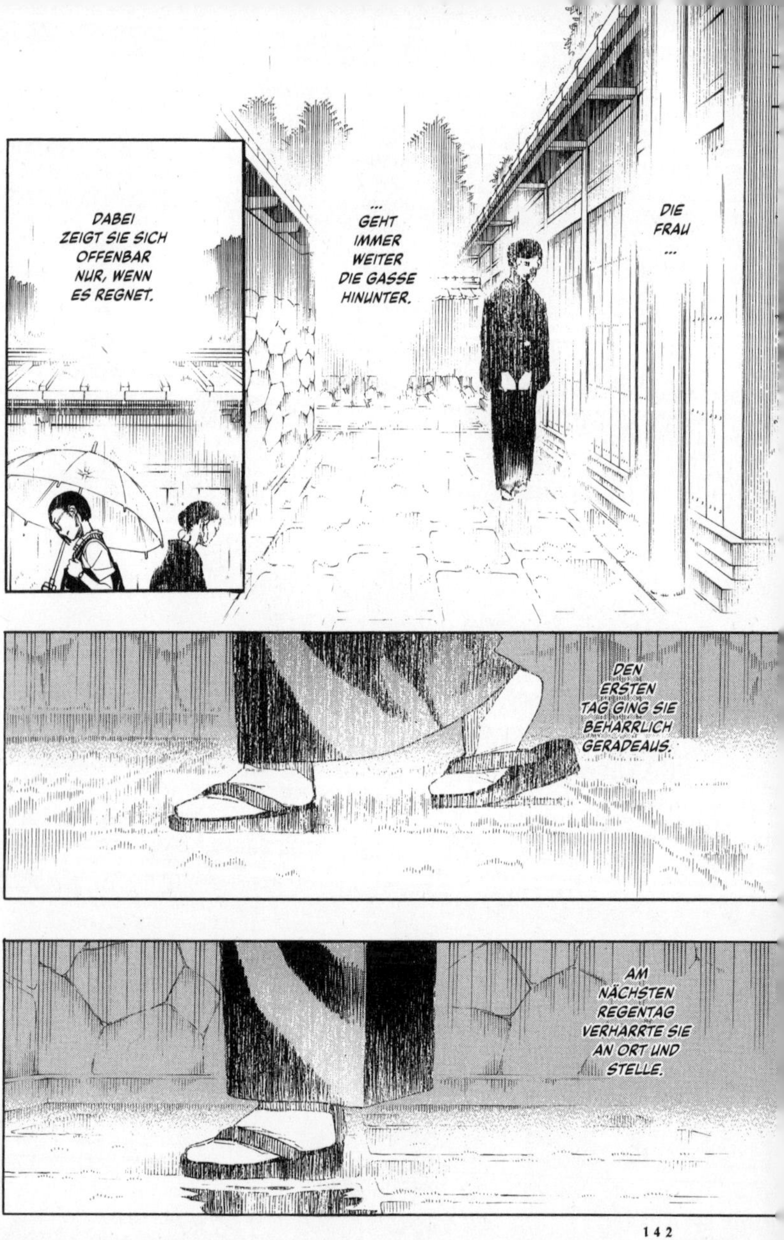
DIE FRAU ...
... GEHT IMMER WEITER DIE GASSE HINUNTER.
DABEI ZEIGT SIE SICH OFFENBAR NUR, WENN ES REGNET.
DEN ERSTEN TAG GING SIE BEHARRLICH GERADEAUS.
AM NÄCHSTEN REGENTAG VERHARRTE SIE AN ORT UND STELLE.

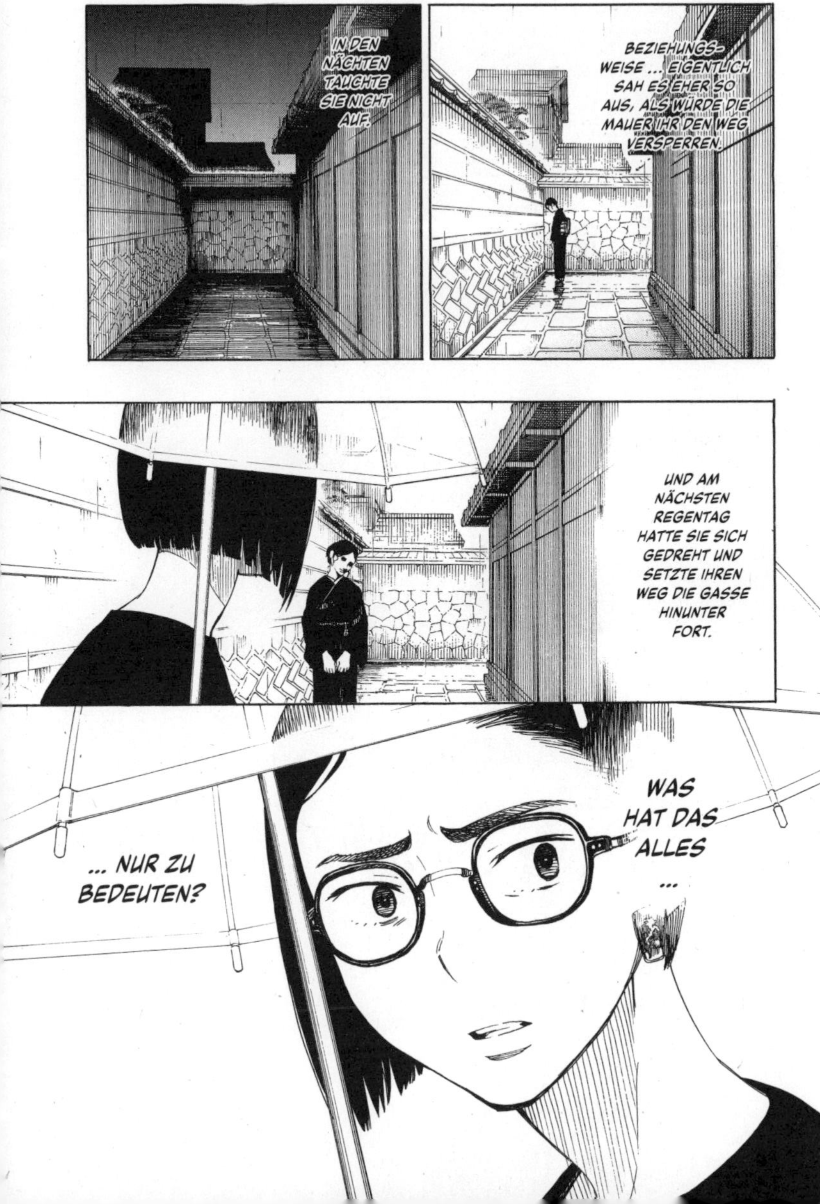

IN DEN NÄCHTEN TAUCHTE SIE NICHT AUF.
BEZIEHUNGS-WEISE ... EIGENTLICH SAH ES EHER SO AUS, ALS WÜRDE DIE MAUER IHR DEN WEG VERSPERREN.
UND AM NÄCHSTEN REGENTAG HATTE SIE SICH GEDREHT UND SETZTE IHREN WEG DIE GASSE HINUNTER FORT.
WAS HAT DAS ALLES ...
... NUR ZU BEDEUTEN?

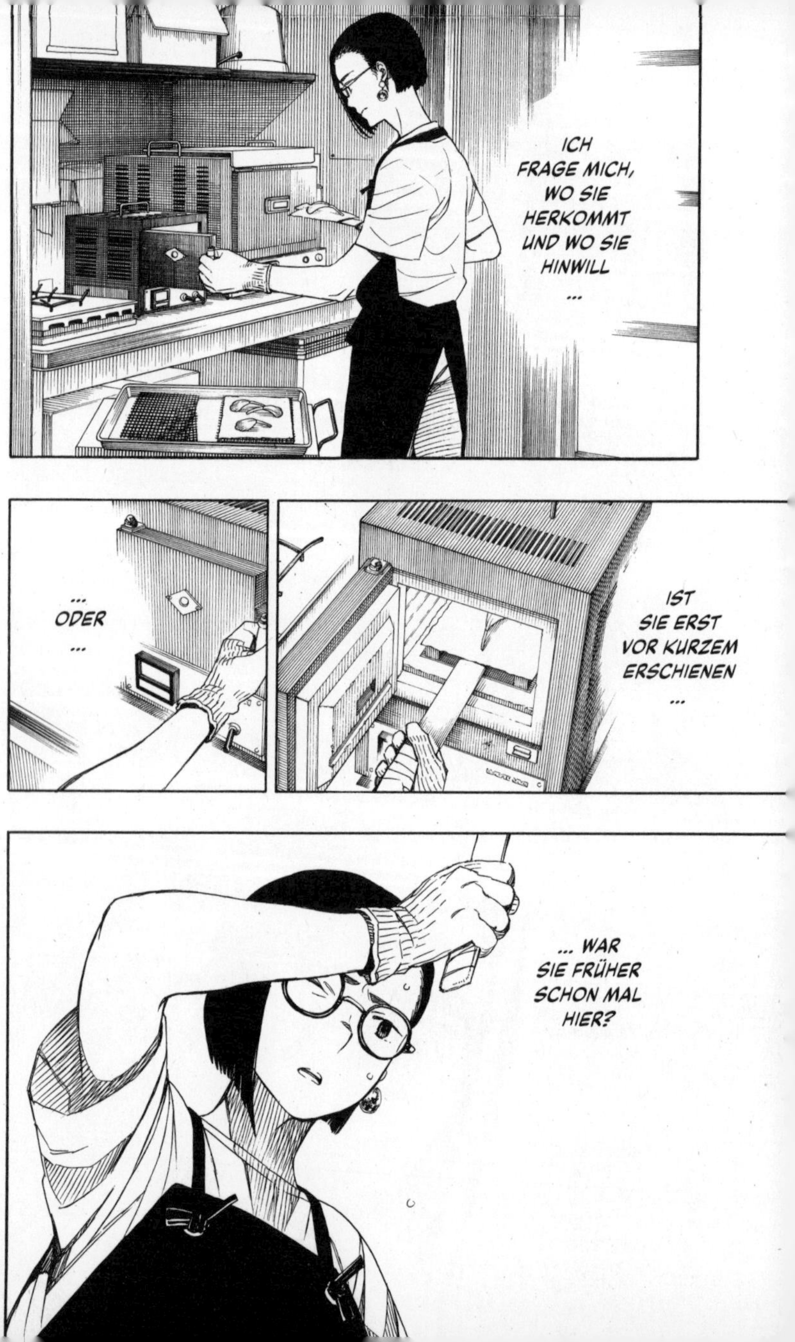
ICH FRAGE MICH, WO SIE HERKOMMT UND WO SIE HINWILL ...
... ODER ...
IST SIE ERST VOR KURZEM ERSCHIENEN ...
... WAR SIE FRÜHER SCHON MAL HIER?

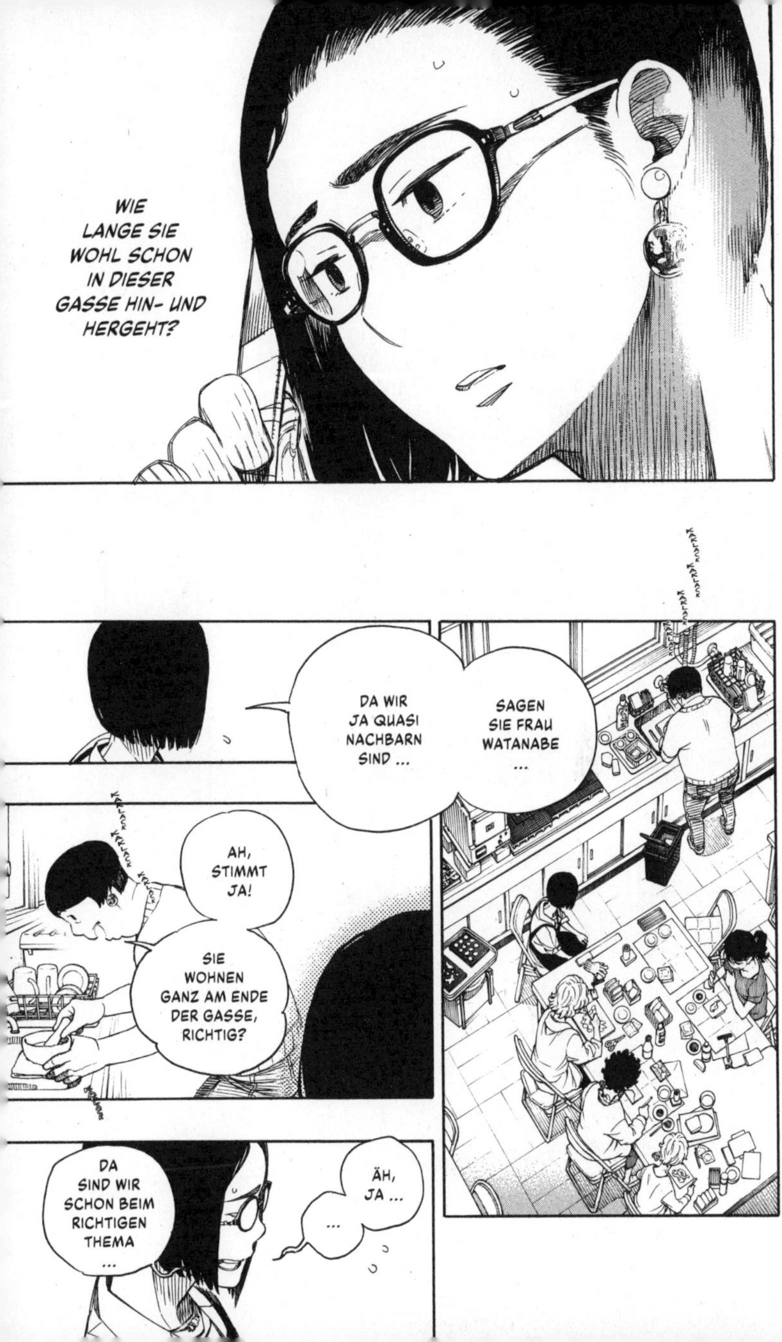
WIE LANGE SIE WOHL SCHON IN DIESER GASSE HIN- UND HERGEHT?
SAGEN SIE FRAU WATANABE ...
DA WIR JA QUASI NACHBARN SIND ...
AH, STIMMT JA!
SIE WOHNEN GANZ AM ENDE DER GASSE, RICHTIG?
ÄH, JA ...
...
DA SIND WIR SCHON BEIM RICHTIGEN THEMA ...

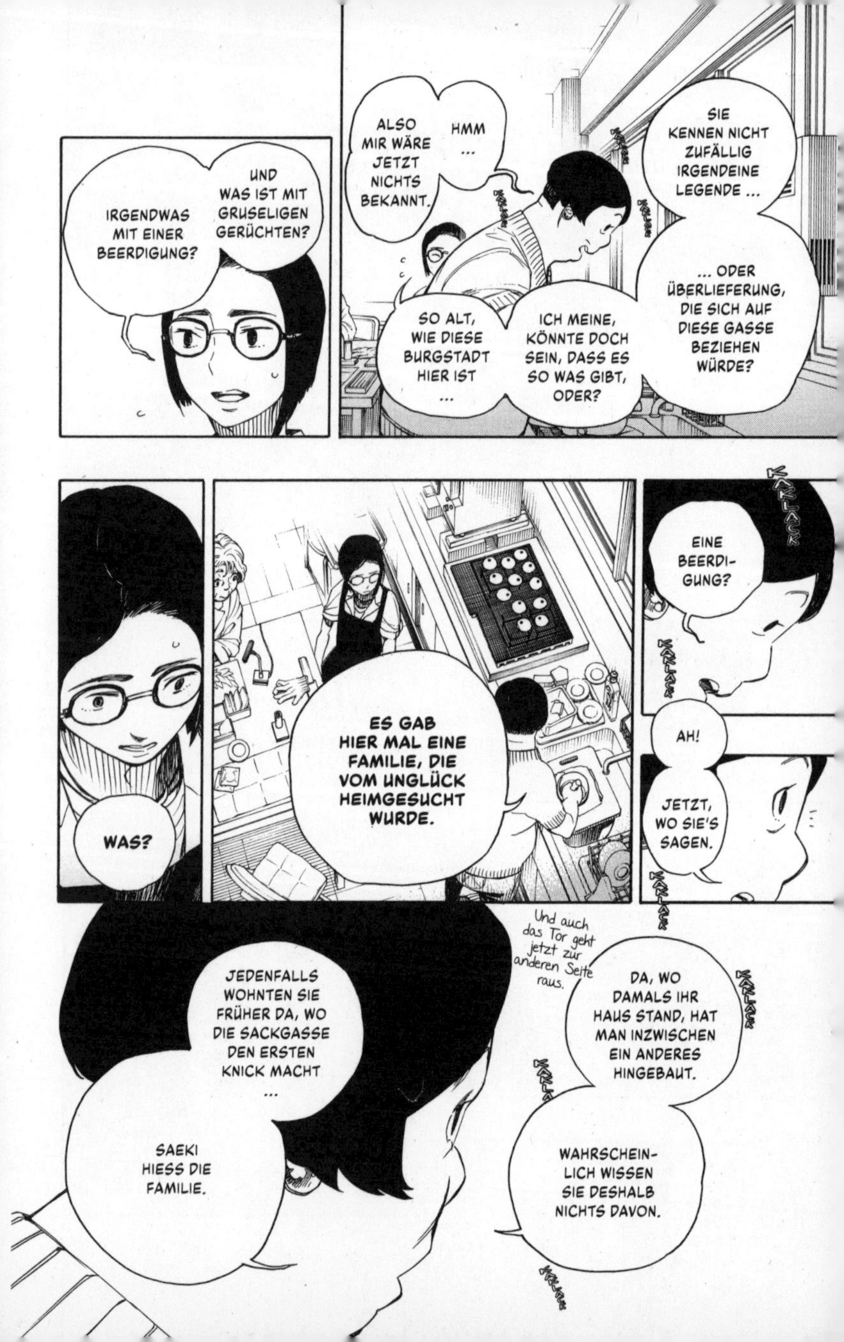
SIE KENNEN NICHT ZUFÄLLIG IRGENDEINE LEGENDE ...
... ODER ÜBERLIEFERUNG, DIE SICH AUF DIESE GASSE BEZIEHEN WÜRDE?
ICH MEINE, KÖNNTE DOCH SEIN, DASS ES SO WAS GIBT, ODER?
SO ALT, WIE DIESE BURGSTADT HIER IST ...
HMM ...
ALSO MIR WÄRE JETZT NICHTS BEKANNT.
UND WAS IST MIT GRUSELIGEN GERÜCHTEN?
IRGENDWAS MIT EINER BEERDIGUNG?
KAKLACK
EINE BEERDIGUNG?
AH!
JETZT, WO SIE'S SAGEN.
ES GAB HIER MAL EINE FAMILIE, DIE VOM UNGLÜCK HEIMGESUCHT WURDE.
WAS?
DA, WO DAMALS IHR HAUS STAND, HAT MAN INZWISCHEN EIN ANDERES HINGEBAUT.
Und auch das Tor geht jetzt zur anderen Seite raus.
WAHRSCHEINLICH WISSEN SIE DESHALB NICHTS DAVON.
JEDENFALLS WOHNTEN SIE FRÜHER DA, WO DIE SACKGASSE DEN ERSTEN KNICK MACHT ...
SAEKI HIESS DIE FAMILIE.

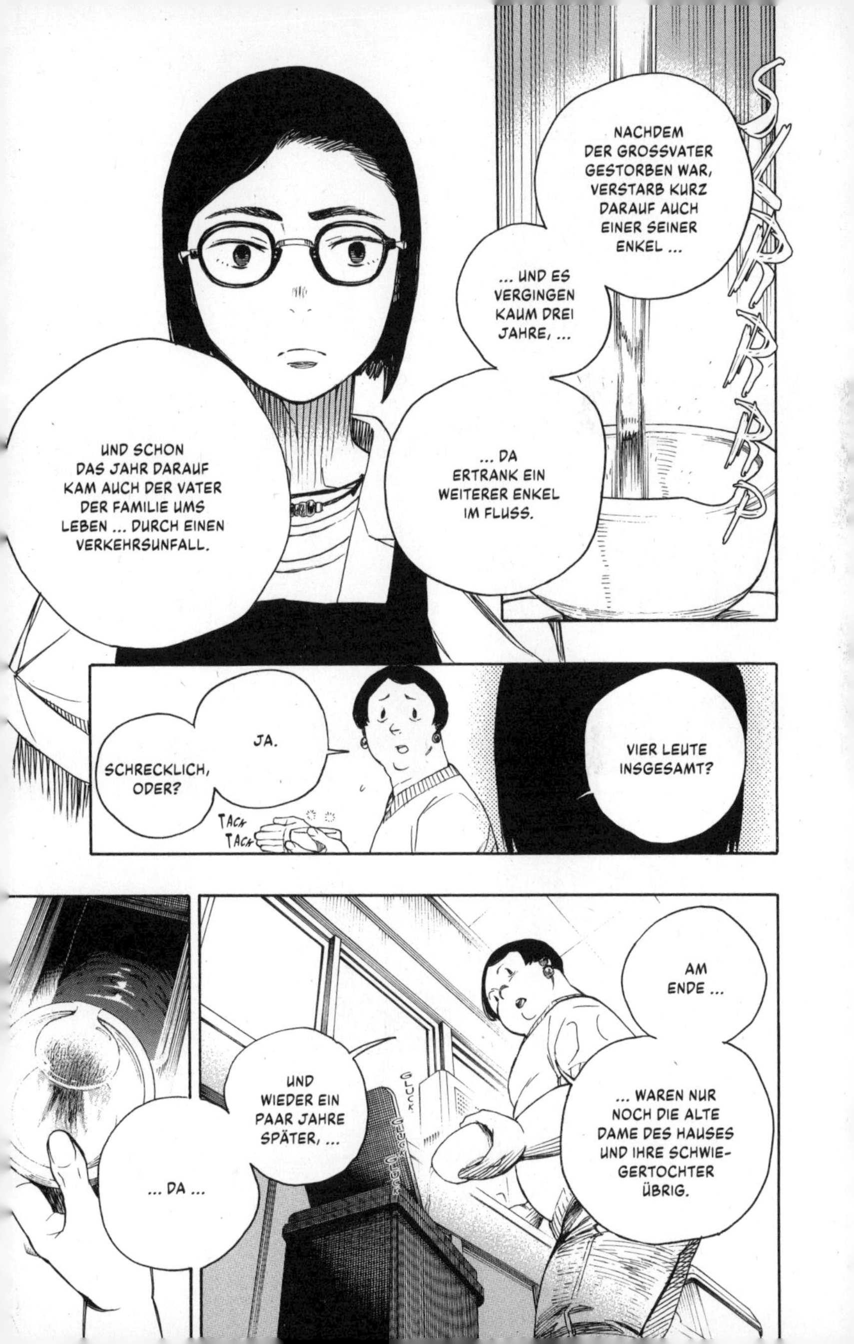

NACHDEM DER GROSSVATER GESTORBEN WAR, VERSTARB KURZ DARAUF AUCH EINER SEINER ENKEL ...
... UND ES VERGINGEN KAUM DREI JAHRE, ...
... DA ERTRANK EIN WEITERER ENKEL IM FLUSS.
UND SCHON DAS JAHR DARAUF KAM AUCH DER VATER DER FAMILIE UMS LEBEN ... DURCH EINEN VERKEHRSUNFALL.
VIER LEUTE INSGESAMT?
JA.
SCHRECKLICH, ODER?
TACK TACK
UND WIEDER EIN PAAR JAHRE SPÄTER, ...
... DA ...
GLUCK GLUCK GLUCK
AM ENDE ...
... WAREN NUR NOCH DIE ALTE DAME DES HAUSES UND IHRE SCHWIEGERTOCHTER ÜBRIG.

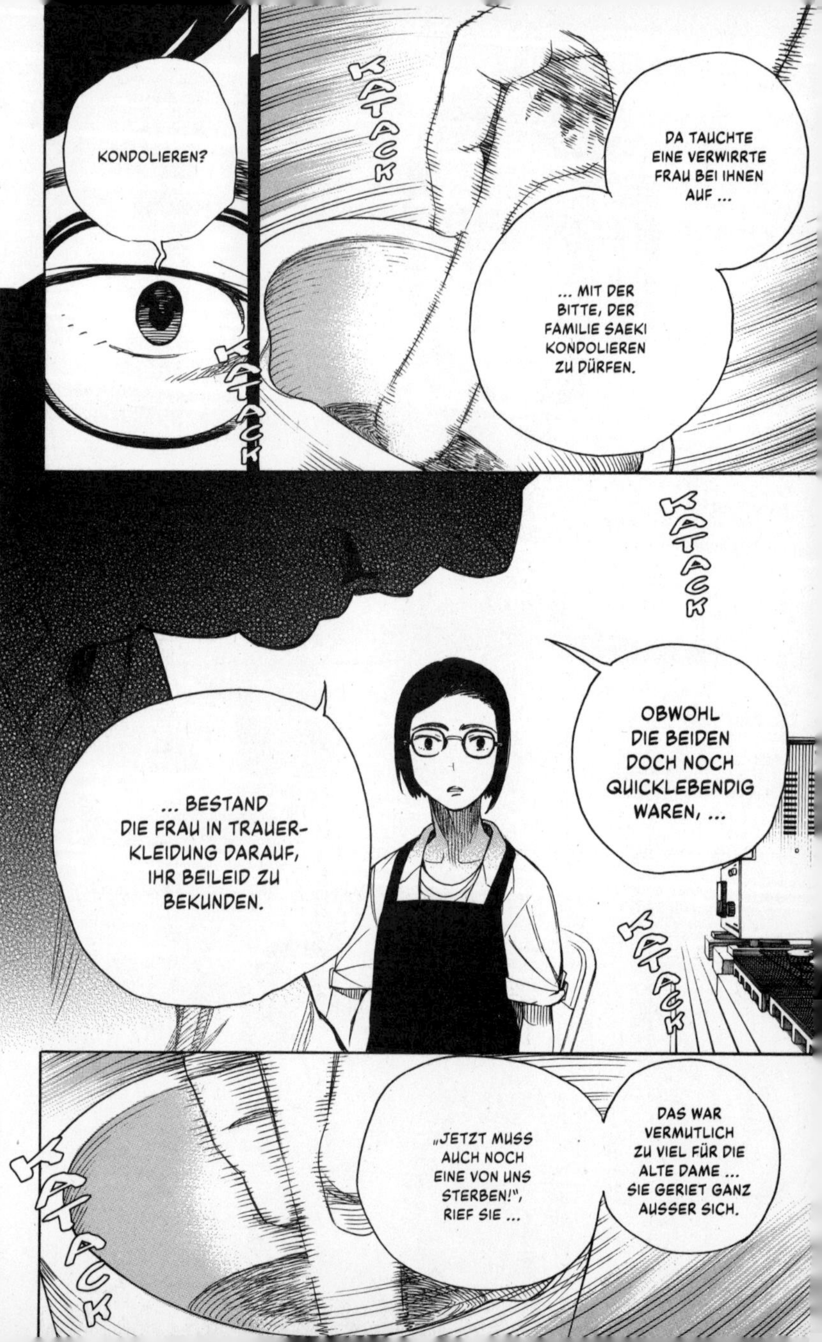

DA TAUCHTE EINE VERWIRRTE FRAU BEI IHNEN AUF …
KATACK
… MIT DER BITTE, DER FAMILIE SAEKI KONDOLIEREN ZU DÜRFEN.
KATACK
KONDOLIEREN?
KATACK
OBWOHL DIE BEIDEN DOCH NOCH QUICKLEBENDIG WAREN, …
KATACK
… BESTAND DIE FRAU IN TRAUER-KLEIDUNG DARAUF, IHR BEILEID ZU BEKUNDEN.
DAS WAR VERMUTLICH ZU VIEL FÜR DIE ALTE DAME … SIE GERIET GANZ AUSSER SICH.
„JETZT MUSS AUCH NOCH EINE VON UNS STERBEN!“, RIEF SIE …
KATACK

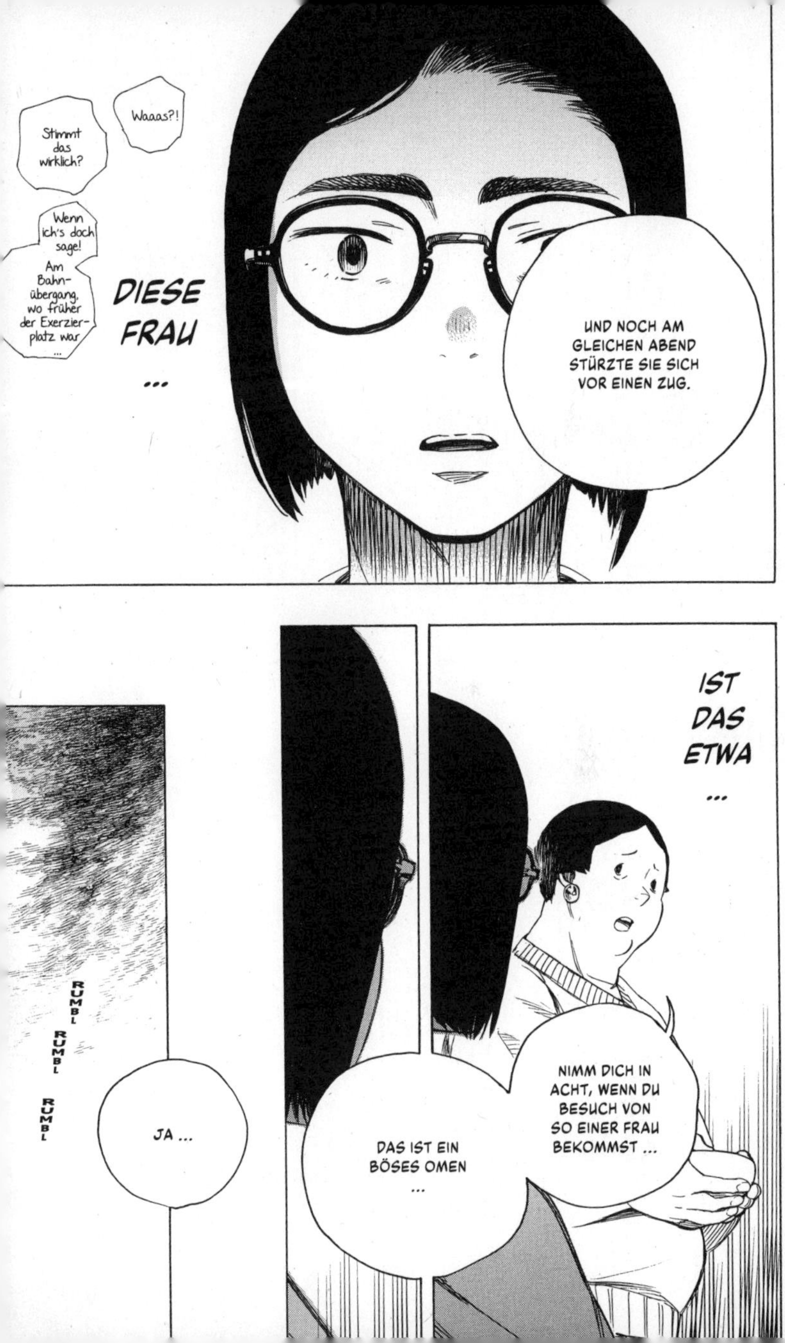
Waaas?!
Stimmt das wirklich?
Wenn ich's doch sage! Am Bahnübergang, wo früher der Exerzierplatz war ...
UND NOCH AM GLEICHEN ABEND STÜRZTE SIE SICH VOR EINEN ZUG.
DIESE FRAU ...
IST DAS ETWA ...
NIMM DICH IN ACHT, WENN DU BESUCH VON SO EINER FRAU BEKOMMST ...
DAS IST EIN BÖSES OMEN ...
JA ...
RUMBL
RUMBL
RUMBL

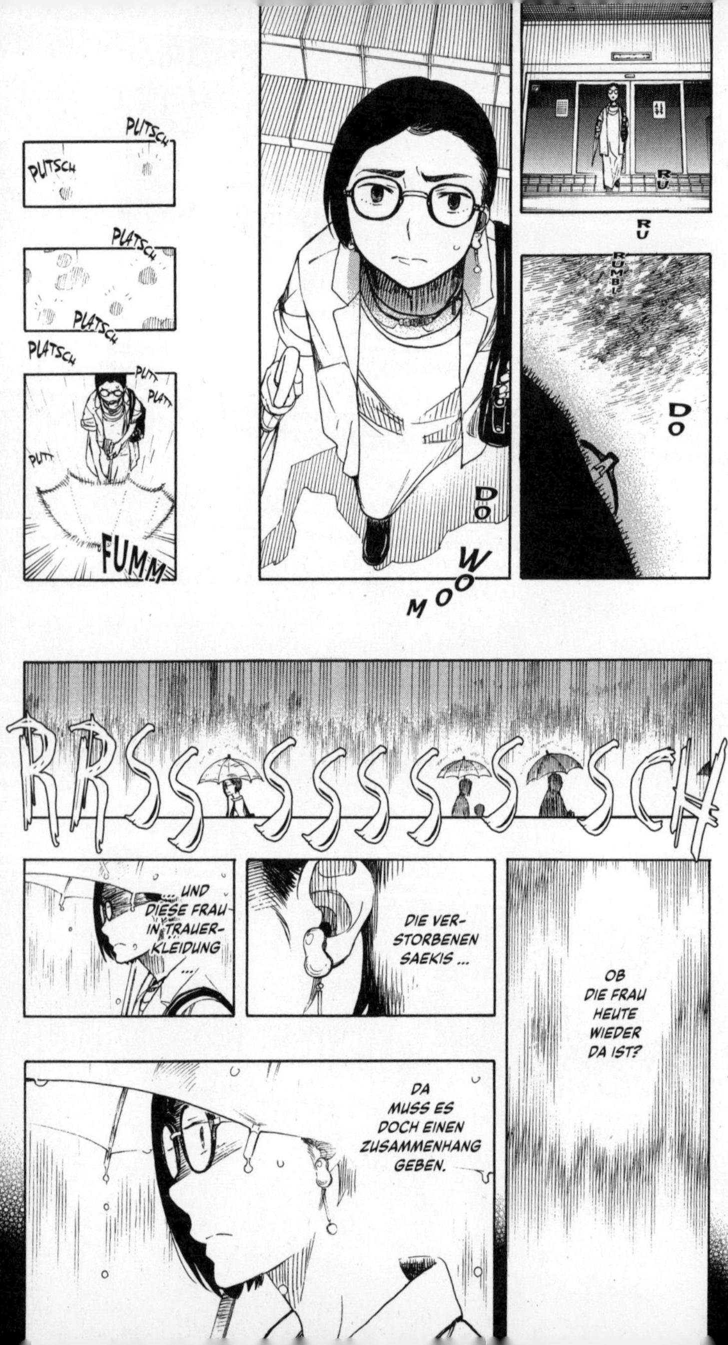
RU
RU
RU
RUMBL
DO
DO
DO
MOOOW
PLITSCH
PLITSCH
PLATSCH
PLATSCH
PLATSCH
PLITT
PLATT
PLITT
FUMM
RRSSSSSSSSCH
DIE VER-STORBENEN SAEKIS ...
... UND DIESE FRAU IN TRAUER-KLEIDUNG ...
OB DIE FRAU HEUTE WIEDER DA IST?
DA MUSS ES DOCH EINEN ZUSAMMENHANG GEBEN.

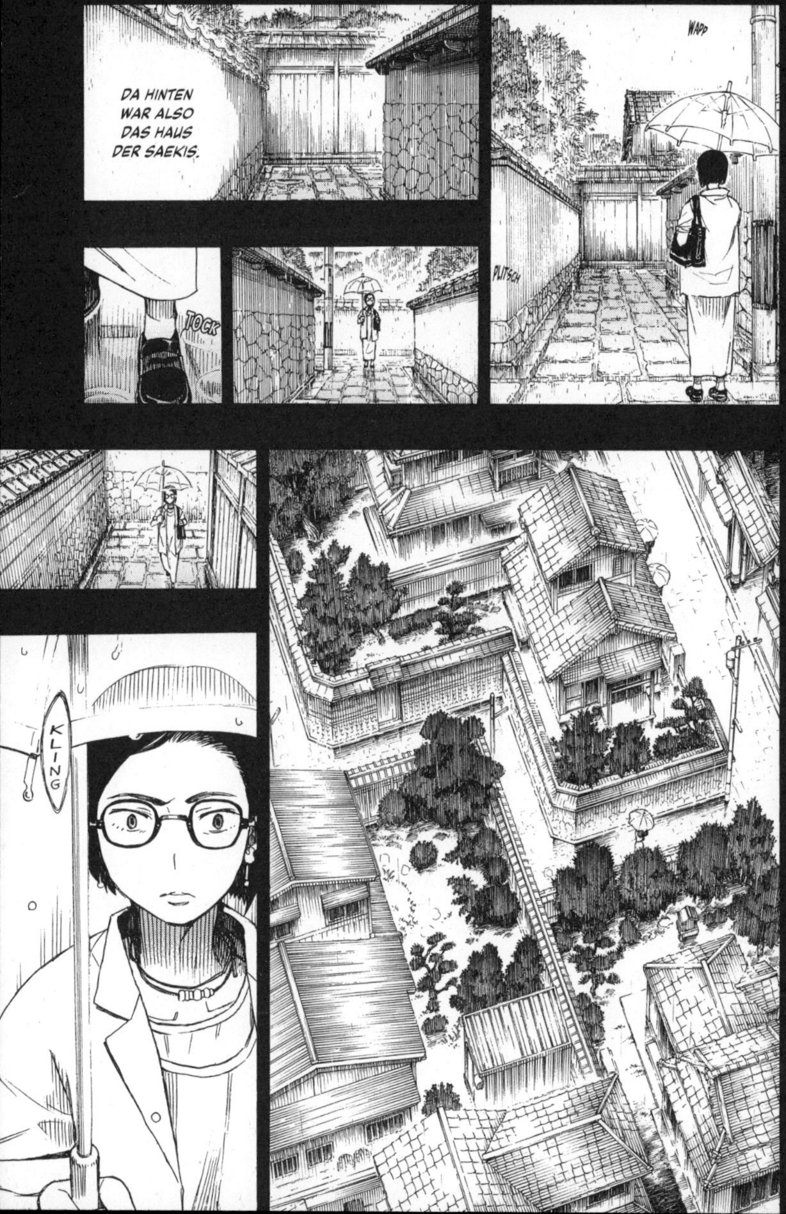

WAPP
DA HINTEN WAR ALSO DAS HAUS DER SAEKIS.
PLITSCH
TOCK
KLING

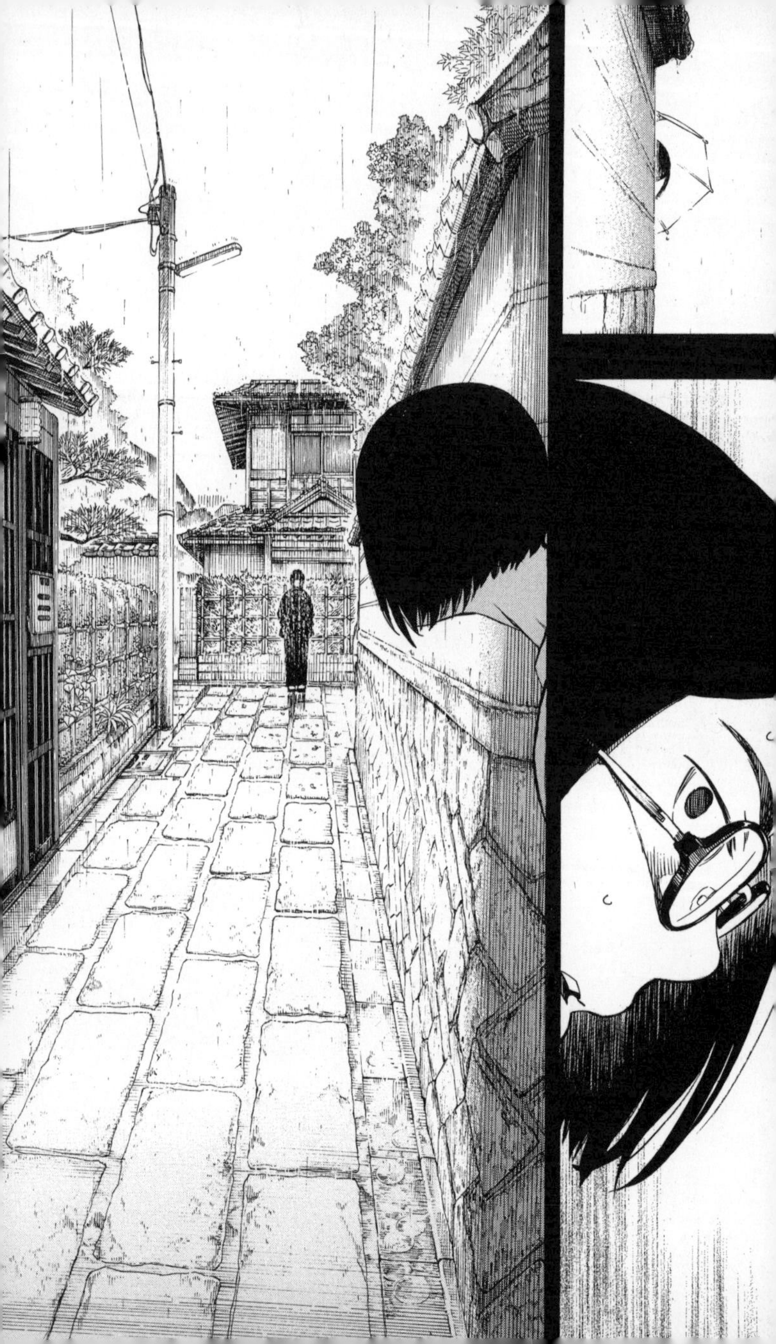

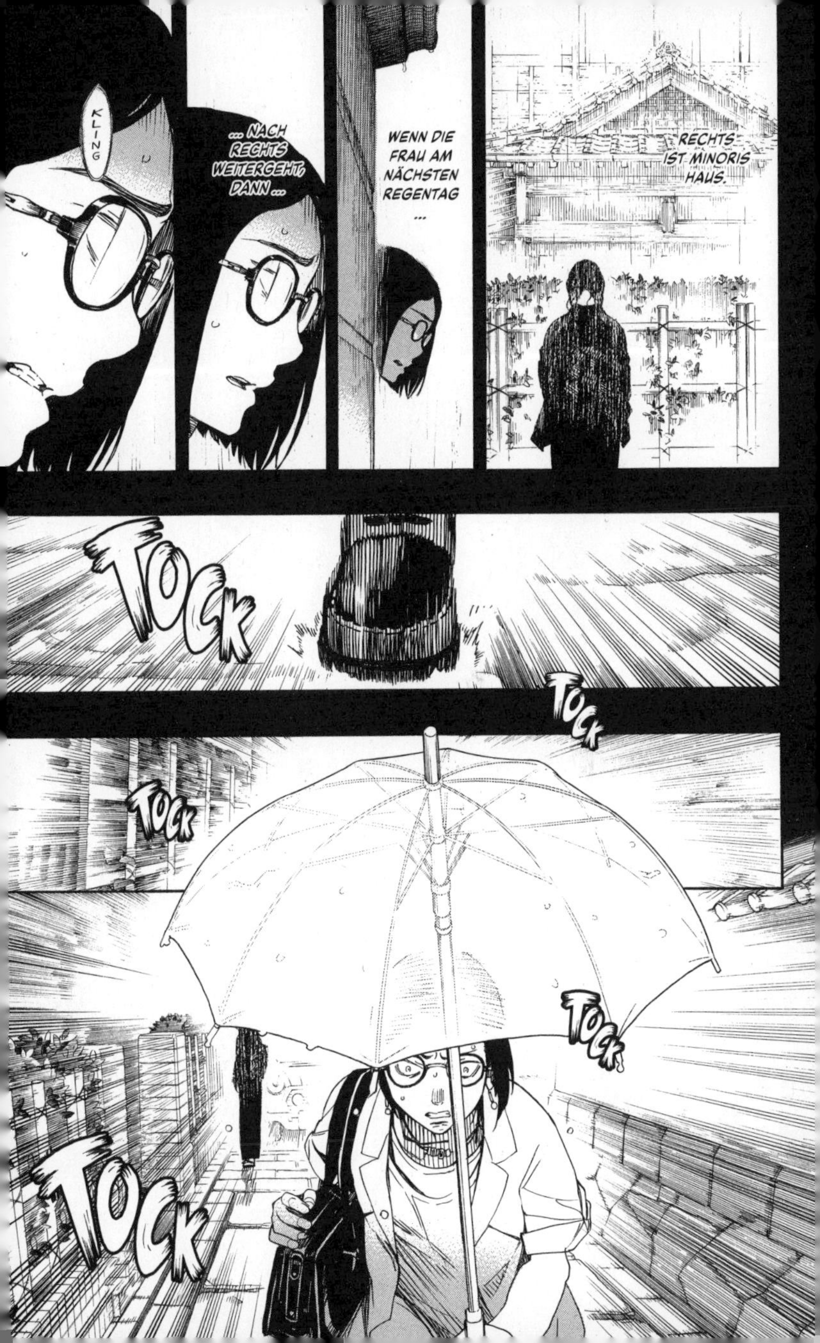
RECHTS IST MINORIS HAUS.
WENN DIE FRAU AM NÄCHSTEN REGENTAG ...
... NACH RECHTS WEITERGEHT, DANN ...
KLING
TOCK
TOCK
TOCK
TOCK
TOCK

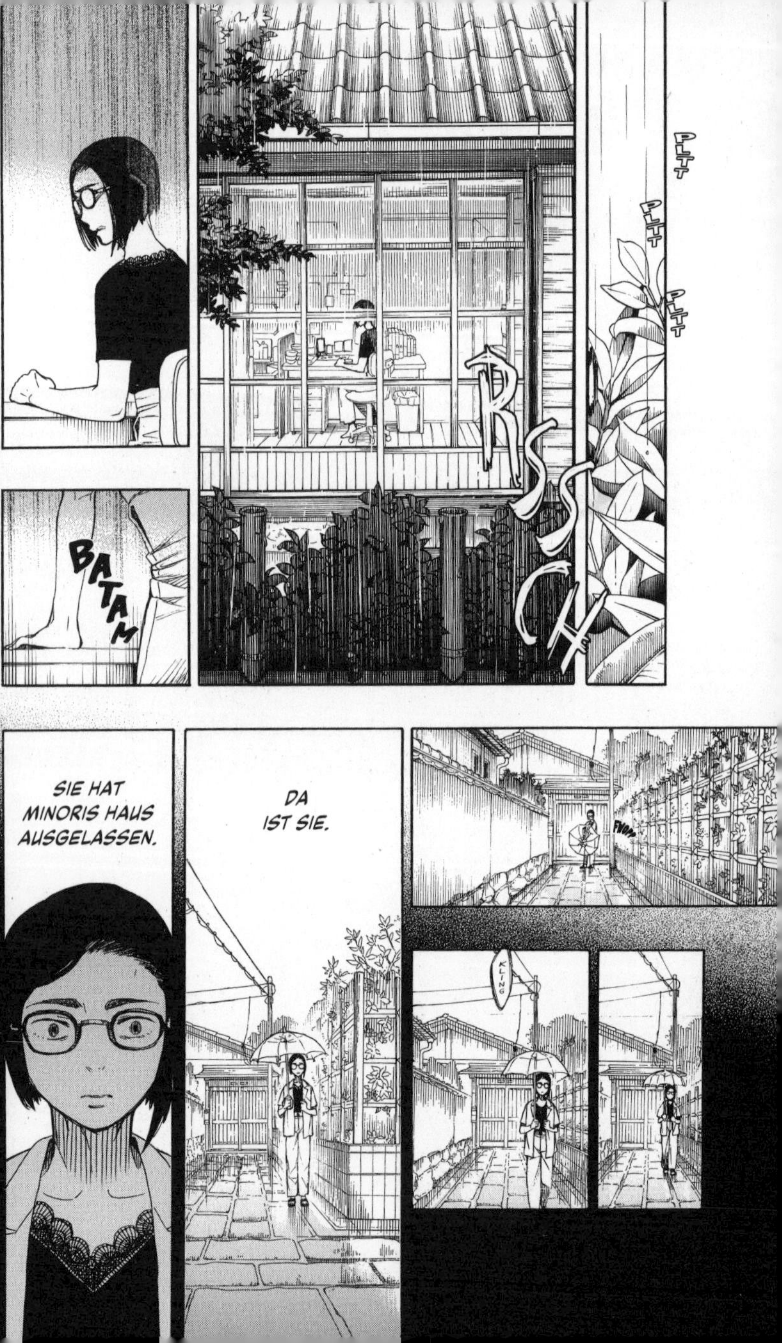
PLTT
PLTT
PLTT
RSSCH
BATAM
FVOPP
KLING
DA IST SIE.
SIE HAT MINORIS HAUS AUSGELASSEN.

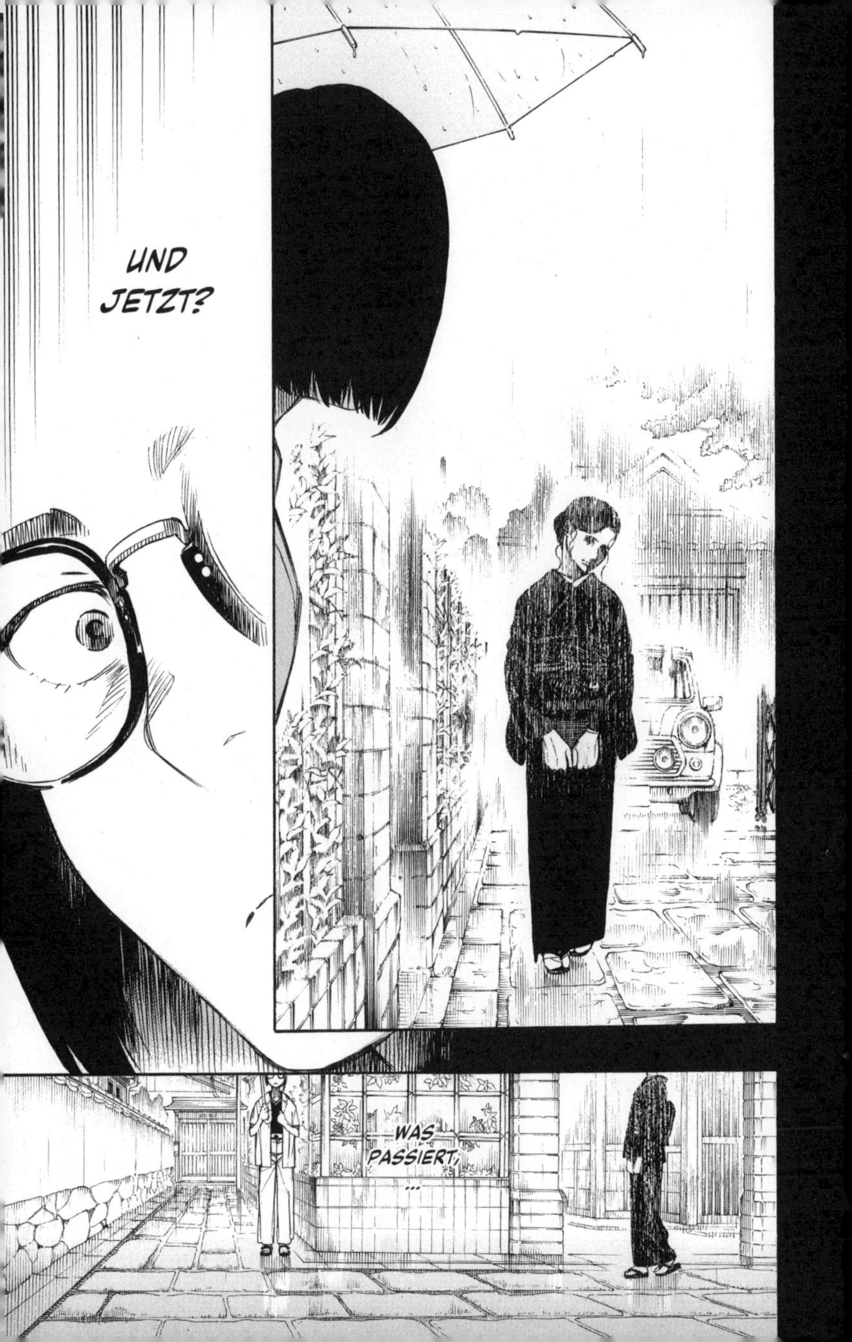
UND JETZT?
WAS PASSIERT, ...

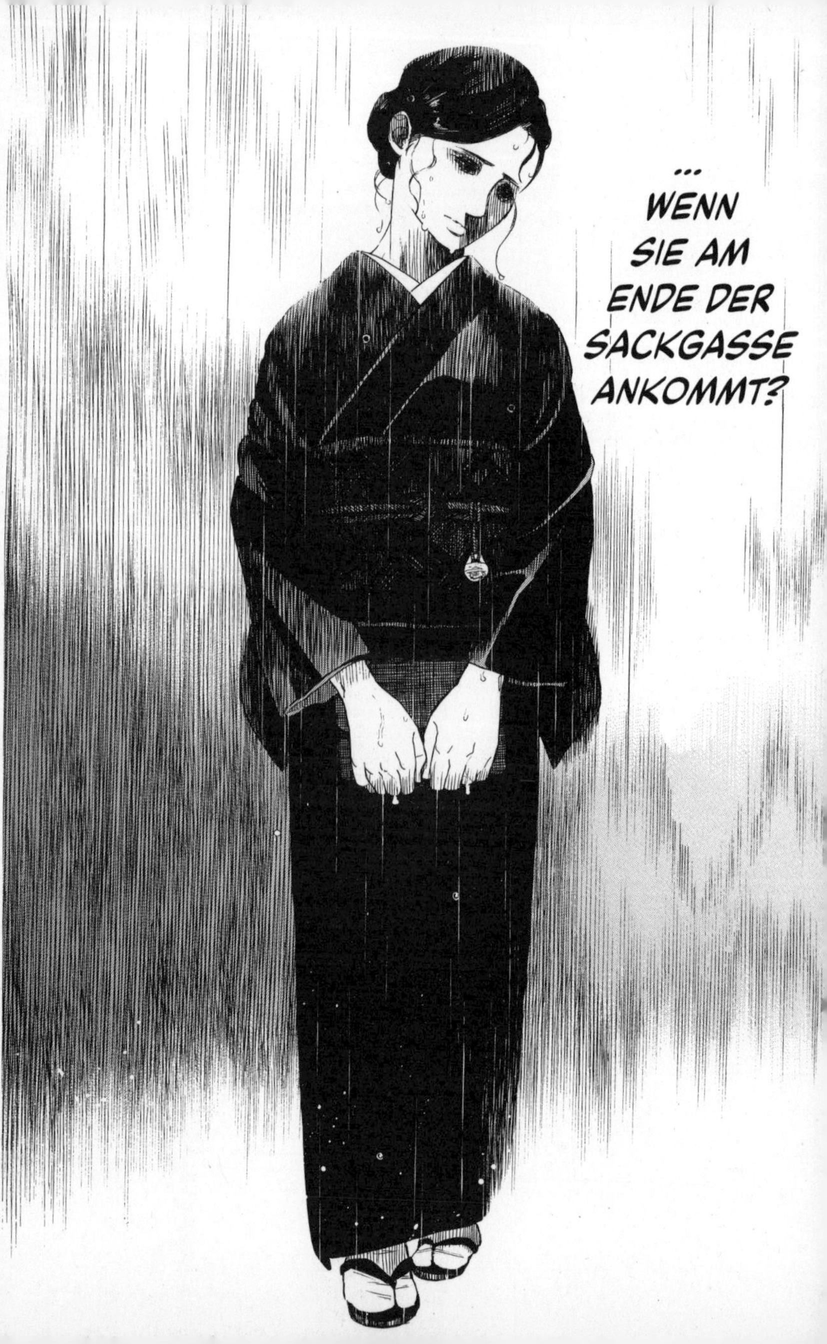
... WENN SIE AM ENDE DER SACKGASSE ANKOMMT?

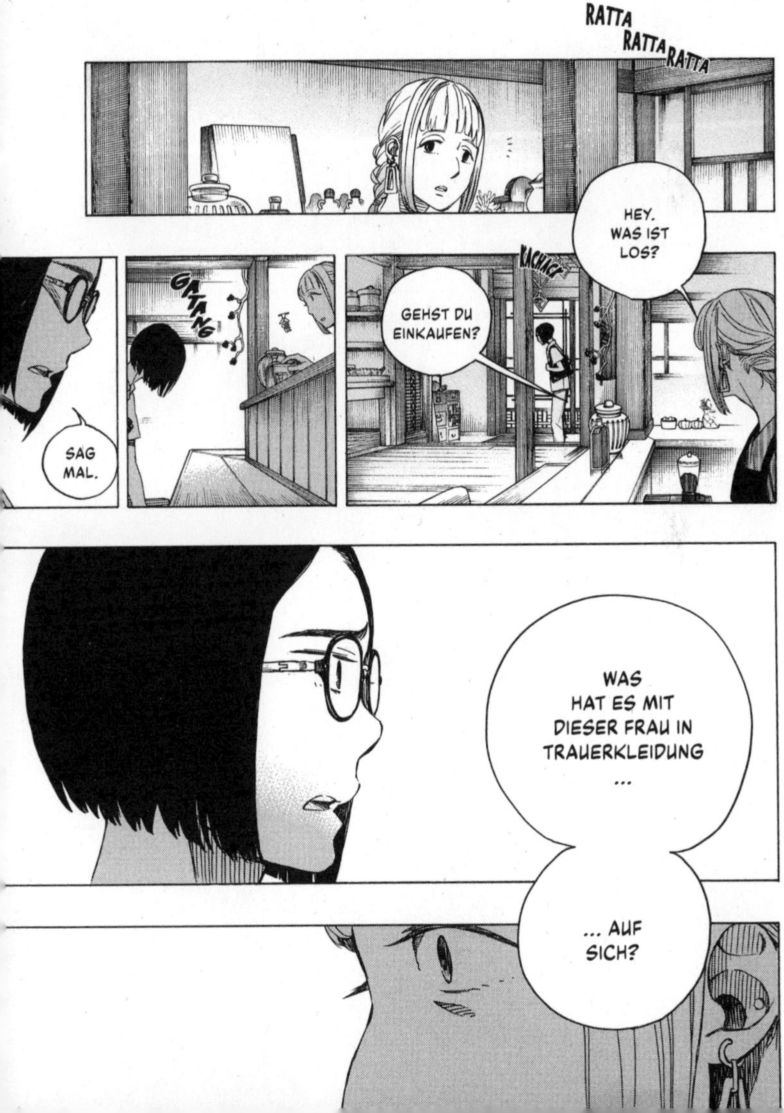
RATTA
RATTA
RATTA
HEY. WAS IST LOS?
KACHACK
GEHST DU EINKAUFEN?
GATANG
SAG MAL.
WAS HAT ES MIT DIESER FRAU IN TRAUERKLEIDUNG ...
... AUF SICH?

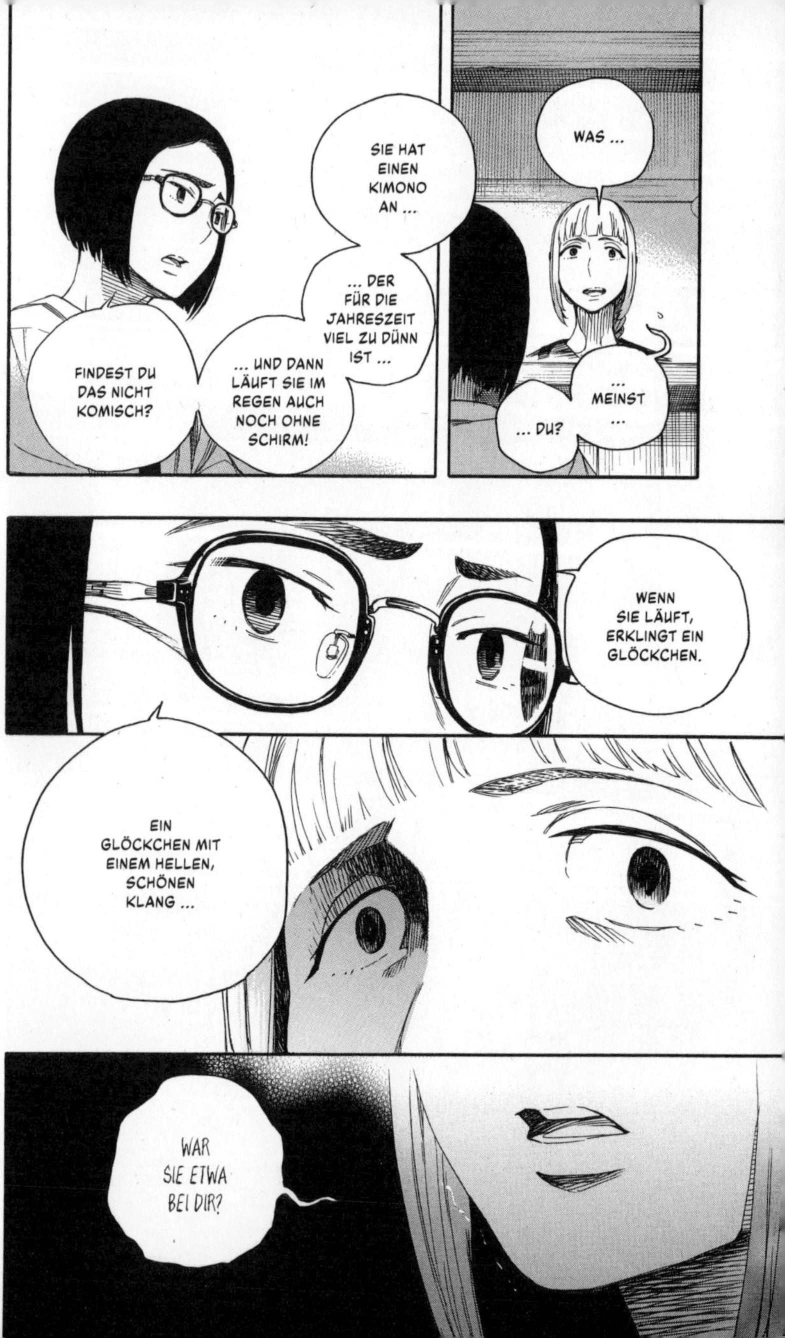
WAS ...
... MEINST ...
... DU?
SIE HAT EINEN KIMONO AN ...
... DER FÜR DIE JAHRESZEIT VIEL ZU DÜNN IST ...
... UND DANN LÄUFT SIE IM REGEN AUCH NOCH OHNE SCHIRM!
FINDEST DU DAS NICHT KOMISCH?
WENN SIE LÄUFT, ERKLINGT EIN GLÖCKCHEN.
EIN GLÖCKCHEN MIT EINEM HELLEN, SCHÖNEN KLANG ...
WAR SIE ETWA BEI DIR?

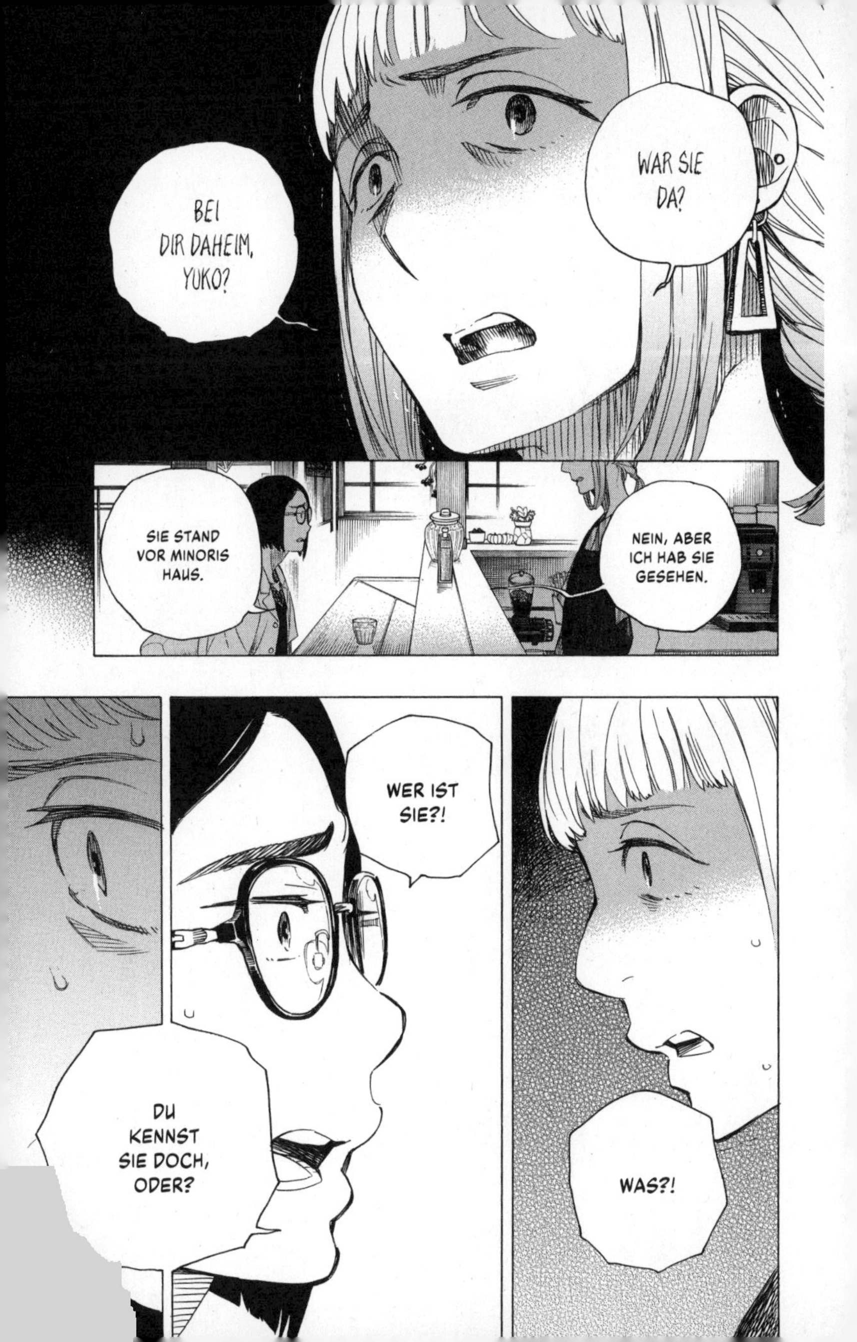
WAR SIE DA?
BEI DIR DAHEIM, YUKO?
NEIN, ABER ICH HAB SIE GESEHEN.
SIE STAND VOR MINORIS HAUS.
WAS?!
WER IST SIE?!
DU KENNST SIE DOCH, ODER?

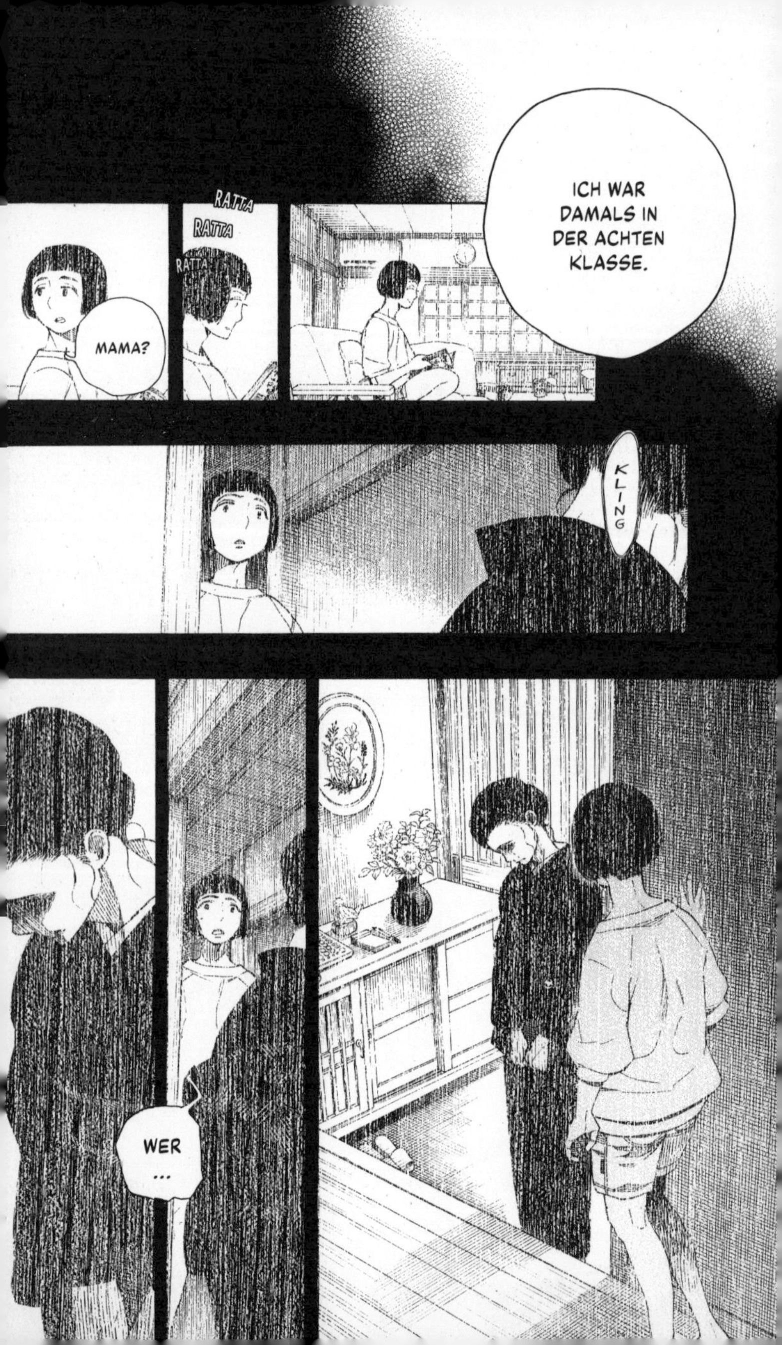
ICH WAR DAMALS IN DER ACHTEN KLASSE.
RATTA
RATTA
RATTA
MAMA?
KLING
WER ...

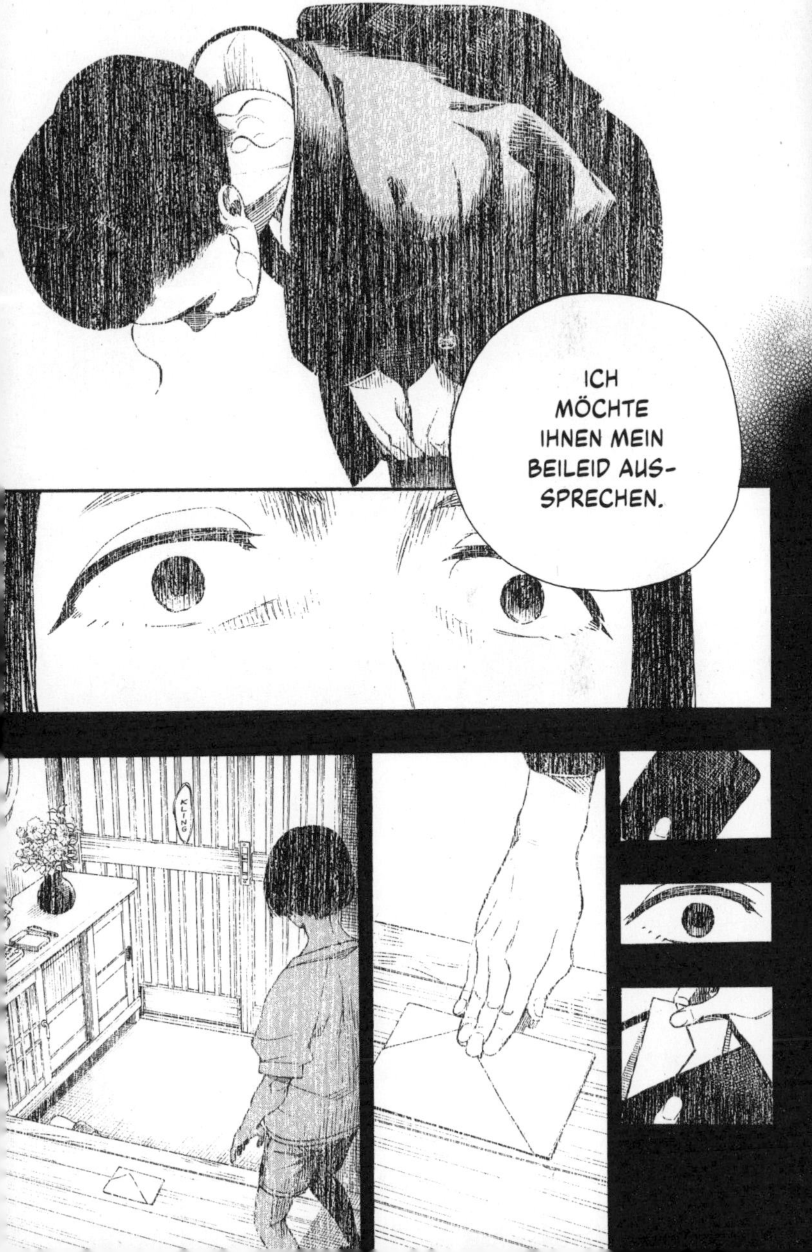
ICH MÖCHTE IHNEN MEIN BEILEID AUS-SPRECHEN.
KLING

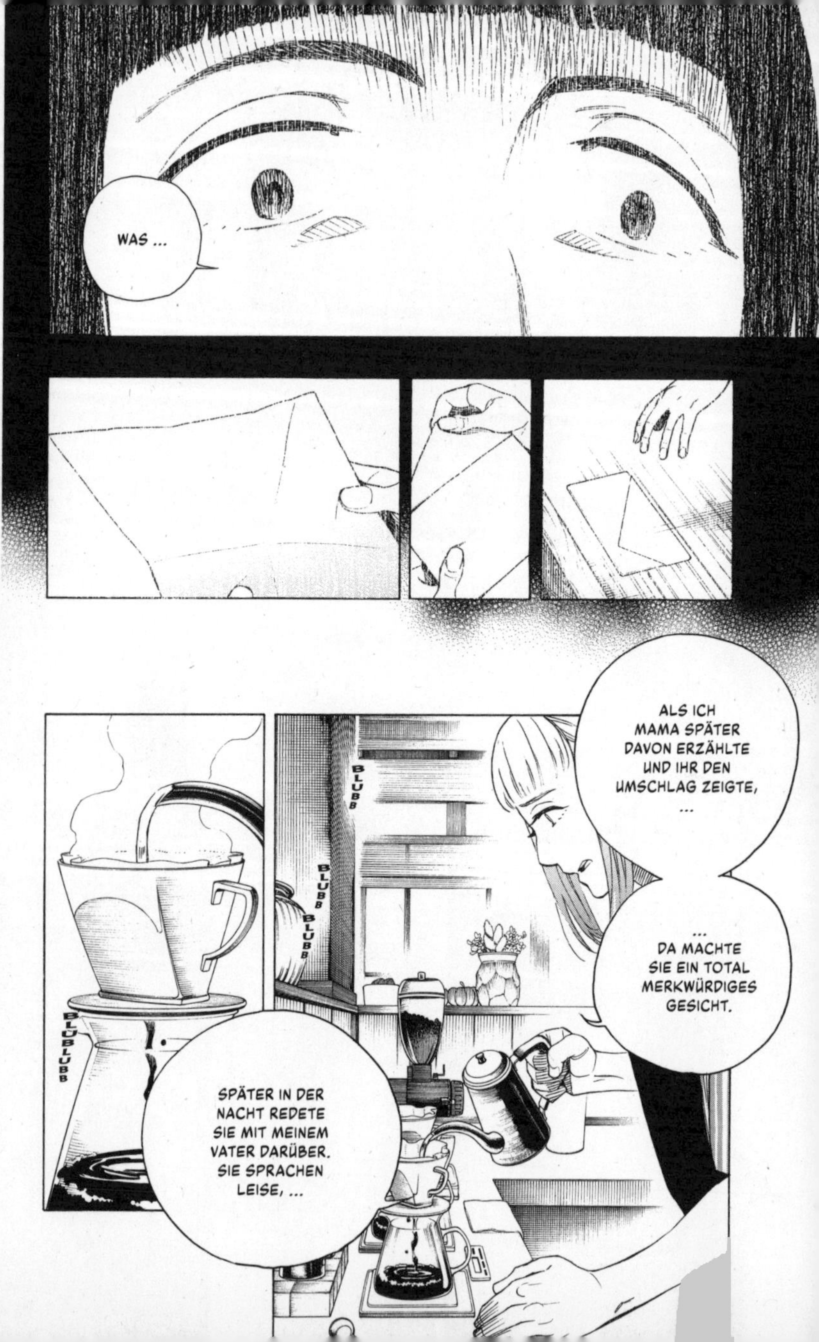
WAS ...
ALS ICH MAMA SPÄTER DAVON ERZÄHLTE UND IHR DEN UMSCHLAG ZEIGTE, ...
... DA MACHTE SIE EIN TOTAL MERKWÜRDIGES GESICHT.
BLUBB
BLUBB
BLUBB
SPÄTER IN DER NACHT REDETE SIE MIT MEINEM VATER DARÜBER. SIE SPRACHEN LEISE, ...
BLUBLUBB

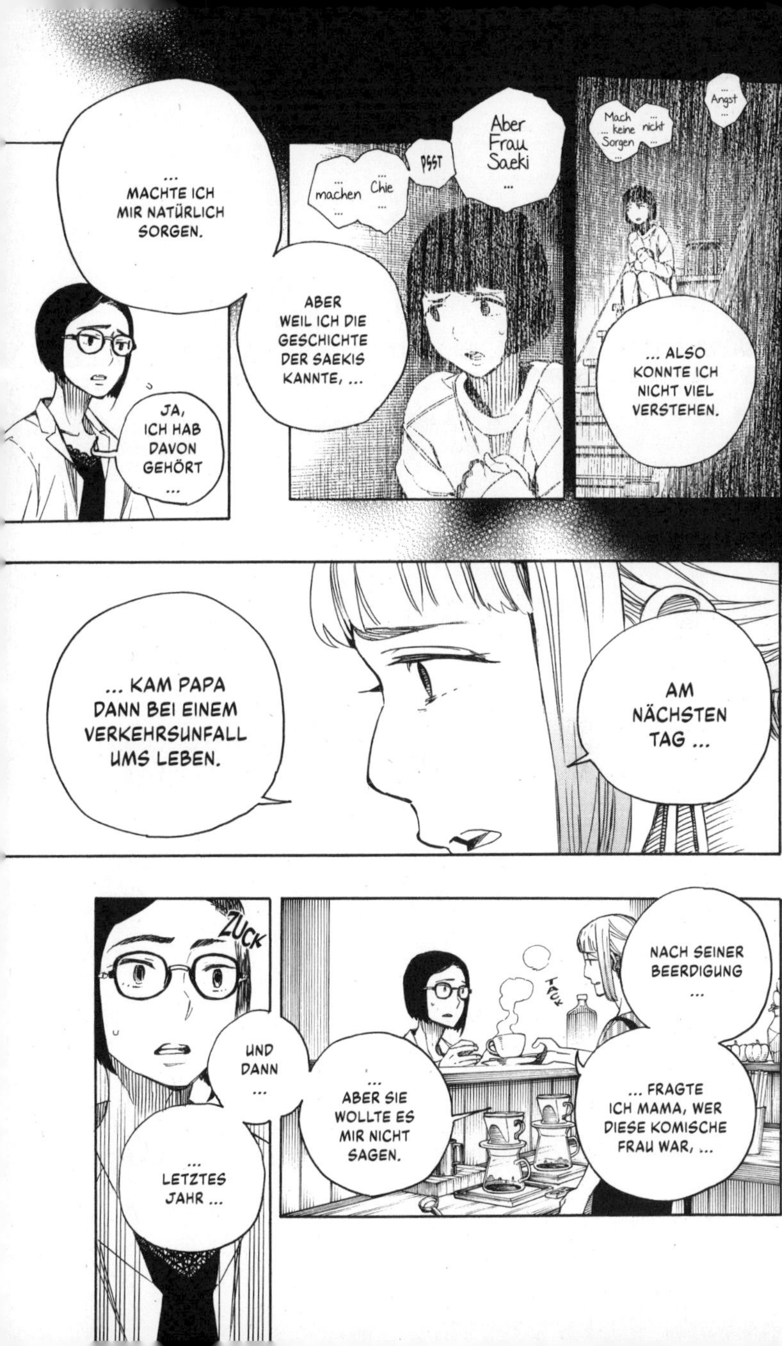

... Angst ...
Mach ... keine Sorgen ...
... nicht ...
... ALSO KONNTE ICH NICHT VIEL VERSTEHEN.
Aber Frau Saeki ...
PSST
... Chie ...
... machen ...
ABER WEIL ICH DIE GESCHICHTE DER SAEKIS KANNTE, ...
... MACHTE ICH MIR NATÜRLICH SORGEN.
JA, ICH HAB DAVON GEHÖRT ...
AM NÄCHSTEN TAG ...
... KAM PAPA DANN BEI EINEM VERKEHRSUNFALL UMS LEBEN.
NACH SEINER BEERDIGUNG ...
... FRAGTE ICH MAMA, WER DIESE KOMISCHE FRAU WAR, ...
TACK
... ABER SIE WOLLTE ES MIR NICHT SAGEN.
ZUCK
UND DANN ...
... LETZTES JAHR ...

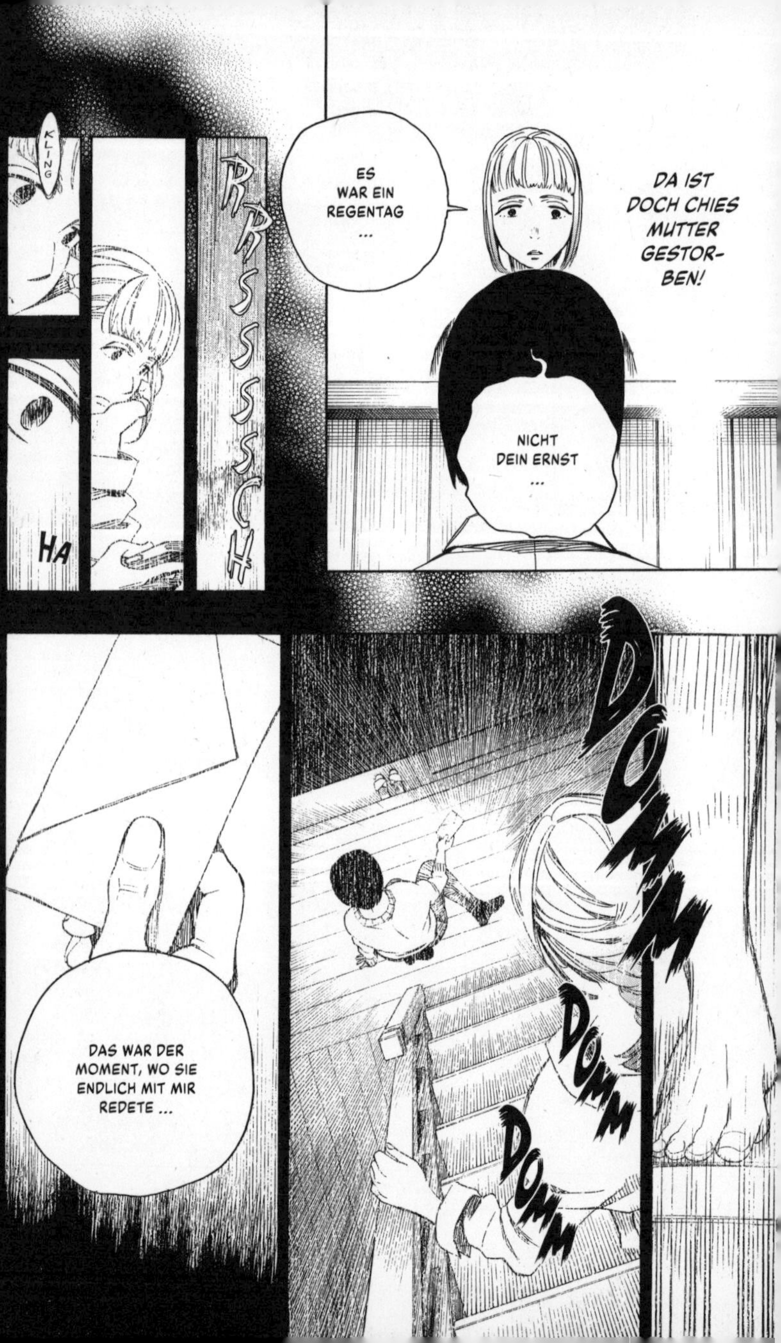
DA IST DOCH CHIES MUTTER GESTOR-BEN!
ES WAR EIN REGENTAG ...
NICHT DEIN ERNST ...
RRSSSSCH
KLING
HA
DOMM
DOMM
DOMM
DAS WAR DER MOMENT, WO SIE ENDLICH MIT MIR REDETE ...

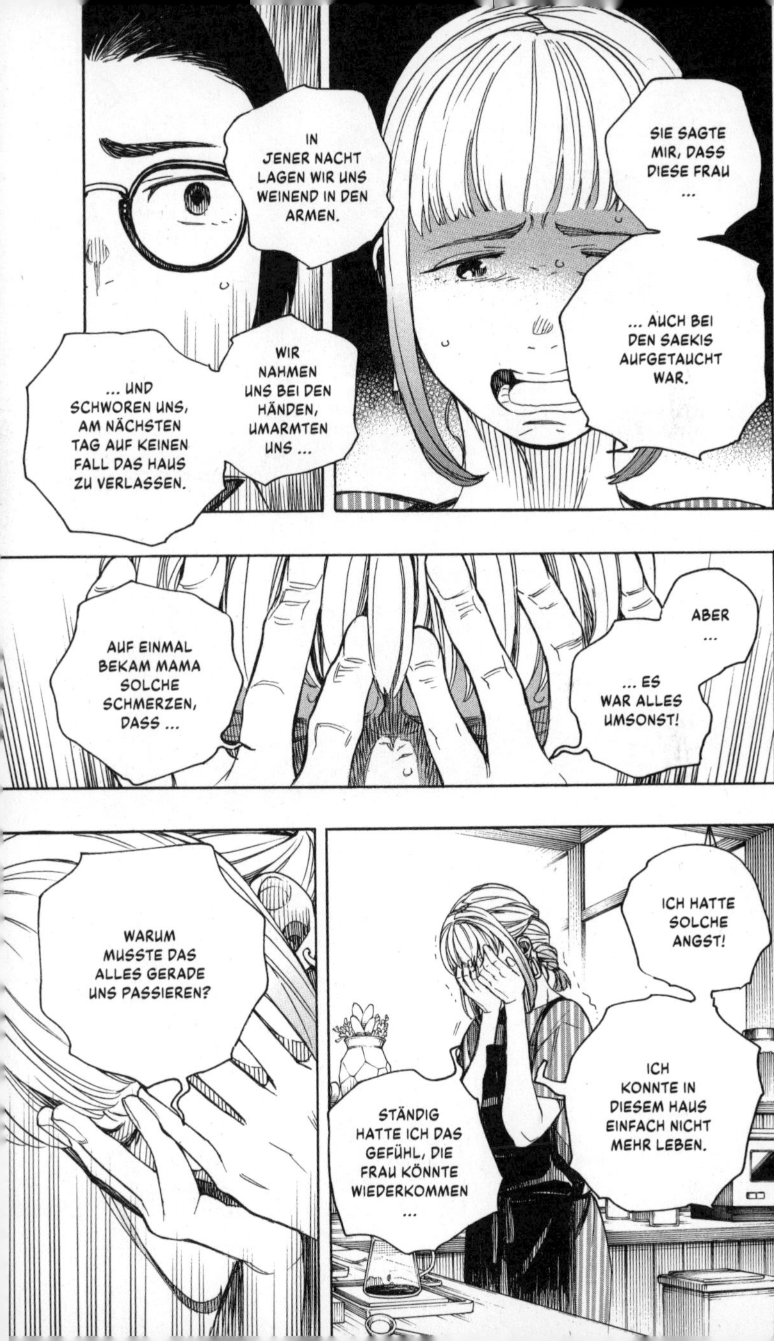
SIE SAGTE MIR, DASS DIESE FRAU ...
... AUCH BEI DEN SAEKIS AUFGETAUCHT WAR.
IN JENER NACHT LAGEN WIR UNS WEINEND IN DEN ARMEN.
WIR NAHMEN UNS BEI DEN HÄNDEN, UMARMTEN UNS ...
... UND SCHWOREN UNS, AM NÄCHSTEN TAG AUF KEINEN FALL DAS HAUS ZU VERLASSEN.
ABER ...
... ES WAR ALLES UMSONST!
AUF EINMAL BEKAM MAMA SOLCHE SCHMERZEN, DASS ...
ICH HATTE SOLCHE ANGST!
ICH KONNTE IN DIESEM HAUS EINFACH NICHT MEHR LEBEN.
STÄNDIG HATTE ICH DAS GEFÜHL, DIE FRAU KÖNNTE WIEDERKOMMEN ...
WARUM MUSSTE DAS ALLES GERADE UNS PASSIEREN?

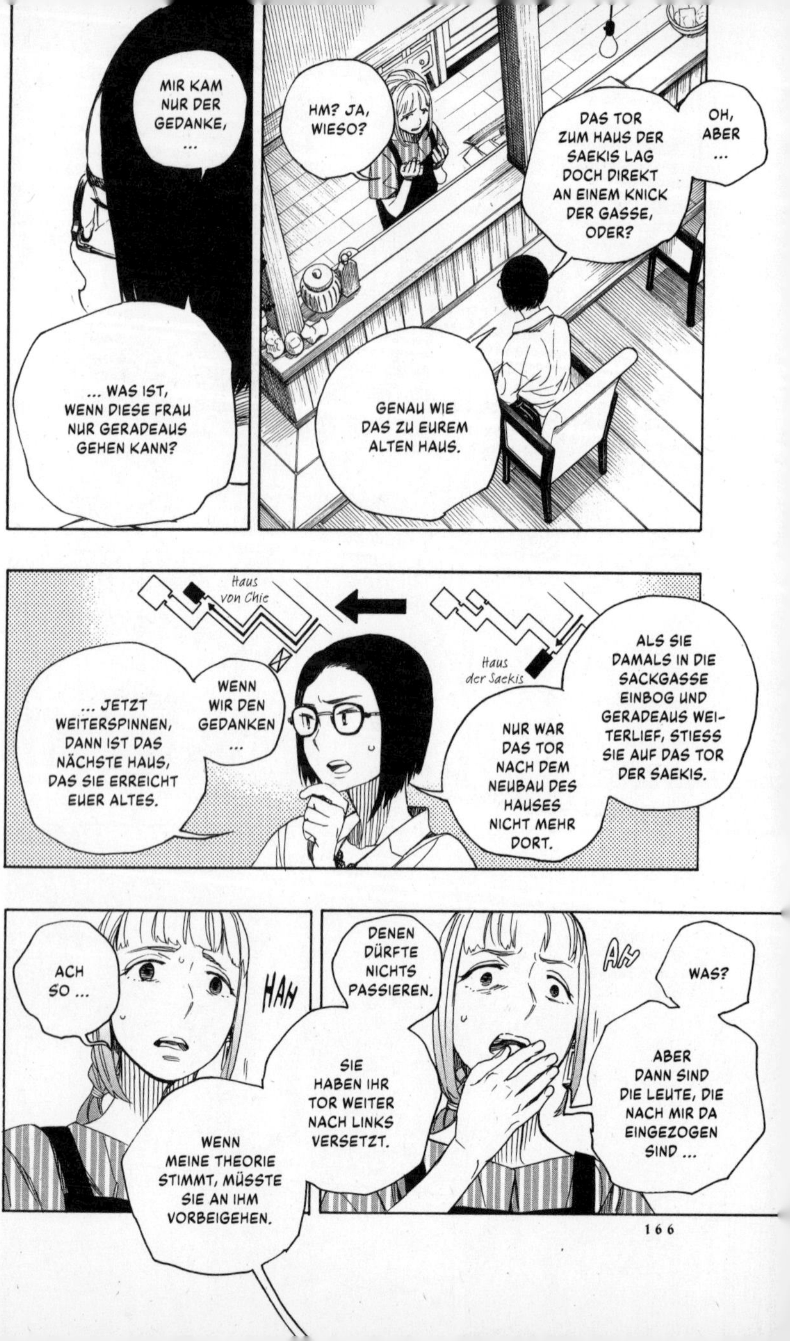
OH, ABER ...
DAS TOR ZUM HAUS DER SAEKIS LAG DOCH DIREKT AN EINEM KNICK DER GASSE, ODER?
HM? JA, WIESO?
GENAU WIE DAS ZU EUREM ALTEN HAUS.
MIR KAM NUR DER GEDANKE, ...
... WAS IST, WENN DIESE FRAU NUR GERADEAUS GEHEN KANN?
Haus der Saekis
Haus von Chie
ALS SIE DAMALS IN DIE SACKGASSE EINBOG UND GERADEAUS WEITERLIEF, STIESS SIE AUF DAS TOR DER SAEKIS.
NUR WAR DAS TOR NACH DEM NEUBAU DES HAUSES NICHT MEHR DORT.
WENN WIR DEN GEDANKEN ...
... JETZT WEITERSPINNEN, DANN IST DAS NÄCHSTE HAUS, DAS SIE ERREICHT EUER ALTES.
WAS?
AH
ABER DANN SIND DIE LEUTE, DIE NACH MIR DA EINGEZOGEN SIND ...
DENEN DÜRFTE NICHTS PASSIEREN.
SIE HABEN IHR TOR WEITER NACH LINKS VERSETZT.
HAH
ACH SO ...
WENN MEINE THEORIE STIMMT, MÜSSTE SIE AN IHM VORBEIGEHEN.

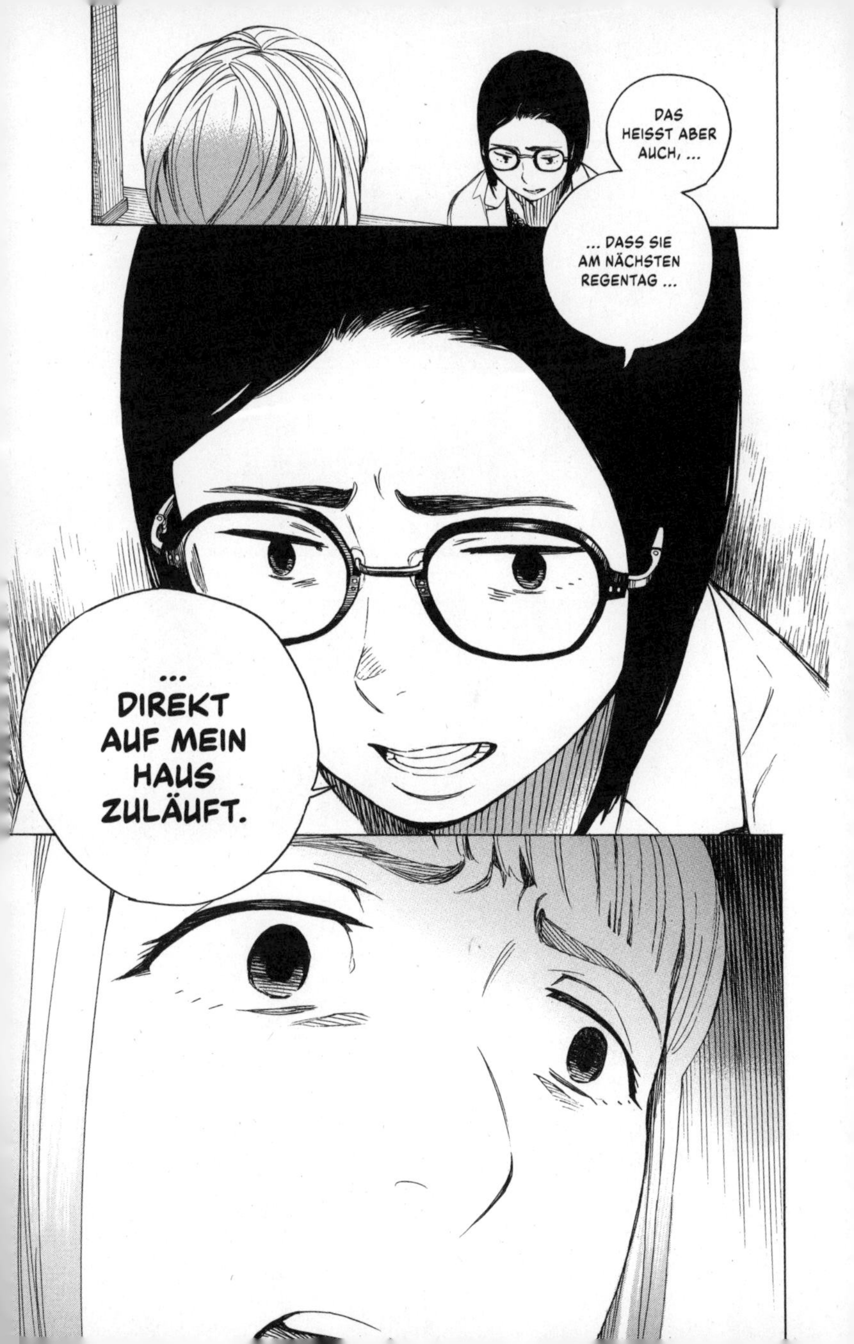
DAS HEISST ABER AUCH, ...
... DASS SIE AM NÄCHSTEN REGENTAG ...
... DIREKT AUF MEIN HAUS ZULÄUFT.

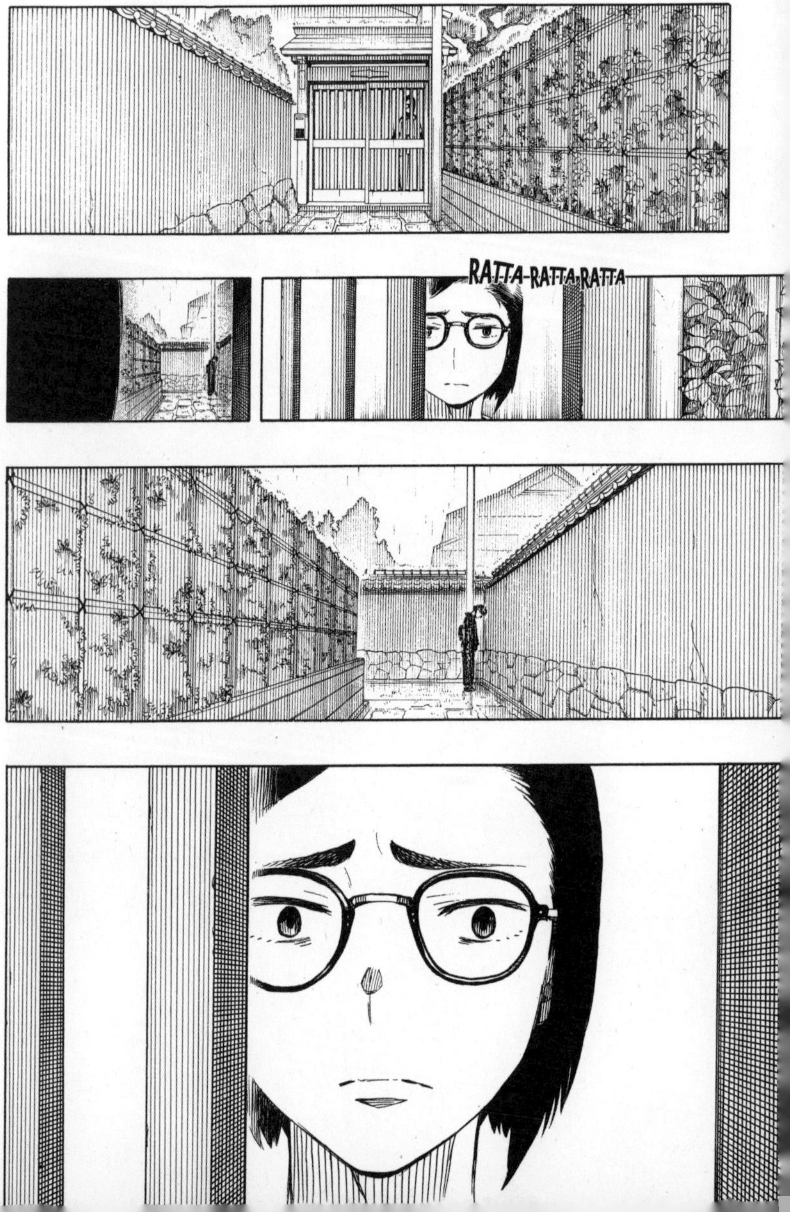
RATTA-RATTA-RATTA

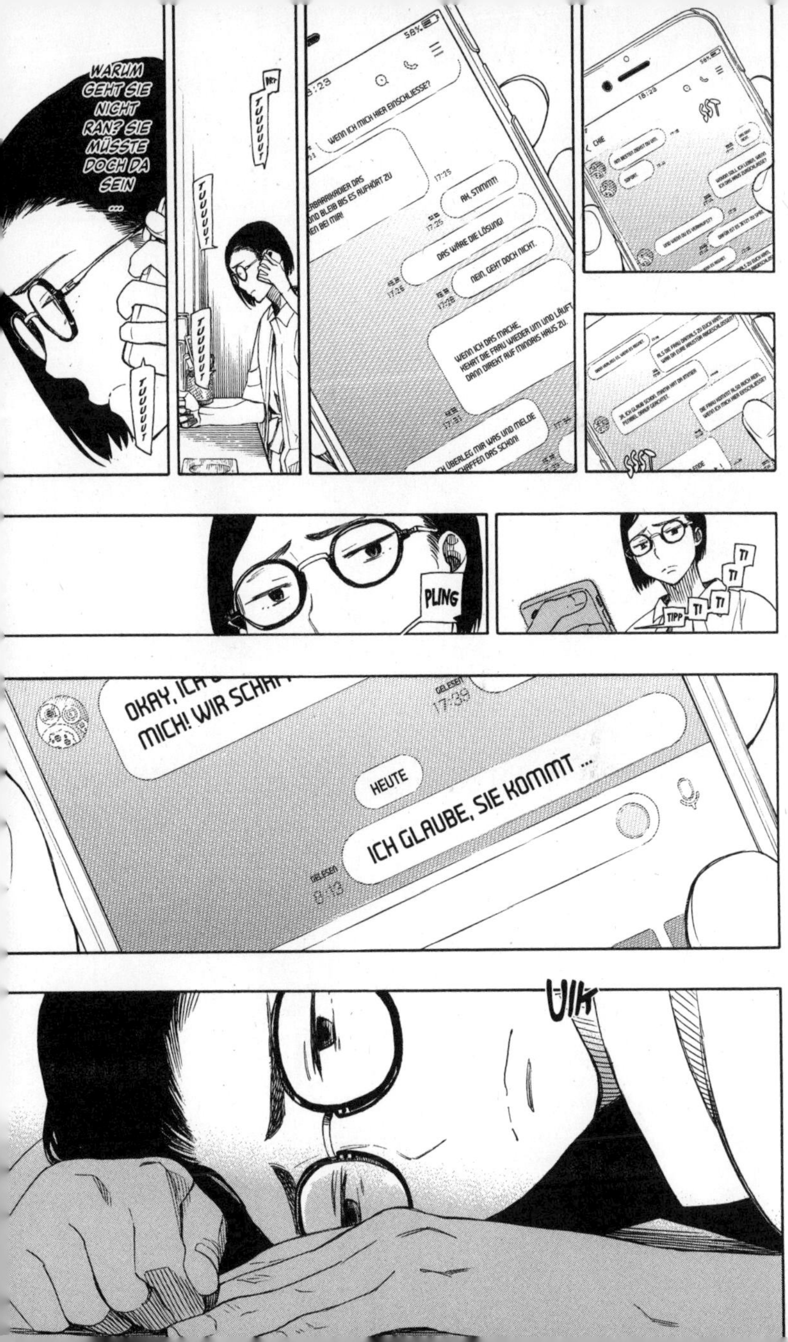

SST
WENN ICH MICH HIER EINSCHLIESSE?
AH, STIMMT!
DAS WÄRE DIE LÖSUNG!
NEIN, GEHT DOCH NICHT.
WENN ICH DAS MACHE, KEHRT DIE FRAU WIEDER UM UND LÄUFT DANN DIREKT AUF MINORIS HAUS ZU.
TUUUUUT
TUUUUUT
TUUUUUT
TUUUUUT
WARUM GEHT SIE NICHT RAN? SIE MÜSSTE DOCH DA SEIN …
TIPP
TI
TI
TI
TI
PLING
HEUTE
ICH GLAUBE, SIE KOMMT …
UIK

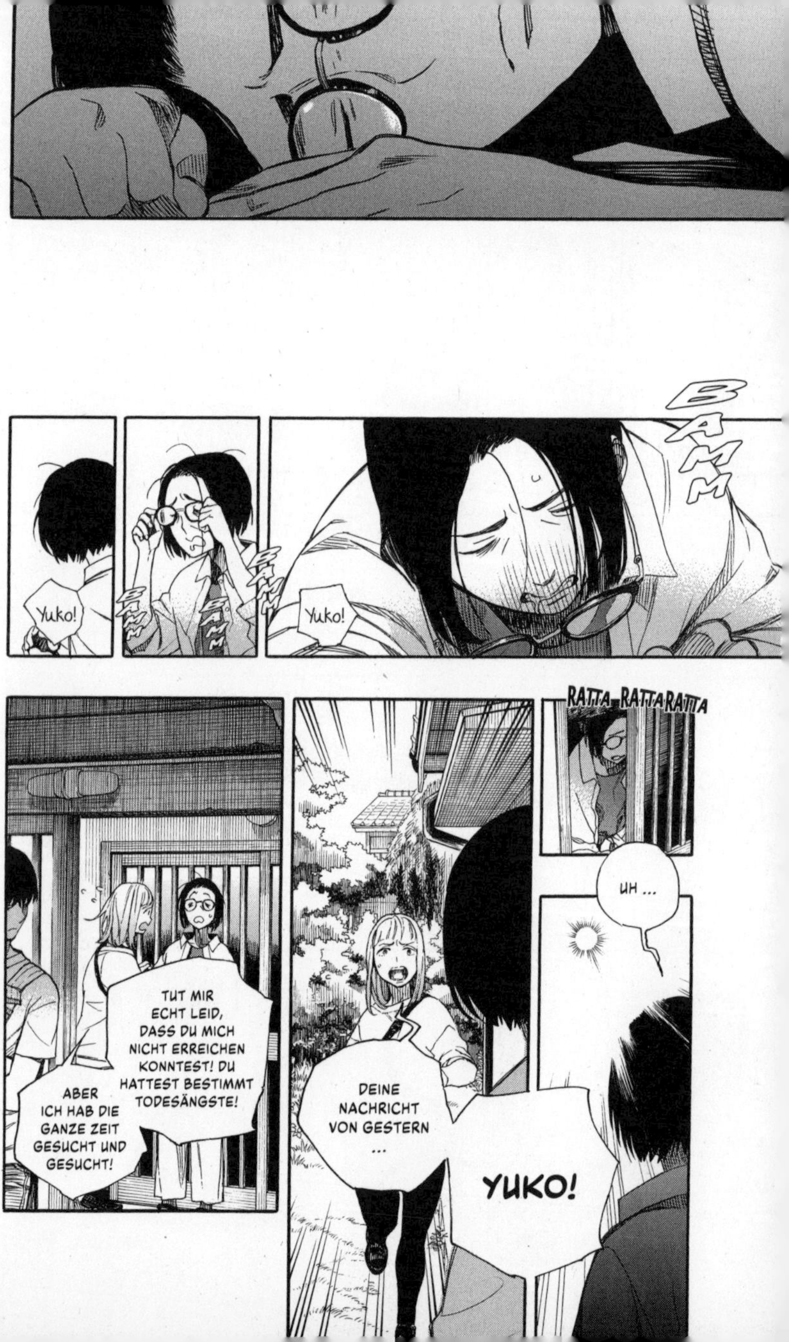
BAMM
Yuko!
BAMM
BAMM
BAMM
Yuko!
RATTA RATTA RATTA
UH ...
YUKO!
DEINE NACHRICHT VON GESTERN ...
TUT MIR ECHT LEID, DASS DU MICH NICHT ERREICHEN KONNTEST! DU HATTEST BESTIMMT TODESÄNGSTE!
ABER ICH HAB DIE GANZE ZEIT GESUCHT UND GESUCHT!

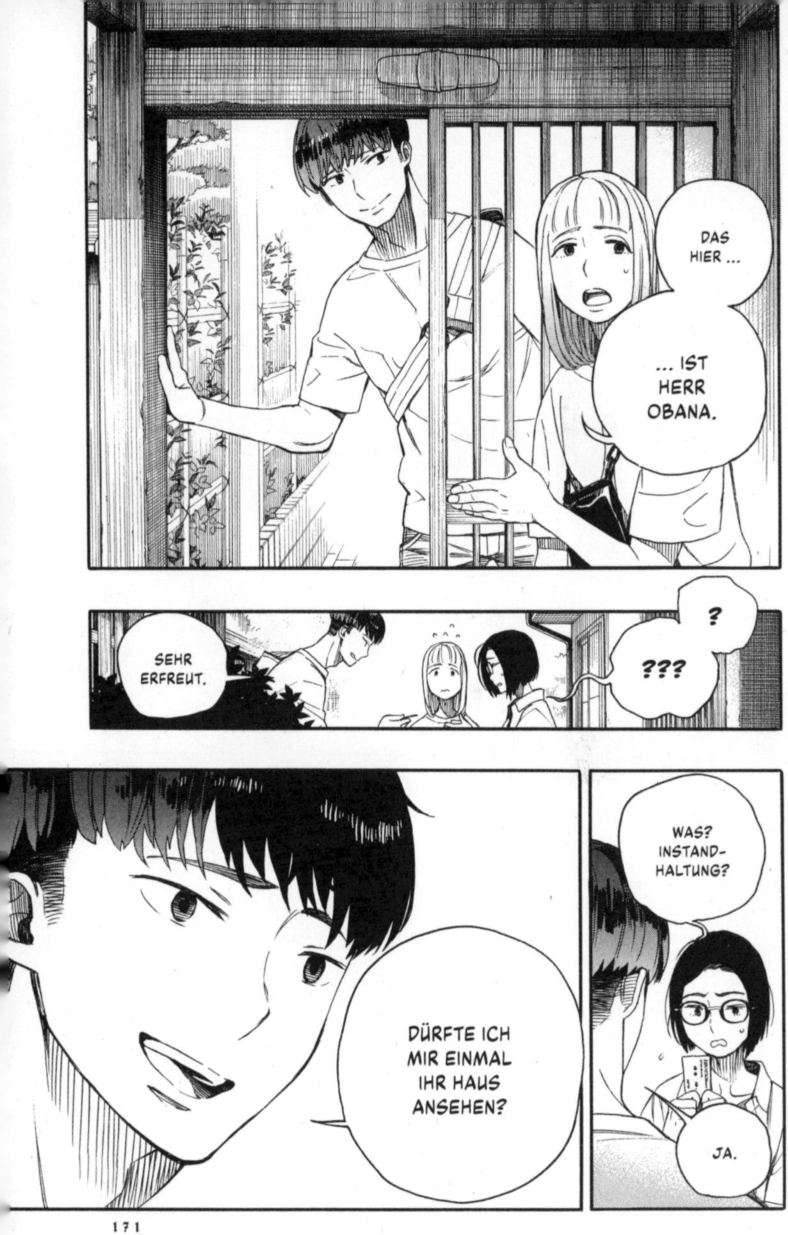
DAS HIER ...
... IST HERR OBANA.
?
???
SEHR ERFREUT.
WAS? INSTAND-HALTUNG?
JA.
DÜRFTE ICH MIR EINMAL IHR HAUS ANSEHEN?

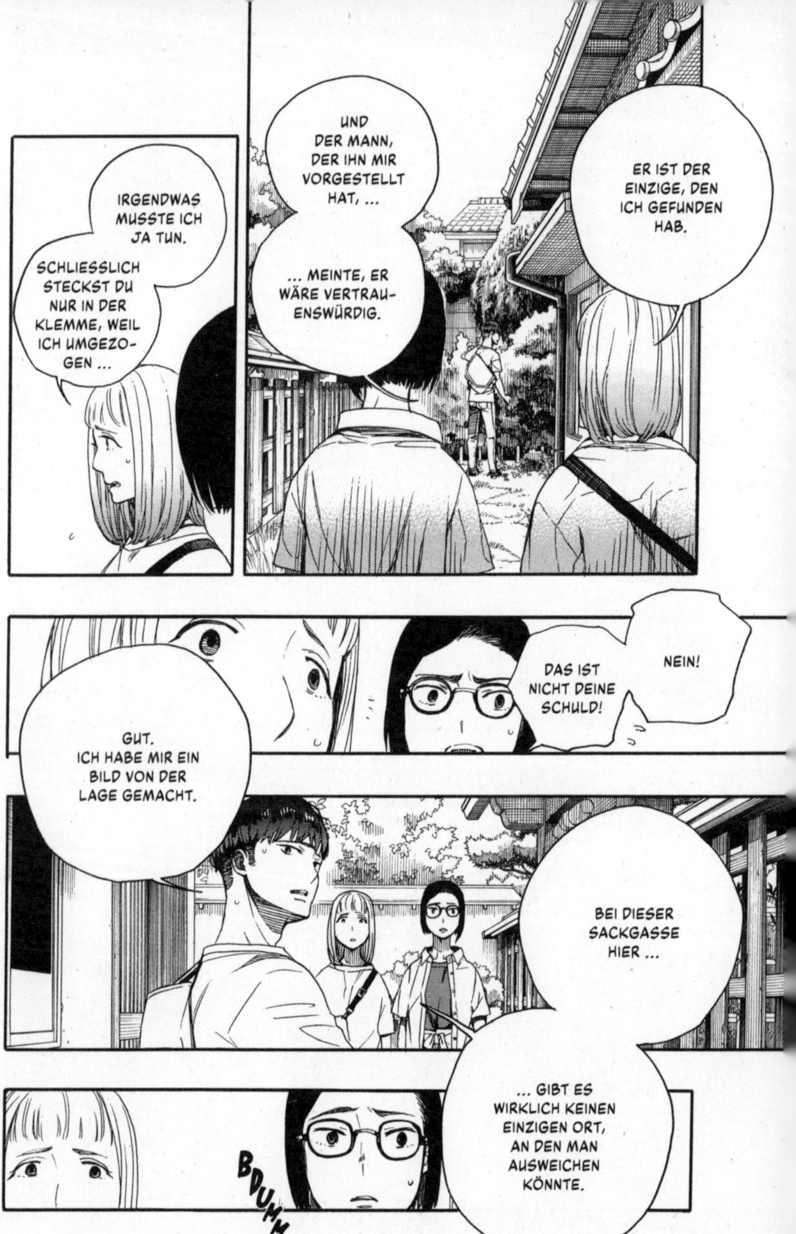
ER IST DER EINZIGE, DEN ICH GEFUNDEN HAB.
UND DER MANN, DER IHN MIR VORGESTELLT HAT, ...
... MEINTE, ER WÄRE VERTRAUENSWÜRDIG.
IRGENDWAS MUSSTE ICH JA TUN.
SCHLIESSLICH STECKST DU NUR IN DER KLEMME, WEIL ICH UMGEZOGEN ...
NEIN!
DAS IST NICHT DEINE SCHULD!
GUT. ICH HABE MIR EIN BILD VON DER LAGE GEMACHT.
BEI DIESER SACKGASSE HIER ...
... GIBT ES WIRKLICH KEINEN EINZIGEN ORT, AN DEN MAN AUSWEICHEN KÖNNTE.
BDUMM

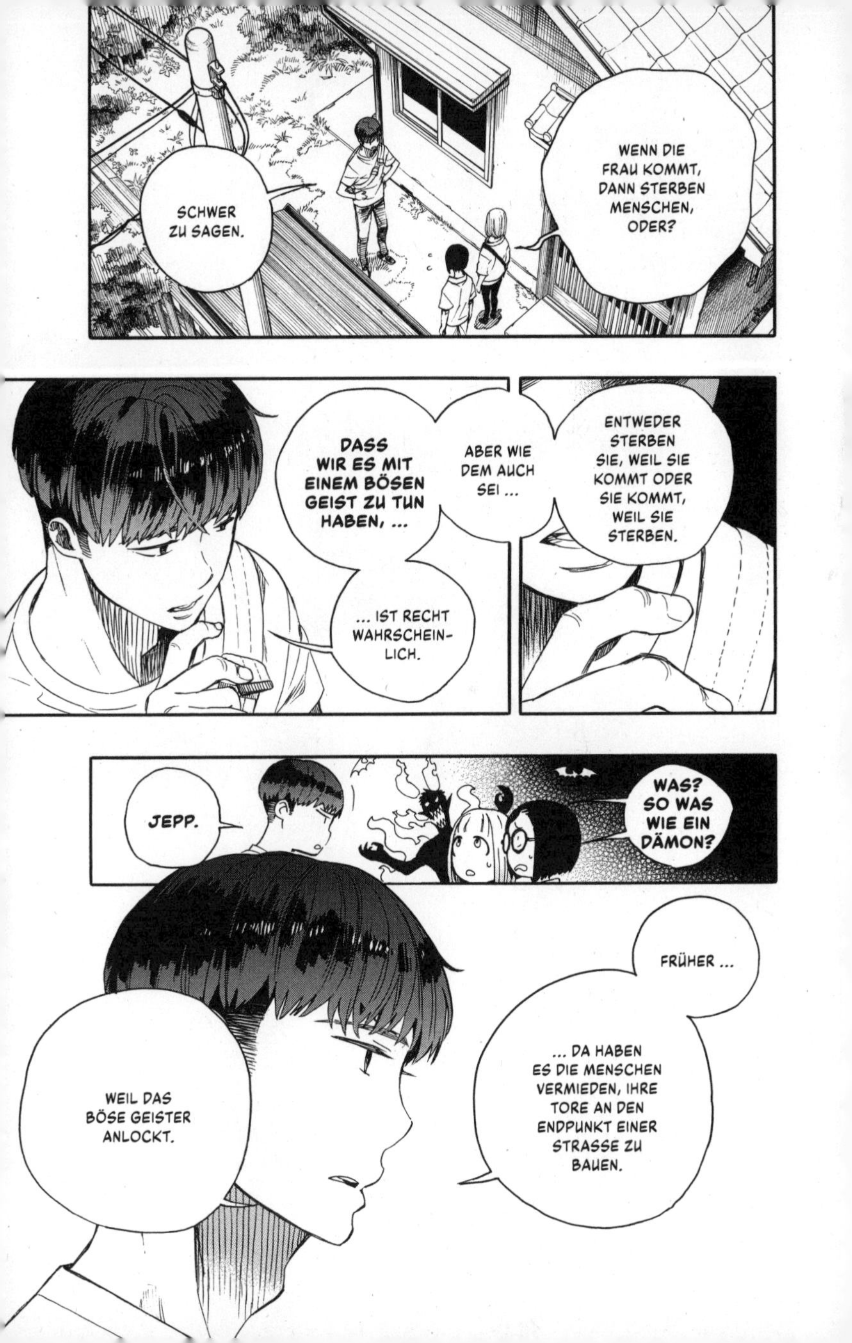
WENN DIE FRAU KOMMT, DANN STERBEN MENSCHEN, ODER?
SCHWER ZU SAGEN.
ENTWEDER STERBEN SIE, WEIL SIE KOMMT ODER SIE KOMMT, WEIL SIE STERBEN.
ABER WIE DEM AUCH SEI ...
DASS WIR ES MIT EINEM BÖSEN GEIST ZU TUN HABEN, ...
... IST RECHT WAHRSCHEIN-LICH.
WAS? SO WAS WIE EIN DÄMON?
JEPP.
FRÜHER ...
... DA HABEN ES DIE MENSCHEN VERMIEDEN, IHRE TORE AN DEN ENDPUNKT EINER STRASSE ZU BAUEN.
WEIL DAS BÖSE GEISTER ANLOCKT.

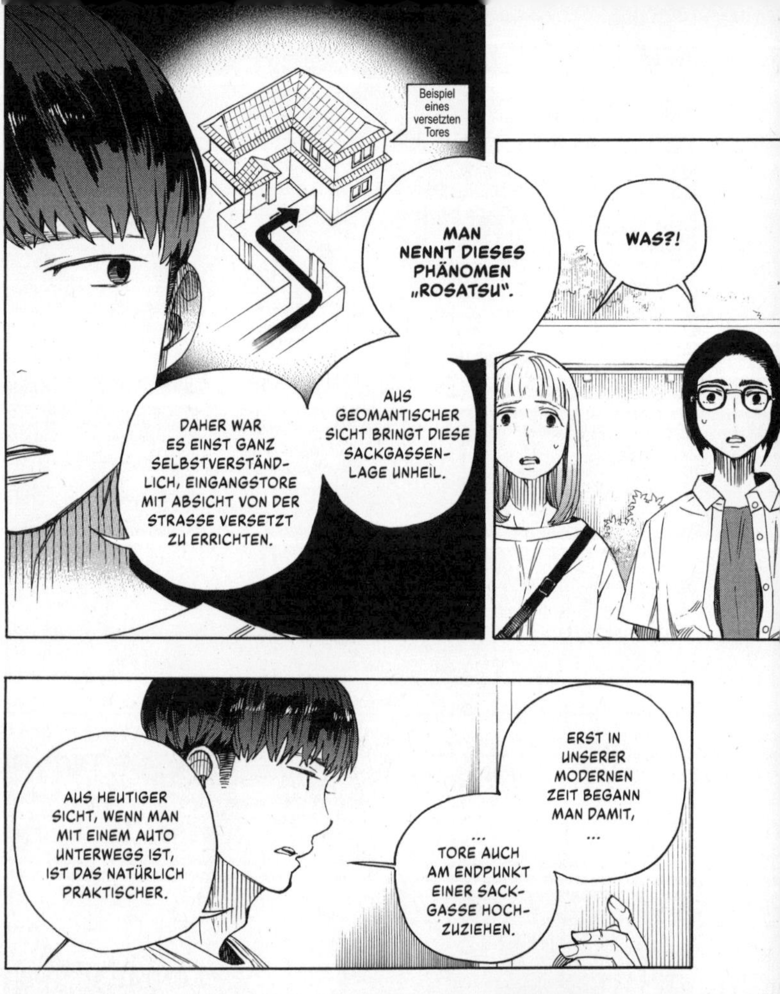

Beispiel eines versetzten Tores
MAN NENNT DIESES PHÄNOMEN „ROSATSU“.
WAS?!
AUS GEOMANTISCHER SICHT BRINGT DIESE SACKGASSEN-LAGE UNHEIL.
DAHER WAR ES EINST GANZ SELBSTVERSTÄND-LICH, EINGANGSTORE MIT ABSICHT VON DER STRASSE VERSETZT ZU ERRICHTEN.
ERST IN UNSERER MODERNEN ZEIT BEGANN MAN DAMIT, …
… TORE AUCH AM ENDPUNKT EINER SACK-GASSE HOCH-ZUZIEHEN.
AUS HEUTIGER SICHT, WENN MAN MIT EINEM AUTO UNTERWEGS IST, IST DAS NATÜRLICH PRAKTISCHER.
STIMMT.
Das klingt plausibel.
DARUM MÜSSTE ES EIGENTLICH AUSREICHEN, IHR TOR ZU VERSETZEN, UM SICH DAS UNHEIL VOM LEIB ZU HALTEN.

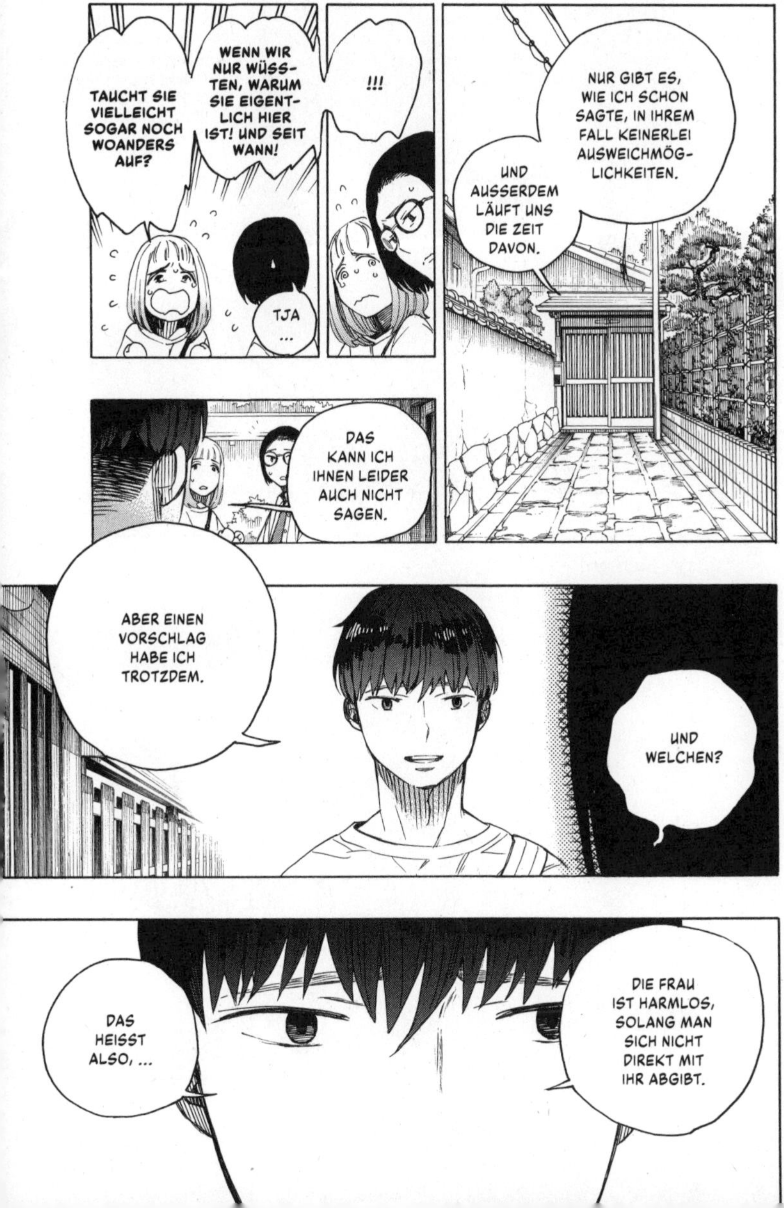
NUR GIBT ES, WIE ICH SCHON SAGTE, IN IHREM FALL KEINERLEI AUSWEICHMÖG-LICHKEITEN.
UND AUSSERDEM LÄUFT UNS DIE ZEIT DAVON.
!!!
WENN WIR NUR WÜSS-TEN, WARUM SIE EIGENT-LICH HIER IST! UND SEIT WANN!
TAUCHT SIE VIELLEICHT SOGAR NOCH WOANDERS AUF?
TJA ...
DAS KANN ICH IHNEN LEIDER AUCH NICHT SAGEN.
ABER EINEN VORSCHLAG HABE ICH TROTZDEM.
UND WELCHEN?
DIE FRAU IST HARMLOS, SOLANG MAN SICH NICHT DIREKT MIT IHR ABGIBT.
DAS HEISST ALSO, ...

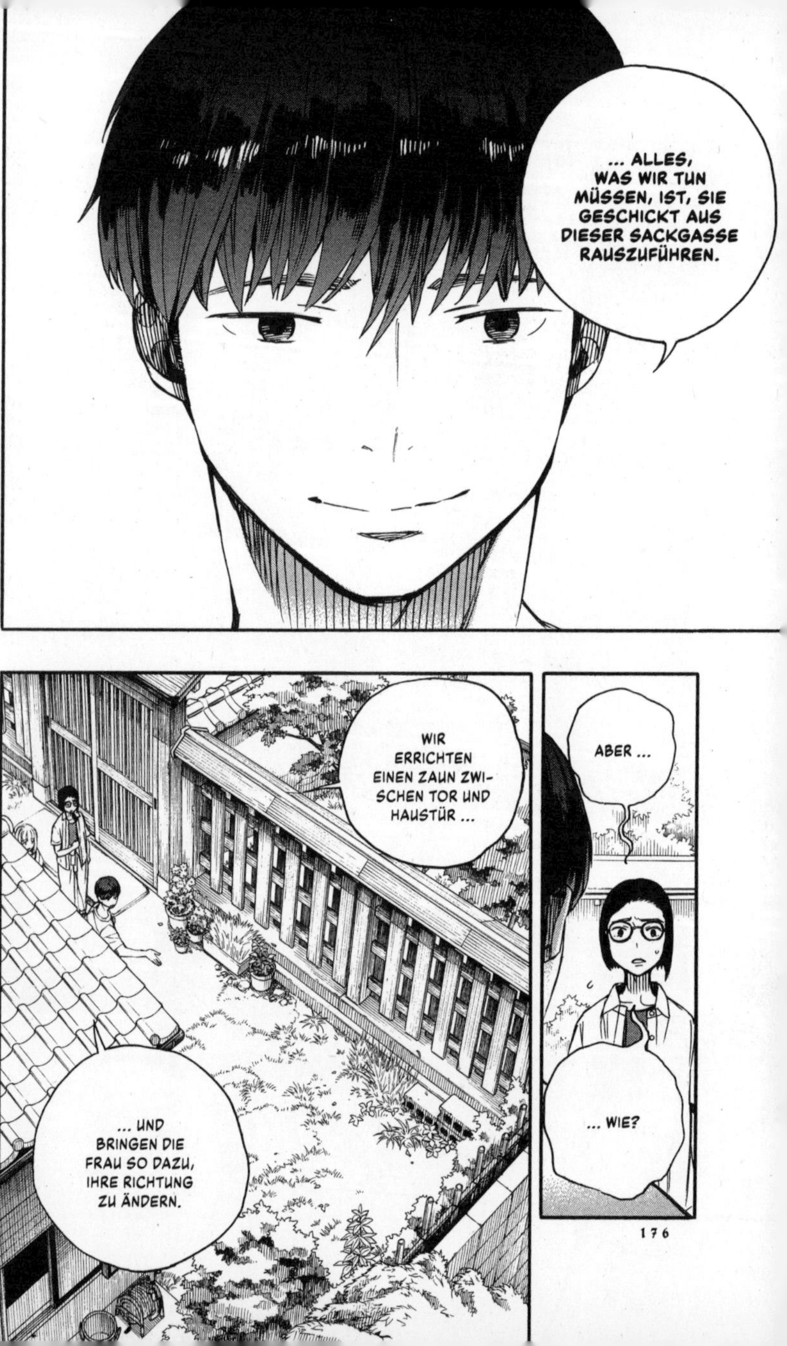
... ALLES, WAS WIR TUN MÜSSEN, IST, SIE GESCHICKT AUS DIESER SACKGASSE RAUSZUFÜHREN.
ABER ...
... WIE?
WIR ERRICHTEN EINEN ZAUN ZWI-SCHEN TOR UND HAUSTÜR ...
... UND BRINGEN DIE FRAU SO DAZU, IHRE RICHTUNG ZU ÄNDERN.

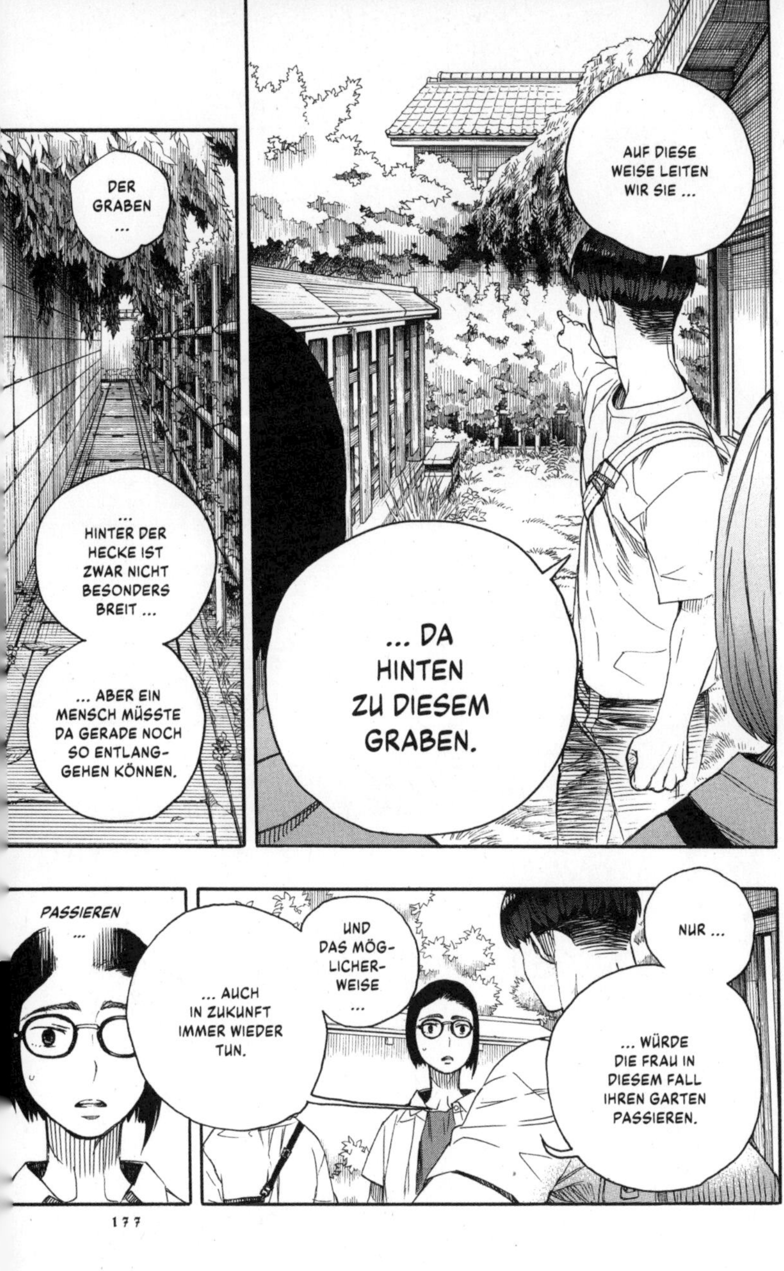
AUF DIESE WEISE LEITEN WIR SIE ...
... DA HINTEN ZU DIESEM GRABEN.
DER GRABEN ...
... HINTER DER HECKE IST ZWAR NICHT BESONDERS BREIT ...
... ABER EIN MENSCH MÜSSTE DA GERADE NOCH SO ENTLANG-GEHEN KÖNNEN.
NUR ...
... WÜRDE DIE FRAU IN DIESEM FALL IHREN GARTEN PASSIEREN.
UND DAS MÖG-LICHER-WEISE ...
... AUCH IN ZUKUNFT IMMER WIEDER TUN.
PASSIEREN ...

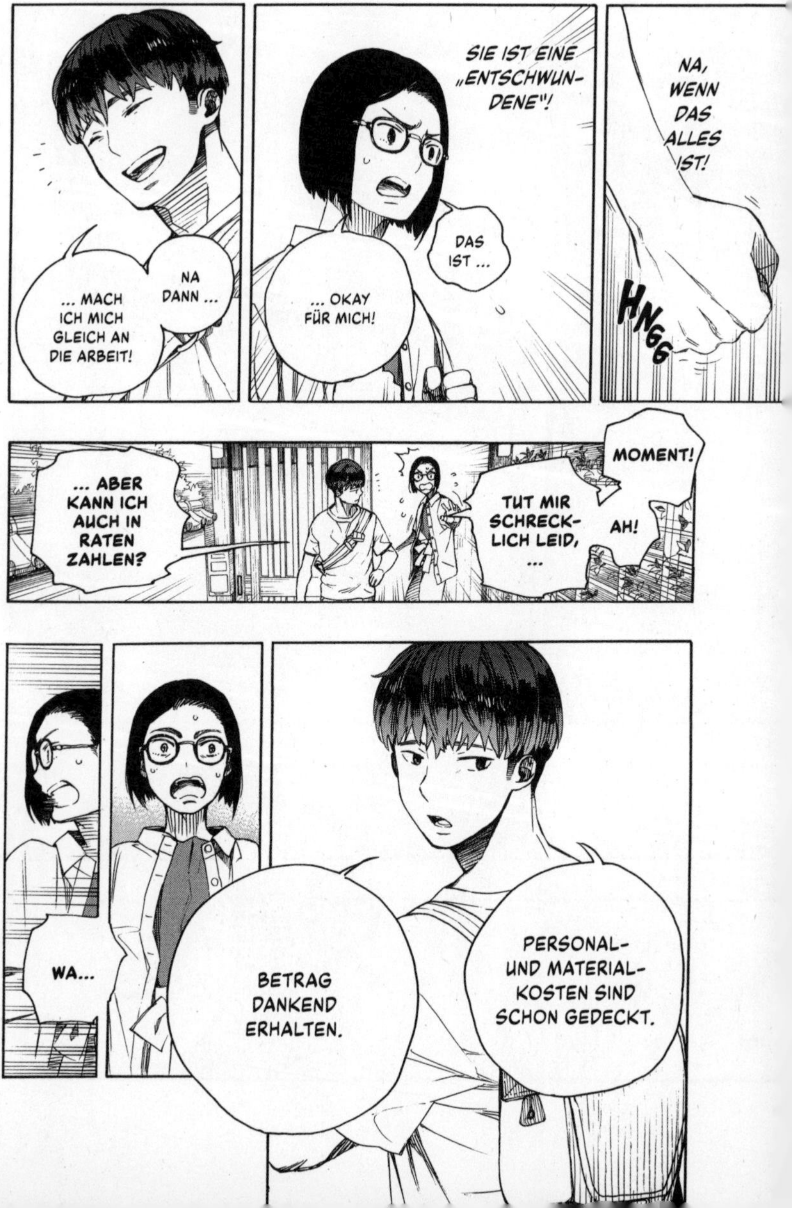
NA, WENN DAS ALLES IST!
HNGG
SIE IST EINE „ENTSCHWUNDENE"!
DAS IST ...
... OKAY FÜR MICH!
NA DANN ...
... MACH ICH MICH GLEICH AN DIE ARBEIT!
MOMENT!
AH!
TUT MIR SCHRECKLICH LEID, ...
... ABER KANN ICH AUCH IN RATEN ZAHLEN?
PERSONAL- UND MATERIALKOSTEN SIND SCHON GEDECKT.
BETRAG DANKEND ERHALTEN.
WA...

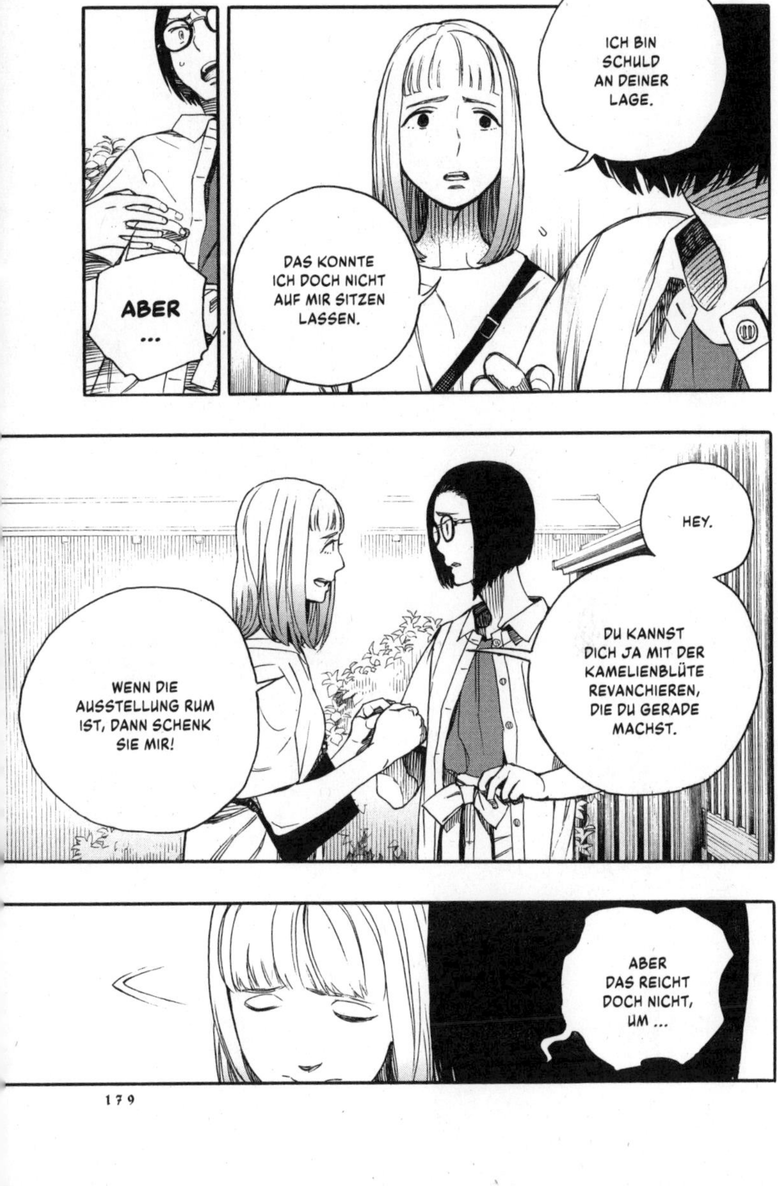
ICH BIN SCHULD AN DEINER LAGE.
DAS KONNTE ICH DOCH NICHT AUF MIR SITZEN LASSEN.
ABER ...
HEY.
DU KANNST DICH JA MIT DER KAMELIENBLÜTE REVANCHIEREN, DIE DU GERADE MACHST.
WENN DIE AUSSTELLUNG RUM IST, DANN SCHENK SIE MIR!
ABER DAS REICHT DOCH NICHT, UM ...

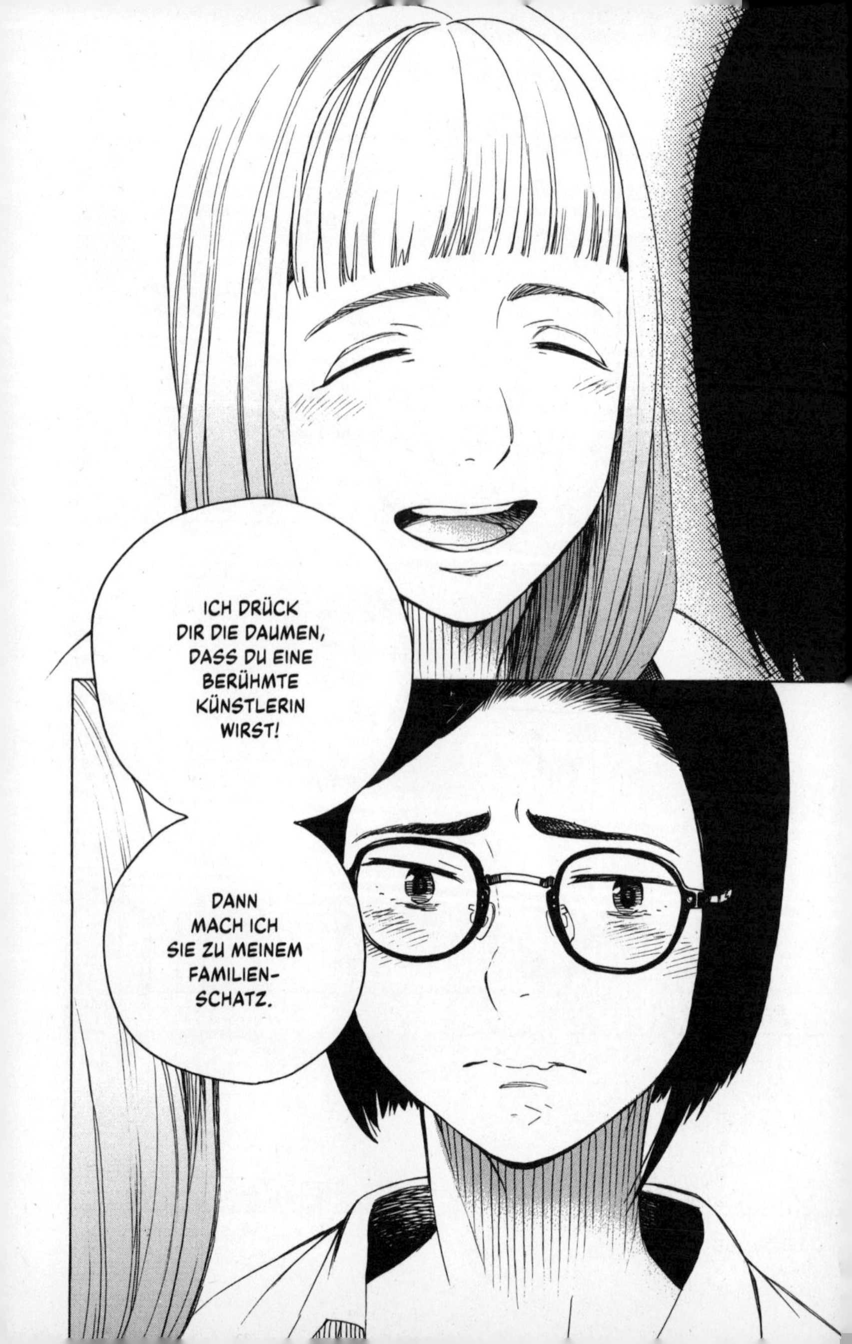
ICH DRÜCK DIR DIE DAUMEN, DASS DU EINE BERÜHMTE KÜNSTLERIN WIRST!
DANN MACH ICH SIE ZU MEINEM FAMILIEN-SCHATZ.

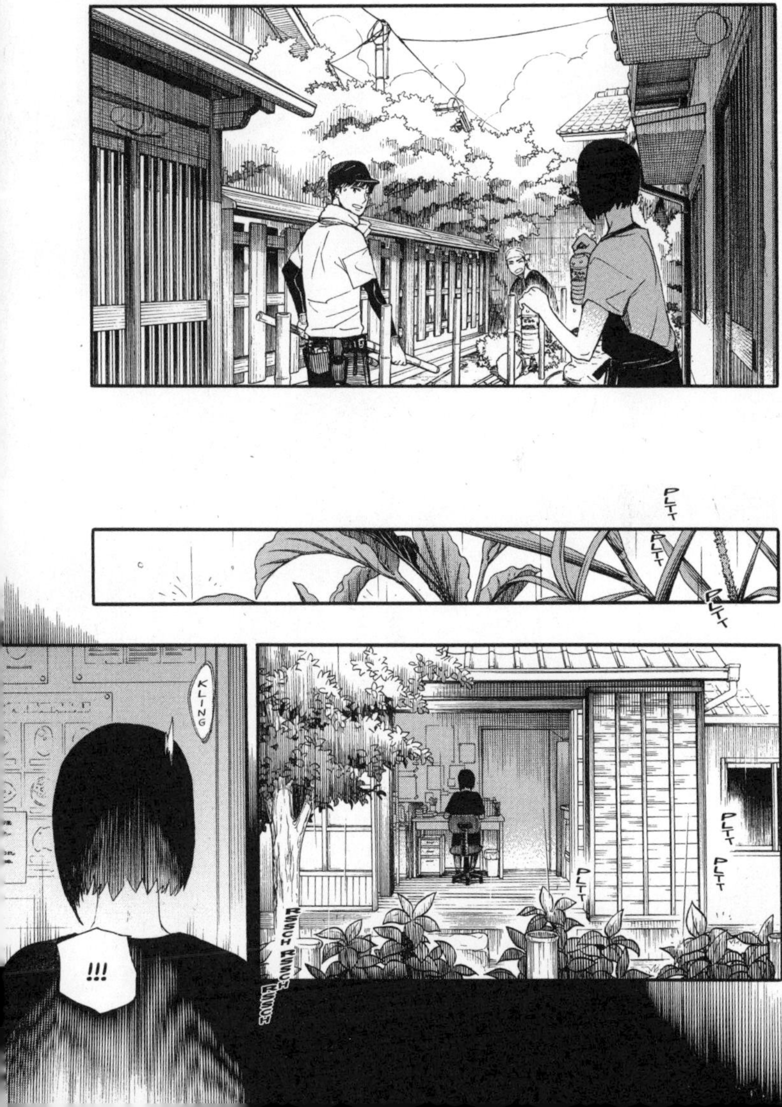

PLTT
PLTT
PLTT
PLTT
PLTT
PLTT
RSSCH RSSCH RSSCH
KLING
!!!

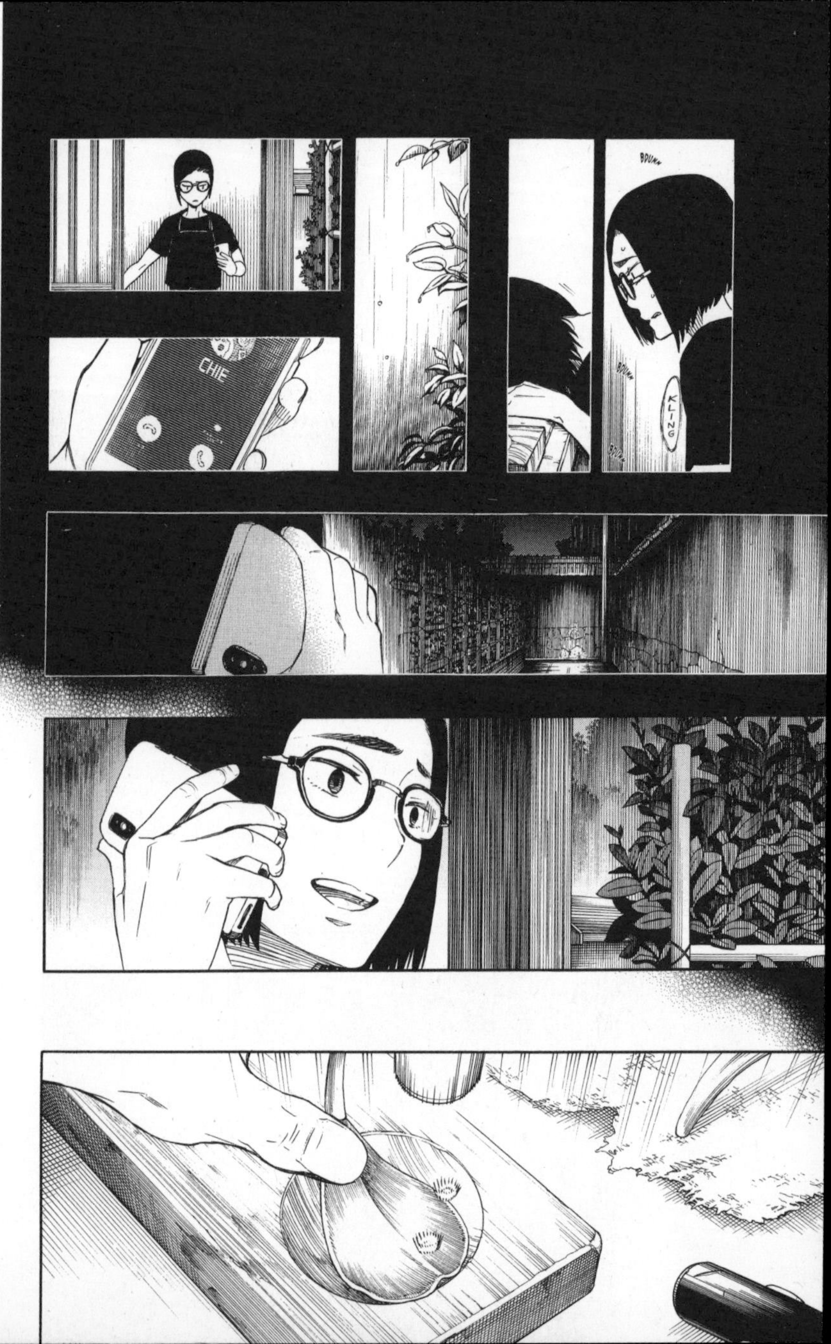
CHIE
BDUMM
BDUMM
KLING
BDUMM

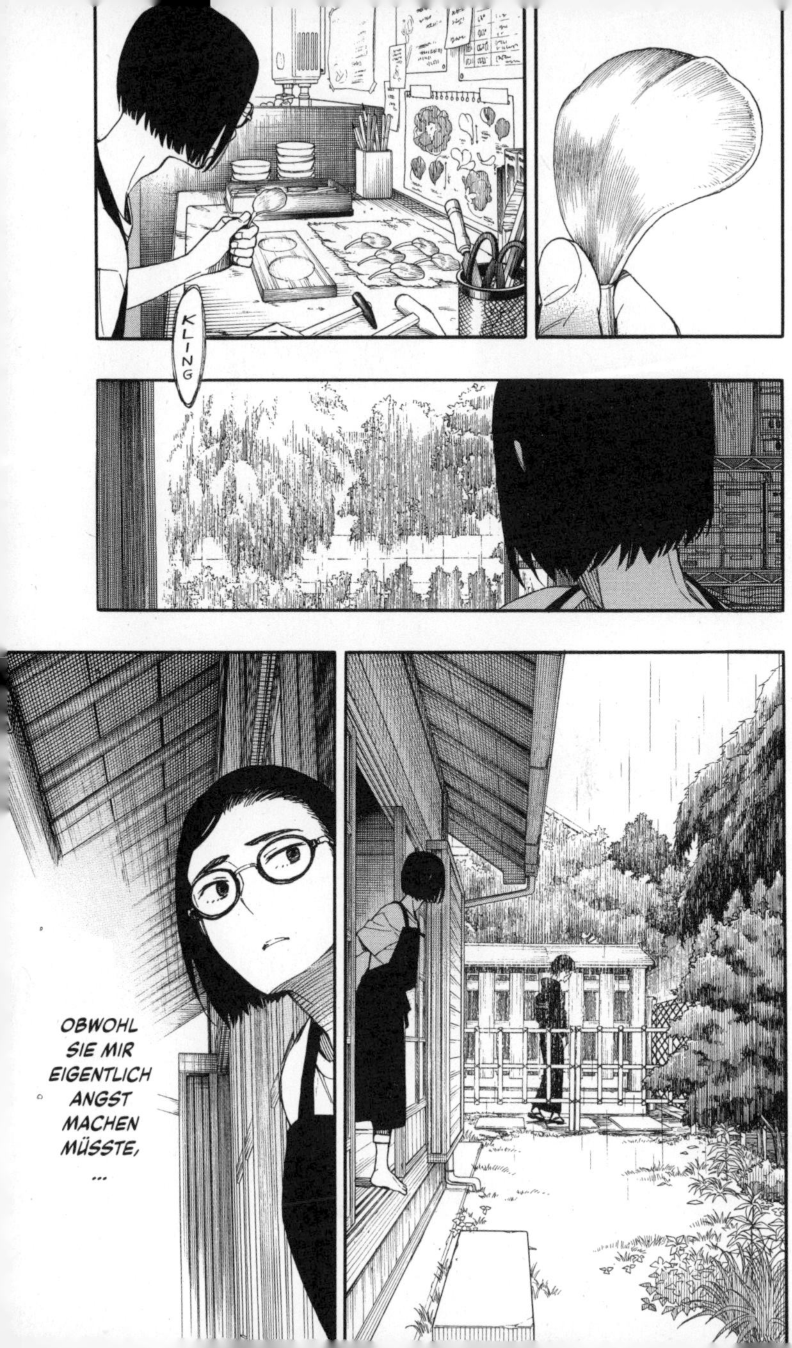
KLING
OBWOHL SIE MIR EIGENTLICH ANGST MACHEN MÜSSTE, ...

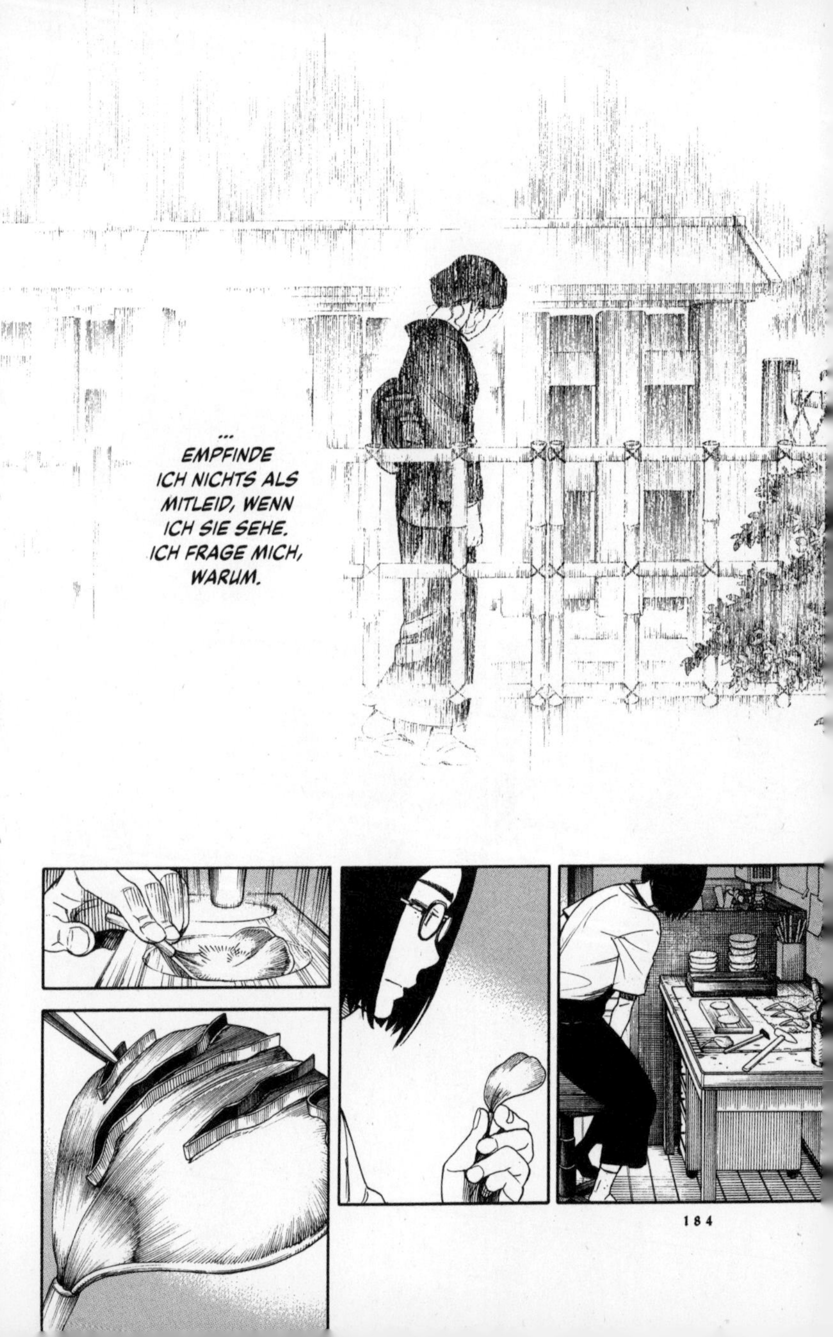
... EMPFINDE ICH NICHTS ALS MITLEID, WENN ICH SIE SEHE. ICH FRAGE MICH, WARUM.

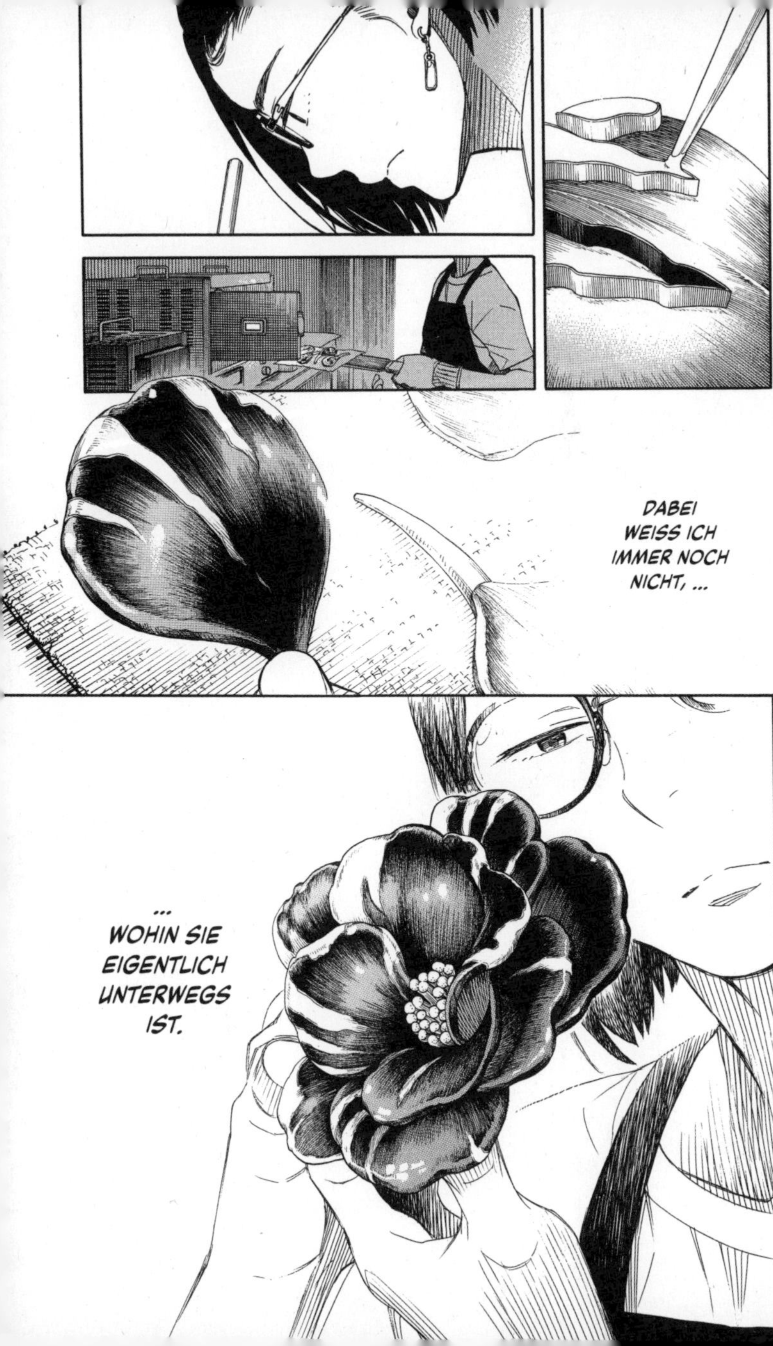
DABEI WEISS ICH IMMER NOCH NICHT, ...
... WOHIN SIE EIGENTLICH UNTERWEGS IST.

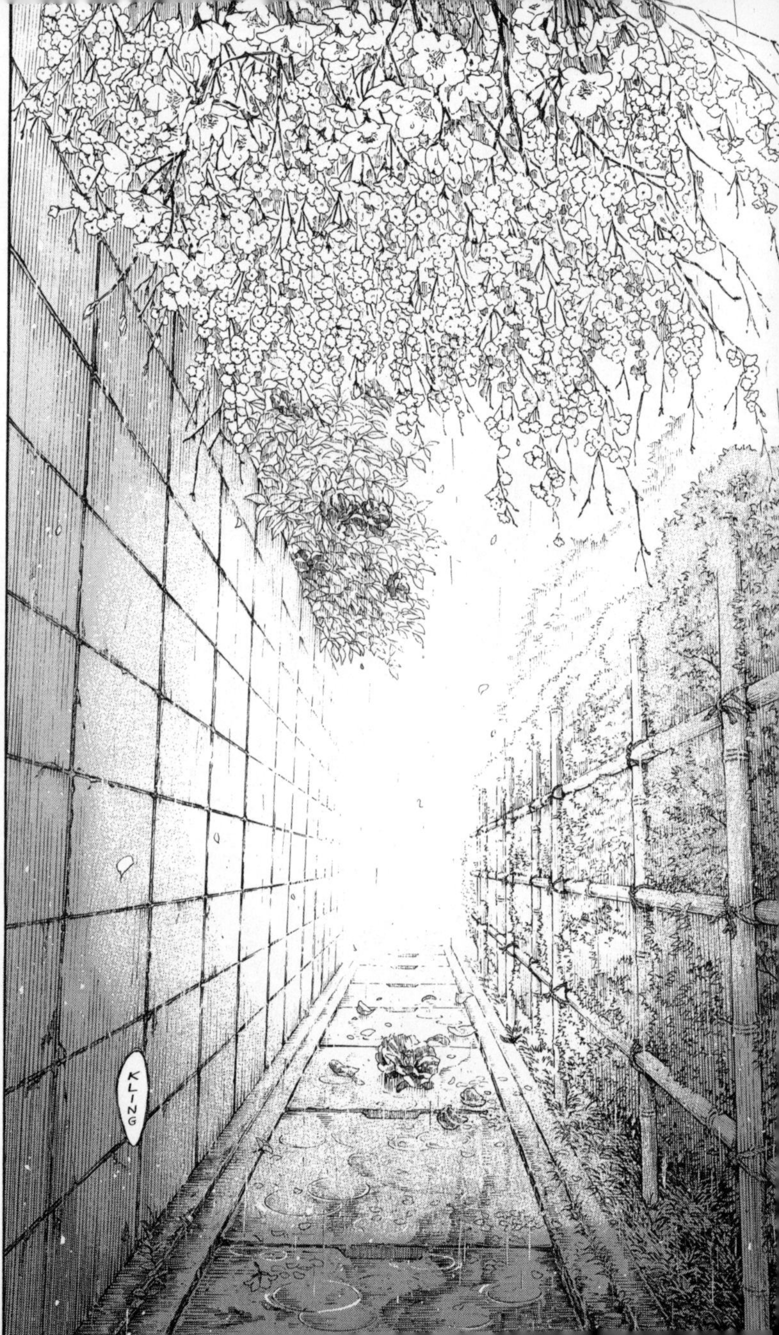
KLING

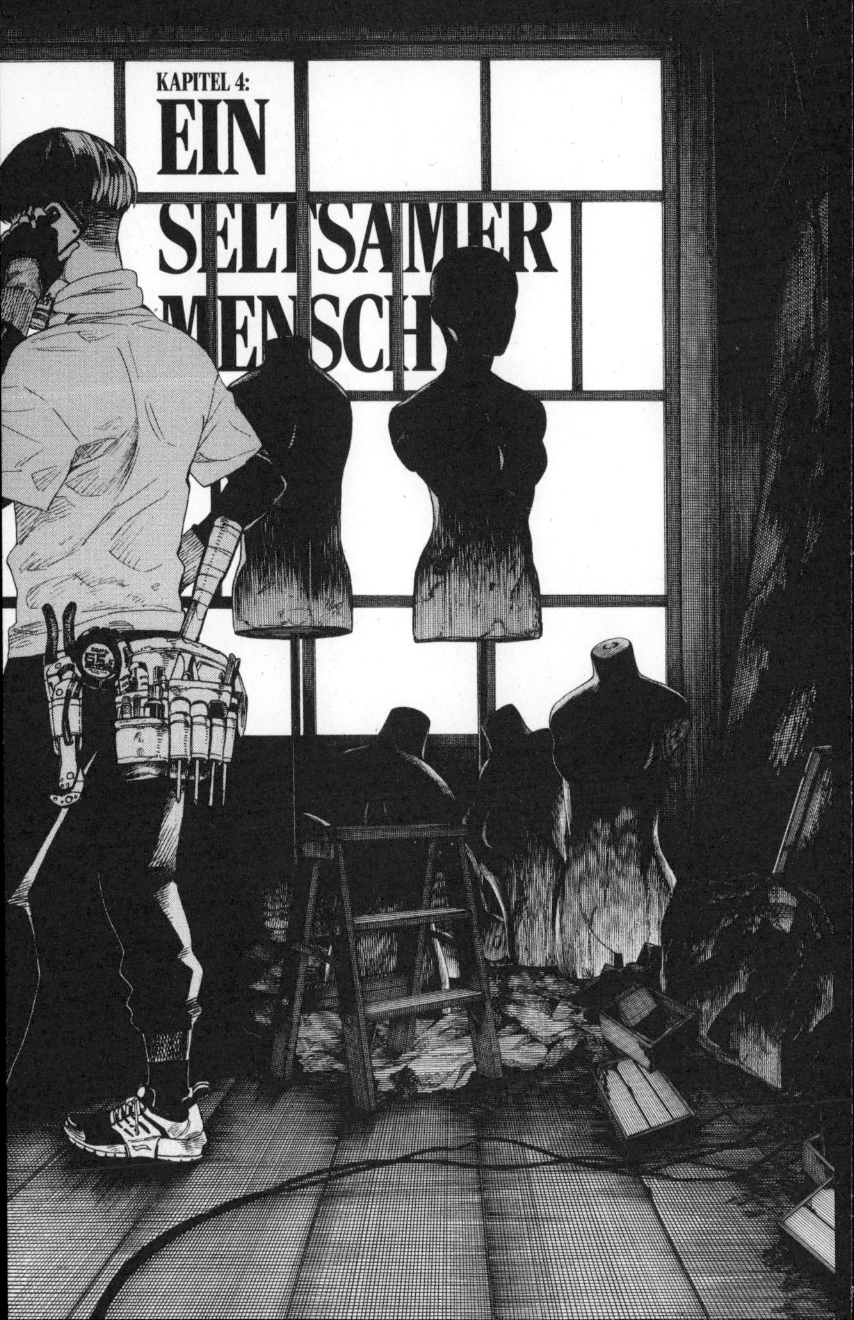
KAPITEL 4:
EIN SELTSAMER MENSCH

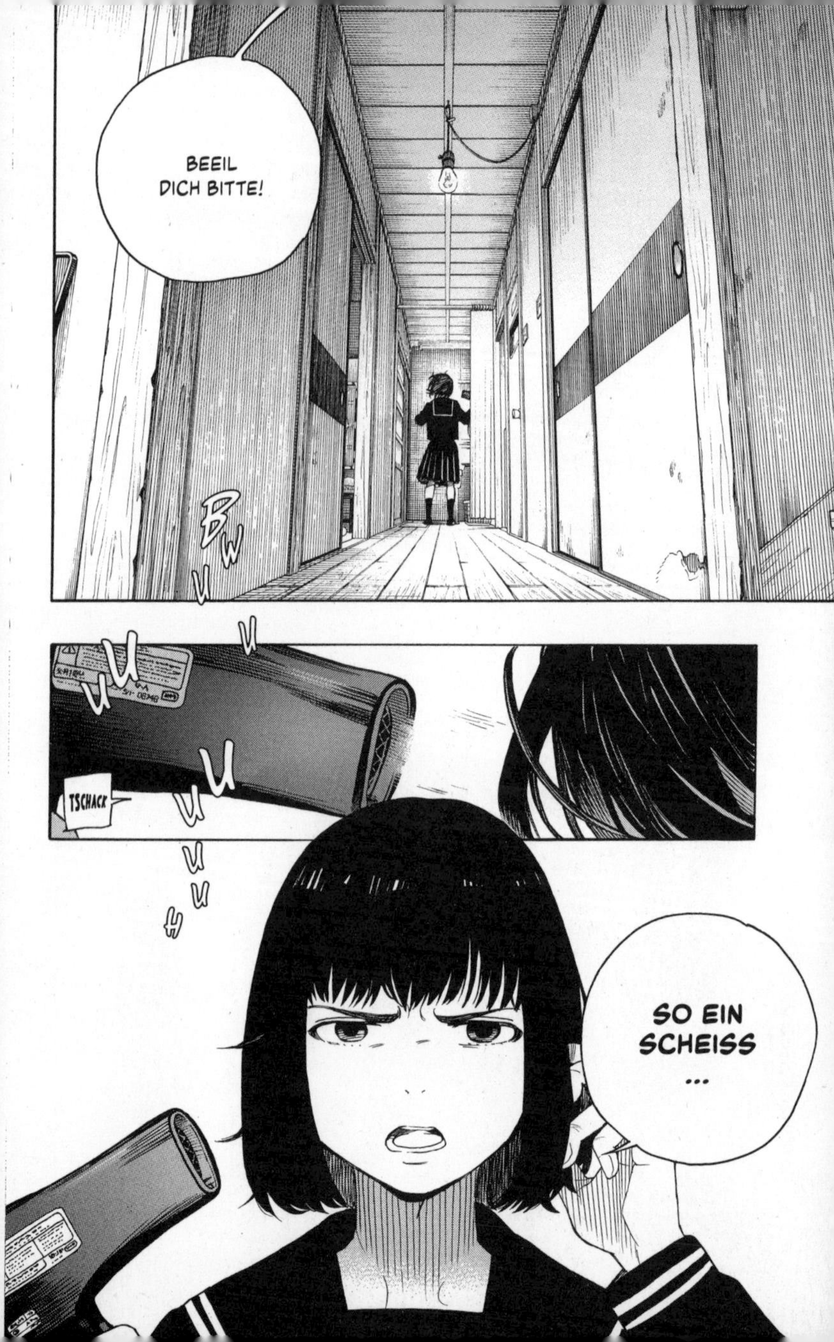
BEEIL
DICH BITTE!
BWUUUUUUUUUH
TSCHACK
SO EIN
SCHEISS
...

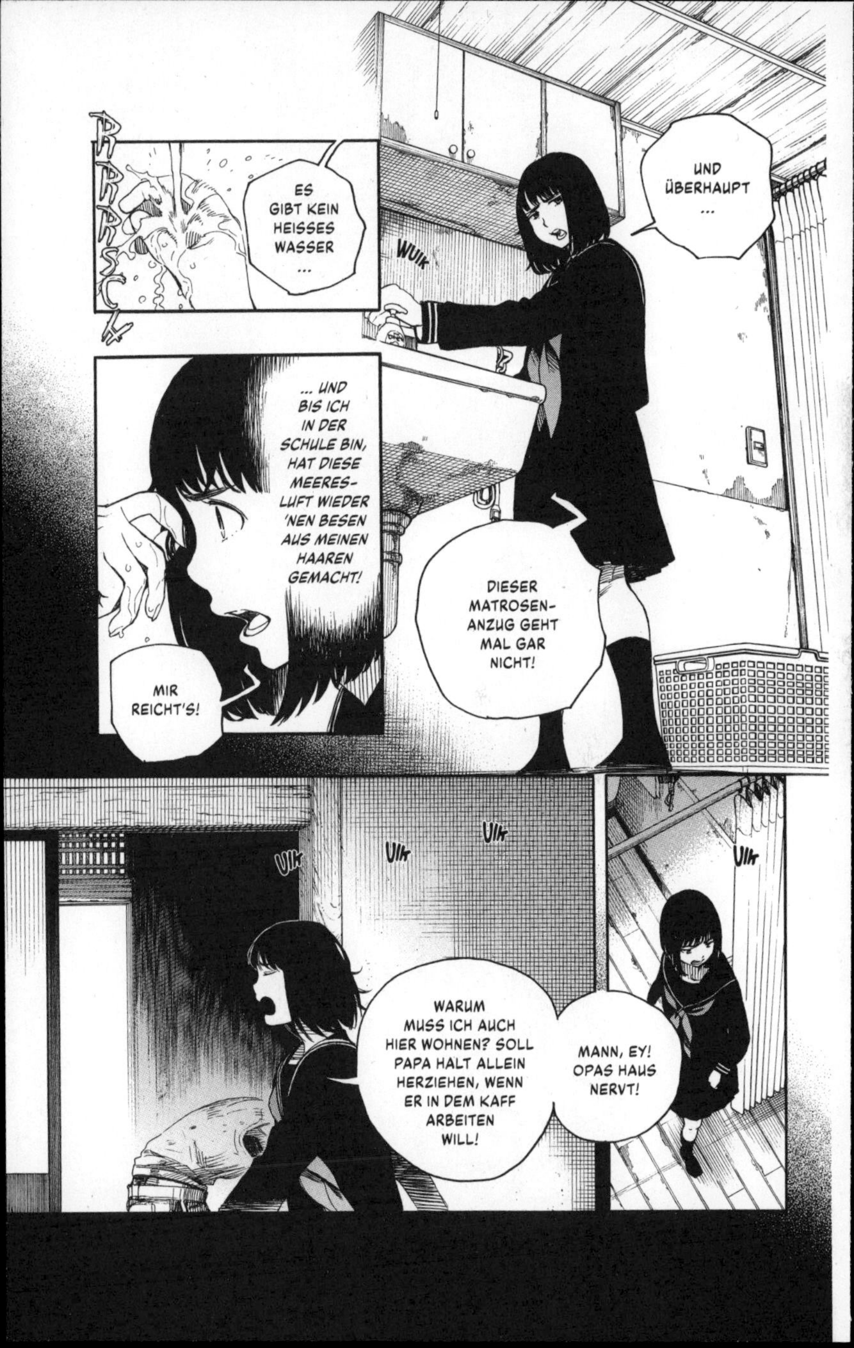
UND ÜBERHAUPT ...
WUIK
ES GIBT KEIN HEISSES WASSER ...
RRRSCH
DIESER MATROSENANZUG GEHT MAL GAR NICHT!
... UND BIS ICH IN DER SCHULE BIN, HAT DIESE MEERESLUFT WIEDER 'NEN BESEN AUS MEINEN HAAREN GEMACHT!
MIR REICHT'S!
UIK
MANN, EY! OPAS HAUS NERVT!
UIK
UIK
UIK
WARUM MUSS ICH AUCH HIER WOHNEN? SOLL PAPA HALT ALLEIN HERZIEHEN, WENN ER IN DEM KAFF ARBEITEN WILL!

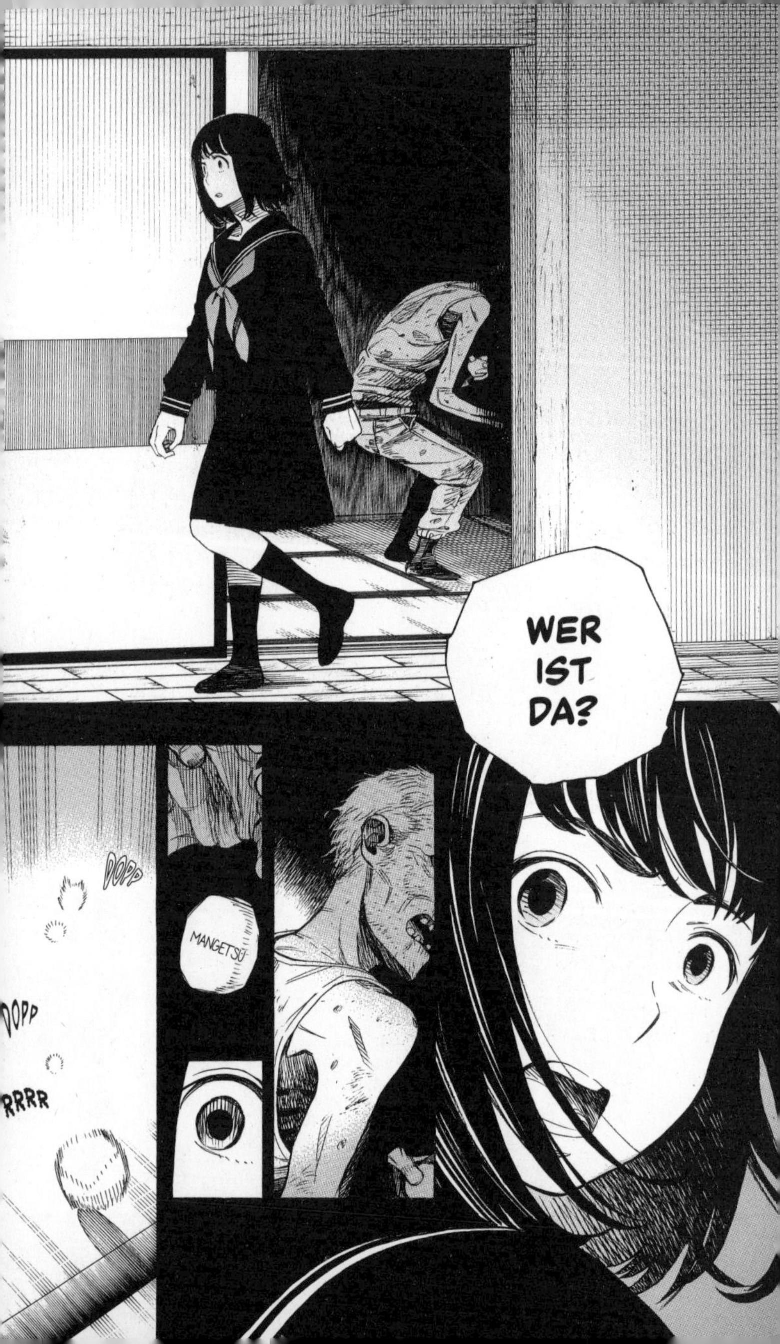
WER IST DA?
MANGETSU
DOPP
DOPP
RRRR

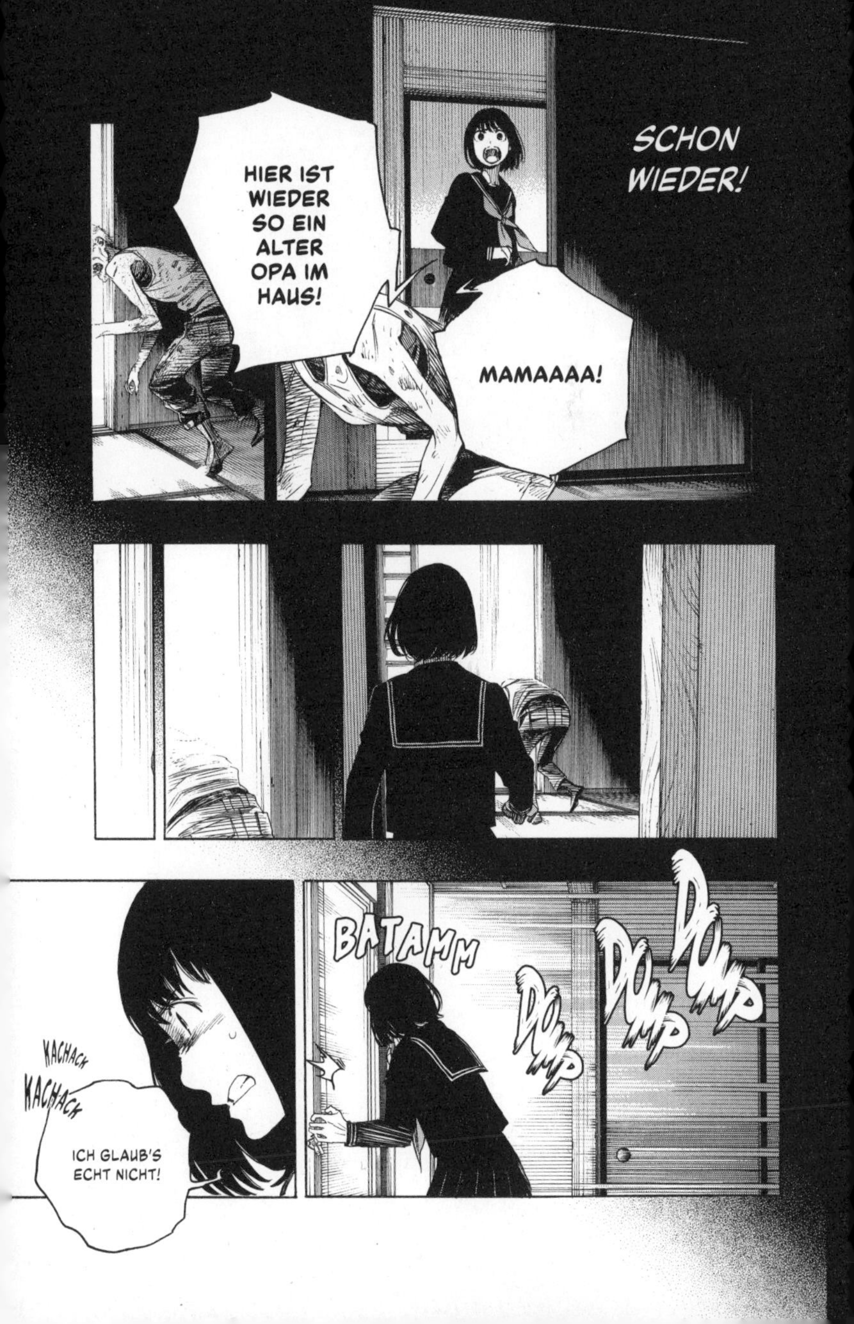
SCHON WIEDER!
HIER IST WIEDER SO EIN ALTER OPA IM HAUS!
MAMAAAA!
DOMP
DOMP
DOMP
BATAMM
KACHACK
KACHACK
ICH GLAUB'S ECHT NICHT!

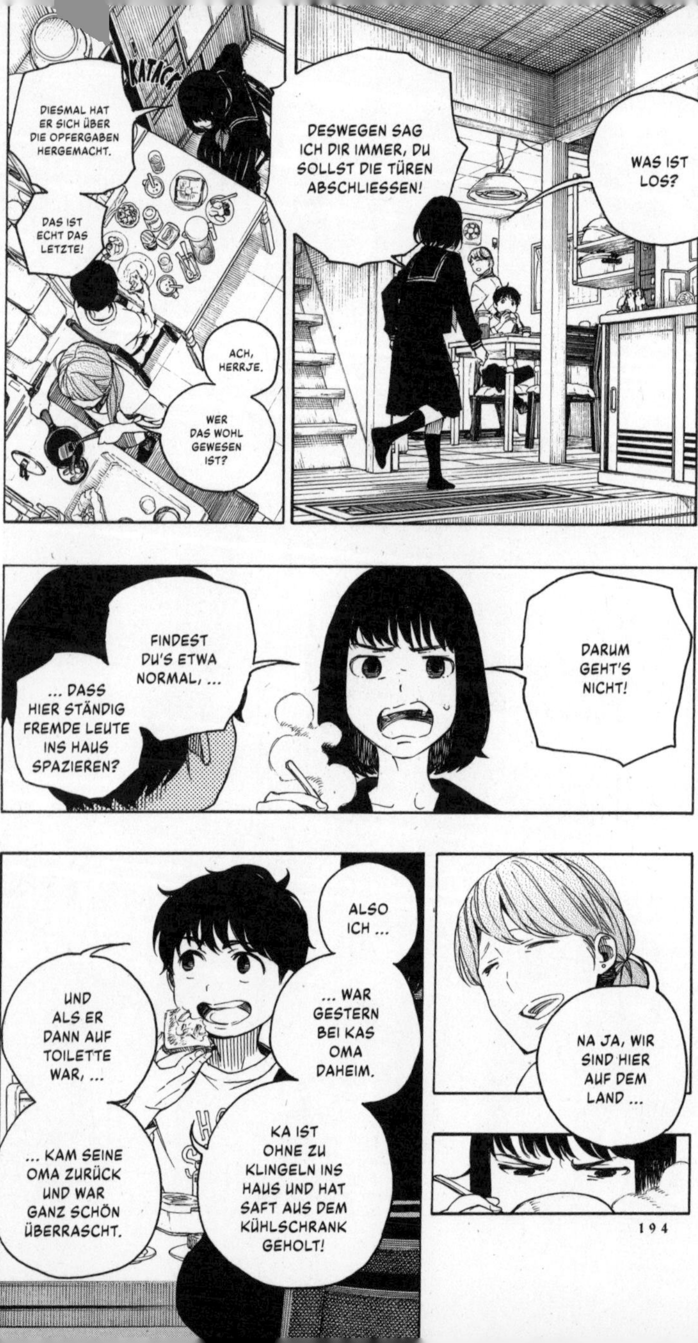
KATACK
WAS IST LOS?
DESWEGEN SAG ICH DIR IMMER, DU SOLLST DIE TÜREN ABSCHLIESSEN!
DIESMAL HAT ER SICH ÜBER DIE OPFERGABEN HERGEMACHT.
DAS IST ECHT DAS LETZTE!
ACH, HERRJE.
WER DAS WOHL GEWESEN IST?
DARUM GEHT'S NICHT!
FINDEST DU'S ETWA NORMAL, ...
... DASS HIER STÄNDIG FREMDE LEUTE INS HAUS SPAZIEREN?
NA JA, WIR SIND HIER AUF DEM LAND ...
ALSO ICH ...
... WAR GESTERN BEI KAS OMA DAHEIM.
KA IST OHNE ZU KLINGELN INS HAUS UND HAT SAFT AUS DEM KÜHLSCHRANK GEHOLT!
UND ALS ER DANN AUF TOILETTE WAR, ...
... KAM SEINE OMA ZURÜCK UND WAR GANZ SCHÖN ÜBERRASCHT.

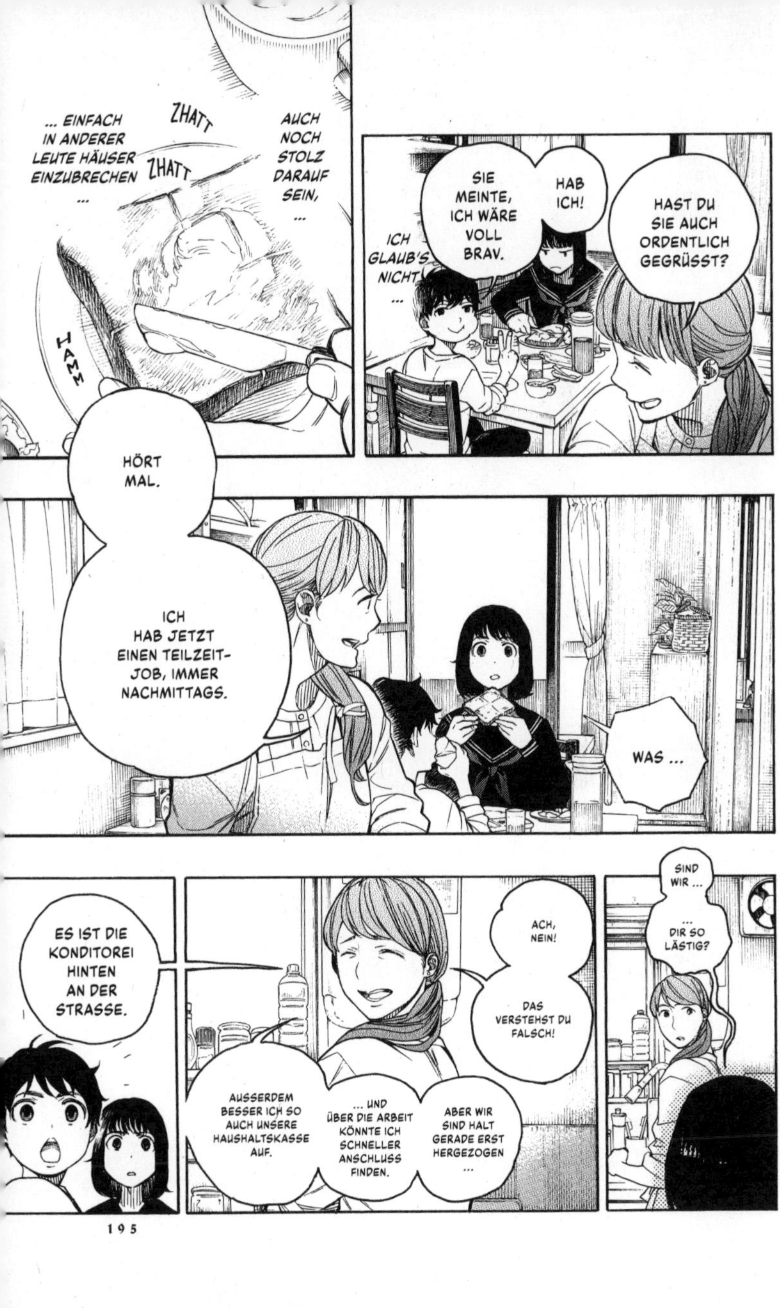
HAST DU SIE AUCH ORDENTLICH GEGRÜSST?
HAB ICH!
SIE MEINTE, ICH WÄRE VOLL BRAV.
ICH GLAUB'S NICHT ...
AUCH NOCH STOLZ DARAUF SEIN, ...
ZHATT
ZHATT
... EINFACH IN ANDERER LEUTE HÄUSER EINZUBRECHEN ...
HAMM
HÖRT MAL.
ICH HAB JETZT EINEN TEILZEIT-JOB, IMMER NACHMITTAGS.
WAS ...
SIND WIR ...
... DIR SO LÄSTIG?
ACH, NEIN!
DAS VERSTEHST DU FALSCH!
ABER WIR SIND HALT GERADE ERST HERGEZOGEN ...
... UND ÜBER DIE ARBEIT KÖNNTE ICH SCHNELLER ANSCHLUSS FINDEN.
AUSSERDEM BESSER ICH SO AUCH UNSERE HAUSHALTSKASSE AUF.
ES IST DIE KONDITOREI HINTEN AN DER STRASSE.

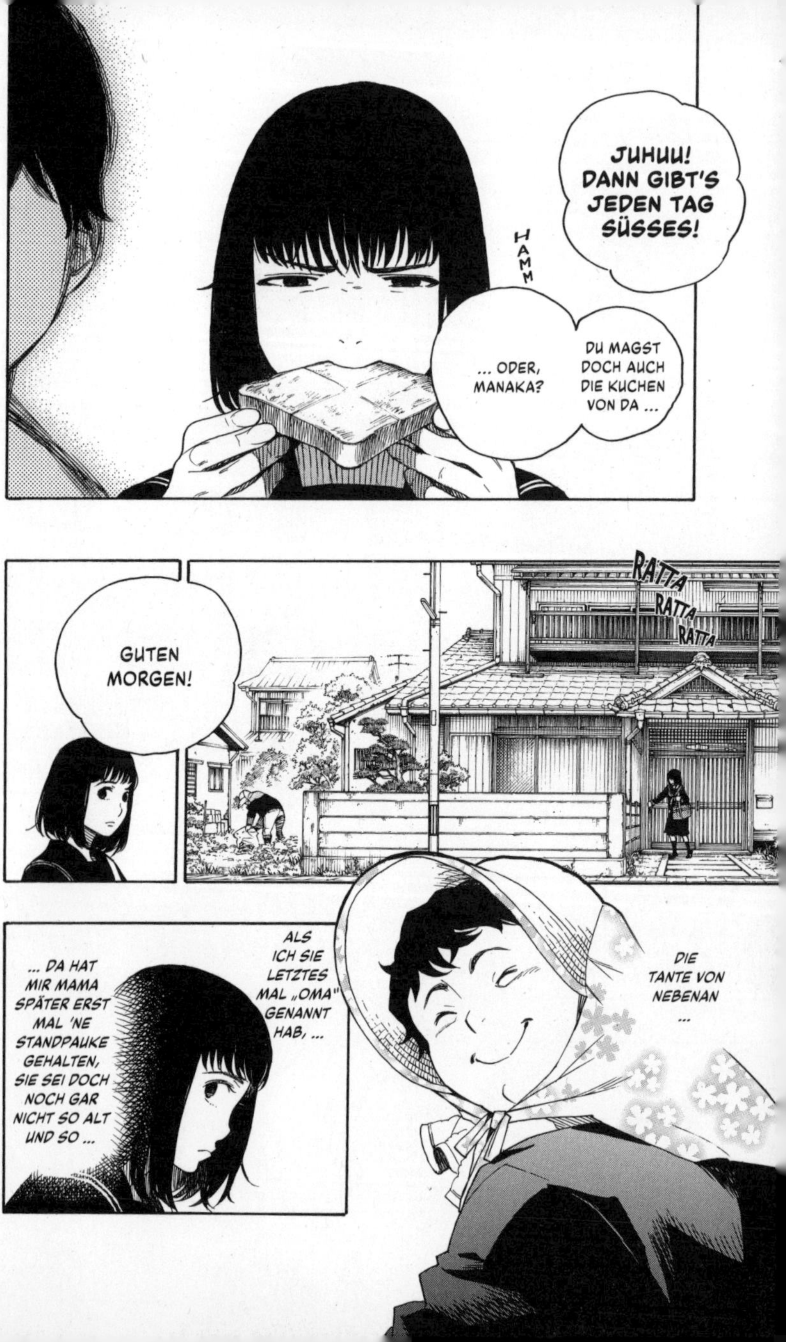
JUHUU! DANN GIBT'S JEDEN TAG SÜSSES!
HAMM
DU MAGST DOCH AUCH DIE KUCHEN VON DA ...
... ODER, MANAKA?
RATTA RATTA RATTA
GUTEN MORGEN!
DIE TANTE VON NEBENAN ...
ALS ICH SIE LETZTES MAL „OMA" GENANNT HAB, ...
... DA HAT MIR MAMA SPÄTER ERST MAL 'NE STANDPAUKE GEHALTEN, SIE SEI DOCH NOCH GAR NICHT SO ALT UND SO ...

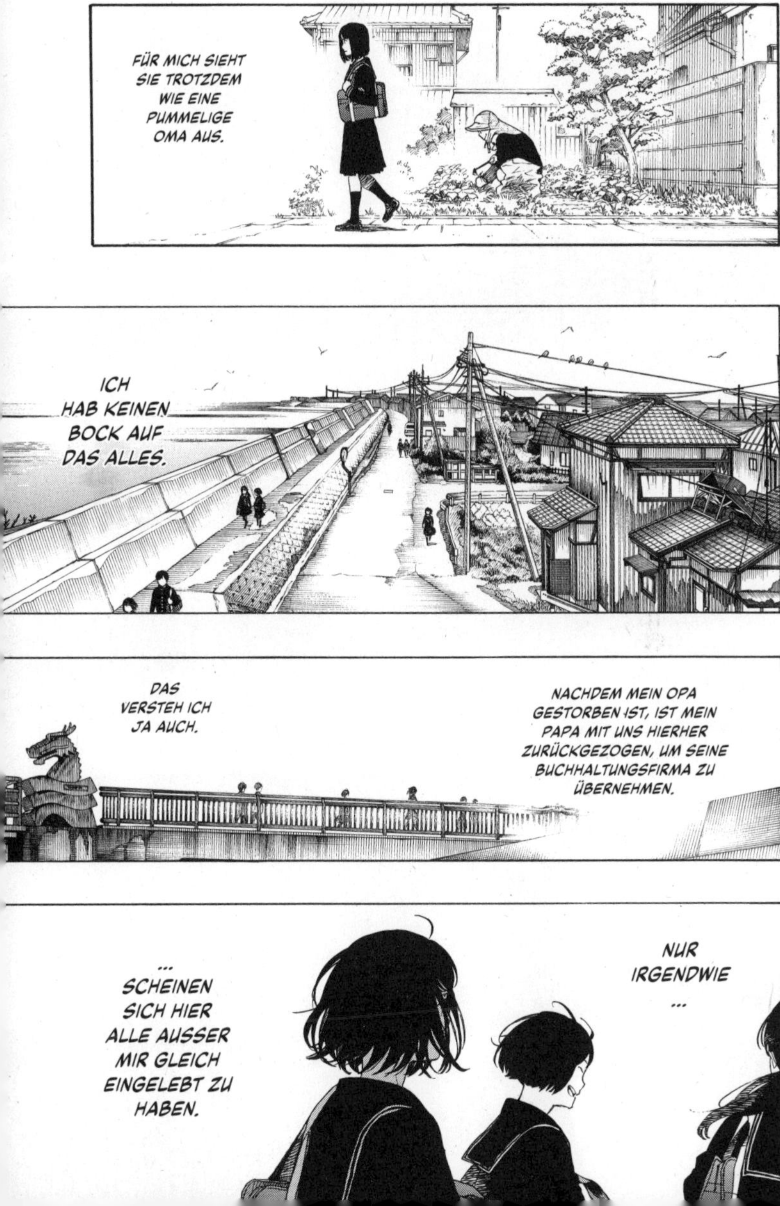
FÜR MICH SIEHT SIE TROTZDEM WIE EINE PUMMELIGE OMA AUS.
ICH HAB KEINEN BOCK AUF DAS ALLES.
NACHDEM MEIN OPA GESTORBEN IST, IST MEIN PAPA MIT UNS HIERHER ZURÜCKGEZOGEN, UM SEINE BUCHHALTUNGSFIRMA ZU ÜBERNEHMEN.
DAS VERSTEH ICH JA AUCH.
NUR IRGENDWIE ...
... SCHEINEN SICH HIER ALLE AUSSER MIR GLEICH EINGELEBT ZU HABEN.

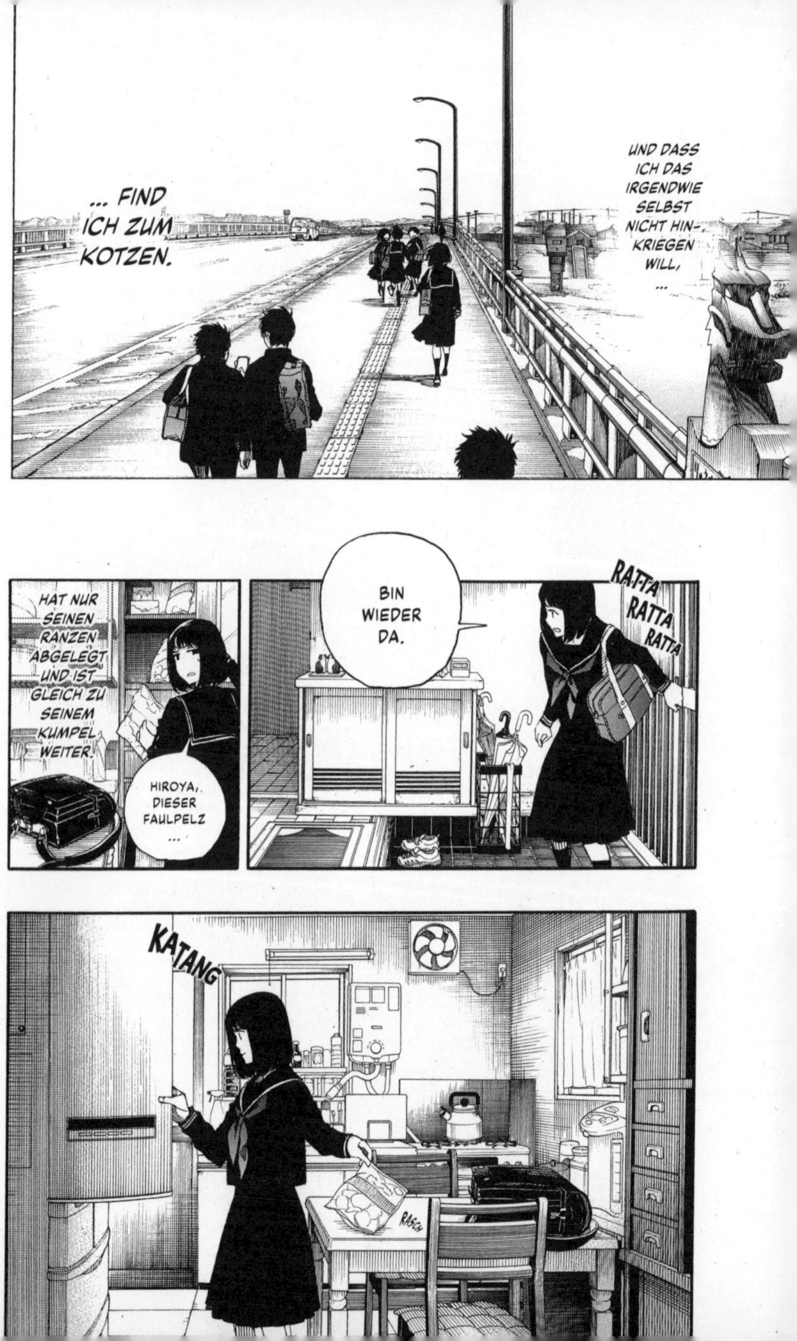
UND DASS ICH DAS IRGENDWIE SELBST NICHT HIN-KRIEGEN WILL, ...
... FIND ICH ZUM KOTZEN.
RATTA RATTA RATTA
BIN WIEDER DA.
HAT NUR SEINEN RANZEN ABGELEGT UND IST GLEICH ZU SEINEM KUMPEL WEITER.
HIROYA, DIESER FAULPELZ ...
KATANG
RASCH

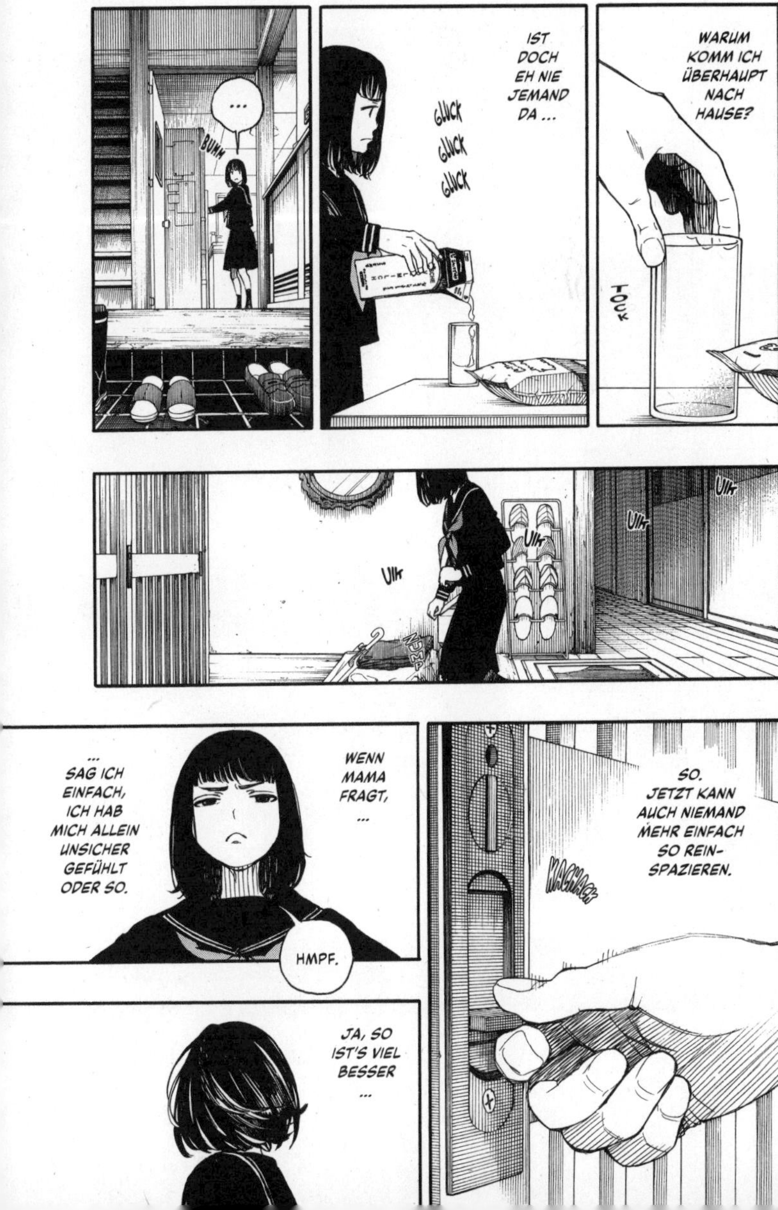
WARUM KOMM ICH ÜBERHAUPT NACH HAUSE?
TOCK
IST DOCH EH NIE JEMAND DA ...
GLUCK
GLUCK
GLUCK
...
BUMM
UIK
UIK
UIK
UIK
SO. JETZT KANN AUCH NIEMAND MEHR EINFACH SO REIN-SPAZIEREN.
KACHACK
WENN MAMA FRAGT, ...
... SAG ICH EINFACH, ICH HAB MICH ALLEIN UNSICHER GEFÜHLT ODER SO.
HMPF.
JA, SO IST'S VIEL BESSER ...

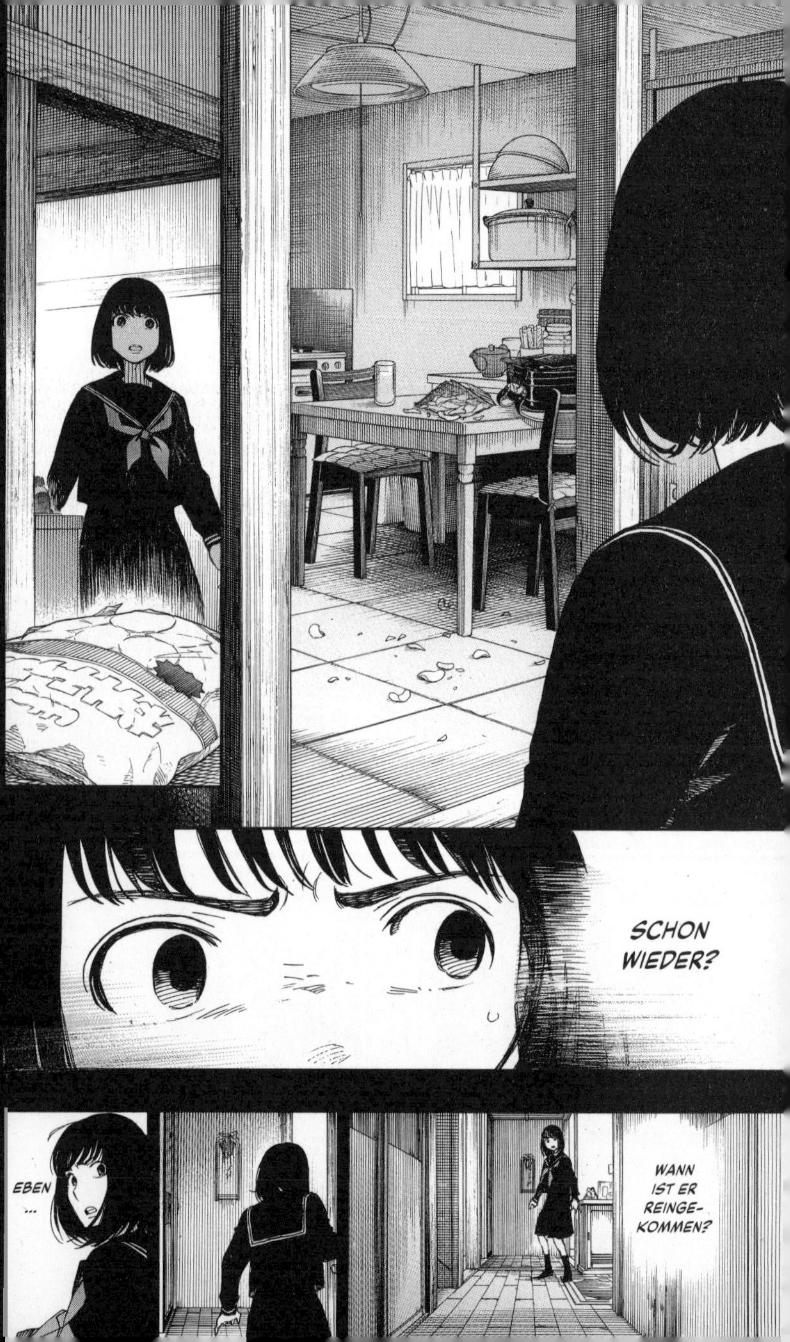
SCHON WIEDER?
WANN IST ER REINGE-KOMMEN?
EBEN ...

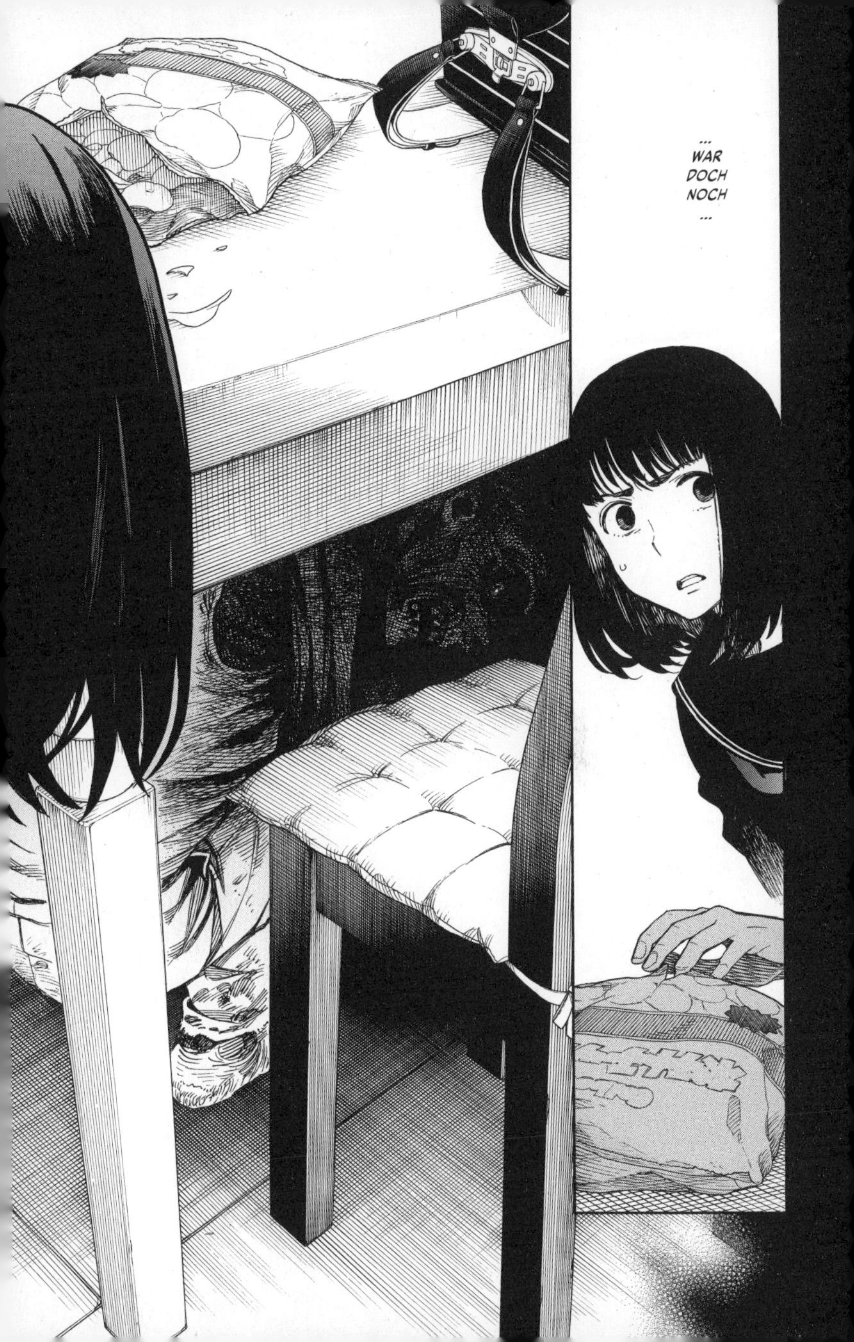
... WAR DOCH NOCH ...

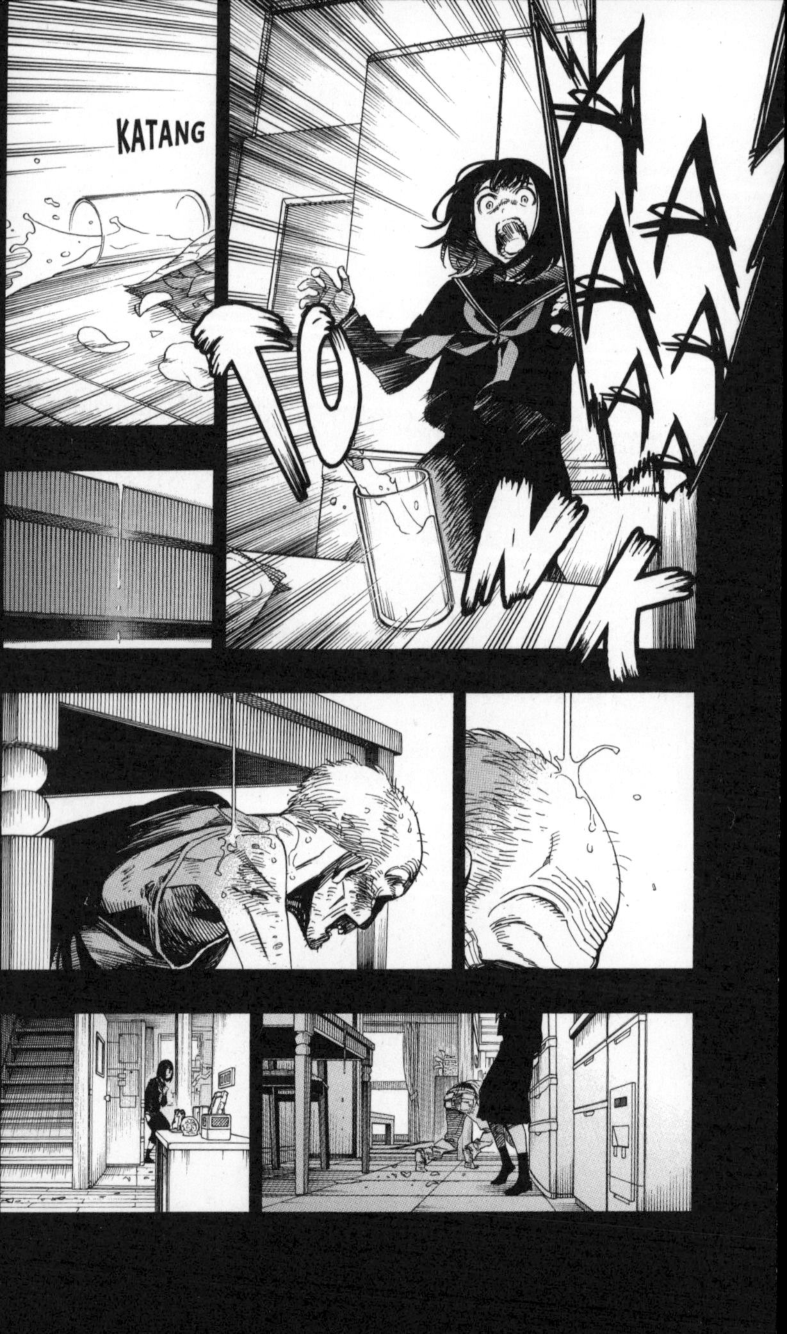
KATANG
MAAAAAA
TONK

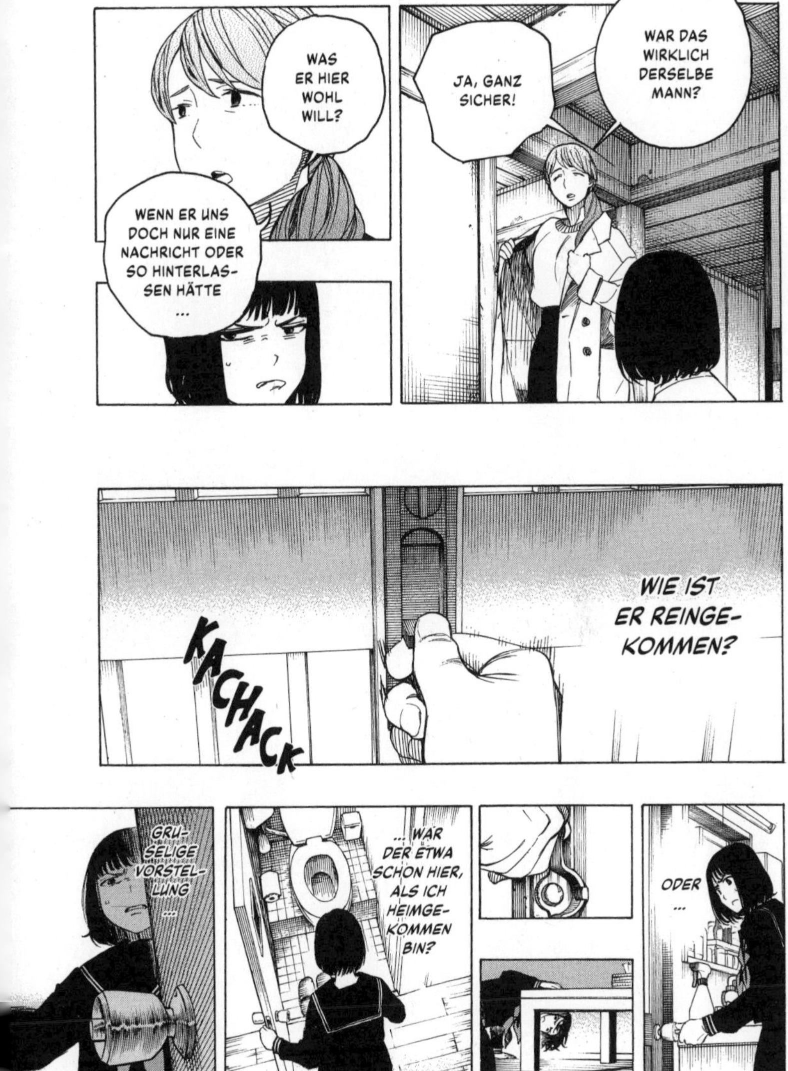
WAR DAS WIRKLICH DERSELBE MANN?
JA, GANZ SICHER!
WAS ER HIER WOHL WILL?
WENN ER UNS DOCH NUR EINE NACHRICHT ODER SO HINTERLAS-SEN HÄTTE ...
WIE IST ER REINGE-KOMMEN?
KACHACK
ODER ...
... WÄR DER ETWA SCHON HIER, ALS ICH HEIMGE-KOMMEN BIN?
GRU-SELIGE VORSTEL-LUNG ...

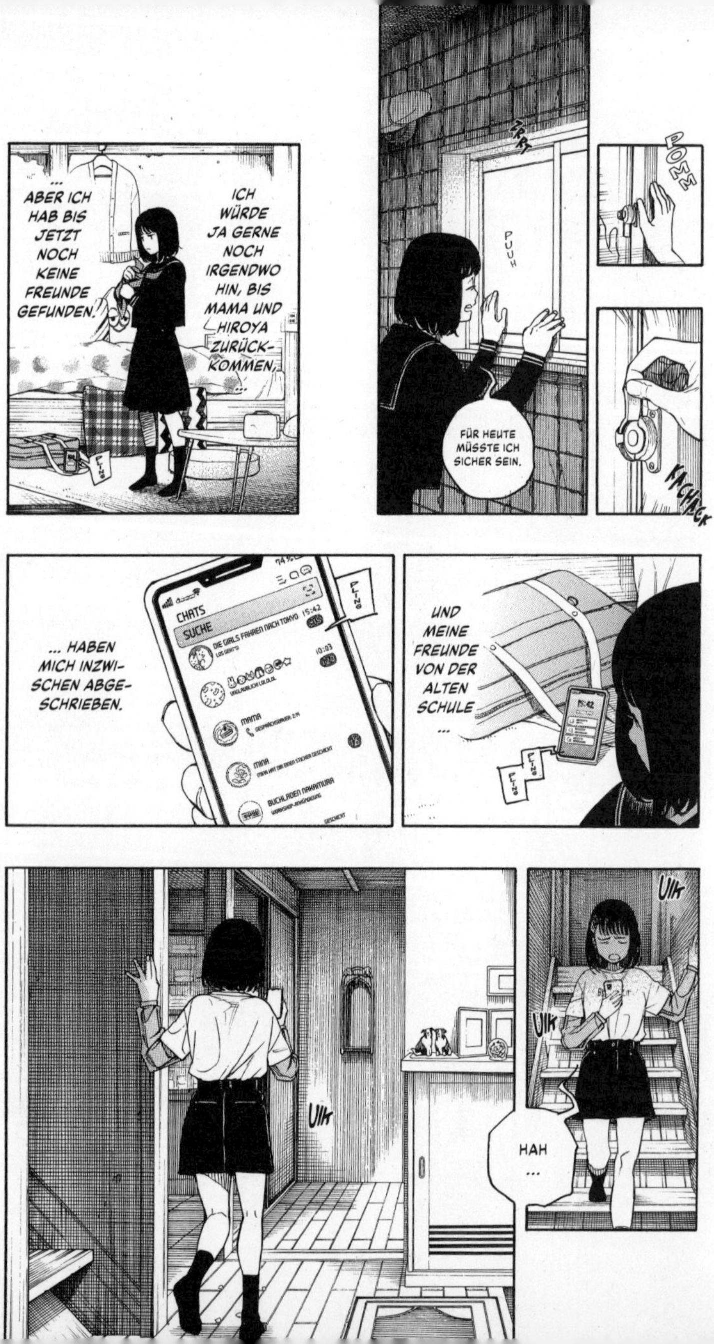
ZRRT
PUUH
FÜR HEUTE MÜSSTE ICH SICHER SEIN.
POMM
KACHACK
ICH WÜRDE JA GERNE NOCH IRGENDWOHIN, BIS MAMA UND HIROYA ZURÜCKKOMMEN, ...
... ABER ICH HAB BIS JETZT NOCH KEINE FREUNDE GEFUNDEN.
PLING
UND MEINE FREUNDE VON DER ALTEN SCHULE ...
PLING
PLING
... HABEN MICH INZWISCHEN ABGESCHRIEBEN.
PLING
CHATS
SUCHE
DIE GIRLS FAHREN NACH TOKYO
15:42
10:03
MAMA
MINA
MINA HAT DIR EINEN STICKER GESCHICKT
BUCHLADEN NAKAMURA
UIK
UIK
HAH ...
UIK

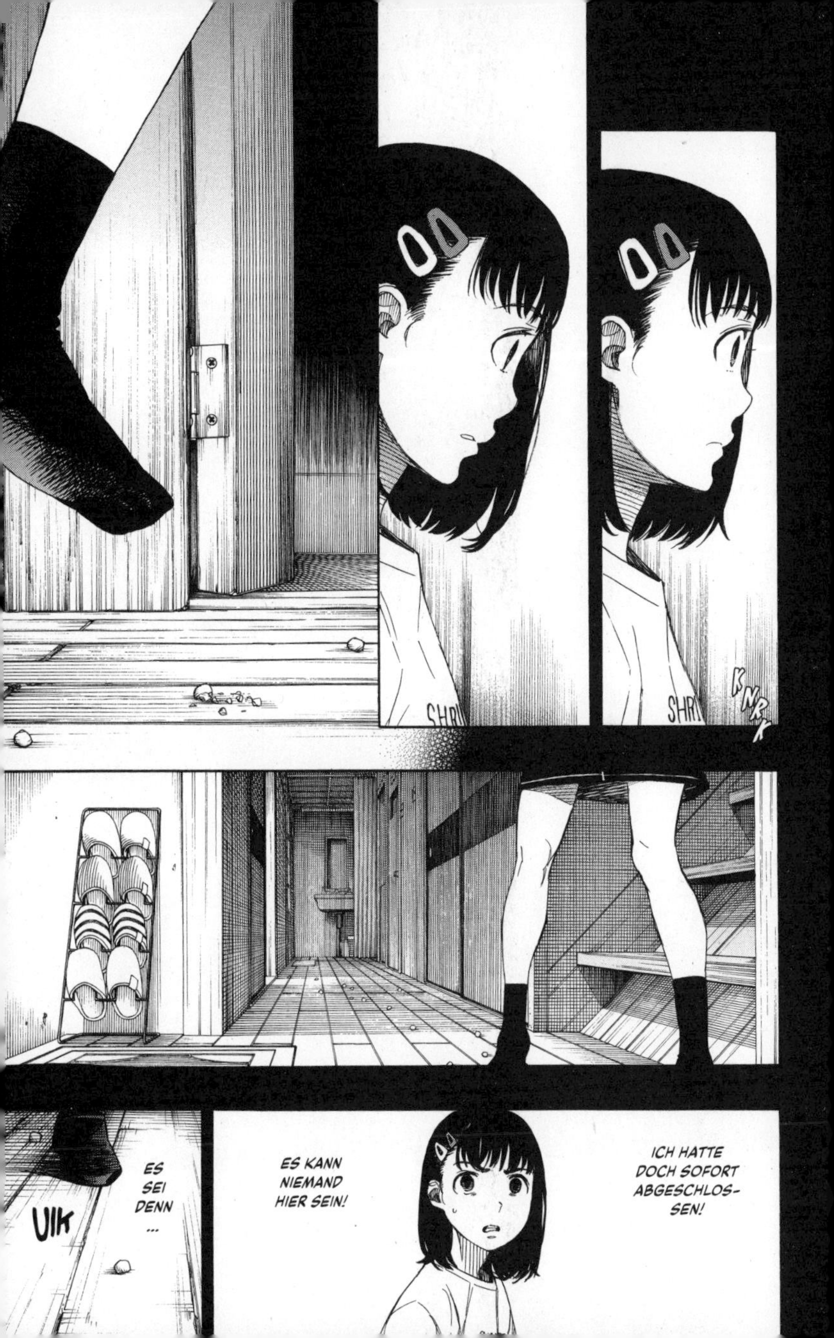
SHRI
SHRI
KNRK
ICH HATTE
DOCH SOFORT
ABGESCHLOS-
SEN!
ES KANN
NIEMAND
HIER SEIN!
ES
SEI
DENN
...
UIK

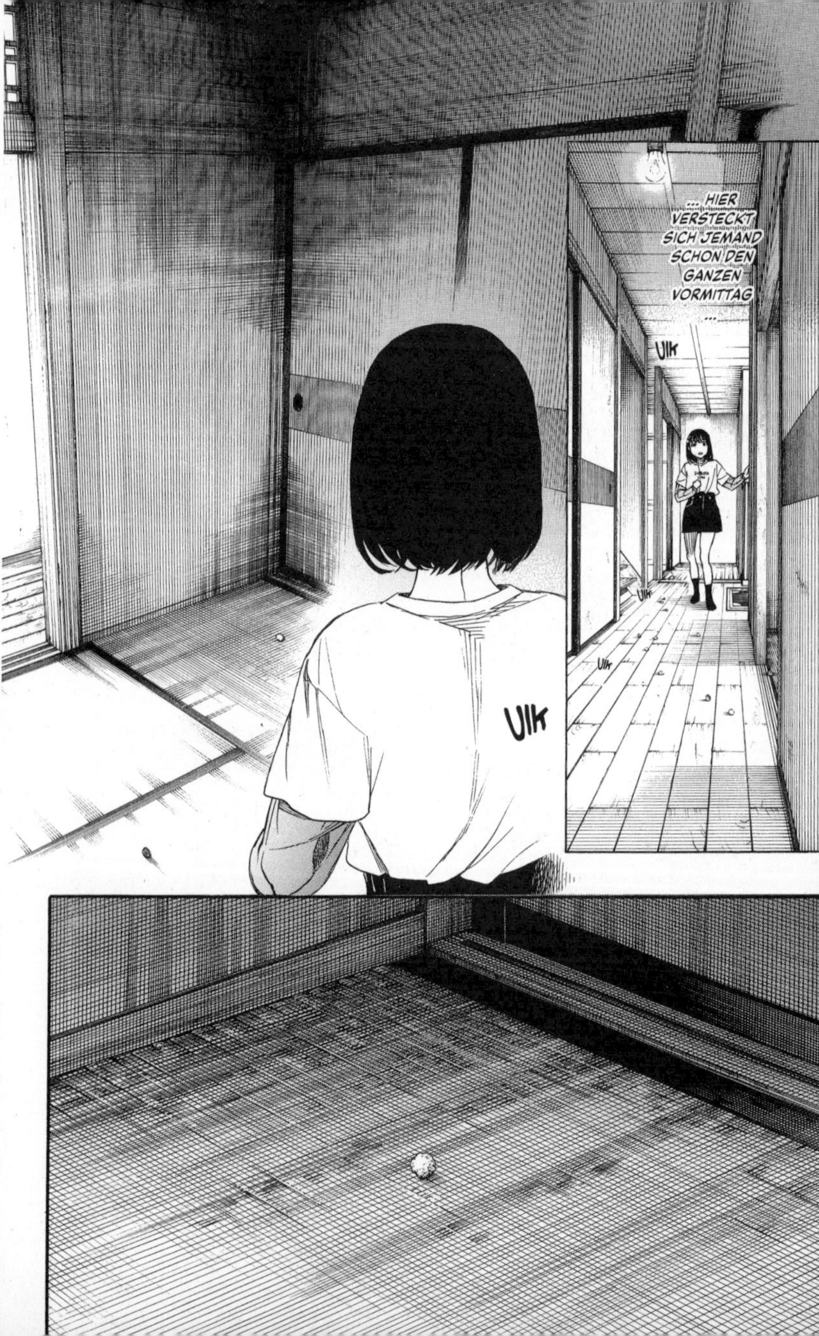
... HIER VERSTECKT SICH JEMAND SCHON DEN GANZEN VORMITTAG ...
Ulk
Ulk
Ulk
Ulk

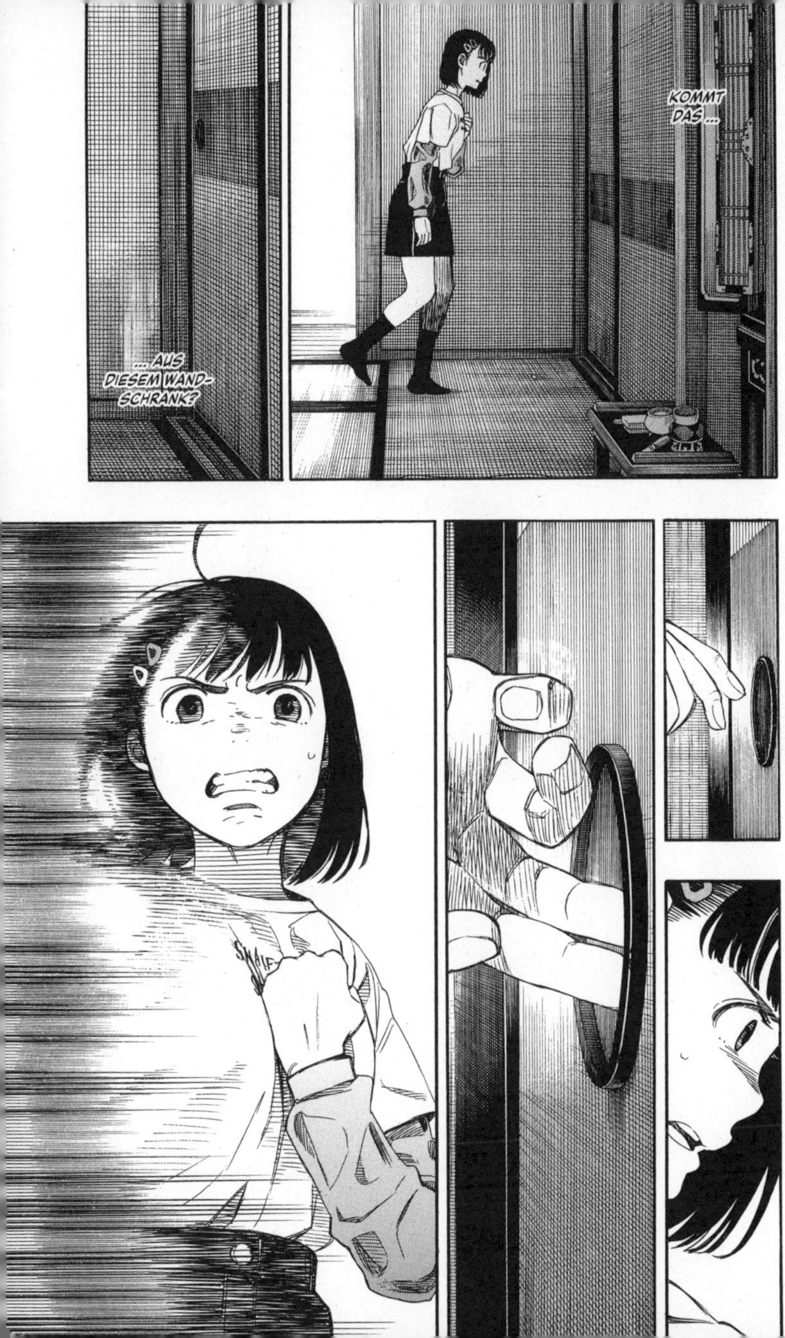
KOMMT DAS ...
... AUS DIESEM WAND-SCHRANK?

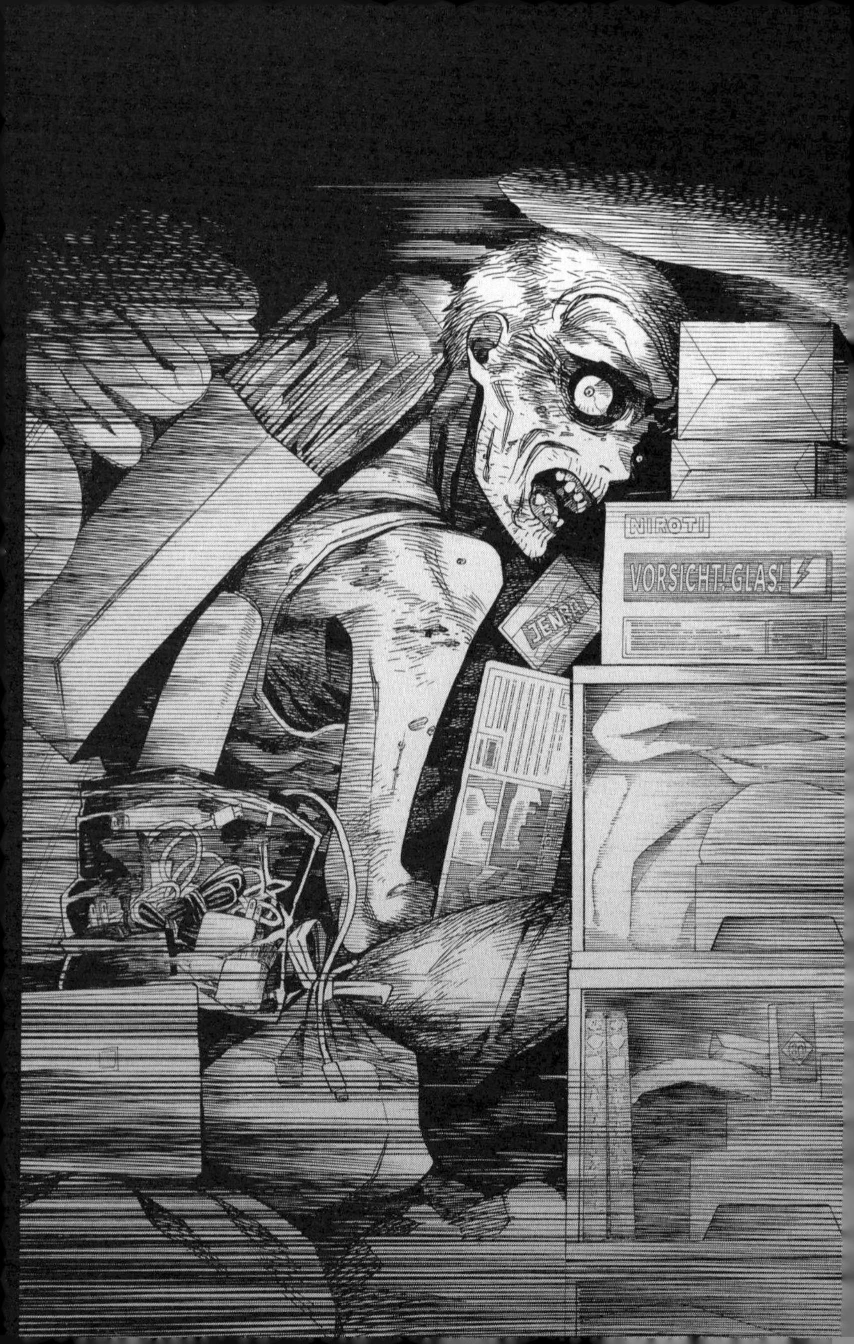
NIROTI
VORSICHT! GLAS!

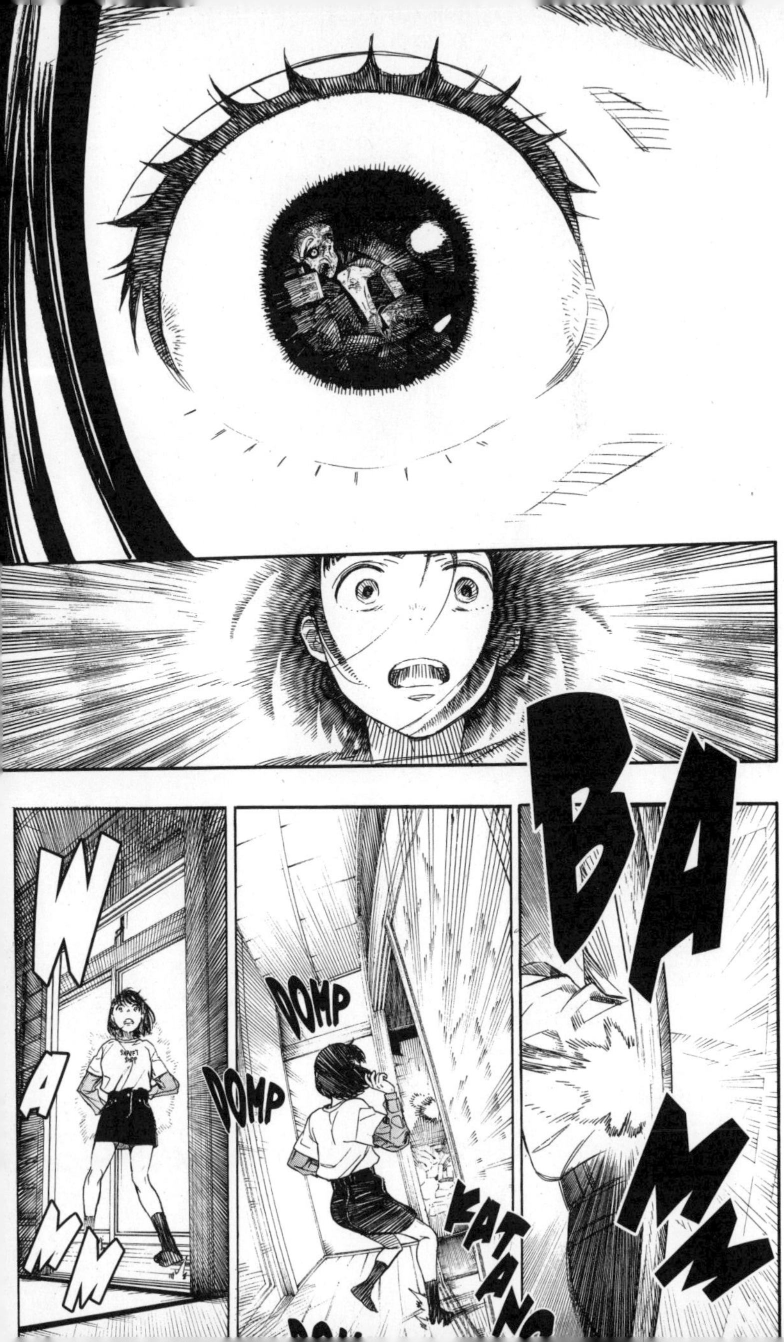
BAMM
DOMP
DOMP
WAMM

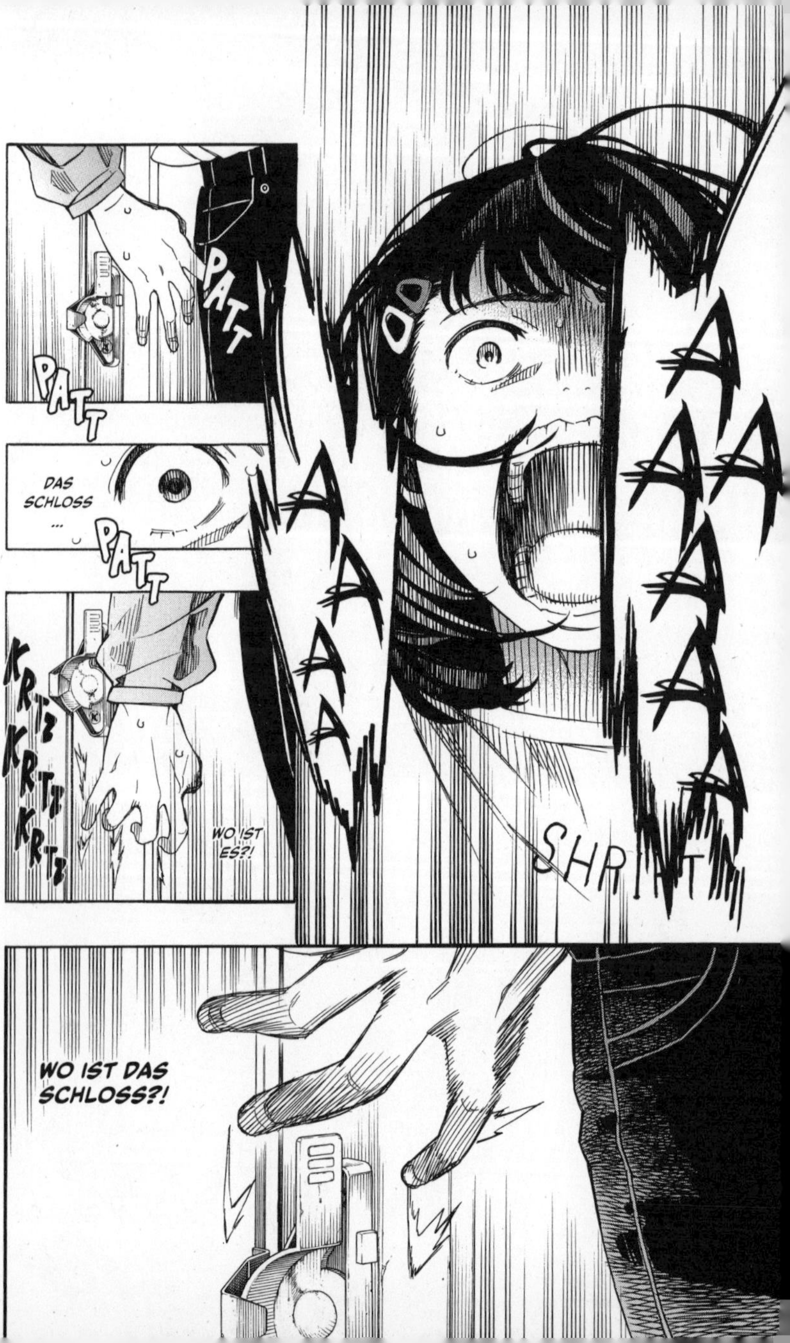
PATT
PATT
DAS SCHLOSS ...
PATT
KRTZ KRTZ KRTZ
WO IST ES?!
AAAAAAAAAAA
AAAAA
SHRI T
WO IST DAS SCHLOSS?!

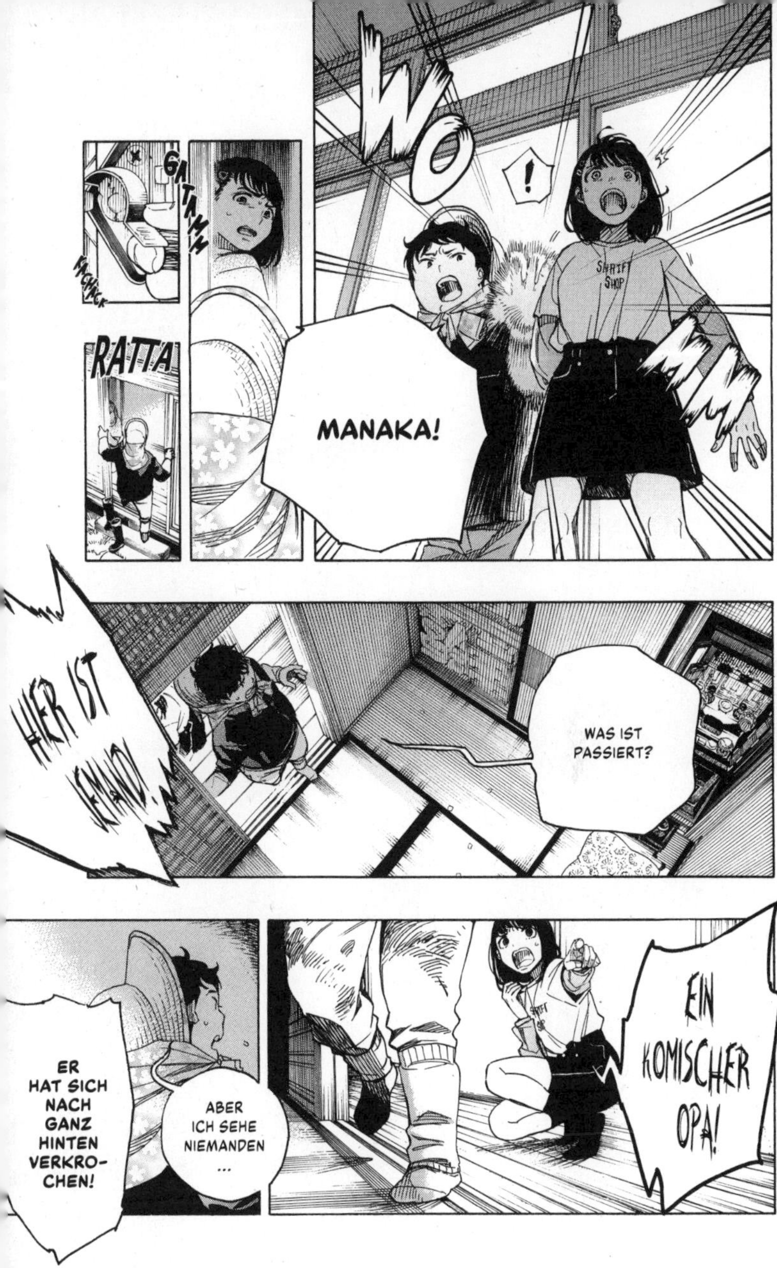
WO
!
MANAKA!
GATAMM
RATTA
WAS IST PASSIERT?
HIER IST JEMAND!
EIN KOMISCHER OPA!
ABER ICH SEHE NIEMANDEN ...
ER HAT SICH NACH GANZ HINTEN VERKRO-CHEN!

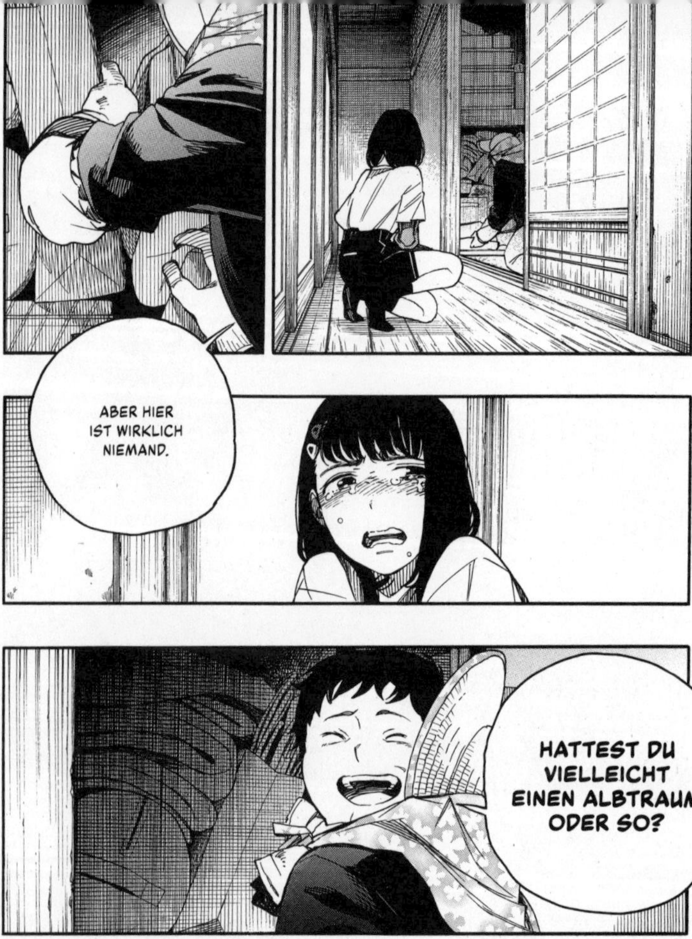
ABER HIER IST WIRKLICH NIEMAND.
HATTEST DU VIELLEICHT EINEN ALBTRAUM ODER SO?

SEITDEM

...

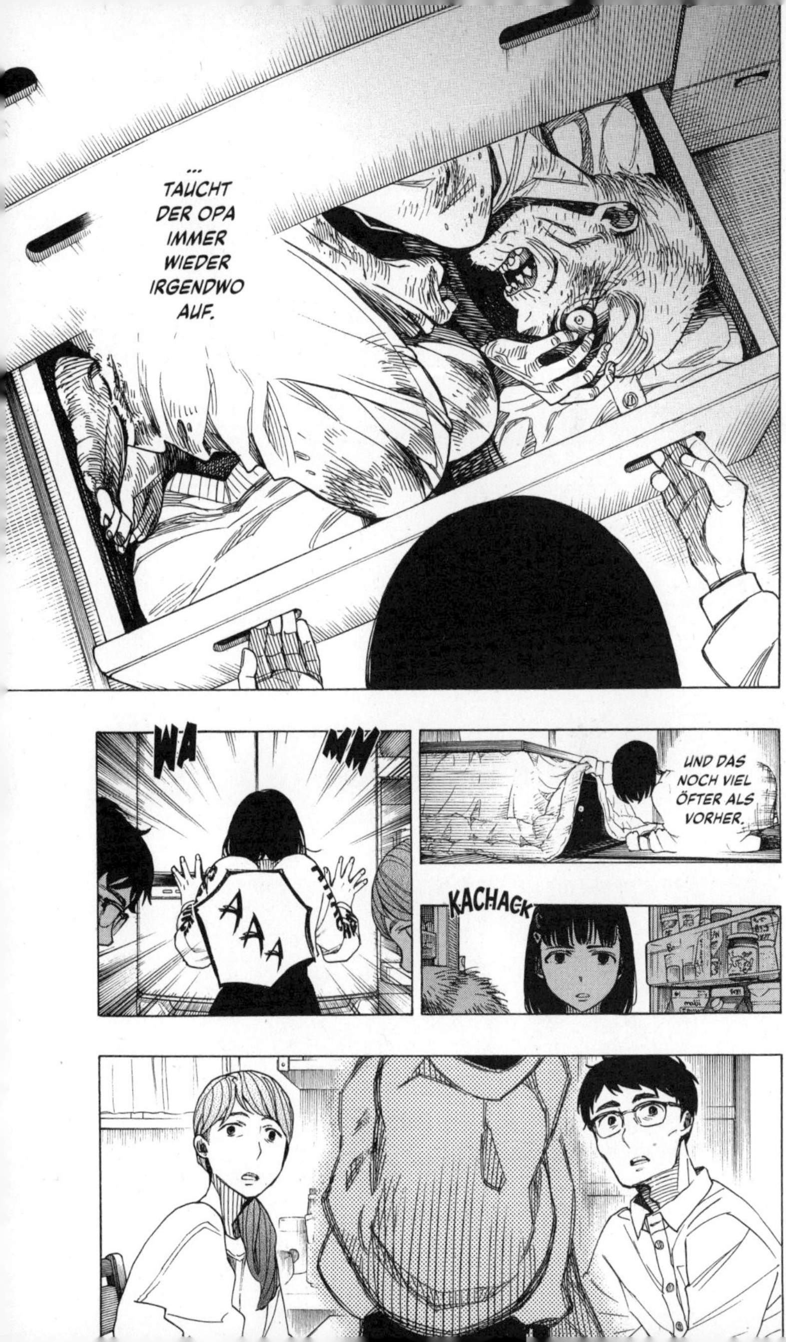

... TAUCHT DER OPA IMMER WIEDER IRGENDWO AUF.
UND DAS NOCH VIEL ÖFTER ALS VORHER.
WAMM
AAA
KACHACK

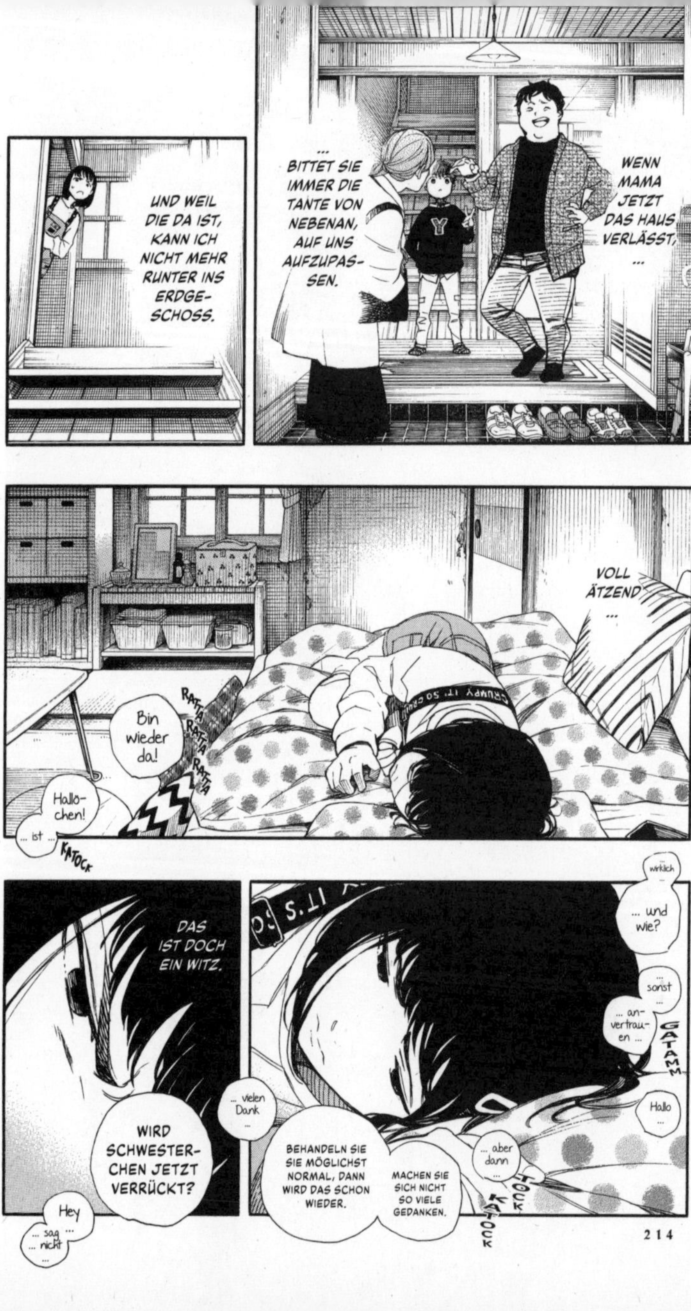
WENN MAMA JETZT DAS HAUS VERLÄSST, ...
... BITTET SIE IMMER DIE TANTE VON NEBENAN, AUF UNS AUFZUPASSEN.
UND WEIL DIE DA IST, KANN ICH NICHT MEHR RUNTER INS ERDGESCHOSS.
VOLL ÄTZEND ...
Bin wieder da!
RATTA RATTA RATTA
Hallöchen!
... ist ...
KATOCK
... wirklich ...
... und wie?
... sonst ...
... anvertrauen ...
GATAMM
Hallo ...
... aber dann ...
TOCK
KATOCK
MACHEN SIE SICH NICHT SO VIELE GEDANKEN.
BEHANDELN SIE SIE MÖGLICHST NORMAL, DANN WIRD DAS SCHON WIEDER.
... vielen Dank ...
DAS IST DOCH EIN WITZ.
WIRD SCHWESTERCHEN JETZT VERRÜCKT?
Hey ...
... sag ... nicht ...

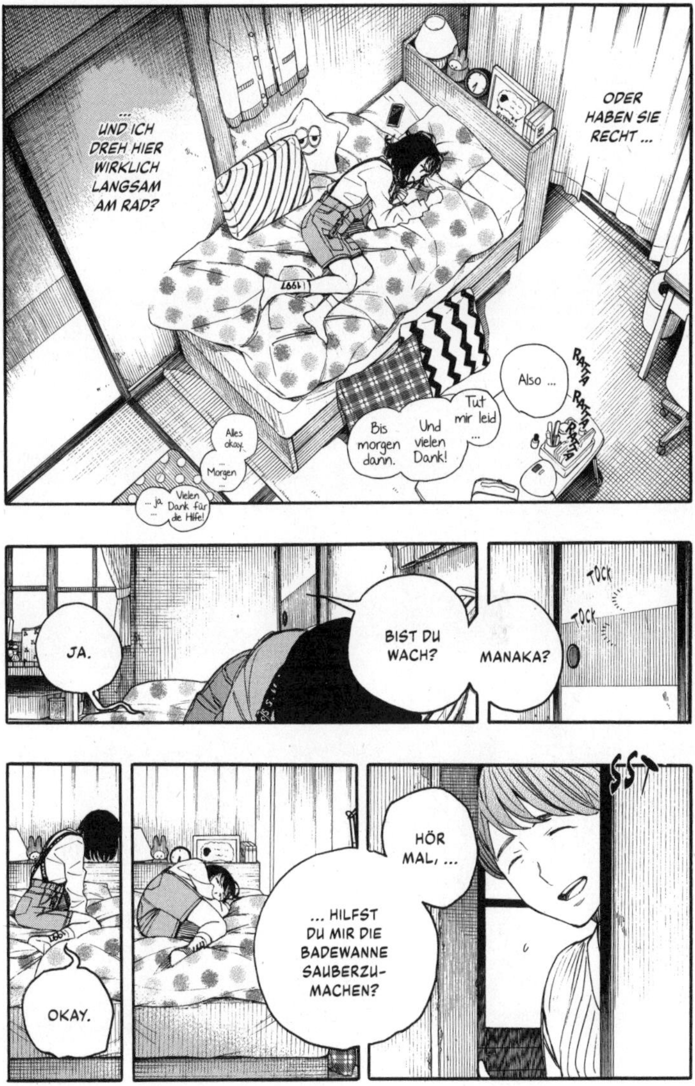
ODER HABEN SIE RECHT ...
... UND ICH DREH HIER WIRKLICH LANGSAM AM RAD?
RATTA RATTA RATTA
Also ...
Tut mir leid ...
Und vielen Dank!
Bis morgen dann.
Alles okay.
... Morgen ...
Vielen Dank für die Hilfe!
... ja ...
TOCK
TOCK
MANAKA?
BIST DU WACH?
JA.
SST
HÖR MAL, ...
... HILFST DU MIR DIE BADEWANNE SAUBERZUMACHEN?
OKAY.

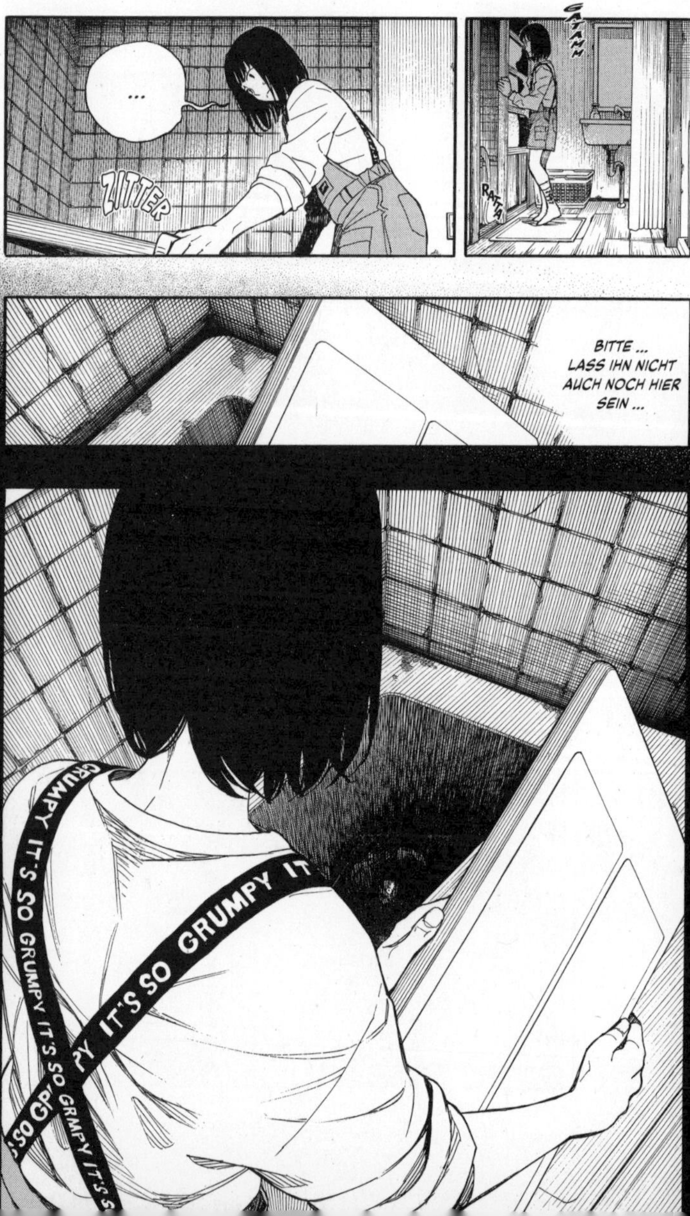
GATAMM
RATTA
...
ZITTER
BITTE ...
LASS IHN NICHT
AUCH NOCH HIER
SEIN ...
IT'S SO GRUMPY IT'S SO GRUMPY IT'S

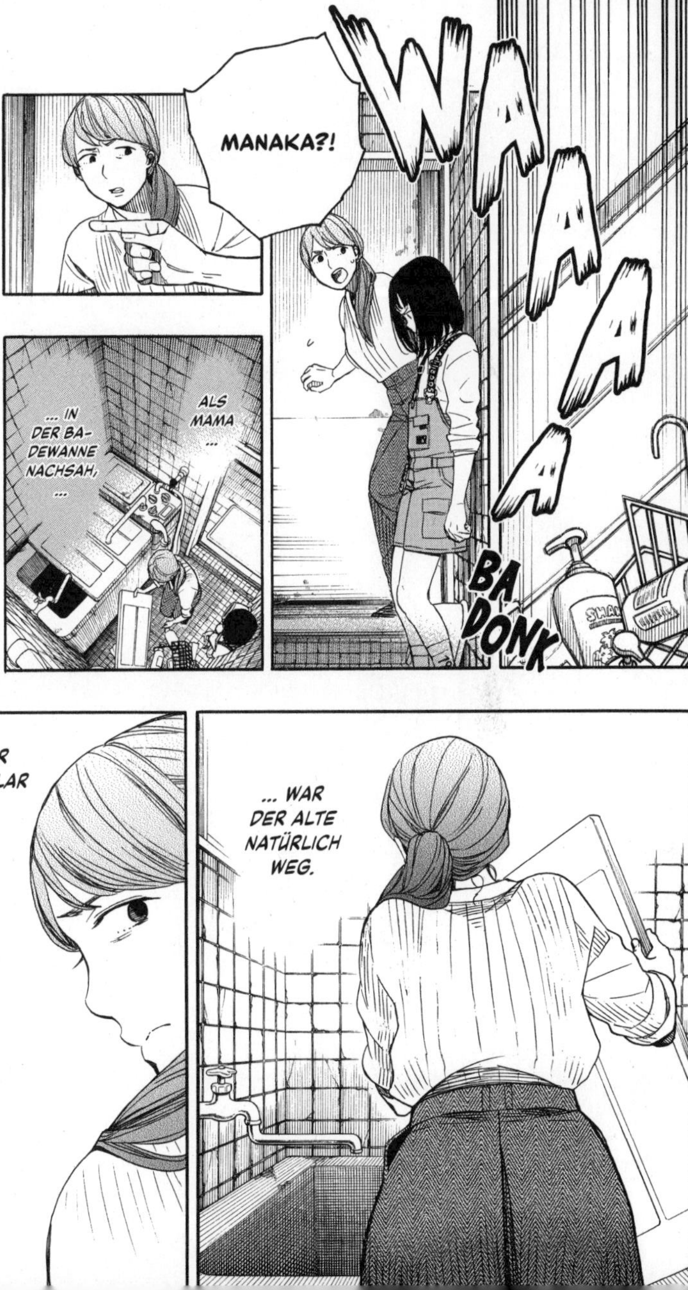
WAAAAA
BADONK
MANAKA?!
ALS MAMA ...
... IN DER BADEWANNE NACHSAH, ...
... WAR DER ALTE NATÜRLICH WEG.
WAR JA KLAR ...

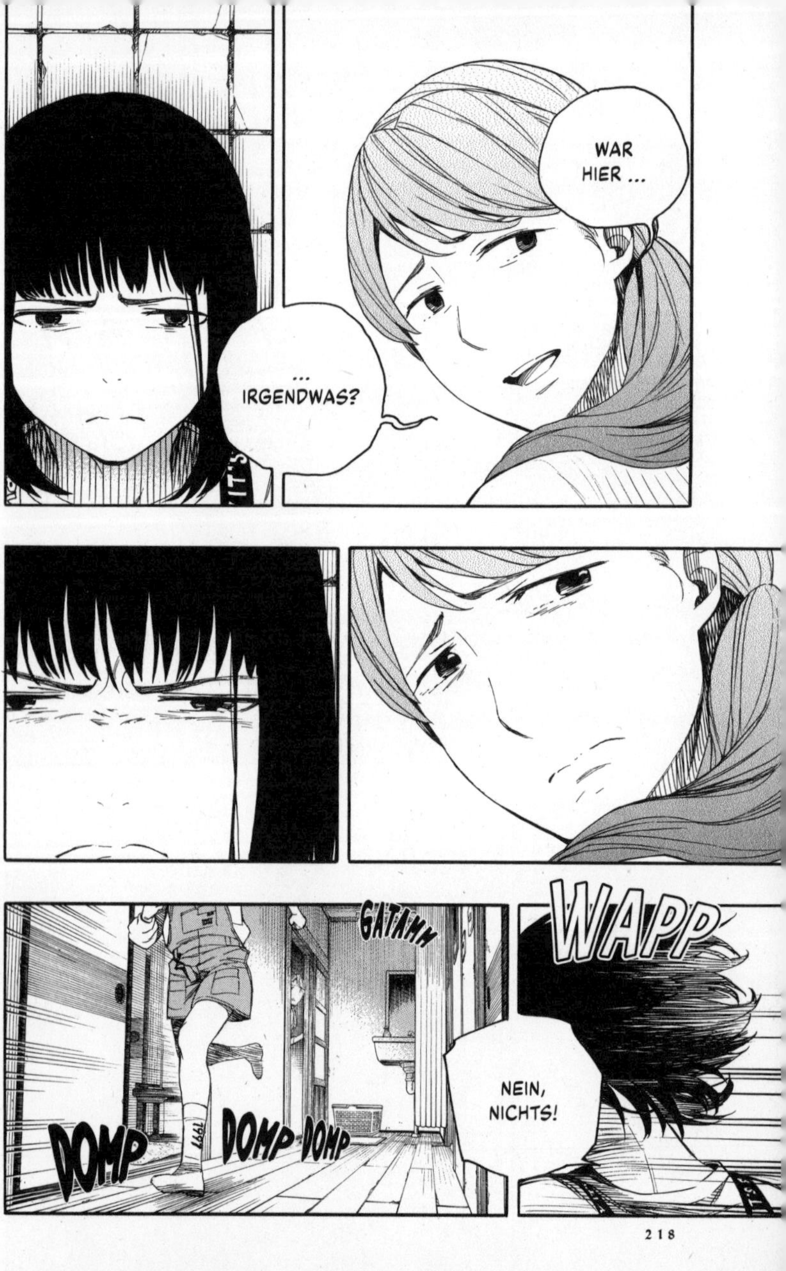
WAR HIER ...
... IRGENDWAS?
GATAMM
WAPP
NEIN, NICHTS!
DOMP
DOMP DOMP

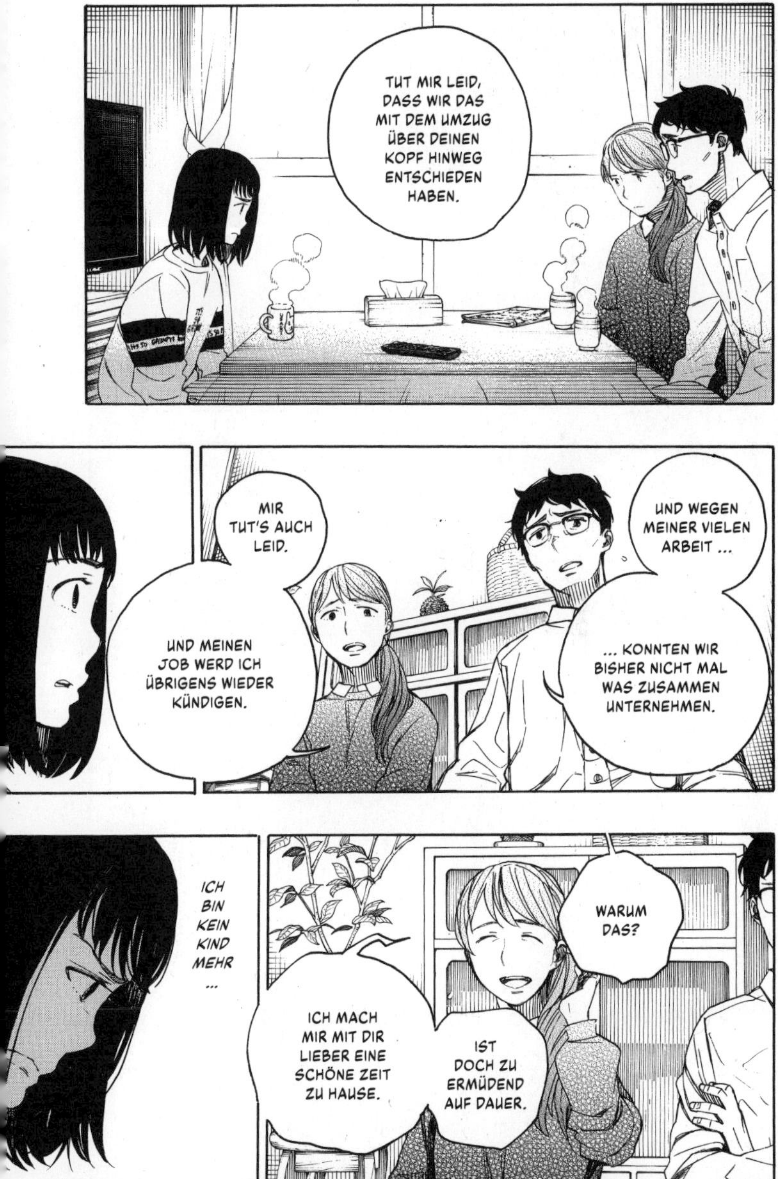
TUT MIR LEID, DASS WIR DAS MIT DEM UMZUG ÜBER DEINEN KOPF HINWEG ENTSCHIEDEN HABEN.
UND WEGEN MEINER VIELEN ARBEIT ...
... KONNTEN WIR BISHER NICHT MAL WAS ZUSAMMEN UNTERNEHMEN.
MIR TUT'S AUCH LEID.
UND MEINEN JOB WERD ICH ÜBRIGENS WIEDER KÜNDIGEN.
WARUM DAS?
IST DOCH ZU ERMÜDEND AUF DAUER.
ICH MACH MIR MIT DIR LIEBER EINE SCHÖNE ZEIT ZU HAUSE.
ICH BIN KEIN KIND MEHR ...

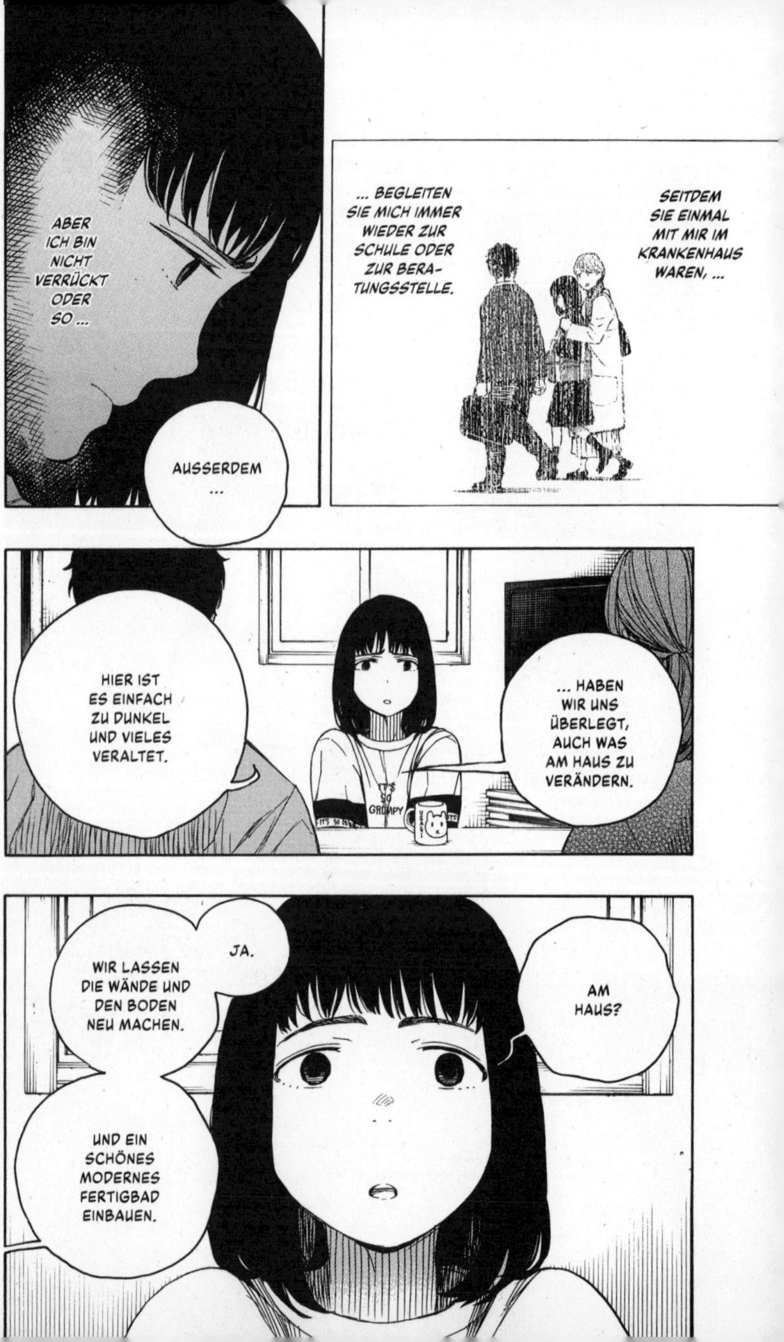
SEITDEM SIE EINMAL MIT MIR IM KRANKENHAUS WAREN, ...
... BEGLEITEN SIE MICH IMMER WIEDER ZUR SCHULE ODER ZUR BERA-TUNGSSTELLE.
ABER ICH BIN NICHT VERRÜCKT ODER SO ...
AUSSERDEM ...
... HABEN WIR UNS ÜBERLEGT, AUCH WAS AM HAUS ZU VERÄNDERN.
HIER IST ES EINFACH ZU DUNKEL UND VIELES VERALTET.
AM HAUS?
JA.
WIR LASSEN DIE WÄNDE UND DEN BODEN NEU MACHEN.
UND EIN SCHÖNES MODERNES FERTIGBAD EINBAUEN.

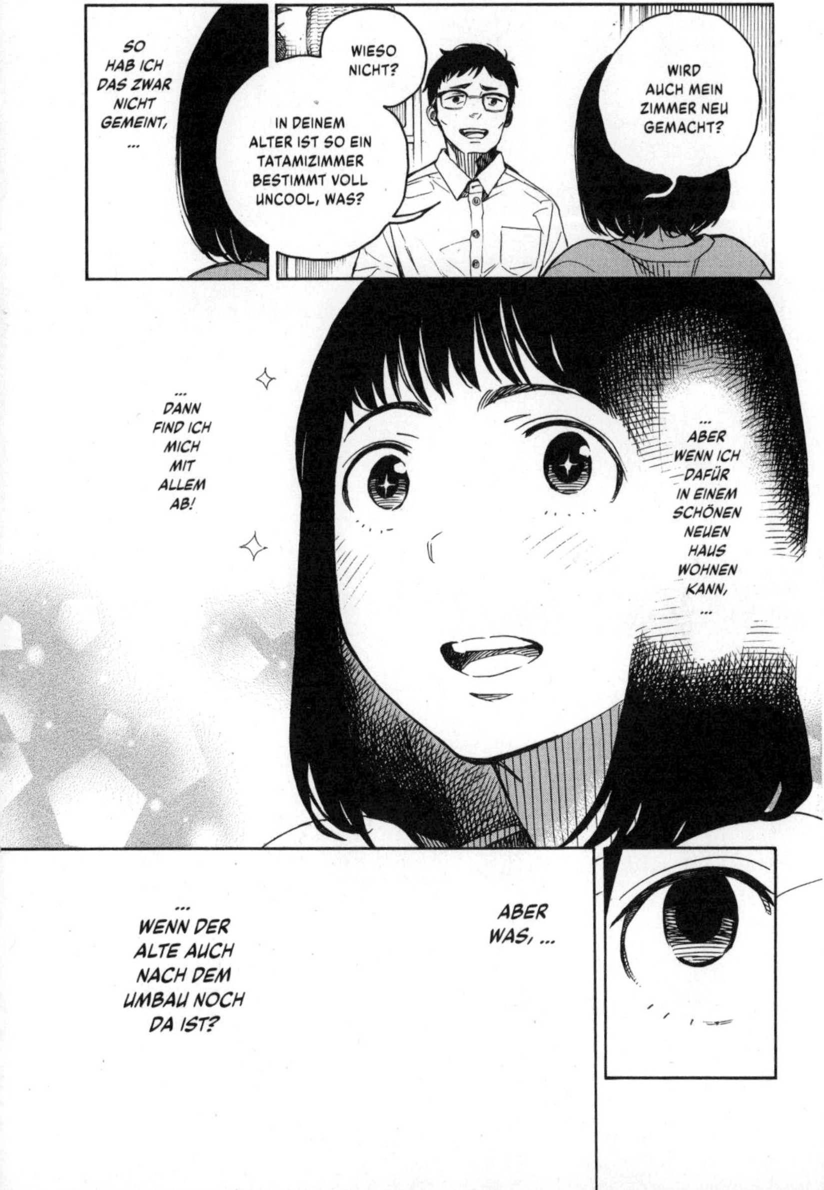

WIRD AUCH MEIN ZIMMER NEU GEMACHT?
WIESO NICHT?
IN DEINEM ALTER IST SO EIN TATAMIZIMMER BESTIMMT VOLL UNCOOL, WAS?
SO HAB ICH DAS ZWAR NICHT GEMEINT, ...
... ABER WENN ICH DAFÜR IN EINEM SCHÖNEN NEUEN HAUS WOHNEN KANN, ...
... DANN FIND ICH MICH MIT ALLEM AB!
ABER WAS, ...
... WENN DER ALTE AUCH NACH DEM UMBAU NOCH DA IST?

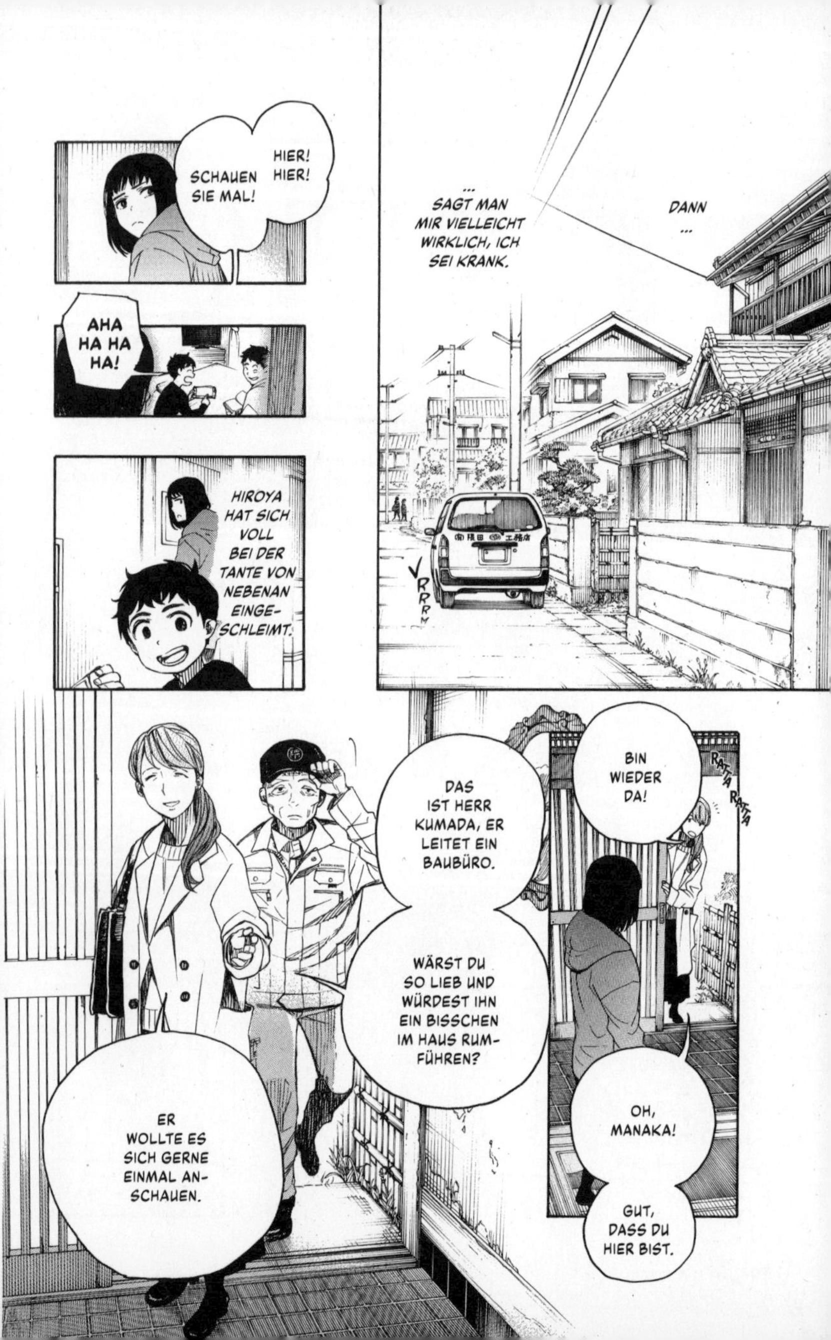
DANN ...
... SAGT MAN MIR VIELLEICHT WIRKLICH, ICH SEI KRANK.
VRRRM
HIER! HIER!
SCHAUEN SIE MAL!
AHA HA HA HA!
HIROYA HAT SICH VOLL BEI DER TANTE VON NEBENAN EINGE-SCHLEIMT.
RATTA RATTA
BIN WIEDER DA!
OH, MANAKA!
GUT, DASS DU HIER BIST.
DAS IST HERR KUMADA, ER LEITET EIN BAUBÜRO.
WÄRST DU SO LIEB UND WÜRDEST IHN EIN BISSCHEN IM HAUS RUM-FÜHREN?
ER WOLLTE ES SICH GERNE EINMAL AN-SCHAUEN.

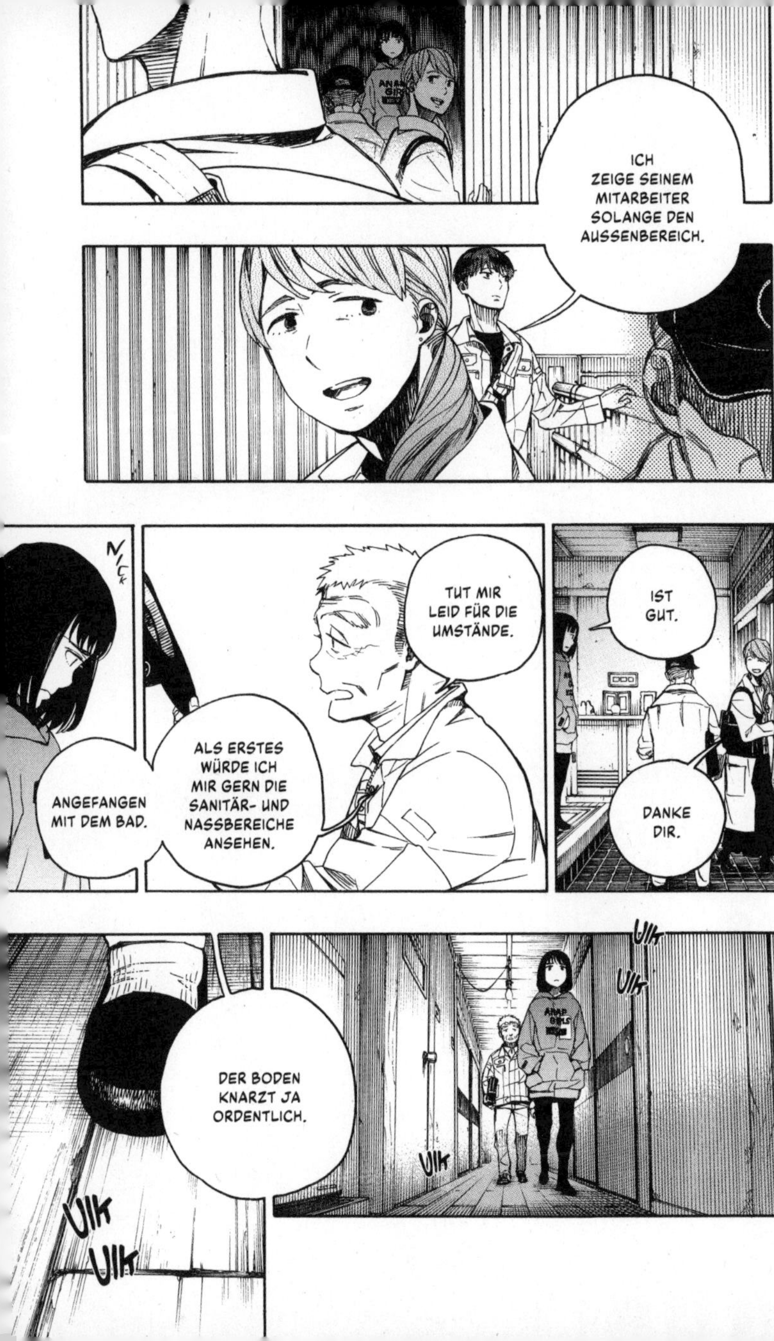
ICH ZEIGE SEINEM MITARBEITER SOLANGE DEN AUSSENBEREICH.
IST GUT.
DANKE DIR.
TUT MIR LEID FÜR DIE UMSTÄNDE.
ALS ERSTES WÜRDE ICH MIR GERN DIE SANITÄR- UND NASSBEREICHE ANSEHEN.
NICK
ANGEFANGEN MIT DEM BAD.
UIK
UIK
UIK
DER BODEN KNARZT JA ORDENTLICH.
UIK
UIK

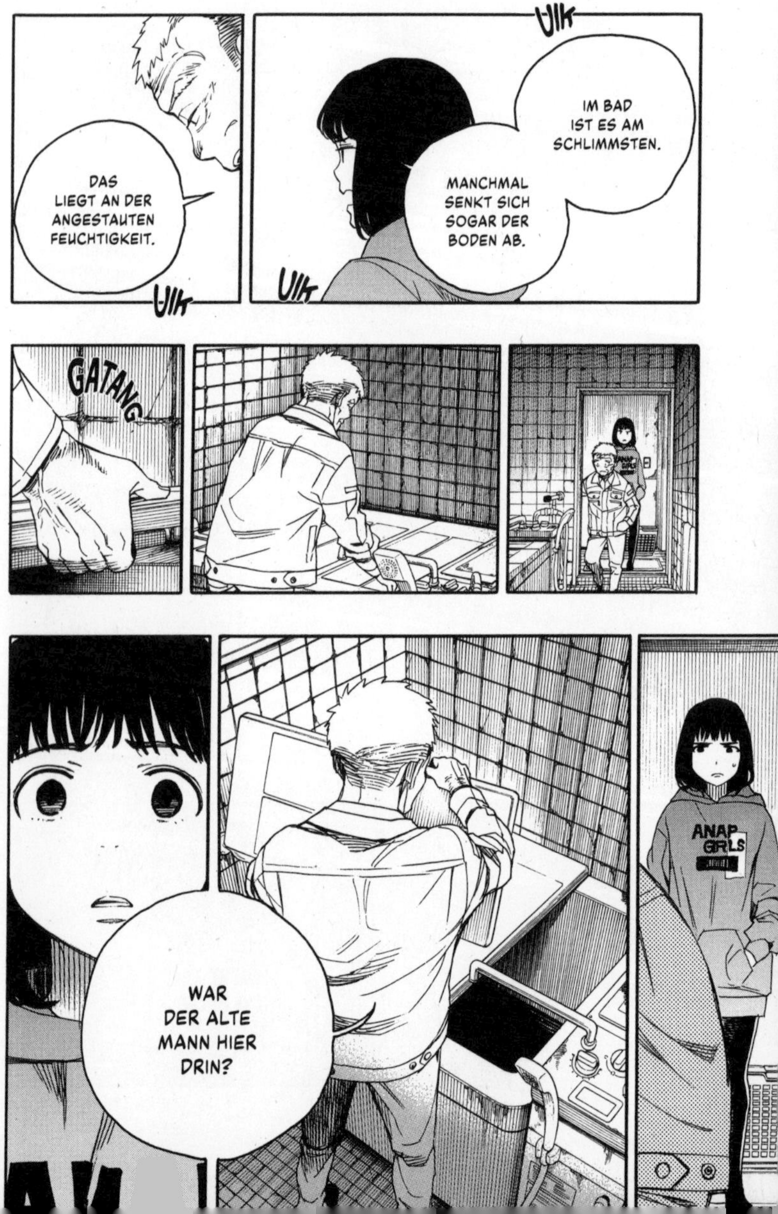
UIK
IM BAD IST ES AM SCHLIMMSTEN.
MANCHMAL SENKT SICH SOGAR DER BODEN AB.
UIK
DAS LIEGT AN DER ANGESTAUTEN FEUCHTIGKEIT.
UIK
GATANG
WAR DER ALTE MANN HIER DRIN?

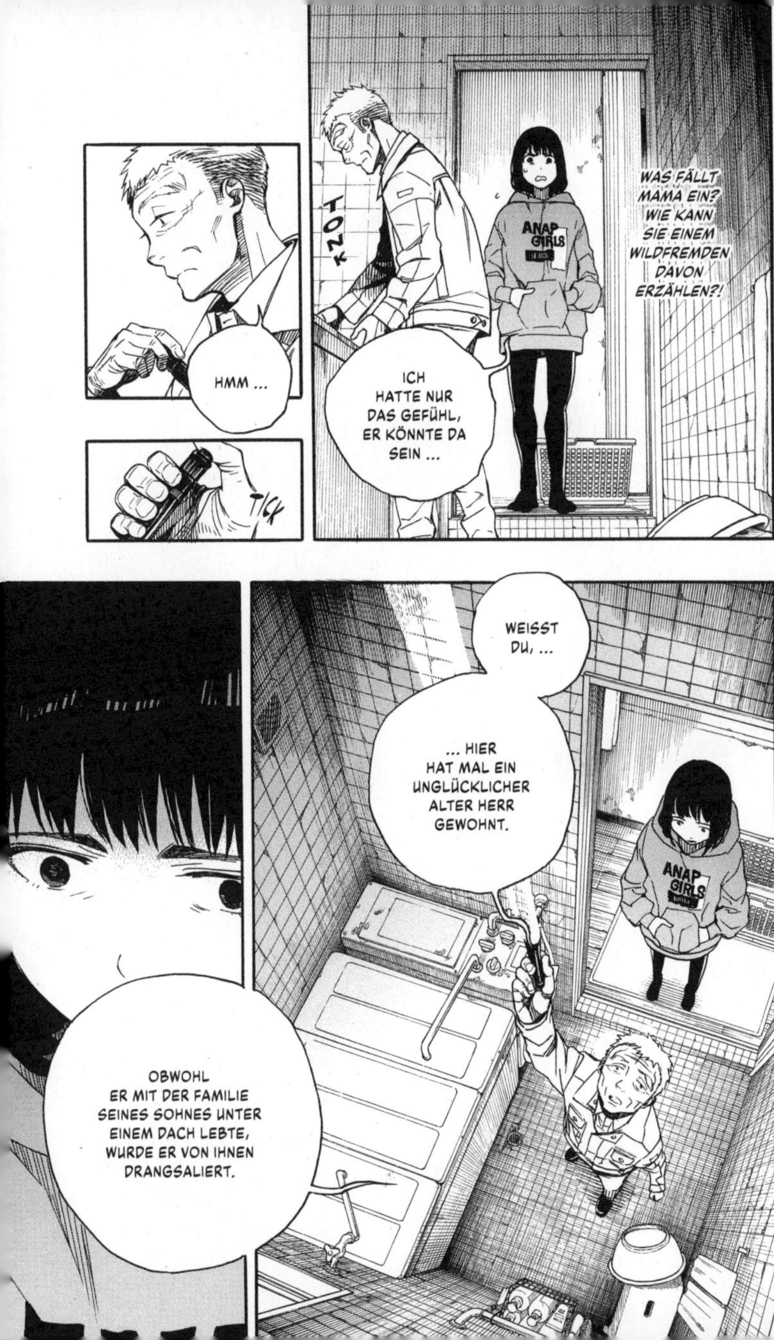
WAS FÄLLT MAMA EIN? WIE KANN SIE EINEM WILDFREMDEN DAVON ERZÄHLEN?!
TONK
ICH HATTE NUR DAS GEFÜHL, ER KÖNNTE DA SEIN ...
HMM ...
TICK
WEISST DU, ...
... HIER HAT MAL EIN UNGLÜCKLICHER ALTER HERR GEWOHNT.
OBWOHL ER MIT DER FAMILIE SEINES SOHNES UNTER EINEM DACH LEBTE, WURDE ER VON IHNEN DRANGSALIERT.

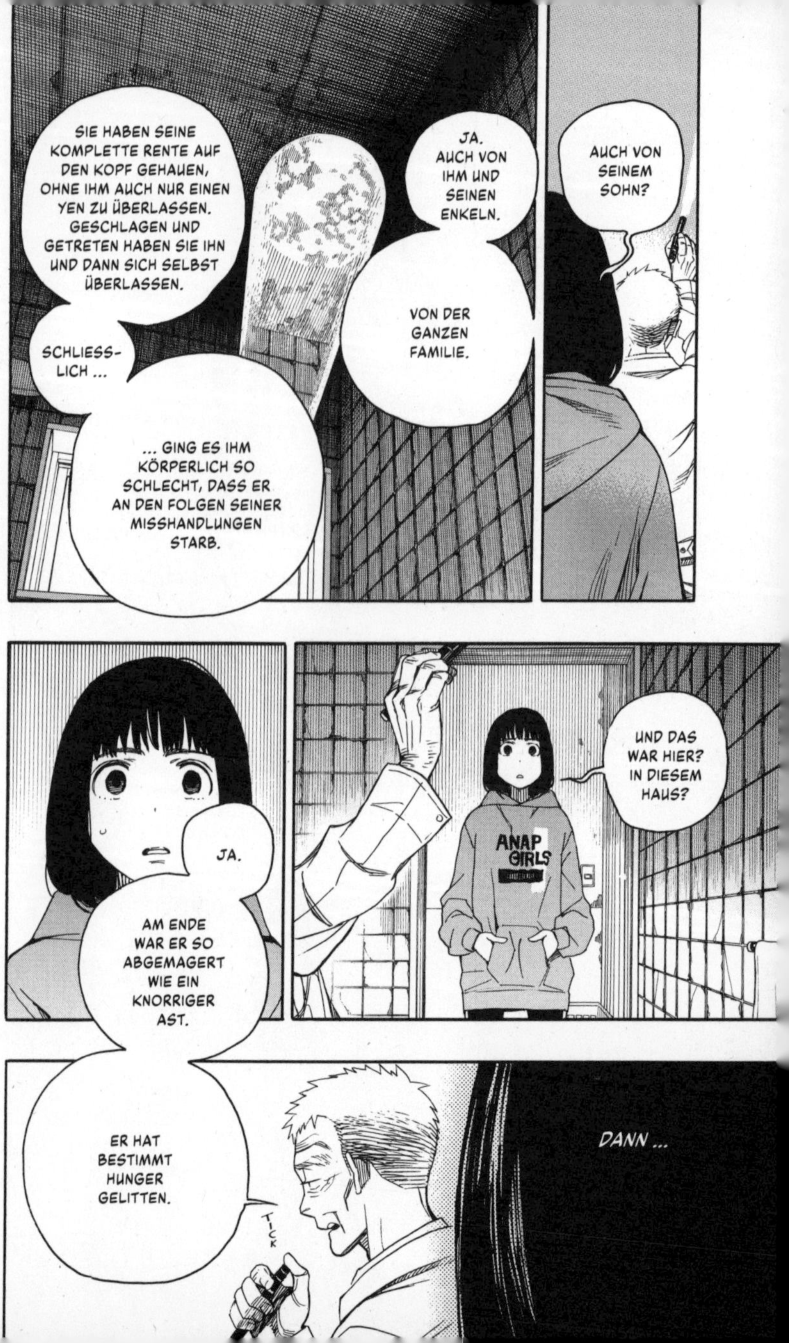

AUCH VON SEINEM SOHN?
JA. AUCH VON IHM UND SEINEN ENKELN.
VON DER GANZEN FAMILIE.
SIE HABEN SEINE KOMPLETTE RENTE AUF DEN KOPF GEHAUEN, OHNE IHM AUCH NUR EINEN YEN ZU ÜBERLASSEN. GESCHLAGEN UND GETRETEN HABEN SIE IHN UND DANN SICH SELBST ÜBERLASSEN.
SCHLIESS-LICH ...
... GING ES IHM KÖRPERLICH SO SCHLECHT, DASS ER AN DEN FOLGEN SEINER MISSHANDLUNGEN STARB.
UND DAS WAR HIER? IN DIESEM HAUS?
ANAP GIRLS
JA.
AM ENDE WAR ER SO ABGEMAGERT WIE EIN KNORRIGER AST.
ER HAT BESTIMMT HUNGER GELITTEN.
TICK
DANN ...

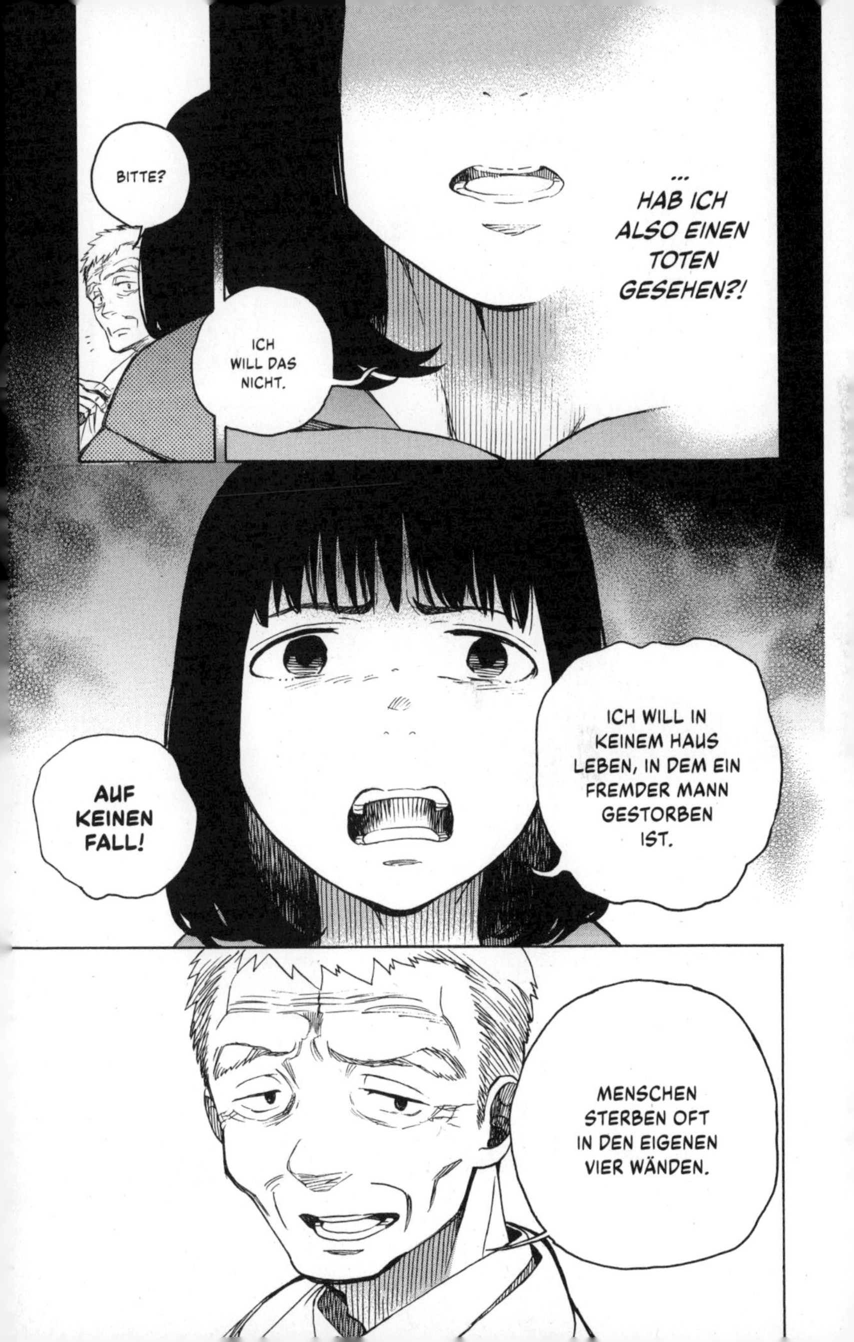
... HAB ICH ALSO EINEN TOTEN GESEHEN?!
BITTE?
ICH WILL DAS NICHT.
ICH WILL IN KEINEM HAUS LEBEN, IN DEM EIN FREMDER MANN GESTORBEN IST.
AUF KEINEN FALL!
MENSCHEN STERBEN OFT IN DEN EIGENEN VIER WÄNDEN.

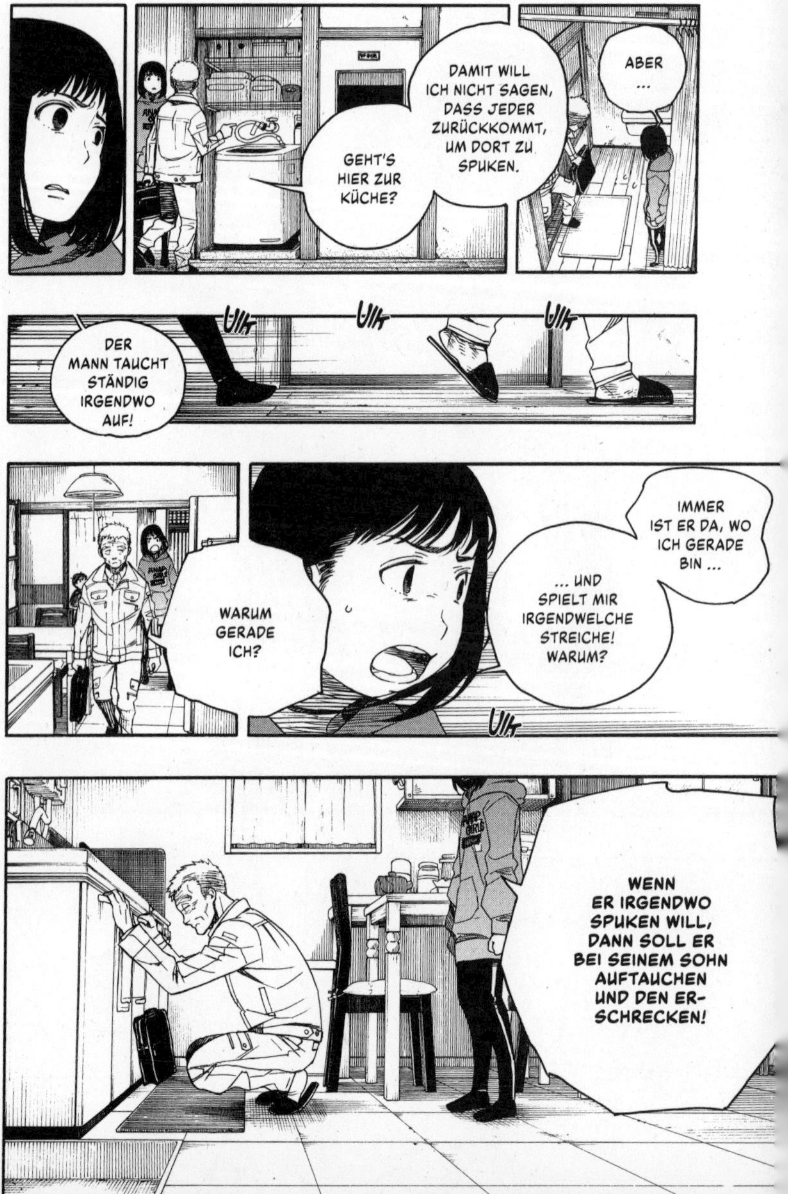
ABER ...
DAMIT WILL ICH NICHT SAGEN, DASS JEDER ZURÜCKKOMMT, UM DORT ZU SPUKEN.
GEHT'S HIER ZUR KÜCHE?
UIK
UIK
UIK
DER MANN TAUCHT STÄNDIG IRGENDWO AUF!
IMMER IST ER DA, WO ICH GERADE BIN ...
... UND SPIELT MIR IRGENDWELCHE STREICHE! WARUM?
UIK
WARUM GERADE ICH?
WENN ER IRGENDWO SPUKEN WILL, DANN SOLL ER BEI SEINEM SOHN AUFTAUCHEN UND DEN ER-SCHRECKEN!

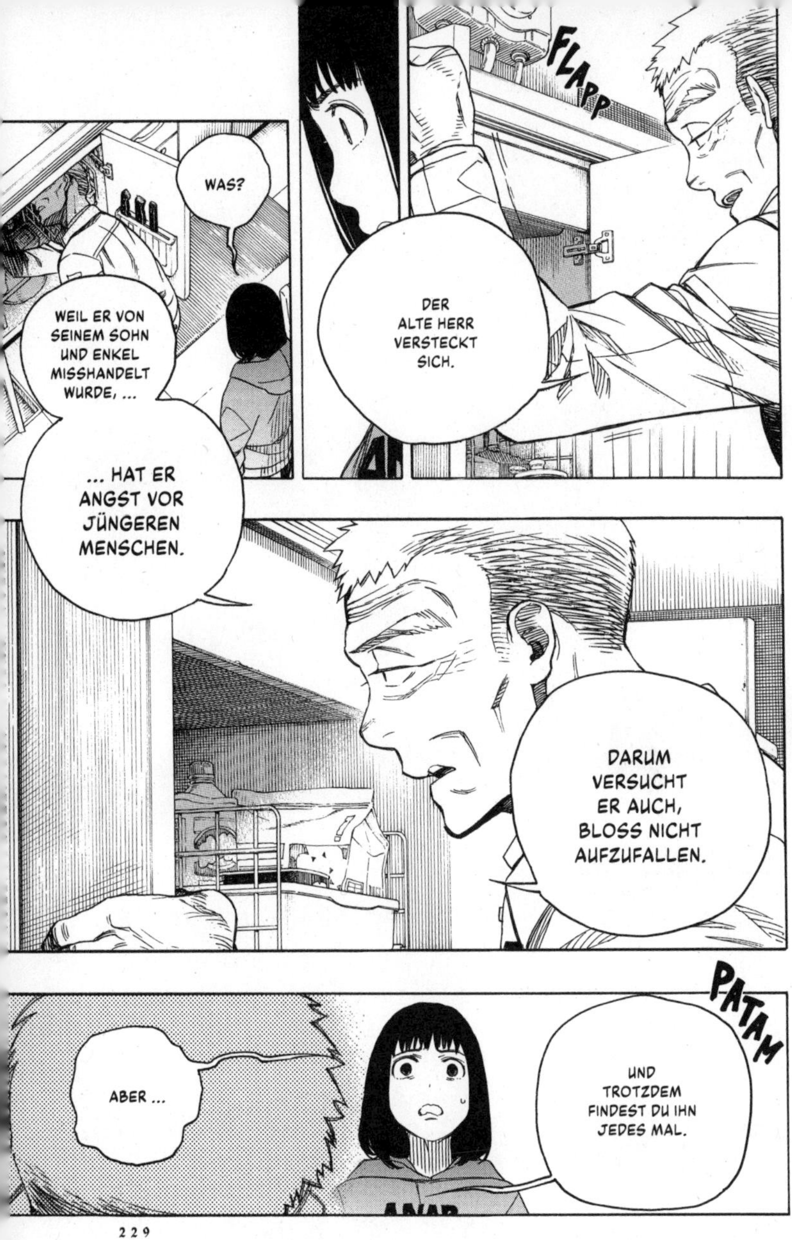
FLAPP
WAS?
DER ALTE HERR VERSTECKT SICH.
WEIL ER VON SEINEM SOHN UND ENKEL MISSHANDELT WURDE, ...
... HAT ER ANGST VOR JÜNGEREN MENSCHEN.
DARUM VERSUCHT ER AUCH, BLOSS NICHT AUFZUFALLEN.
PATAM
UND TROTZDEM FINDEST DU IHN JEDES MAL.
ABER ...

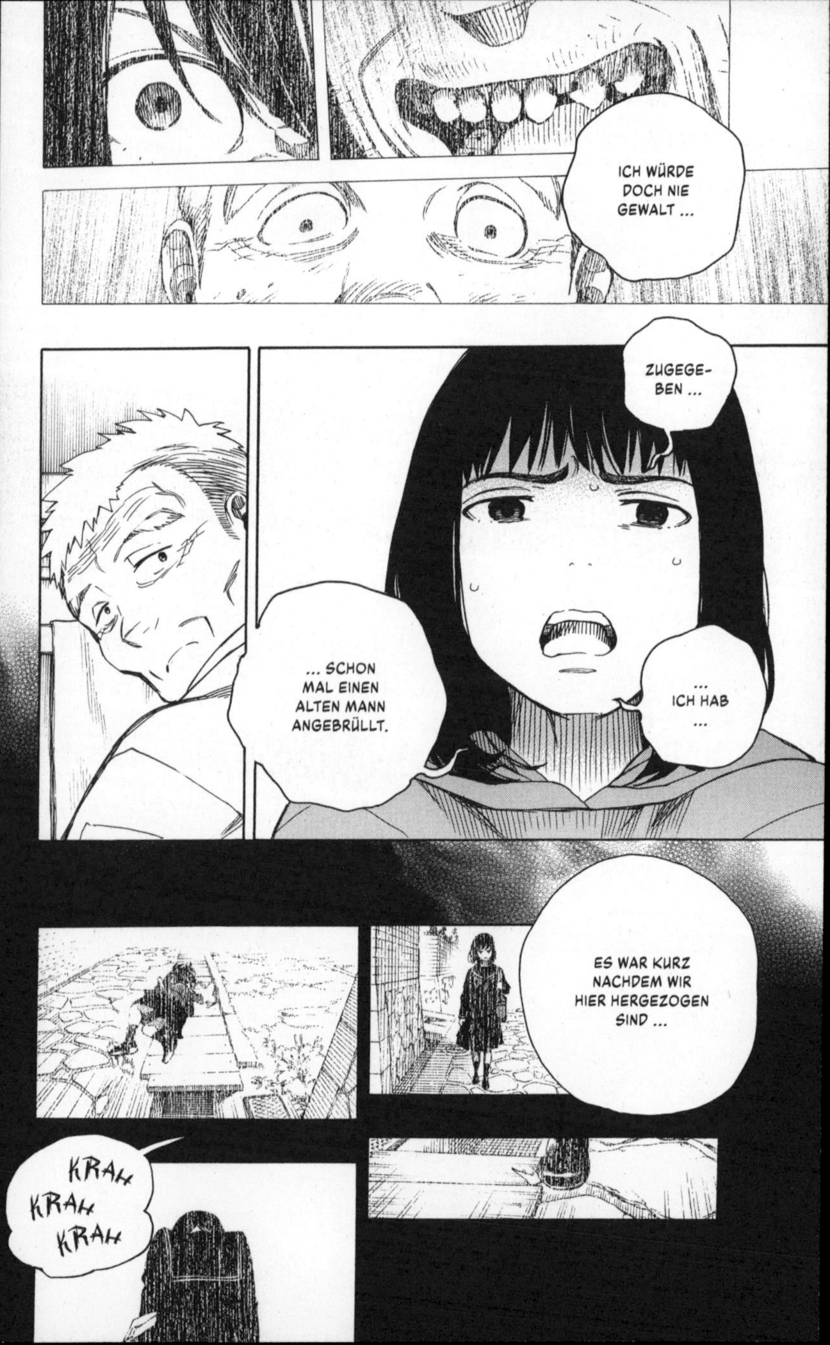
ICH WÜRDE DOCH NIE GEWALT …
ZUGEGEBEN …
… ICH HAB …
… SCHON MAL EINEN ALTEN MANN ANGEBRÜLLT.
ES WAR KURZ NACHDEM WIR HIER HERGEZOGEN SIND …
KRAH KRAH KRAH

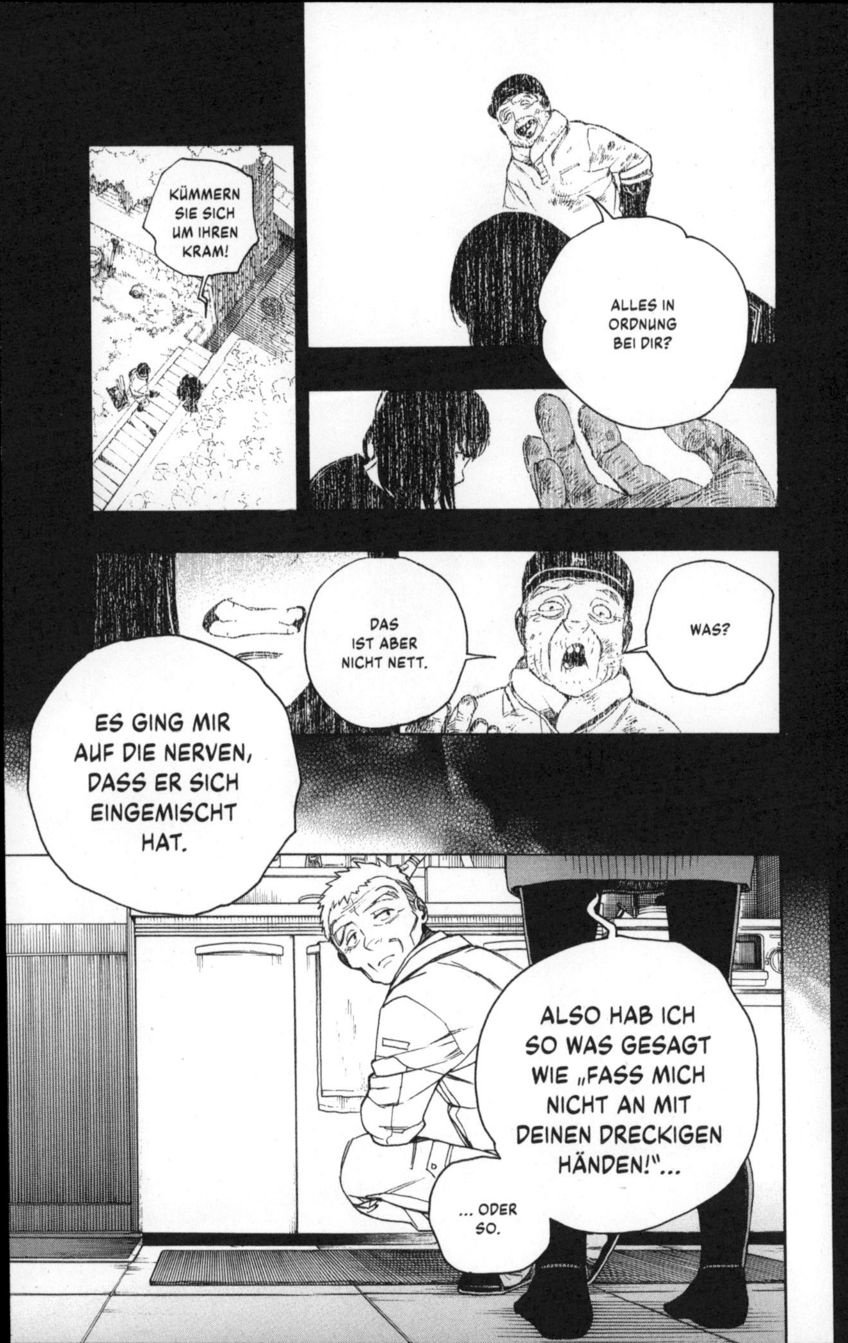
ALLES IN ORDNUNG BEI DIR?
KÜMMERN SIE SICH UM IHREN KRAM!
WAS?
DAS IST ABER NICHT NETT.
ES GING MIR AUF DIE NERVEN, DASS ER SICH EINGEMISCHT HAT.
ALSO HAB ICH SO WAS GESAGT WIE „FASS MICH NICHT AN MIT DEINEN DRECKIGEN HÄNDEN!"...
... ODER SO.

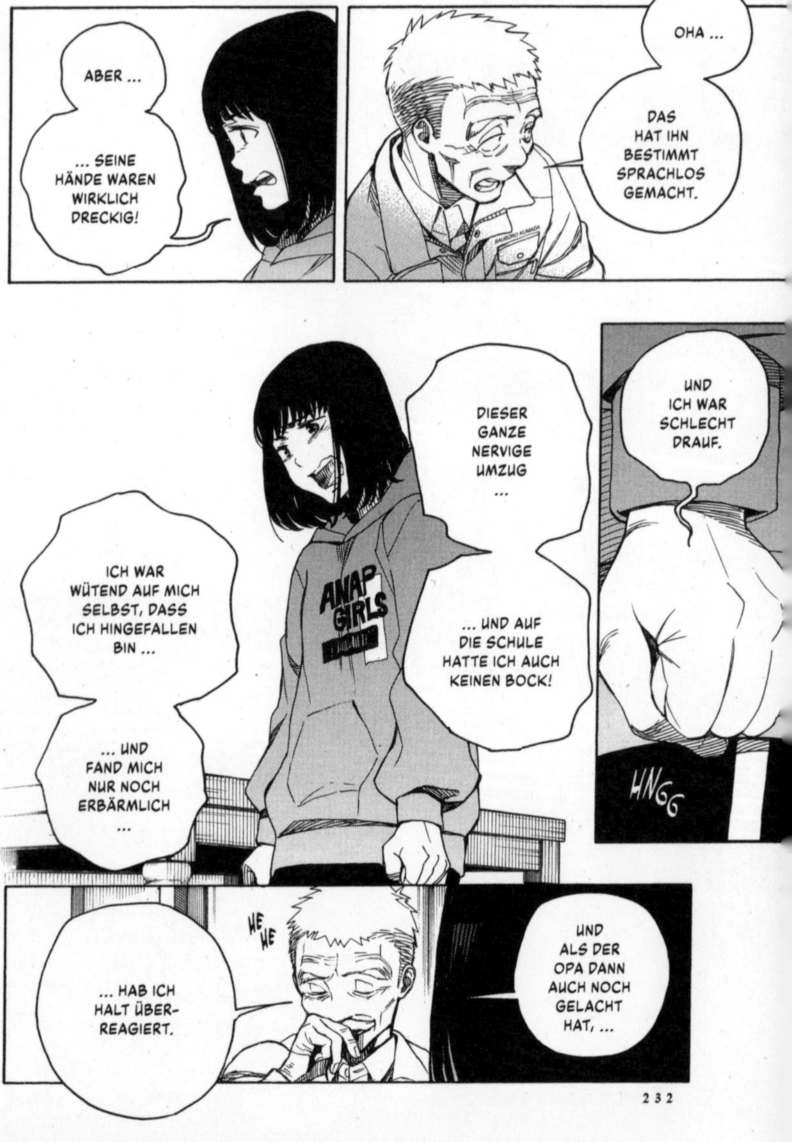
OHA ...
DAS HAT IHN BESTIMMT SPRACHLOS GEMACHT.
ABER ...
... SEINE HÄNDE WAREN WIRKLICH DRECKIG!
UND ICH WAR SCHLECHT DRAUF.
HNGG
DIESER GANZE NERVIGE UMZUG ...
... UND AUF DIE SCHULE HATTE ICH AUCH KEINEN BOCK!
ANAP GIRLS
ICH WAR WÜTEND AUF MICH SELBST, DASS ICH HINGEFALLEN BIN ...
... UND FAND MICH NUR NOCH ERBÄRMLICH ...
UND ALS DER OPA DANN AUCH NOCH GELACHT HAT, ...
HE HE
... HAB ICH HALT ÜBER-REAGIERT.

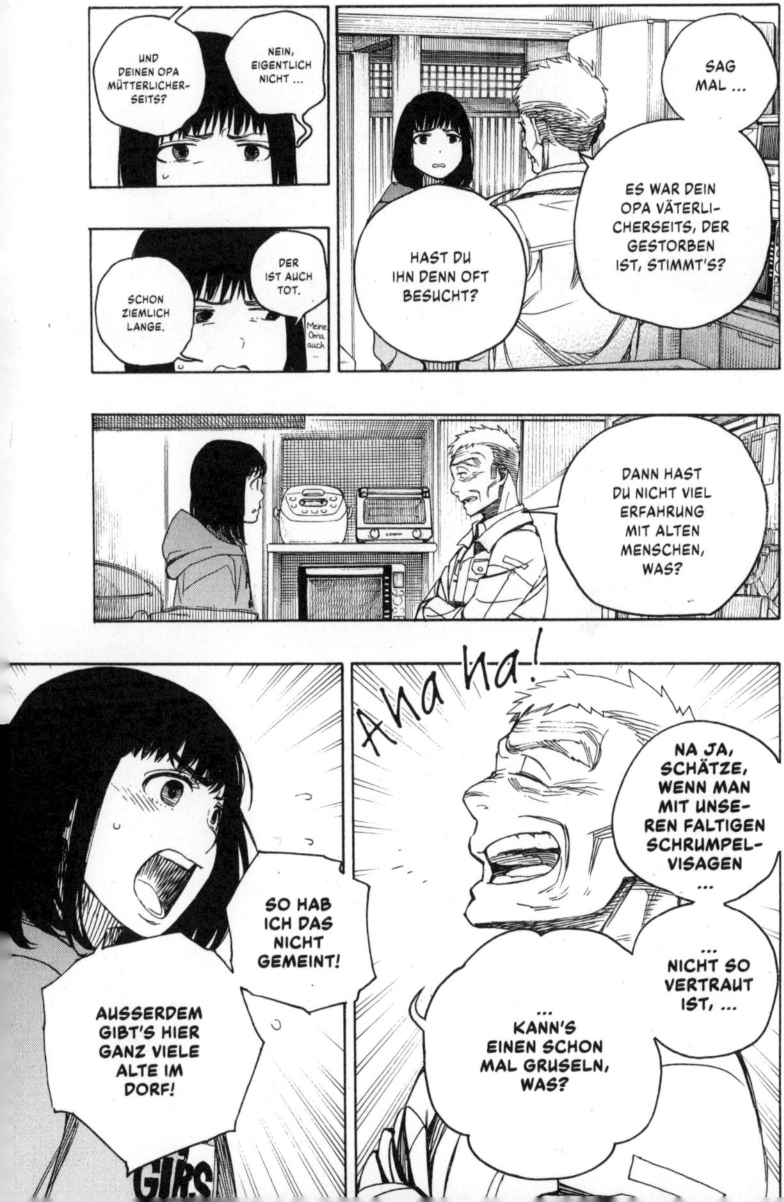
SAG MAL ...
ES WAR DEIN OPA VÄTERLICHERSEITS, DER GESTORBEN IST, STIMMT'S?
HAST DU IHN DENN OFT BESUCHT?
NEIN, EIGENTLICH NICHT ...
UND DEINEN OPA MÜTTERLICHERSEITS?
DER IST AUCH TOT.
Meine Oma auch ...
SCHON ZIEMLICH LANGE.
DANN HAST DU NICHT VIEL ERFAHRUNG MIT ALTEN MENSCHEN, WAS?
Aha ha!
NA JA, SCHÄTZE, WENN MAN MIT UNSEREN FALTIGEN SCHRUMPELVISAGEN ...
... NICHT SO VERTRAUT IST, ...
... KANN'S EINEN SCHON MAL GRUSELN, WAS?
SO HAB ICH DAS NICHT GEMEINT!
AUSSERDEM GIBT'S HIER GANZ VIELE ALTE IM DORF!

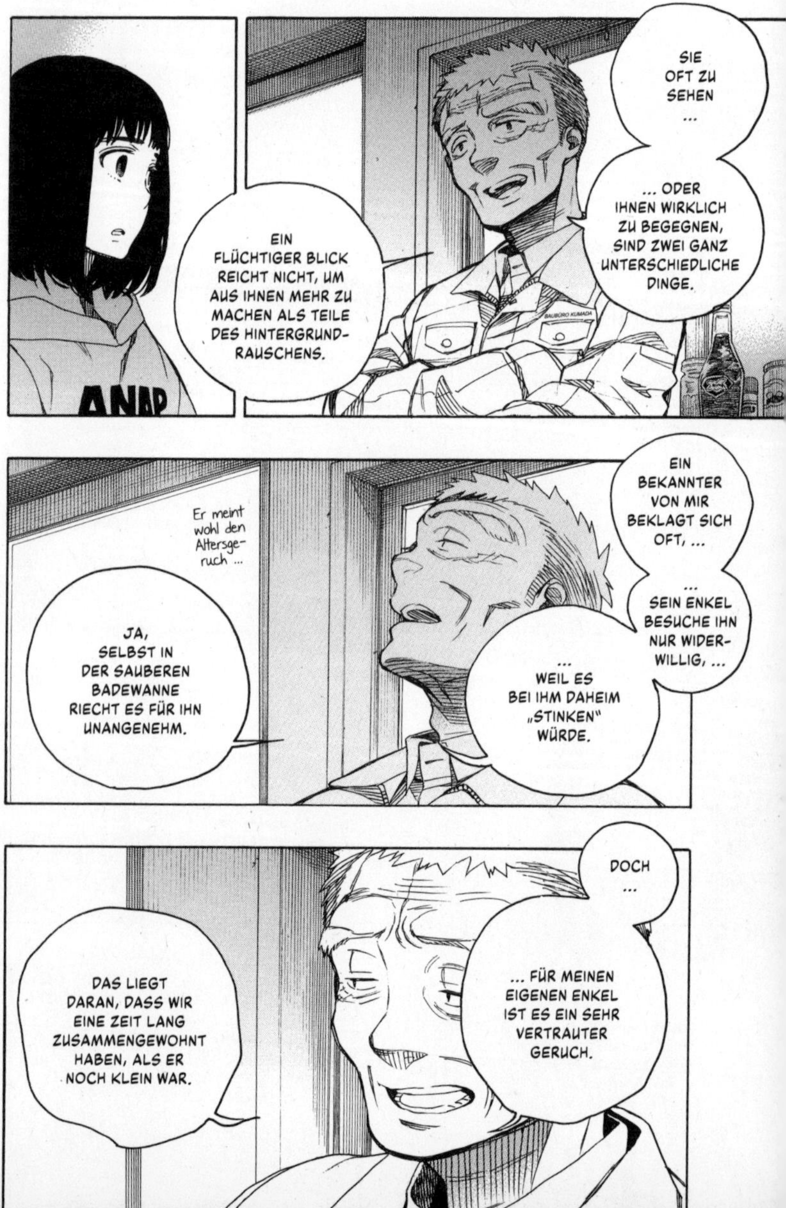
SIE OFT ZU SEHEN ...
... ODER IHNEN WIRKLICH ZU BEGEGNEN, SIND ZWEI GANZ UNTERSCHIEDLICHE DINGE.
EIN FLÜCHTIGER BLICK REICHT NICHT, UM AUS IHNEN MEHR ZU MACHEN ALS TEILE DES HINTERGRUND-RAUSCHENS.
BAUBÜRO KUMADA
ANAP
EIN BEKANNTER VON MIR BEKLAGT SICH OFT, ...
... SEIN ENKEL BESUCHE IHN NUR WIDER-WILLIG, ...
... WEIL ES BEI IHM DAHEIM „STINKEN" WÜRDE.
JA, SELBST IN DER SAUBEREN BADEWANNE RIECHT ES FÜR IHN UNANGENEHM.
Er meint wohl den Altersge-ruch ...
DOCH ...
... FÜR MEINEN EIGENEN ENKEL IST ES EIN SEHR VERTRAUTER GERUCH.
DAS LIEGT DARAN, DASS WIR EINE ZEIT LANG ZUSAMMENGEWOHNT HABEN, ALS ER NOCH KLEIN WAR.

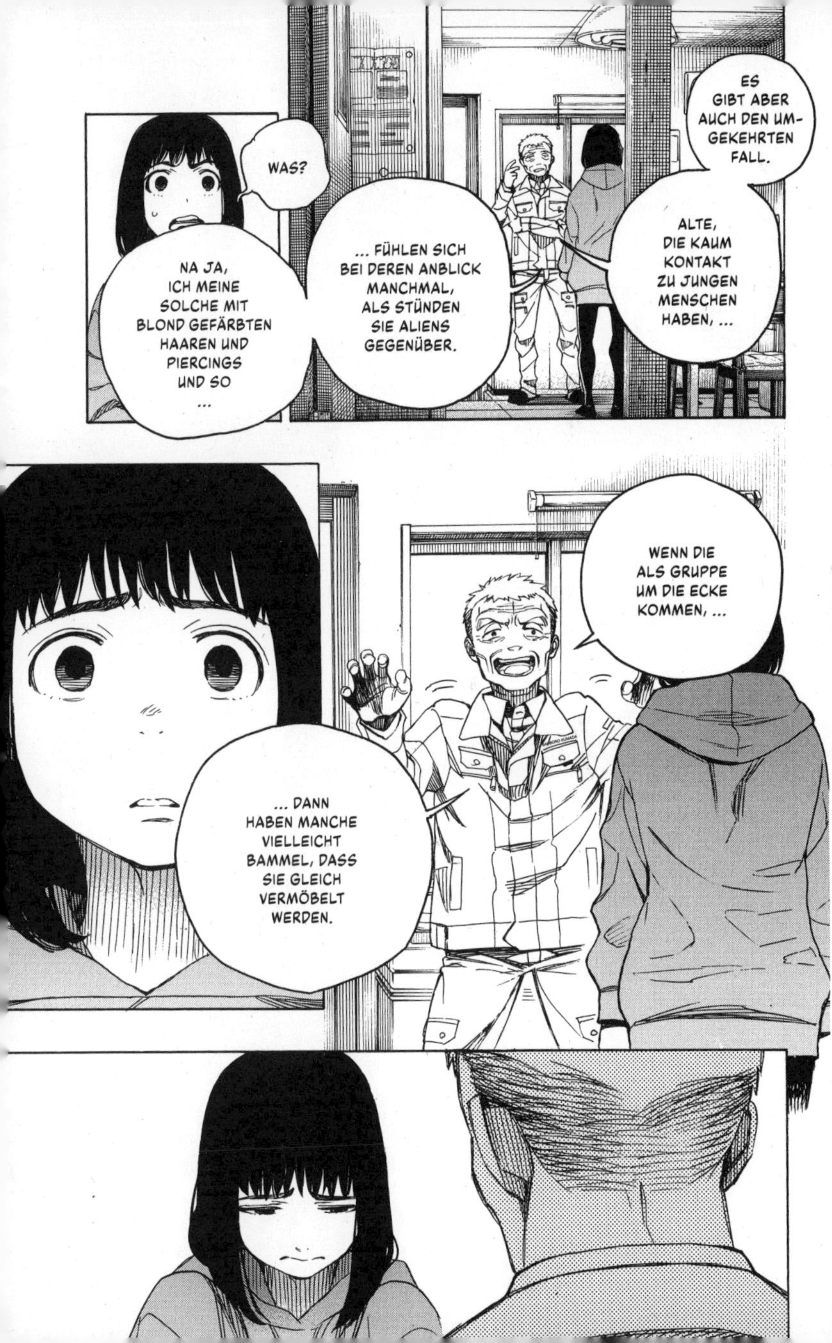
ES GIBT ABER AUCH DEN UMGEKEHRTEN FALL.
ALTE, DIE KAUM KONTAKT ZU JUNGEN MENSCHEN HABEN, ...
... FÜHLEN SICH BEI DEREN ANBLICK MANCHMAL, ALS STÜNDEN SIE ALIENS GEGENÜBER.
WAS?
NA JA, ICH MEINE SOLCHE MIT BLOND GEFÄRBTEN HAAREN UND PIERCINGS UND SO ...
WENN DIE ALS GRUPPE UM DIE ECKE KOMMEN, ...
... DANN HABEN MANCHE VIELLEICHT BAMMEL, DASS SIE GLEICH VERMÖBELT WERDEN.

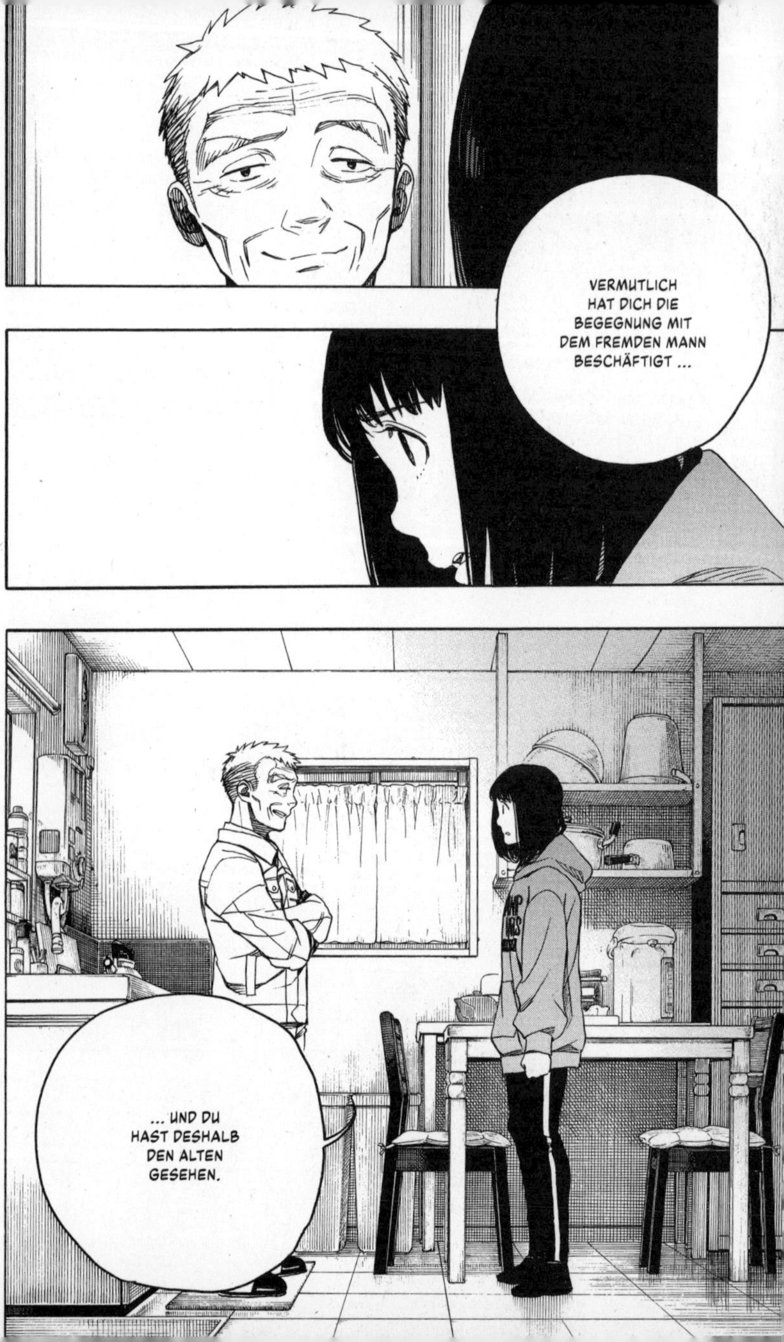
VERMUTLICH HAT DICH DIE BEGEGNUNG MIT DEM FREMDEN MANN BESCHÄFTIGT ...
... UND DU HAST DESHALB DEN ALTEN GESEHEN.

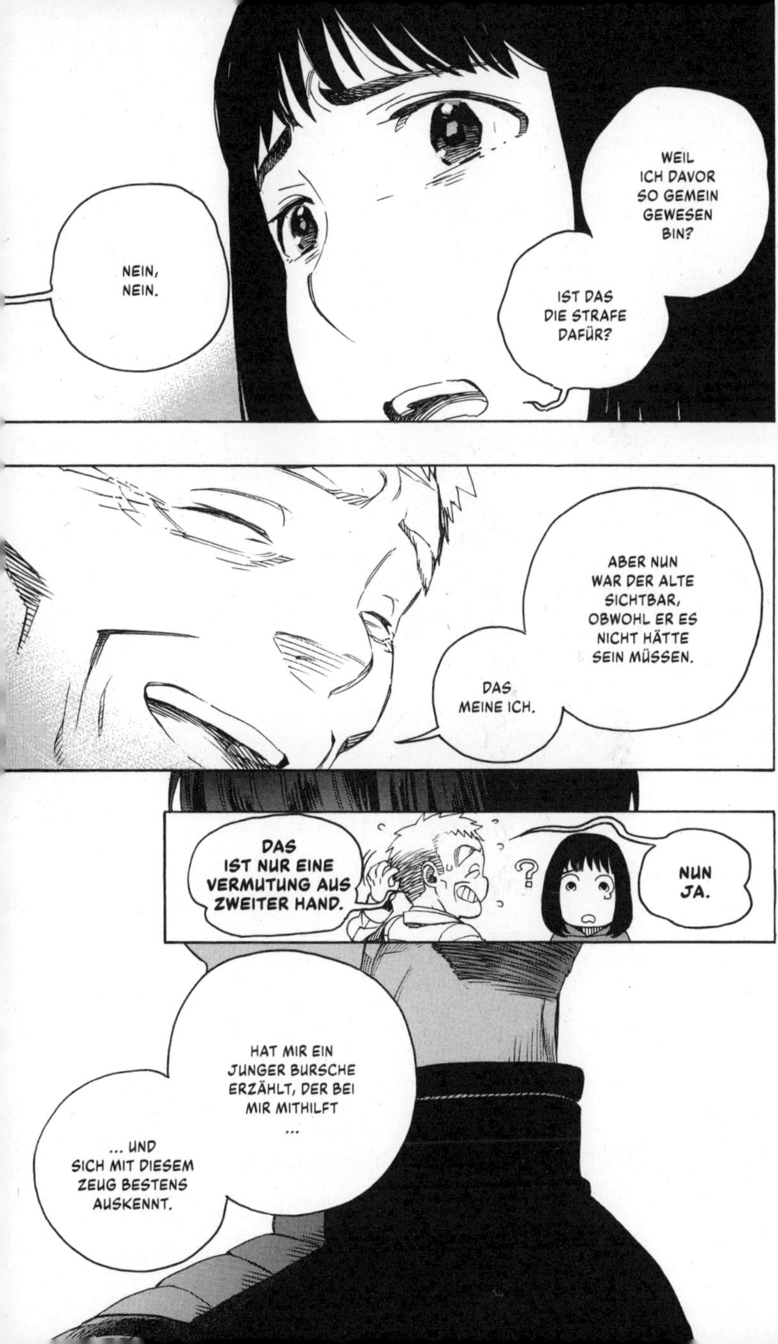
WEIL ICH DAVOR SO GEMEIN GEWESEN BIN?
IST DAS DIE STRAFE DAFÜR?
NEIN, NEIN.
ABER NUN WAR DER ALTE SICHTBAR, OBWOHL ER ES NICHT HÄTTE SEIN MÜSSEN.
DAS MEINE ICH.
NUN JA.
DAS IST NUR EINE VERMUTUNG AUS ZWEITER HAND.
HAT MIR EIN JUNGER BURSCHE ERZÄHLT, DER BEI MIR MITHILFT ...
... UND SICH MIT DIESEM ZEUG BESTENS AUSKENNT.

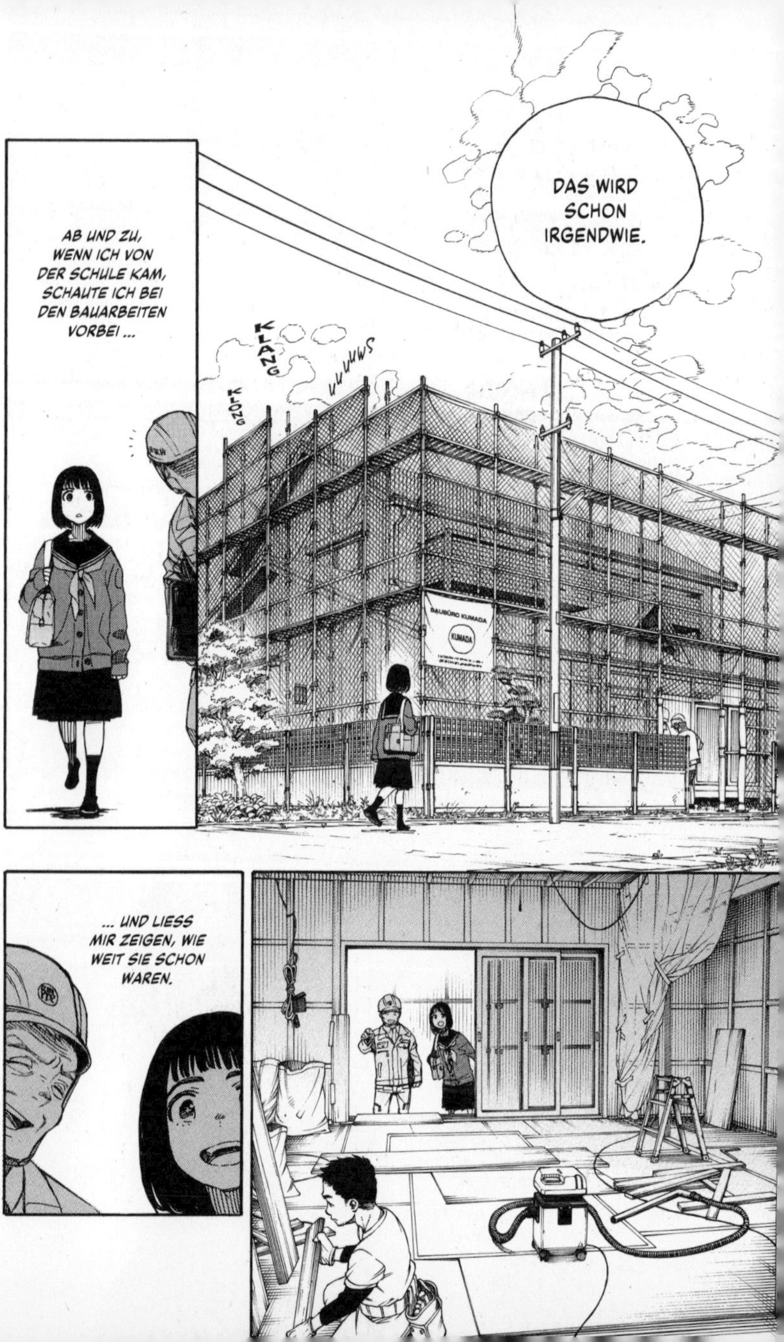
DAS WIRD SCHON IRGENDWIE.
AB UND ZU, WENN ICH VON DER SCHULE KAM, SCHAUTE ICH BEI DEN BAUARBEITEN VORBEI ...
KLANG
KLONG
BAUBÜRO KUMADA
KUMADA
... UND LIESS MIR ZEIGEN, WIE WEIT SIE SCHON WAREN.

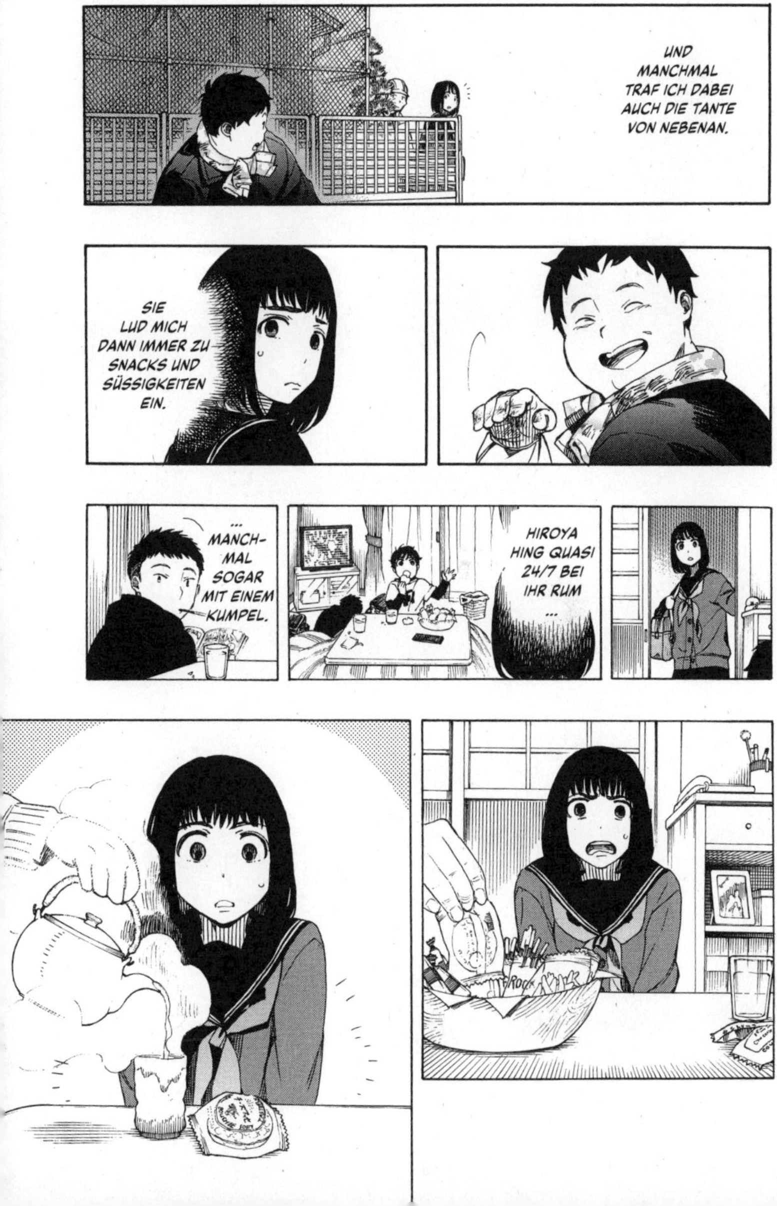
UND MANCHMAL TRAF ICH DABEI AUCH DIE TANTE VON NEBENAN.
SIE LUD MICH DANN IMMER ZU SNACKS UND SÜSSIGKEITEN EIN.
... MANCH-MAL SOGAR MIT EINEM KUMPEL.
HIROYA HING QUASI 24/7 BEI IHR RUM ...

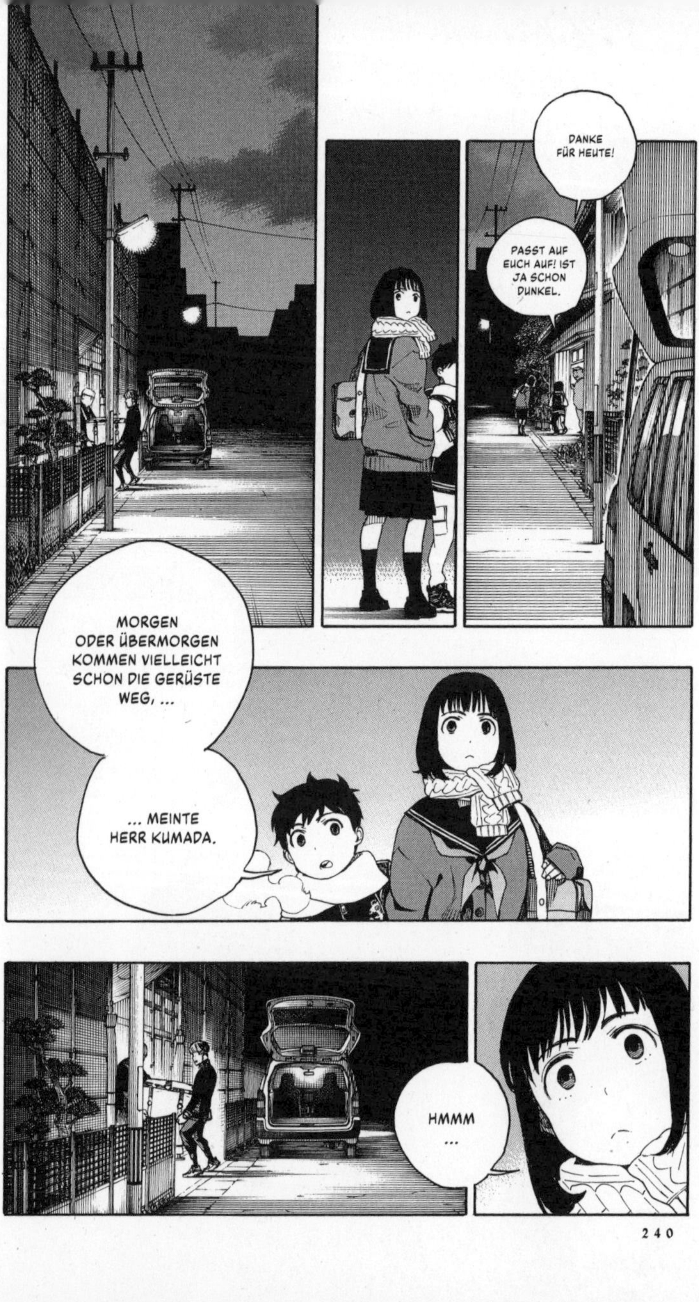
DANKE FÜR HEUTE!
PASST AUF EUCH AUF! IST JA SCHON DUNKEL.
MORGEN ODER ÜBERMORGEN KOMMEN VIELLEICHT SCHON DIE GERÜSTE WEG, ...
... MEINTE HERR KUMADA.
HMMM ...

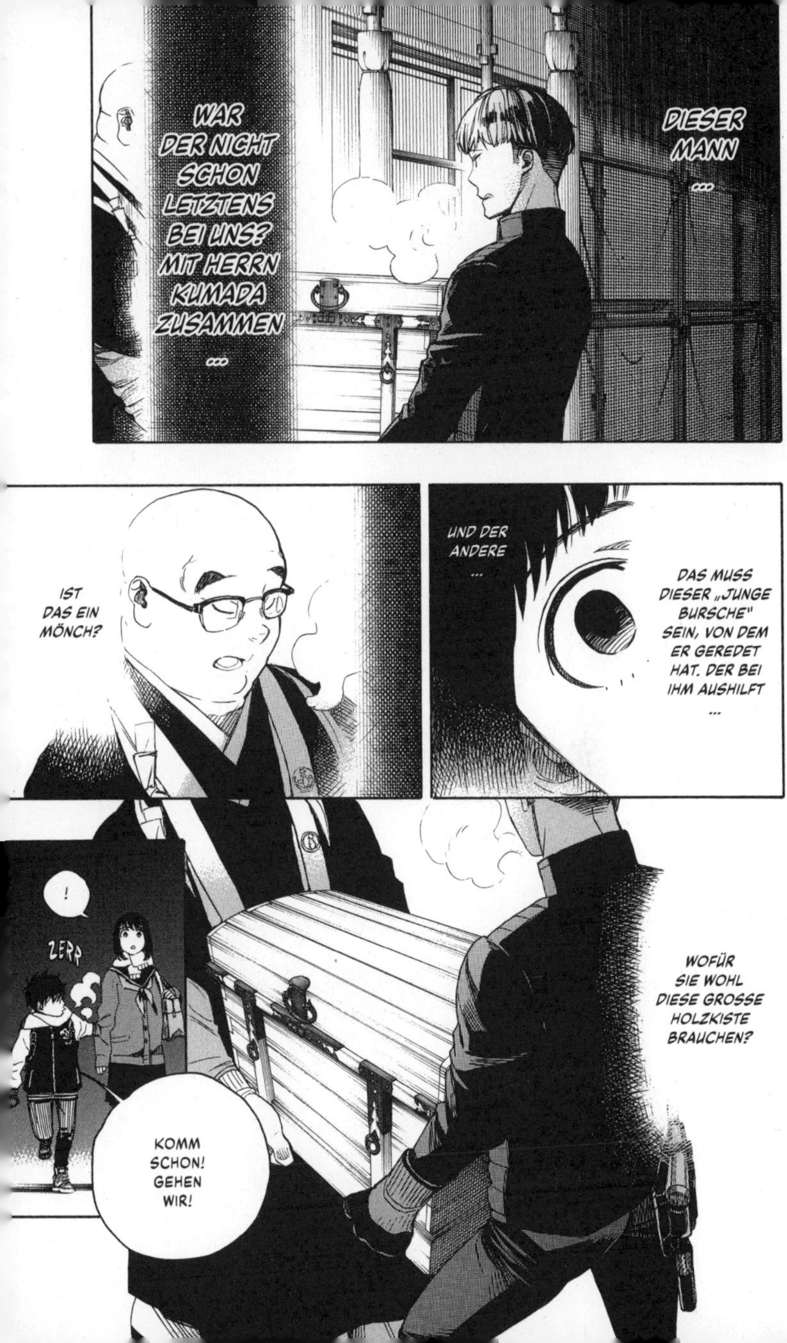
DIESER MANN ...
WAR DER NICHT SCHON LETZTENS BEI UNS? MIT HERRN KUMADA ZUSAMMEN ...
UND DER ANDERE ...
DAS MUSS DIESER „JUNGE BURSCHE" SEIN, VON DEM ER GEREDET HAT. DER BEI IHM AUSHILFT ...
IST DAS EIN MÖNCH?
WOFÜR SIE WOHL DIESE GROSSE HOLZKISTE BRAUCHEN?
!
ZERR
KOMM SCHON! GEHEN WIR!

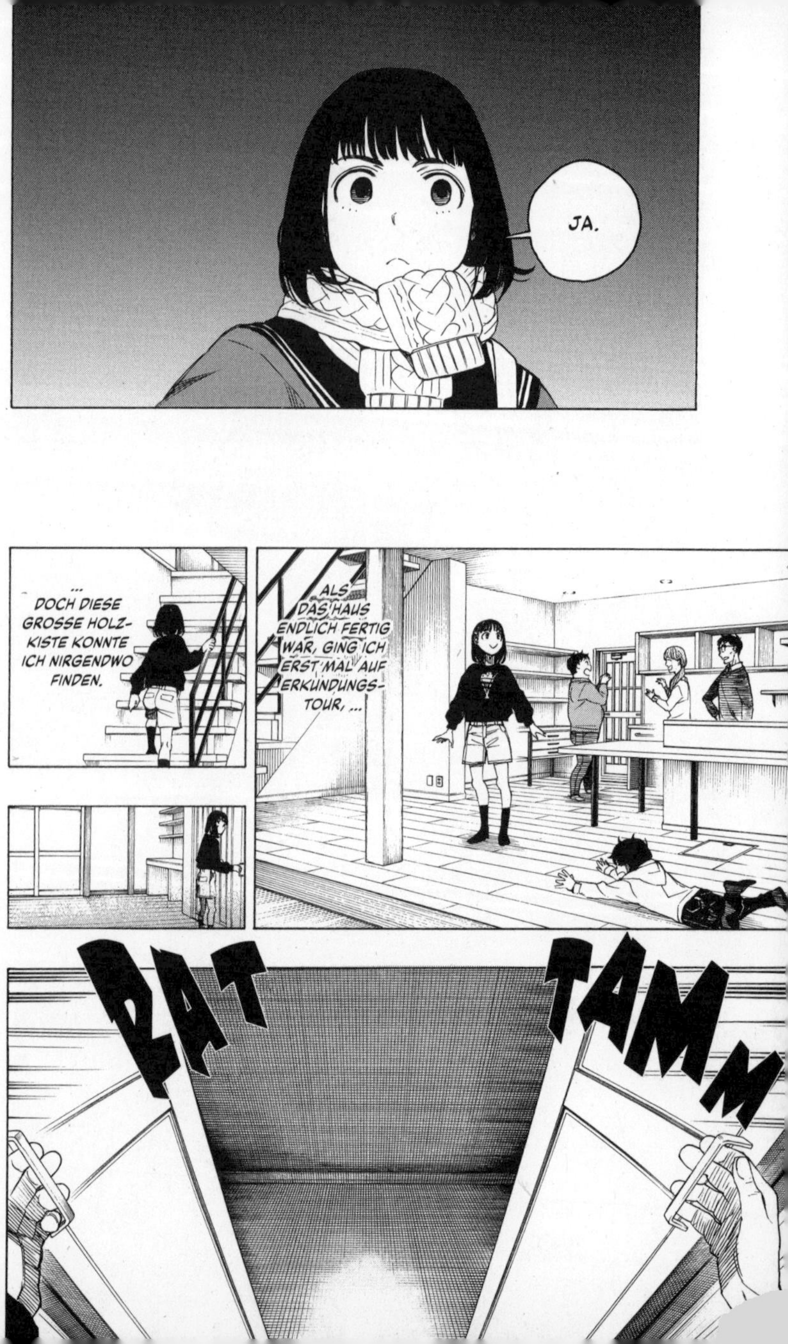
JA.
ALS DAS HAUS ENDLICH FERTIG WAR, GING ICH ERST MAL AUF ERKUNDUNGS-TOUR, ...
... DOCH DIESE GROSSE HOLZ-KISTE KONNTE ICH NIRGENDWO FINDEN.
RAT TAMM

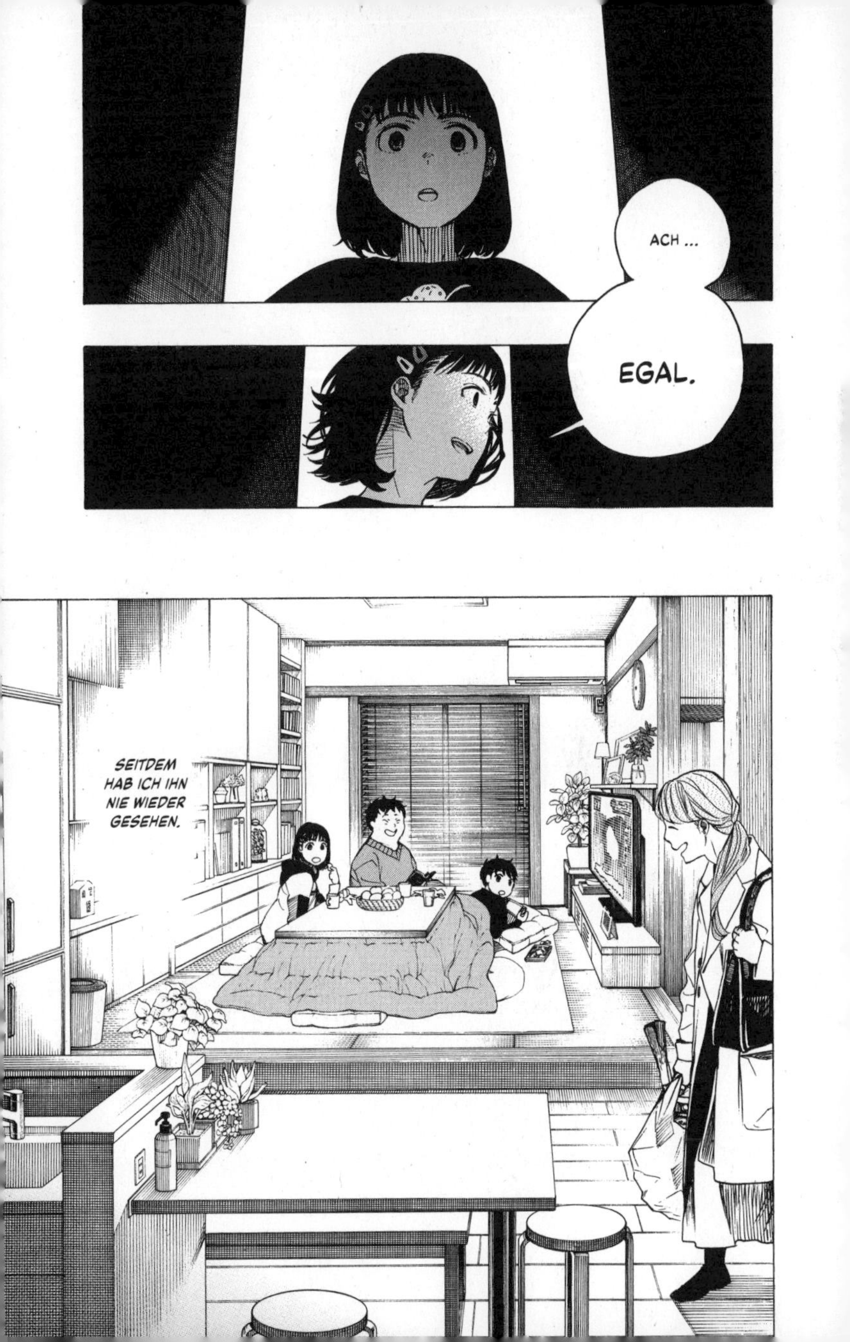
ACH ...
EGAL.
SEITDEM HAB ICH IHN NIE WIEDER GESEHEN.

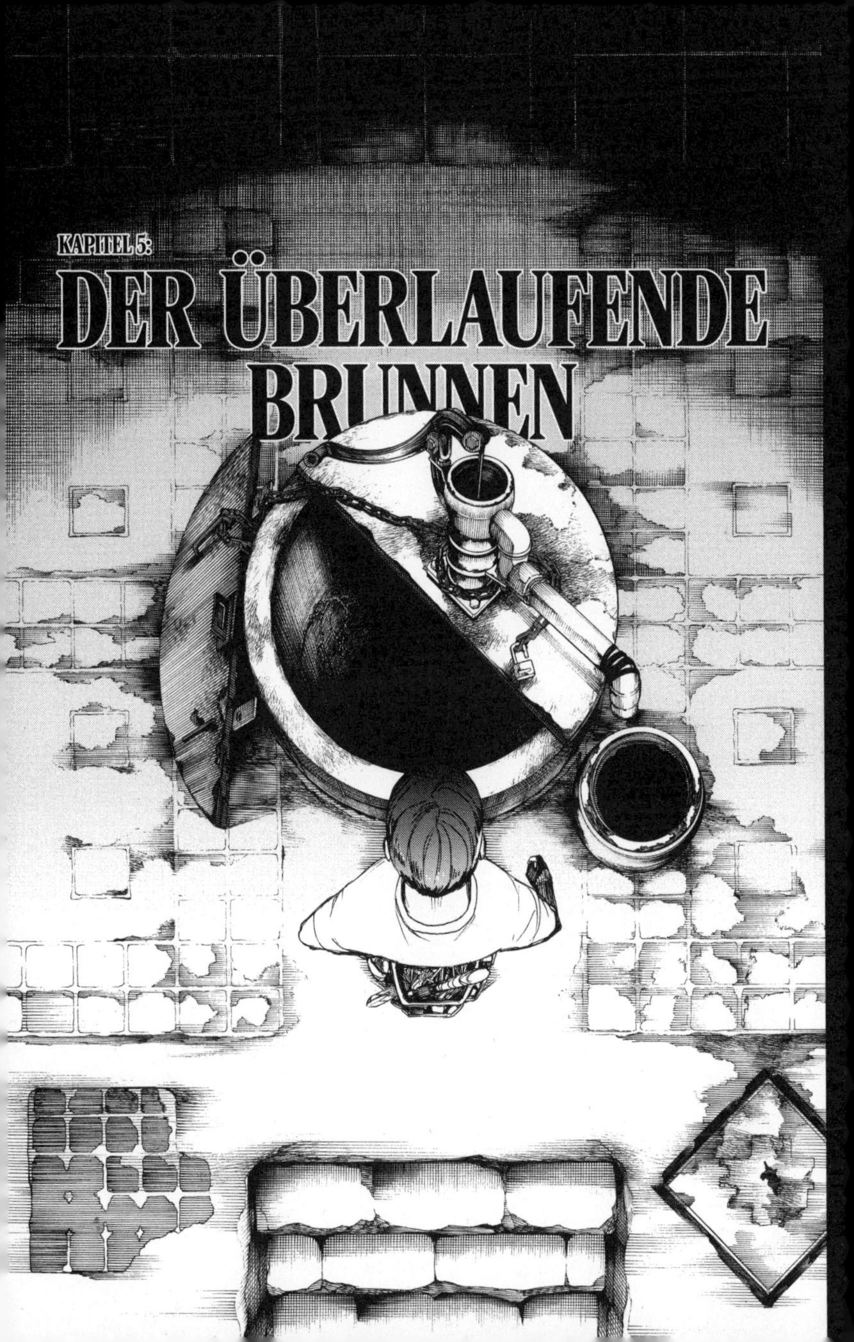
KAPITEL 5:
DER ÜBERLAUFENDE BRUNNEN

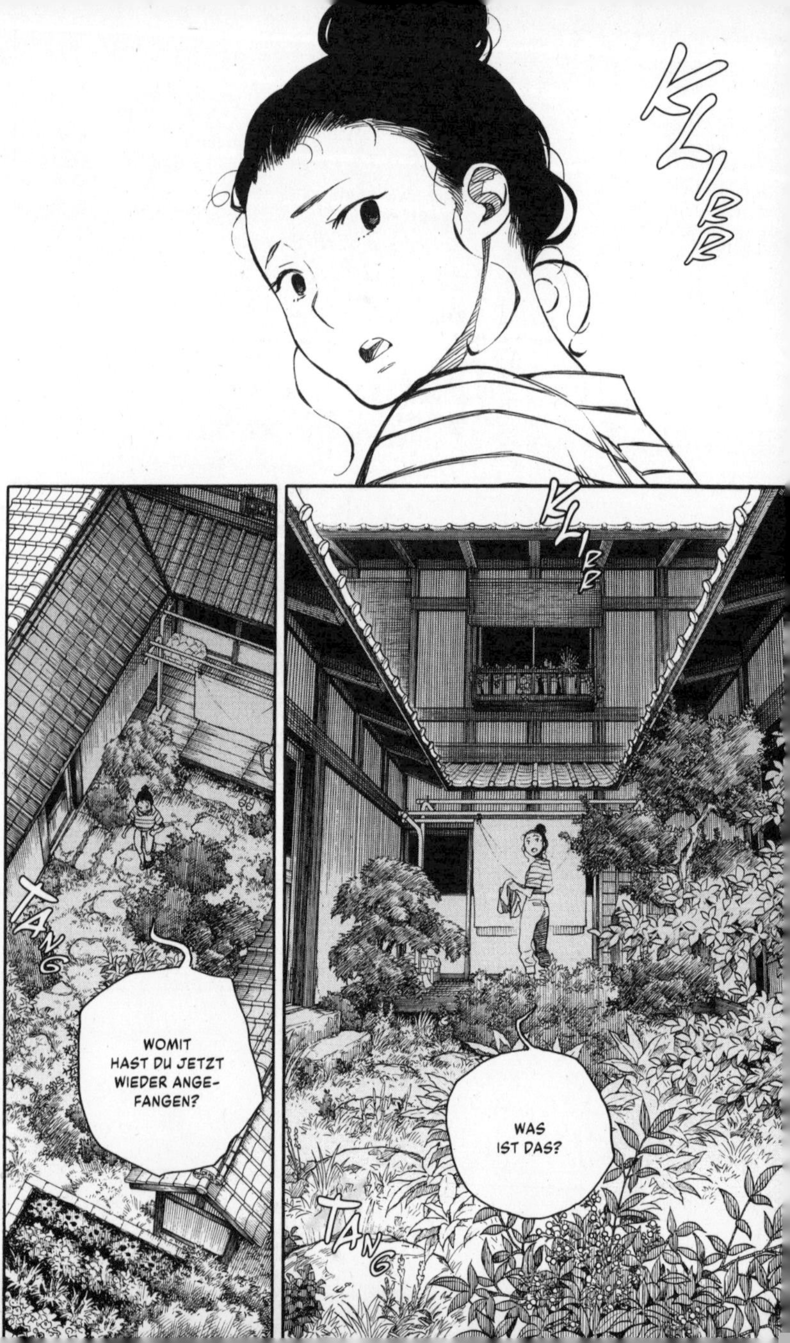
KLIRR
KLIRR
WAS IST DAS?
TANG
WOMIT HAST DU JETZT WIEDER ANGE-FANGEN?
TANG

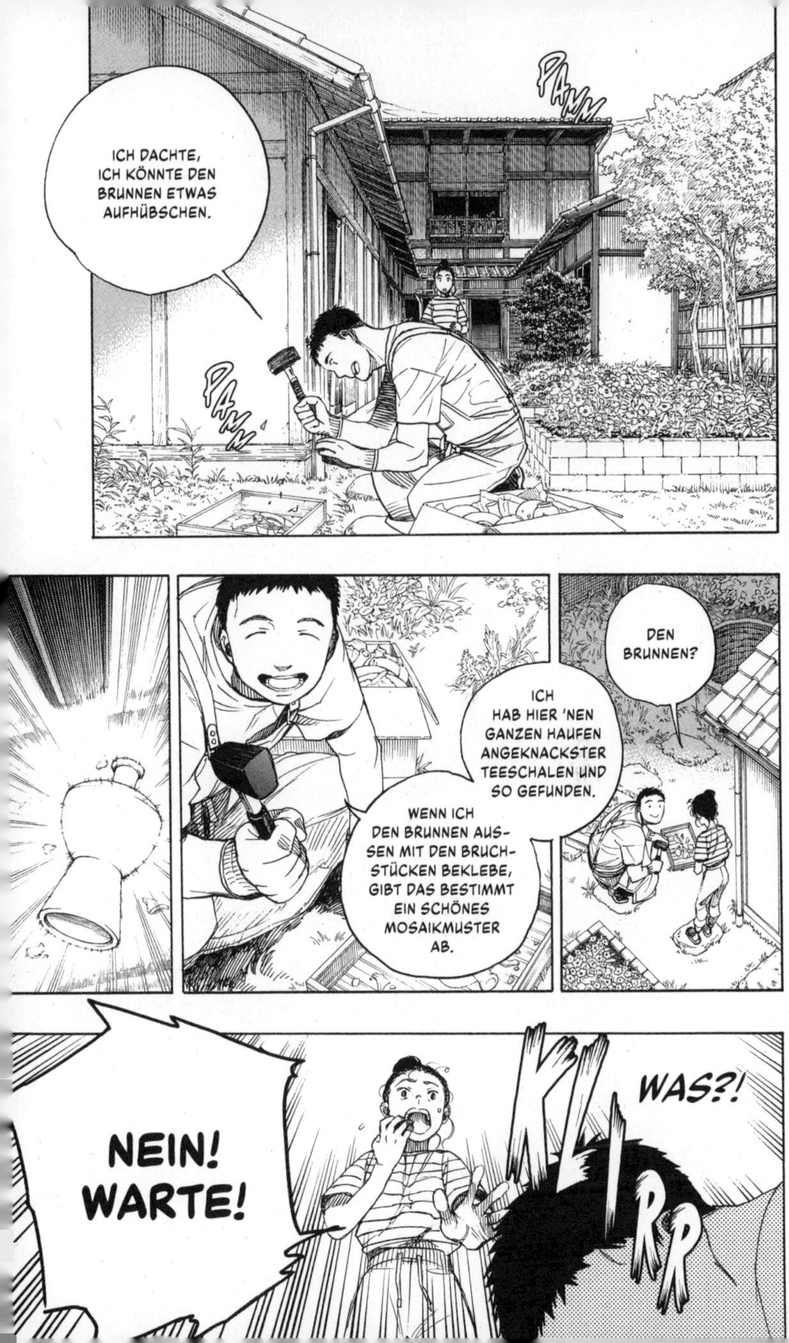
PAMM
ICH DACHTE, ICH KÖNNTE DEN BRUNNEN ETWAS AUFHÜBSCHEN.
PAMM
DEN BRUNNEN?
ICH HAB HIER 'NEN GANZEN HAUFEN ANGEKNACKSTER TEESCHALEN UND SO GEFUNDEN.
WENN ICH DEN BRUNNEN AUSSEN MIT DEN BRUCHSTÜCKEN BEKLEBE, GIBT DAS BESTIMMT EIN SCHÖNES MOSAIKMUSTER AB.
WAS?!
KLIRR
NEIN! WARTE!

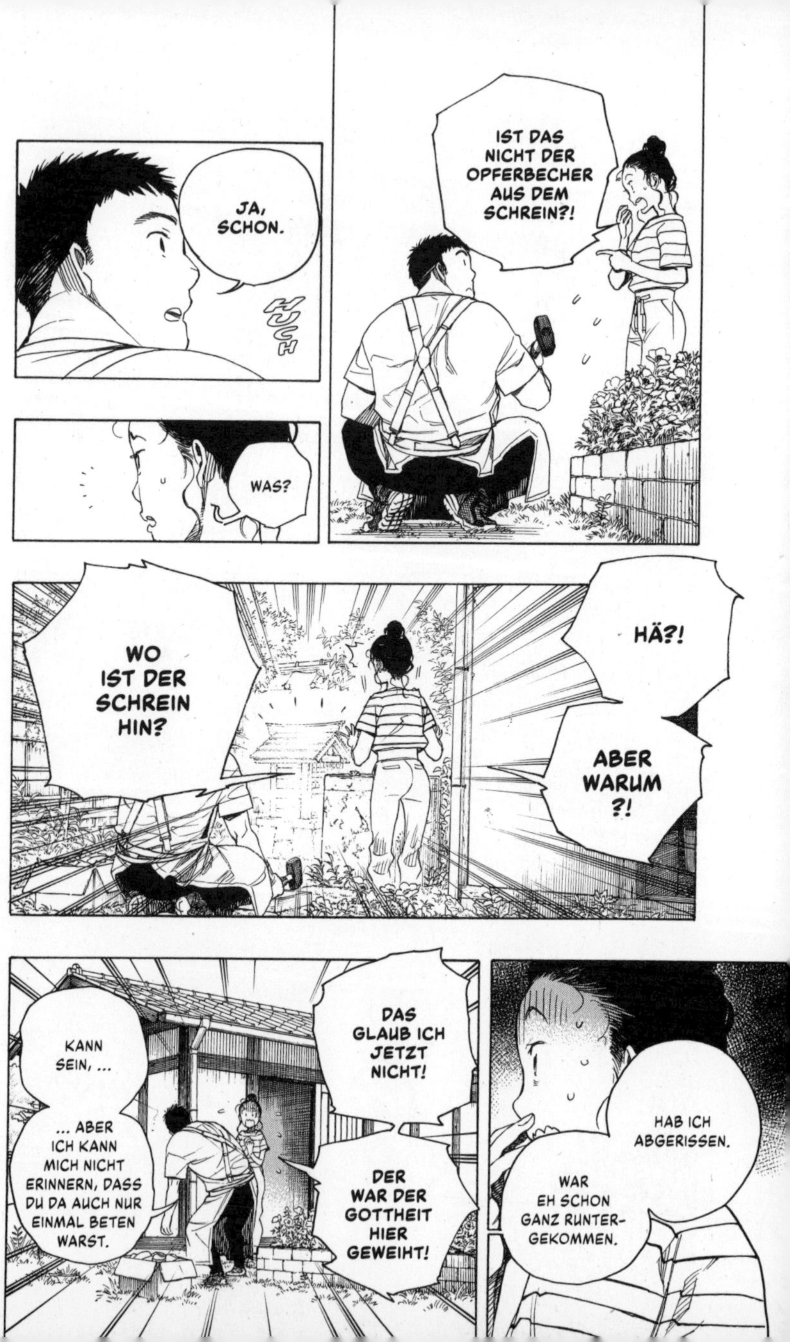
IST DAS NICHT DER OPFERBECHER AUS DEM SCHREIN?!
JA, SCHON.
HUCH
WAS?
HÄ?!
ABER WARUM ?!
WO IST DER SCHREIN HIN?
HAB ICH ABGERISSEN.
WAR EH SCHON GANZ RUNTER-GEKOMMEN.
DAS GLAUB ICH JETZT NICHT!
DER WAR DER GOTTHEIT HIER GEWEIHT!
KANN SEIN, ...
... ABER ICH KANN MICH NICHT ERINNERN, DASS DU DA AUCH NUR EINMAL BETEN WARST.

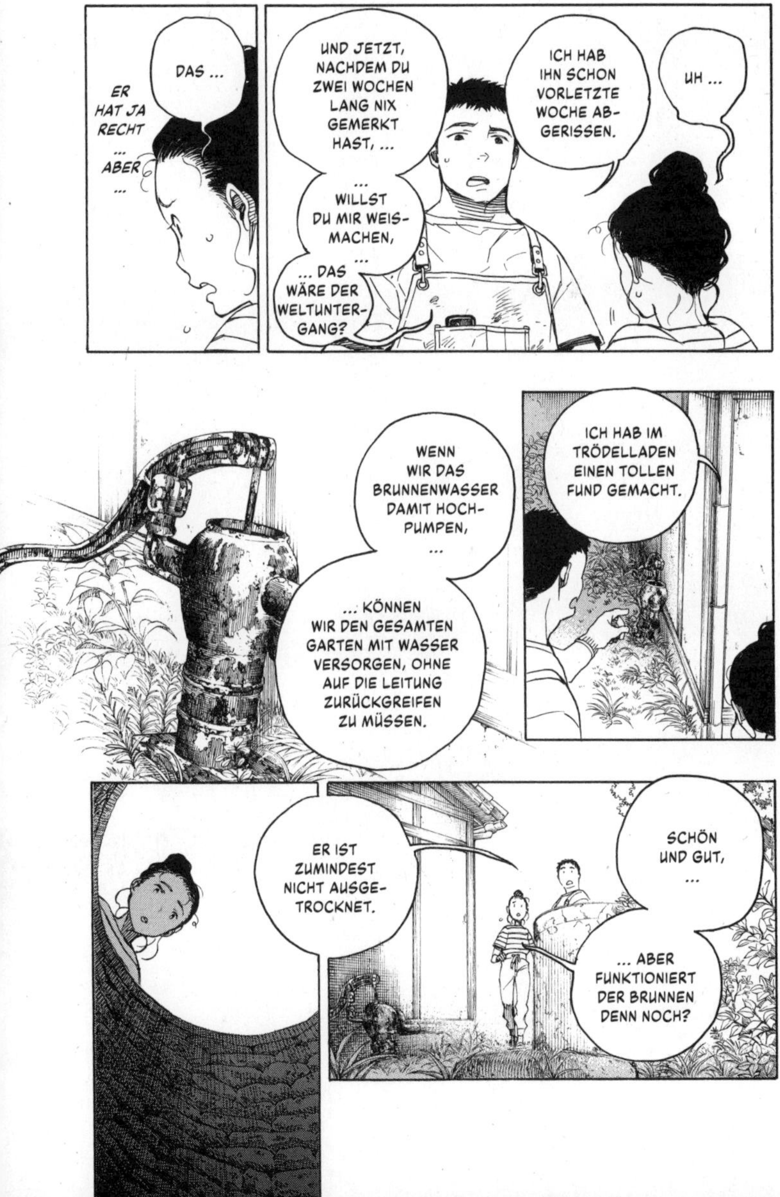
UH ...
ICH HAB IHN SCHON VORLETZTE WOCHE ABGERISSEN.
UND JETZT, NACHDEM DU ZWEI WOCHEN LANG NIX GEMERKT HAST, ...
... WILLST DU MIR WEISMACHEN, ...
... DAS WÄRE DER WELTUNTERGANG?
DAS ...
ER HAT JA RECHT ... ABER ...
ICH HAB IM TRÖDELLADEN EINEN TOLLEN FUND GEMACHT.
WENN WIR DAS BRUNNENWASSER DAMIT HOCHPUMPEN, ...
... KÖNNEN WIR DEN GESAMTEN GARTEN MIT WASSER VERSORGEN, OHNE AUF DIE LEITUNG ZURÜCKGREIFEN ZU MÜSSEN.
SCHÖN UND GUT, ...
... ABER FUNKTIONIERT DER BRUNNEN DENN NOCH?
ER IST ZUMINDEST NICHT AUSGETROCKNET.

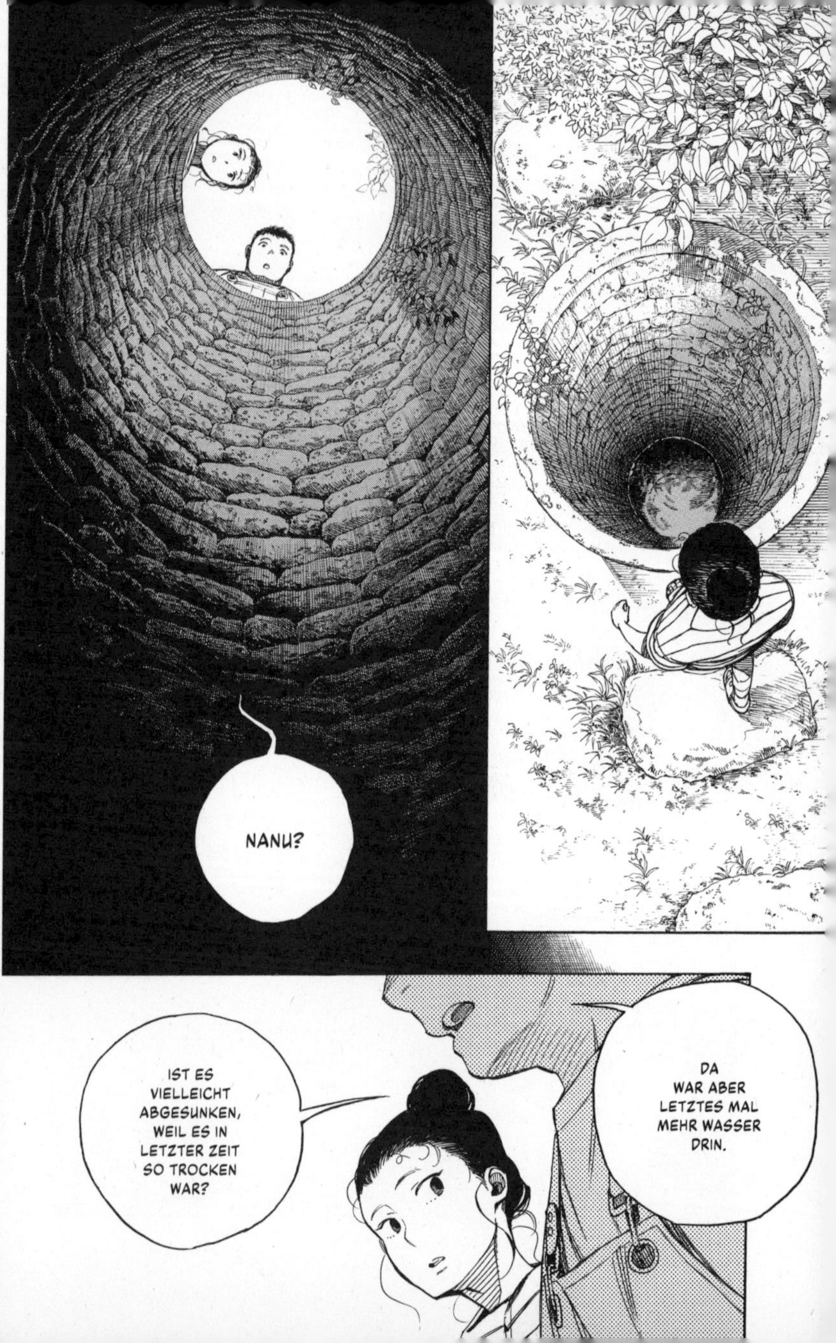
NANU?
DA WAR ABER LETZTES MAL MEHR WASSER DRIN.
IST ES VIELLEICHT ABGESUNKEN, WEIL ES IN LETZTER ZEIT SO TROCKEN WAR?

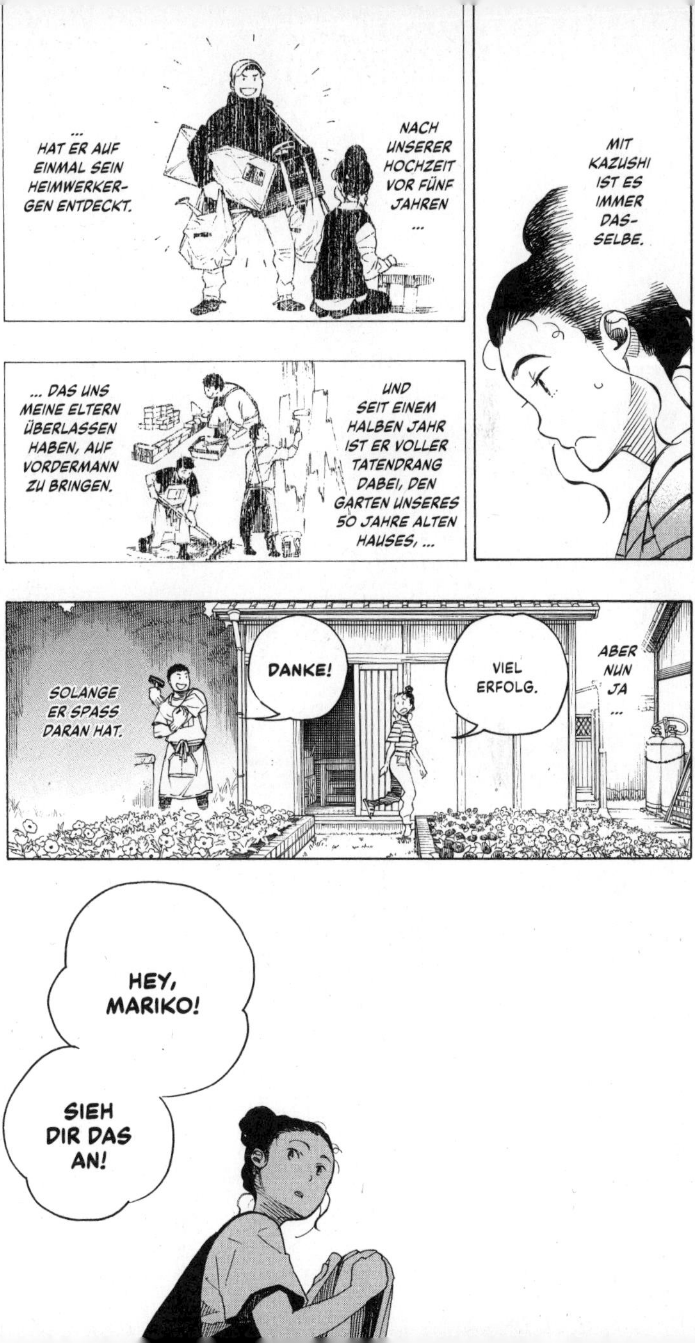
MIT KAZUSHI IST ES IMMER DAS-SELBE.
NACH UNSERER HOCHZEIT VOR FÜNF JAHREN ...
... HAT ER AUF EINMAL SEIN HEIMWERKER-GEN ENTDECKT.
UND SEIT EINEM HALBEN JAHR IST ER VOLLER TATENDRANG DABEI, DEN GARTEN UNSERES 50 JAHRE ALTEN HAUSES, ...
... DAS UNS MEINE ELTERN ÜBERLASSEN HABEN, AUF VORDERMANN ZU BRINGEN.
ABER NUN JA ...
VIEL ERFOLG.
DANKE!
SOLANGE ER SPASS DARAN HAT.
HEY, MARIKO!
SIEH DIR DAS AN!

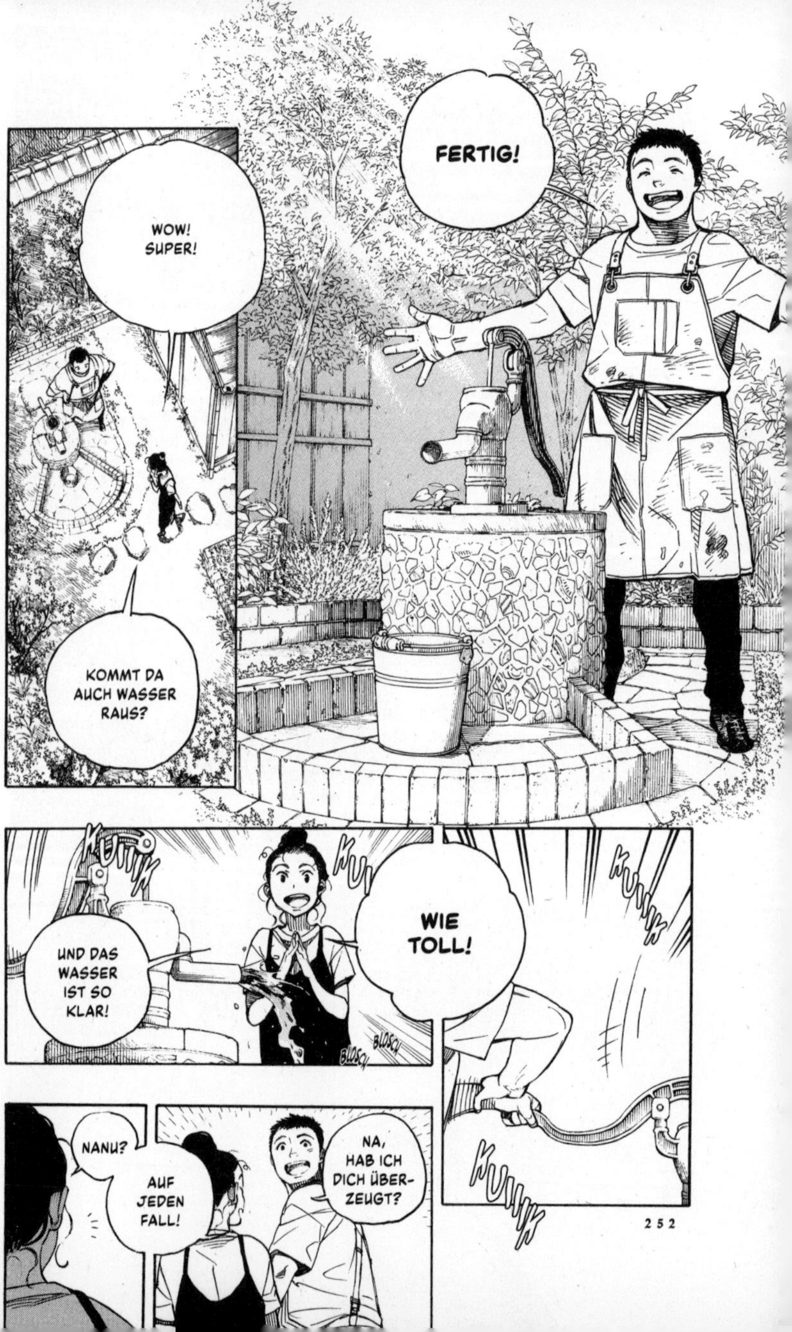
FERTIG!
WOW! SUPER!
KOMMT DA AUCH WASSER RAUS?
KUIIIK
KUIIIK
KUIIIK
WIE TOLL!
KUIIIK
UND DAS WASSER IST SO KLAR!
BLOSCH BLOSCH
NA, HAB ICH DICH ÜBERZEUGT?
AUF JEDEN FALL!
NANU?

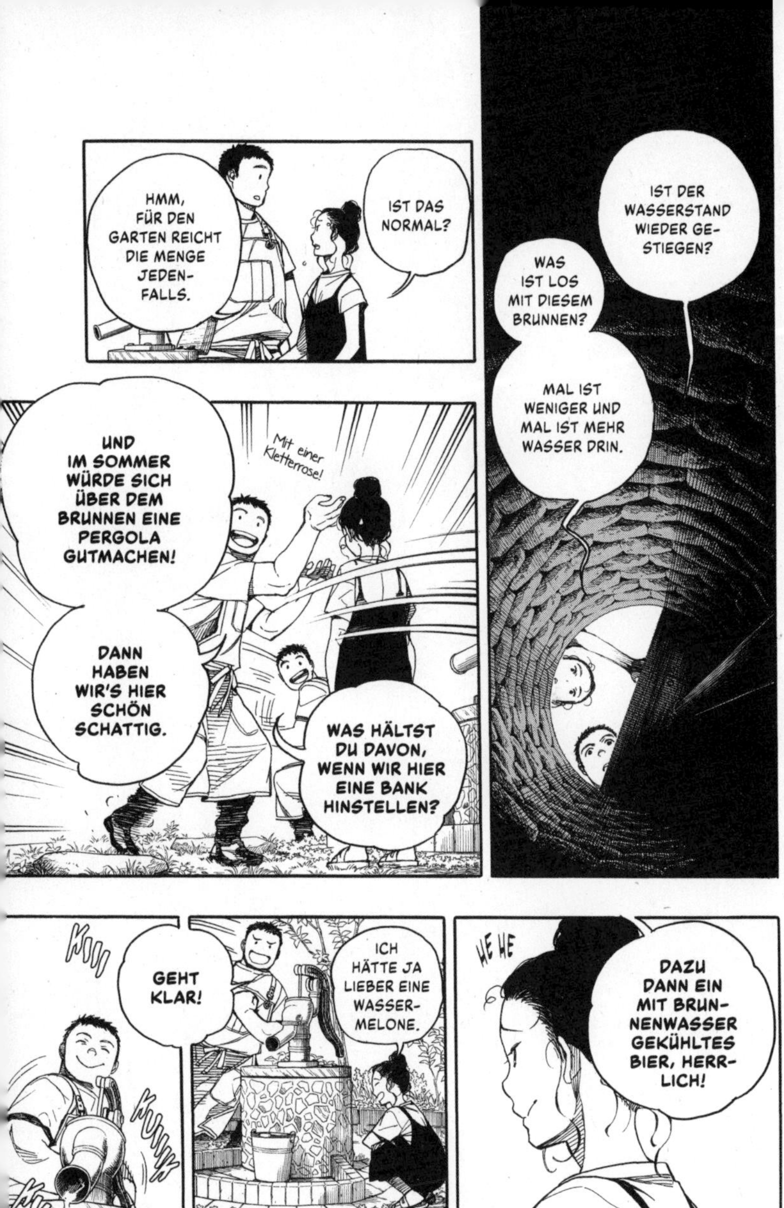

IST DER WASSERSTAND WIEDER GE-STIEGEN?
WAS IST LOS MIT DIESEM BRUNNEN?
MAL IST WENIGER UND MAL IST MEHR WASSER DRIN.
IST DAS NORMAL?
HMM, FÜR DEN GARTEN REICHT DIE MENGE JEDEN-FALLS.
UND IM SOMMER WÜRDE SICH ÜBER DEM BRUNNEN EINE PERGOLA GUTMACHEN!
Mit einer Kletterrose!
DANN HABEN WIR'S HIER SCHÖN SCHATTIG.
WAS HÄLTST DU DAVON, WENN WIR HIER EINE BANK HINSTELLEN?
HE HE
DAZU DANN EIN MIT BRUN-NENWASSER GEKÜHLTES BIER, HERR-LICH!
ICH HÄTTE JA LIEBER EINE WASSER-MELONE.
GEHT KLAR!

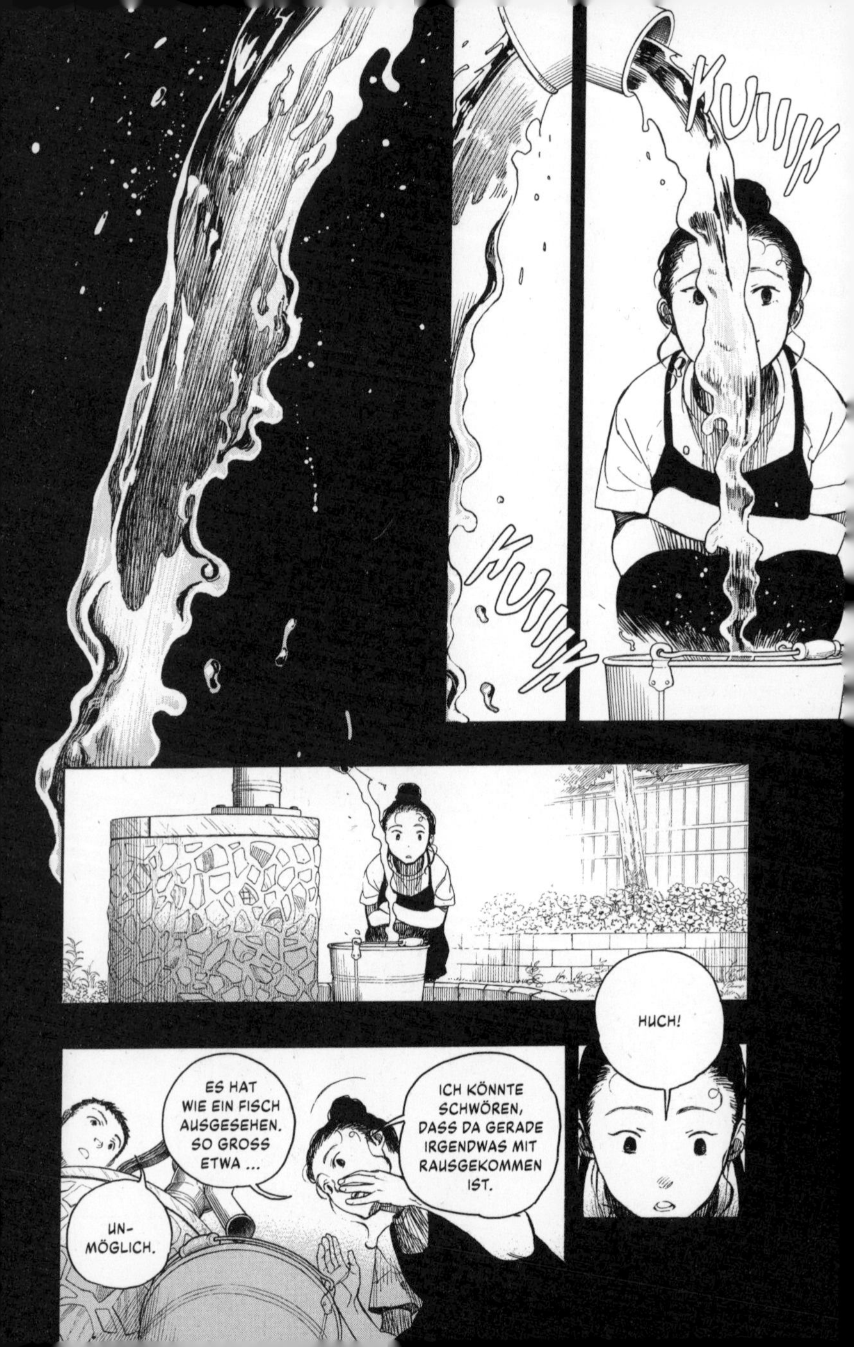
KUIIIK
KUIIIK
HUCH!
ICH KÖNNTE SCHWÖREN, DASS DA GERADE IRGENDWAS MIT RAUSGEKOMMEN IST.
ES HAT WIE EIN FISCH AUSGESEHEN. SO GROSS ETWA ...
UN-MÖGLICH.

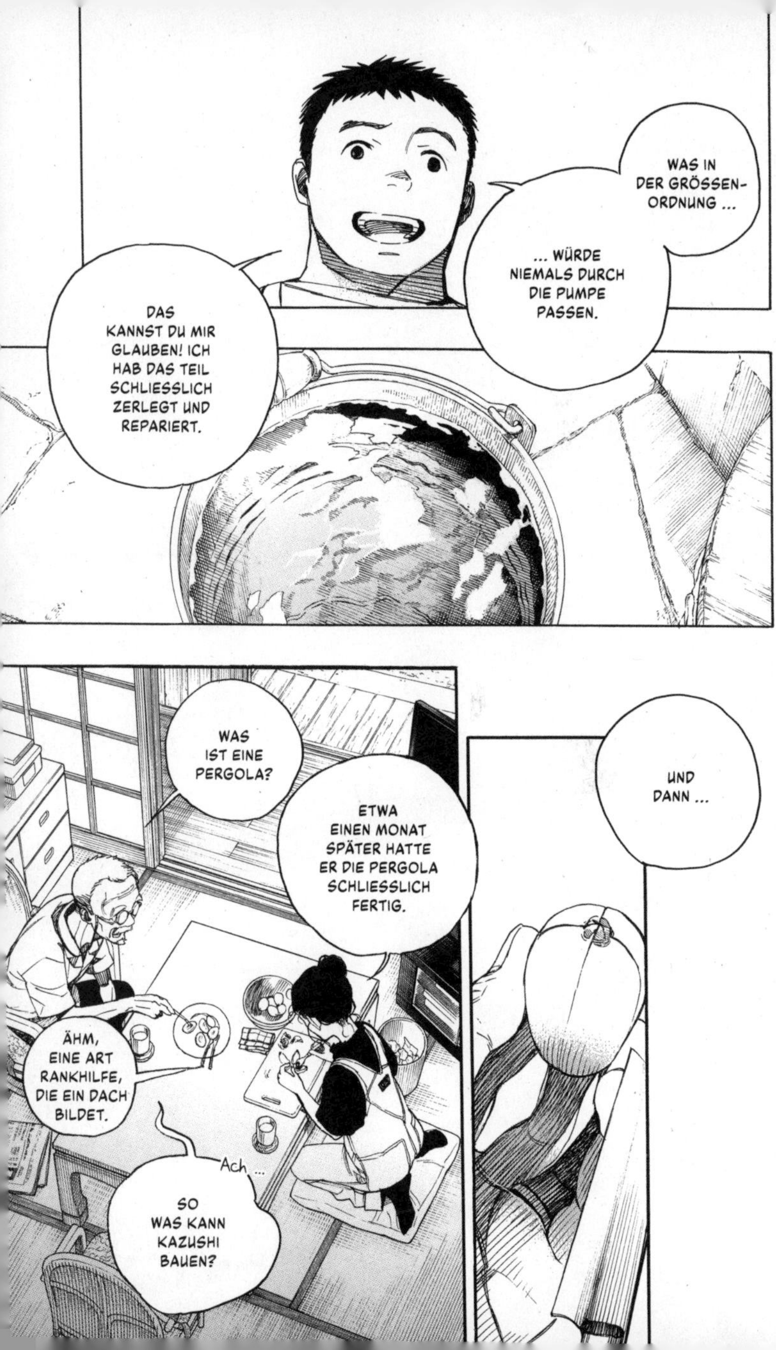
WAS IN DER GRÖSSEN-ORDNUNG ...
... WÜRDE NIEMALS DURCH DIE PUMPE PASSEN.
DAS KANNST DU MIR GLAUBEN! ICH HAB DAS TEIL SCHLIESSLICH ZERLEGT UND REPARIERT.
UND DANN ...
ETWA EINEN MONAT SPÄTER HATTE ER DIE PERGOLA SCHLIESSLICH FERTIG.
WAS IST EINE PERGOLA?
ÄHM, EINE ART RANKHILFE, DIE EIN DACH BILDET.
Ach ...
SO WAS KANN KAZUSHI BAUEN?

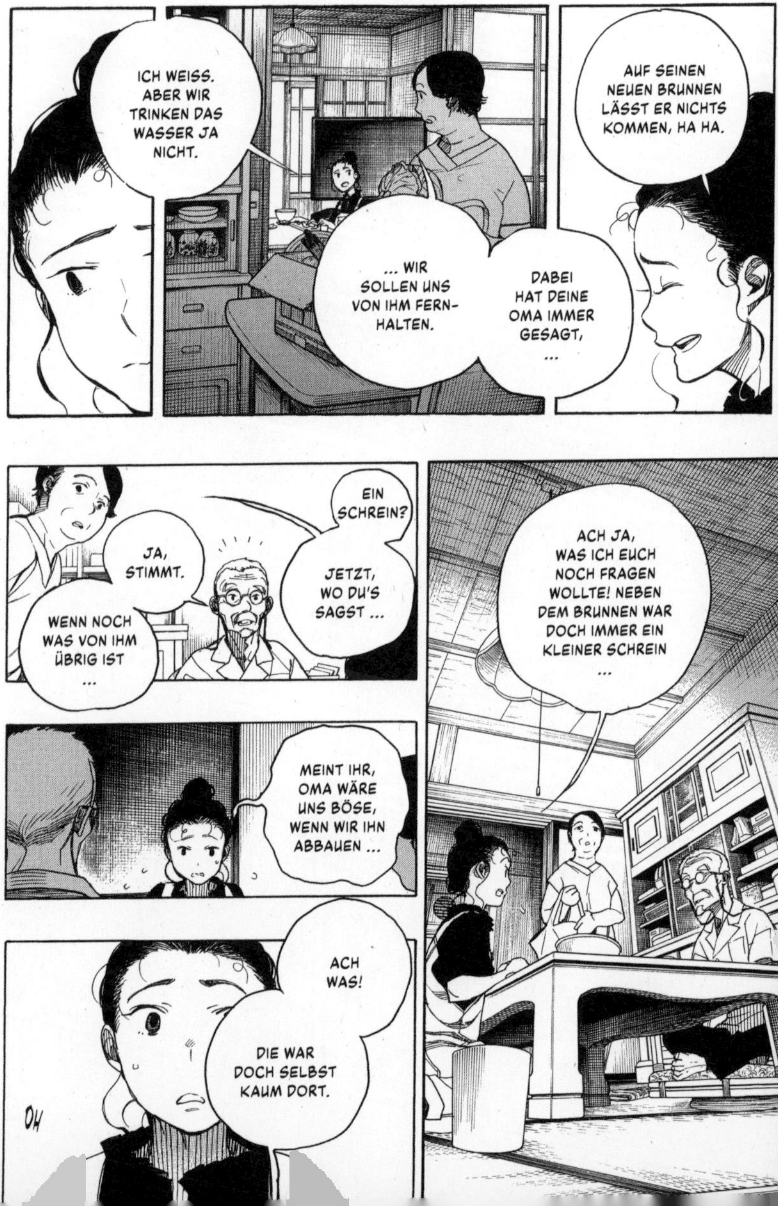
AUF SEINEN NEUEN BRUNNEN LÄSST ER NICHTS KOMMEN, HA HA.
DABEI HAT DEINE OMA IMMER GESAGT, ...
... WIR SOLLEN UNS VON IHM FERN-HALTEN.
ICH WEISS. ABER WIR TRINKEN DAS WASSER JA NICHT.
ACH JA, WAS ICH EUCH NOCH FRAGEN WOLLTE! NEBEN DEM BRUNNEN WAR DOCH IMMER EIN KLEINER SCHREIN ...
EIN SCHREIN?
JETZT, WO DU'S SAGST ...
JA, STIMMT.
WENN NOCH WAS VON IHM ÜBRIG IST ...
MEINT IHR, OMA WÄRE UNS BÖSE, WENN WIR IHN ABBAUEN ...
ACH WAS!
DIE WAR DOCH SELBST KAUM DORT.
OH

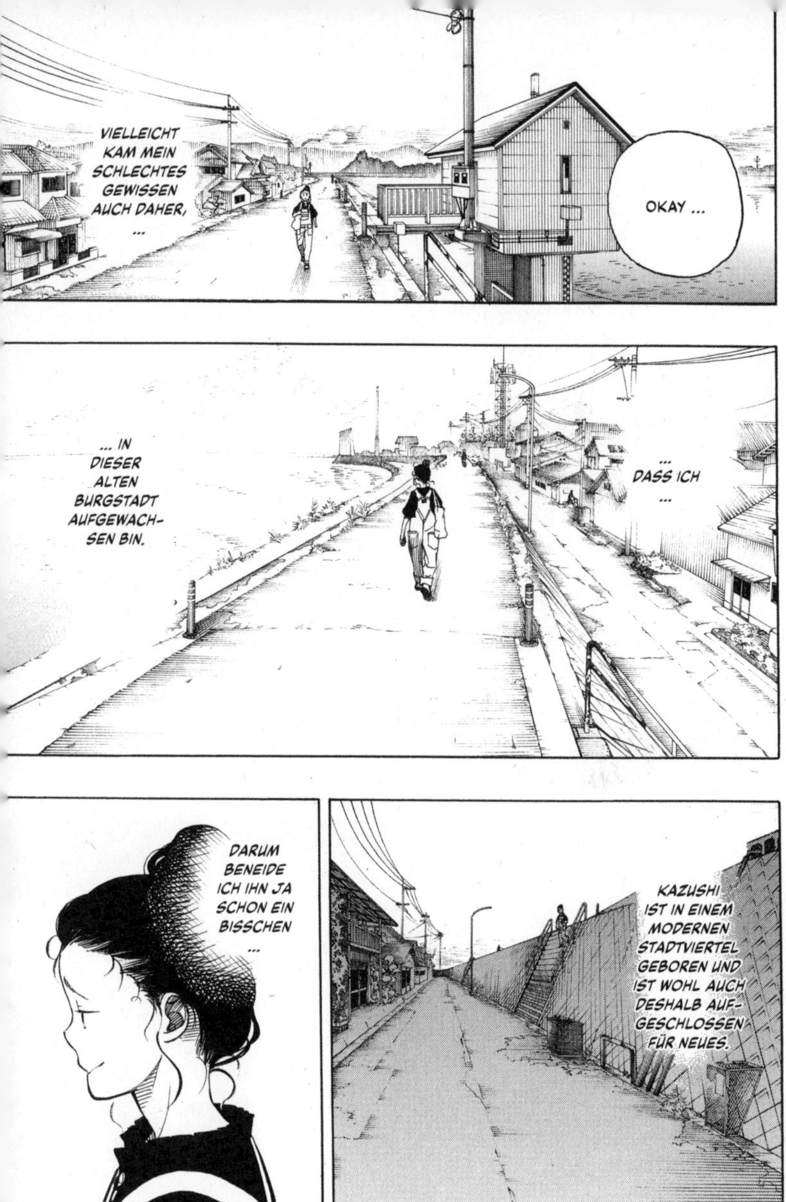
OKAY ...
VIELLEICHT KAM MEIN SCHLECHTES GEWISSEN AUCH DAHER, ...
... DASS ICH ...
... IN DIESER ALTEN BURGSTADT AUFGEWACH-SEN BIN.
KAZUSHI IST IN EINEM MODERNEN STADTVIERTEL GEBOREN UND IST WOHL AUCH DESHALB AUF-GESCHLOSSEN FÜR NEUES.
DARUM BENEIDE ICH IHN JA SCHON EIN BISSCHEN ...

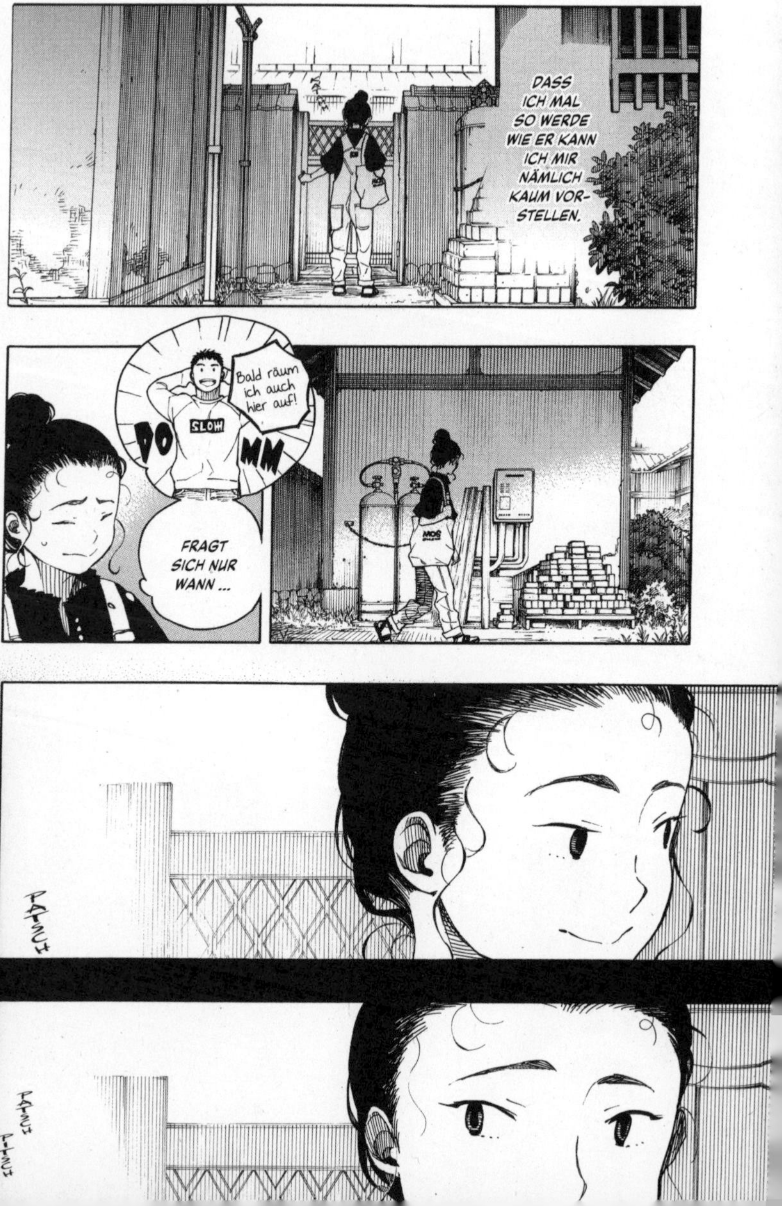
DASS ICH MAL SO WERDE WIE ER KANN ICH MIR NÄMLICH KAUM VORSTELLEN.
Bald räum ich auch hier auf!
DOMM
SLOW
FRAGT SICH NUR WANN ...
PATSCH
PATSCH
PITSCH
PATSCH

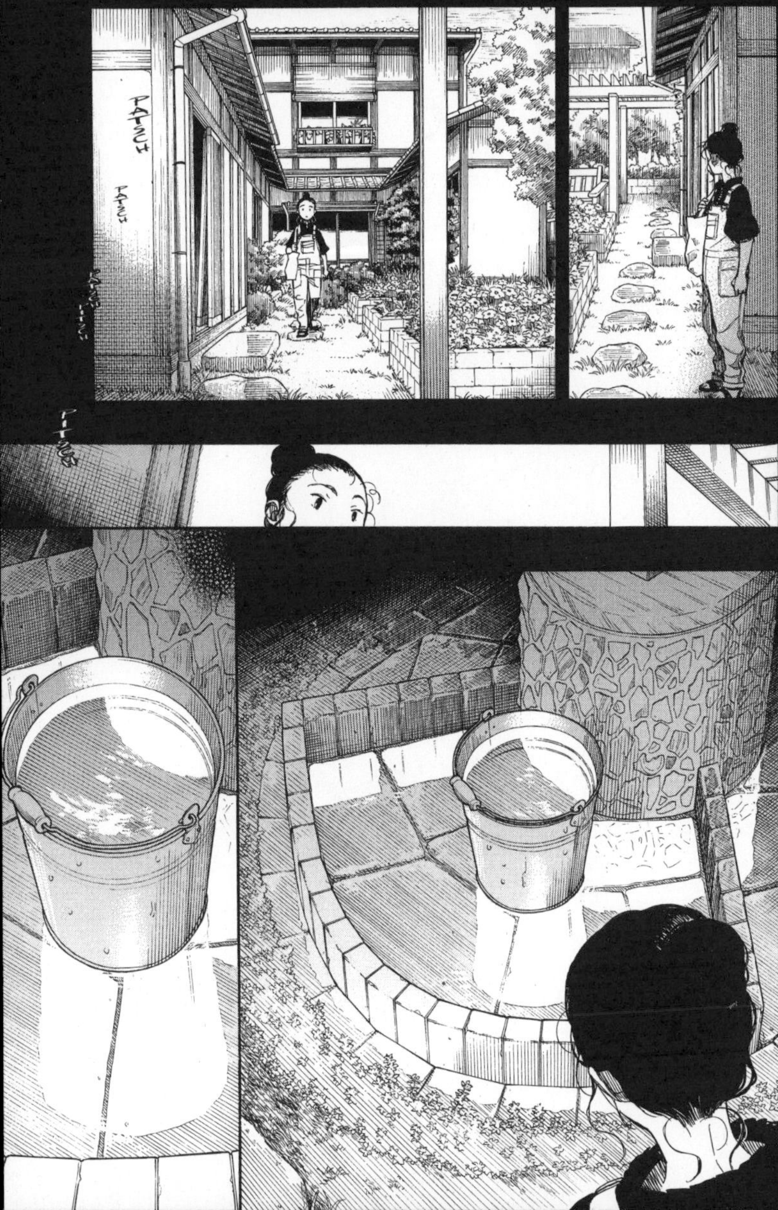
PATSCH
PATSCH

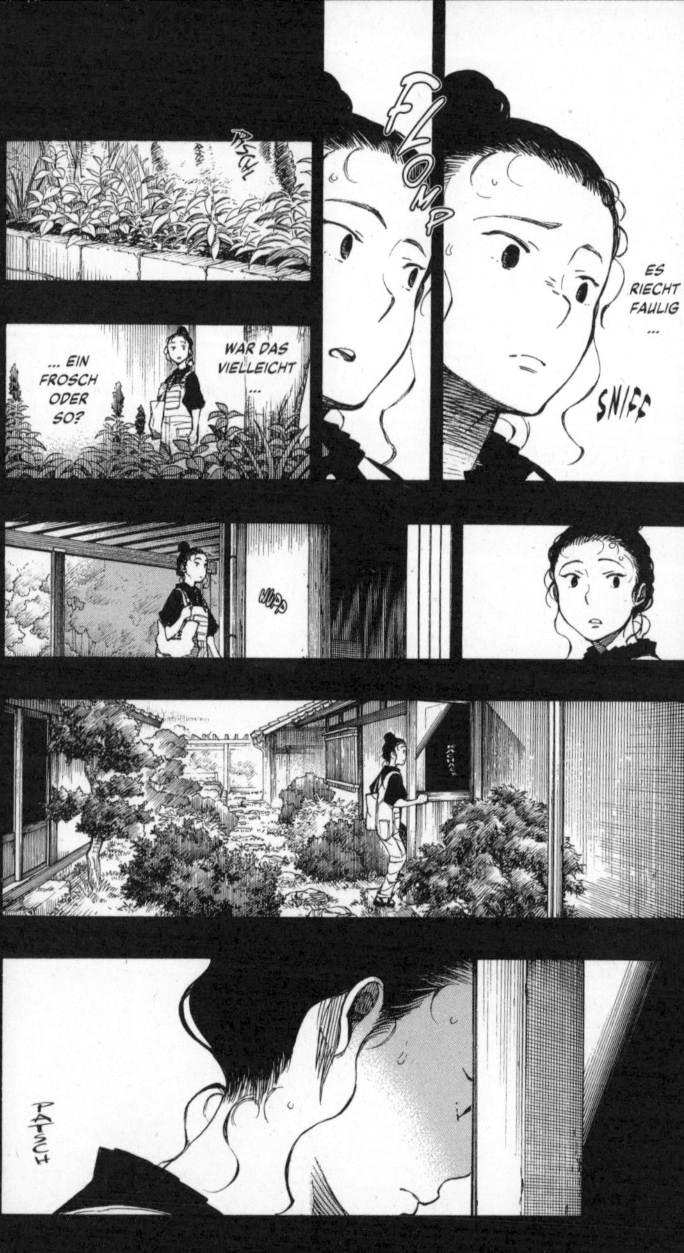
ES RIECHT FAULIG ...
SNIFF
FLOMP
RASCHL
WAR DAS VIELLEICHT ...
... EIN FROSCH ODER SO?
WUPP
KACHACK
PATSCH

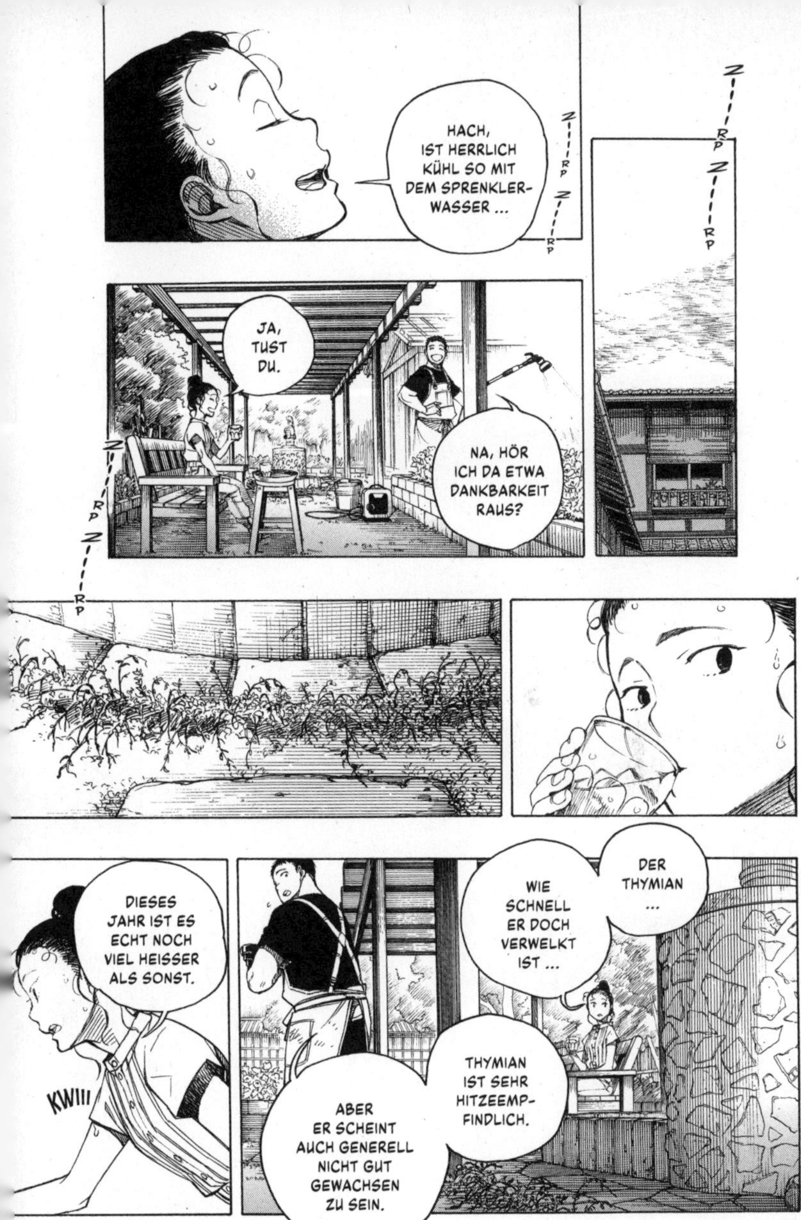
HACH, IST HERRLICH KÜHL SO MIT DEM SPRENKLER-WASSER ...
ZIIRP ZIIRP
ZIIRP ZIIRP
JA, TUST DU.
NA, HÖR ICH DA ETWA DANKBARKEIT RAUS?
ZIIRP ZIIRP
DIESES JAHR IST ES ECHT NOCH VIEL HEISSER ALS SONST.
KWIII
DER THYMIAN ...
WIE SCHNELL ER DOCH VERWELKT IST ...
THYMIAN IST SEHR HITZEEMP-FINDLICH.
ABER ER SCHEINT AUCH GENERELL NICHT GUT GEWACHSEN ZU SEIN.

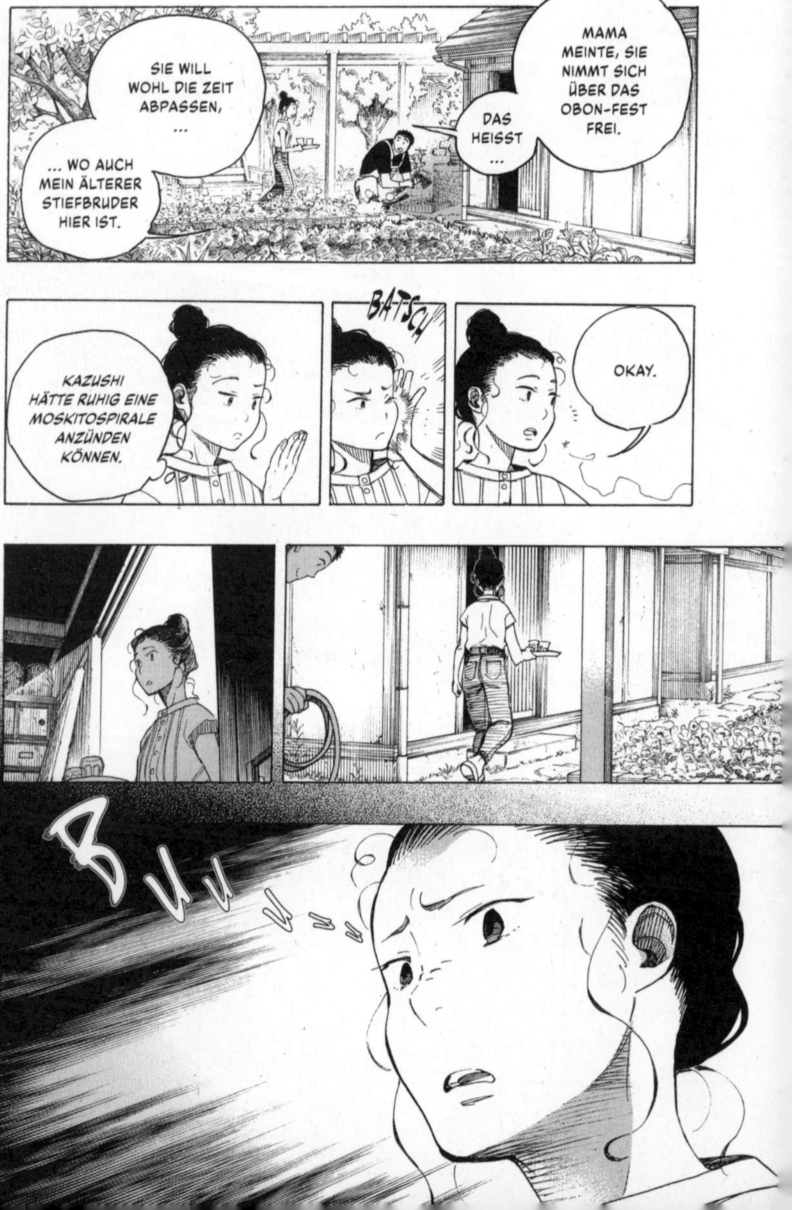
MAMA MEINTE, SIE NIMMT SICH ÜBER DAS OBON-FEST FREI.
DAS HEISST ...
SIE WILL WOHL DIE ZEIT ABPASSEN, ...
... WO AUCH MEIN ÄLTERER STIEFBRUDER HIER IST.
OKAY.
BATSCH
KAZUSHI HÄTTE RUHIG EINE MOSKITOSPIRALE ANZÜNDEN KÖNNEN.
BUUUUU

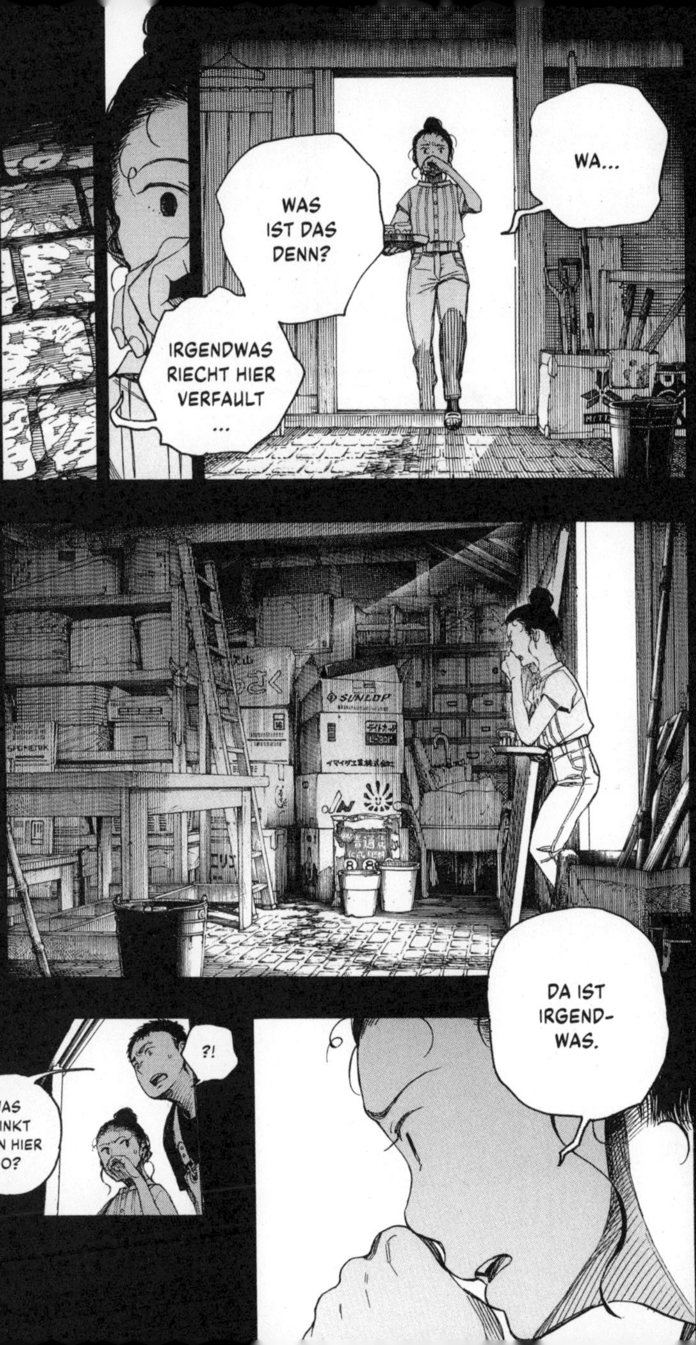
WA...
WAS IST DAS DENN?
IRGENDWAS RIECHT HIER VERFAULT ...
DA IST IRGEND-WAS.
?!
WAS STINKT DENN HIER SO?

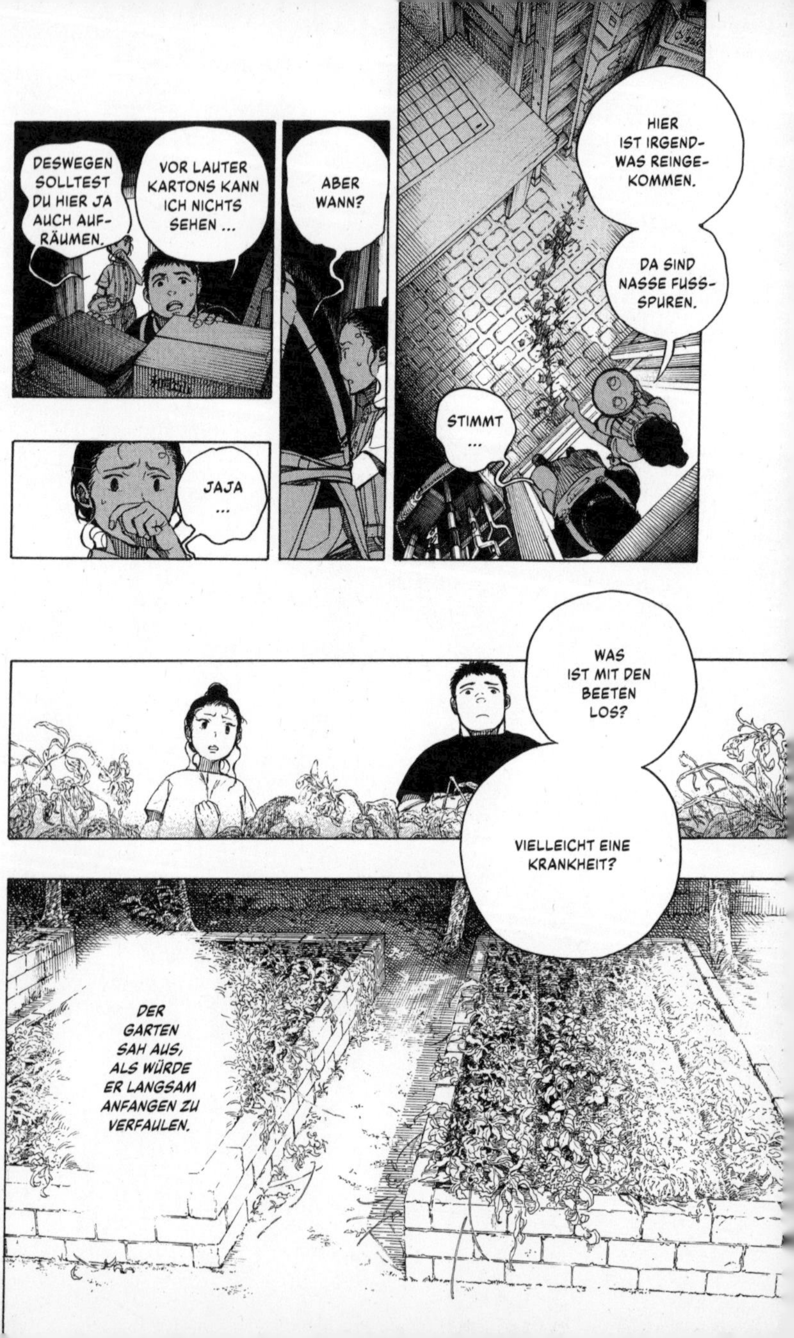
HIER IST IRGENDWAS REINGEKOMMEN.
DA SIND NASSE FUSSSPUREN.
STIMMT ...
ABER WANN?
VOR LAUTER KARTONS KANN ICH NICHTS SEHEN ...
DESWEGEN SOLLTEST DU HIER JA AUCH AUFRÄUMEN.
JAJA ...
WAS IST MIT DEN BEETEN LOS?
VIELLEICHT EINE KRANKHEIT?
DER GARTEN SAH AUS, ALS WÜRDE ER LANGSAM ANFANGEN ZU VERFAULEN.

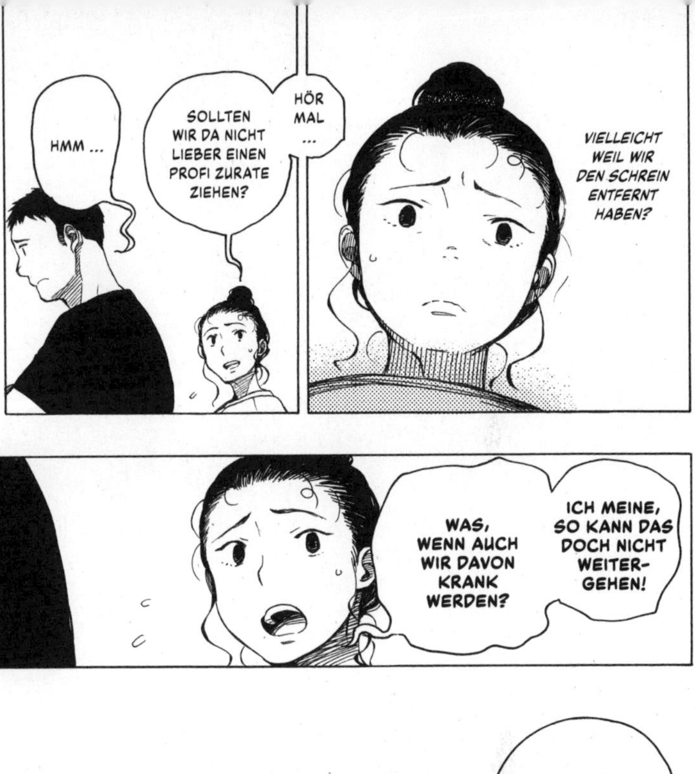
VIELLEICHT WEIL WIR DEN SCHREIN ENTFERNT HABEN?
HÖR MAL ...
SOLLTEN WIR DA NICHT LIEBER EINEN PROFI ZURATE ZIEHEN?
HMM ...
ICH MEINE, SO KANN DAS DOCH NICHT WEITER-GEHEN!
WAS, WENN AUCH WIR DAVON KRANK WERDEN?
GUTEN TAG.
MEIN NAME IST DOBARU.
AH!
MOMENT, ICH BRINGE SIE HINTEN ZUR GARTENTÜR.

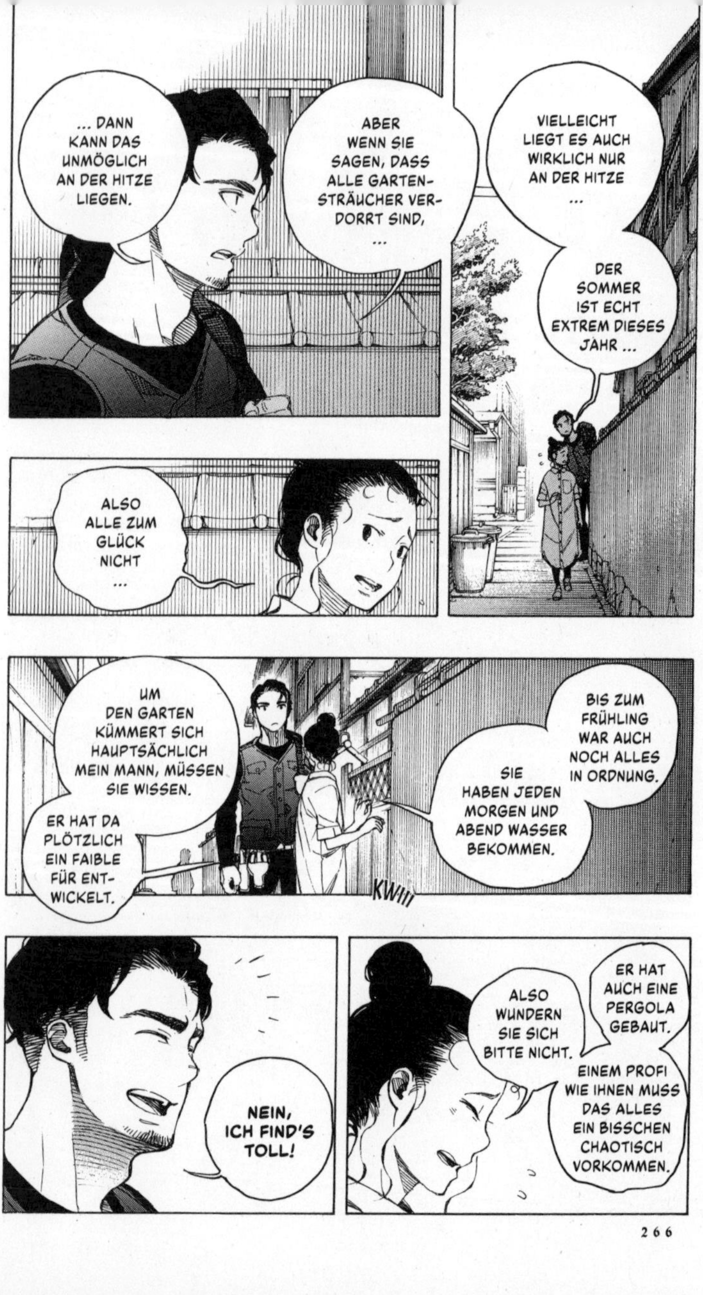
VIELLEICHT LIEGT ES AUCH WIRKLICH NUR AN DER HITZE …
DER SOMMER IST ECHT EXTREM DIESES JAHR …
ABER WENN SIE SAGEN, DASS ALLE GARTENSTRÄUCHER VERDORRT SIND, …
… DANN KANN DAS UNMÖGLICH AN DER HITZE LIEGEN.
ALSO ALLE ZUM GLÜCK NICHT …
BIS ZUM FRÜHLING WAR AUCH NOCH ALLES IN ORDNUNG.
SIE HABEN JEDEN MORGEN UND ABEND WASSER BEKOMMEN.
UM DEN GARTEN KÜMMERT SICH HAUPTSÄCHLICH MEIN MANN, MÜSSEN SIE WISSEN.
ER HAT DA PLÖTZLICH EIN FAIBLE FÜR ENTWICKELT.
KWIII
ER HAT AUCH EINE PERGOLA GEBAUT.
ALSO WUNDERN SIE SICH BITTE NICHT.
EINEM PROFI WIE IHNEN MUSS DAS ALLES EIN BISSCHEN CHAOTISCH VORKOMMEN.
NEIN, ICH FIND'S TOLL!

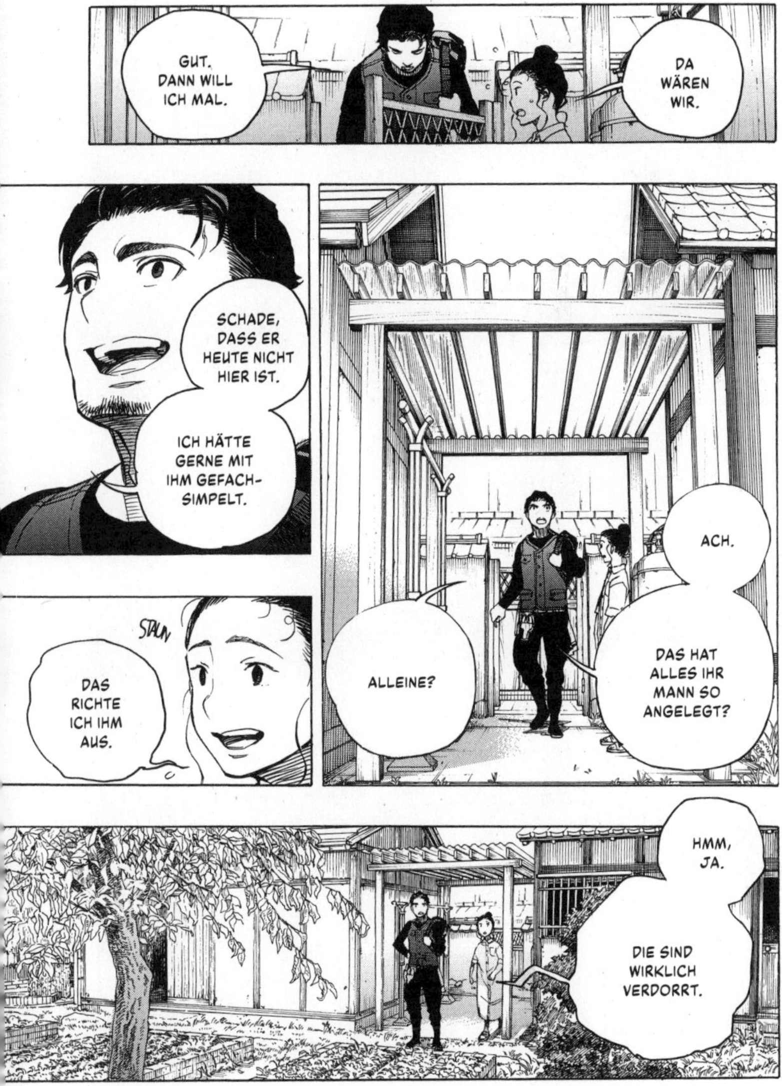

GUT. DANN WILL ICH MAL.
DA WÄREN WIR.
SCHADE, DASS ER HEUTE NICHT HIER IST.
ICH HÄTTE GERNE MIT IHM GEFACH-SIMPELT.
STAUN
DAS RICHTE ICH IHM AUS.
ACH.
DAS HAT ALLES IHR MANN SO ANGELEGT?
ALLEINE?
HMM, JA.
DIE SIND WIRKLICH VERDORRT.

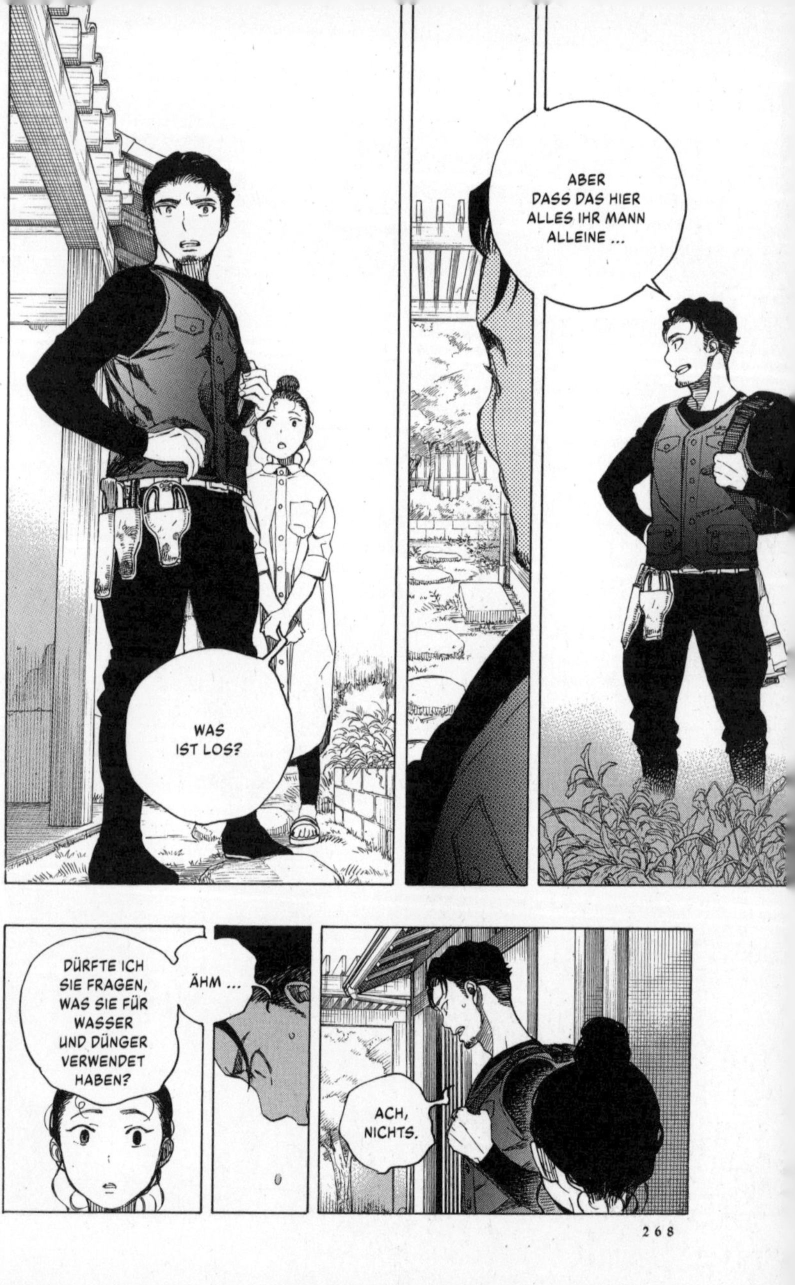
ABER DASS DAS HIER ALLES IHR MANN ALLEINE ...
WAS IST LOS?
ACH, NICHTS.
ÄHM ...
DÜRFTE ICH SIE FRAGEN, WAS SIE FÜR WASSER UND DÜNGER VERWENDET HABEN?

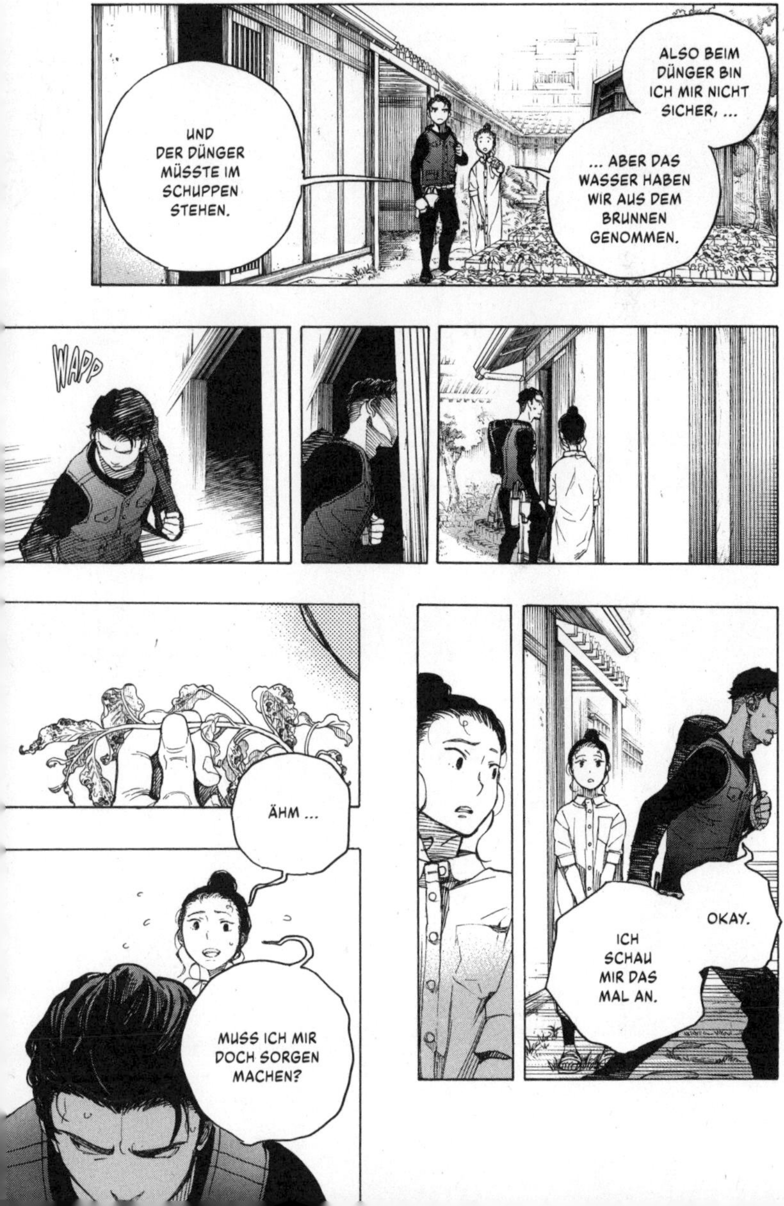
ALSO BEIM DÜNGER BIN ICH MIR NICHT SICHER, ...
... ABER DAS WASSER HABEN WIR AUS DEM BRUNNEN GENOMMEN.
UND DER DÜNGER MÜSSTE IM SCHUPPEN STEHEN.
WAPP
OKAY.
ICH SCHAU MIR DAS MAL AN.
ÄHM ...
MUSS ICH MIR DOCH SORGEN MACHEN?

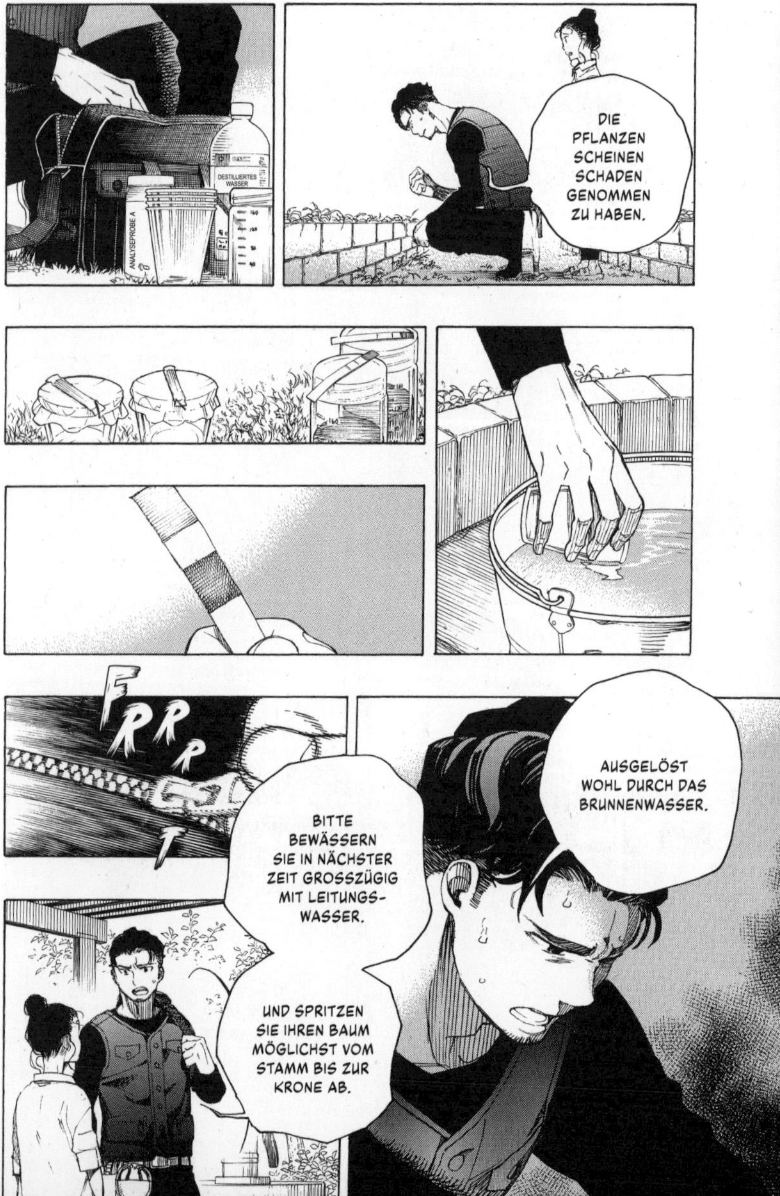

DIE PFLANZEN SCHEINEN SCHADEN GENOMMEN ZU HABEN.
DESTILLIERTES WASSER
ANALYSEPROBE A
AUSGELÖST WOHL DURCH DAS BRUNNENWASSER.
FRRRT
BITTE BEWÄSSERN SIE IN NÄCHSTER ZEIT GROSSZÜGIG MIT LEITUNGS-WASSER.
UND SPRITZEN SIE IHREN BAUM MÖGLICHST VOM STAMM BIS ZUR KRONE AB.

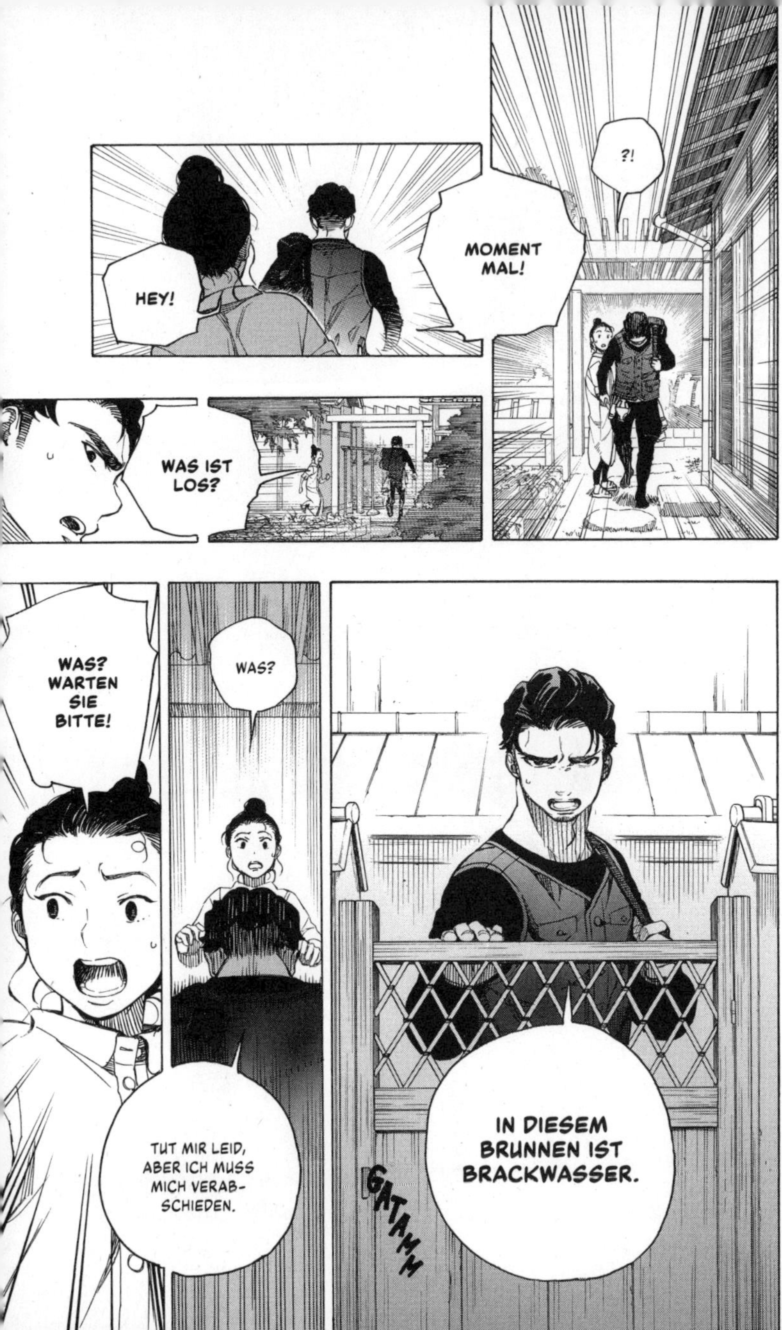
?!
MOMENT MAL!
HEY!
WAS IST LOS?
IN DIESEM BRUNNEN IST BRACKWASSER.
GATAMM
WAS?
TUT MIR LEID, ABER ICH MUSS MICH VERAB- SCHIEDEN.
WAS? WARTEN SIE BITTE!

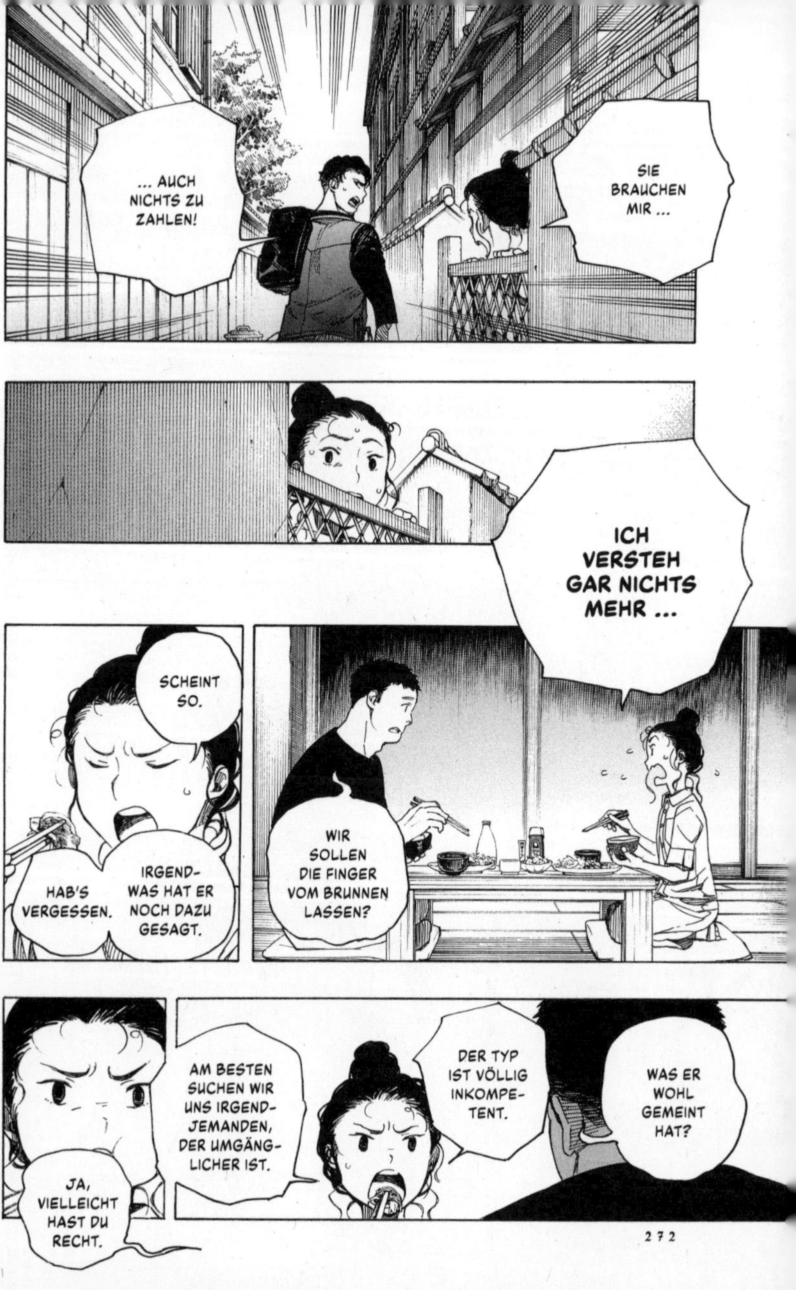
SIE BRAUCHEN MIR ...
... AUCH NICHTS ZU ZAHLEN!
ICH VERSTEH GAR NICHTS MEHR ...
WIR SOLLEN DIE FINGER VOM BRUNNEN LASSEN?
SCHEINT SO.
IRGEND- WAS HAT ER NOCH DAZU GESAGT.
HAB'S VERGESSEN.
WAS ER WOHL GEMEINT HAT?
DER TYP IST VÖLLIG INKOMPE- TENT.
AM BESTEN SUCHEN WIR UNS IRGEND- JEMANDEN, DER UMGÄNG- LICHER IST.
JA, VIELLEICHT HAST DU RECHT.

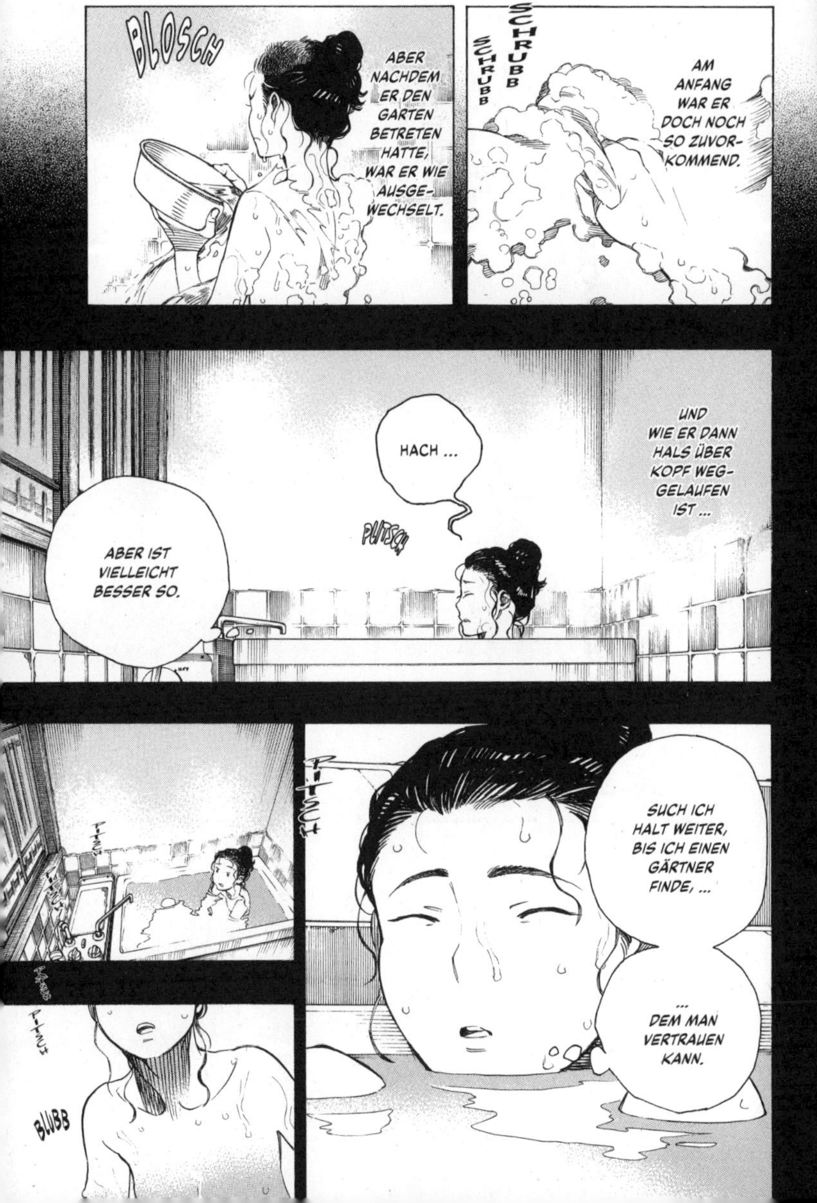
SCHRUBB
SCHRUBB
AM ANFANG WAR ER DOCH NOCH SO ZUVOR-KOMMEND.
BLOSCH
ABER NACHDEM ER DEN GARTEN BETRETEN HATTE, WAR ER WIE AUSGE-WECHSELT.
UND WIE ER DANN HALS ÜBER KOPF WEG-GELAUFEN IST ...
HACH ...
PLITSCH
ABER IST VIELLEICHT BESSER SO.
PITSCH
SUCH ICH HALT WEITER, BIS ICH EINEN GÄRTNER FINDE, ...
... DEM MAN VERTRAUEN KANN.
BLUBB

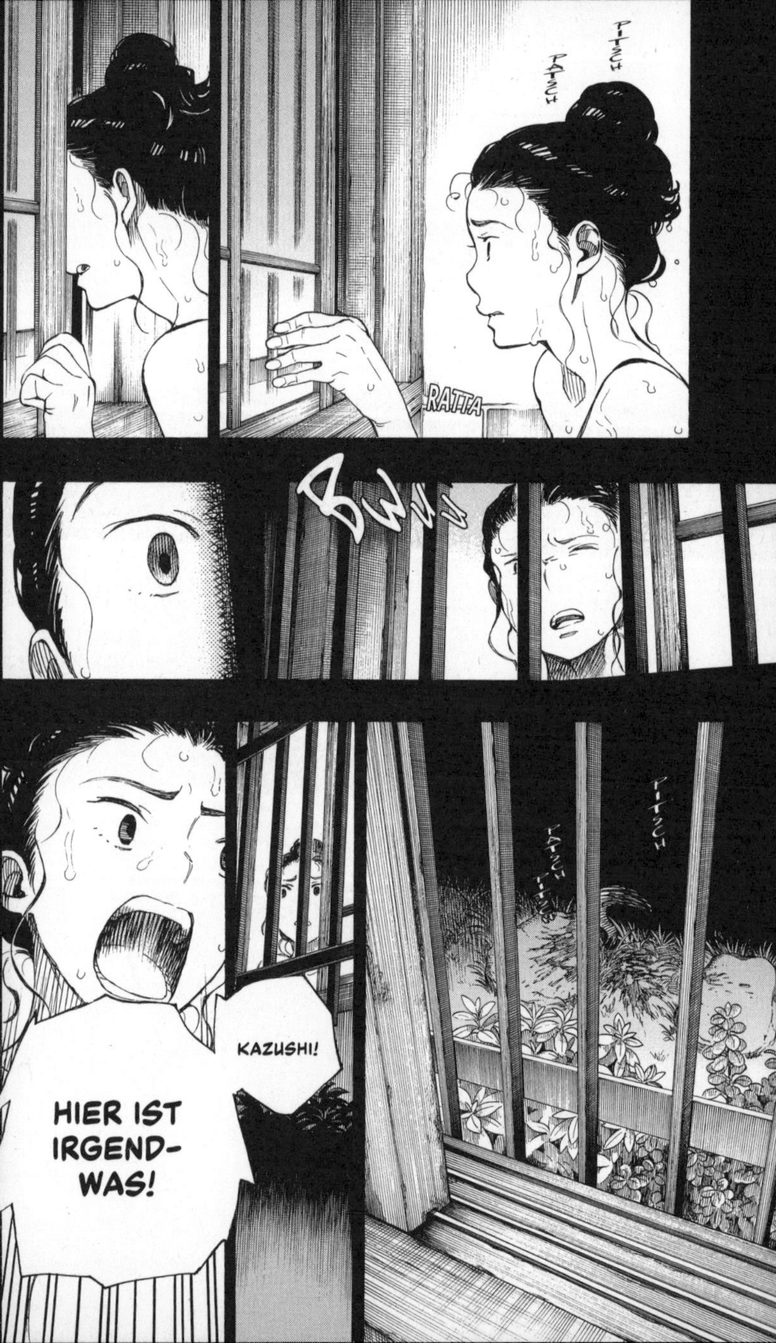
PITSCH
PATSCH
RATTA
PITSCH
PATSCH
KAZUSHI!
HIER IST IRGEND-WAS!

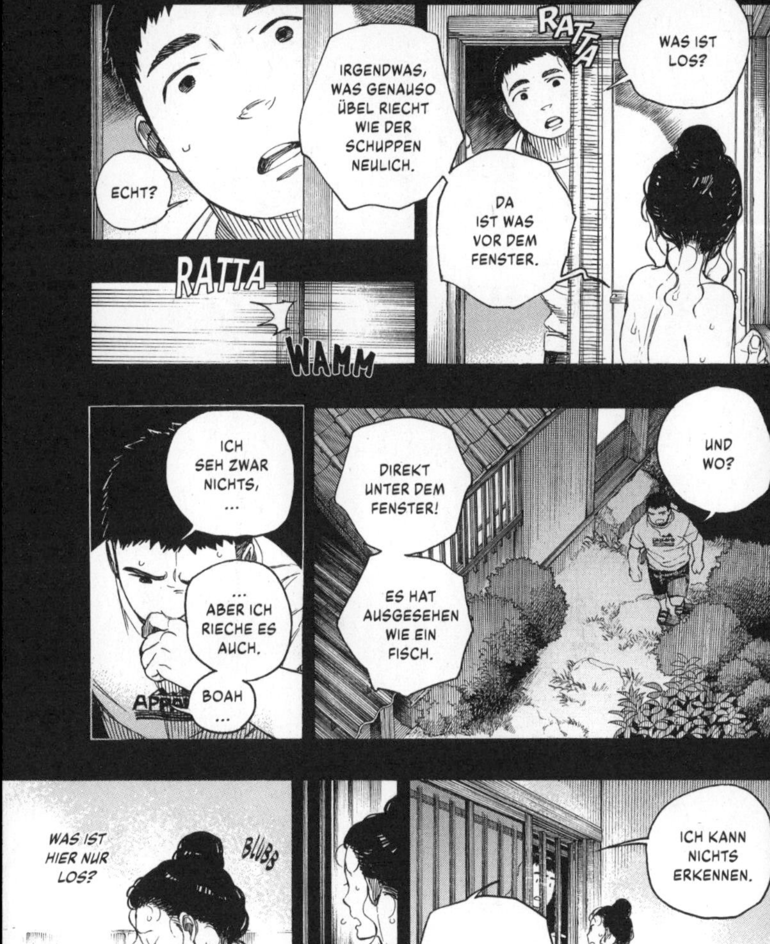

RATTA
WAS IST LOS?
DA IST WAS VOR DEM FENSTER.
IRGENDWAS, WAS GENAUSO ÜBEL RIECHT WIE DER SCHUPPEN NEULICH.
ECHT?
RATTA
WAMM
UND WO?
DIREKT UNTER DEM FENSTER!
ES HAT AUSGESEHEN WIE EIN FISCH.
ICH SEH ZWAR NICHTS, ...
... ABER ICH RIECHE ES AUCH.
BOAH ...
ICH KANN NICHTS ERKENNEN.
ICH HOL MAL 'NE TASCHEN-LAMPE.
HACH ...
BLUBB
WAS IST HIER NUR LOS?

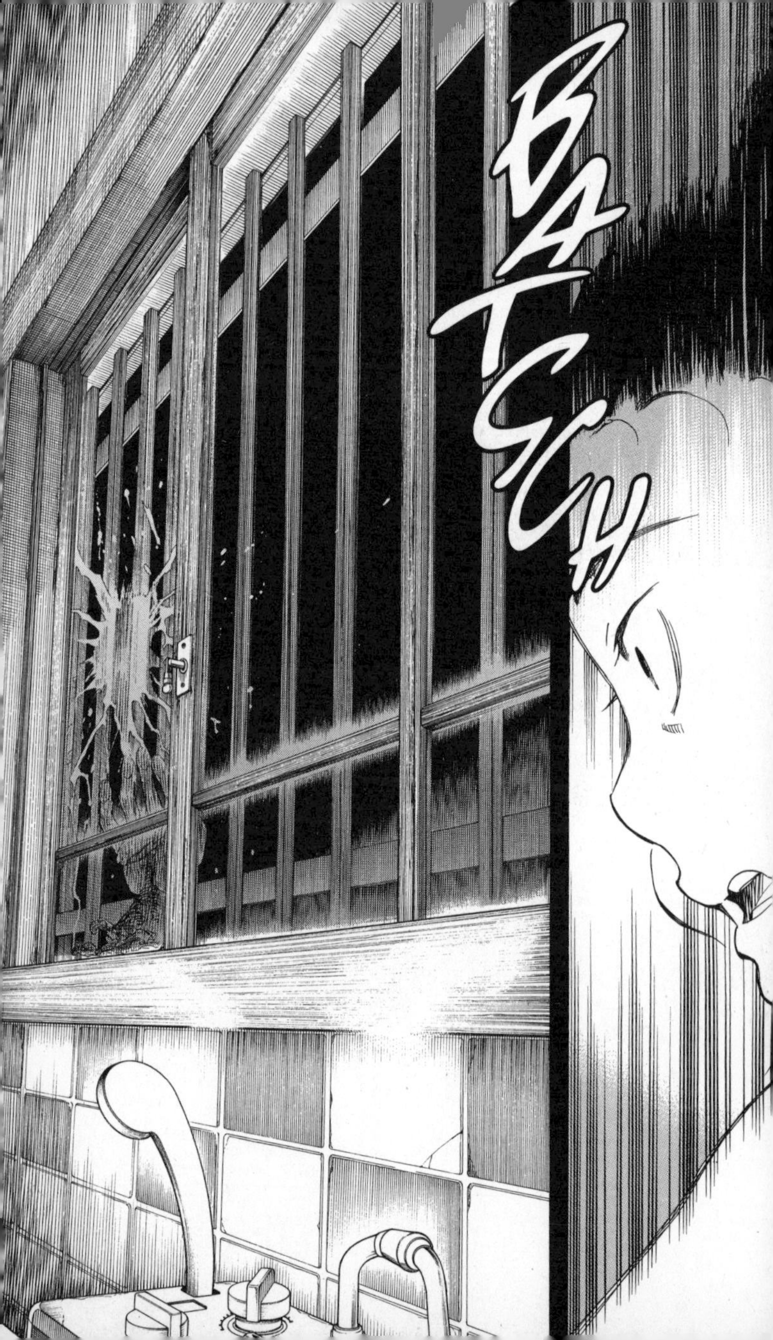
BATSCH

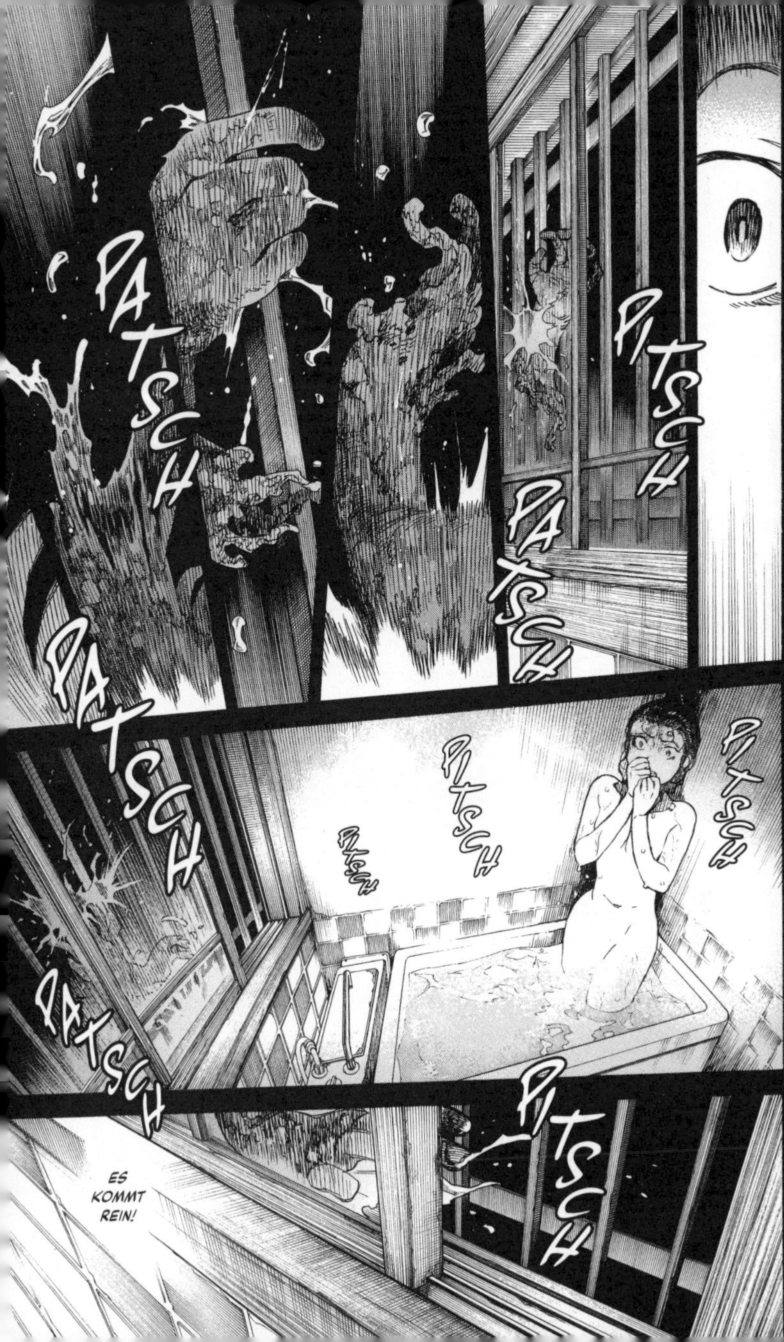
PITSCH
PATSCH
PATSCH
PATSCH
PITSCH
PITSCH
PITSCH
PATSCH
PITSCH
ES KOMMT REIN!

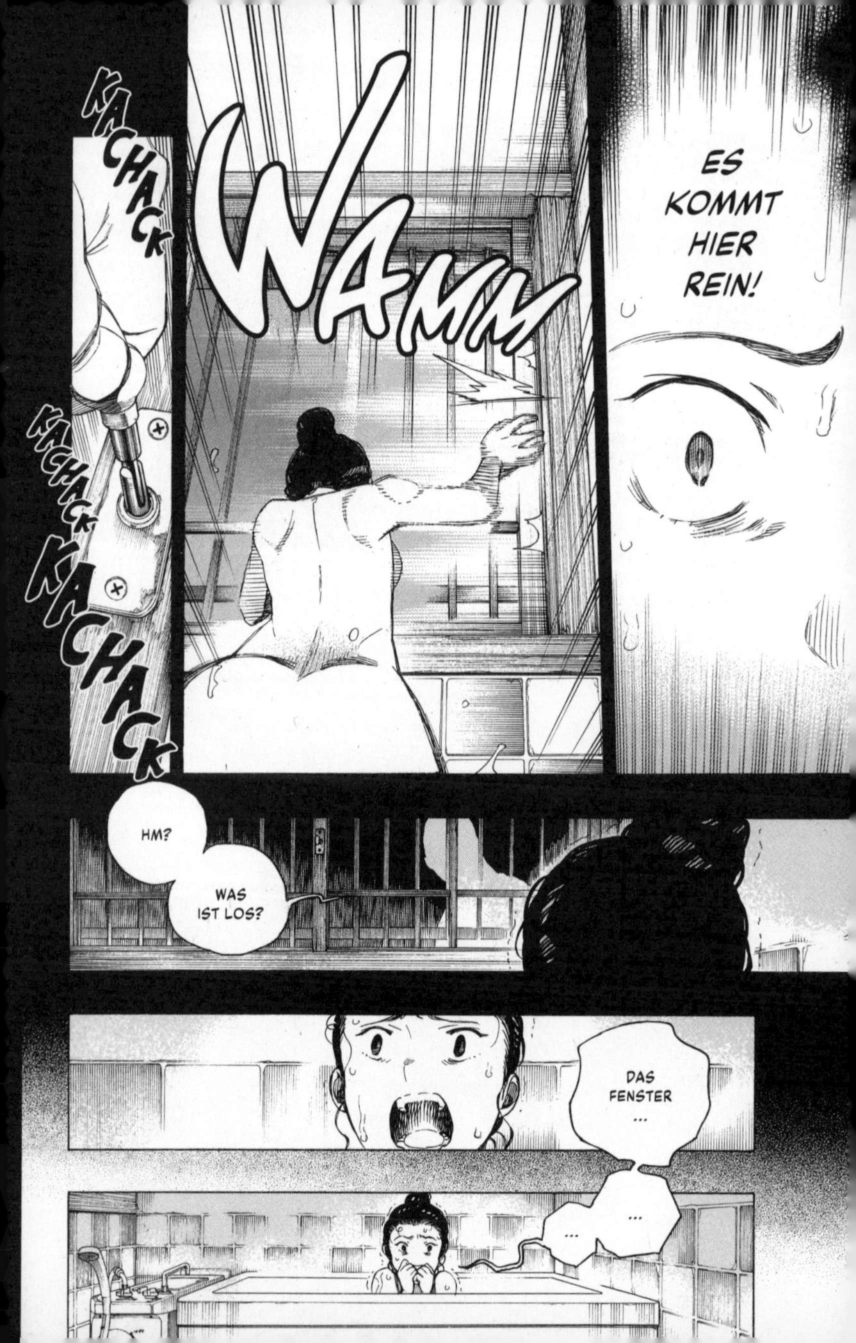
ES KOMMT HIER REIN!
WAMM
KACHACK
KACHACK
KACHACK KACHACK
HM?
WAS IST LOS?
DAS FENSTER ...
...
...

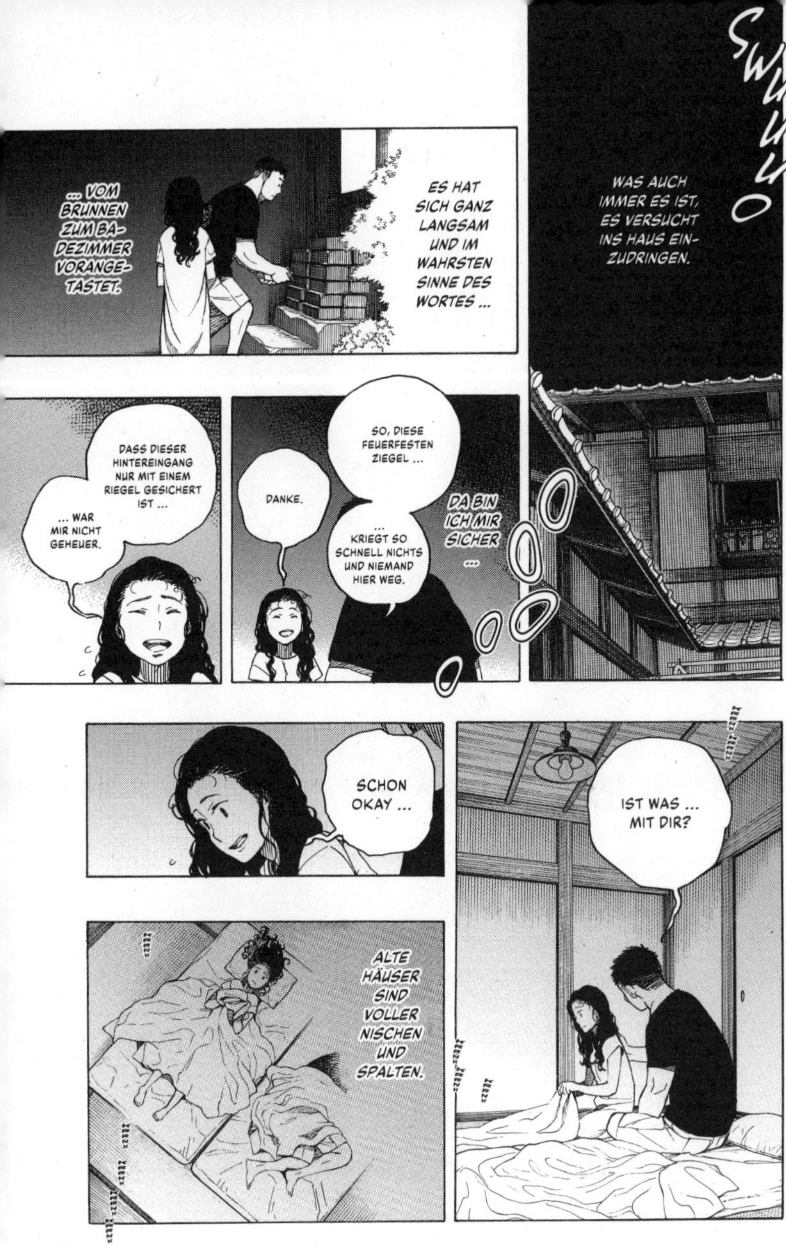

SWUUUO
WAS AUCH IMMER ES IST, ES VERSUCHT INS HAUS EINZUDRINGEN.
ES HAT SICH GANZ LANGSAM UND IM WAHRSTEN SINNE DES WORTES ...
... VOM BRUNNEN ZUM BADEZIMMER VORANGETASTET.
DA BIN ICH MIR SICHER ...
SO, DIESE FEUERFESTEN ZIEGEL ...
... KRIEGT SO SCHNELL NICHTS UND NIEMAND HIER WEG.
DANKE.
DASS DIESER HINTEREINGANG NUR MIT EINEM RIEGEL GESICHERT IST ...
... WAR MIR NICHT GEHEUER.
IST WAS ... MIT DIR?
SCHON OKAY ...
ALTE HÄUSER SIND VOLLER NISCHEN UND SPALTEN.

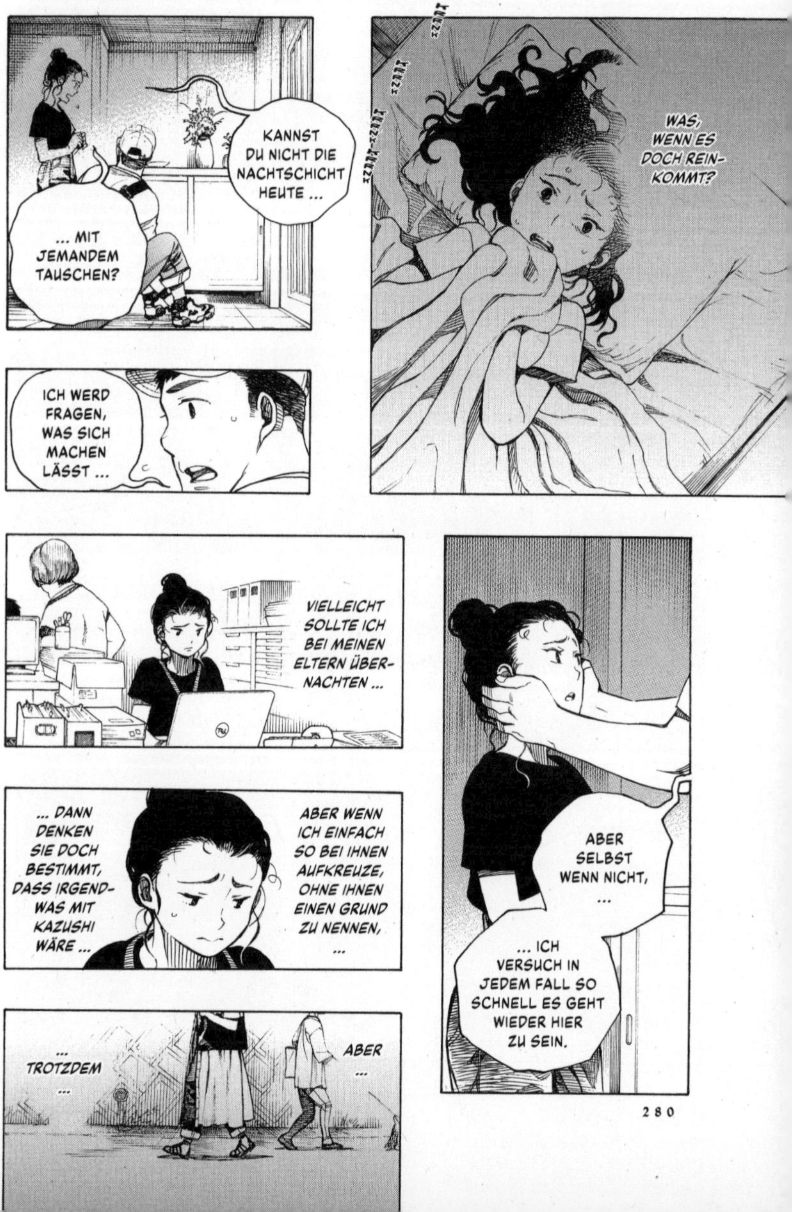
WAS, WENN ES DOCH REINKOMMT?
KANNST DU NICHT DIE NACHTSCHICHT HEUTE ...
... MIT JEMANDEM TAUSCHEN?
ICH WERD FRAGEN, WAS SICH MACHEN LÄSST ...
ABER SELBST WENN NICHT, ...
... ICH VERSUCH IN JEDEM FALL SO SCHNELL ES GEHT WIEDER HIER ZU SEIN.
VIELLEICHT SOLLTE ICH BEI MEINEN ELTERN ÜBERNACHTEN ...
ABER WENN ICH EINFACH SO BEI IHNEN AUFKREUZE, OHNE IHNEN EINEN GRUND ZU NENNEN, ...
... DANN DENKEN SIE DOCH BESTIMMT, DASS IRGENDWAS MIT KAZUSHI WÄRE ...
ABER ...
... TROTZDEM ...

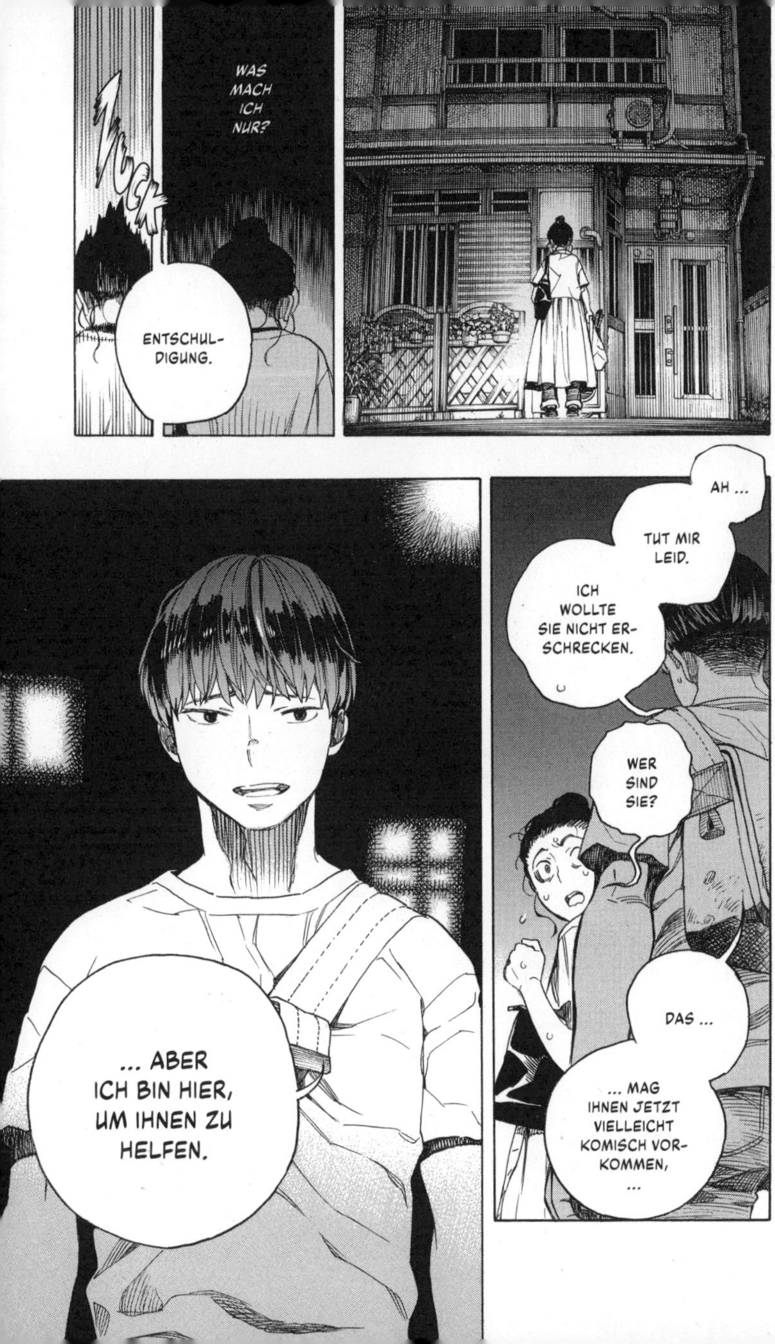
WAS MACH ICH NUR?
ENTSCHULDIGUNG.
AH ...
TUT MIR LEID.
ICH WOLLTE SIE NICHT ERSCHRECKEN.
WER SIND SIE?
DAS ...
... MAG IHNEN JETZT VIELLEICHT KOMISCH VORKOMMEN, ...
... ABER ICH BIN HIER, UM IHNEN ZU HELFEN.

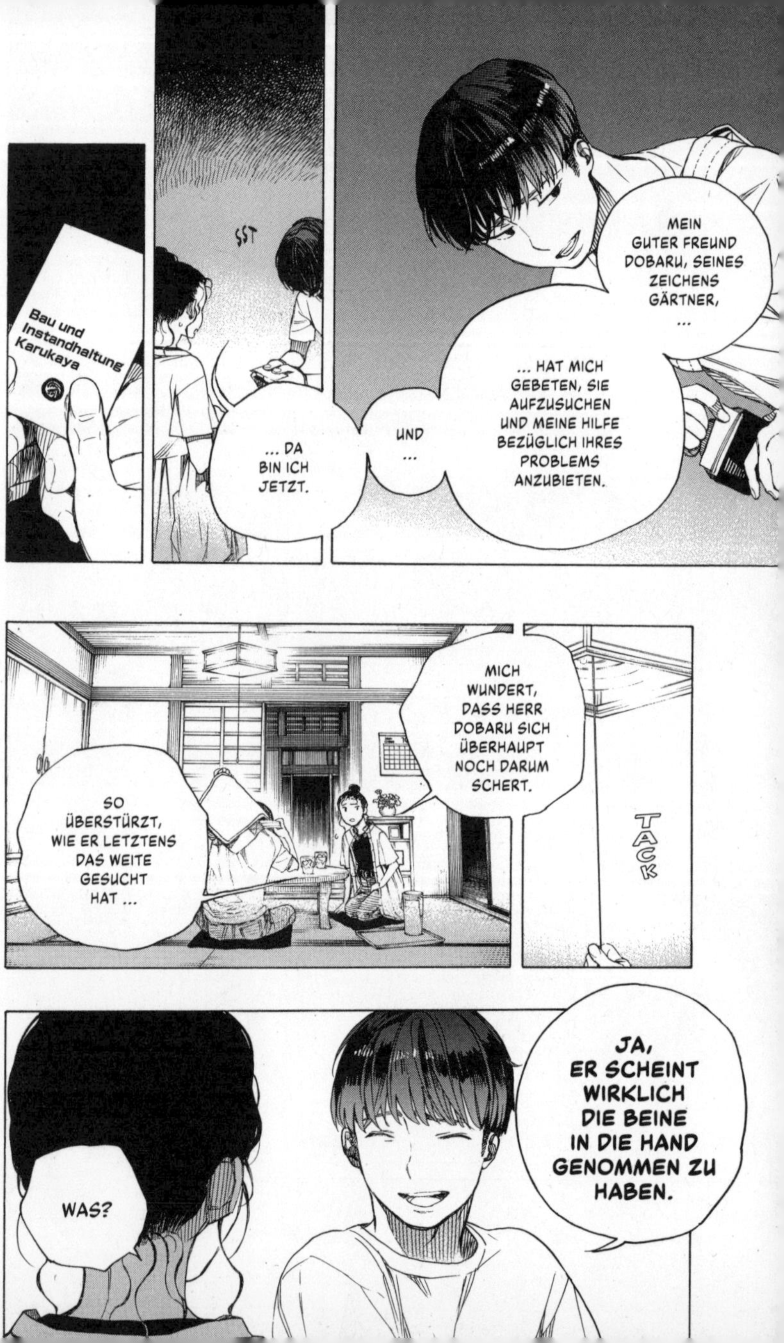
MEIN GUTER FREUND DOBARU, SEINES ZEICHENS GÄRTNER, ...
... HAT MICH GEBETEN, SIE AUFZUSUCHEN UND MEINE HILFE BEZÜGLICH IHRES PROBLEMS ANZUBIETEN.
UND ...
... DA BIN ICH JETZT.
SST
Bau und Instandhaltung Karukaya
TACK
MICH WUNDERT, DASS HERR DOBARU SICH ÜBERHAUPT NOCH DARUM SCHERT.
SO ÜBERSTÜRZT, WIE ER LETZTENS DAS WEITE GESUCHT HAT ...
JA, ER SCHEINT WIRKLICH DIE BEINE IN DIE HAND GENOMMEN ZU HABEN.
WAS?

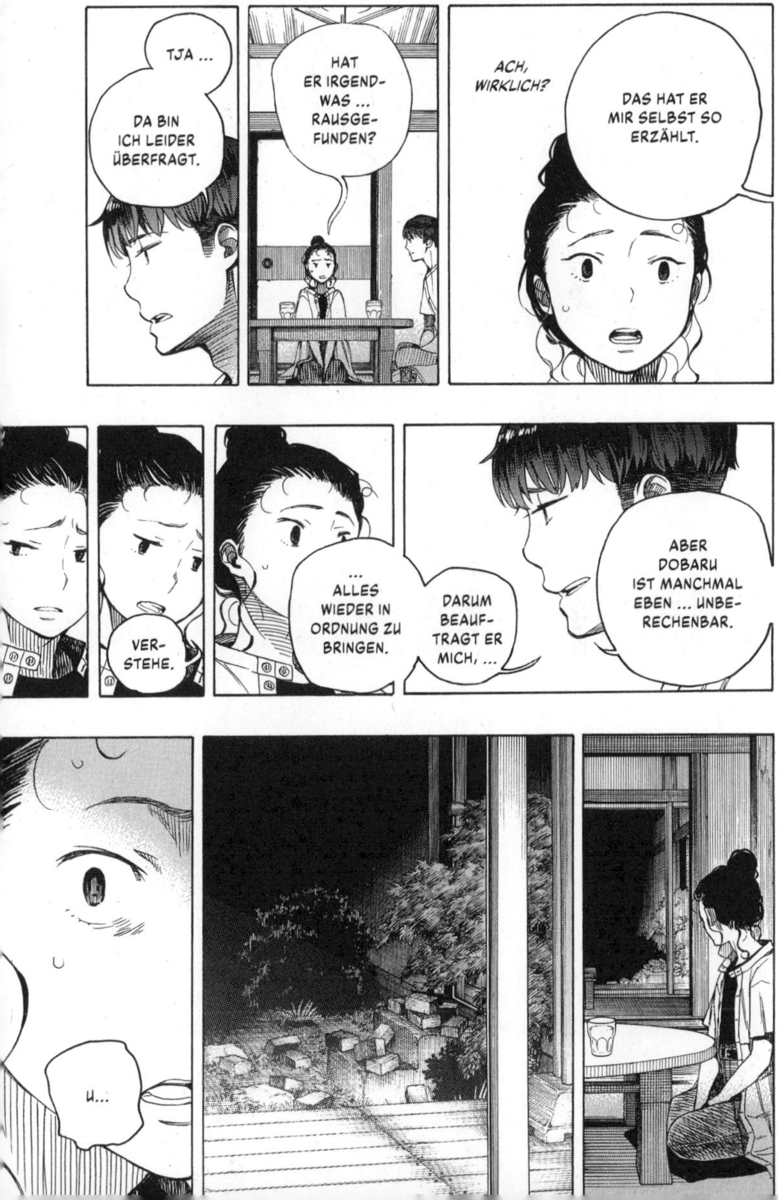
DAS HAT ER MIR SELBST SO ERZÄHLT.
ACH, WIRKLICH?
HAT ER IRGENDWAS ... RAUSGEFUNDEN?
TJA ...
DA BIN ICH LEIDER ÜBERFRAGT.
ABER DOBARU IST MANCHMAL EBEN ... UNBERECHENBAR.
DARUM BEAUFTRAGT ER MICH, ...
... ALLES WIEDER IN ORDNUNG ZU BRINGEN.
VERSTEHE.
U...

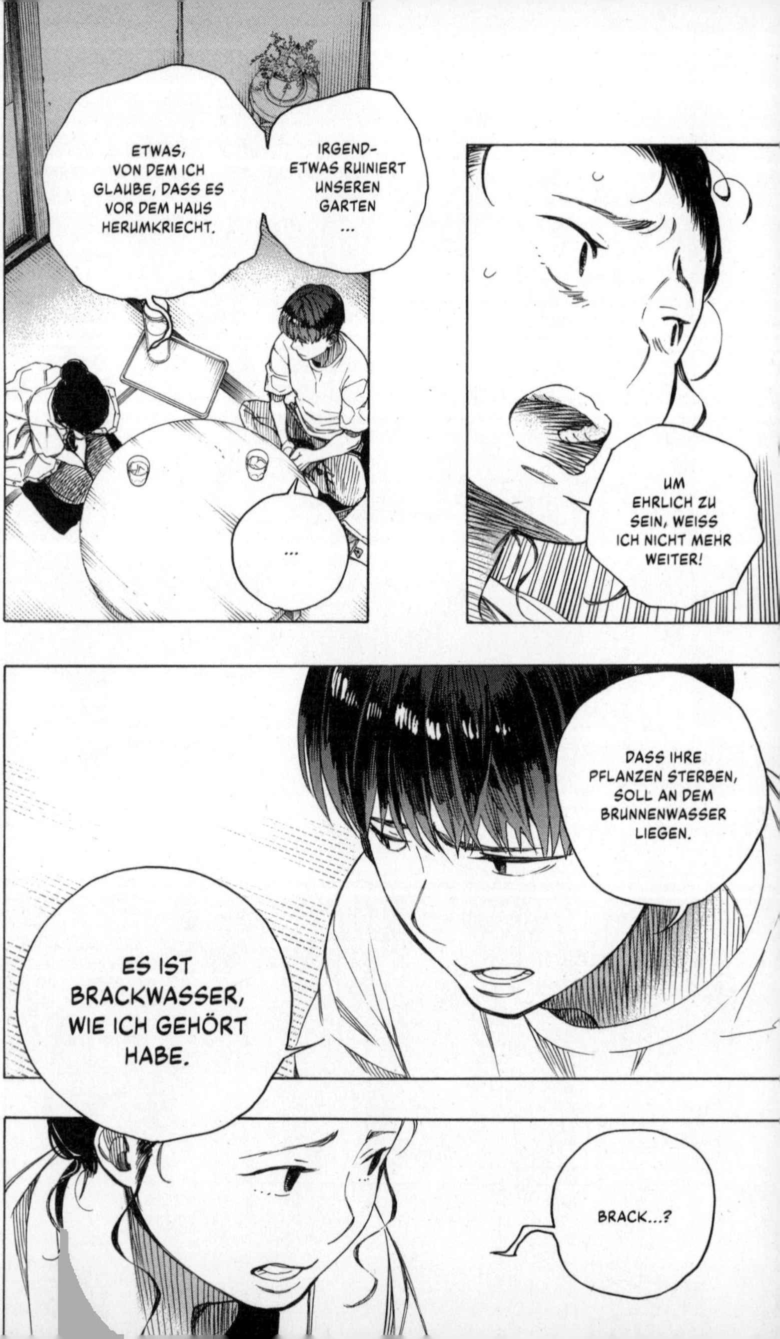
UM EHRLICH ZU SEIN, WEISS ICH NICHT MEHR WEITER!
IRGEND-ETWAS RUINIERT UNSEREN GARTEN ...
ETWAS, VON DEM ICH GLAUBE, DASS ES VOR DEM HAUS HERUMKRIECHT.
...
DASS IHRE PFLANZEN STERBEN, SOLL AN DEM BRUNNENWASSER LIEGEN.
ES IST BRACKWASSER, WIE ICH GEHÖRT HABE.
BRACK...?

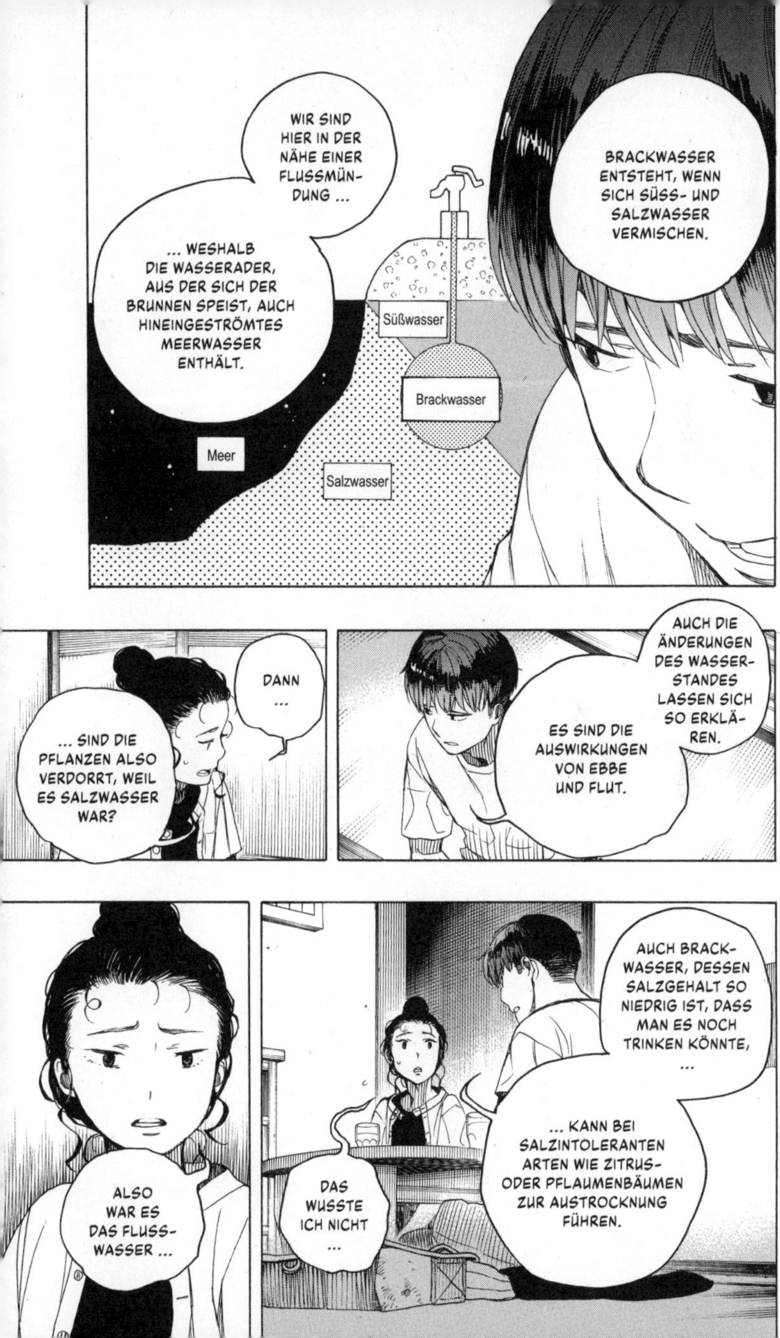

BRACKWASSER ENTSTEHT, WENN SICH SÜSS- UND SALZWASSER VERMISCHEN.
WIR SIND HIER IN DER NÄHE EINER FLUSSMÜN-DUNG ...
... WESHALB DIE WASSERADER, AUS DER SICH DER BRUNNEN SPEIST, AUCH HINEINGESTRÖMTES MEERWASSER ENTHÄLT.
Süßwasser
Brackwasser
Meer
Salzwasser
AUCH DIE ÄNDERUNGEN DES WASSER-STANDES LASSEN SICH SO ERKLÄ-REN.
ES SIND DIE AUSWIRKUNGEN VON EBBE UND FLUT.
DANN ...
... SIND DIE PFLANZEN ALSO VERDORRT, WEIL ES SALZWASSER WAR?
AUCH BRACK-WASSER, DESSEN SALZGEHALT SO NIEDRIG IST, DASS MAN ES NOCH TRINKEN KÖNNTE, ...
... KANN BEI SALZINTOLERANTEN ARTEN WIE ZITRUS- ODER PFLAUMENBÄUMEN ZUR AUSTROCKNUNG FÜHREN.
DAS WUSSTE ICH NICHT ...
ALSO WAR ES DAS FLUSS-WASSER ...

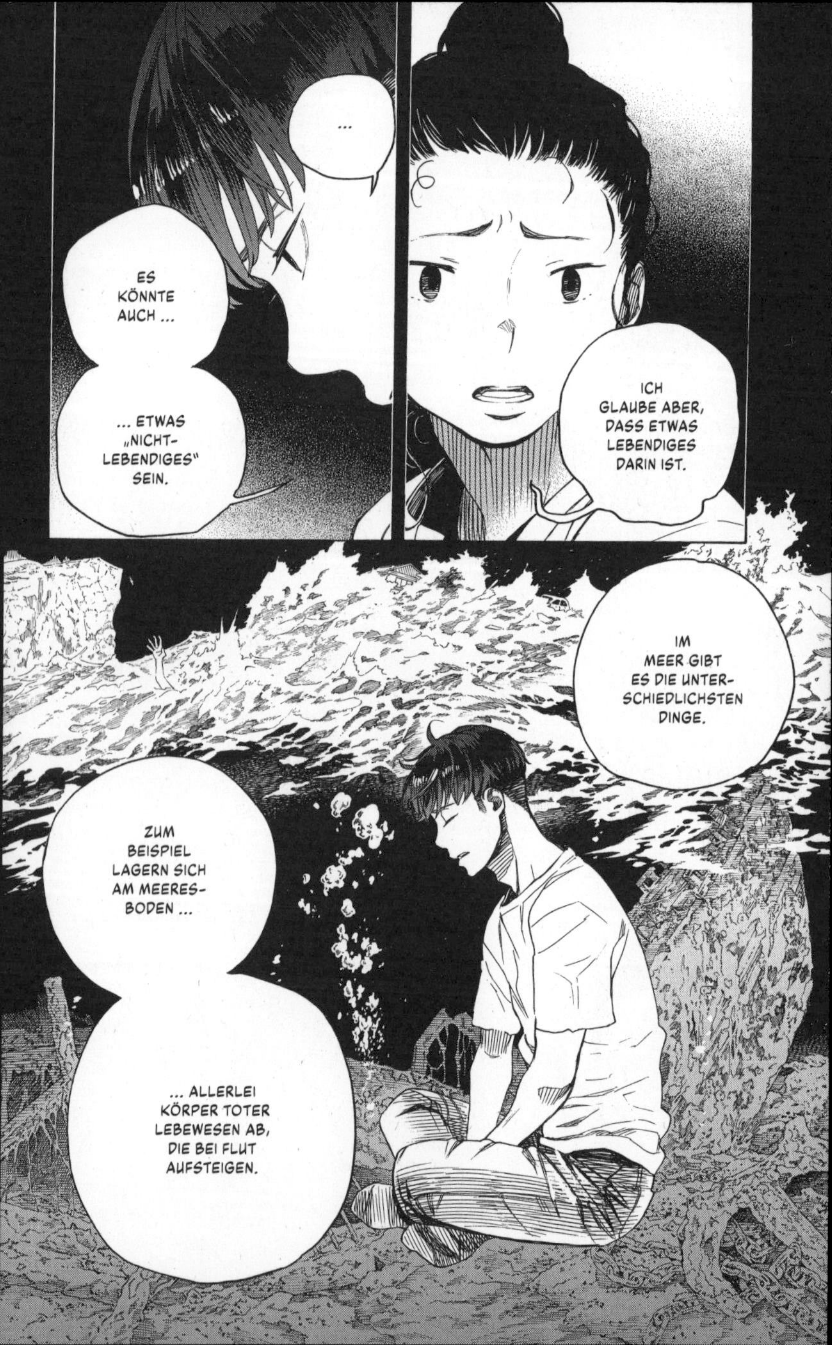
ICH GLAUBE ABER, DASS ETWAS LEBENDIGES DARIN IST.
...
ES KÖNNTE AUCH ...
... ETWAS „NICHT-LEBENDIGES" SEIN.
IM MEER GIBT ES DIE UNTER-SCHIEDLICHSTEN DINGE.
ZUM BEISPIEL LAGERN SICH AM MEERES-BODEN ...
... ALLERLEI KÖRPER TOTER LEBEWESEN AB, DIE BEI FLUT AUFSTEIGEN.

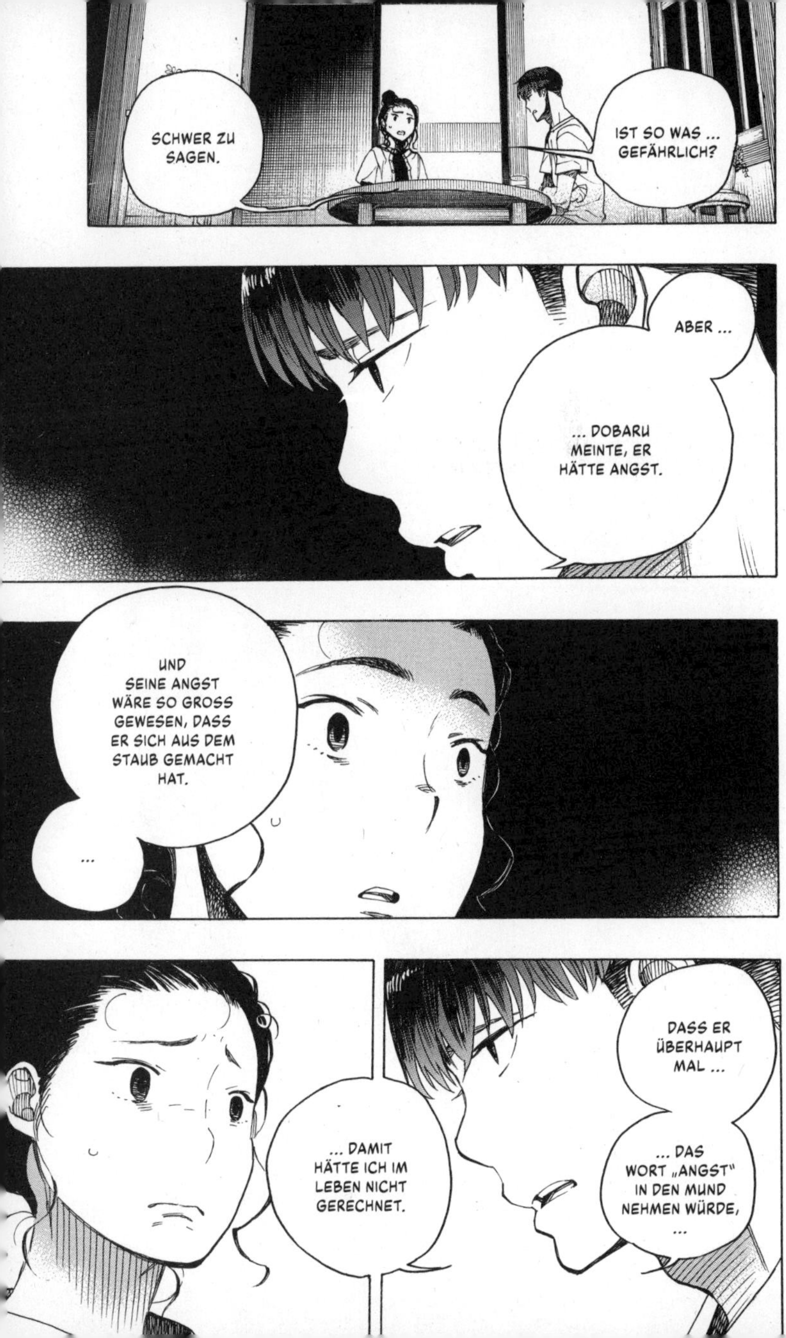
IST SO WAS ... GEFÄHRLICH?
SCHWER ZU SAGEN.
ABER ...
... DOBARU MEINTE, ER HÄTTE ANGST.
UND SEINE ANGST WÄRE SO GROSS GEWESEN, DASS ER SICH AUS DEM STAUB GEMACHT HAT.
...
DASS ER ÜBERHAUPT MAL ...
... DAS WORT „ANGST“ IN DEN MUND NEHMEN WÜRDE, ...
... DAMIT HÄTTE ICH IM LEBEN NICHT GERECHNET.

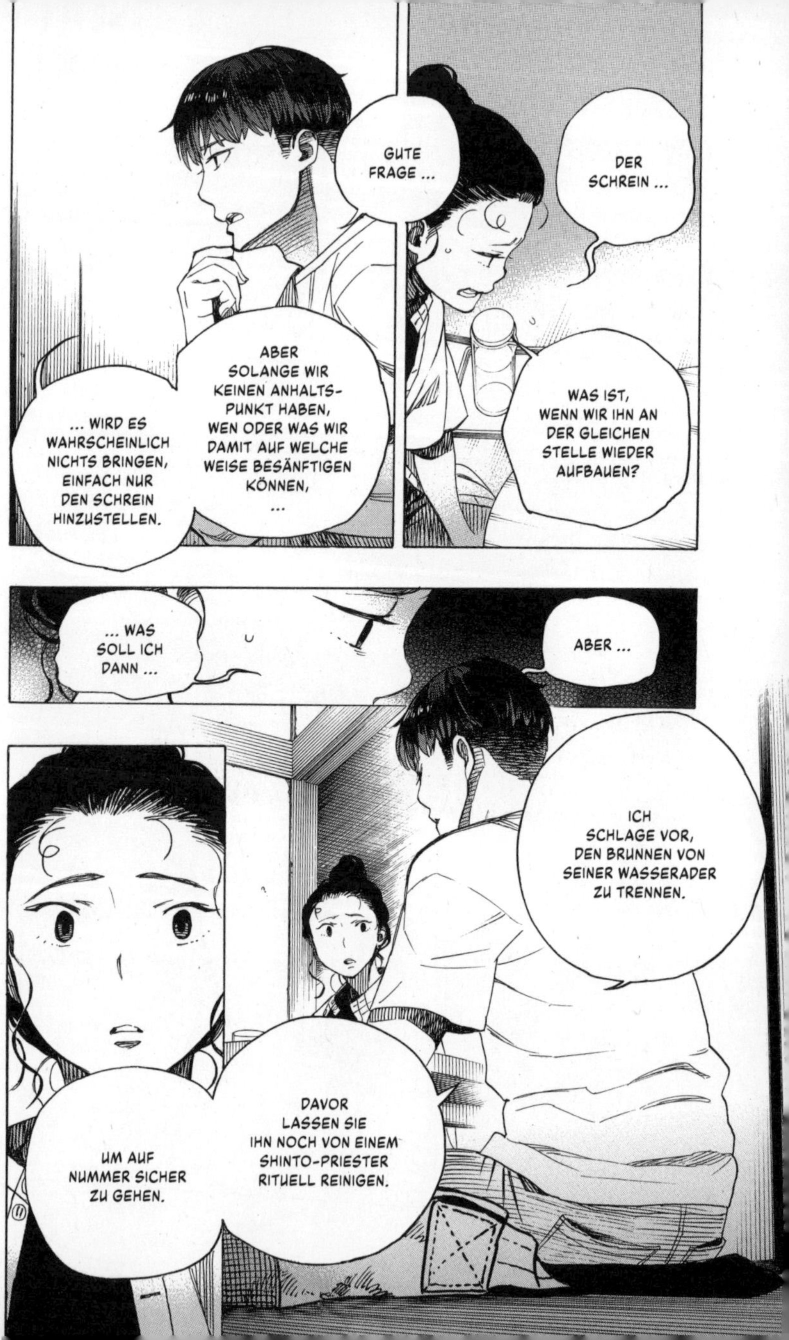
DER SCHREIN ...
WAS IST, WENN WIR IHN AN DER GLEICHEN STELLE WIEDER AUFBAUEN?
GUTE FRAGE ...
ABER SOLANGE WIR KEINEN ANHALTS-PUNKT HABEN, WEN ODER WAS WIR DAMIT AUF WELCHE WEISE BESÄNFTIGEN KÖNNEN, ...
... WIRD ES WAHRSCHEINLICH NICHTS BRINGEN, EINFACH NUR DEN SCHREIN HINZUSTELLEN.
... WAS SOLL ICH DANN ...
ABER ...
ICH SCHLAGE VOR, DEN BRUNNEN VON SEINER WASSERADER ZU TRENNEN.
DAVOR LASSEN SIE IHN NOCH VON EINEM SHINTO-PRIESTER RITUELL REINIGEN.
UM AUF NUMMER SICHER ZU GEHEN.

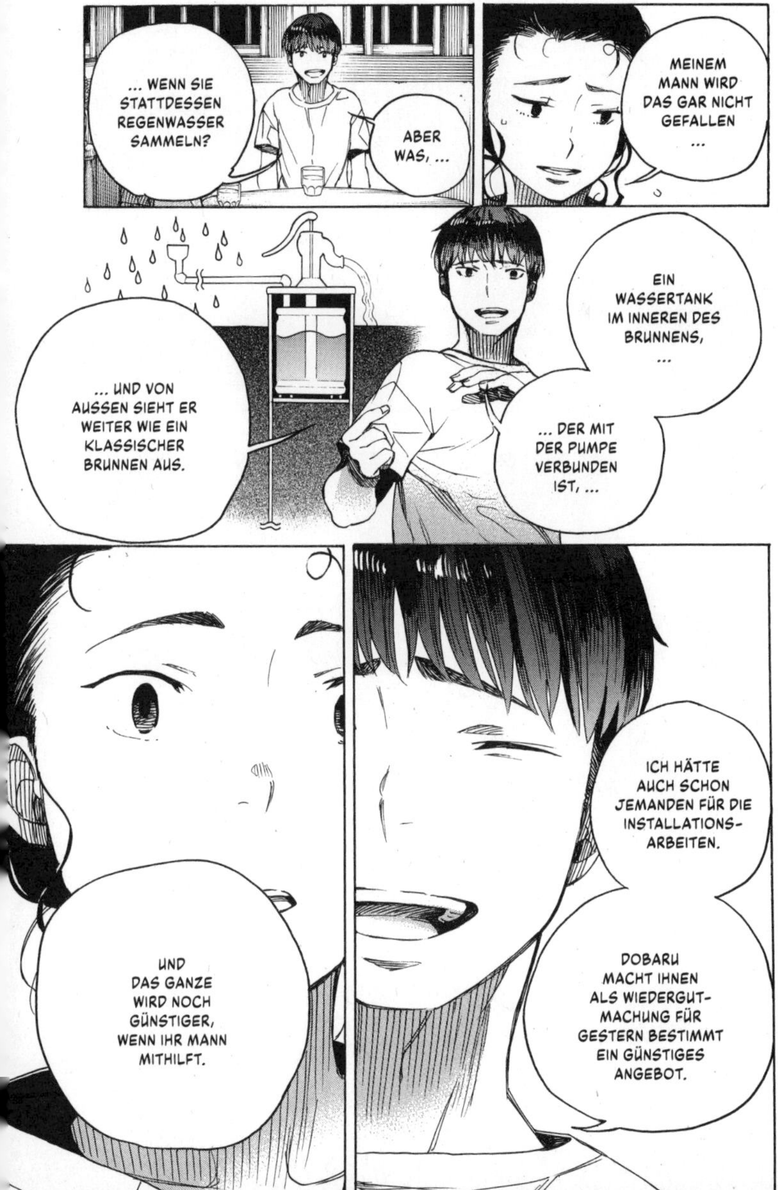
MEINEM MANN WIRD DAS GAR NICHT GEFALLEN …
ABER WAS, …
… WENN SIE STATTDESSEN REGENWASSER SAMMELN?
EIN WASSERTANK IM INNEREN DES BRUNNENS, …
… DER MIT DER PUMPE VERBUNDEN IST, …
… UND VON AUSSEN SIEHT ER WEITER WIE EIN KLASSISCHER BRUNNEN AUS.
ICH HÄTTE AUCH SCHON JEMANDEN FÜR DIE INSTALLATIONS-ARBEITEN.
DOBARU MACHT IHNEN ALS WIEDERGUT-MACHUNG FÜR GESTERN BESTIMMT EIN GÜNSTIGES ANGEBOT.
UND DAS GANZE WIRD NOCH GÜNSTIGER, WENN IHR MANN MITHILFT.

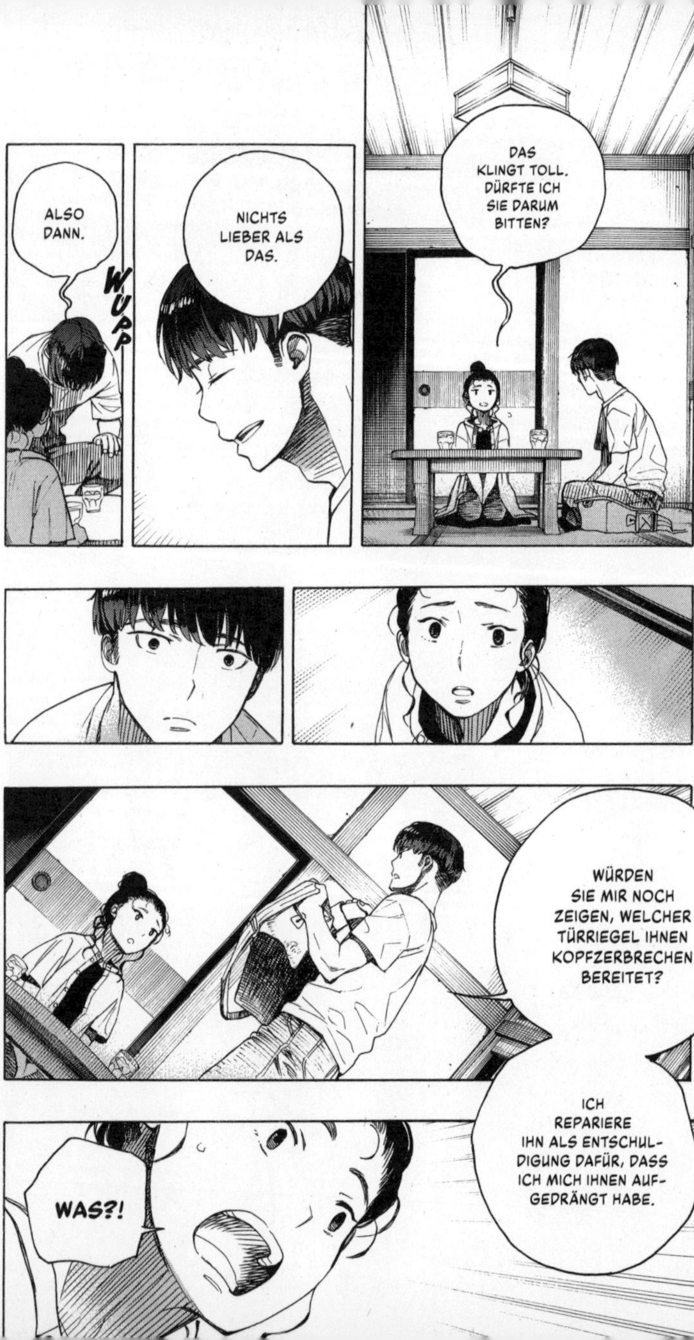
DAS KLINGT TOLL. DÜRFTE ICH SIE DARUM BITTEN?
NICHTS LIEBER ALS DAS.
ALSO DANN.
WUPP
WÜRDEN SIE MIR NOCH ZEIGEN, WELCHER TÜRRIEGEL IHNEN KOPFZERBRECHEN BEREITET?
ICH REPARIERE IHN ALS ENTSCHULDIGUNG DAFÜR, DASS ICH MICH IHNEN AUFGEDRÄNGT HABE.
WAS?!

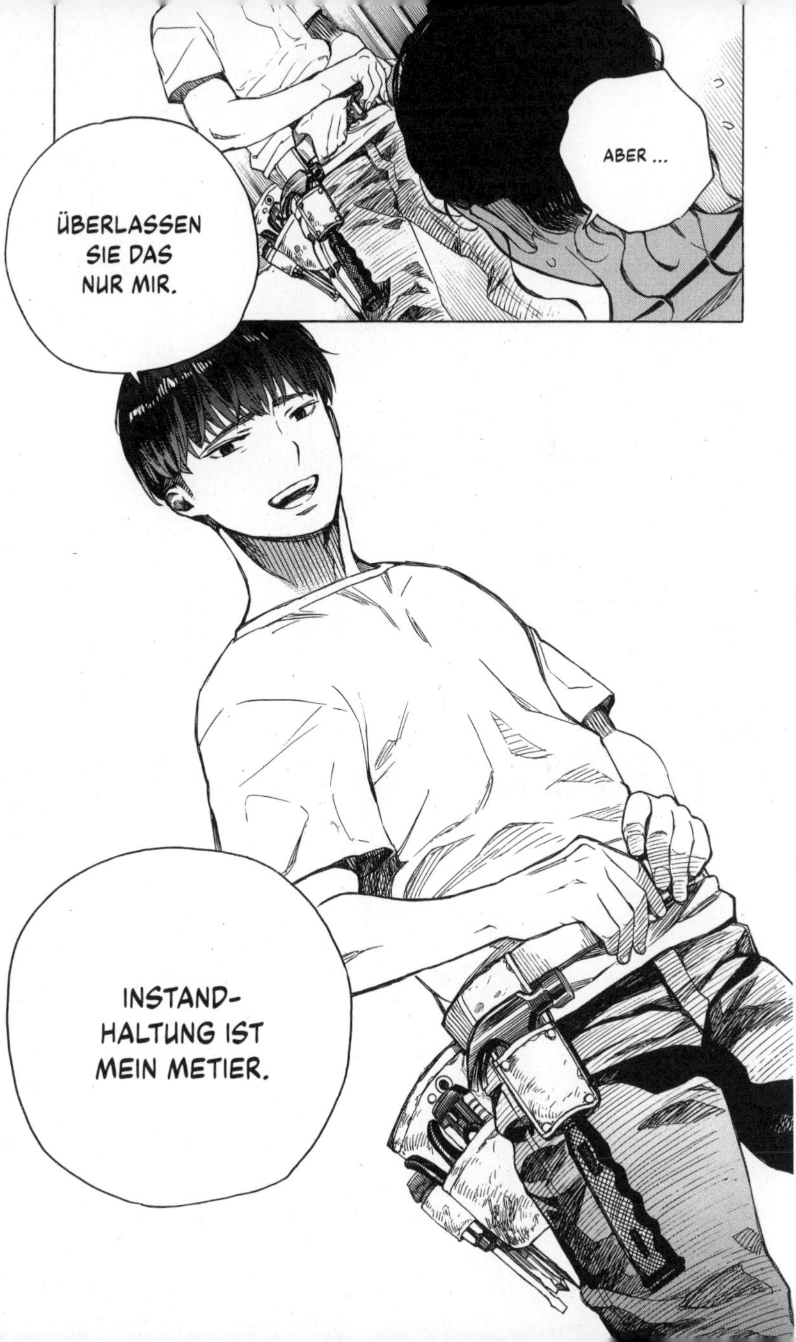
ABER ...
ÜBERLASSEN SIE DAS NUR MIR.
INSTAND-HALTUNG IST MEIN METIER.

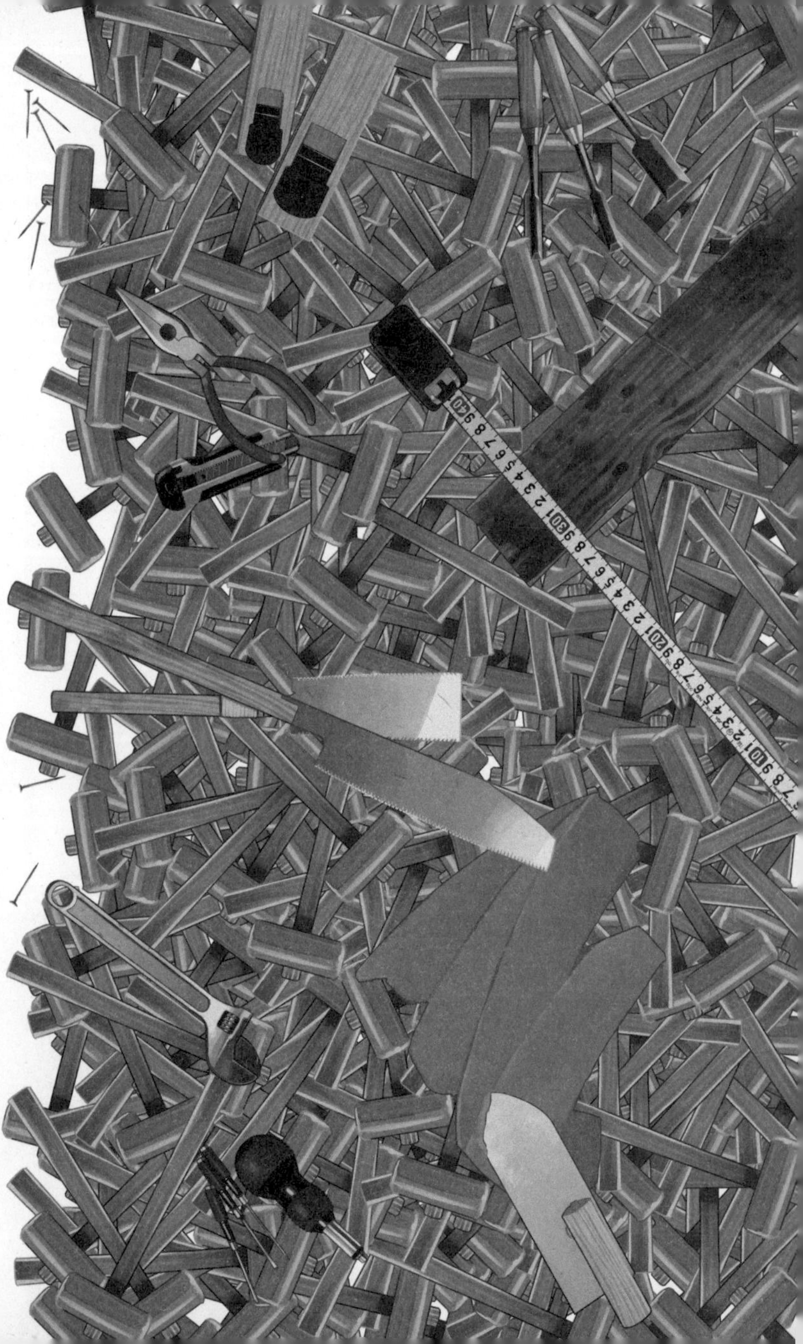

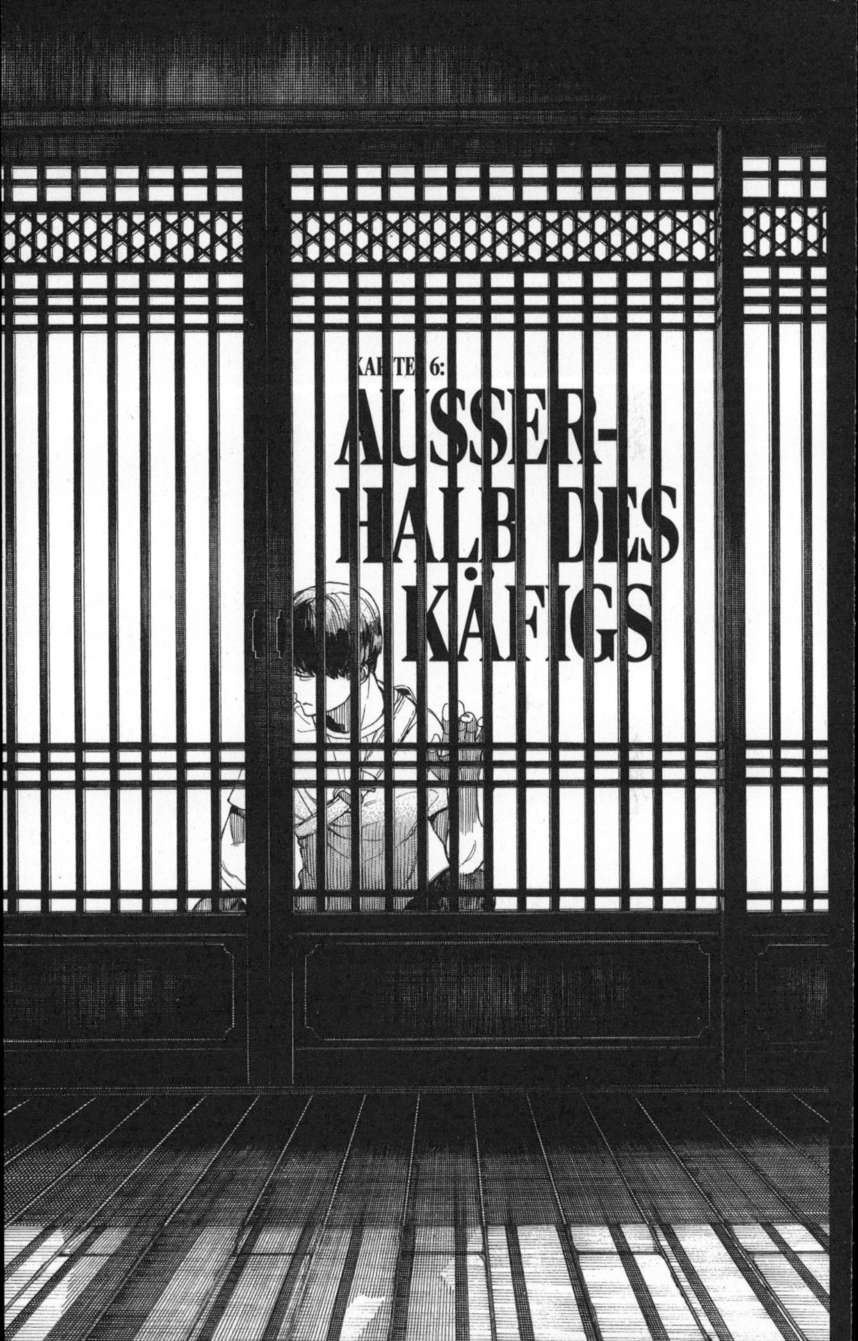
KAPITEL 6:
AUSSER-
HALB DES
KÄFIGS

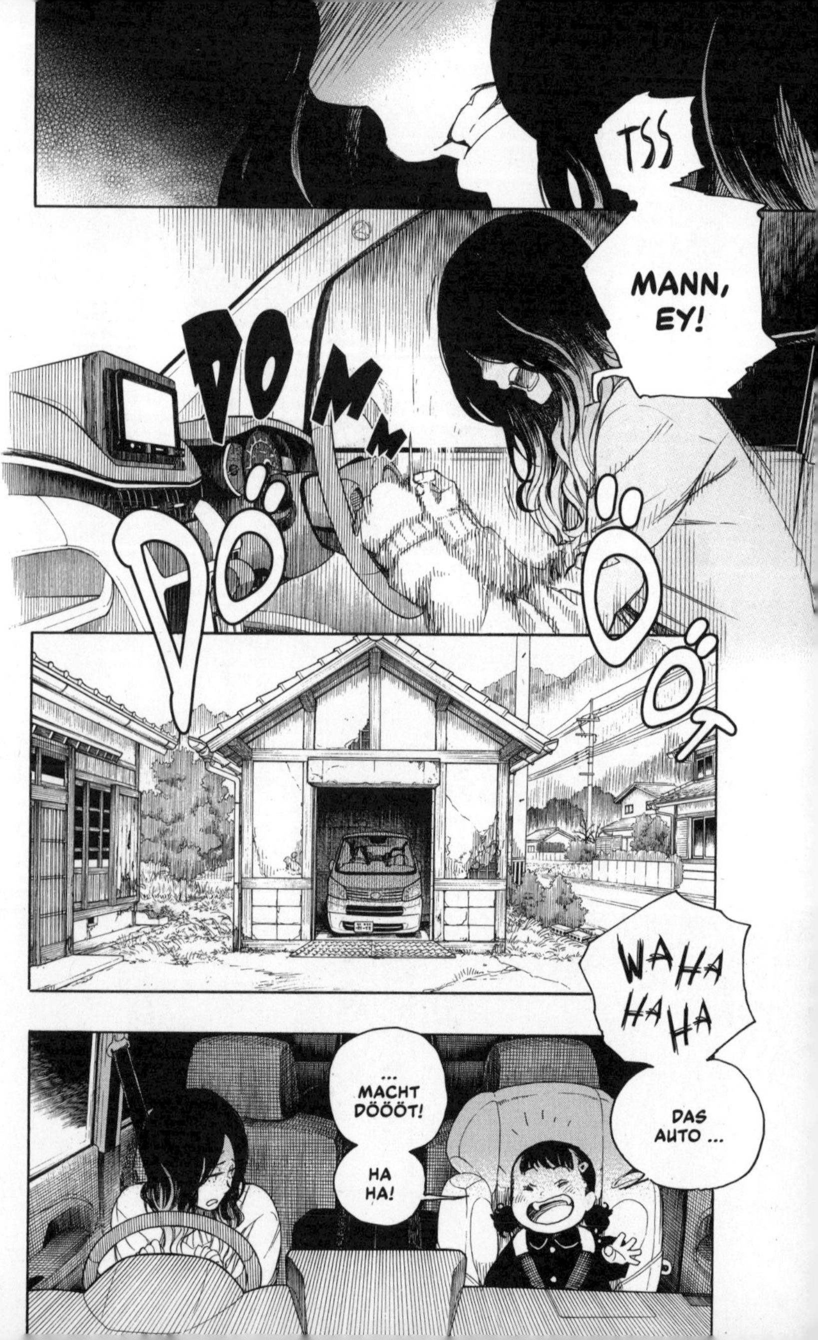
TSS
MANN, EY!
DOMM
DÖÖ
DÖÖÖT
WAHA HAHA
DAS AUTO ...
... MACHT DÖÖÖT!
HA HA!

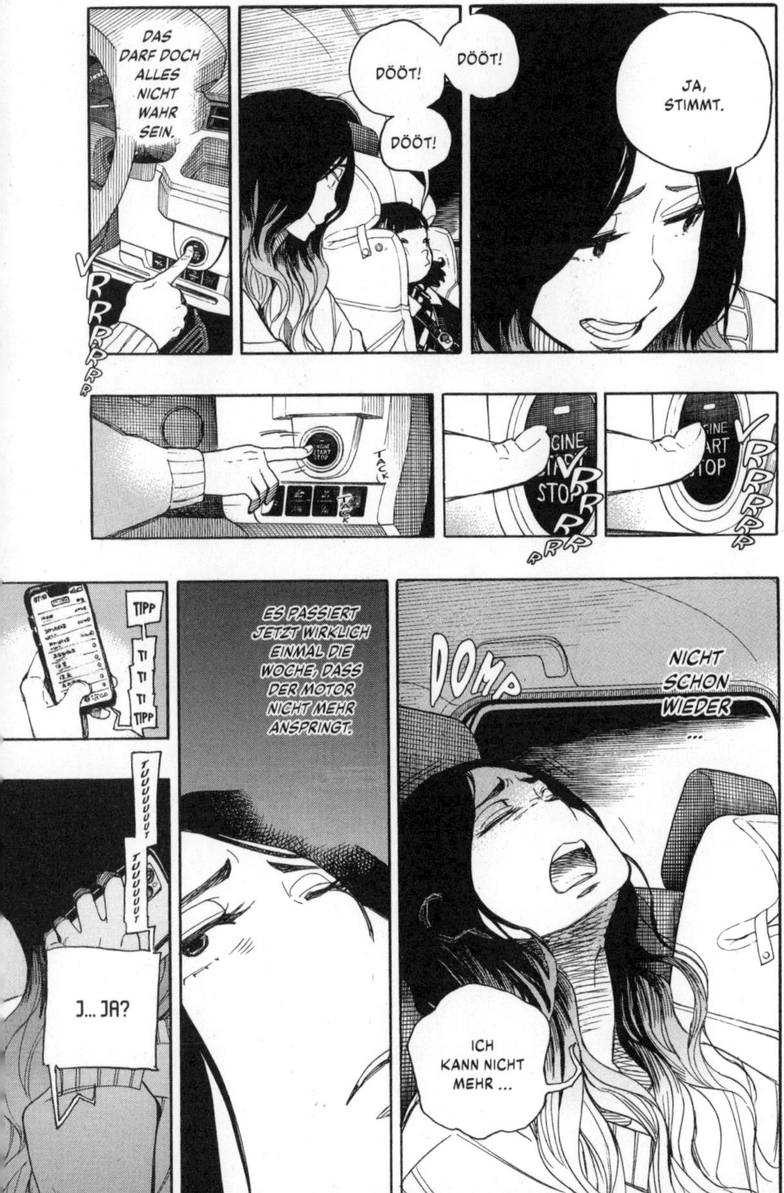
DAS DARF DOCH ALLES NICHT WAHR SEIN.
VRRRRRRR
DÖÖT!
DÖÖT!
DÖÖT!
JA, STIMMT.
TACK
TACK
ENGINE START STOP
VRRRRRR
VRRRRRR
TIPP
TI
TI
TI
TIPP
ES PASSIERT JETZT WIRKLICH EINMAL DIE WOCHE, DASS DER MOTOR NICHT MEHR ANSPRINGT.
DOMP
NICHT SCHON WIEDER ...
TUUUUUUUT
TUUUUUUT
J... JA?
ICH KANN NICHT MEHR ...

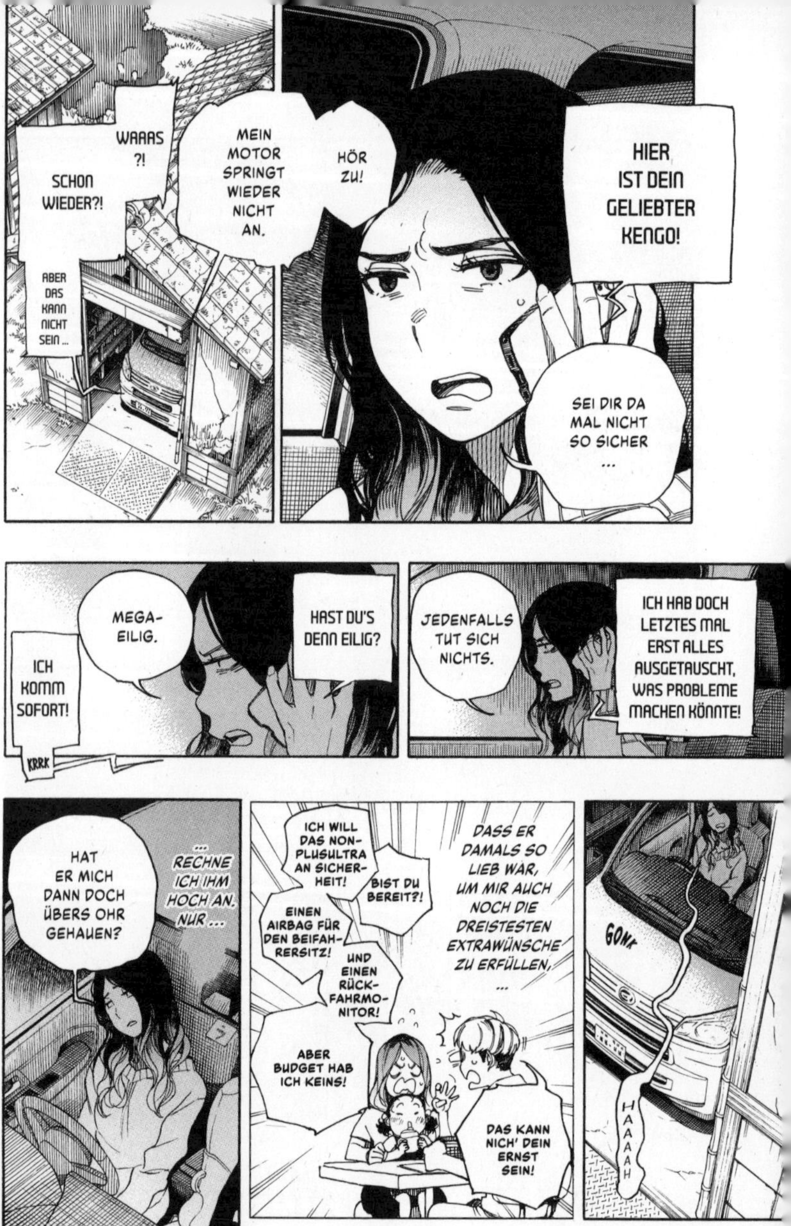
HIER IST DEIN GELIEBTER KENGO!
HÖR ZU!
MEIN MOTOR SPRINGT WIEDER NICHT AN.
SEI DIR DA MAL NICHT SO SICHER ...
WAAAS ?!
SCHON WIEDER?!
ABER DAS KANN NICHT SEIN ...
ICH HAB DOCH LETZTES MAL ERST ALLES AUSGETAUSCHT, WAS PROBLEME MACHEN KÖNNTE!
JEDENFALLS TUT SICH NICHTS.
HAST DU'S DENN EILIG?
MEGA-EILIG.
ICH KOMM SOFORT!
KRRK
GONK
HAAAAH
DASS ER DAMALS SO LIEB WAR, UM MIR AUCH NOCH DIE DREISTESTEN EXTRAWÜNSCHE ZU ERFÜLLEN, ...
ICH WILL DAS NONPLUSULTRA AN SICHERHEIT!
BIST DU BEREIT?!
EINEN AIRBAG FÜR DEN BEIFAHRERSITZ!
UND EINEN RÜCKFAHRMONITOR!
ABER BUDGET HAB ICH KEINS!
DAS KANN NICH' DEIN ERNST SEIN!
... RECHNE ICH IHM HOCH AN. NUR ...
HAT ER MICH DANN DOCH ÜBERS OHR GEHAUEN?

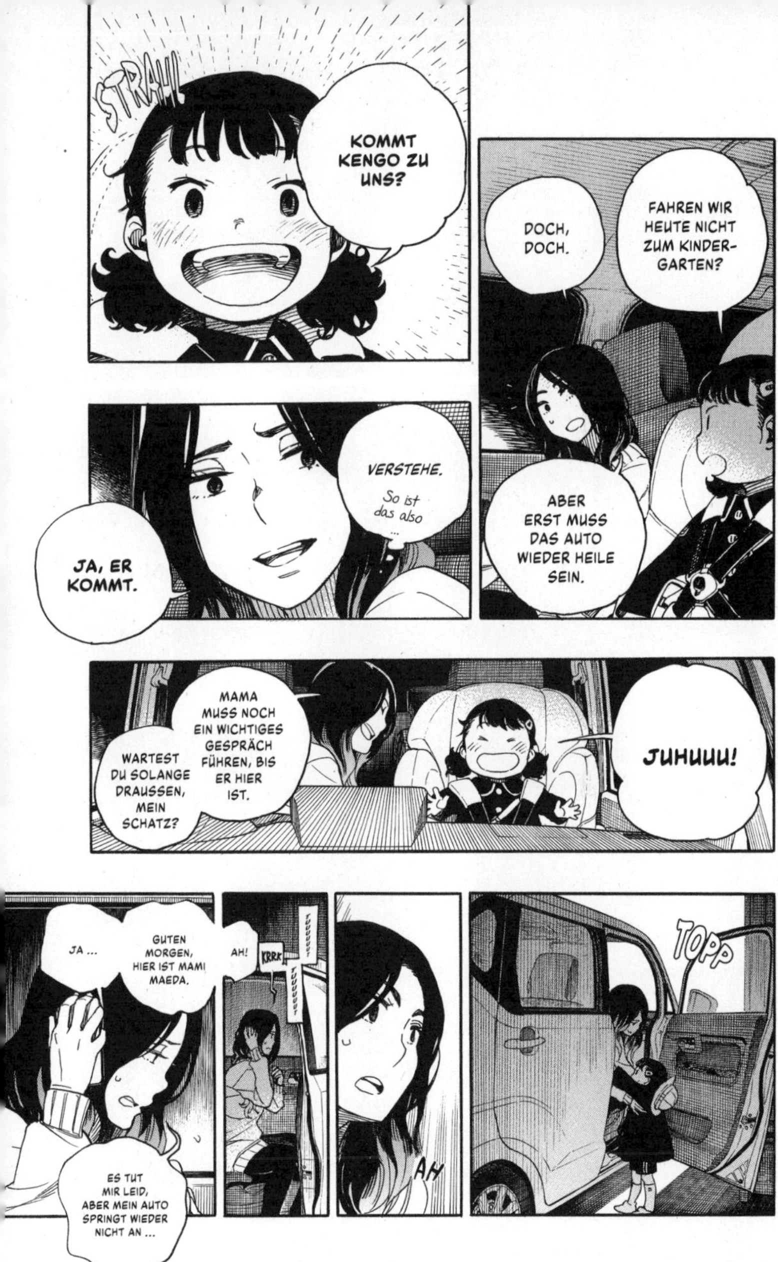

FAHREN WIR HEUTE NICHT ZUM KINDER-GARTEN?
DOCH, DOCH.
ABER ERST MUSS DAS AUTO WIEDER HEILE SEIN.
STRAHL
KOMMT KENGO ZU UNS?
VERSTEHE.
So ist das also ...
JA, ER KOMMT.
JUHUUU!
MAMA MUSS NOCH EIN WICHTIGES GESPRÄCH FÜHREN, BIS ER HIER IST.
WARTEST DU SOLANGE DRAUSSEN, MEIN SCHATZ?
TOPP
AH
KRRK
AH!
GUTEN MORGEN, HIER IST MAMI MAEDA.
JA ...
ES TUT MIR LEID, ABER MEIN AUTO SPRINGT WIEDER NICHT AN ...

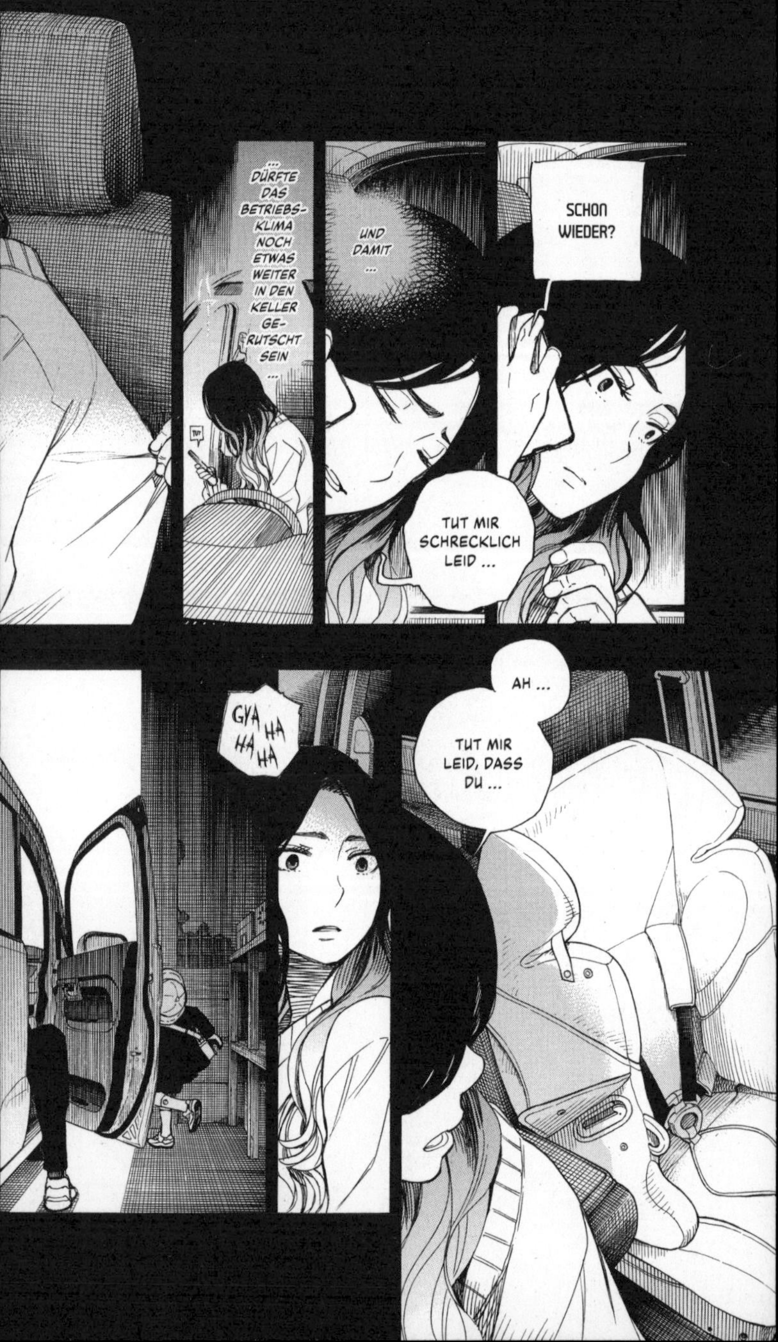
Schon wieder?
Tut mir schrecklich leid ...
Und damit ...
... dürfte das Betriebsklima noch etwas weiter in den Keller gerutscht sein ...
Ah ...
Tut mir leid, dass du ...
Gya ha ha ha

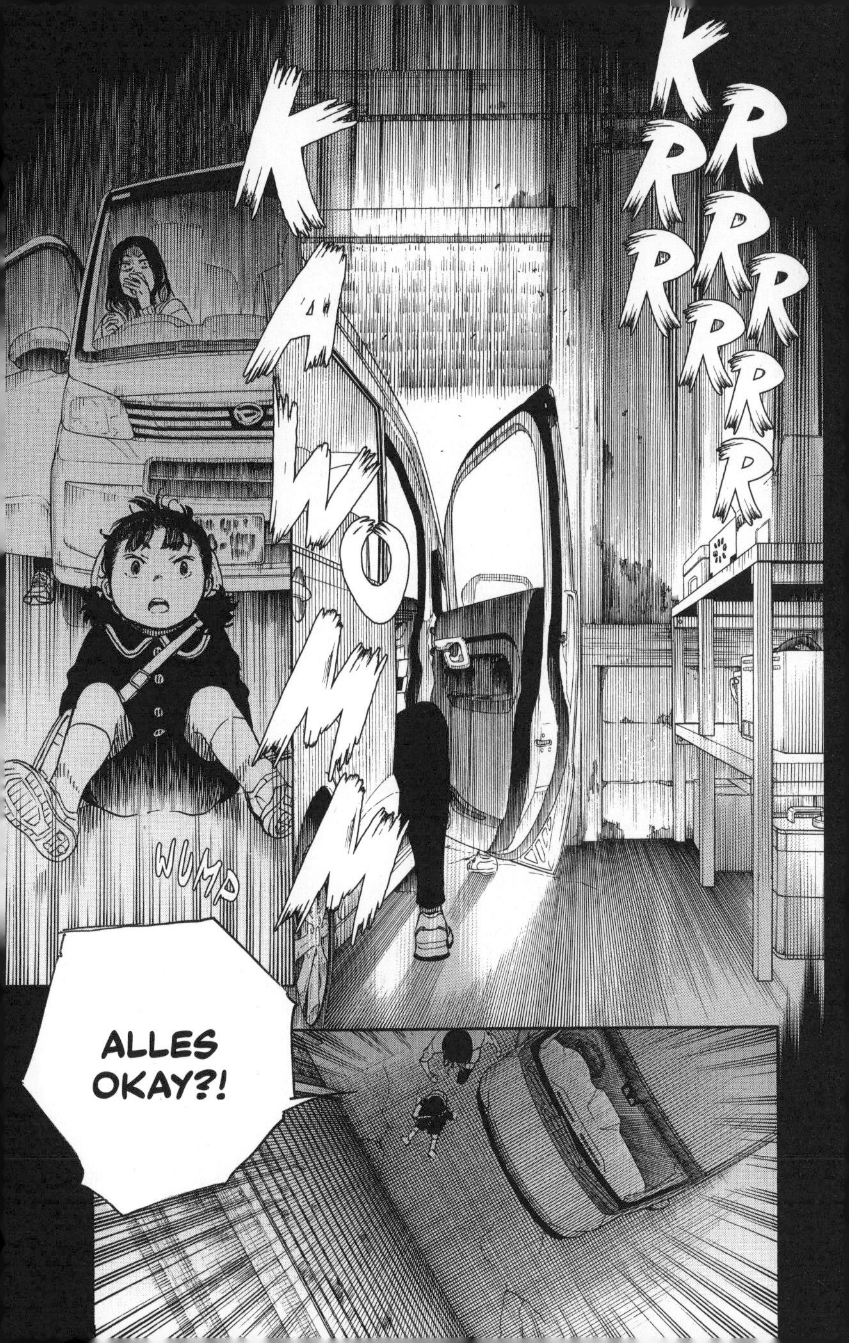
KRRRRRRRRR
KAWOMM
WUMP
ALLES OKAY?!

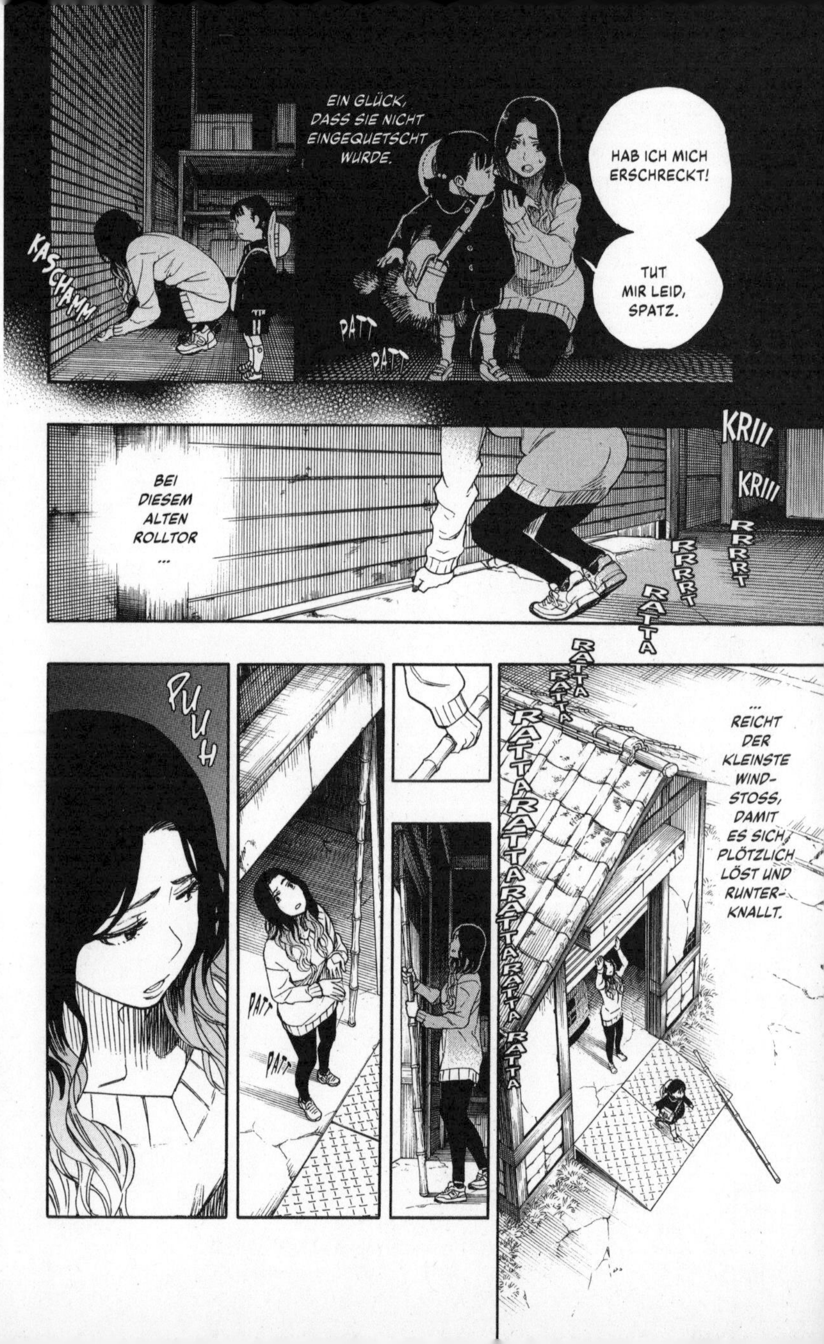
HAB ICH MICH ERSCHRECKT!
TUT MIR LEID, SPATZ.
PATT PATT
EIN GLÜCK, DASS SIE NICHT EINGEQUETSCHT WURDE.
KASCHAMM
KRIII KRIII
RRRRT RRRRT
RATTA
BEI DIESEM ALTEN ROLLTOR ...
RATTA RATTA
RATTARATTARATTARATTA RATTA
... REICHT DER KLEINSTE WIND-STOSS, DAMIT ES SICH PLÖTZLICH LÖST UND RUNTER-KNALLT.
PATT PATT
PUUH

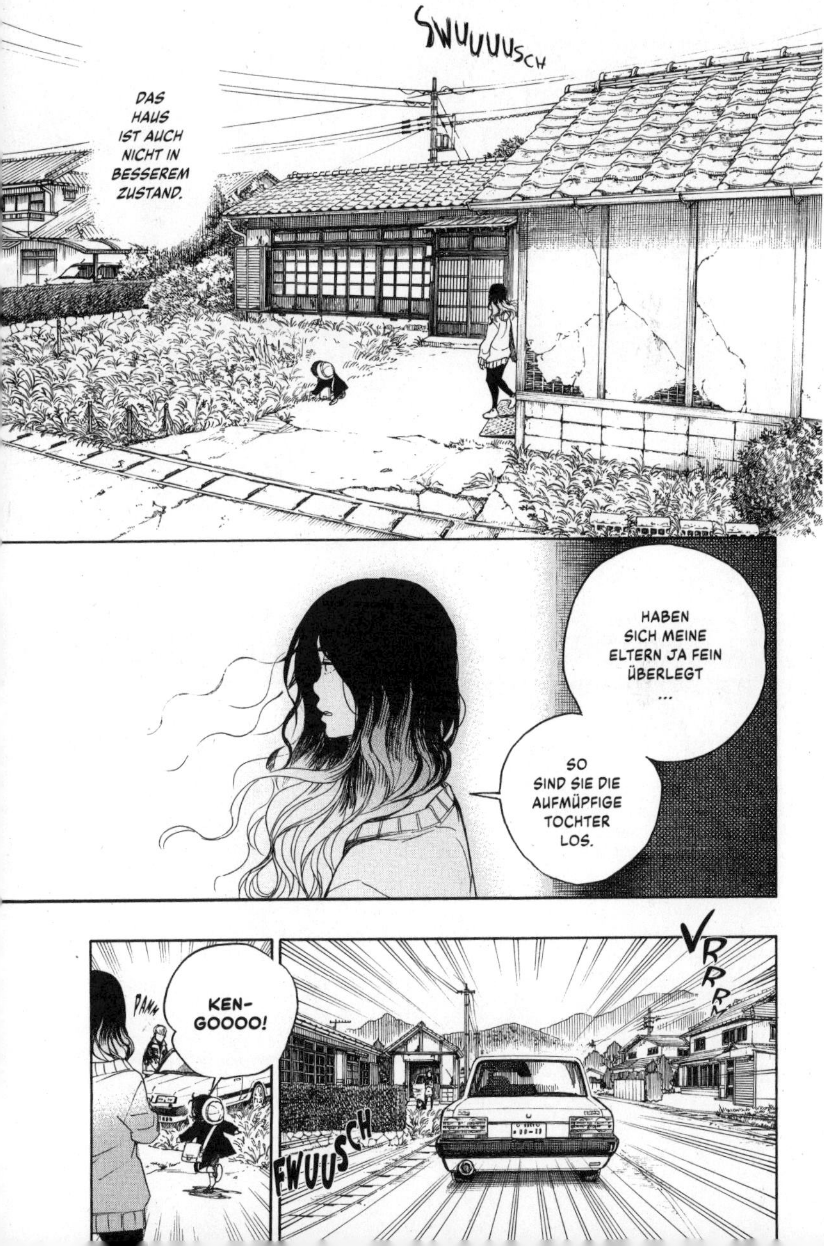
SWUUUUSCH
DAS HAUS IST AUCH NICHT IN BESSEREM ZUSTAND.
HABEN SICH MEINE ELTERN JA FEIN ÜBERLEGT ...
SO SIND SIE DIE AUFMÜPFIGE TOCHTER LOS.
VRRRN
KEN-GOOOO!
FWUUSCH

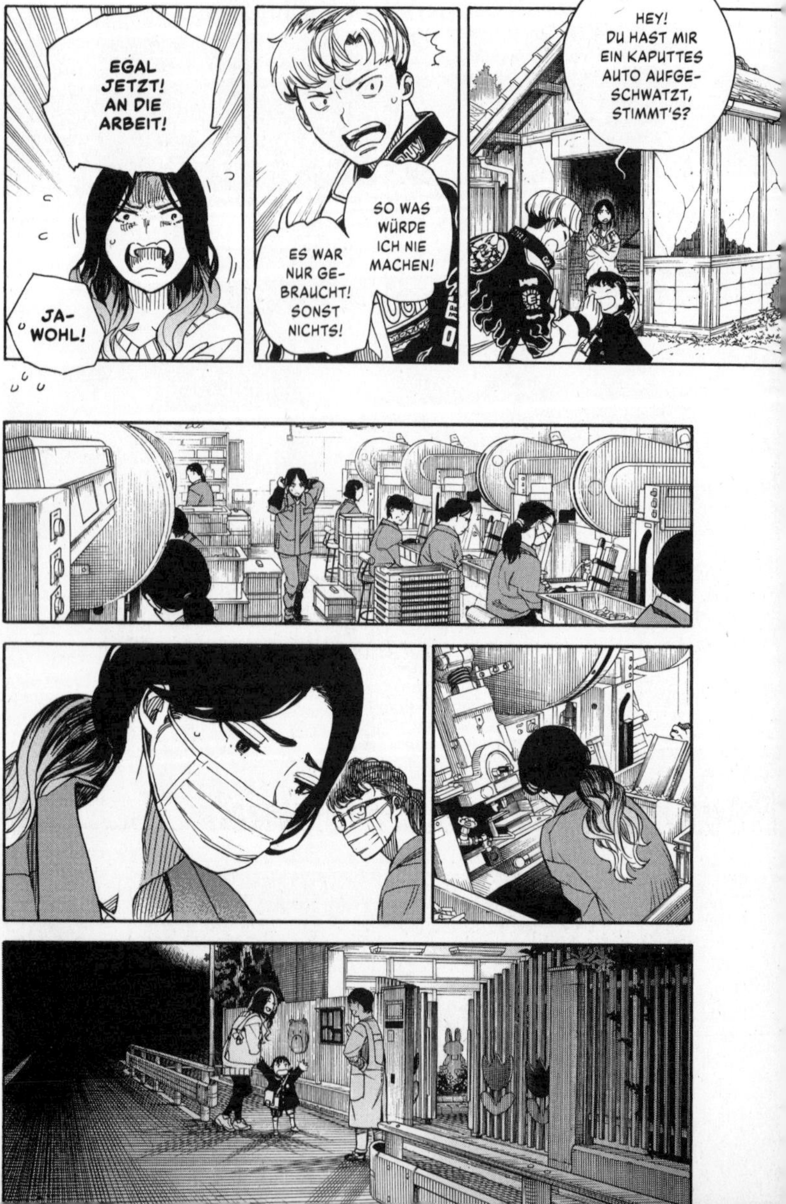
HEY! DU HAST MIR EIN KAPUTTES AUTO AUFGESCHWATZT, STIMMT'S?
SO WAS WÜRDE ICH NIE MACHEN!
ES WAR NUR GEBRAUCHT! SONST NICHTS!
EGAL JETZT! AN DIE ARBEIT!
JA-WOHL!

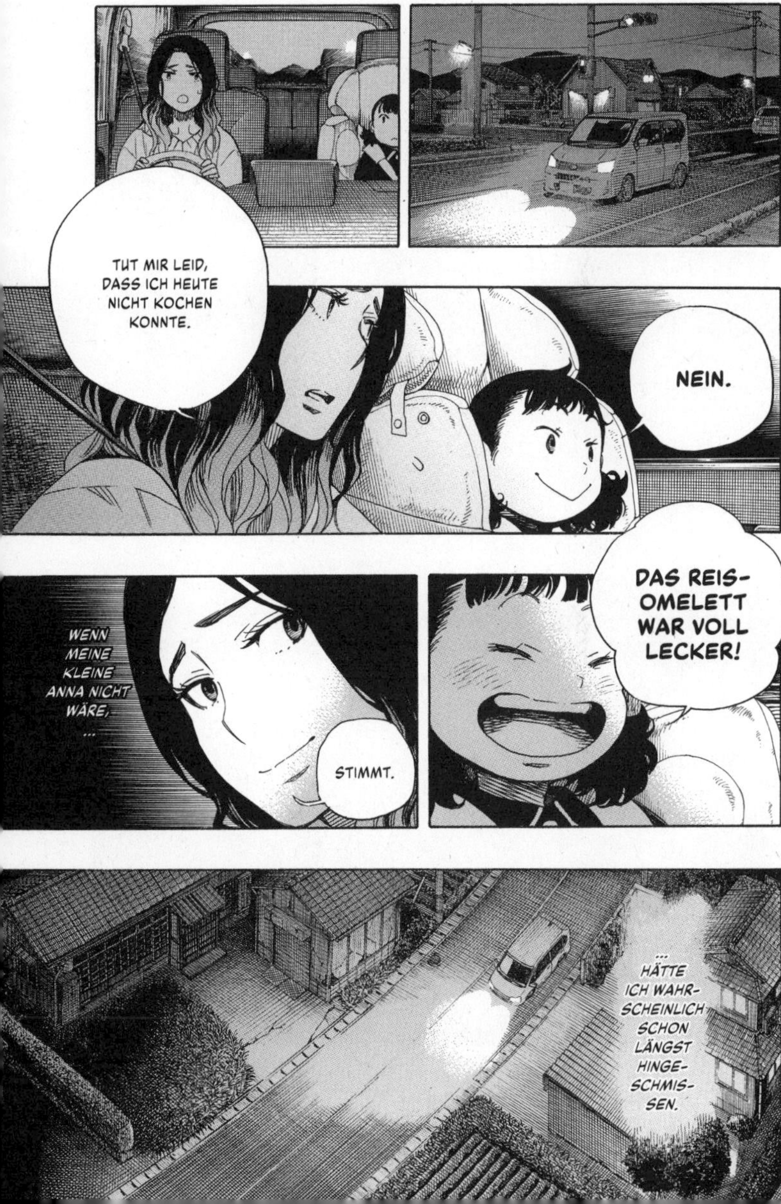
TUT MIR LEID, DASS ICH HEUTE NICHT KOCHEN KONNTE.
NEIN.
DAS REIS-OMELETT WAR VOLL LECKER!
STIMMT.
WENN MEINE KLEINE ANNA NICHT WÄRE, ...
... HÄTTE ICH WAHR-SCHEINLICH SCHON LÄNGST HINGE-SCHMIS-SEN.

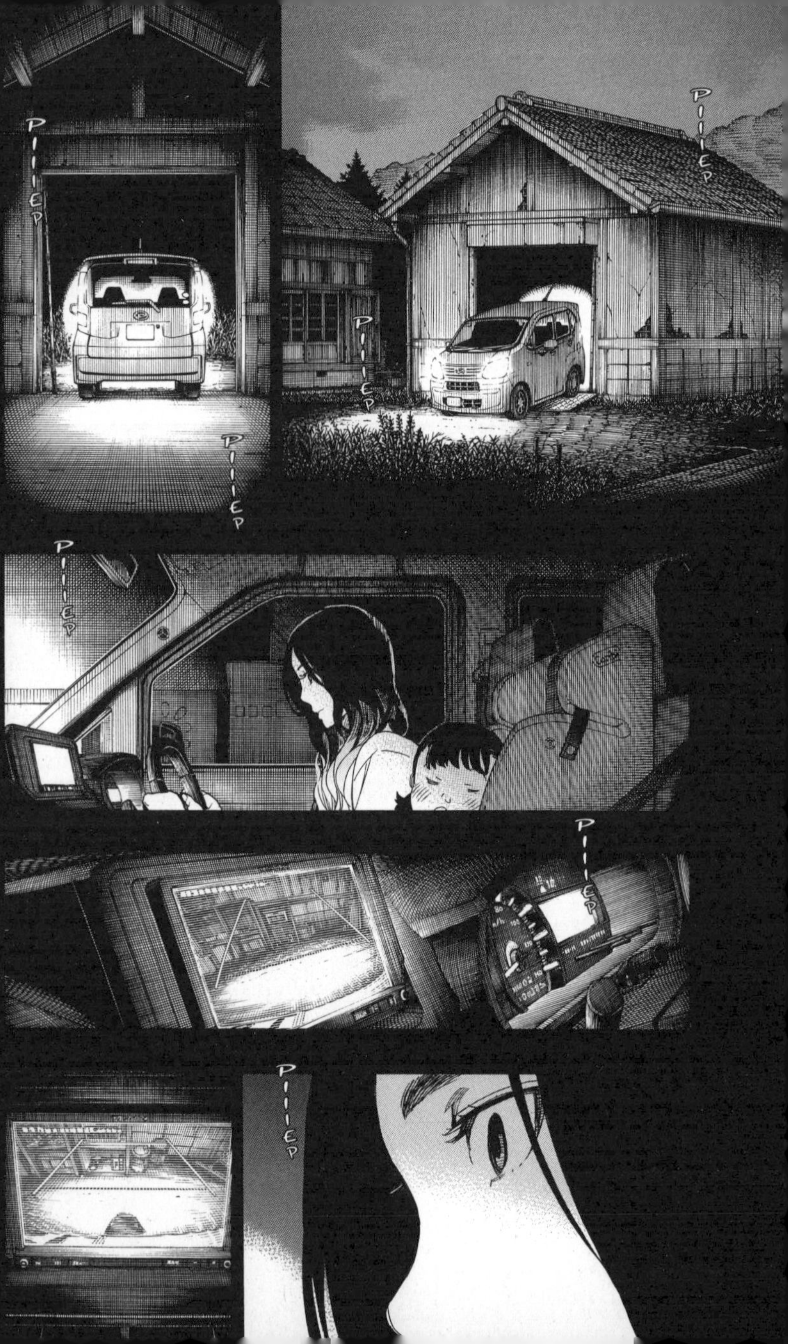
PIIIEP
PIIIEP
PIIIEP
PIIIEP
PIIIEP
PIIIEP
PIIIEP

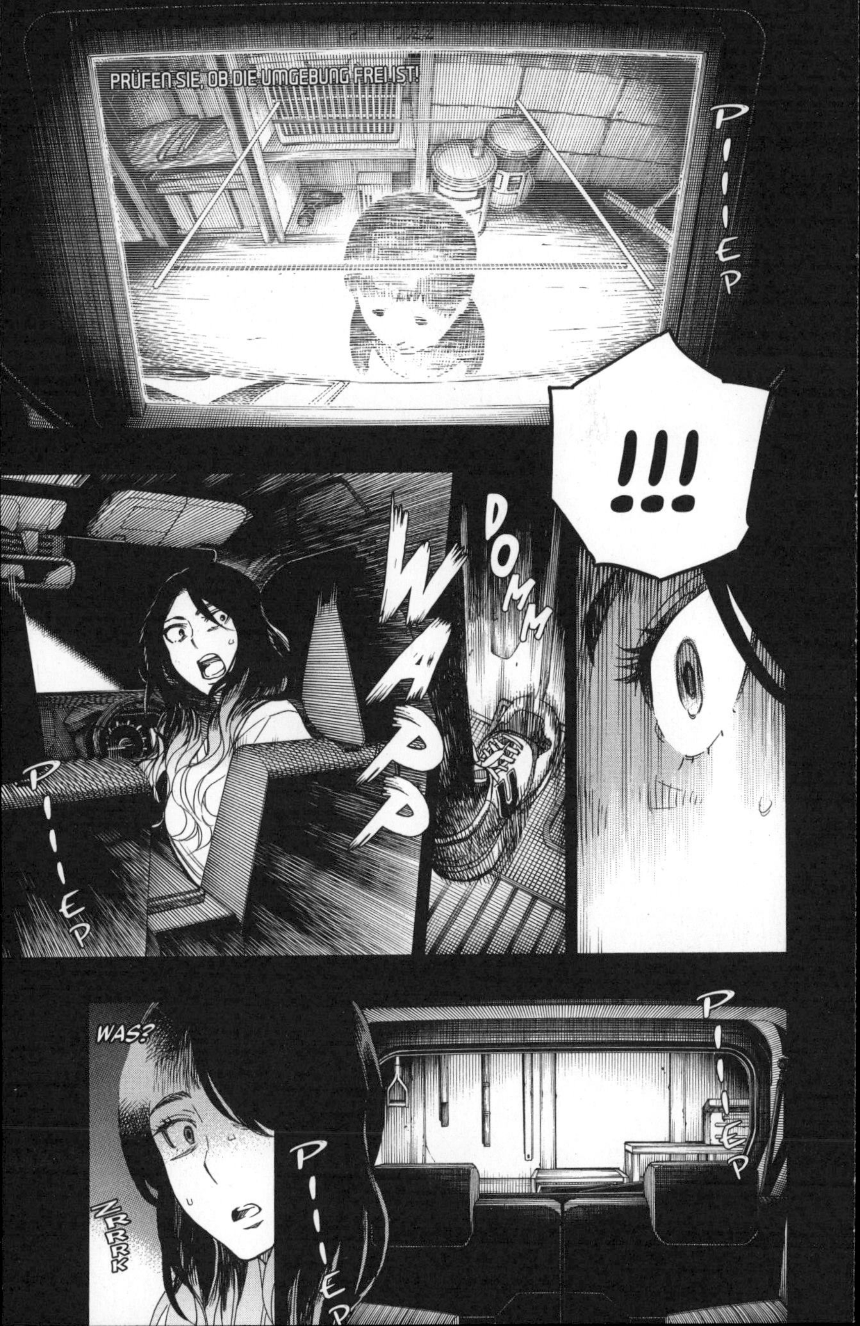
PRÜFEN SIE, OB DIE UMGEBUNG FREI IST!
PIIIEP
!!!
DOMM
WAPP
PIIIEP
PIIIEP
WAS?
PIIIEP
ZRRRK

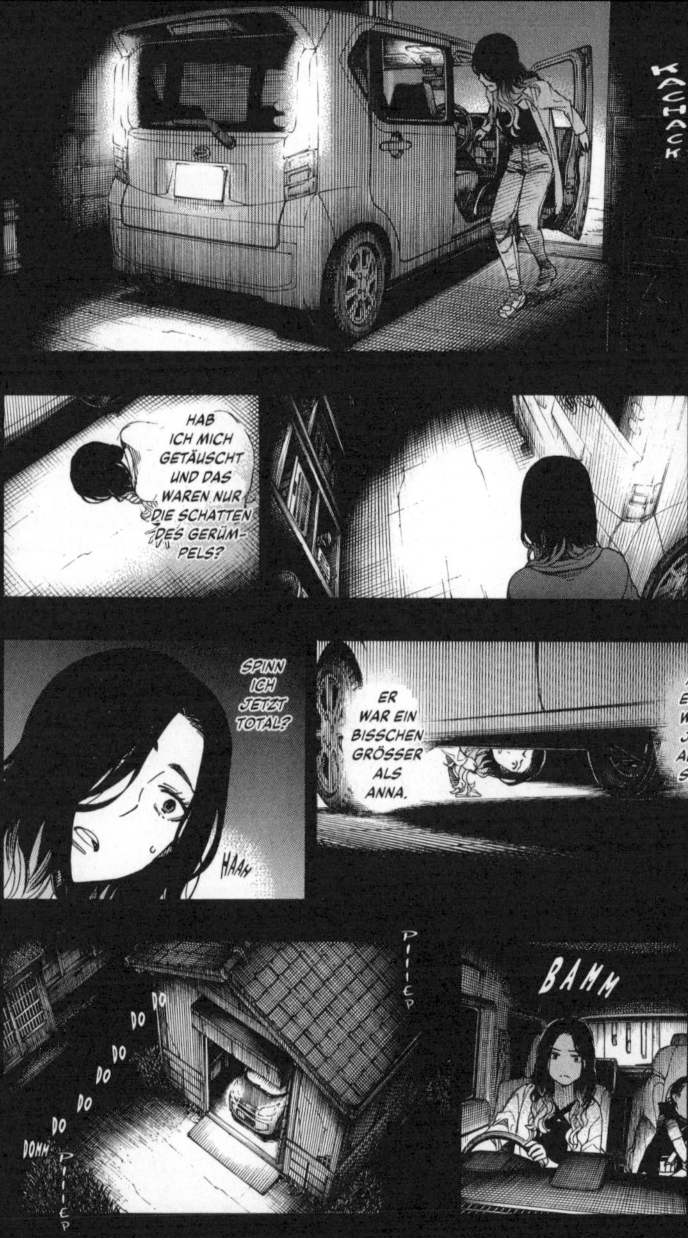
KACHACK
HAB ICH MICH GETÄUSCHT UND DAS WAREN NUR DIE SCHATTEN DES GERÜMPELS?
SPINN ICH JETZT TOTAL?
HAAH
ABER ES HAT WIE EIN JUNGE AUSGESEHEN.
ER WAR EIN BISSCHEN GRÖSSER ALS ANNA.
PIIIEP
DO DO DO DO DO DO DO
DOMM
PIIIEP
BAMM

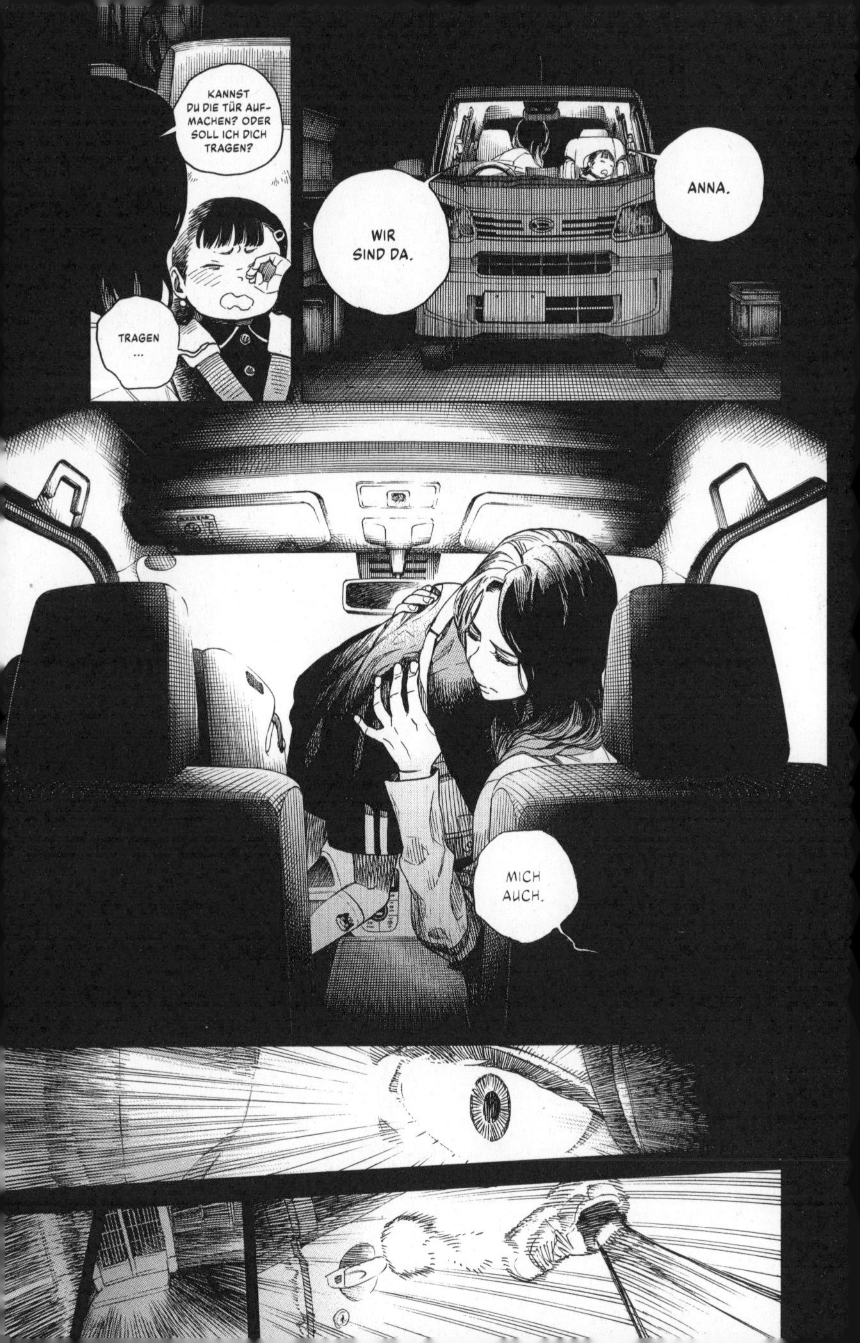
ANNA.
WIR SIND DA.
KANNST DU DIE TÜR AUF-MACHEN? ODER SOLL ICH DICH TRAGEN?
TRAGEN ...
MICH AUCH.

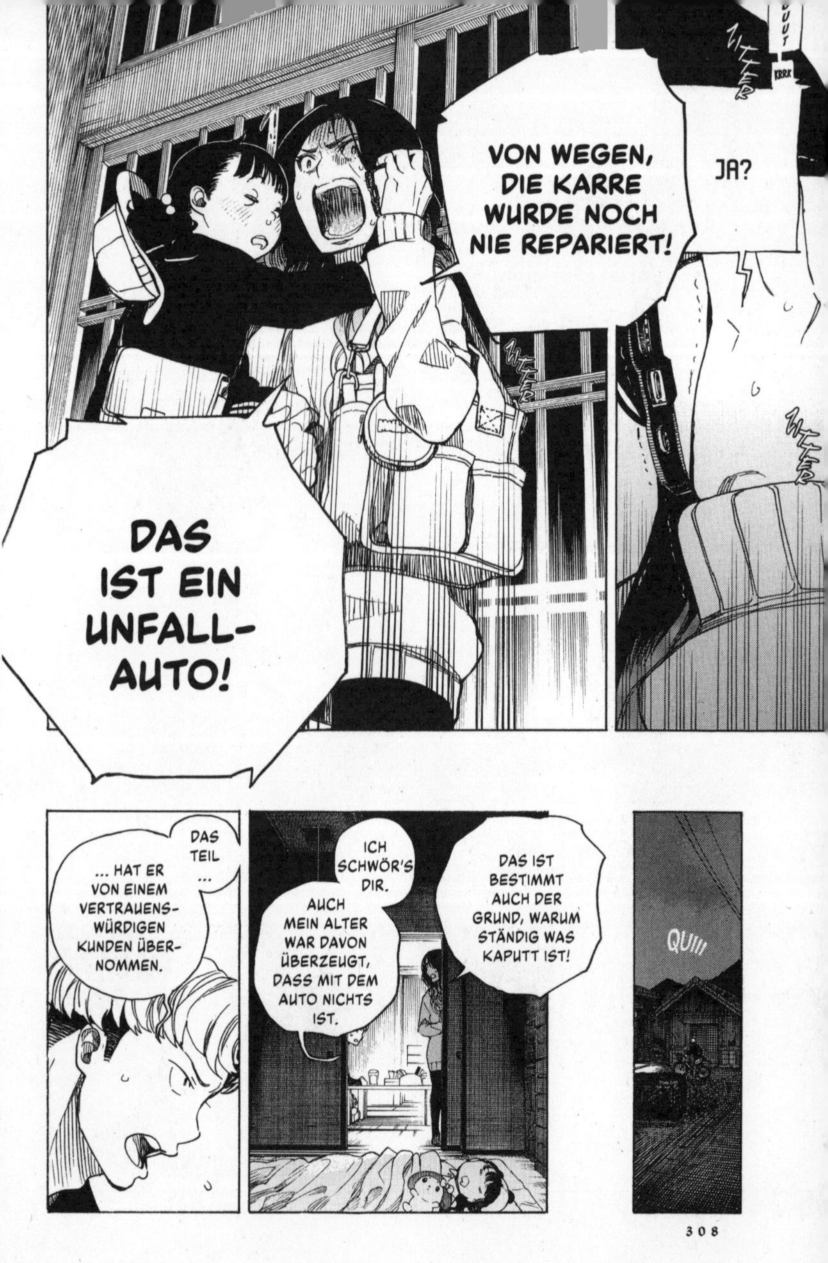
DUUT
KRRK
ZITTER
JA?
VON WEGEN, DIE KARRE WURDE NOCH NIE REPARIERT!
DAS IST EIN UNFALL-AUTO!
ZITTER
ZITTER
QUIII
DAS IST BESTIMMT AUCH DER GRUND, WARUM STÄNDIG WAS KAPUTT IST!
ICH SCHWÖR'S DIR.
AUCH MEIN ALTER WAR DAVON ÜBERZEUGT, DASS MIT DEM AUTO NICHTS IST.
DAS TEIL ...
... HAT ER VON EINEM VERTRAUENSWÜRDIGEN KUNDEN ÜBERNOMMEN.

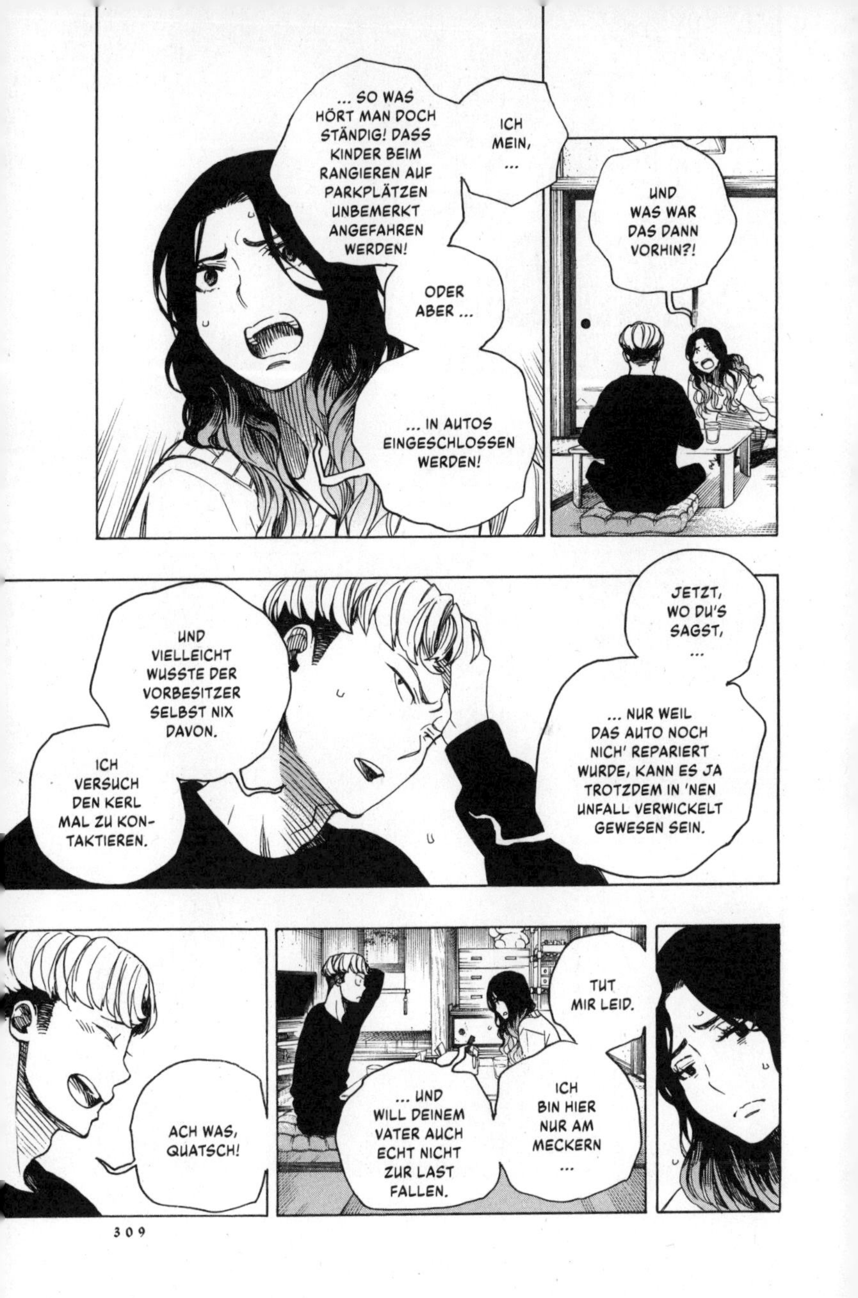
... SO WAS HÖRT MAN DOCH STÄNDIG! DASS KINDER BEIM RANGIEREN AUF PARKPLÄTZEN UNBEMERKT ANGEFAHREN WERDEN!
ICH MEIN, ...
ODER ABER ...
... IN AUTOS EINGESCHLOSSEN WERDEN!
UND WAS WAR DAS DANN VORHIN?!
UND VIELLEICHT WUSSTE DER VORBESITZER SELBST NIX DAVON.
ICH VERSUCH DEN KERL MAL ZU KONTAKTIEREN.
JETZT, WO DU'S SAGST, ...
... NUR WEIL DAS AUTO NOCH NICH' REPARIERT WURDE, KANN ES JA TROTZDEM IN 'NEN UNFALL VERWICKELT GEWESEN SEIN.
ACH WAS, QUATSCH!
... UND WILL DEINEM VATER AUCH ECHT NICHT ZUR LAST FALLEN.
TUT MIR LEID.
ICH BIN HIER NUR AM MECKERN ...

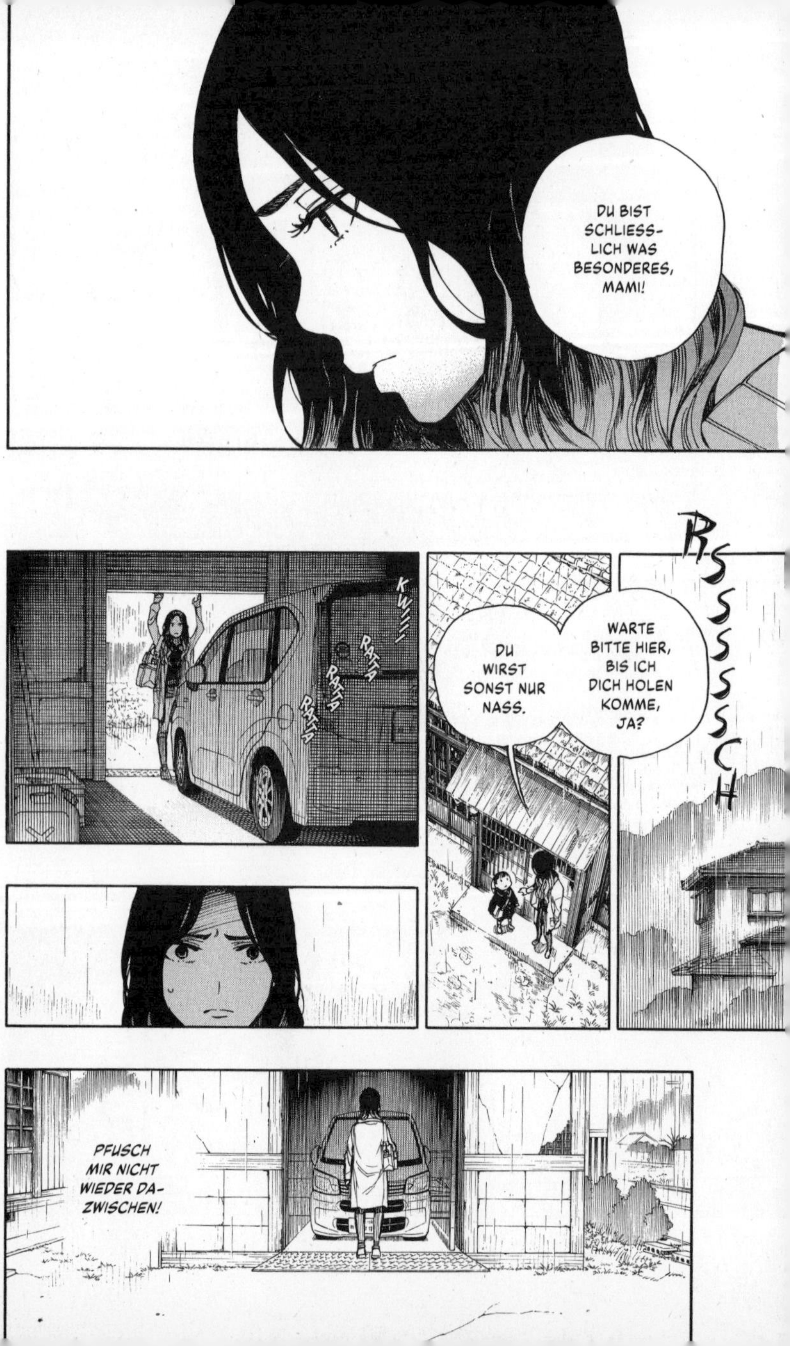
DU BIST SCHLIESS-LICH WAS BESONDERES, MAMI!
RSSSSSSCH
WARTE BITTE HIER, BIS ICH DICH HOLEN KOMME, JA?
DU WIRST SONST NUR NASS.
KWIII
RATTA RATTA RATTA
PFUSCH MIR NICHT WIEDER DA-ZWISCHEN!

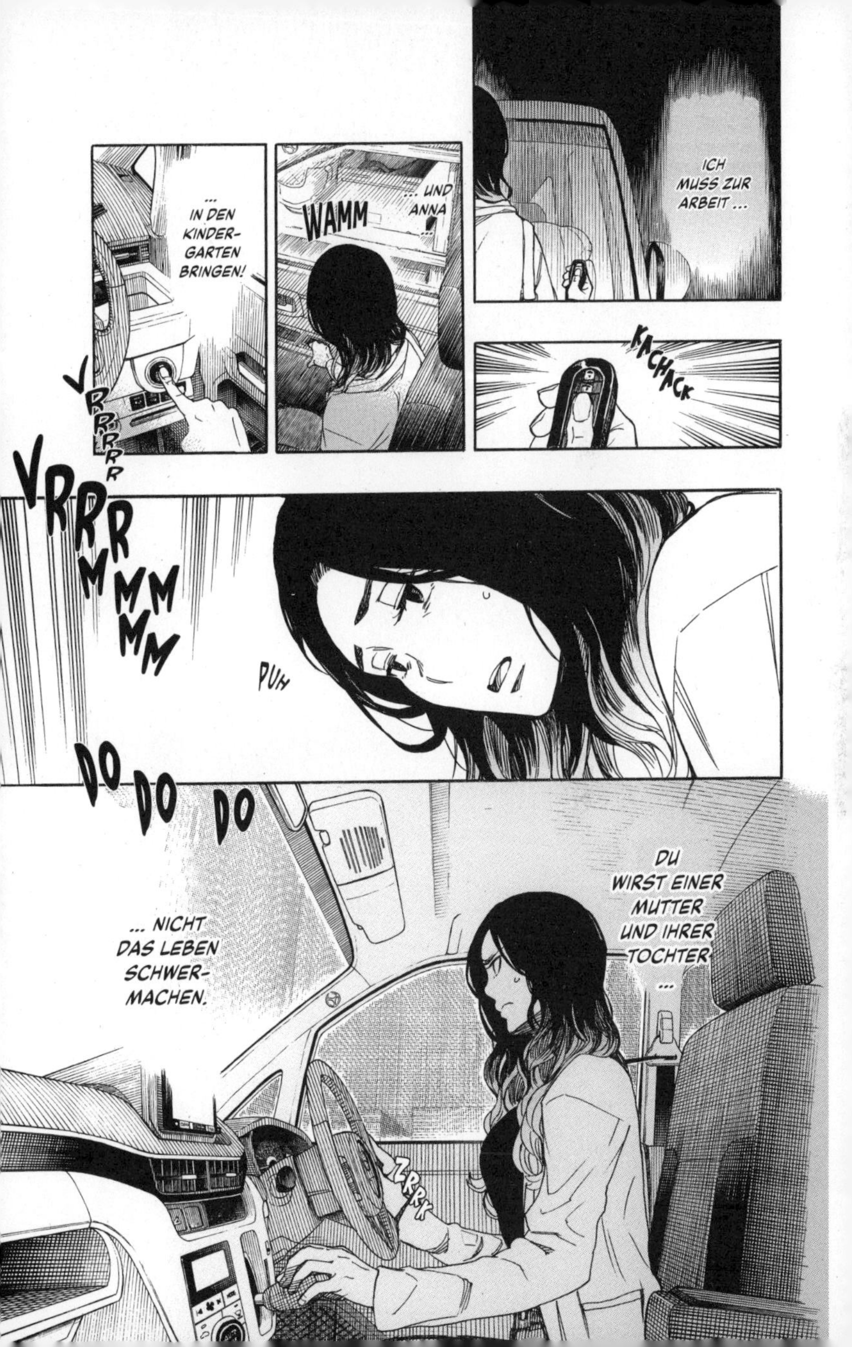
ICH MUSS ZUR ARBEIT ...
KACHACK
... UND ANNA ...
WAMM
... IN DEN KINDER-GARTEN BRINGEN!
VRRRRR
VRRRMMMMMM
PUH
DO DO DO
DU WIRST EINER MUTTER UND IHRER TOCHTER ...
... NICHT DAS LEBEN SCHWER-MACHEN.
ZRRK

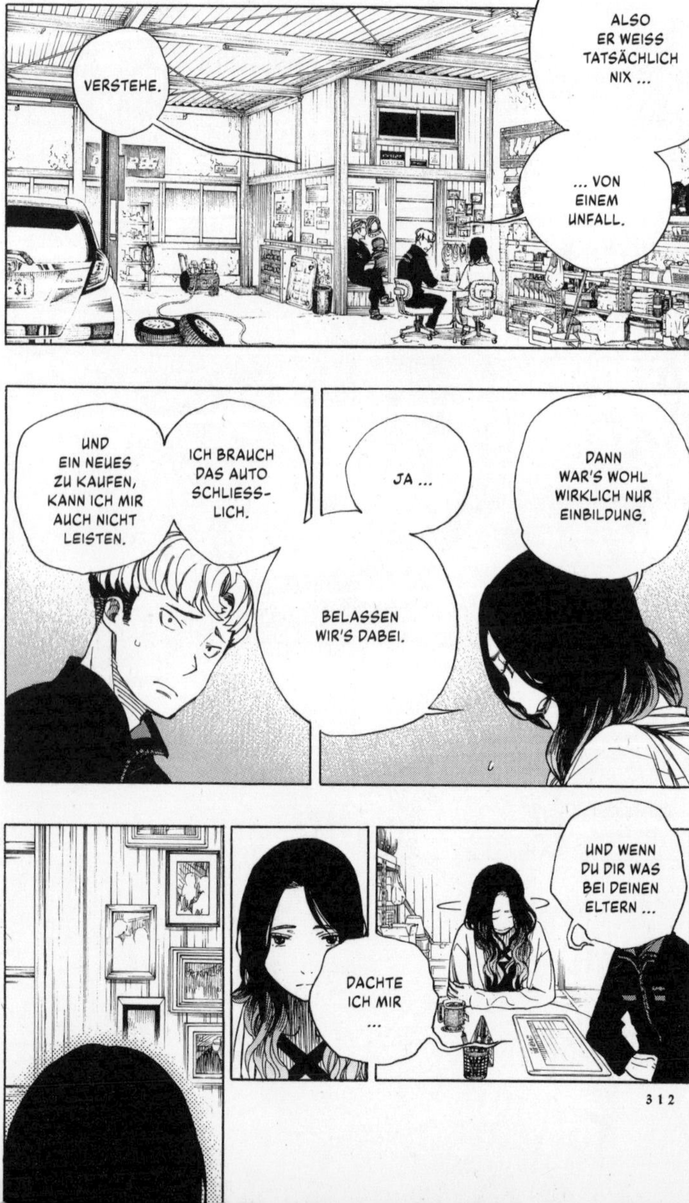
ALSO ER WEISS TATSÄCHLICH NIX ...
... VON EINEM UNFALL.
VERSTEHE.
DANN WAR'S WOHL WIRKLICH NUR EINBILDUNG.
JA ...
BELASSEN WIR'S DABEI.
ICH BRAUCH DAS AUTO SCHLIESS-LICH.
UND EIN NEUES ZU KAUFEN, KANN ICH MIR AUCH NICHT LEISTEN.
UND WENN DU DIR WAS BEI DEINEN ELTERN ...
DACHTE ICH MIR ...

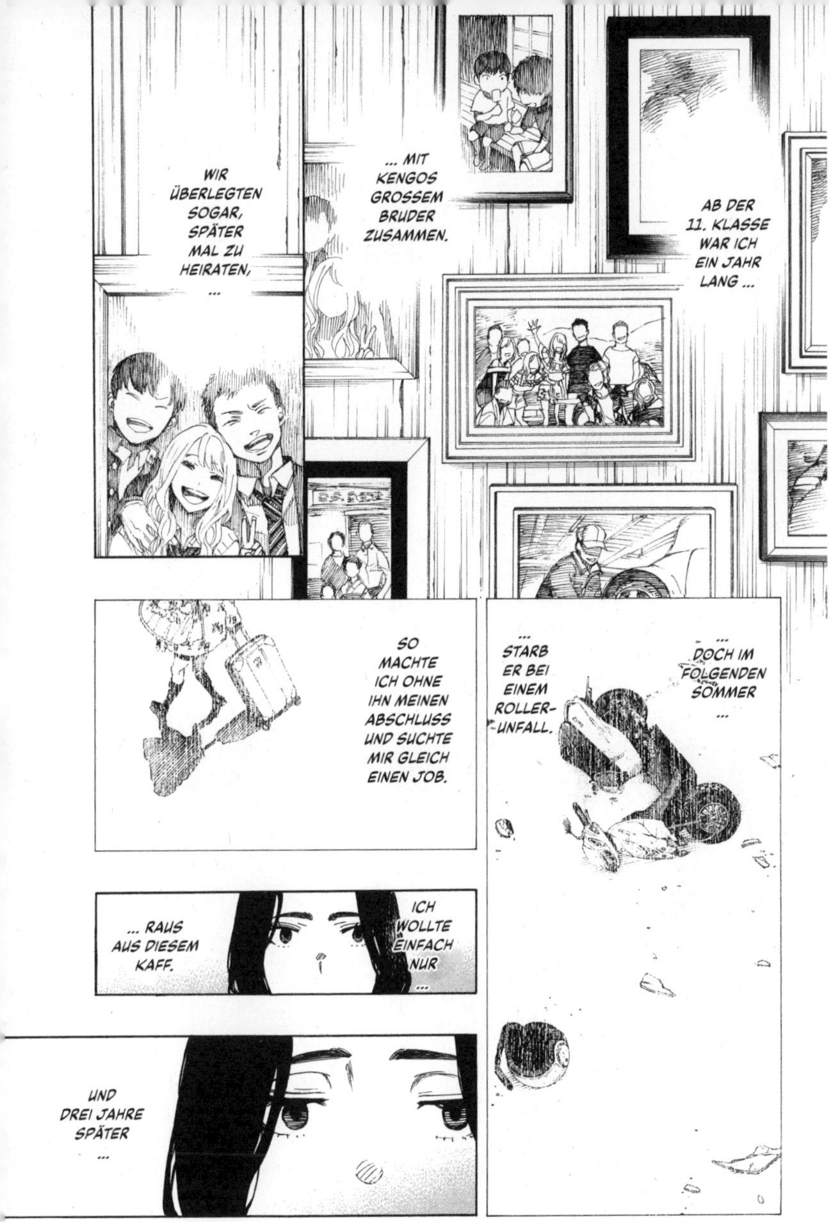
AB DER 11. KLASSE WAR ICH EIN JAHR LANG ...
... MIT KENGOS GROSSEM BRUDER ZUSAMMEN.
WIR ÜBERLEGTEN SOGAR, SPÄTER MAL ZU HEIRATEN, ...
... DOCH IM FOLGENDEN SOMMER ...
... STARB ER BEI EINEM ROLLER-UNFALL.
SO MACHTE ICH OHNE IHN MEINEN ABSCHLUSS UND SUCHTE MIR GLEICH EINEN JOB.
ICH WOLLTE EINFACH NUR ...
... RAUS AUS DIESEM KAFF.
UND DREI JAHRE SPÄTER ...

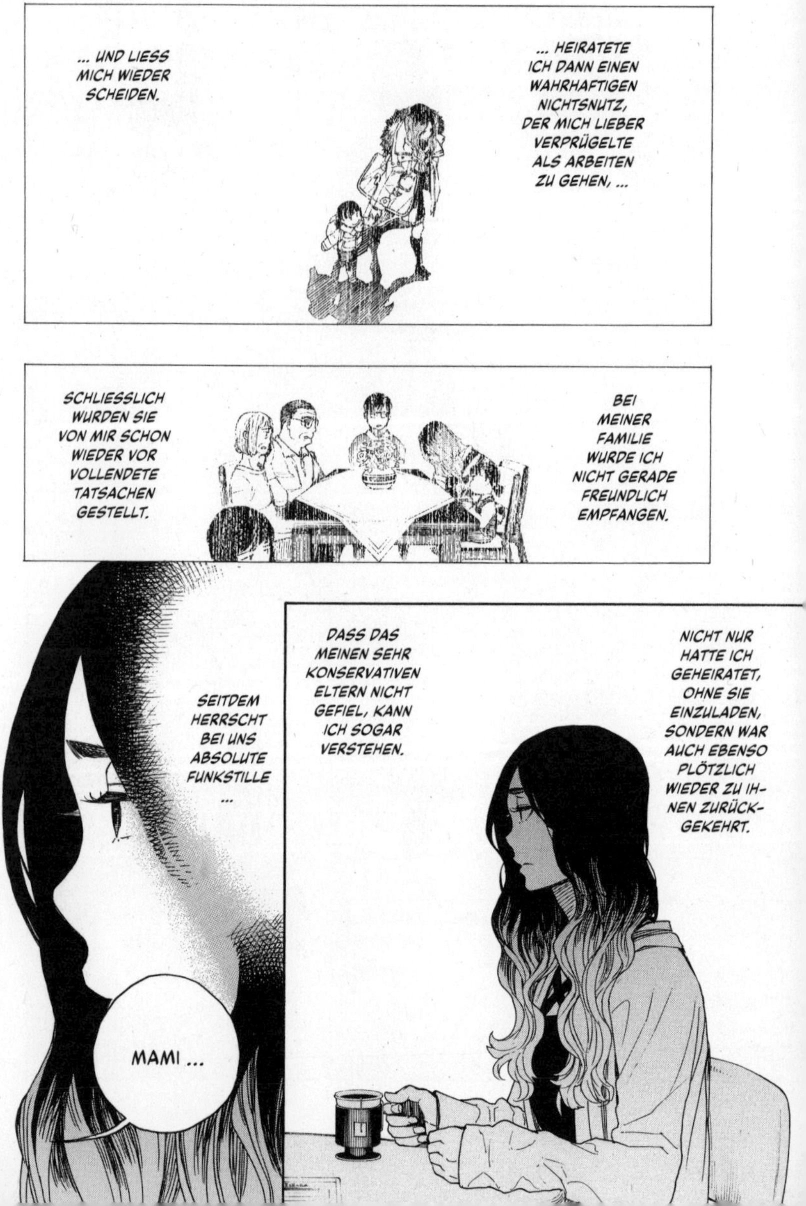
... HEIRATETE ICH DANN EINEN WAHRHAFTIGEN NICHTSNUTZ, DER MICH LIEBER VERPRÜGELTE ALS ARBEITEN ZU GEHEN, ...
... UND LIESS MICH WIEDER SCHEIDEN.
BEI MEINER FAMILIE WURDE ICH NICHT GERADE FREUNDLICH EMPFANGEN.
SCHLIESSLICH WURDEN SIE VON MIR SCHON WIEDER VOR VOLLENDETE TATSACHEN GESTELLT.
NICHT NUR HATTE ICH GEHEIRATET, OHNE SIE EINZULADEN, SONDERN WAR AUCH EBENSO PLÖTZLICH WIEDER ZU IHNEN ZURÜCK-GEKEHRT.
DASS DAS MEINEN SEHR KONSERVATIVEN ELTERN NICHT GEFIEL, KANN ICH SOGAR VERSTEHEN.
SEITDEM HERRSCHT BEI UNS ABSOLUTE FUNKSTILLE ...
MAMI ...

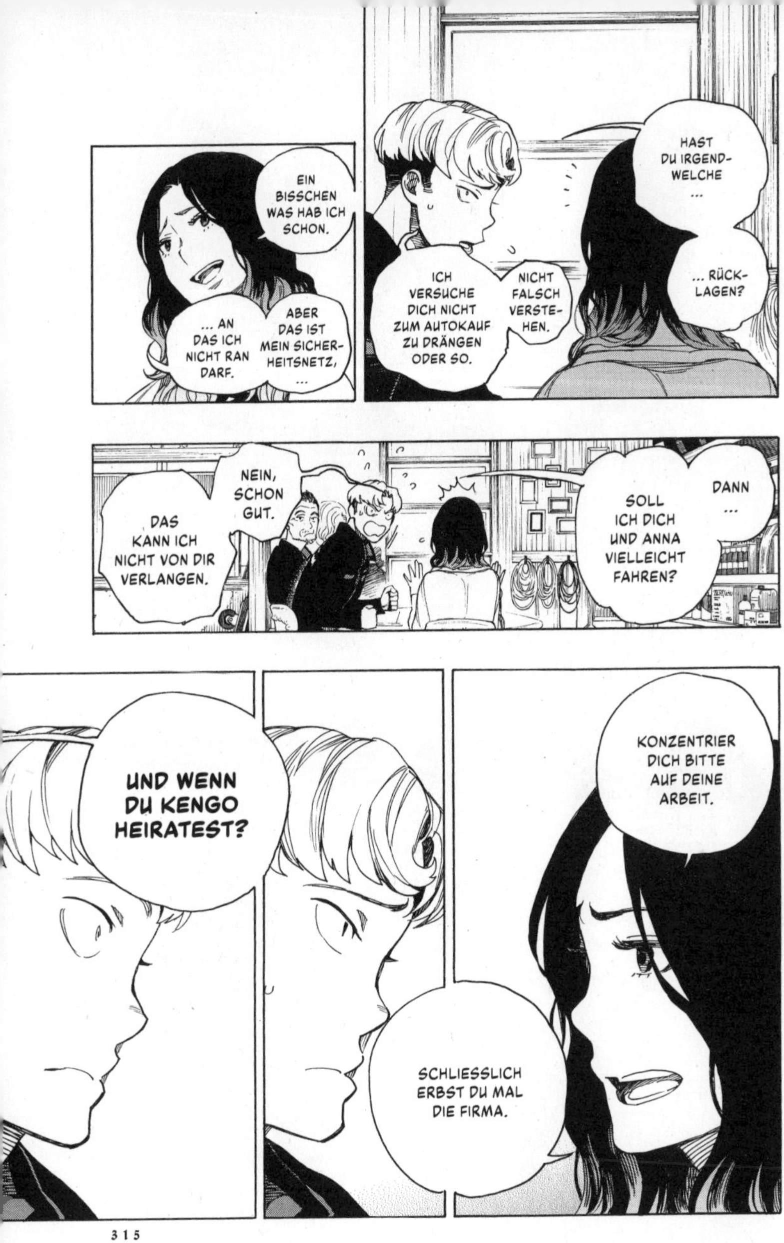
HAST DU IRGENDWELCHE ...
... RÜCKLAGEN?
NICHT FALSCH VERSTEHEN.
ICH VERSUCHE DICH NICHT ZUM AUTOKAUF ZU DRÄNGEN ODER SO.
EIN BISSCHEN WAS HAB ICH SCHON.
ABER DAS IST MEIN SICHERHEITSNETZ, ...
... AN DAS ICH NICHT RAN DARF.
DANN ...
SOLL ICH DICH UND ANNA VIELLEICHT FAHREN?
NEIN, SCHON GUT.
DAS KANN ICH NICHT VON DIR VERLANGEN.
KONZENTRIER DICH BITTE AUF DEINE ARBEIT.
SCHLIESSLICH ERBST DU MAL DIE FIRMA.
UND WENN DU KENGO HEIRATEST?

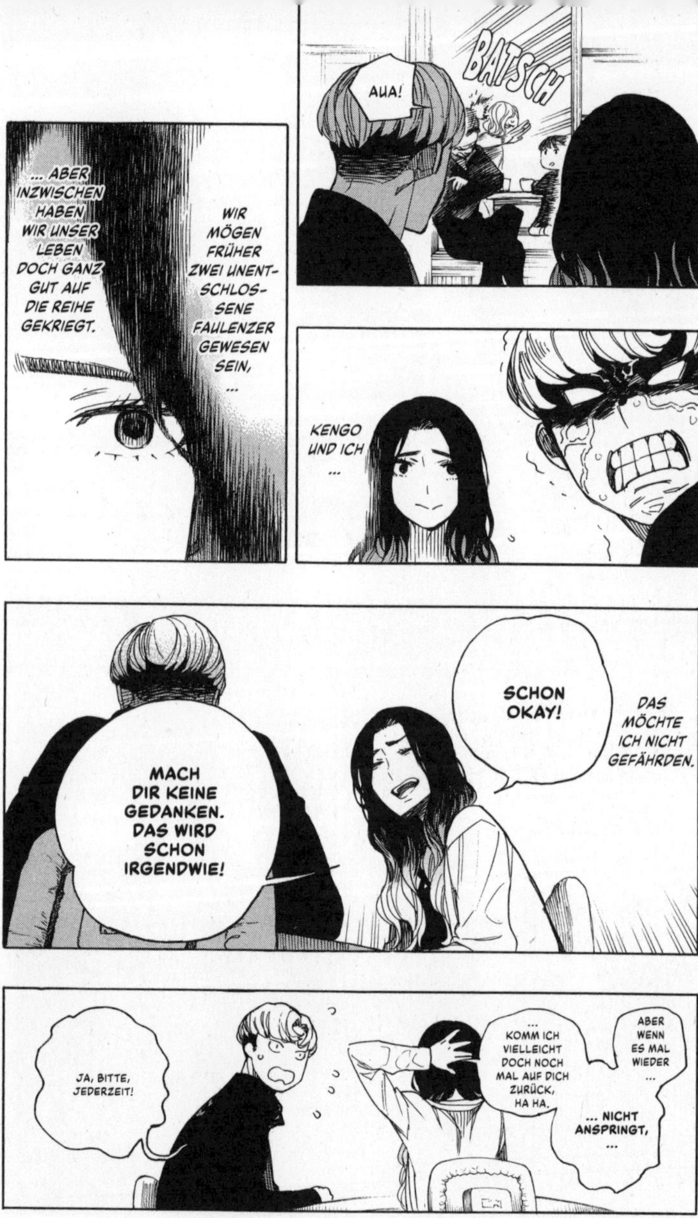
BATSCH
AUA!
KENGO UND ICH ...
WIR MÖGEN FRÜHER ZWEI UNENT-SCHLOS-SENE FAULENZER GEWESEN SEIN, ...
... ABER INZWISCHEN HABEN WIR UNSER LEBEN DOCH GANZ GUT AUF DIE REIHE GEKRIEGT.
DAS MÖCHTE ICH NICHT GEFÄHRDEN.
SCHON OKAY!
MACH DIR KEINE GEDANKEN. DAS WIRD SCHON IRGENDWIE!
ABER WENN ES MAL WIEDER ...
... NICHT ANSPRINGT, ...
... KOMM ICH VIELLEICHT DOCH NOCH MAL AUF DICH ZURÜCK, HA HA.
JA, BITTE, JEDERZEIT!

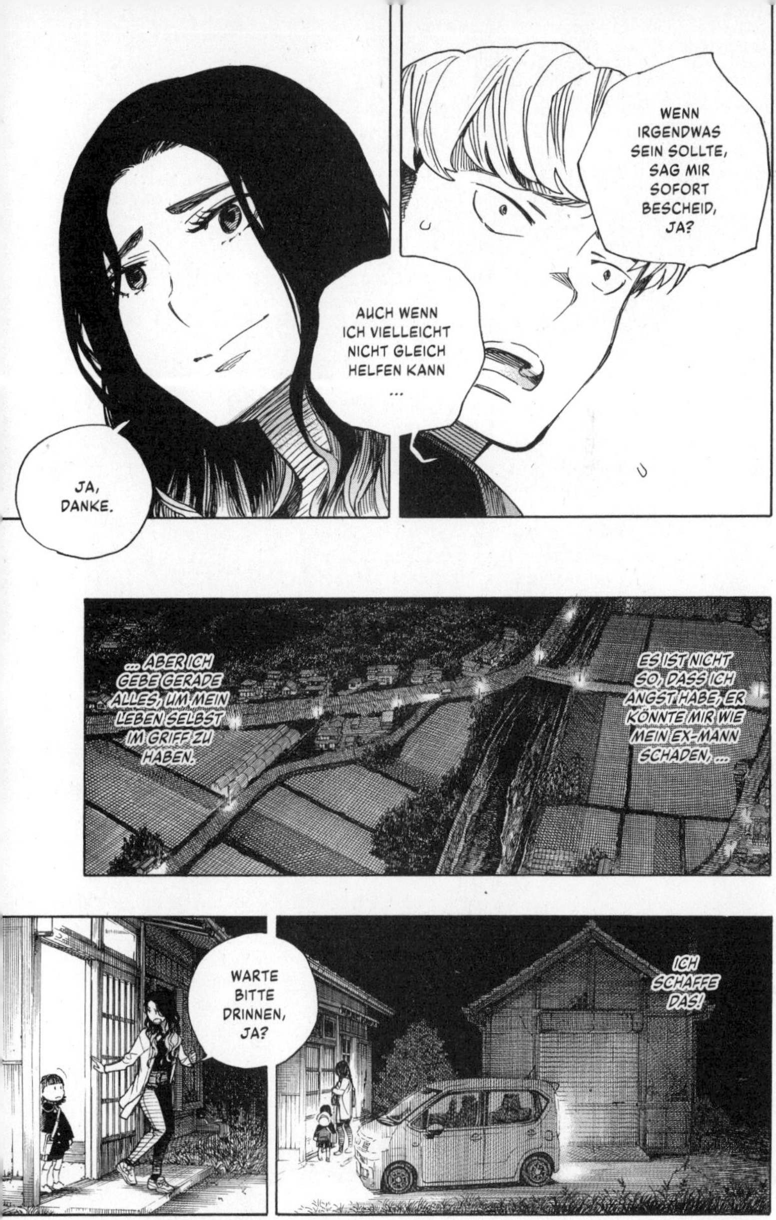
WENN IRGENDWAS SEIN SOLLTE, SAG MIR SOFORT BESCHEID, JA?
AUCH WENN ICH VIELLEICHT NICHT GLEICH HELFEN KANN ...
JA, DANKE.
ES IST NICHT SO, DASS ICH ANGST HABE, ER KÖNNTE MIR WIE MEIN EX-MANN SCHADEN, ...
... ABER ICH GEBE GERADE ALLES, UM MEIN LEBEN SELBST IM GRIFF ZU HABEN.
ICH SCHAFFE DAS!
WARTE BITTE DRINNEN, JA?

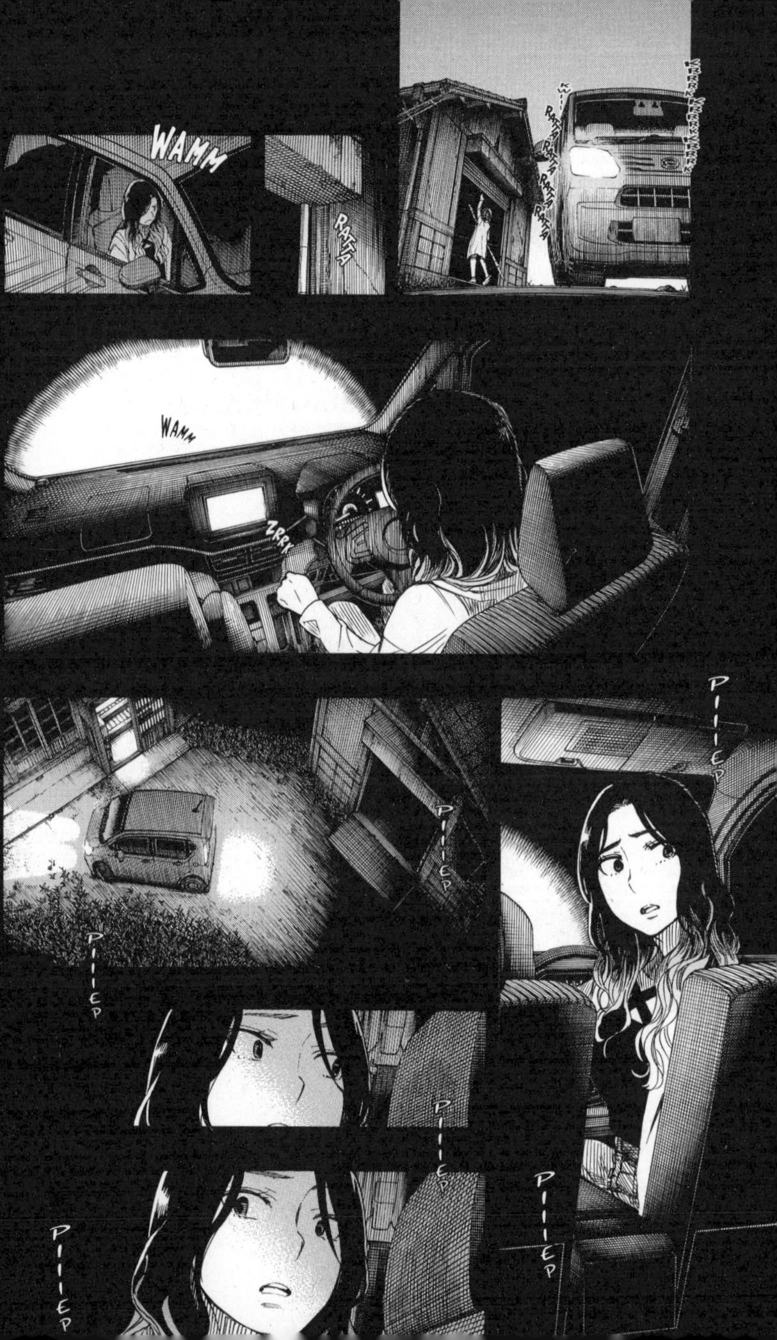
RATTA RATTA RATTA RATTA
RATTA
WAMM
WAMM
ZRRK
PIIEP
PIIEP
PIIEP
PIIEP
PIIEP
PIIEP

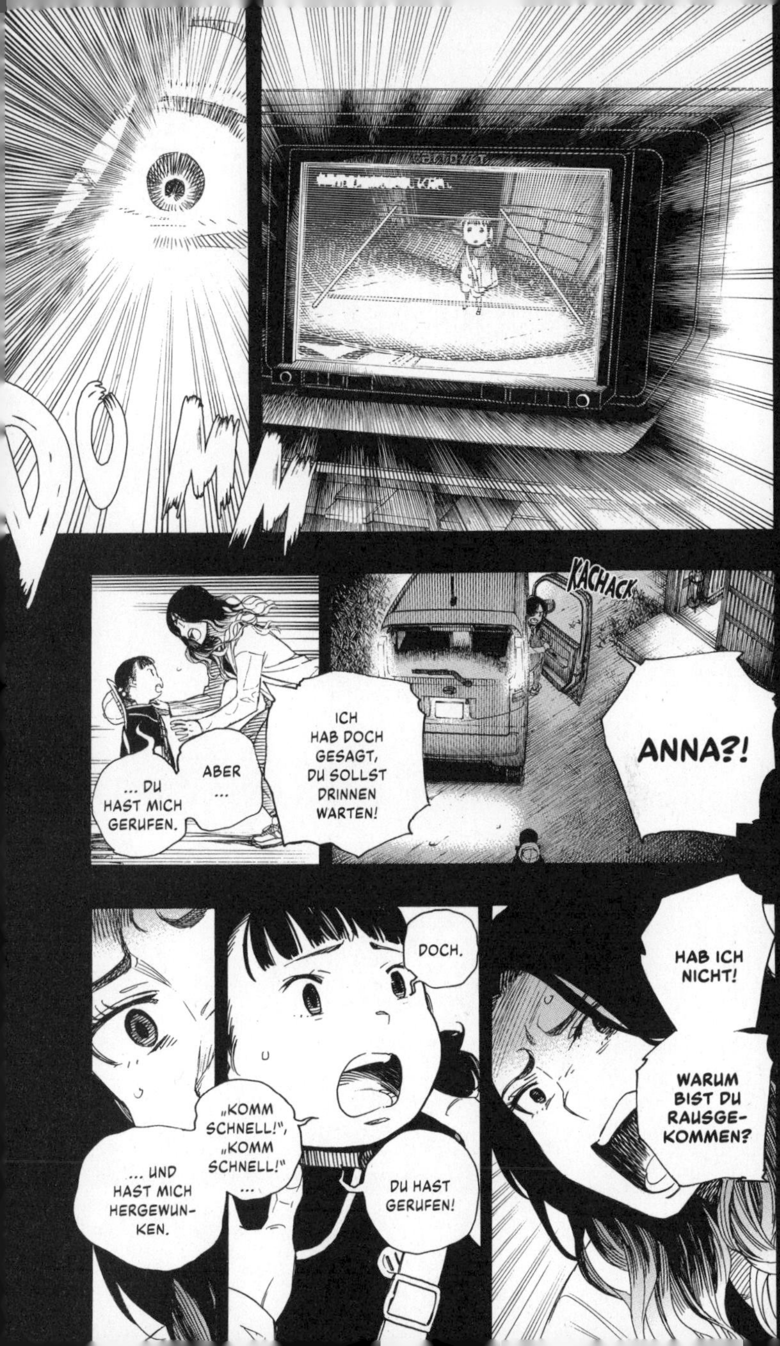
DOMM
KACHACK
ANNA?!
ICH HAB DOCH GESAGT, DU SOLLST DRINNEN WARTEN!
ABER ...
... DU HAST MICH GERUFEN.
HAB ICH NICHT!
WARUM BIST DU RAUSGE-KOMMEN?
DOCH.
DU HAST GERUFEN!
„KOMM SCHNELL!", „KOMM SCHNELL!" ...
... UND HAST MICH HERGEWUN-KEN.

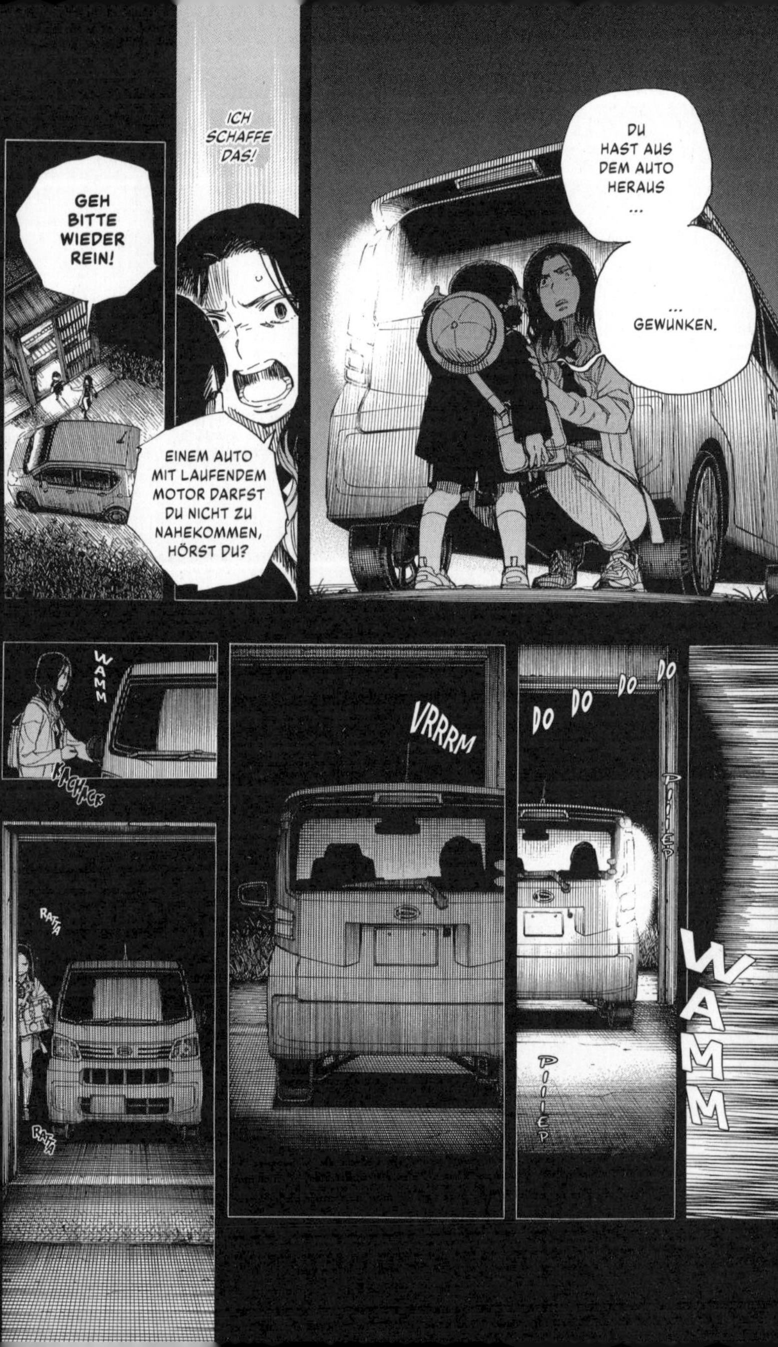
DU HAST AUS DEM AUTO HERAUS ...
... GEWUNKEN.
ICH SCHAFFE DAS!
EINEM AUTO MIT LAUFENDEM MOTOR DARFST DU NICHT ZU NAHEKOMMEN, HÖRST DU?
GEH BITTE WIEDER REIN!
WAMM
PIIIEP
DO DO DO DO
PIIIEP
VRRRM
WAMM
KACHACK
RATTA
RATTA

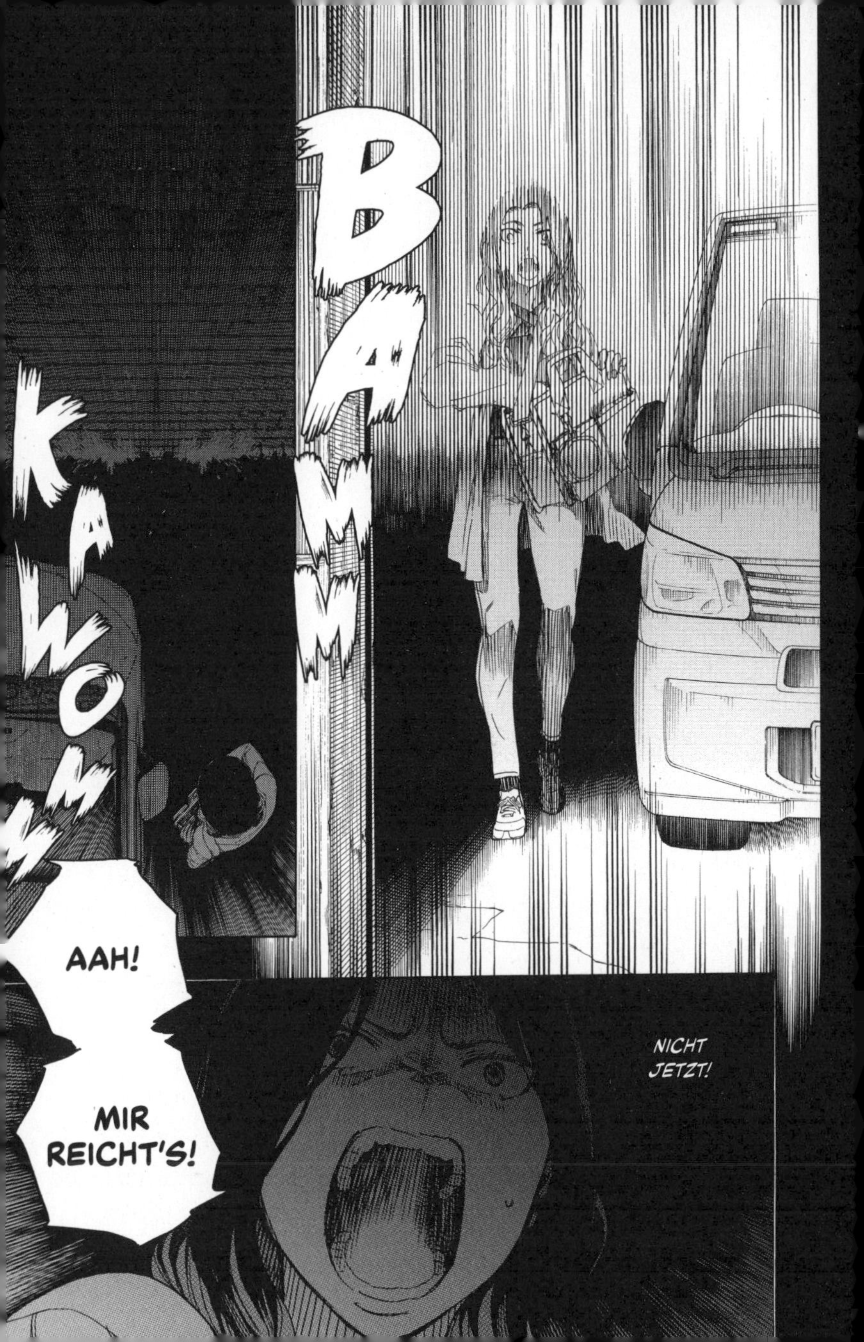
BAAWWWW
KAWOWW
NICHT JETZT!
AAH!
MIR REICHT'S!

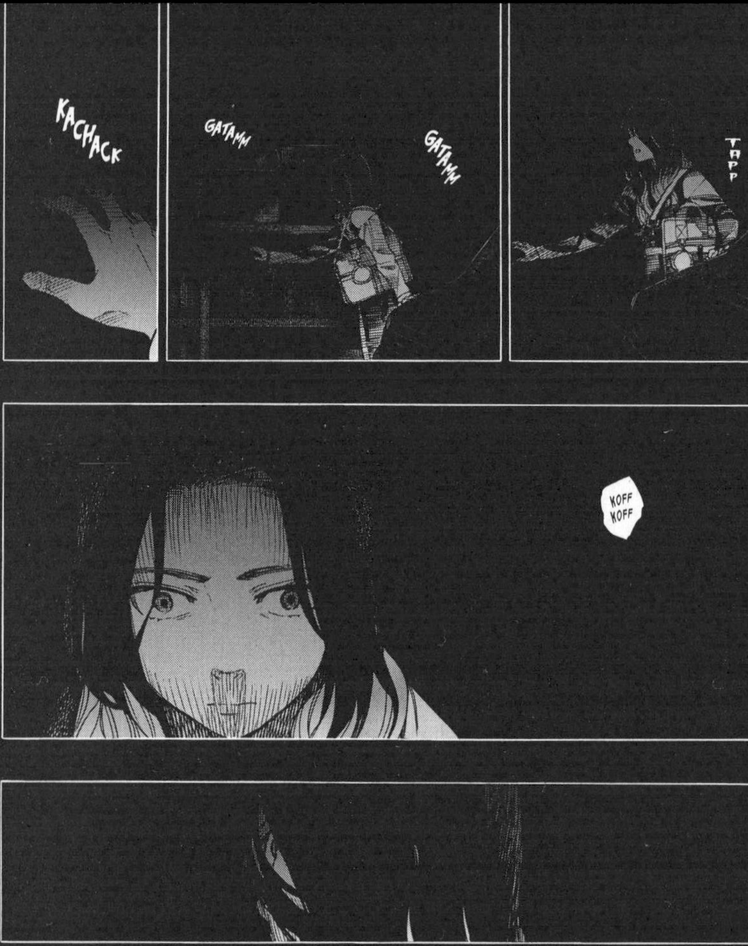
KACHACK
GATAMM
GATAMM
TAPP
KOFF KOFF

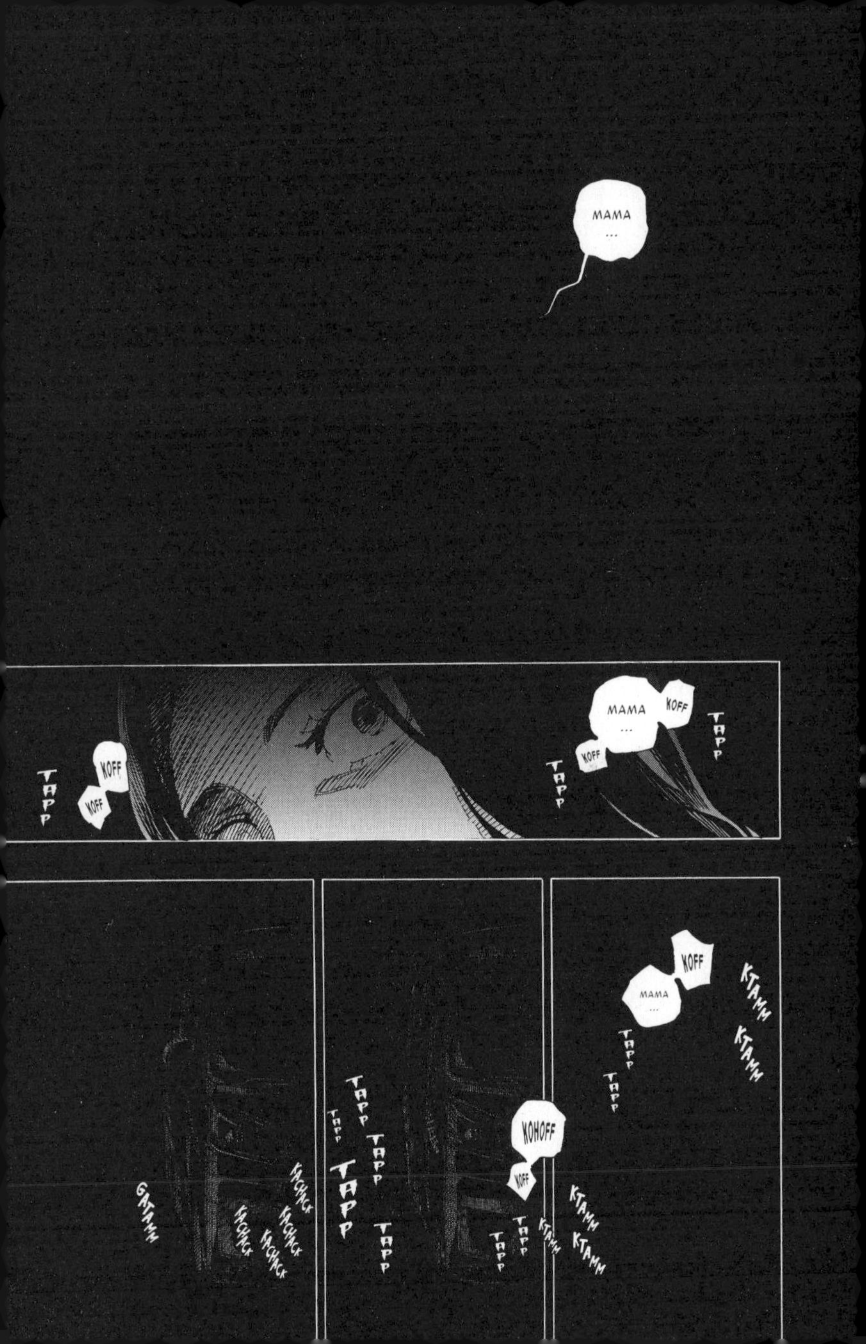
MAMA ...
TAPP
MAMA ...
KOFF
KOFF
TAPP
KOFF
KOFF
TAPP
KTAMM
KTAMM
KOFF
MAMA ...
TAPP
TAPP
KTAMM
KTAMM
KOHOFF
KOFF
KTAMM
TAPP
TAPP
TAPP
TAPP
TAPP
TAPP
TAPP
KACHACK
KACHACK
KACHACK
GATAMM

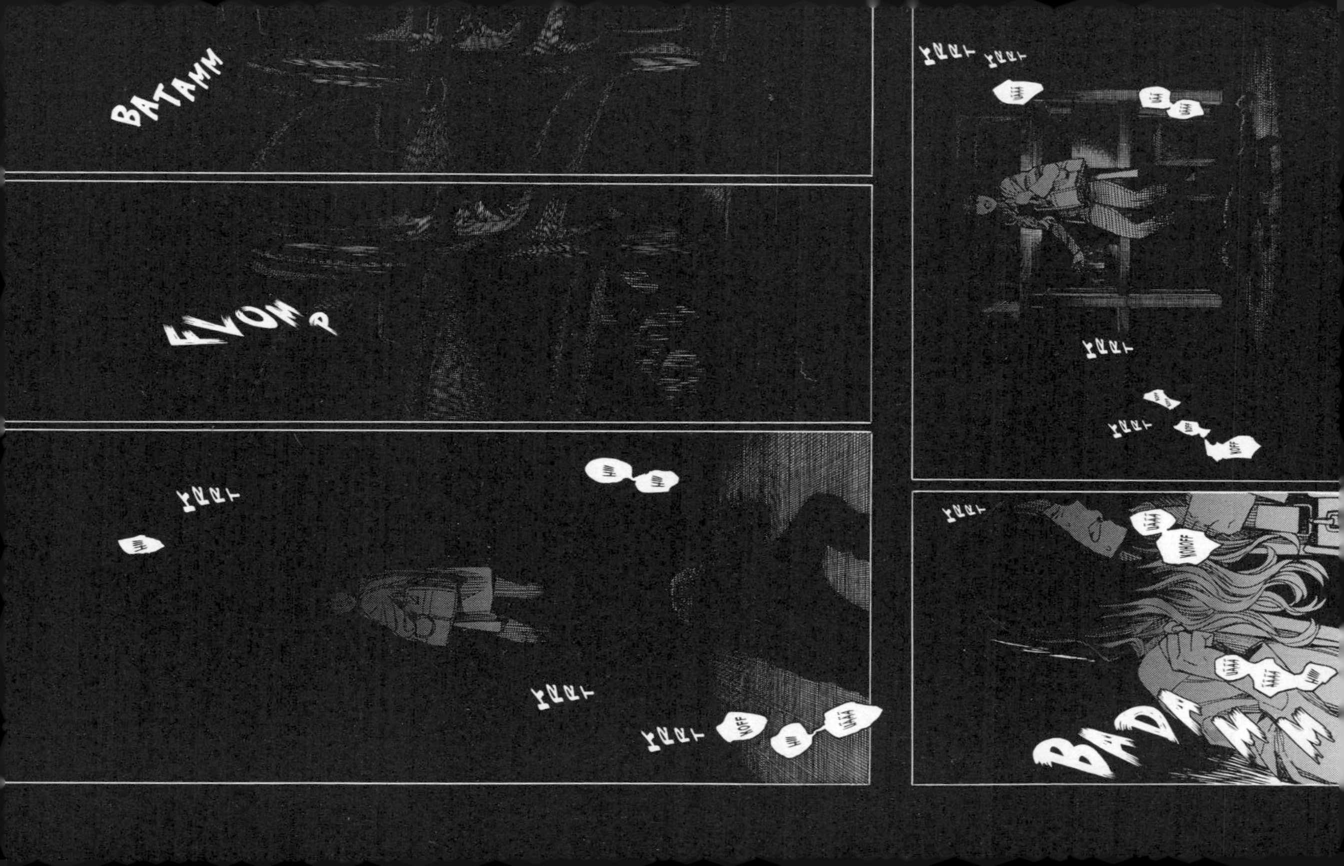
BATAMM
FLOMP
HIII
KRRT
KRRT
HIII
HIII
KRRT
KOFF
HIII
UÄÄÄ
KRRT
KRRT
UÄÄÄ
UÄÄ
UÄÄÄ
KRRT
KRRT
KOFF
KOFF
KRRT
UÄÄÄ
KOHOFF
UÄÄÄ
ÄÄÄÄ
HIII
BADAMM

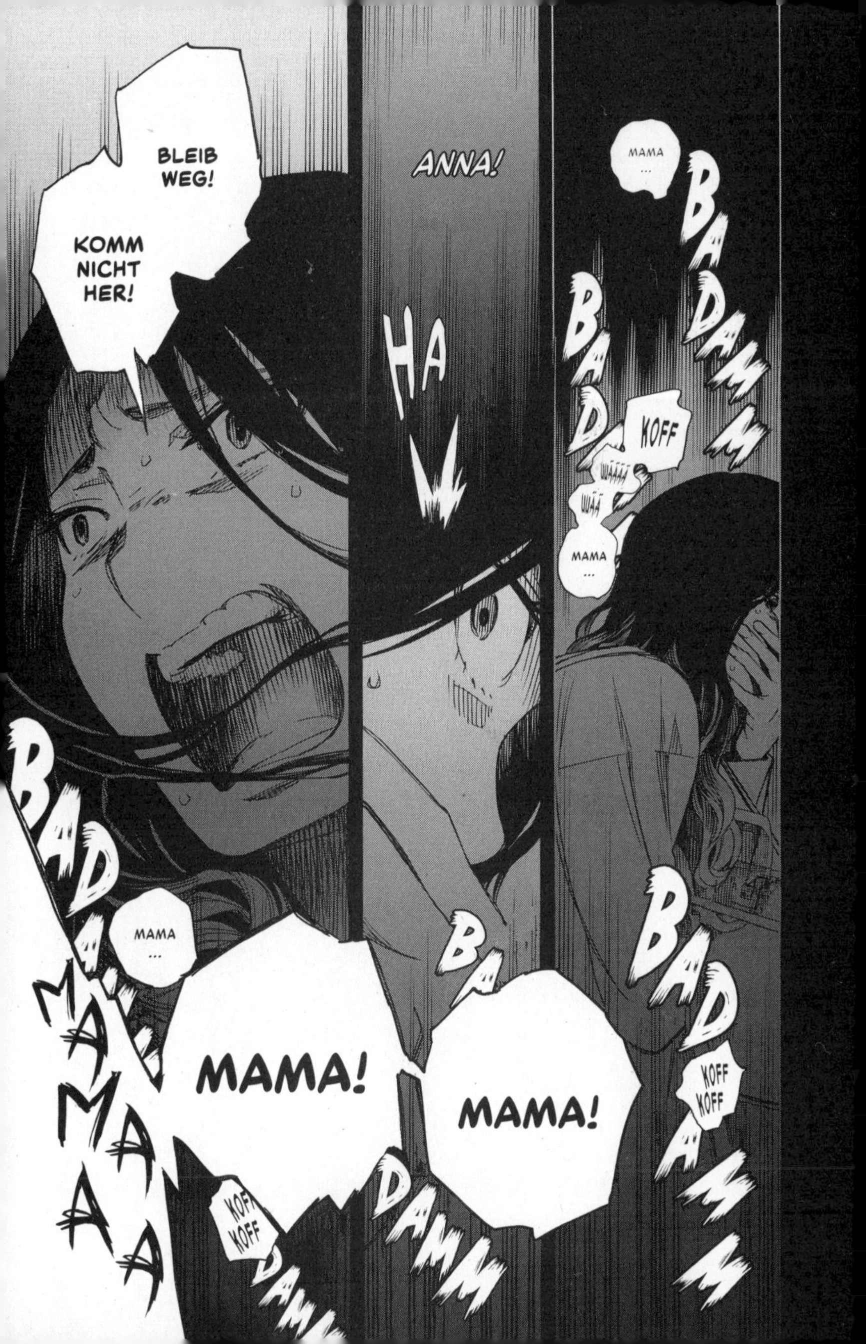

MAMA ...
BADAMM
BADAMM
KOFF
MAMA ...
BADAMM
KOFF KOFF
ANNA!
HA
BA
DAMM
BLEIB WEG!
KOMM NICHT HER!
BAD
MAMA ...
MAMAAAA
MAMA!
MAMA!
KOFF KOFF

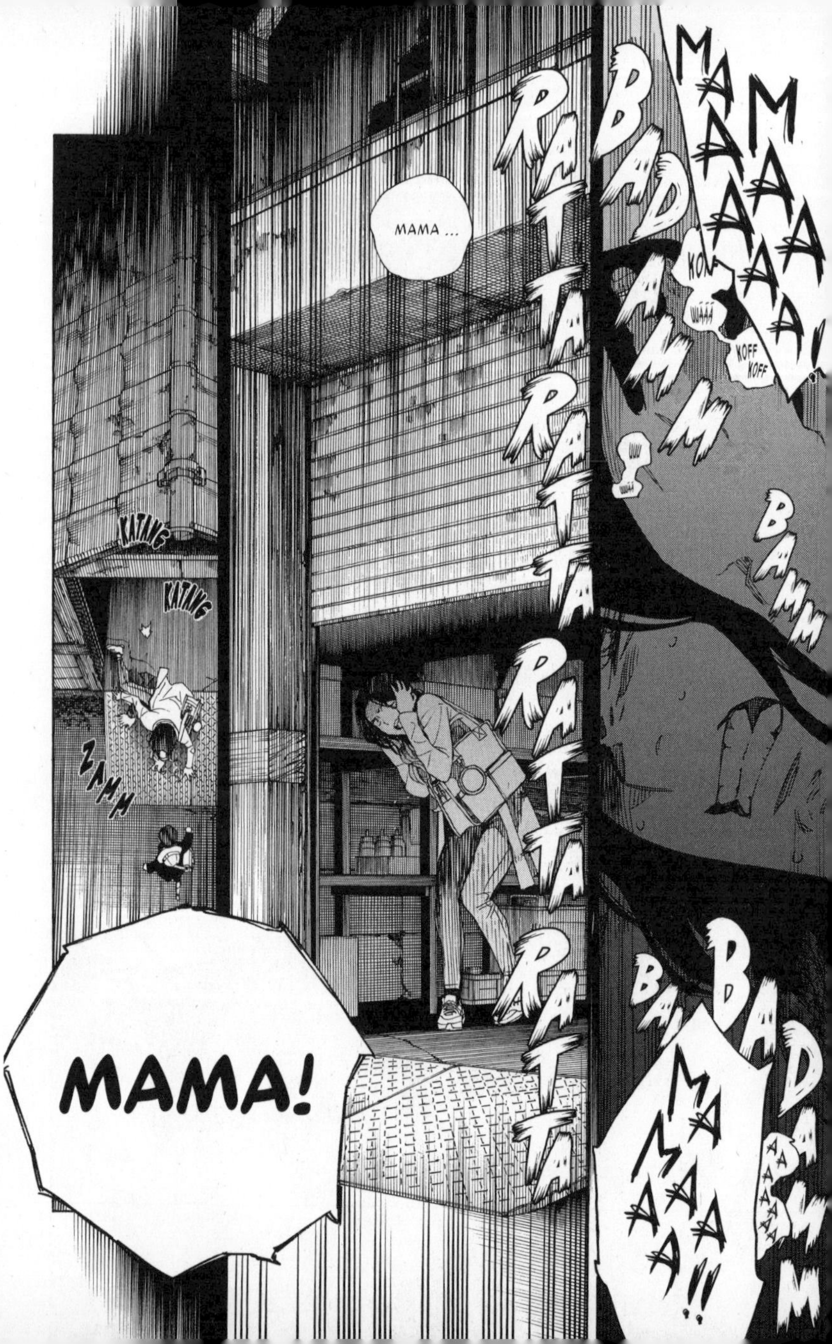
MAMAAAAAAA!
BADAMM
KON
UUÄÄÄ
KOFF KOFF
UUU
UUÄÄ
BAMM
RATATARATATARATATA
MAMA ...
KATANG
KATANG
ZAMM
BADAMM
BADAMM
MAMAAAA!!
MAMA!

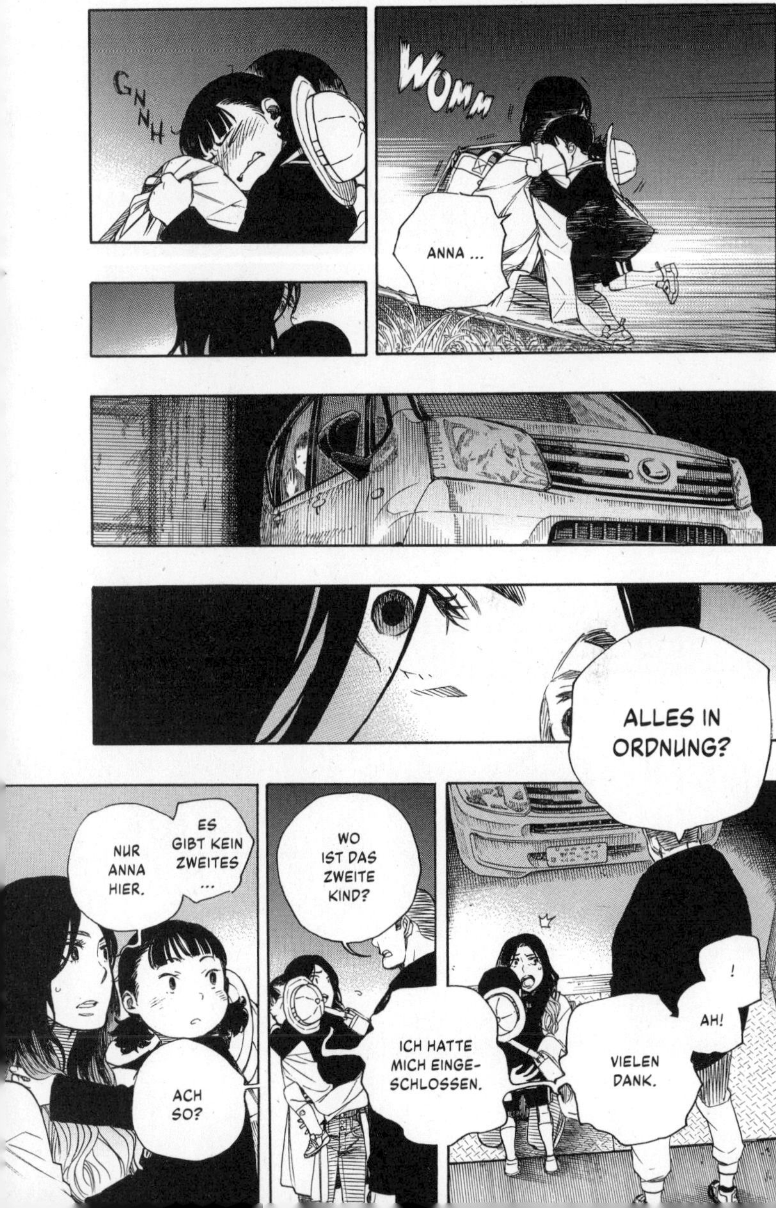
WOMM
ANNA ...
GNNH
ALLES IN ORDNUNG?
!
AH!
VIELEN DANK.
WO IST DAS ZWEITE KIND?
ICH HATTE MICH EINGE-SCHLOSSEN.
ES GIBT KEIN ZWEITES ...
NUR ANNA HIER.
ACH SO?

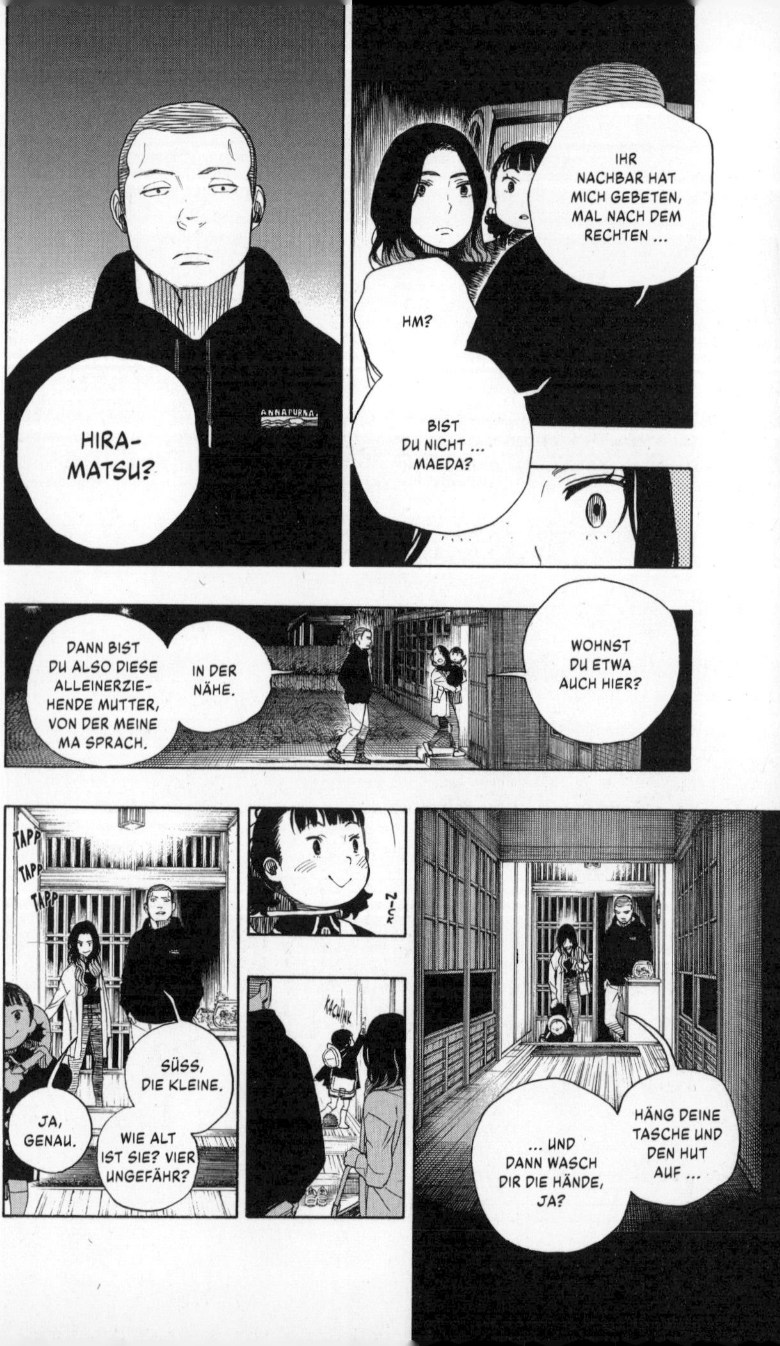
IHR NACHBAR HAT MICH GEBETEN, MAL NACH DEM RECHTEN ...
HM?
HIRA-MATSU?
ANNAPURNA
BIST DU NICHT ... MAEDA?
WOHNST DU ETWA AUCH HIER?
IN DER NÄHE.
DANN BIST DU ALSO DIESE ALLEINERZIE-HENDE MUTTER, VON DER MEINE MA SPRACH.
HÄNG DEINE TASCHE UND DEN HUT AUF ...
... UND DANN WASCH DIR DIE HÄNDE, JA?
NICK
KACHUNK
TAPP
TAPP
TAPP
SÜSS, DIE KLEINE.
WIE ALT IST SIE? VIER UNGEFÄHR?
JA, GENAU.

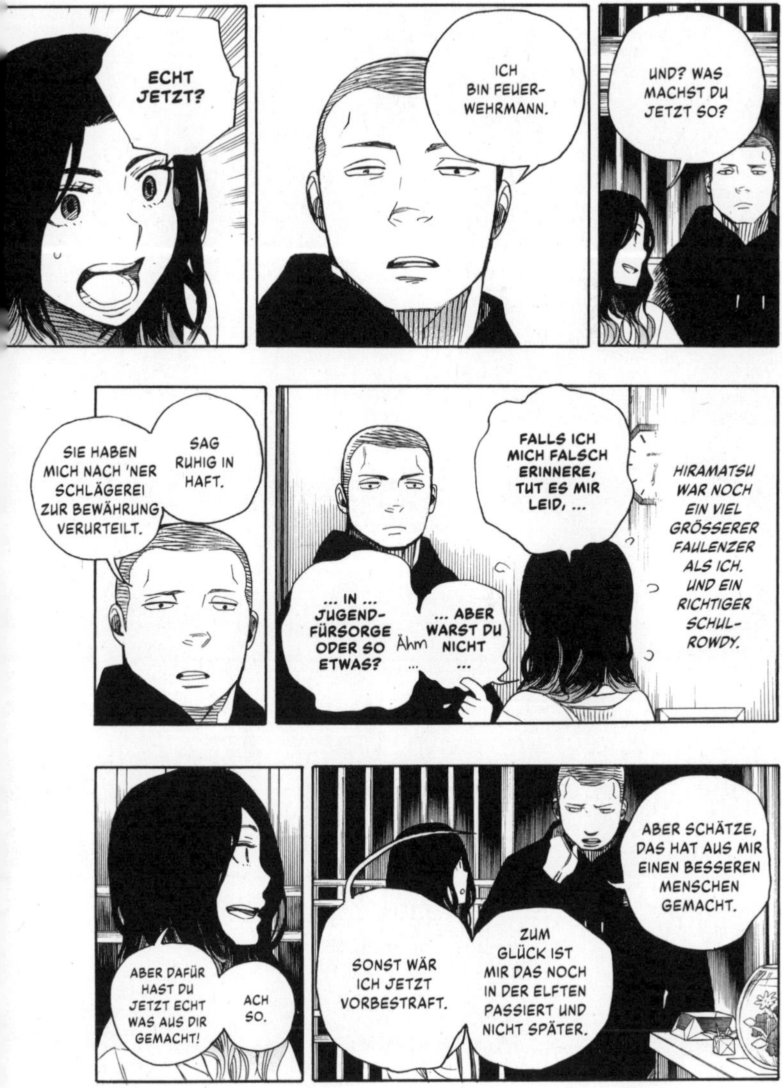
UND? WAS MACHST DU JETZT SO?
ICH BIN FEUERWEHRMANN.
ECHT JETZT?
FALLS ICH MICH FALSCH ERINNERE, TUT ES MIR LEID, ...
HIRAMATSU WAR NOCH EIN VIEL GRÖSSERER FAULENZER ALS ICH. UND EIN RICHTIGER SCHULROWDY.
... ABER WARST DU NICHT ...
Ähm ...
... IN ... JUGENDFÜRSORGE ODER SO ETWAS?
SAG RUHIG IN HAFT.
SIE HABEN MICH NACH 'NER SCHLÄGEREI ZUR BEWÄHRUNG VERURTEILT.
ABER SCHÄTZE, DAS HAT AUS MIR EINEN BESSEREN MENSCHEN GEMACHT.
ZUM GLÜCK IST MIR DAS NOCH IN DER ELFTEN PASSIERT UND NICHT SPÄTER.
SONST WÄR ICH JETZT VORBESTRAFT.
ACH SO.
ABER DAFÜR HAST DU JETZT ECHT WAS AUS DIR GEMACHT!

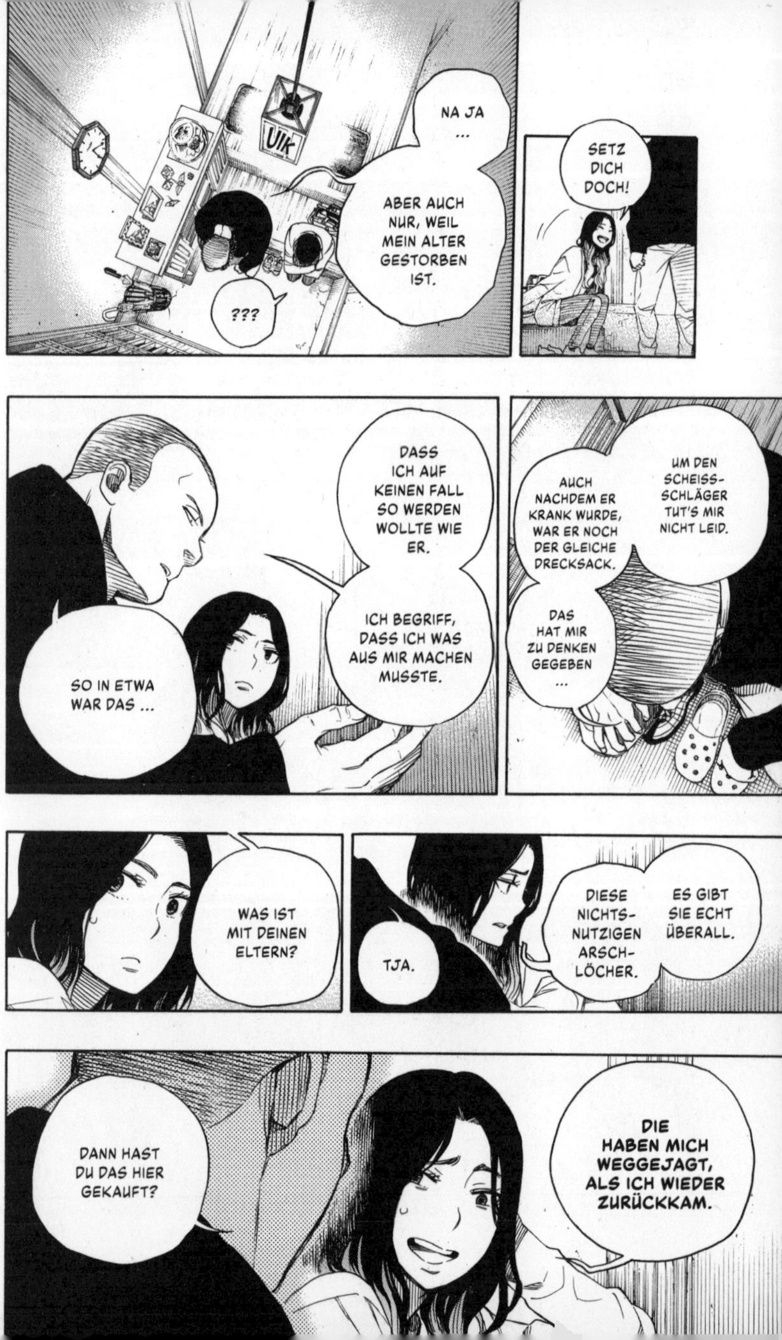
SETZ DICH DOCH!
NA JA ...
ABER AUCH NUR, WEIL MEIN ALTER GESTORBEN IST.
???
UIK
UM DEN SCHEISS-SCHLÄGER TUT'S MIR NICHT LEID.
AUCH NACHDEM ER KRANK WURDE, WAR ER NOCH DER GLEICHE DRECKSACK.
DAS HAT MIR ZU DENKEN GEGEBEN ...
DASS ICH AUF KEINEN FALL SO WERDEN WOLLTE WIE ER.
ICH BEGRIFF, DASS ICH WAS AUS MIR MACHEN MUSSTE.
SO IN ETWA WAR DAS ...
ES GIBT SIE ECHT ÜBERALL.
DIESE NICHTS-NUTZIGEN ARSCH-LÖCHER.
TJA.
WAS IST MIT DEINEN ELTERN?
DIE HABEN MICH WEGGEJAGT, ALS ICH WIEDER ZURÜCKKAM.
DANN HAST DU DAS HIER GEKAUFT?

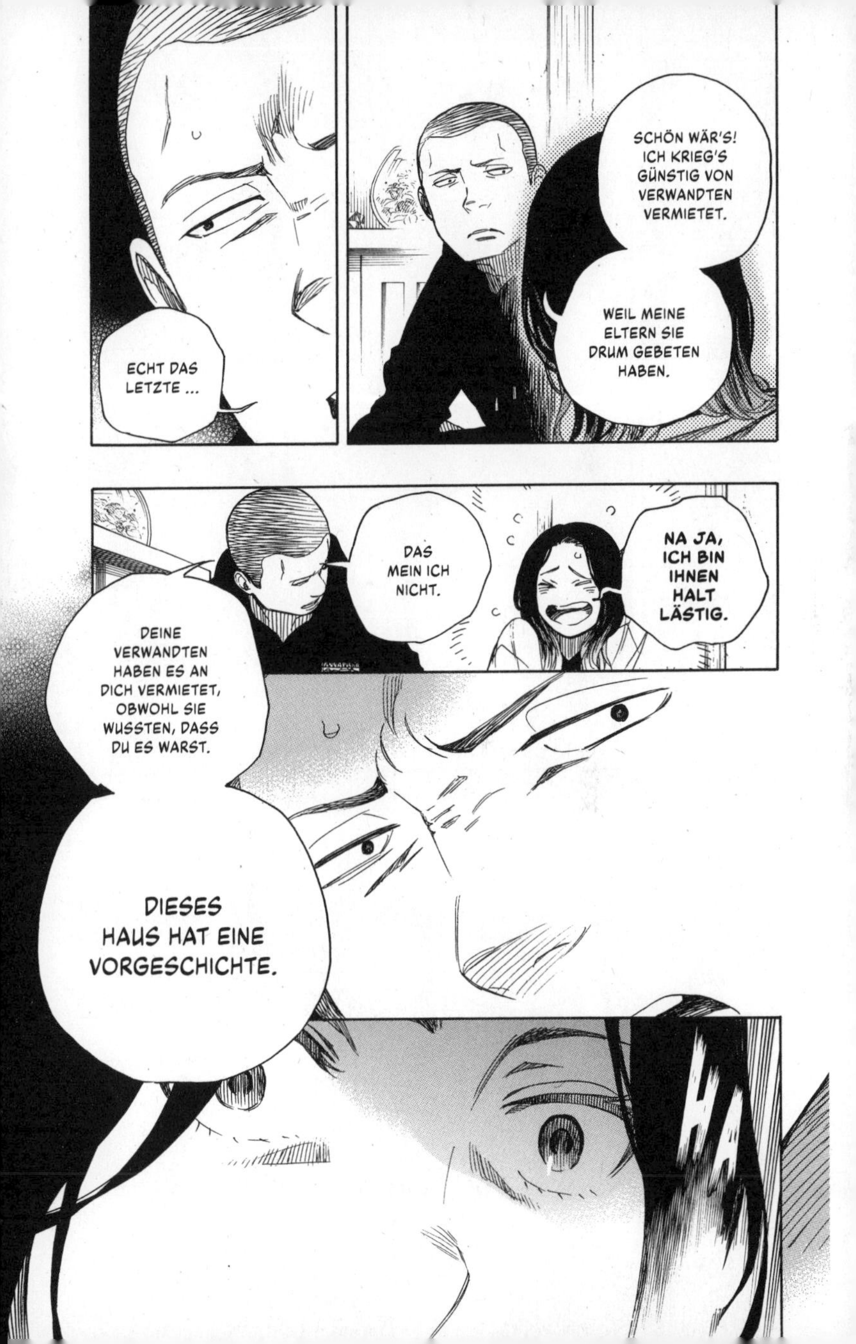
SCHÖN WÄR'S! ICH KRIEG'S GÜNSTIG VON VERWANDTEN VERMIETET.
WEIL MEINE ELTERN SIE DRUM GEBETEN HABEN.
ECHT DAS LETZTE ...
NA JA, ICH BIN IHNEN HALT LÄSTIG.
DAS MEIN ICH NICHT.
DEINE VERWANDTEN HABEN ES AN DICH VERMIETET, OBWOHL SIE WUSSTEN, DASS DU ES WARST.
DIESES HAUS HAT EINE VORGESCHICHTE.
HA

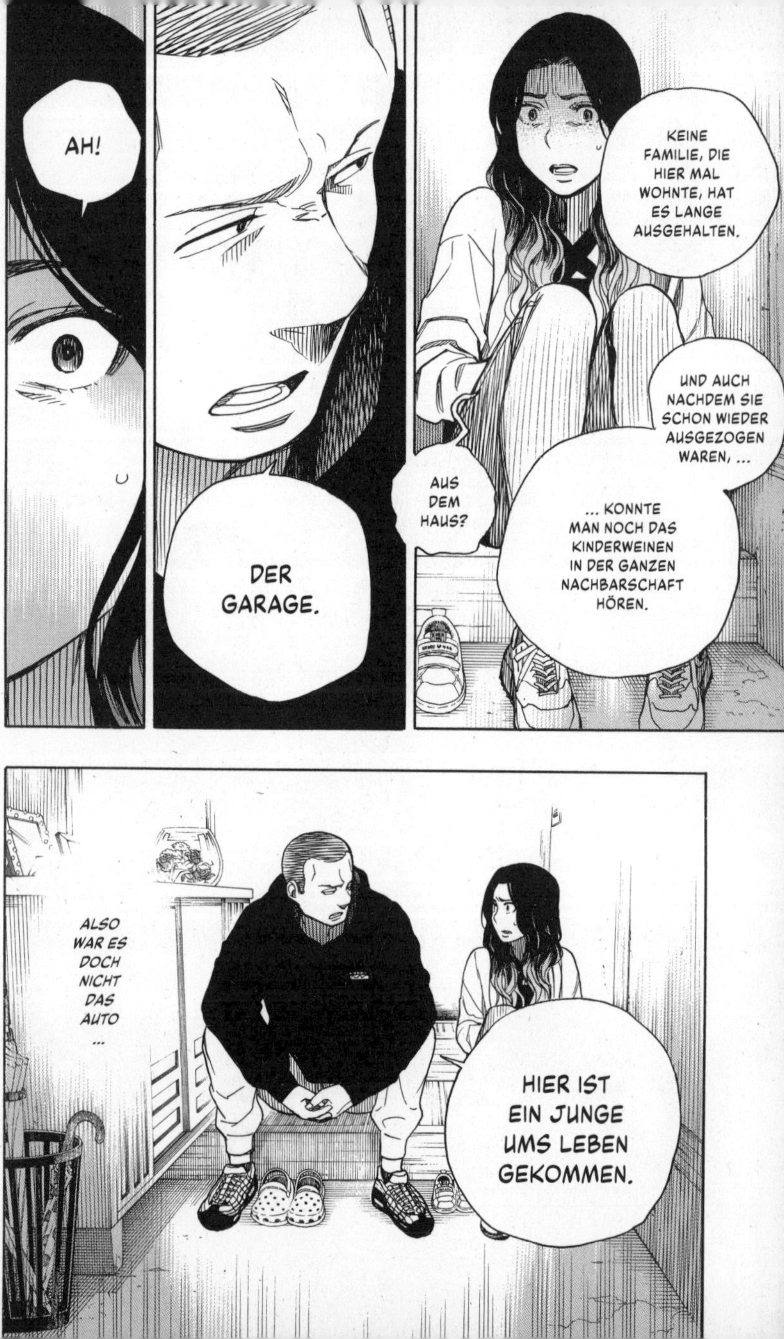
KEINE FAMILIE, DIE HIER MAL WOHNTE, HAT ES LANGE AUSGEHALTEN.
UND AUCH NACHDEM SIE SCHON WIEDER AUSGEZOGEN WAREN, ...
... KONNTE MAN NOCH DAS KINDERWEINEN IN DER GANZEN NACHBARSCHAFT HÖREN.
AUS DEM HAUS?
DER GARAGE.
AH!
HIER IST EIN JUNGE UMS LEBEN GEKOMMEN.
ALSO WAR ES DOCH NICHT DAS AUTO ...

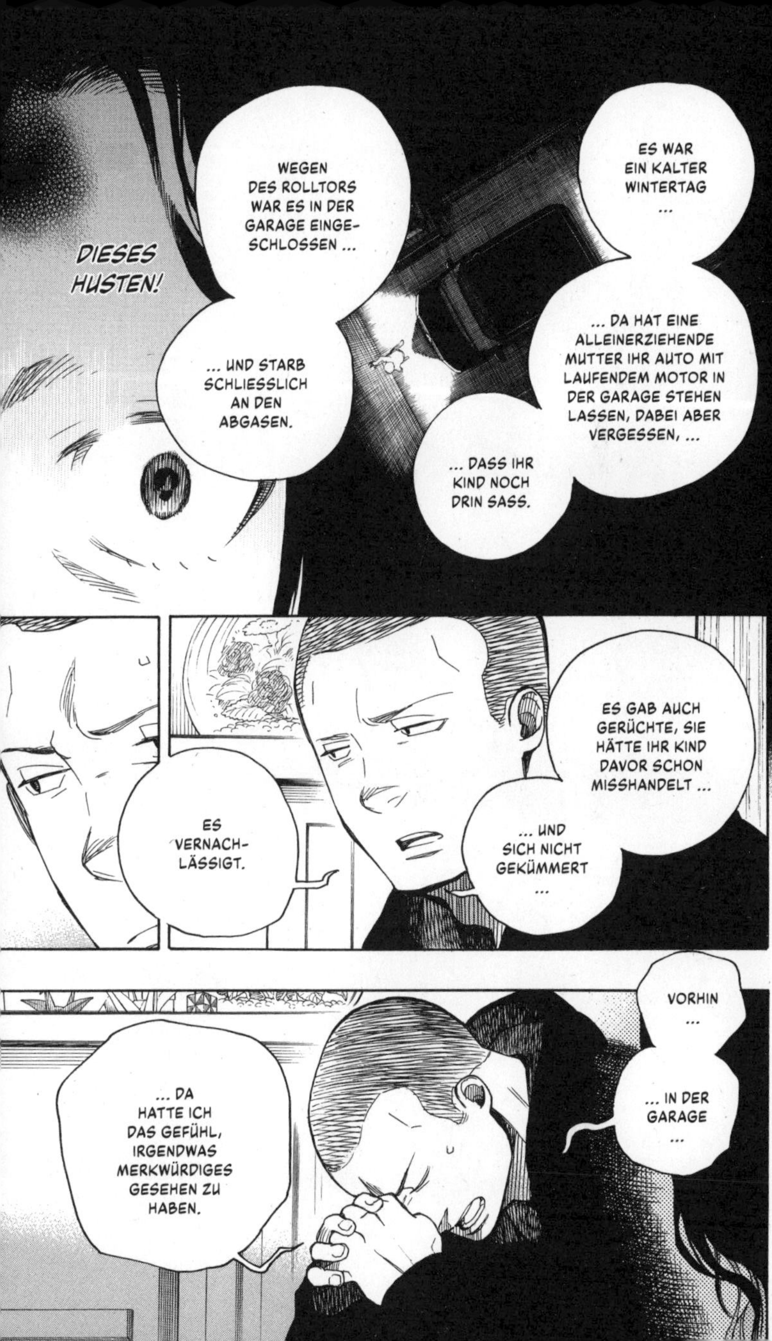
ES WAR EIN KALTER WINTERTAG ...
... DA HAT EINE ALLEINERZIEHENDE MUTTER IHR AUTO MIT LAUFENDEM MOTOR IN DER GARAGE STEHEN LASSEN, DABEI ABER VERGESSEN, ...
... DASS IHR KIND NOCH DRIN SASS.
WEGEN DES ROLLTORS WAR ES IN DER GARAGE EINGE-SCHLOSSEN ...
... UND STARB SCHLIESSLICH AN DEN ABGASEN.
DIESES HUSTEN!
ES GAB AUCH GERÜCHTE, SIE HÄTTE IHR KIND DAVOR SCHON MISSHANDELT ...
... UND SICH NICHT GEKÜMMERT ...
ES VERNACH-LÄSSIGT.
VORHIN ...
... IN DER GARAGE ...
... DA HATTE ICH DAS GEFÜHL, IRGENDWAS MERKWÜRDIGES GESEHEN ZU HABEN.

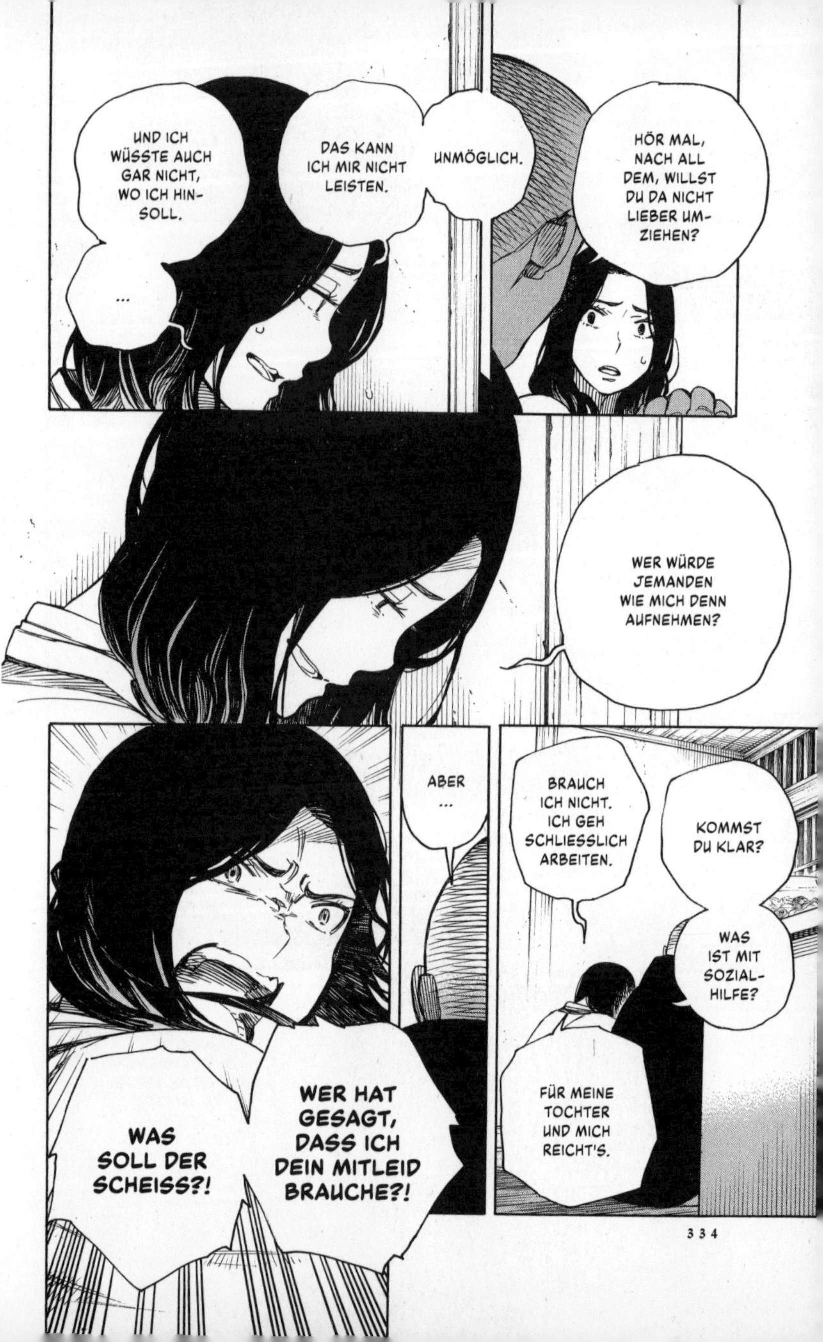
HÖR MAL, NACH ALL DEM, WILLST DU DA NICHT LIEBER UMZIEHEN?
UNMÖGLICH.
DAS KANN ICH MIR NICHT LEISTEN.
UND ICH WÜSSTE AUCH GAR NICHT, WO ICH HINSOLL.
...
WER WÜRDE JEMANDEN WIE MICH DENN AUFNEHMEN?
KOMMST DU KLAR?
WAS IST MIT SOZIALHILFE?
BRAUCH ICH NICHT. ICH GEH SCHLIESSLICH ARBEITEN.
FÜR MEINE TOCHTER UND MICH REICHT'S.
ABER ...
WER HAT GESAGT, DASS ICH DEIN MITLEID BRAUCHE?!
WAS SOLL DER SCHEISS?!

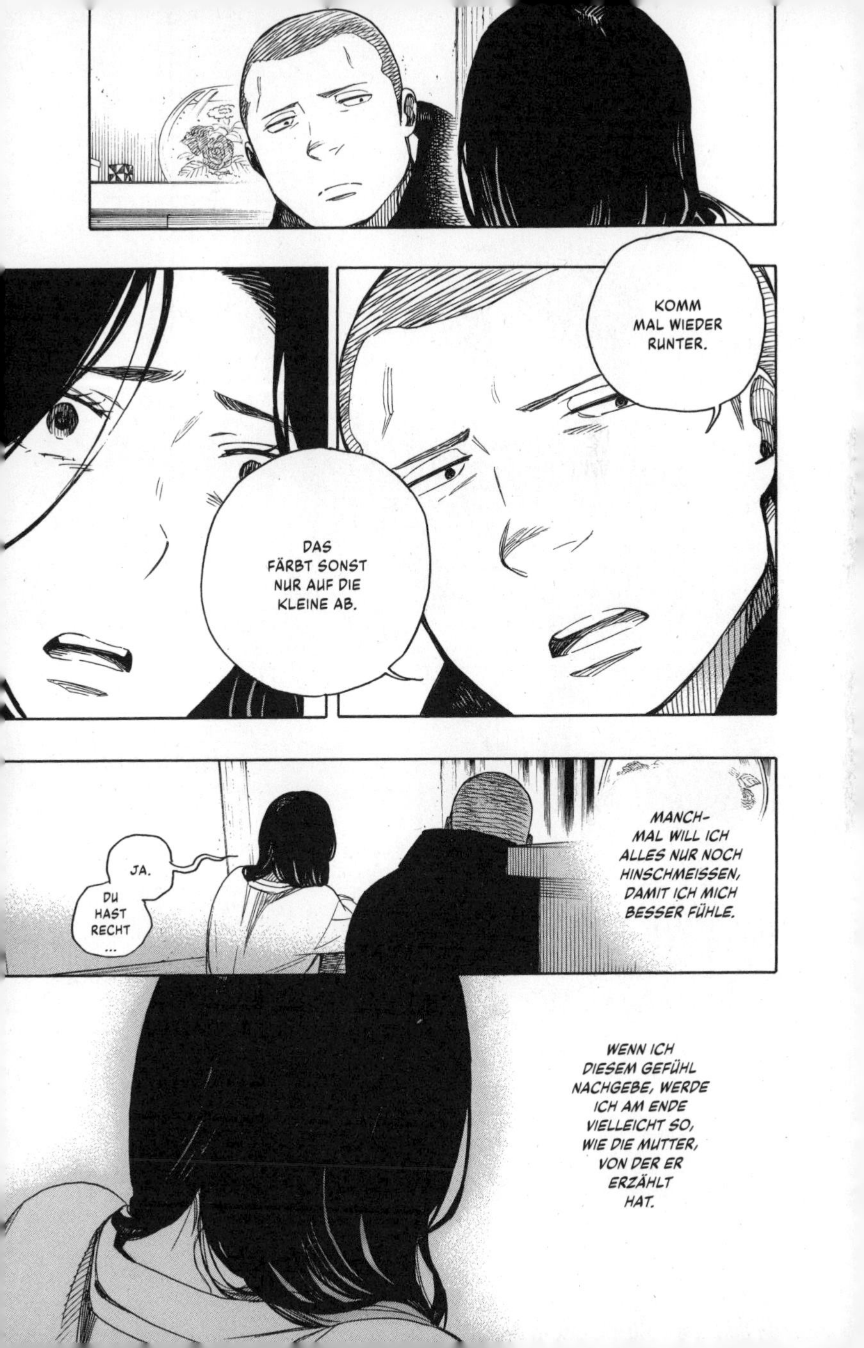
KOMM MAL WIEDER RUNTER.
DAS FÄRBT SONST NUR AUF DIE KLEINE AB.
MANCH-MAL WILL ICH ALLES NUR NOCH HINSCHMEISSEN, DAMIT ICH MICH BESSER FÜHLE.
JA.
DU HAST RECHT ...
WENN ICH DIESEM GEFÜHL NACHGEBE, WERDE ICH AM ENDE VIELLEICHT SO, WIE DIE MUTTER, VON DER ER ERZÄHLT HAT.

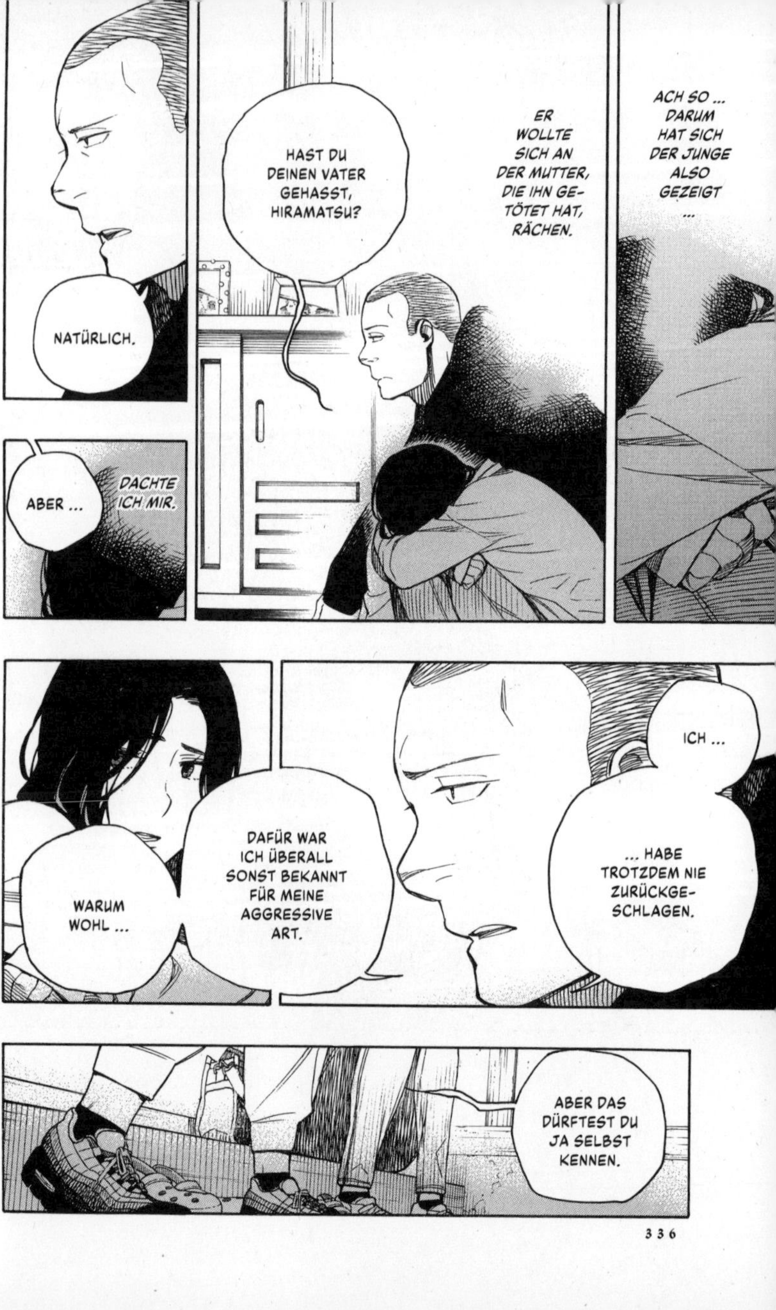
ACH SO ... DARUM HAT SICH DER JUNGE ALSO GEZEIGT ...
ER WOLLTE SICH AN DER MUTTER, DIE IHN GETÖTET HAT, RÄCHEN.
HAST DU DEINEN VATER GEHASST, HIRAMATSU?
NATÜRLICH.
DACHTE ICH MIR.
ABER ...
ICH ...
... HABE TROTZDEM NIE ZURÜCKGESCHLAGEN.
DAFÜR WAR ICH ÜBERALL SONST BEKANNT FÜR MEINE AGGRESSIVE ART.
WARUM WOHL ...
ABER DAS DÜRFTEST DU JA SELBST KENNEN.

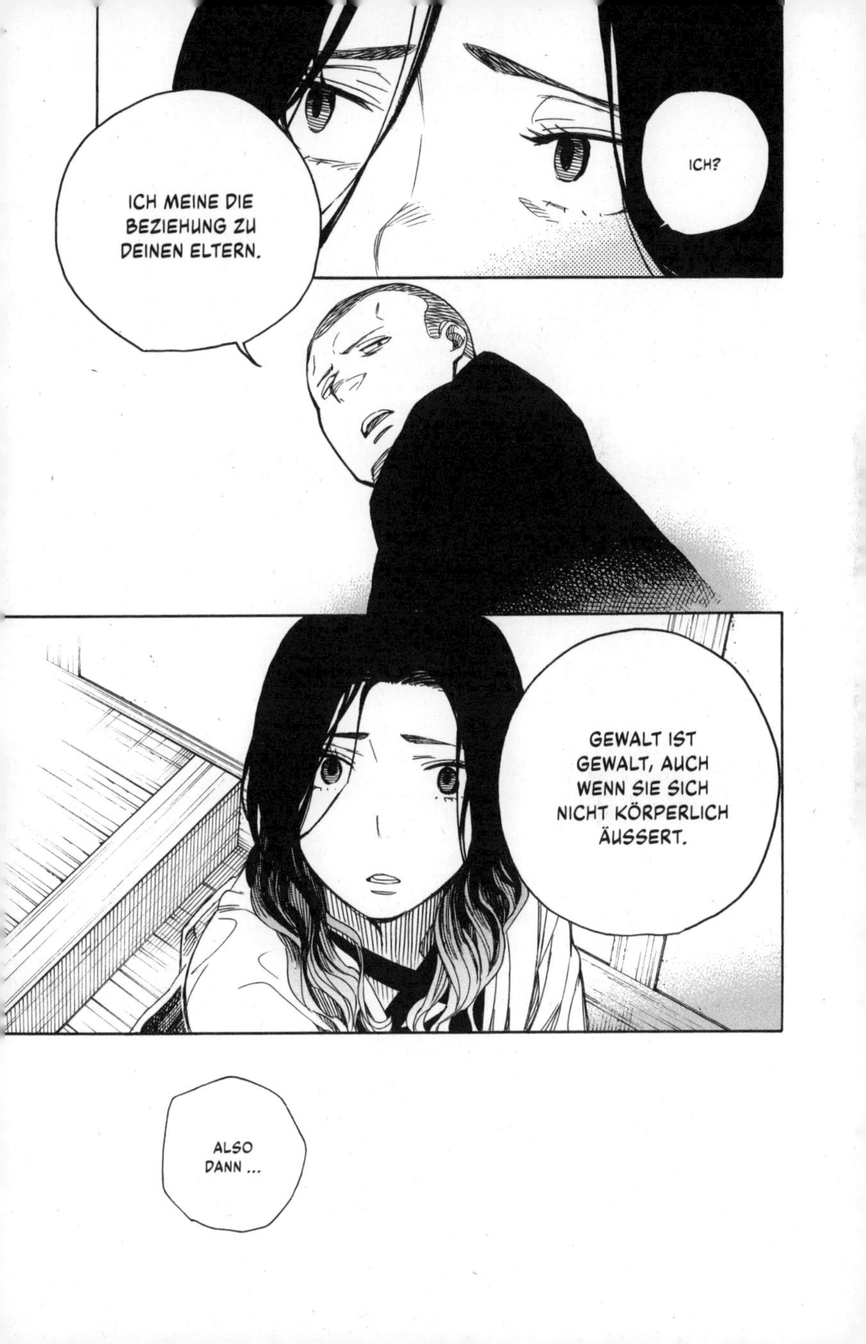
ICH?
ICH MEINE DIE BEZIEHUNG ZU DEINEN ELTERN.
GEWALT IST GEWALT, AUCH WENN SIE SICH NICHT KÖRPERLICH ÄUSSERT.
ALSO DANN ...

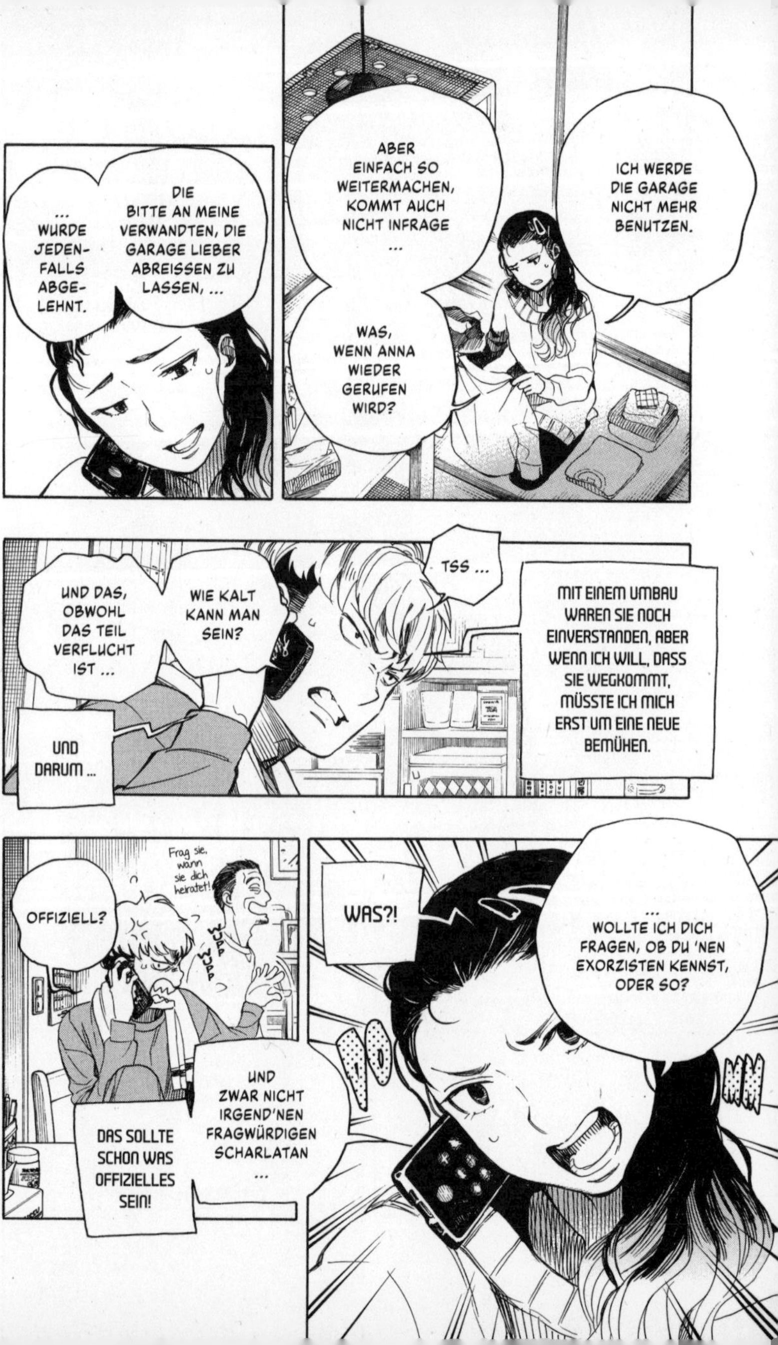
ICH WERDE DIE GARAGE NICHT MEHR BENUTZEN.
ABER EINFACH SO WEITERMACHEN, KOMMT AUCH NICHT INFRAGE ...
WAS, WENN ANNA WIEDER GERUFEN WIRD?
DIE BITTE AN MEINE VERWANDTEN, DIE GARAGE LIEBER ABREISSEN ZU LASSEN, ...
... WURDE JEDEN-FALLS ABGE-LEHNT.
TSS ...
MIT EINEM UMBAU WAREN SIE NOCH EINVERSTANDEN, ABER WENN ICH WILL, DASS SIE WEGKOMMT, MÜSSTE ICH MICH ERST UM EINE NEUE BEMÜHEN.
WIE KALT KANN MAN SEIN?
UND DAS, OBWOHL DAS TEIL VERFLUCHT IST ...
UND DARUM ...
... WOLLTE ICH DICH FRAGEN, OB DU 'NEN EXORZISTEN KENNST, ODER SO?
WAS?!
OFFIZIELL?
Frag sie, wann sie dich heiratet!
WUPP WUPP
UND ZWAR NICHT IRGEND'NEN FRAGWÜRDIGEN SCHARLATAN ...
DAS SOLLTE SCHON WAS OFFIZIELLES SEIN!

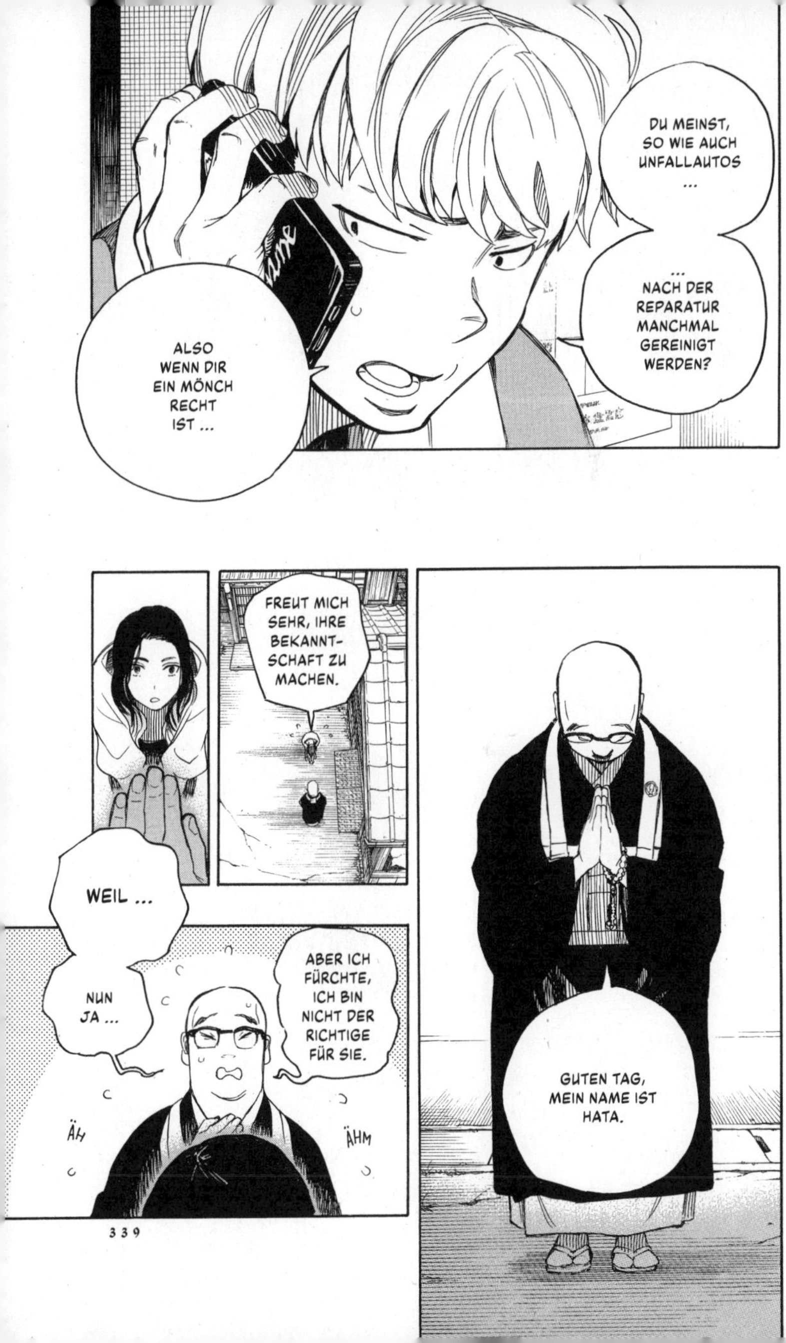
DU MEINST, SO WIE AUCH UNFALLAUTOS ...
... NACH DER REPARATUR MANCHMAL GEREINIGT WERDEN?
ALSO WENN DIR EIN MÖNCH RECHT IST ...
GUTEN TAG, MEIN NAME IST HATA.
FREUT MICH SEHR, IHRE BEKANNT-SCHAFT ZU MACHEN.
ABER ICH FÜRCHTE, ICH BIN NICHT DER RICHTIGE FÜR SIE.
WEIL ...
NUN JA ...
ÄHM
ÄH

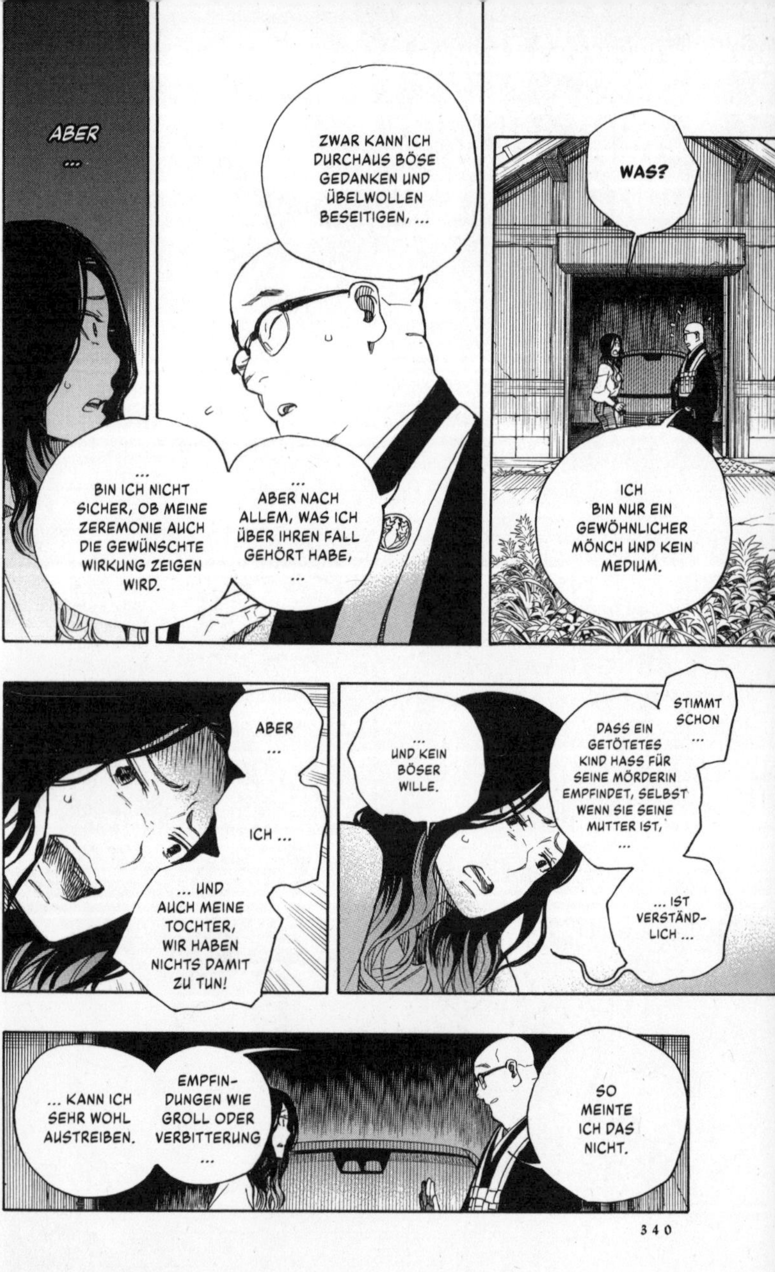
WAS?
ICH BIN NUR EIN GEWÖHNLICHER MÖNCH UND KEIN MEDIUM.
ZWAR KANN ICH DURCHAUS BÖSE GEDANKEN UND ÜBELWOLLEN BESEITIGEN, ...
... ABER NACH ALLEM, WAS ICH ÜBER IHREN FALL GEHÖRT HABE, ...
... BIN ICH NICHT SICHER, OB MEINE ZEREMONIE AUCH DIE GEWÜNSCHTE WIRKUNG ZEIGEN WIRD.
ABER ...
STIMMT SCHON ...
DASS EIN GETÖTETES KIND HASS FÜR SEINE MÖRDERIN EMPFINDET, SELBST WENN SIE SEINE MUTTER IST, ...
... IST VERSTÄND-LICH ...
... UND KEIN BÖSER WILLE.
ABER ...
ICH ...
... UND AUCH MEINE TOCHTER, WIR HABEN NICHTS DAMIT ZU TUN!
SO MEINTE ICH DAS NICHT.
EMPFIN-DUNGEN WIE GROLL ODER VERBITTERUNG ...
... KANN ICH SEHR WOHL AUSTREIBEN.

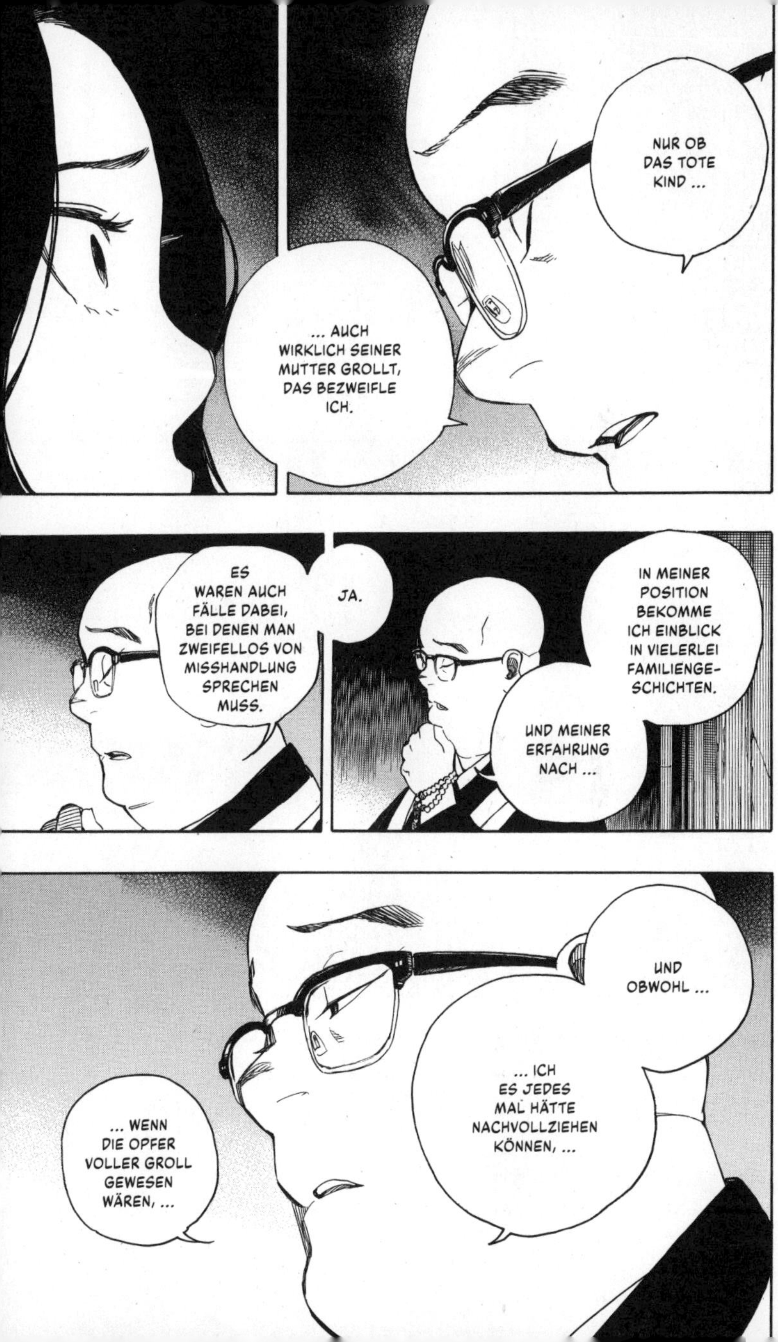
NUR OB DAS TOTE KIND ...
... AUCH WIRKLICH SEINER MUTTER GROLLT, DAS BEZWEIFLE ICH.
IN MEINER POSITION BEKOMME ICH EINBLICK IN VIELERLEI FAMILIENGE-SCHICHTEN.
UND MEINER ERFAHRUNG NACH ...
JA.
ES WAREN AUCH FÄLLE DABEI, BEI DENEN MAN ZWEIFELLOS VON MISSHANDLUNG SPRECHEN MUSS.
UND OBWOHL ...
... ICH ES JEDES MAL HÄTTE NACHVOLLZIEHEN KÖNNEN, ...
... WENN DIE OPFER VOLLER GROLL GEWESEN WÄREN, ...

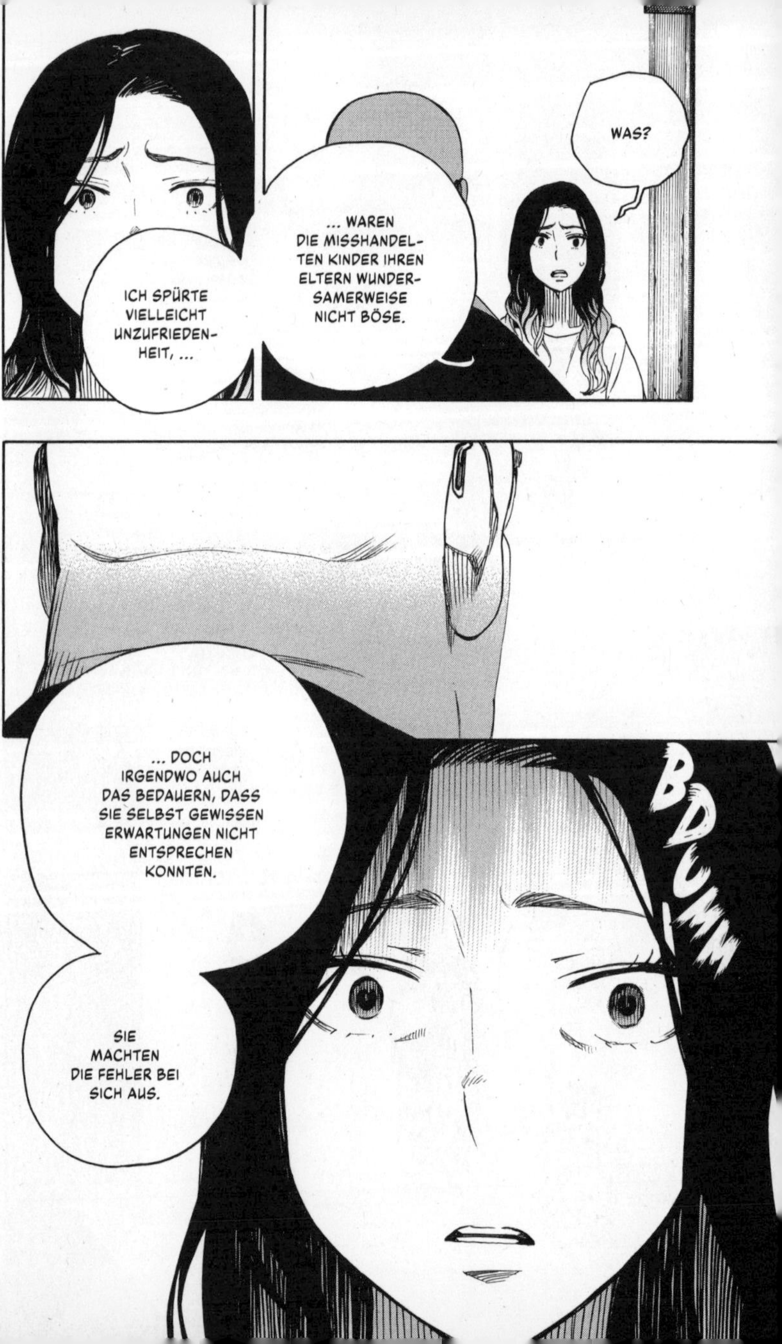
WAS?
... WAREN DIE MISSHANDEL-TEN KINDER IHREN ELTERN WUNDER-SAMERWEISE NICHT BÖSE.
ICH SPÜRTE VIELLEICHT UNZUFRIEDEN-HEIT, ...
... DOCH IRGENDWO AUCH DAS BEDAUERN, DASS SIE SELBST GEWISSEN ERWARTUNGEN NICHT ENTSPRECHEN KONNTEN.
BDUMM
SIE MACHTEN DIE FEHLER BEI SICH AUS.

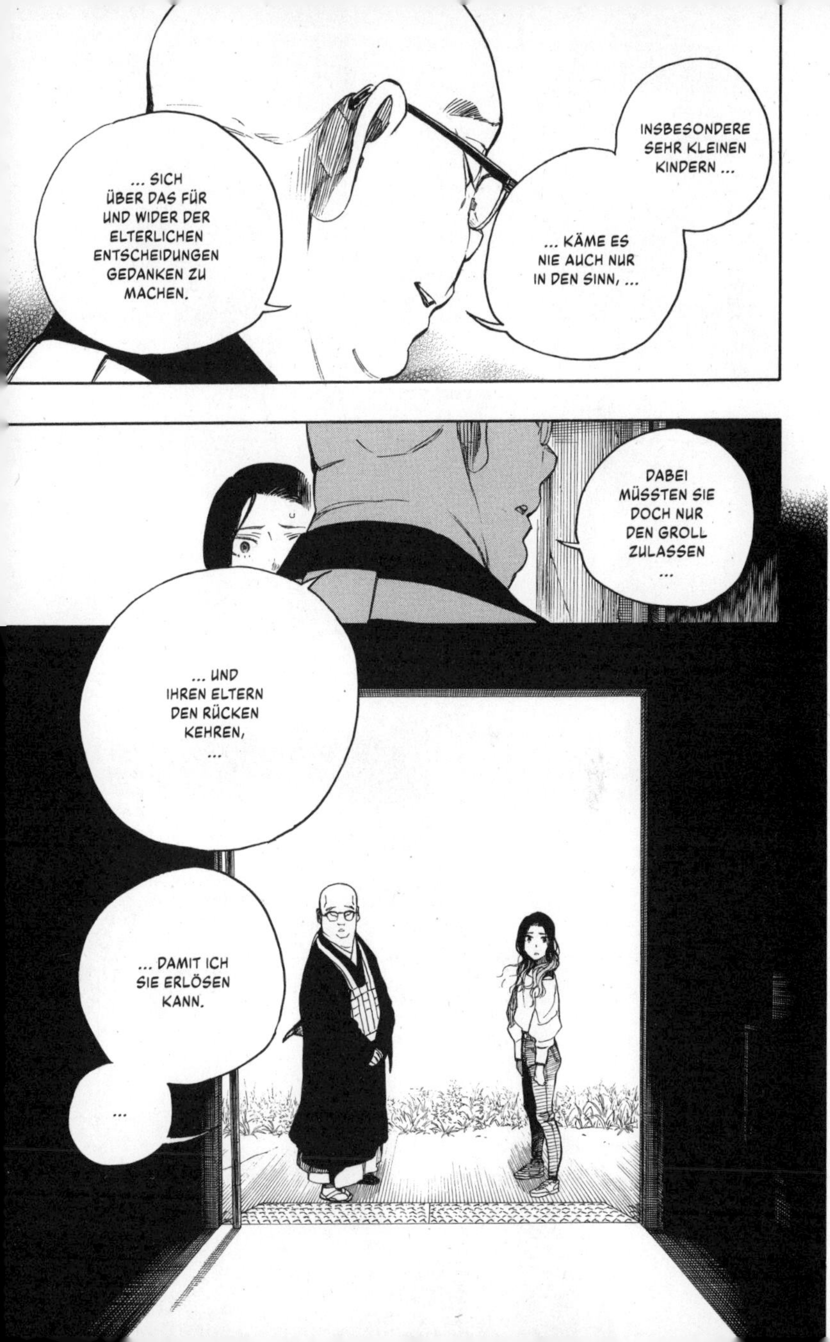
INSBESONDERE SEHR KLEINEN KINDERN ...
... KÄME ES NIE AUCH NUR IN DEN SINN, ...
... SICH ÜBER DAS FÜR UND WIDER DER ELTERLICHEN ENTSCHEIDUNGEN GEDANKEN ZU MACHEN.
DABEI MÜSSTEN SIE DOCH NUR DEN GROLL ZULASSEN ...
... UND IHREN ELTERN DEN RÜCKEN KEHREN, ...
... DAMIT ICH SIE ERLÖSEN KANN.
...

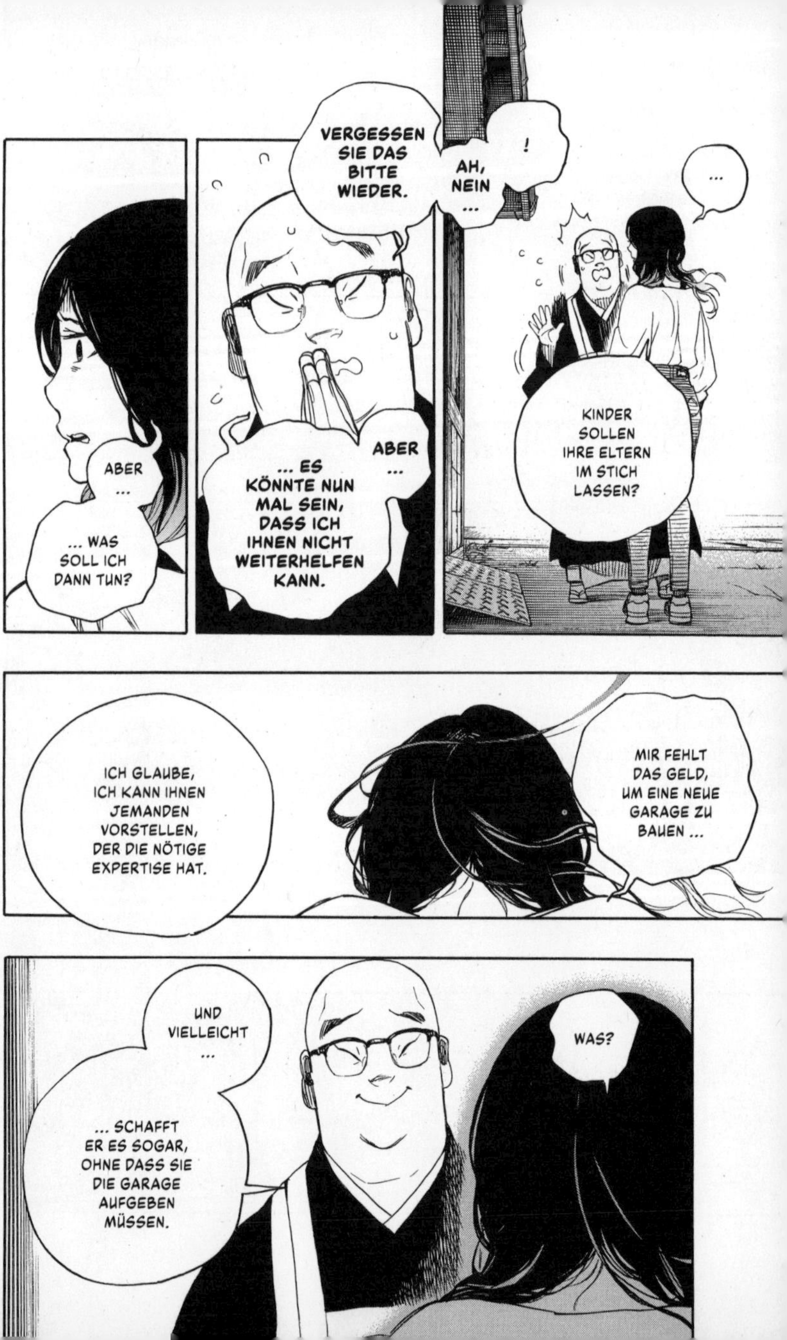
...
KINDER SOLLEN IHRE ELTERN IM STICH LASSEN?
!
AH, NEIN ...
VERGESSEN SIE DAS BITTE WIEDER.
ABER ...
... ES KÖNNTE NUN MAL SEIN, DASS ICH IHNEN NICHT WEITERHELFEN KANN.
ABER ...
... WAS SOLL ICH DANN TUN?
MIR FEHLT DAS GELD, UM EINE NEUE GARAGE ZU BAUEN ...
ICH GLAUBE, ICH KANN IHNEN JEMANDEN VORSTELLEN, DER DIE NÖTIGE EXPERTISE HAT.
WAS?
UND VIELLEICHT ...
... SCHAFFT ER ES SOGAR, OHNE DASS SIE DIE GARAGE AUFGEBEN MÜSSEN.

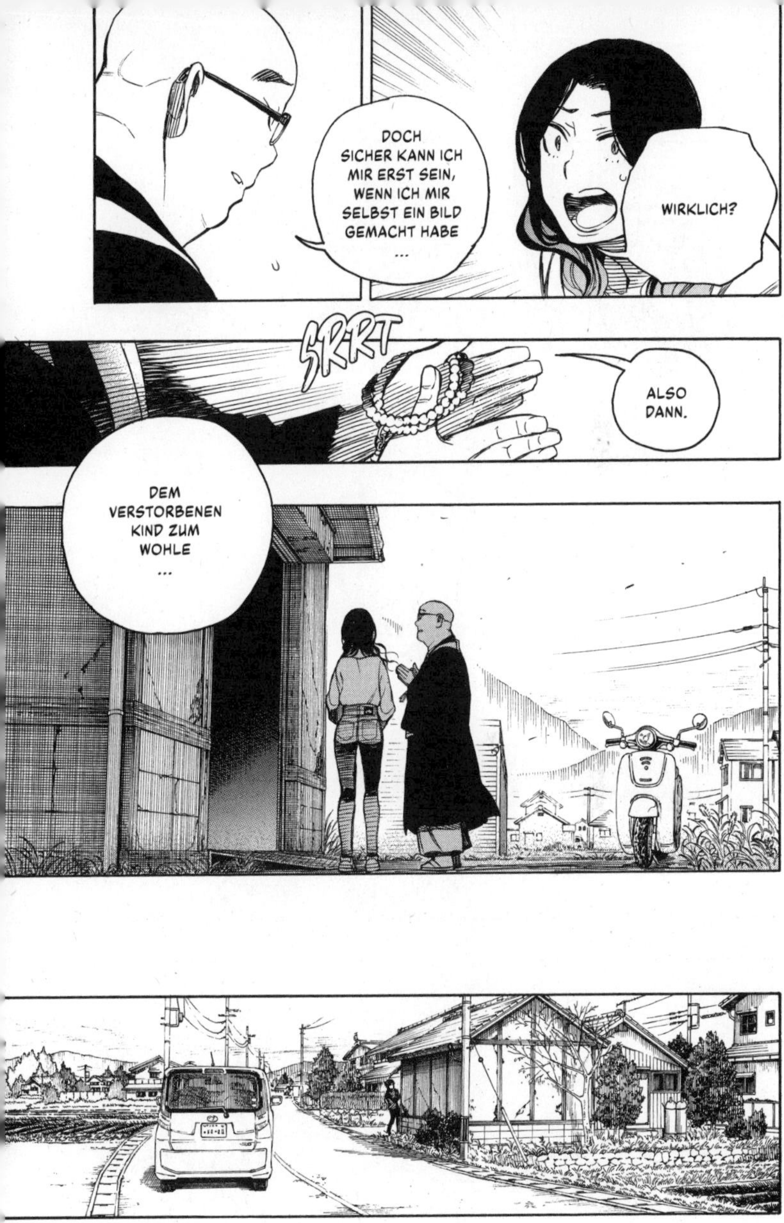
WIRKLICH?
DOCH SICHER KANN ICH MIR ERST SEIN, WENN ICH MIR SELBST EIN BILD GEMACHT HABE ...
SRRT
ALSO DANN.
DEM VERSTORBENEN KIND ZUM WOHLE ...

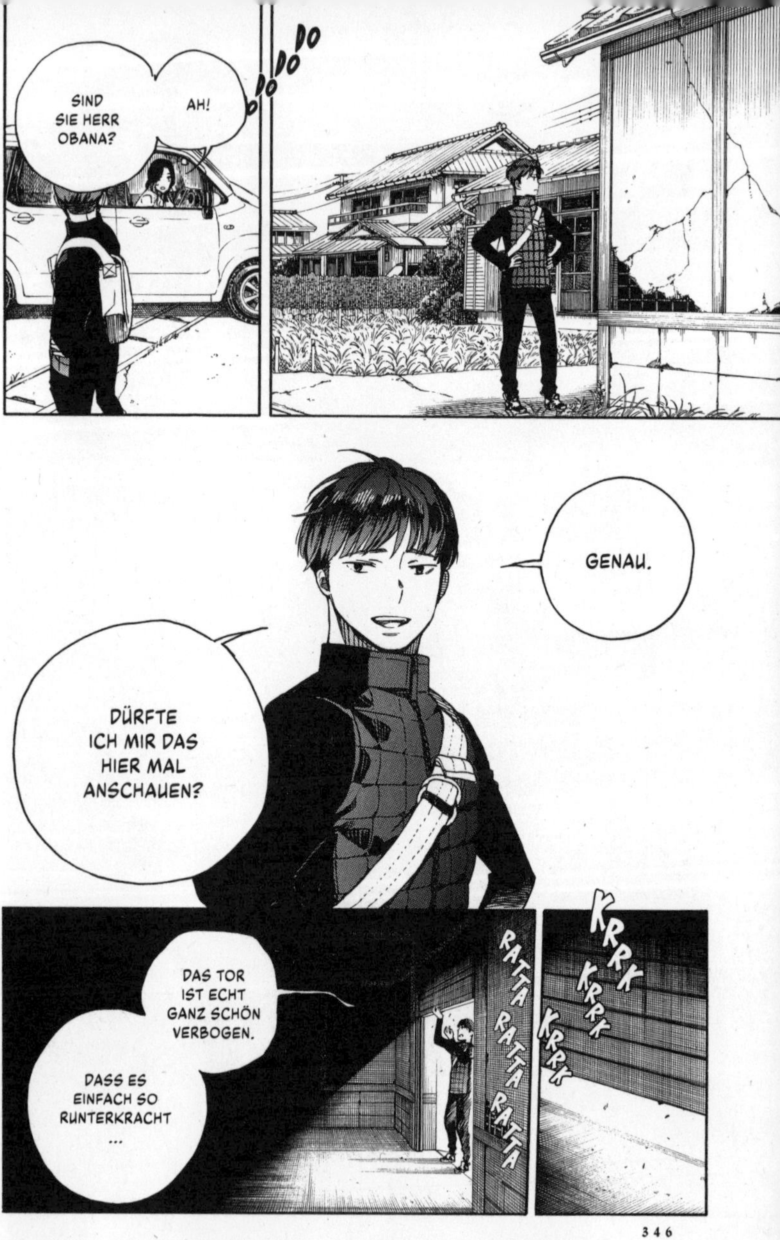
DO DO DO DO
AH!
SIND SIE HERR OBANA?
GENAU.
DÜRFTE ICH MIR DAS HIER MAL ANSCHAUEN?
KRRK KRRK KRRK
RATTA RATTA RATTA
DAS TOR IST ECHT GANZ SCHÖN VERBOGEN.
DASS ES EINFACH SO RUNTERKRACHT ...

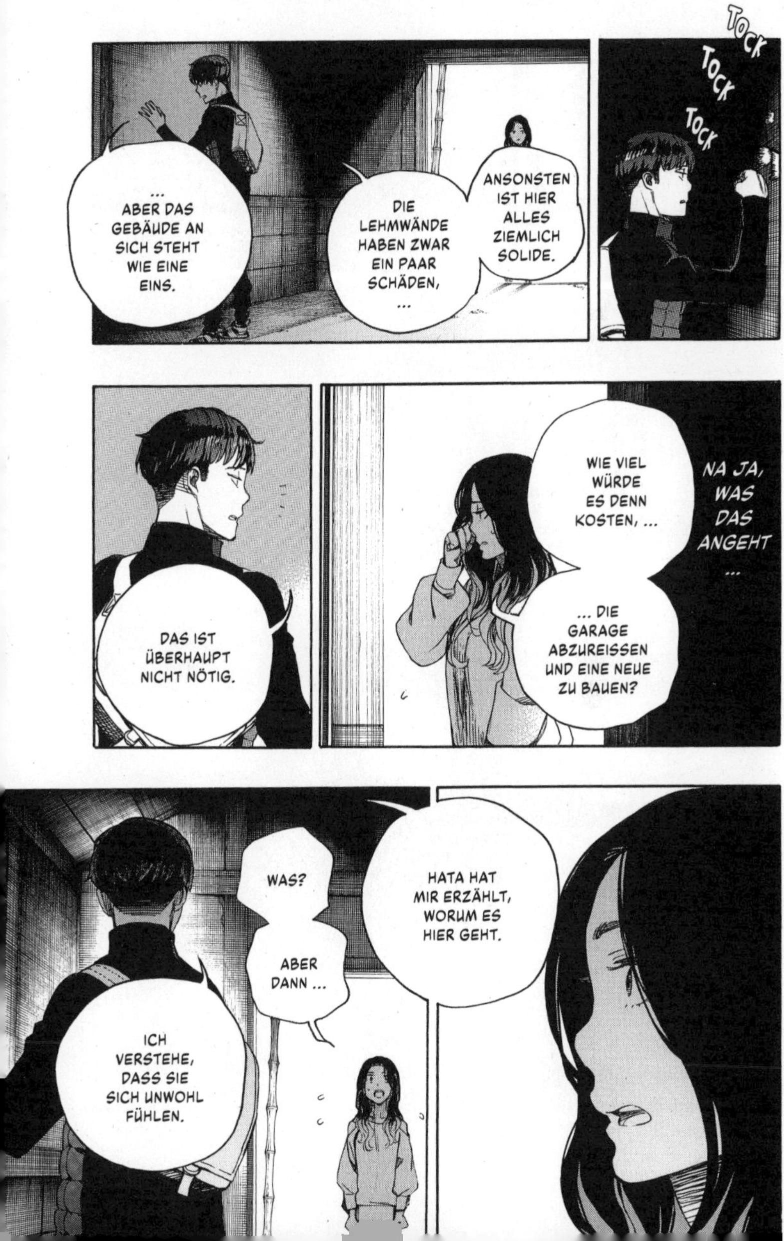
TOCK
TOCK
TOCK
ANSONSTEN IST HIER ALLES ZIEMLICH SOLIDE.
DIE LEHMWÄNDE HABEN ZWAR EIN PAAR SCHÄDEN, ...
... ABER DAS GEBÄUDE AN SICH STEHT WIE EINE EINS.
NA JA, WAS DAS ANGEHT ...
WIE VIEL WÜRDE ES DENN KOSTEN, ...
... DIE GARAGE ABZUREISSEN UND EINE NEUE ZU BAUEN?
DAS IST ÜBERHAUPT NICHT NÖTIG.
HATA HAT MIR ERZÄHLT, WORUM ES HIER GEHT.
WAS?
ABER DANN ...
ICH VERSTEHE, DASS SIE SICH UNWOHL FÜHLEN.

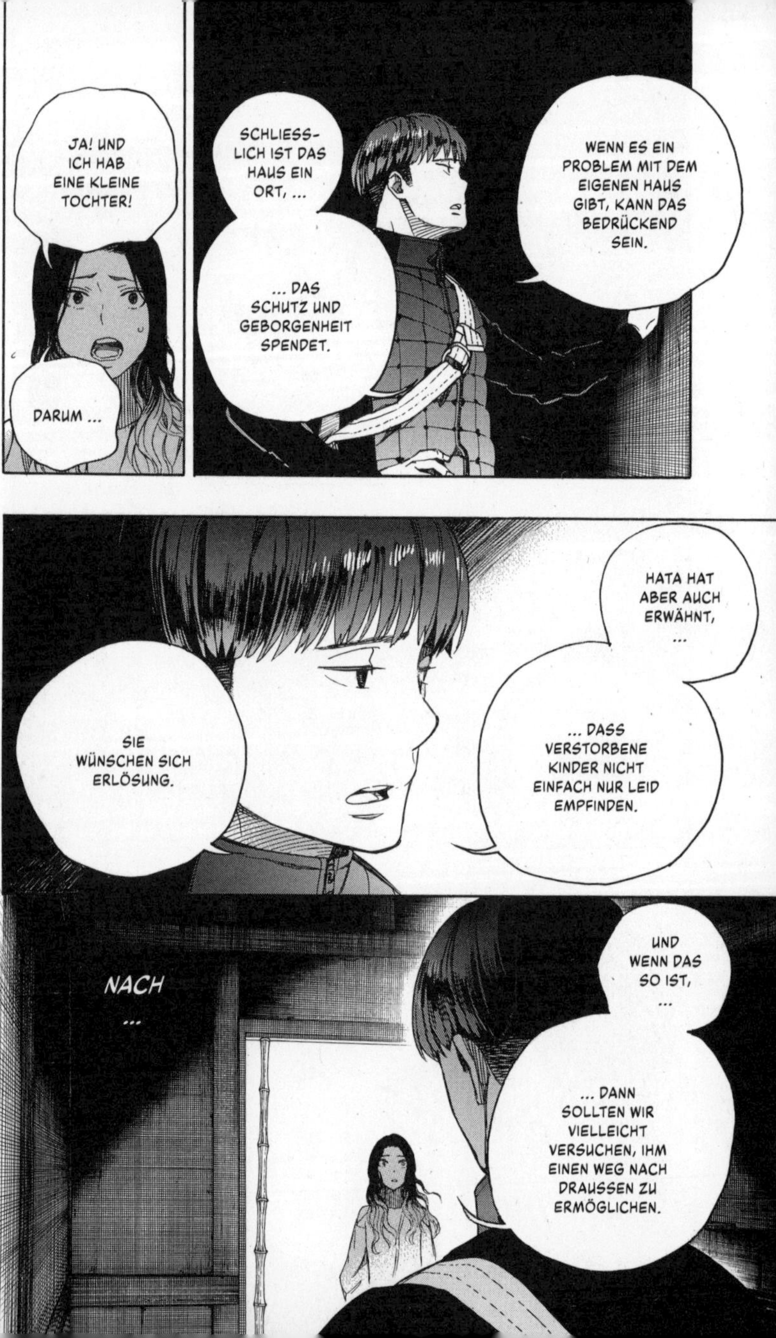
WENN ES EIN PROBLEM MIT DEM EIGENEN HAUS GIBT, KANN DAS BEDRÜCKEND SEIN.
SCHLIESS-LICH IST DAS HAUS EIN ORT, ...
... DAS SCHUTZ UND GEBORGENHEIT SPENDET.
JA! UND ICH HAB EINE KLEINE TOCHTER!
DARUM ...
HATA HAT ABER AUCH ERWÄHNT, ...
... DASS VERSTORBENE KINDER NICHT EINFACH NUR LEID EMPFINDEN.
SIE WÜNSCHEN SICH ERLÖSUNG.
UND WENN DAS SO IST, ...
... DANN SOLLTEN WIR VIELLEICHT VERSUCHEN, IHM EINEN WEG NACH DRAUSSEN ZU ERMÖGLICHEN.
NACH ...

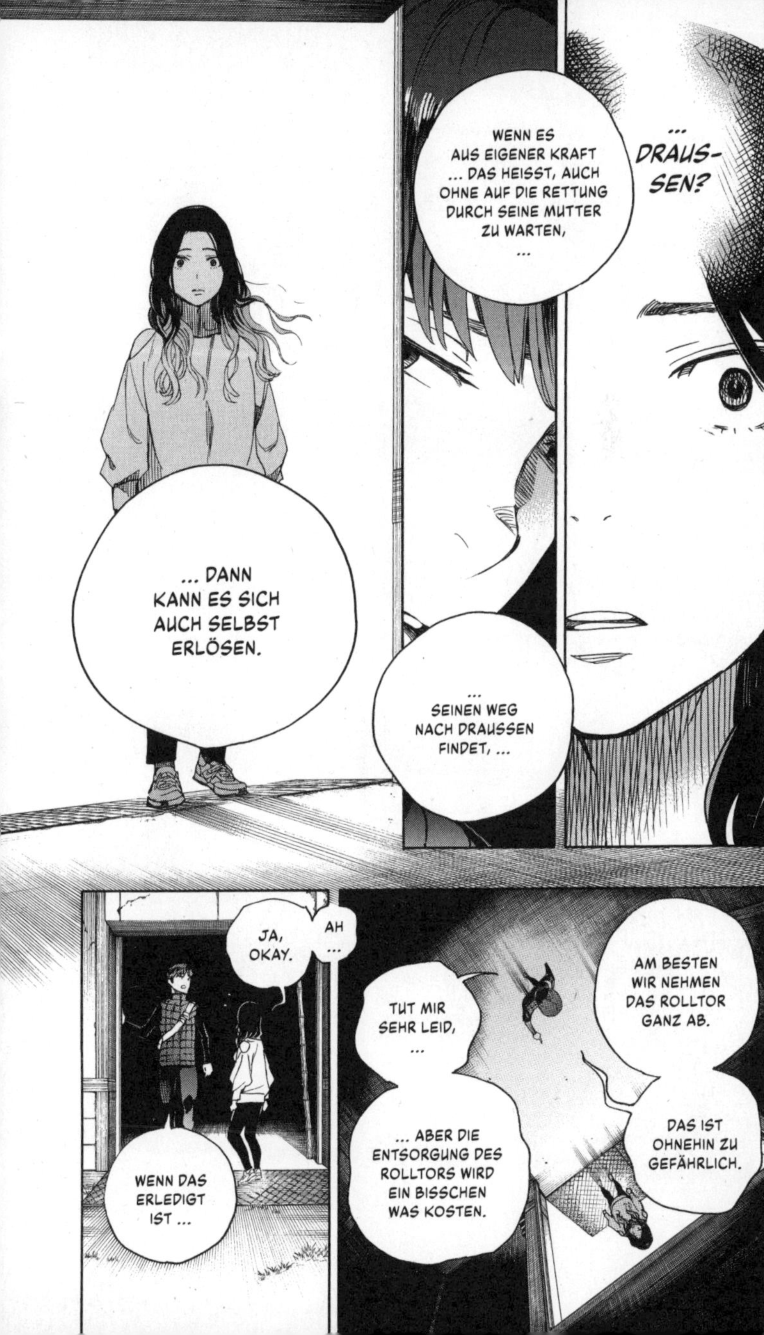
... DRAUS-SEN?
WENN ES AUS EIGENER KRAFT ... DAS HEISST, AUCH OHNE AUF DIE RETTUNG DURCH SEINE MUTTER ZU WARTEN, ...
... SEINEN WEG NACH DRAUSSEN FINDET, ...
... DANN KANN ES SICH AUCH SELBST ERLÖSEN.
AM BESTEN WIR NEHMEN DAS ROLLTOR GANZ AB.
DAS IST OHNEHIN ZU GEFÄHRLICH.
TUT MIR SEHR LEID, ...
... ABER DIE ENTSORGUNG DES ROLLTORS WIRD EIN BISSCHEN WAS KOSTEN.
AH ...
JA, OKAY.
WENN DAS ERLEDIGT IST ...

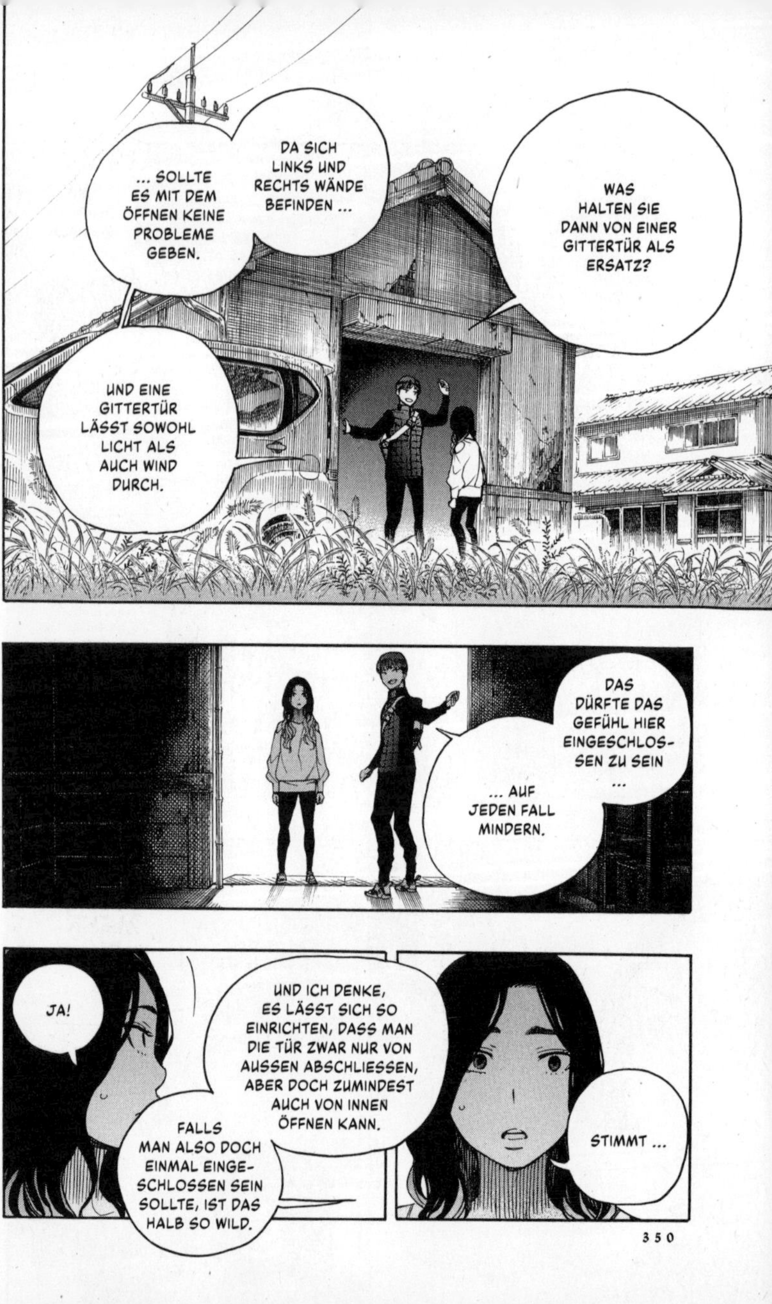
WAS HALTEN SIE DANN VON EINER GITTERTÜR ALS ERSATZ?
DA SICH LINKS UND RECHTS WÄNDE BEFINDEN …
… SOLLTE ES MIT DEM ÖFFNEN KEINE PROBLEME GEBEN.
UND EINE GITTERTÜR LÄSST SOWOHL LICHT ALS AUCH WIND DURCH.
DAS DÜRFTE DAS GEFÜHL HIER EINGESCHLOS-SEN ZU SEIN …
… AUF JEDEN FALL MINDERN.
STIMMT …
UND ICH DENKE, ES LÄSST SICH SO EINRICHTEN, DASS MAN DIE TÜR ZWAR NUR VON AUSSEN ABSCHLIESSEN, ABER DOCH ZUMINDEST AUCH VON INNEN ÖFFNEN KANN.
FALLS MAN ALSO DOCH EINMAL EINGE-SCHLOSSEN SEIN SOLLTE, IST DAS HALB SO WILD.
JA!

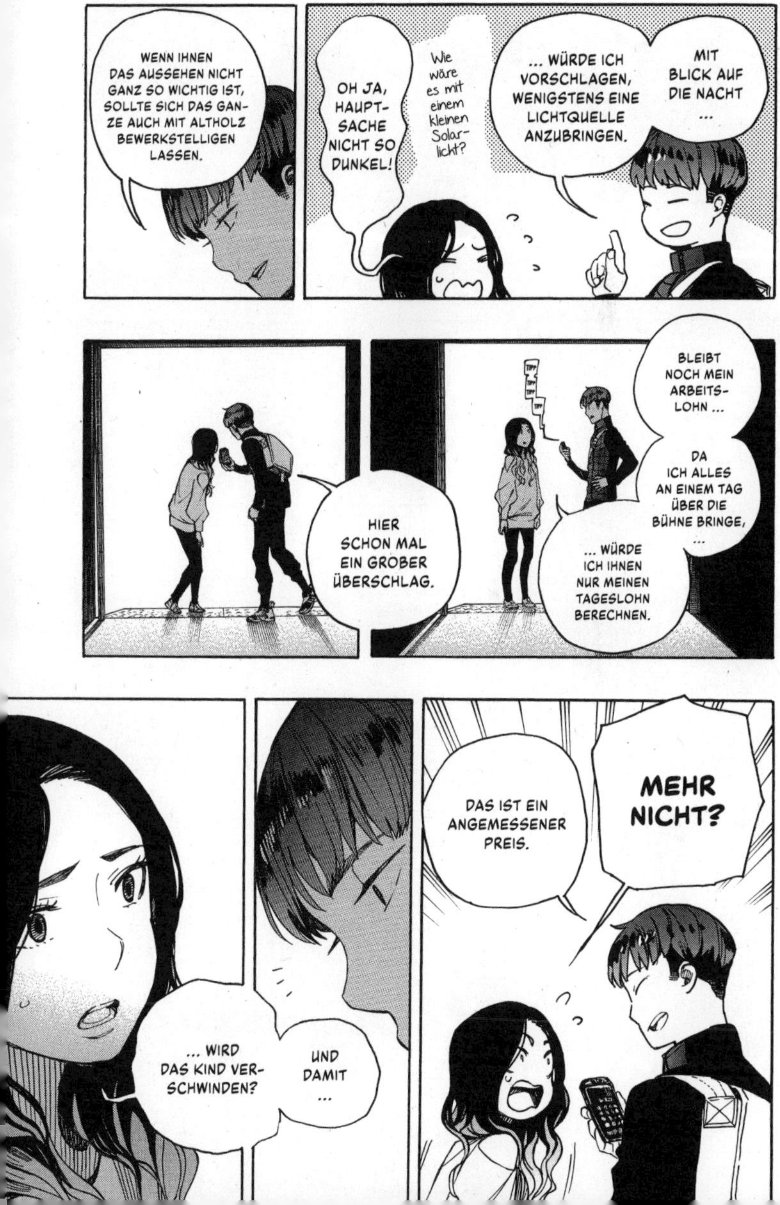
MIT BLICK AUF DIE NACHT ...
... WÜRDE ICH VORSCHLAGEN, WENIGSTENS EINE LICHTQUELLE ANZUBRINGEN.
Wie wäre es mit einem kleinen Solarlicht?
OH JA, HAUPTSACHE NICHT SO DUNKEL!
WENN IHNEN DAS AUSSEHEN NICHT GANZ SO WICHTIG IST, SOLLTE SICH DAS GANZE AUCH MIT ALTHOLZ BEWERKSTELLIGEN LASSEN.
BLEIBT NOCH MEIN ARBEITSLOHN ...
DA ICH ALLES AN EINEM TAG ÜBER DIE BÜHNE BRINGE, ...
... WÜRDE ICH IHNEN NUR MEINEN TAGESLOHN BERECHNEN.
HIER SCHON MAL EIN GROBER ÜBERSCHLAG.
MEHR NICHT?
DAS IST EIN ANGEMESSENER PREIS.
UND DAMIT ...
... WIRD DAS KIND VERSCHWINDEN?

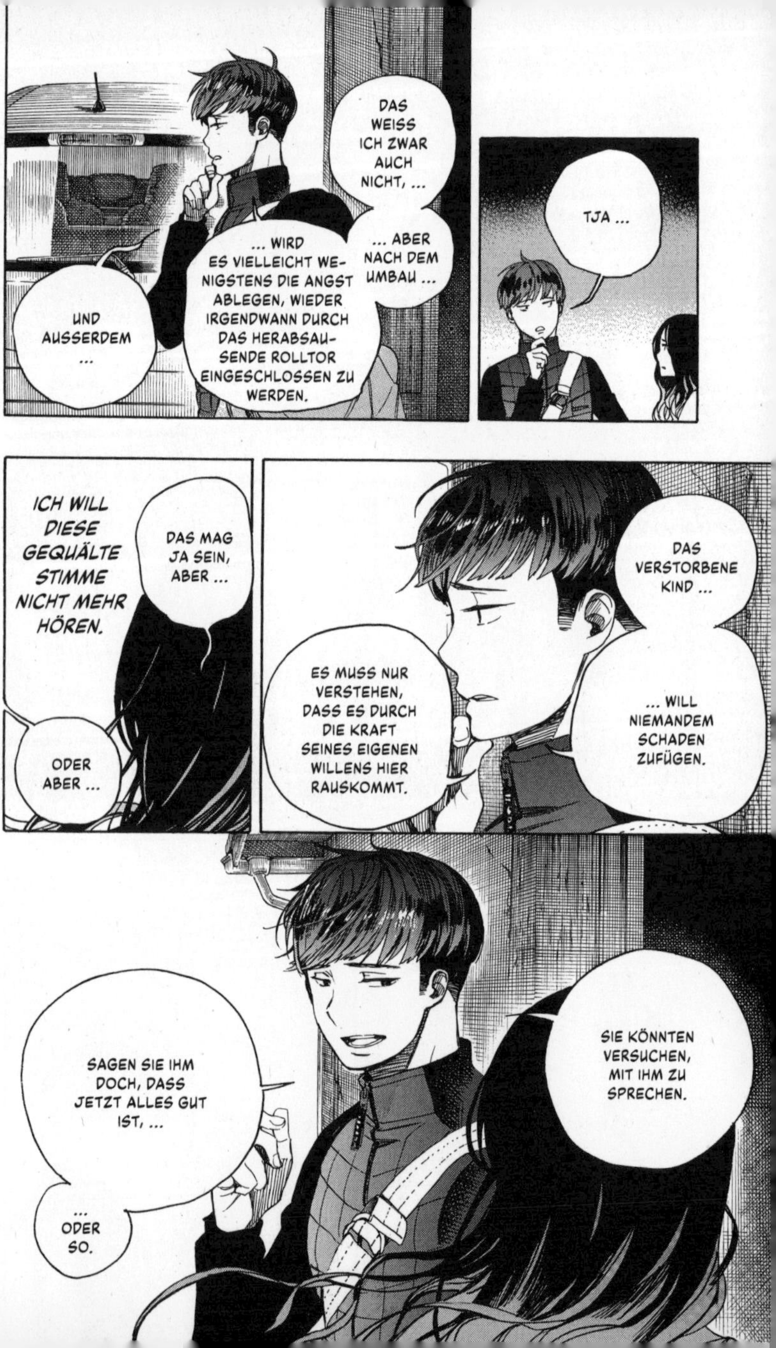
TJA ...
DAS WEISS ICH ZWAR AUCH NICHT, ...
... ABER NACH DEM UMBAU ...
... WIRD ES VIELLEICHT WENIGSTENS DIE ANGST ABLEGEN, WIEDER IRGENDWANN DURCH DAS HERABSAUSENDE ROLLTOR EINGESCHLOSSEN ZU WERDEN.
UND AUSSERDEM ...
DAS VERSTORBENE KIND ...
... WILL NIEMANDEM SCHADEN ZUFÜGEN.
ES MUSS NUR VERSTEHEN, DASS ES DURCH DIE KRAFT SEINES EIGENEN WILLENS HIER RAUSKOMMT.
DAS MAG JA SEIN, ABER ...
ICH WILL DIESE GEQUÄLTE STIMME NICHT MEHR HÖREN.
ODER ABER ...
SIE KÖNNTEN VERSUCHEN, MIT IHM ZU SPRECHEN.
SAGEN SIE IHM DOCH, DASS JETZT ALLES GUT IST, ...
... ODER SO.

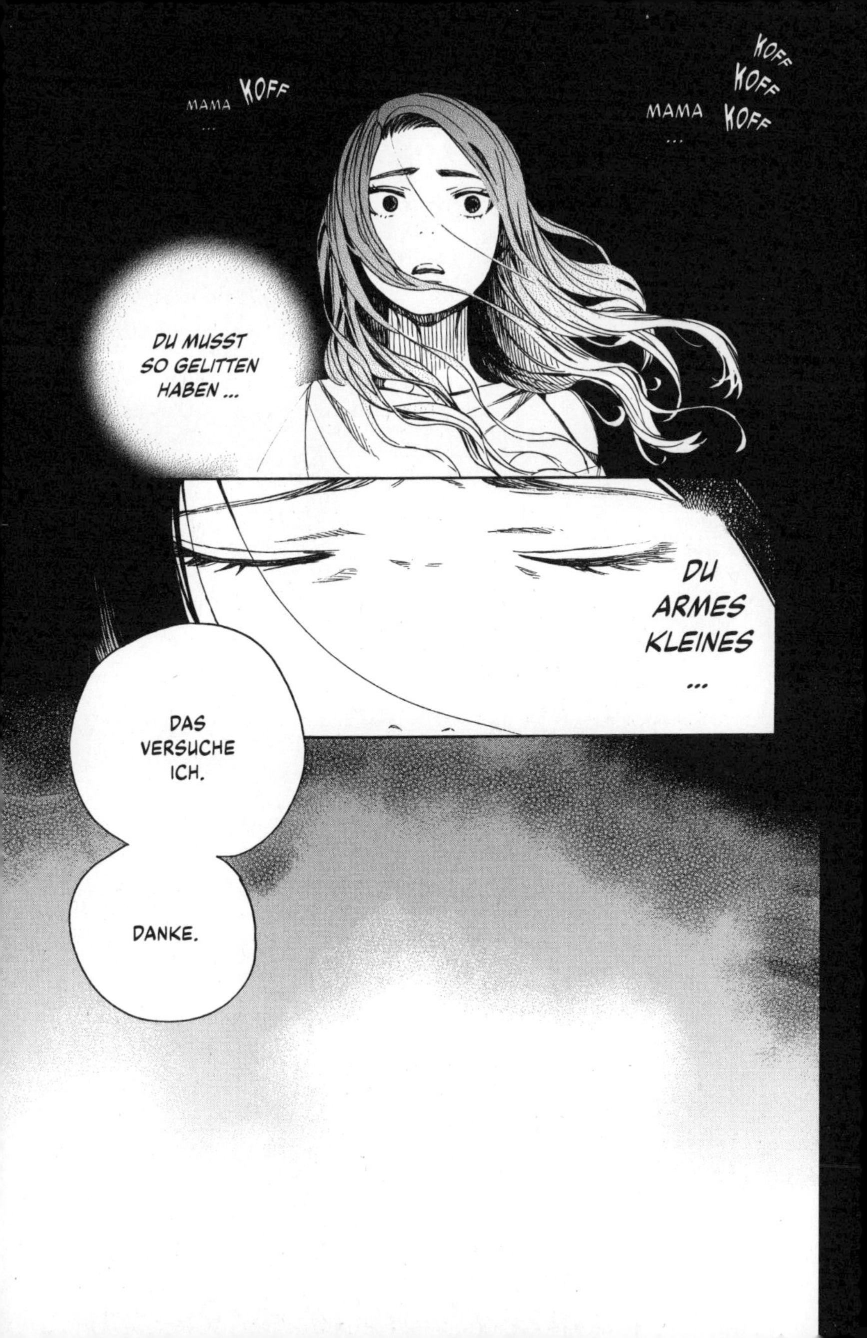
KOFF KOFF
MAMA ... KOFF
MAMA ... KOFF
DU MUSST SO GELITTEN HABEN ...
DU ARMES KLEINES ...
DAS VERSUCHE ICH.
DANKE.

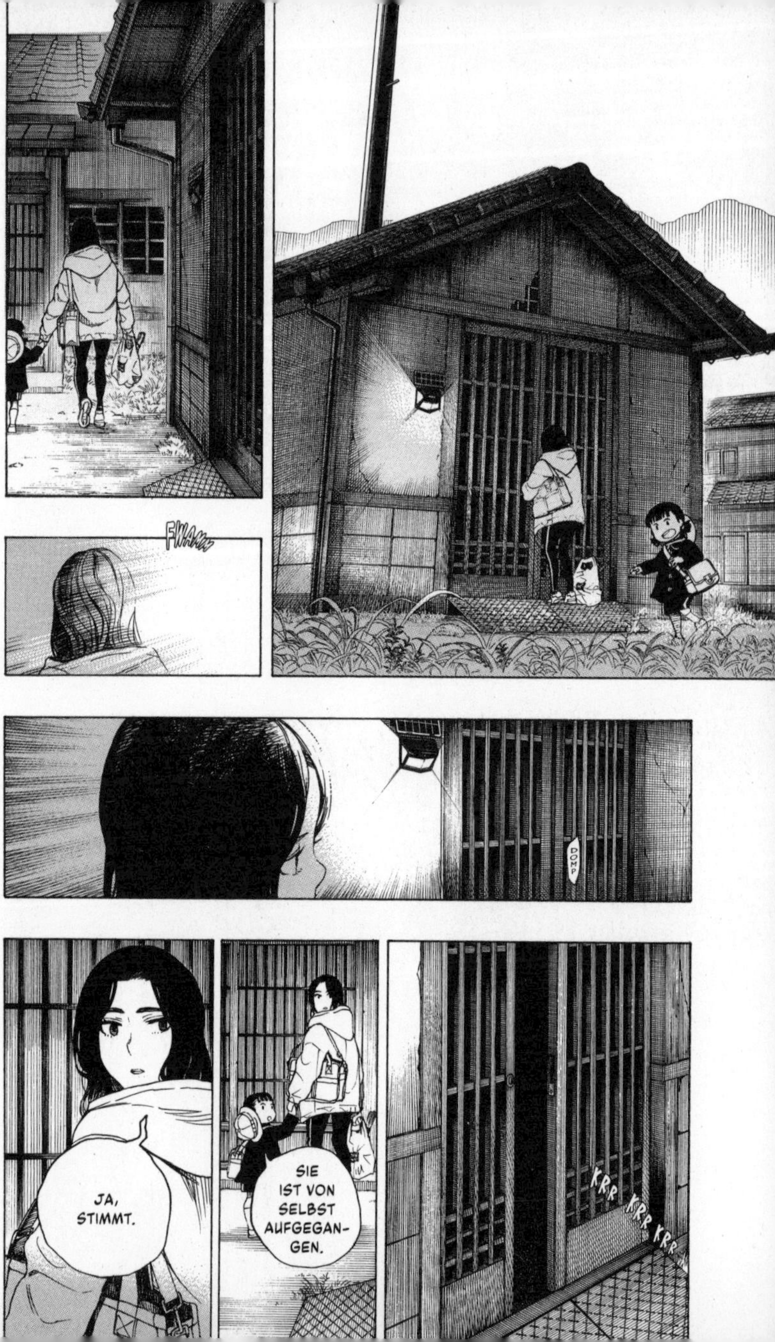
FWAMM
DOMP
KRR
KRR
KRR
SIE IST VON SELBST AUFGEGANGEN.
JA, STIMMT.

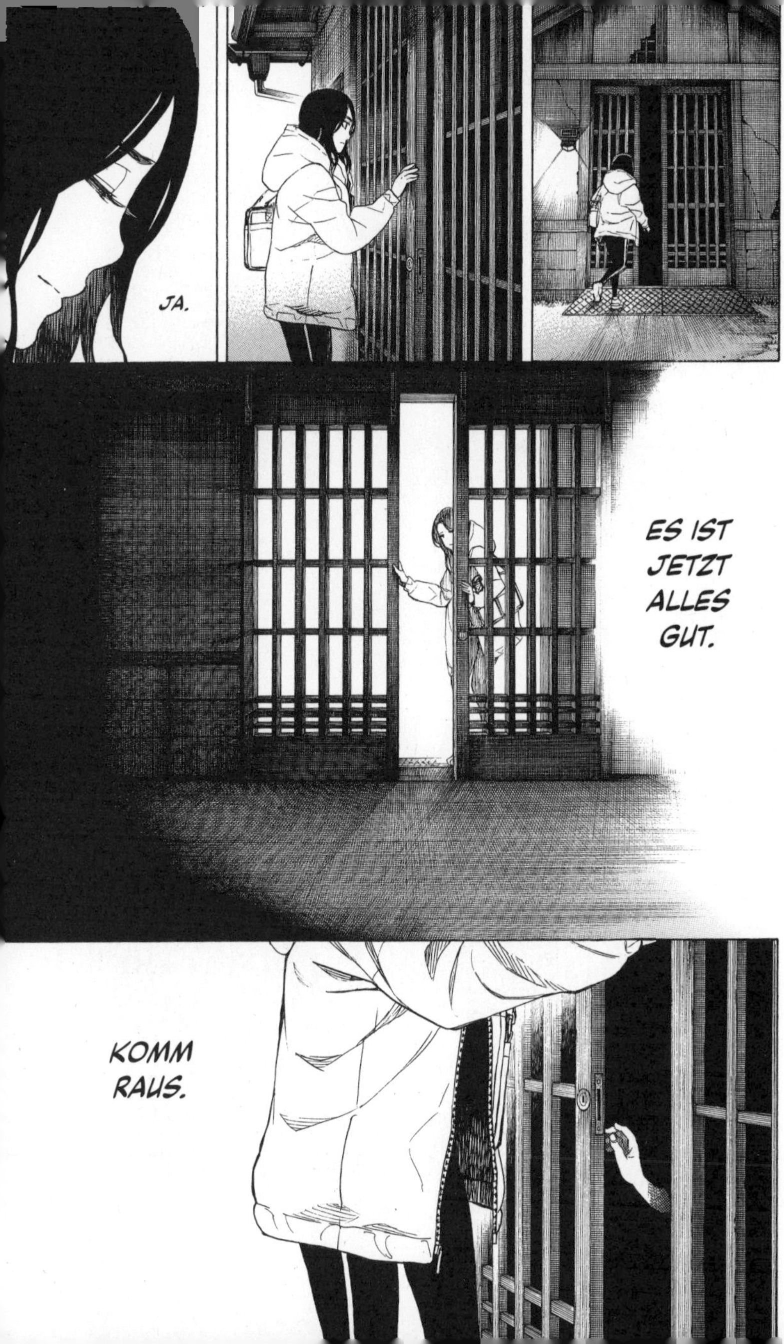
JA.
ES IST JETZT ALLES GUT.
KOMM RAUS.

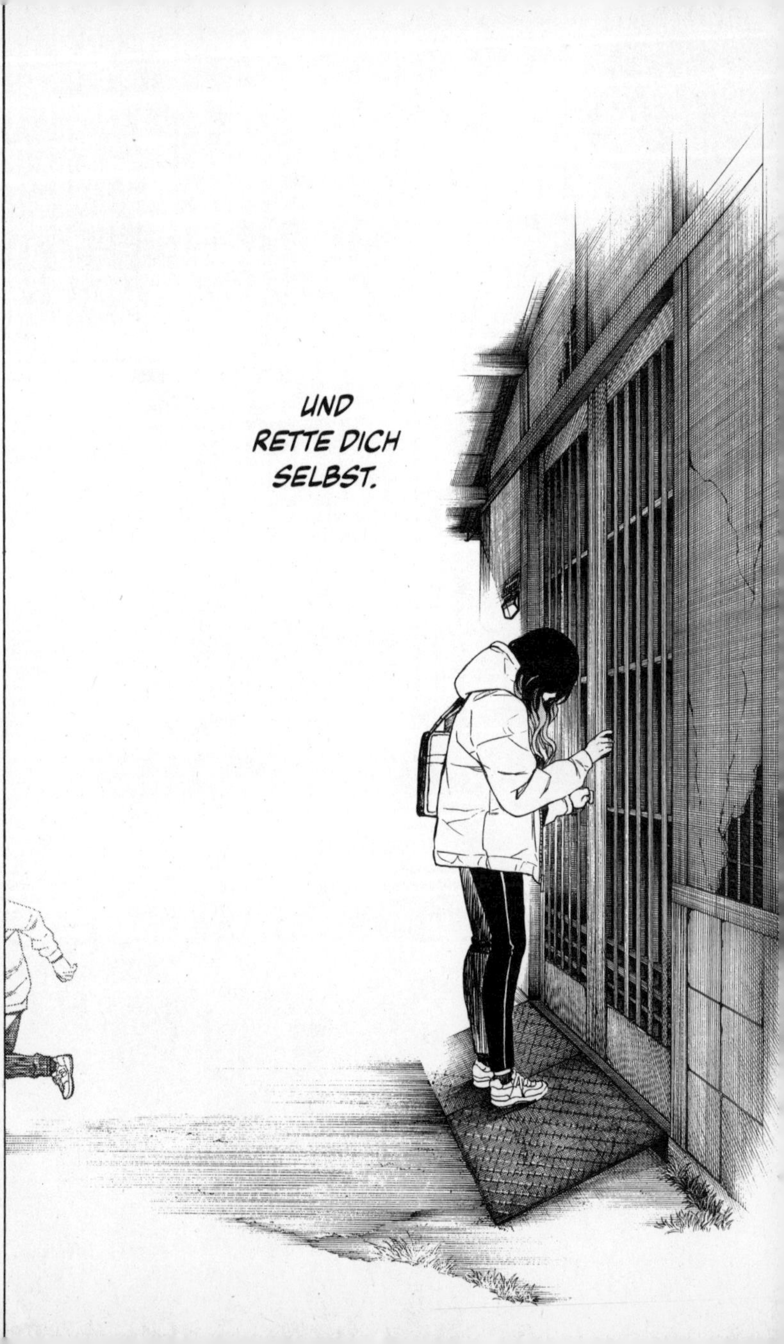
UND RETTE DICH SELBST.

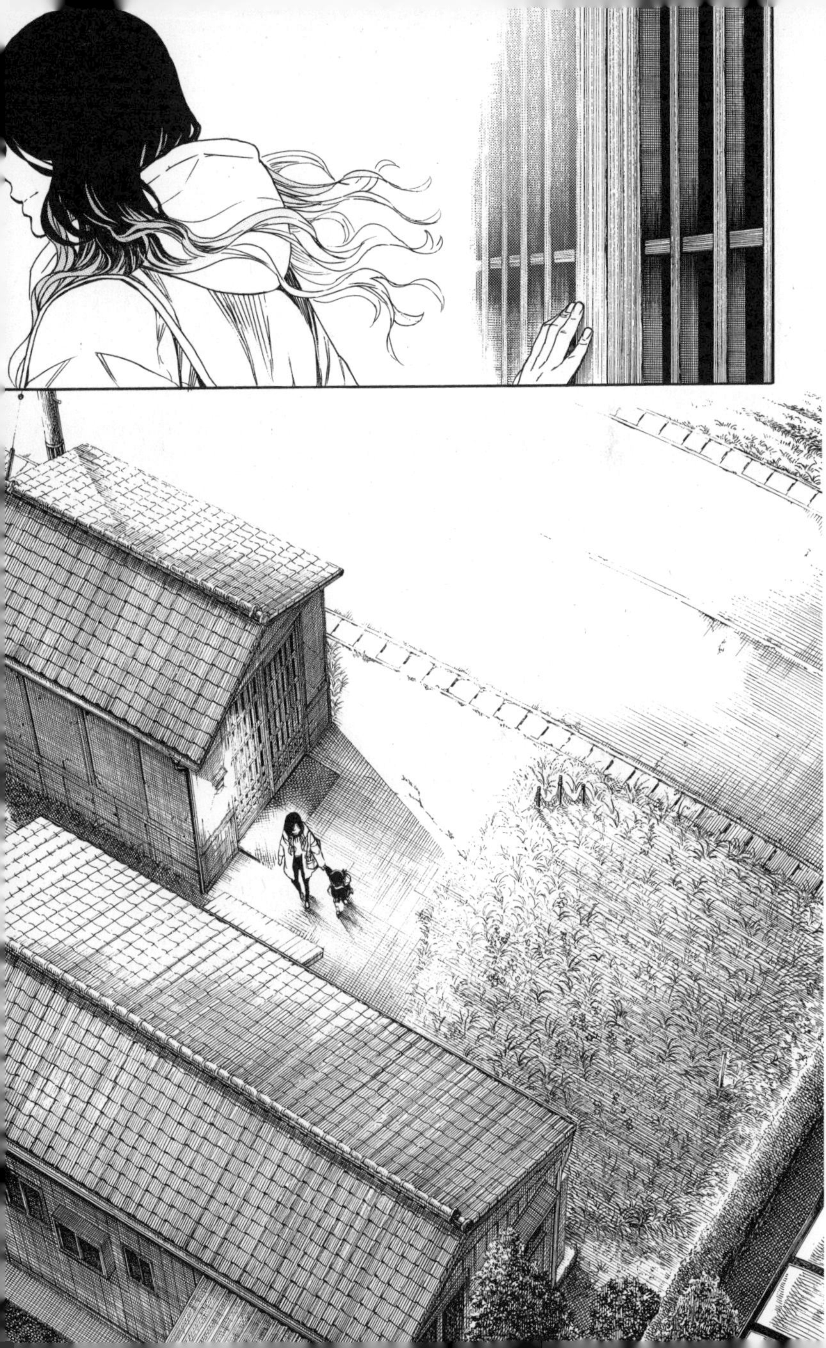

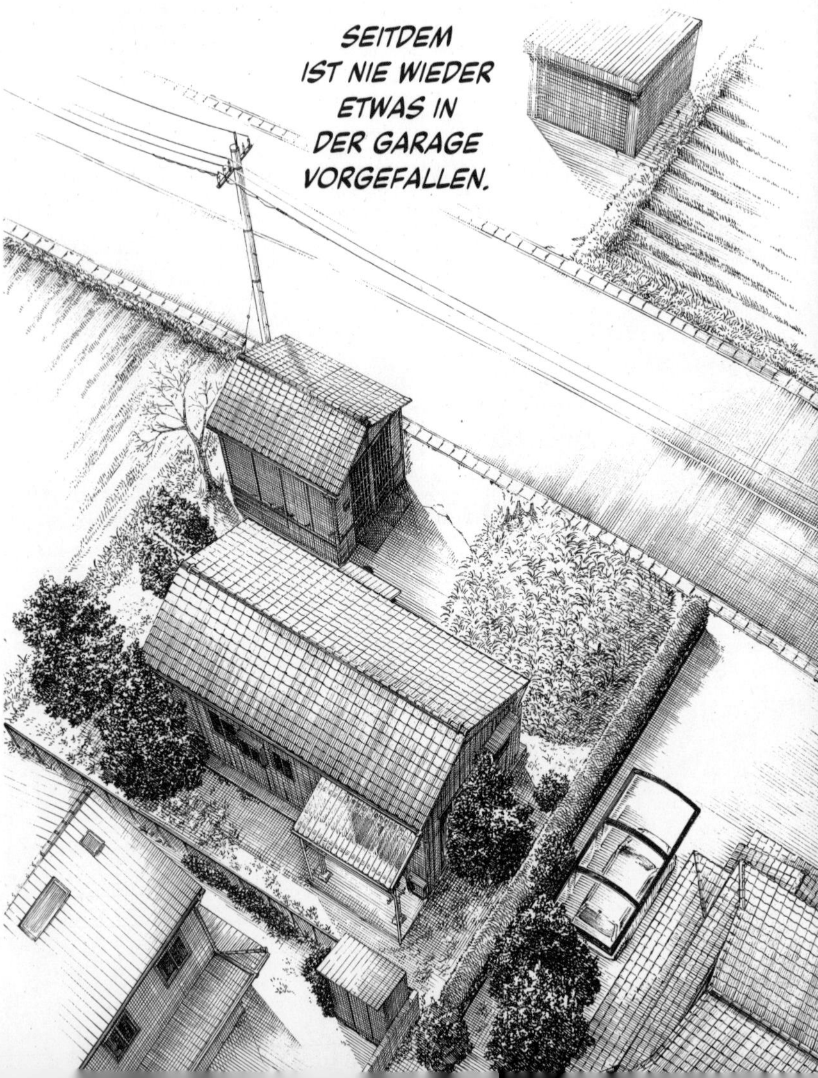
SEITDEM IST NIE WIEDER ETWAS IN DER GARAGE VORGEFALLEN.

STRANGE REPAIRMAN TALES – ENDE

Manga zu

STRANGE REPAIRMAN TALES

Zeichenteam:

Erika Uemura
Ryoji Hayashi
Mari Oda
Aki Shiina

Zeichenassistenz:

Yamanaka
Obata
Ito
Seo

Unterstützung bei der Recherche:

Anfertigung/Redaktion der Gebäudeskizzen:

Tooru Kono
Masatoshi Tanaka
Shingo Tanaka
Das Team des Kunstgewerbeladens Sakamori Shippo
Das Personal vom Café Kohako

Verantwortliche Redaktion:

Shueisha:

Ippei Sawada

KADOKAWA:

Aki Kishimoto

Gendai Shoin:

Ryusuke Kuroki

Romanvorlage:

Fuyumi Ono

Manga:

Kazue Kato

Nachwort:

Vielen Dank, dass ihr die Manga-Adaption von „Strange Repairman Tales" gekauft habt! Sonst zeichne ich ja eigentlich die Manga-Reihe „Blue Exorcist", aber nachdem ich 13 Jahre lang tagein, tagaus mit nichts anderem beschäftigt war, hatte ich beschlossen, mich erst mal neuen Herausforderungen zuzuwenden, die mir zugleich Input und Erholung verschaffen sollten. Also nutzte ich die Gelegenheit und machte meinem Verlag gegenüber den Vorschlag, ich könnte ja vielleicht Fuyumi Onos Roman „Strange Repairman Tales", dessen großer Fan ich bin, als Manga adaptieren. Jedenfalls hatte ich nichts zu verlieren und war mehr als überrascht, als die Redaktion der Jump SQ. nicht nur Verständnis für meinen Wunsch aufbrachte, sondern sofort bereitwillig zustimmte. Daneben auch ein riesengroßer Dank an Frau Ono und Herrn Kishimoto von KADOKAWA! Sie und viele weitere Unterstützer haben dazu beigetragen, dass mir die Arbeit an der Adaption so einen Mordsspaß gemacht hat! Wenn ich euch, verehrte Leserschaft, auch nur einen kleinen Teil dessen vermitteln konnte, was die Magie und den sanften Grusel von Frau Onos Vorlage für mich ausgemacht hat, dann bin ich wirklich überglücklich. Ein größeres Kompliment könnte es für mich nicht geben.

Kazue Kato

KAPITEL 1: AUS DEM HINTERGARTEN

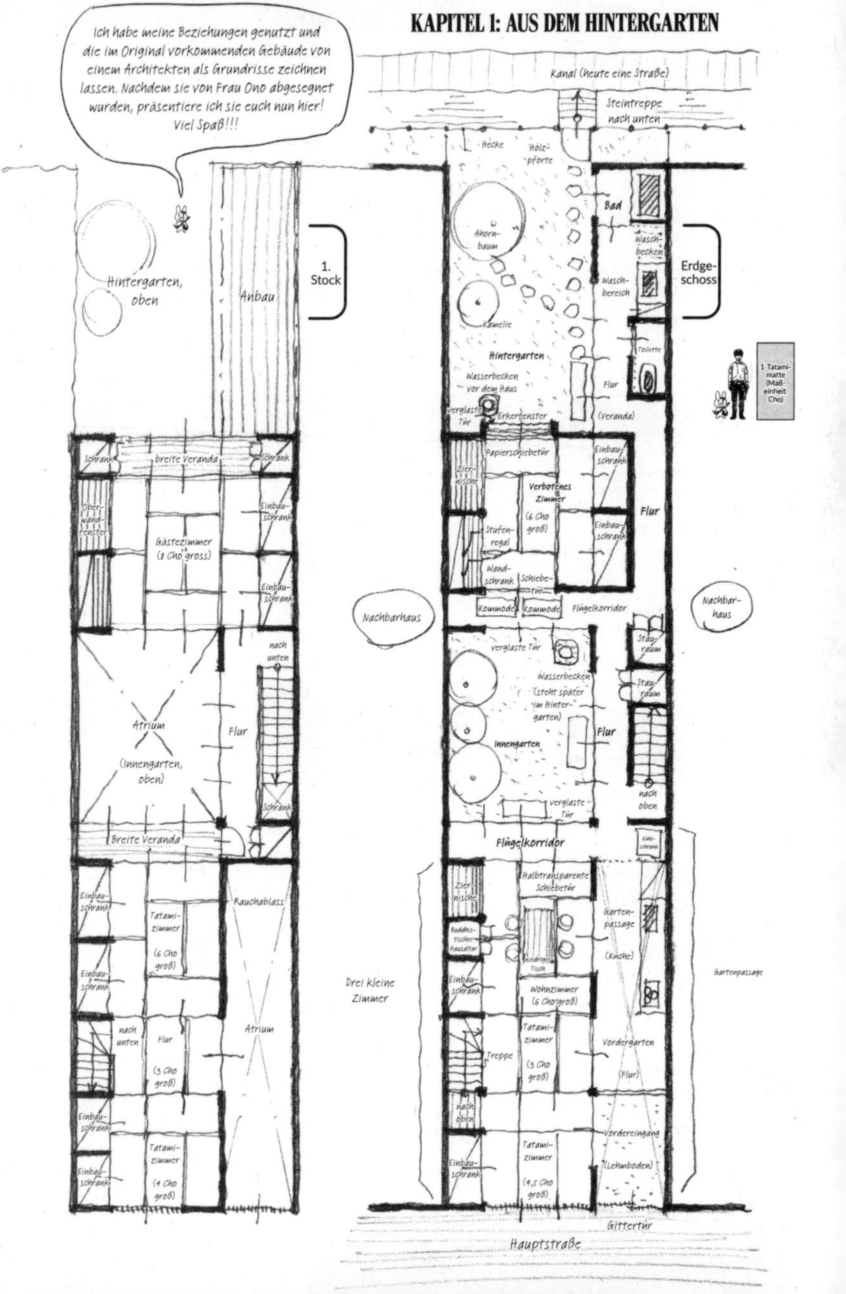

KAPITEL 2: AUF DEM DACH

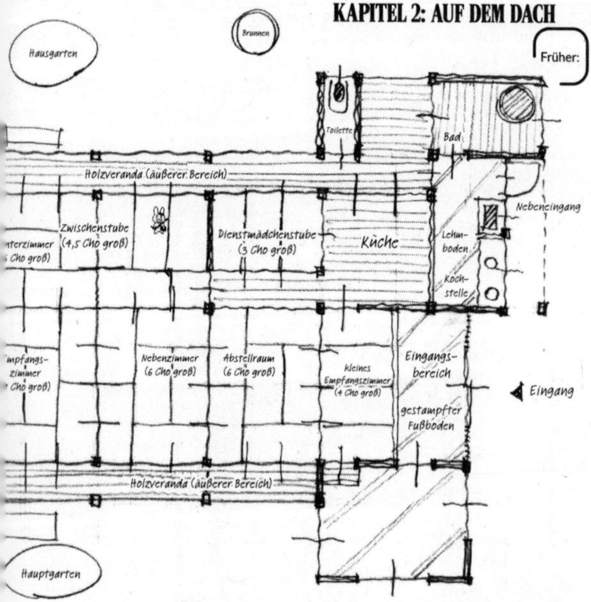

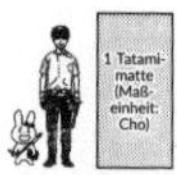

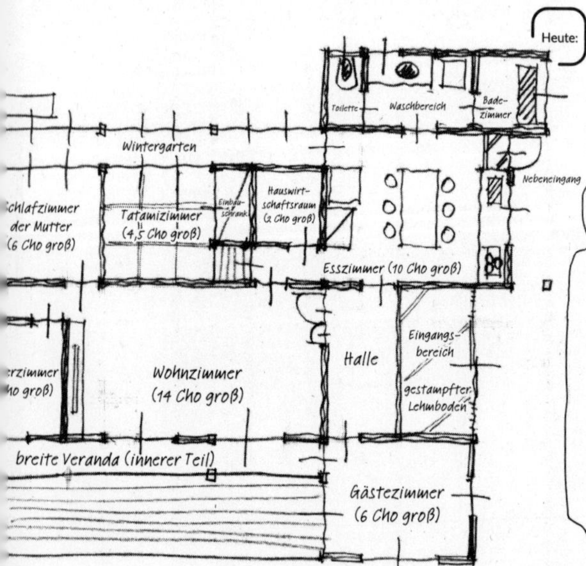

Dieses Gebäude bildlich darzustellen war ganz schön schwierig!!!

Solche Wohnhäuser des alten Schwertadels sehen von Region zu Region anders aus ...

Und weil ich keine spezifische Region hervorheben wollte, habe ich es so gut es ging vermieden, das Haus von außen zu zeigen ... Auch der Vorher-Nachher-Vergleich war ziemlich knifflig umzusetzen!

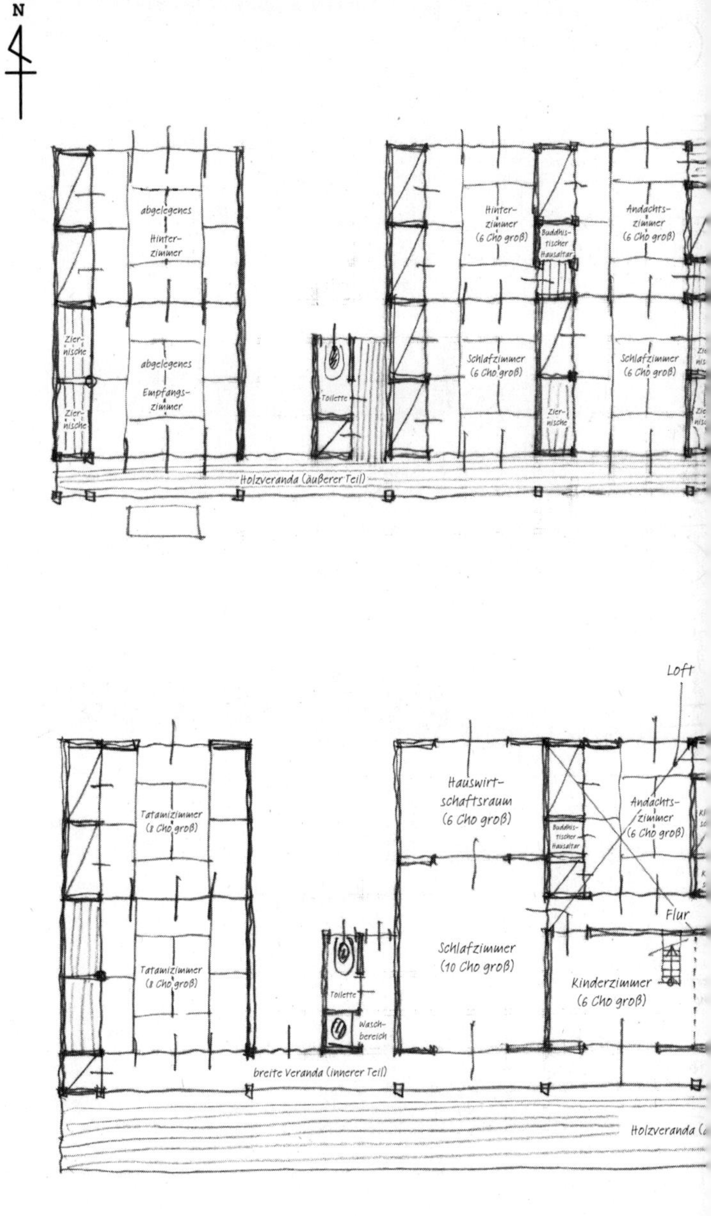

N
abgelegenes Hinterzimmer
Ziernische
Ziernische
abgelegenes Empfangszimmer
Toilette
Hinterzimmer (6 Cho groß)
Buddhistischer Hausaltar
Andachtszimmer (6 Cho groß)
Schlafzimmer (6 Cho groß)
Ziernische
Schlafzimmer (6 Cho groß)
Holzveranda (äußerer Teil)
Loft
Tatamizimmer (8 Cho groß)
Tatamizimmer (8 Cho groß)
Hauswirtschaftsraum (6 Cho groß)
Buddhistischer Hausaltar
Andachtszimmer (6 Cho groß)
Flur
Schlafzimmer (10 Cho groß)
Kinderzimmer (6 Cho groß)
Toilette
Waschbereich
breite Veranda (innerer Teil)

KAPITEL 3: DAS REGENGLÖCKCHEN

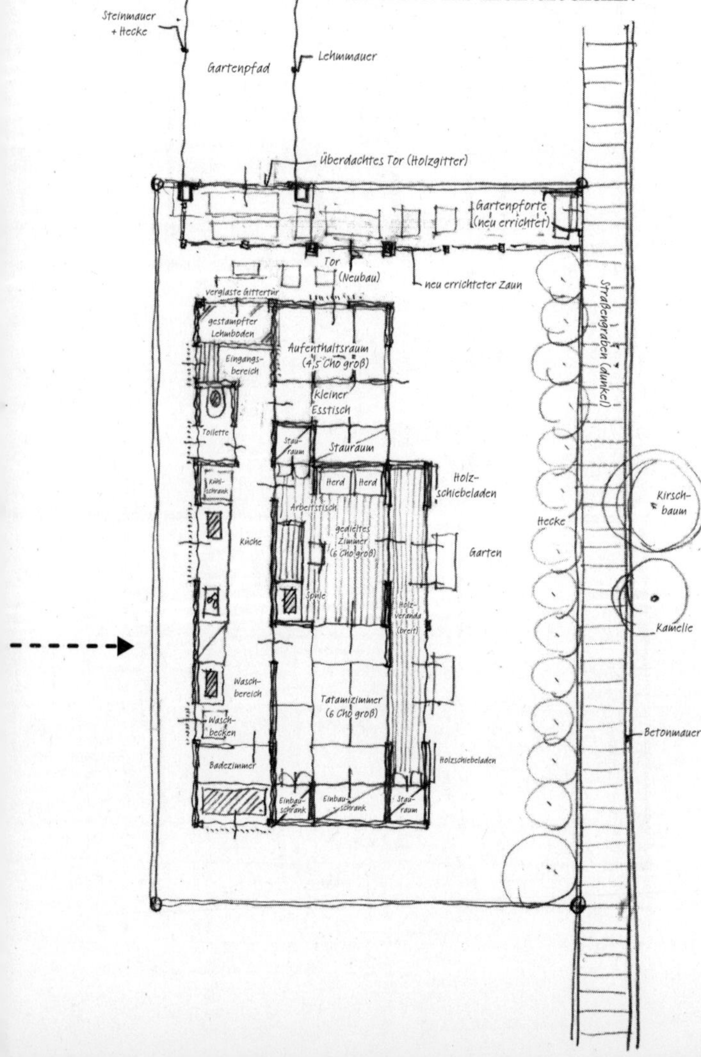

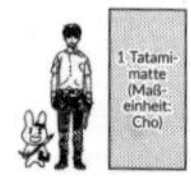

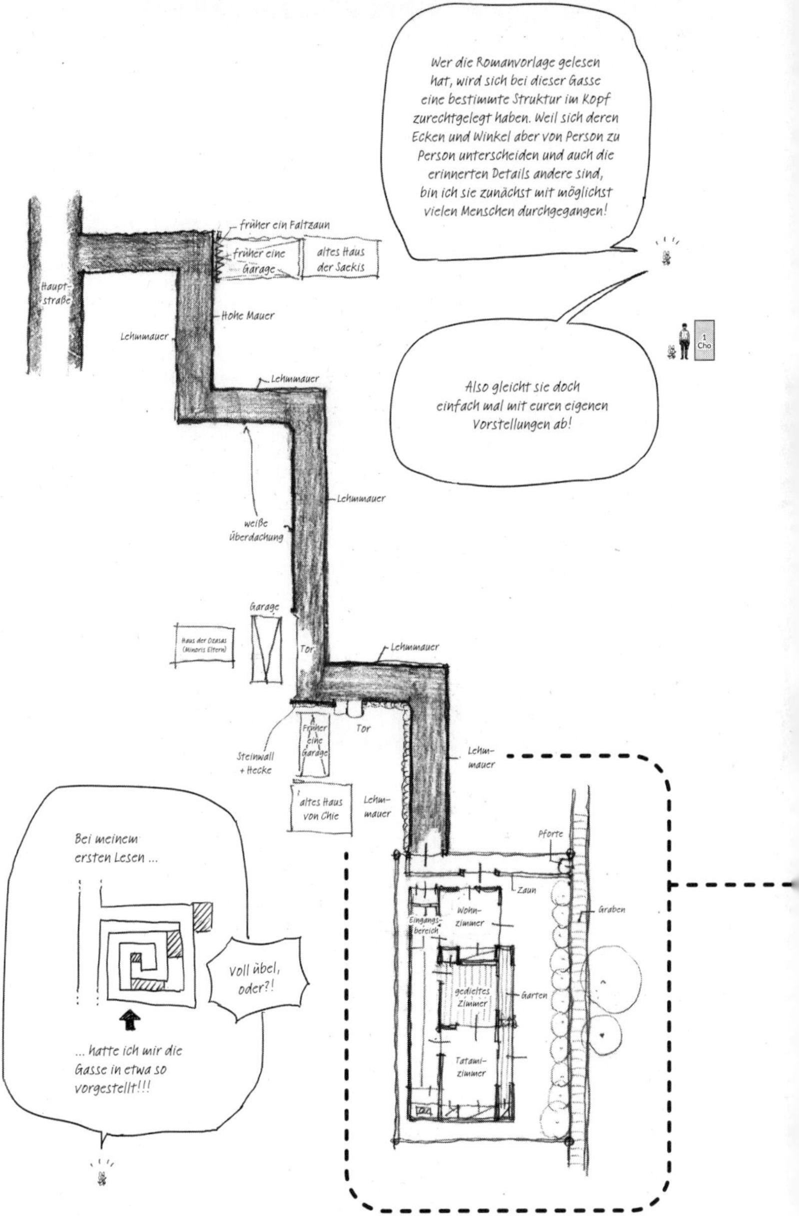
Wer die Romanvorlage gelesen hat, wird sich bei dieser Gasse eine bestimmte Struktur im Kopf zurechtgelegt haben. Weil sich deren Ecken und Winkel aber von Person zu Person unterscheiden und auch die erinnerten Details andere sind, bin ich sie zunächst mit möglichst vielen Menschen durchgegangen!
Also gleicht sie doch einfach mal mit euren eigenen Vorstellungen ab!
1 Cho
früher ein Faltzaun
früher eine Garage
altes Haus der Saekis
Haupt-straße
Hohe Mauer
Lehmmauer
Lehmmauer
weiße Überdachung
Lehmmauer
Garage
Haus der Ozasas (Minoris Eltern)
Tor
Lehmmauer
Früher eine Garage
Tor
Steinwall + Hecke
Lehm-mauer
altes Haus von Chie
Lehm-mauer
Pforte
Zaun
Graben
Eingangs-bereich
Wohn-zimmer
gedieltes Zimmer
Garten
Tatami-zimmer
Bei meinem ersten Lesen ...
... hatte ich mir die Gasse in etwa so vorgestellt!!!
Voll übel, oder?!

KAPITEL 4: EIN SELTSAMER MENSCH

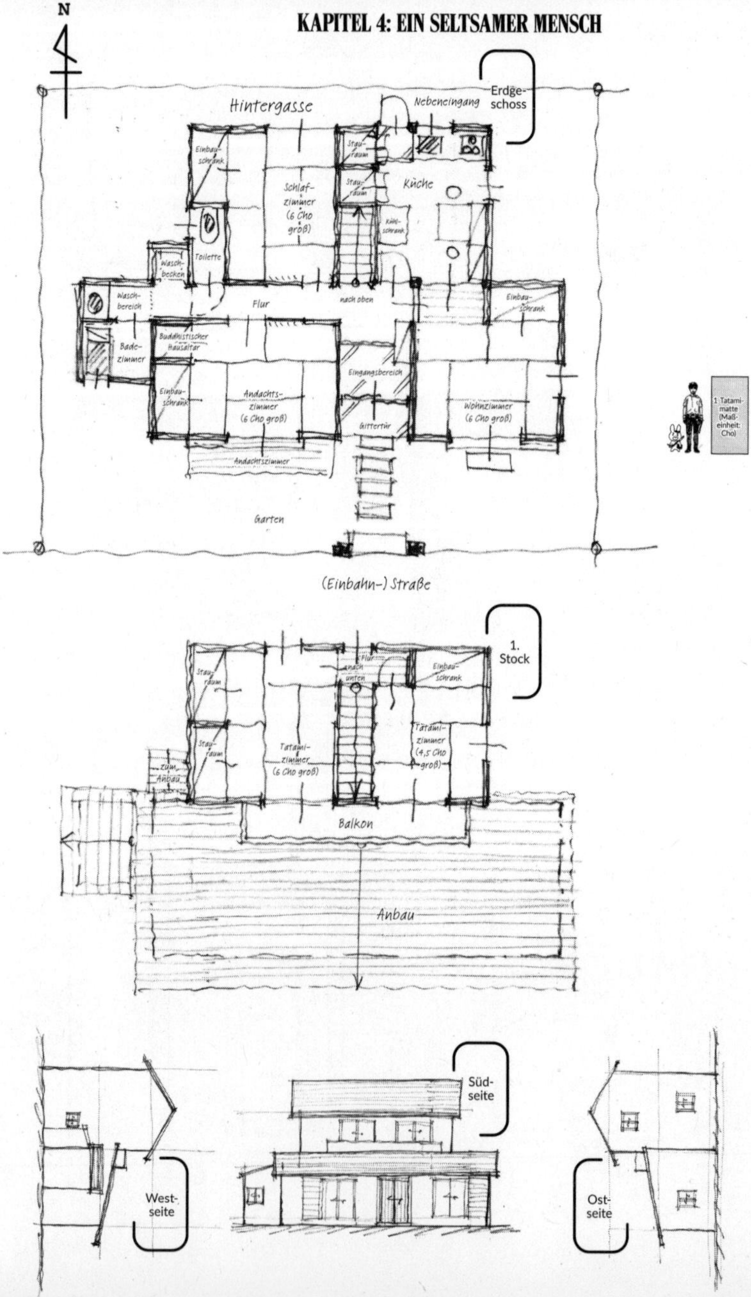

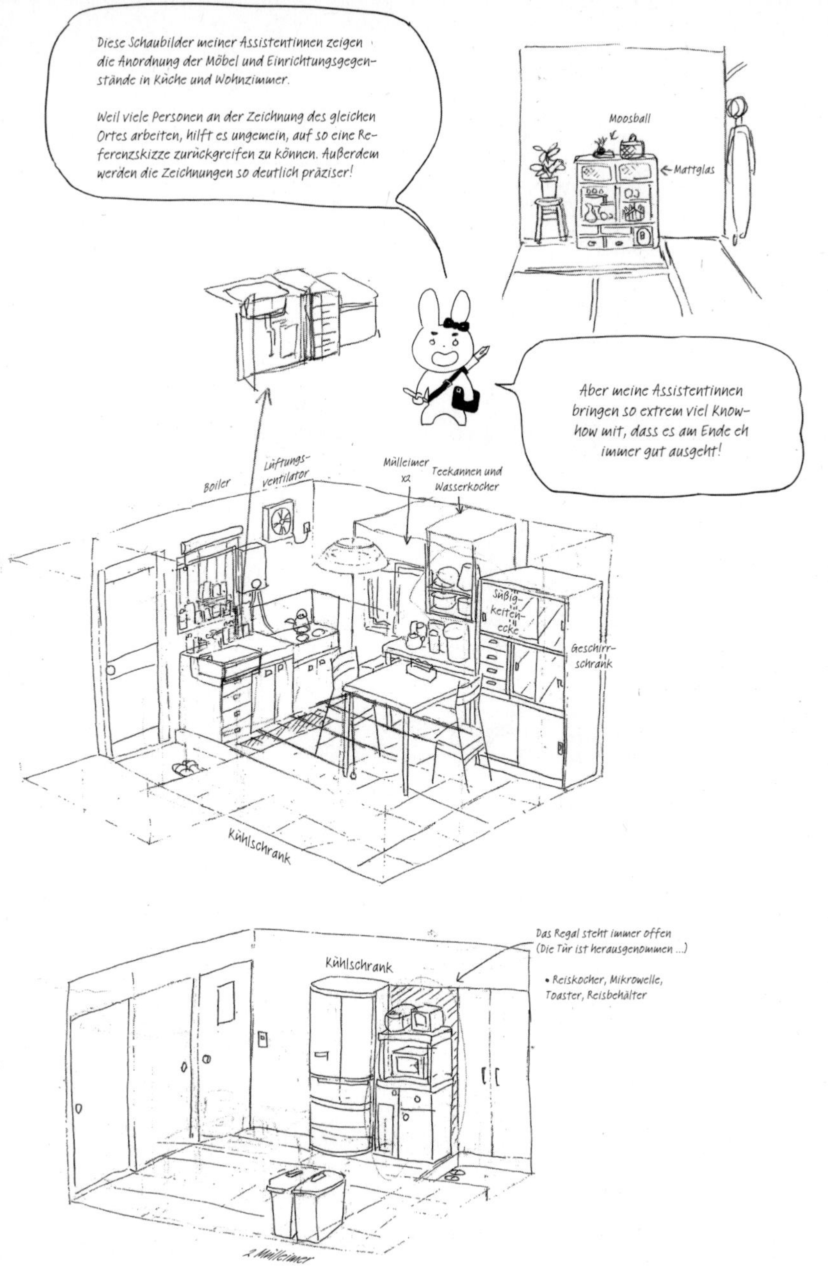
Diese Schaubilder meiner Assistentinnen zeigen die Anordnung der Möbel und Einrichtungsgegenstände in Küche und Wohnzimmer.
Weil viele Personen an der Zeichnung des gleichen Ortes arbeiten, hilft es ungemein, auf so eine Referenzskizze zurückgreifen zu können. Außerdem werden die Zeichnungen so deutlich präziser!
Moosball
Mattglas
Aber meine Assistentinnen bringen so extrem viel Know-how mit, dass es am Ende eh immer gut ausgeht!
Boiler
Lüftungsventilator
Mülleimer x2
Teekannen und Wasserkocher
Süßigkeitenecke
Geschirrschrank
Kühlschrank
Das Regal steht immer offen (Die Tür ist herausgenommen ...)
Kühlschrank
• Reiskocher, Mikrowelle, Toaster, Reisbehälter
2 Mülleimer

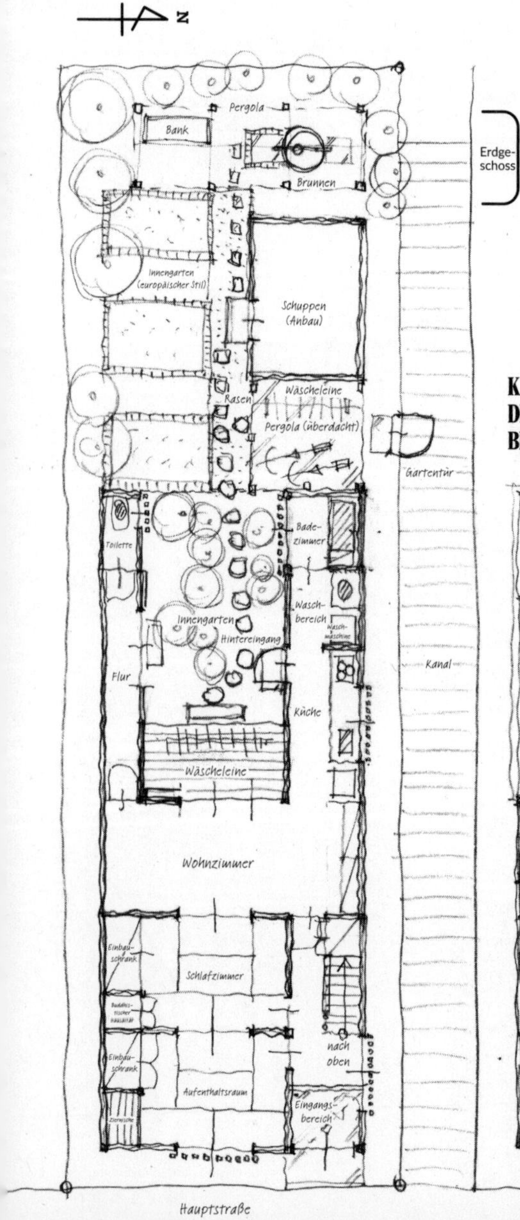

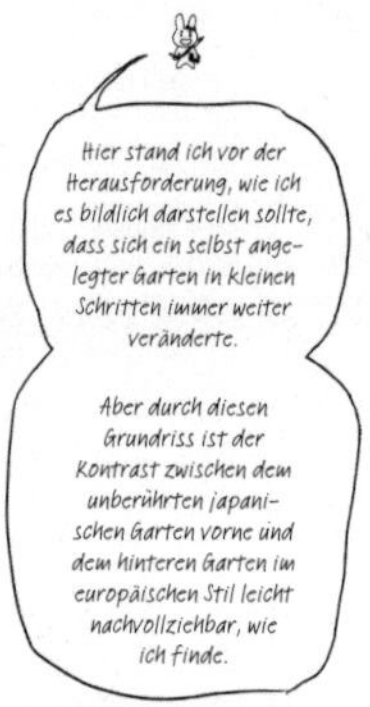

KAPITEL 5: DER ÜBERLAUFENDE BRUNNEN

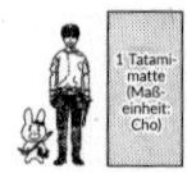

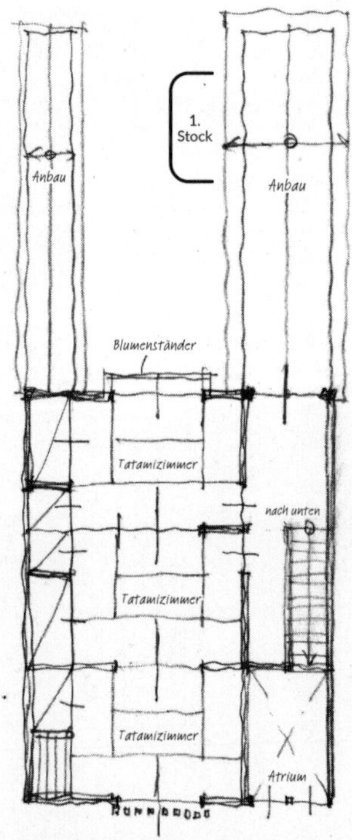

KAPITEL 6: AUSSERHALB DES KÄFIGS

Weil sich die Ereignisse von „Außerhalb des Käfigs" größtenteils in einer Garage und deren Umgebung abspielen, habe ich diesmal keinen Grundriss für euch.

Stattdessen habe ich meine Assistentinnen um Skizzen der Garage und der Außenansicht des Wohnhauses (sowie dessen Eingangsbereich) gebeten.

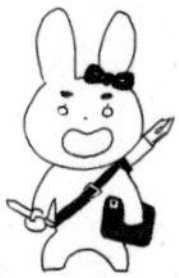

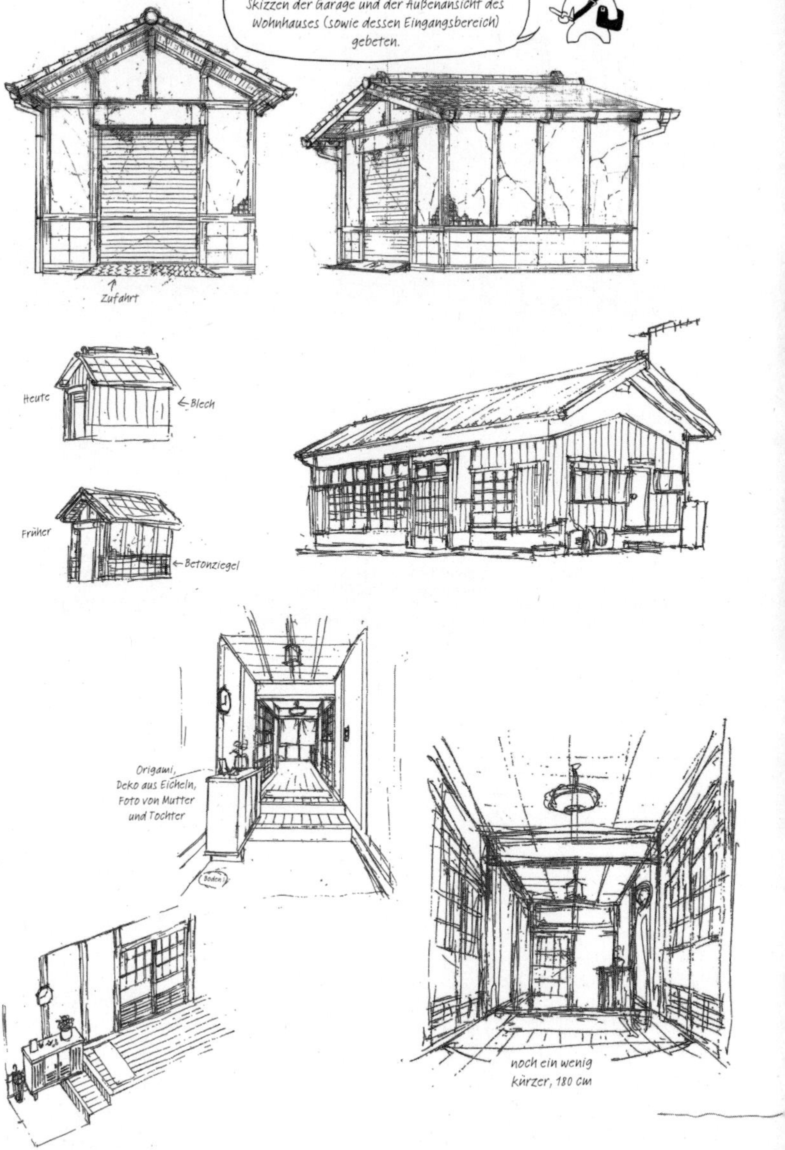

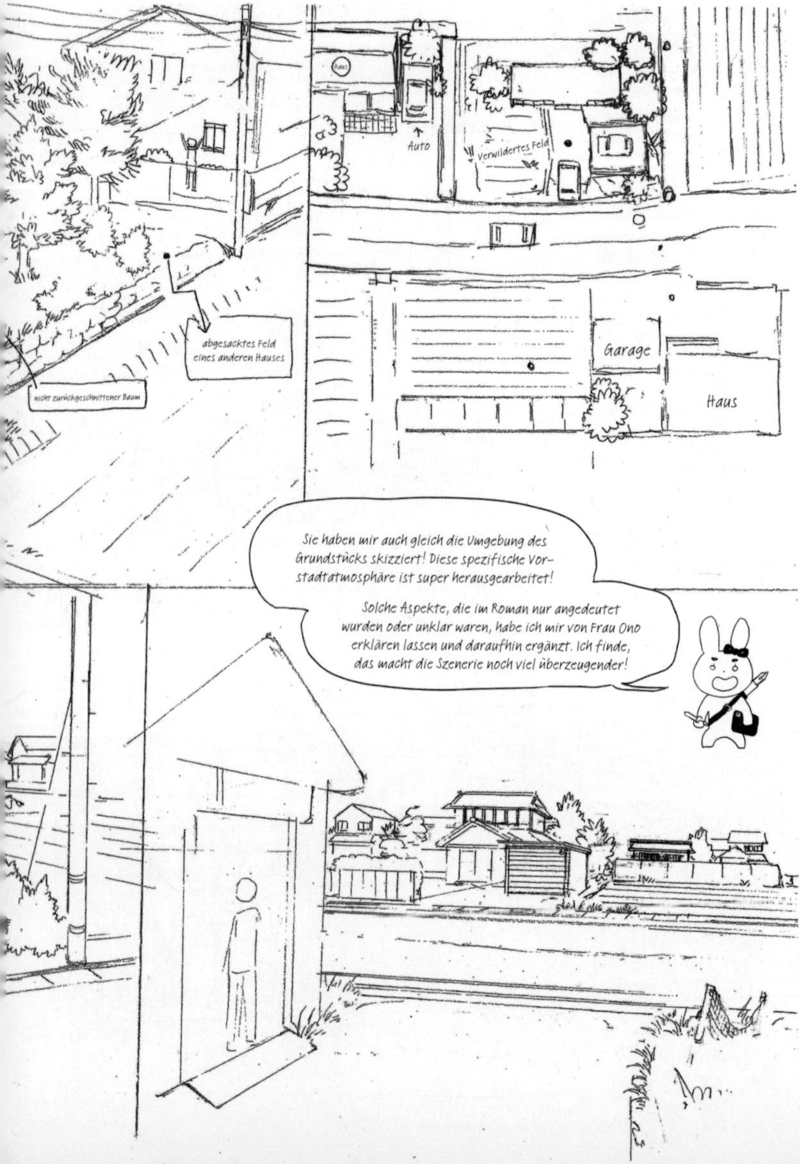

Haus
Auto
Verwildertes Feld
abgesacktes Feld eines anderen Hauses
nicht zurückgeschnittener Baum
Garage
Haus
Sie haben mir auch gleich die Umgebung des Grundstücks skizziert! Diese spezifische Vorstadtatmosphäre ist super herausgearbeitet!
Solche Aspekte, die im Roman nur angedeutet wurden oder unklar waren, habe ich mir von Frau Ono erklären lassen und daraufhin ergänzt. Ich finde, das macht die Szenerie noch viel überzeugender!

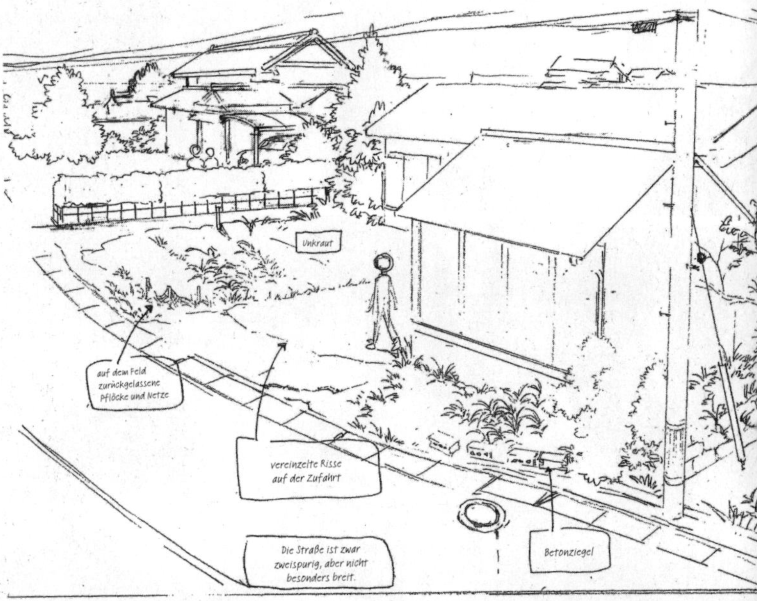
Unkraut
auf dem Feld zurückgelassene Pflöcke und Netze
vereinzelte Risse auf der Zufahrt
Betonziegel
Die Straße ist zwar zweispurig, aber nicht besonders breit.

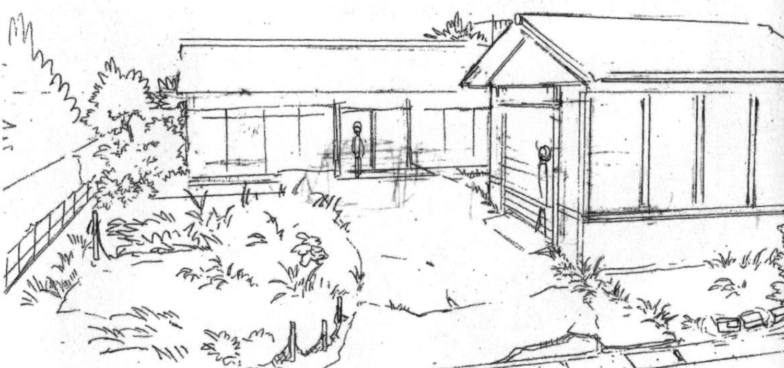

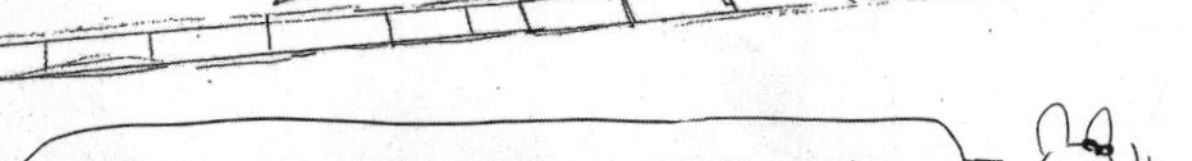
Damit wären wir am Ende angelangt. Vielen Dank fürs Lesen!

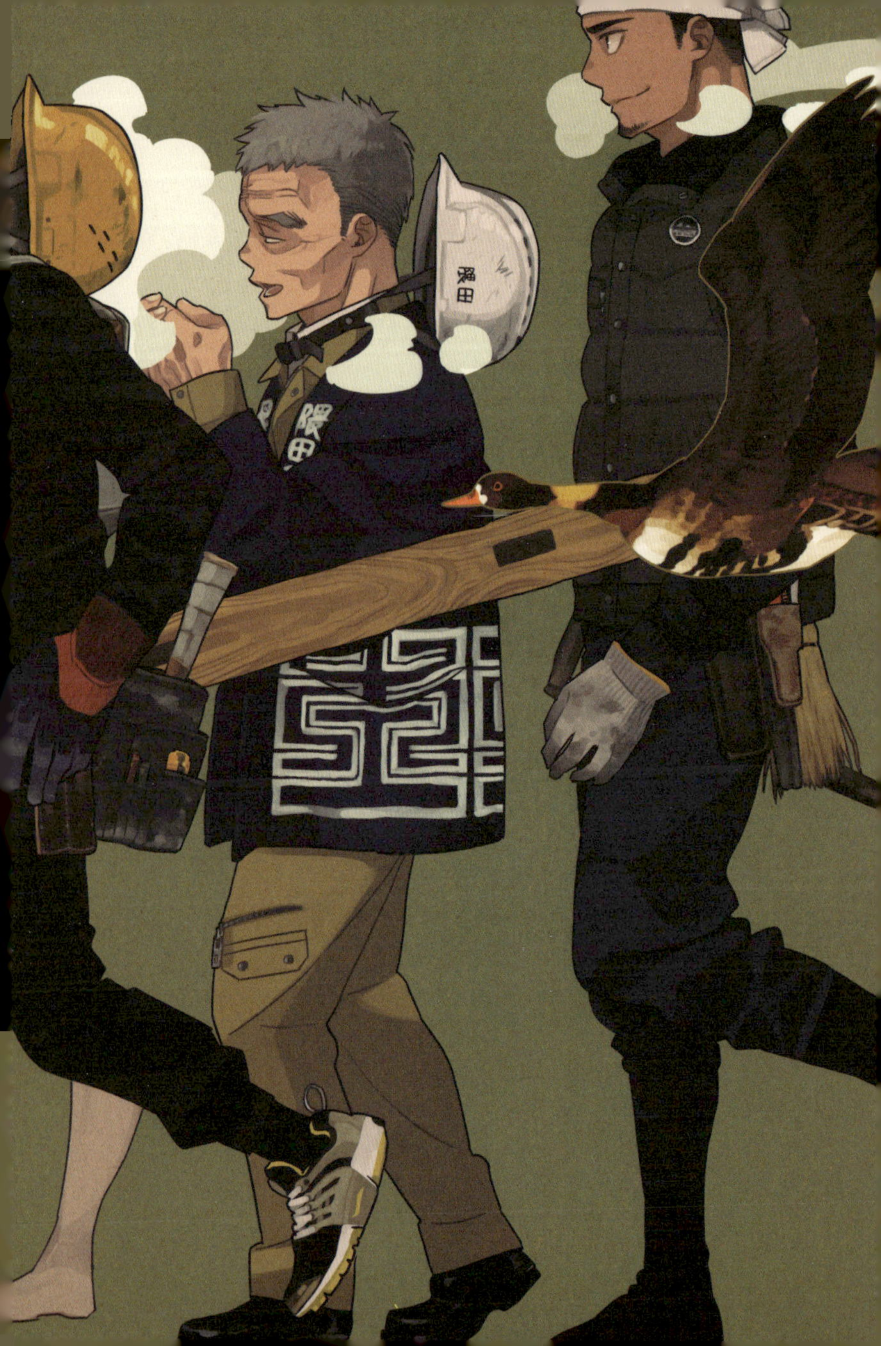

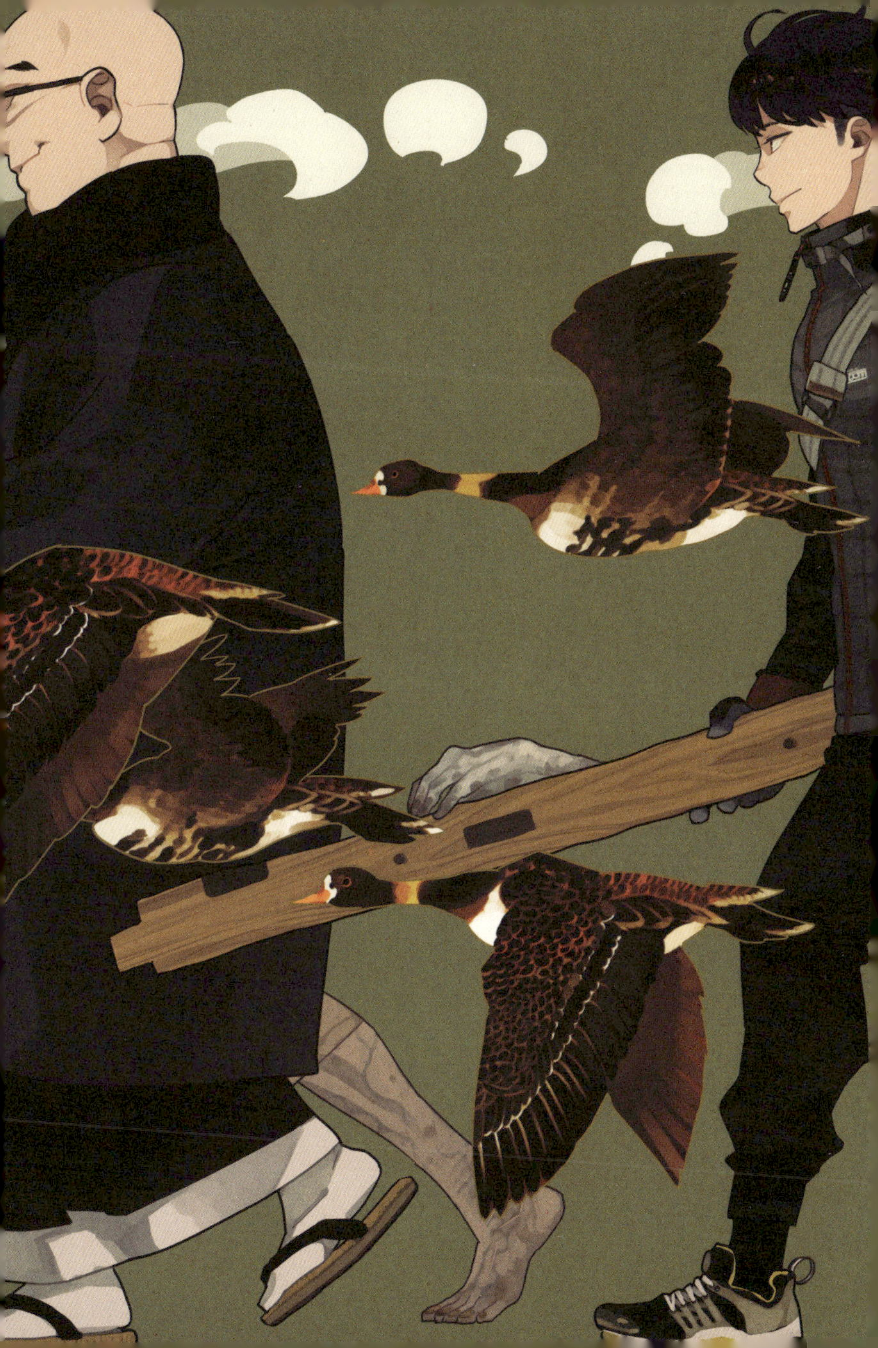

Fuyumi Ono

Geboren am 24. Dezember in Nakatsu, Präfektur Oita. Mitglied im Arbeitskreis für Kriminalliteratur an der Universität Kyoto. Dort lernte sie, wie man Romane schreibt. Debüt als Schriftstellerin im Jahr 1988. Feierte erste Erfolge mit der Reihe „Akuryo". Im Jahr 1991 Veröffentlichung von „Masho no Ko", 1992 gefolgt von „Tsuki no Kage, Kage no Umi"*, welches den Auftakt ihrer Reihe „Junikokuki"** bildete. Mit den parallel zu „Die zwölf Königreiche" veröffentlichten „Tokei Ibun", „Shiki" und „Kokushi no Shima" etablierte sie sich auch erfolgreich in den Genres Abenteuerroman, Horror und Mystery. In der Folge schrieb sie ihre Reihe „Akuryo" noch einmal im großen Stil um und veröffentlichte deren Teile von 2010 bis 2011 als Einzelausgaben unter dem Titel „Ghost Hunt" (seit 2021 liegen alle 7 Bände auch im Taschenbuch vor). 2012 Veröffentlichung der beiden zusammenhängenden Werke „Kidan Hyakkei" und „Zane". Mit „Zane" gewann sie 2013 den 26. Yamamoto-Shugoro-Preis. Im Jahr 2019 machte sie mit ihrem Werk „Shirogane no Oka, Kuro no Tsuki" (insgesamt 4 Bände) aus der Reihe „Die zwölf Königreiche" von sich reden. Mit „Eizen Karukaya Kaiitan, Sono Ni"*** stand sie auf der Shortlist für den 10. Yamada-Futaro-Preis. 2020 gewann sie für ihre Reihe „Die zwölf Königreiche" den 5. Yoshikawa-Eiji-Bunko-Preis. 2022 erfolgte schließlich die Veröffentlichung des dritten Bandes (Sono San) von „Eizen Karukaya Kaiitan".

Kazue Kato

Debütierte im Sommer 2000 mit dem Werk „Boku to Usagi" (veröffentlicht im Magazin „Akamaru Jump"), mit welchem sie den zweiten Platz im Rennen um den 59. Tezuka-Preis machte. Ab 2005 Veröffentlichung von „Robo to Usakichi" im Magazin „Gekkan Shonen Sirius". Danach Veröffentlichung der One-Shots „Hoshiota" und „Miyama Uguisutei Jiken" (kompiliert in der Kurzgeschichtensammlung „TIMEKILLERS Kazue Kato Short Stories"). Seit 2009 veröffentlicht sie „Blue Exorcist" im Magazin „Jump SQ."

Vorlage:

„Eizen Karukaya Kaiitan", Fuyumi Ono, Kadokawa Bunko, 2018
„Eizen Karukaya Kaiitan", Fuyumi Ono, KADOKAWA, Kadokawa Shoten, 2014

Erstveröffentlichung des Mangas:

Kompiliert aus den Ausgaben 10-12/2021 und 2, 3, 5/2022 des Magazins Jump SQ.

*auf Deutsch erschienen als „Der Schatten des Mondes – das Meer der Schatten"
**auf Deutsch „Die zwölf Königreiche"/
***dem zweiten Teil der Romanvorlage, welche dem Manga „Strange Repairman Tales" zugrundeliegt

STRANGE REPAIRMAN TALES

First published in Japan in 2021 by SHUEISHA Inc., Tokyo.
German translation rights in Germany, Austria, German-speaking Switzerland and Luxembourg arranged by SHUEISHA Inc. through VME PLB SAS, France.

Deutschsprachige Ausgabe / German Edition

CH-1007 Lausanne
1. Auflage

Aus dem Japanischen von Jan-Christoph Müller

Programmleitung: Hideki Iyama / Lizenzkoordination: Ai Kono
Redaktion: Juliane Schneider / Herstellung: Sonja Lesch
Deutsche Logo- und Covergestaltung: Stephanie Gieck
Lettering: Studio CHARON
Druck und Bindung: CPI books GmbH, Leck

ISBN 978-2-88921-390-0